KB135076

삼국사기의 종합적 연구

신형식

서울대학교 사범대(역사과) 졸업
서울대학교 대학원(사학과) 석사
단국대학교 대학원(사학과) 박사
이화여대 교수(1981~2004)
상명대학교 석좌교수(2004~2007)
백산학회 회장(1995~현재)
서울특별시사편찬위원회 위원장(2009~현재)

주요저서

『삼국사기연구』(일조각, 1981)
『한국고대사의 신연구』(일조각, 1984)
『신라사』(이화여자대학교출판부, 1985)
『통일신라사연구』(삼지원, 1990 : 일본어판, 1997)
『백제사』(이화여자대학교출판부, 1992 : 일본어판, 1995)
『한국의 고대사』(삼영사, 2002 : 일본어판, 2005)
『고구려사』(이화여자대학교출판부, 2003)
『신라통사』(주류성, 2004)
『한국고대사의 새로운 이해』(주류성, 2009)

삼국사기의 종합적 연구

값 51,000원

2011년 9월 30일 초판 인쇄
2011년 10월 10일 초판 발행

저 자 : 신 형 식
발 행 인 : 한 정 희
발 행 처 : 경인문화사
편 집 : 신학태 김송이 김우리 김지선 문영주 맹수지 안상준
서울특별시 마포구 마포동 324 - 3
전화 : 718 - 4831~2, 팩스 : 703 - 9711
이메일 : kyunginp@chol.com
홈페이지 : 한국학서적.kr / www.kyunginp.co.kr
등록번호 : 제10 - 18호(1973. 11. 8)

ISBN : 978-89-499-0815-1 93910

삼국사기의 종합적 연구

-한국고대사의 심층적 분석-

신 형 식

景仁文化社

증보판 머리말

『삼국사기연구』(『三國史記硏究』, 1981, 일조각)를 출간한 지 30년이 흘렀다. 이 책은 필자가 한국고대사 해석을 처음으로 계량사학計量史學(Quantitative history)의 방법론을 적용해서 나타낸 결과물이었다. 따라서 계량적 방법을 통한 새로운 사실 확인에 따른 삼국의 국가적 성립이 종래 3~4세기라는 통설을 반대할 수 있었고, 막연하게 주장되어 온 김부식金富軾이 사대주의자라는 주장을 극복할 수 있었다.

그러나 일회적인 자연현상이나 주관적인 인간의 활동을 수치로 계산화 될 수 없다는 사실로 볼 때 계량적 분석에 어느 정도의 개관성과 타당성을 지닐 수 있을까 하는 반론이 없지는 않다. 다만 연구자의 문헌에 의존된 주관적인 해석을 떠나 역사 해석에 하나의 과학적인 접근을 꾀했다는 자위감으로 필자는 지금도 그 속의 결론을 믿고 있다. 따라서 근자 신문화사(New cultural history)의 입장에서 한국고대사 연구에도 새로운 모색이 필요하다는 필자의 생각을 나타내었다고 생각된다.

본서가 출간된 이후 필자는 그 보완책으로『삼국사기』의 내용 분석을 다방면에서 시도하였다. 따라서『삼국사기』성격에 관계된 논문을 보충하고 일부 내용을 대폭 수정하여 증보판을 시도하였다. 우선 본기의 내용 중 가장 큰 관심과 견해의 차이를 보이고 있는 통일신라의 권력구조인 **신라 중대 전제왕권專制王權의 특질**(1990,『국사관논총』20)을 게재하였고, 고대사회에서 큰 영향을 준 **지진地震기사의 분석**(1984,『동양학』14)과 외교기사에서 조공朝貢·숙위宿衛 다음으로 주목된 **숙위학생(遣唐留學生)문제**를 새로 실었다. 그리고 백제사에서 외교기사를 정리하여 **백제 대외관계對外**

關係사의 위상(2009, 『백제논총』 8)과 **신라의 대북방정책**(2006, 『북방사논총』 10)을 넣어 백제와 신라외교의 위상을 심층 분석하였다. 동시에 고대사에 큰 영향을 준 **삼국시대 전쟁의 정치적 의미**(1983, 『한국사연구』 43)를 부각시켰다. 끝으로 열전 내용에서는 **김유신 가문의 성장과 활동**(1983, 『이화사학연구』 13·14)을 첨가하였다. 나아가서 『삼국사기』의 성격에서는 **김부식의 생애와 사상**(2001, 『김부식과 삼국사기』)을 넣어 김부식의 정치적인 사상과 역사인식을 재조명하였다.

그러므로 본서 『삼국사기의 종합적 연구』는 기존 『삼국사기연구』의 단순한 수정판이 아니다. 새로운 논문을 수록함으로서 『삼국사기』의 심층적 분석은 물론 삼국사회의 종합적 이해를 위한 새로운 시도이며, 신문화사의 방법론을 통해 한국고대사의 심층적 접근이라 하겠다.

따라서 삼국시대의 정치·사회·사상 등을 『삼국사기』라는 prism(창구)을 통해서 정리하였다고 생각된다. 그러므로 『삼국사기』가 한국전통사학의 정착에 차지한 위상과 김부식의 사관을 현대적 시각에서 재조명한 것으로 풀이할 수 있다. 따라서 초판이 출간된 이후에 새로 작성된 논문을 첨가하였기 때문에 각 장과 절에서 일부 명칭을 바꾸거나 보충한 내용을 첨가하게 되었다. 이로서 『삼국사기』에 대한 이해와 아울러 한국고대사회(삼국 및 통일신라)의 실상을 보다 가까이서 찾아질 수 있으리라 여긴다.

2011년 4월

필자 씀

<목 차>

제3장 『삼국사기』 본기 기사내용의 개별적 검토

제4장 『삼국사기』 지의 분석

제5장 『삼국사기』 열전의 분석

제6장 결론:『삼국사기』의 성격

제1장

『삼국사기』의 편찬과정과 연구성과

『삼국사기』는 현존하는 최고의 문헌이다. 그러나 선초鮮初이래 많은 선학들의 부정적인 평가는 그에 대한 진정한 성격이나 본질을 외면케 하였다. 또한 일제이후의 여러 연구자들 역시 그에 대한 종합적인 분석에서 나온 비판이 아니었으며, 대개 중국문헌의 전재轉載라든가 또는 사대적인 악서惡書라고 몰아쳤던 것이다. 더구나 그것이 쓰여졌던 12세기 고려왕조의 유교적인 시대정신과 당시의 사대적인 사회환경을 외면한 채 김부식 개인에게 모든 것을 책임지워 생각하였다.

그러므로 먼저 이 책의 실제 찬자撰者들과 책임 편찬자인 김부식의 생애와 당시의 사회환경을 살펴볼 필요가 있다. 즉, 그것이 어떠한 필요성에서 편술 되었는가 하는 문제를 편술자들의 입장과 당시의 역사적 상황을 결부시켜야 하기 때문이다. 이것이 『삼국사기』를 보다 정확히 이해할 수 있는 하나의 방법이 될 것이라 믿는다.

여기서는 선학들의 연구성과(주장과 평가)가 본기本紀나 지志에 집중되고 종합적인 평가가 아니었으므로, 선초이래의 유교적 사가史家나 일제日帝 사가, 그리고 민족사학자 및 현재의 연구성과를 정리해 봄으로서 「삼국사기」 연구의 새로운 연구 방향을 마련해 보고자 했다.

단재丹齋의 극단적인 혹평 이래 그에 대한 성격논쟁은 『삼국사기』에 관한 관심은 고조시켰으나, 『삼국사기』 연구에는 오히려 위축을 가져왔기 때문이다. 이제 우리는 지나친 선입감을 버리고 객관적인 관점에서 종래의 연구를 재검토할 때가 되었다. 이것은 『삼국사기』에 대한 다각적인 연구와 새로운 성격규명이 다가오고 있다는 뜻이 될 것이다.

제1절 『삼국사기』의 편찬과정

『삼국사기』는 왕명에 따라 인종 23년(AD1145)에 편찬되었다. 그러나 실제로 김부식 개인이 만든 것이 아니라, 최산보崔山甫 이하 8명의 참고參考와 정습명鄭襲明 이하 2명의 관구管句를 합해서 10명의 보좌관의 도움으로 이룩된 것이다. 『삼국사기』는 실제로 11명의 편사관이 왕명에 의해서 공동으로 편찬한 것이지만 특히 머리말(進三國史表)과 해설(論贊)을 직접 담당한 편찬 책임자인 김부식의 『삼국사기』라고 하는 이유가 바로 여기에 있는 것이다.

그러나 『삼국사기』를 썼을 때는 그의 나이가 71세의 고령이어서 과연 그가 직접 쓸 수 있었을까 하는 의문이 생긴다. 따라서 고병익씨가 지적한 바와 같이 '논찬論贊과 지志의 서론부분'이 그가 직접 쓴 것임은 확실하며,[1] 나머지 부분은 참고(8인)들이 자료를 수집한 후 편집한 것을 그가 최후로 수정·가필 또는 취사선택했을 가능성이 크다.[2] 여기서 우리는 지나치게 김부식에게 이 책의 모든 책임을 지워서는 안 된다는 사실을 알게 된다. 다만, 그가

> 신(김부식)이 수사修史할 때 옛날부터 전해 온 말을 바꿀 수 없었다.(권28, 의자왕義慈王 20년 논論)

라 하여 그 자신의 책임으로 이루어졌음을 밝혔고, 또 '진삼국사표進三國史表'에서도 자신이 주도하여 삼국사를 편술하였다고 분명히 기록하고 있어 이것은 어디까지나 편찬 책임자로서의 당연한 표현이다. 따라서 『삼

---

1) 고병익, 1969, 「삼국사기에 있어서의 역사서술」 『김재원박사회갑기념논총』, 8쪽.
2) 고병익, 앞의 논문, 8쪽.
김철준, 1975, 「고려중기의 문화의식과 사학의 성격」 『한국사연구』 9, 77쪽.

국사기』의 내면에 보여진 불교·오행·음양사상이나 '간언諫言과 현실비판'의 자세는 김부식 자신이 불교에 깊은 관계를[3] 가졌기 때문에 10명의 보조자들의 사상이 일부 반영 되었으리라 본다. 그러므로 우리는 당시의 10명이나 되는 수사修史 보조인들의 입장을 전혀 무시해서는 안 될 것이다. 실제로 그들이 자료수집·정리 그리고 어느 정도의 집필이 있었을 것이기 때문에, 그 속에는 자신들의 생각이 포함되는 것은 당연한 일이다.

우선 편사編史 보조인들 중에서 제일 앞에 나타난 최산보는 김부식열전에 내시內侍로 되어 있어 상당한 왕의 측근인물로 생각된다. 사기를 받은 왕은 최산보를 김부식의 집으로 보내 장유奬諭의 화주花酒를 내리게 한 점[4]으로 보아, 그는 사기 편찬에 있어서 왕의 입장을 김부식에게 전달하고, 또 반대로 김부식의 견해를 왕에게 전해 준 중개역할을 한 듯하다. 다만, 고병익씨가 설명한 최이열전崔怡列傳에 나오는 최산보는 김부식을 도와 편찬에 참여한 인물이 아니라, 동명이인同名異人으로 생각된다.[5]

또한 참고 허홍재許洪材 역시 인종 12년 5월에 급제한 후, 의종 9년 8월에 좌정언左正言을 필두로 좌승선左承宣(18년), 국자제주國子祭酒·좌간의대부左諫議大夫(19년), 승선承宣과 지공거知貢擧를 거쳐 중서시랑평장사中書侍郞平章事·판상서이부사判尙書吏部事까지 승진된 당대의 석학이었다.[6] 그 외 6명의 참고參考에 대해서는 전혀 기록이 없어 알 수가 없는 것이 유감

3) 김철준, 앞의 논문, 72쪽.

4) 『고려사』 권98, 열전11, 김부식.

5) 고병익씨는 앞의 논문, 5쪽에서 최산보를 최이전崔怡傳에 보인 음양술가陰陽術家로 나중에 승려가 된 그 사람으로 생각하였으나, 김부식(1075~1151) 생존시와 최이崔怡(?~1249) 때와는 근 100년의 시차가 보여진다. 즉 김부식 생존시에 그가 30세 전후였다 해도 최이시대는 100세가 넘으므로 실제로 생존이 불가능했기 때문이다.

6) 『고려사』 권18, 세가世家18, 의종 19년 2월조 및 권73, 선거지選擧志 과목科目 선장選場.

이다.

관구管句인 정습명은 인종 12년에 내시를 거쳐 18년에 성랑省郎, 국자사업國子司業과 기거주起居注(20년), 예부시랑禮部侍郎(24년), 한림학사翰林學士(의종 3년), 좌승선左承宣을 거쳐 추밀원지주사樞密院知奏事까지 승진된 인물이었다. 그는 특히 재상宰相 김부식·임원애任元敳·이중李仲·최주崔奏 등과 시폐時弊 10조를 3일간이나 엎드려 올렸으나 반응이 없자 사직한 일까지 있는 경력을 갖고 있었다.[7] 여기서 볼 때 수사관修史官들은 대개 내시출신이 많았고, 성랑·간의대부나 승선을 거친 고위직이 많았으며 능문박학能文博學한 당대의 석학이었다. 특히 간의대부나 기거주와 같은 간관諫官으로 시정時政을 비판할 수 있는 인물이었기 때문에[8] 이들은 정치적 모순과 사회적 비리·비례非禮를 누구보다 잘 알고 있던 사람들이었다. 따라서 이들의 잠재적인 현실비판의 자세는 『삼국사기』의 내용에 짙게 깔리게 되었을 것이다.

이러한 정치비판은 제도상에 보장된 간쟁봉박諫諍封駁이 아니라, 귀족사회 자체의 사회모순에 대한 현실비판으로 승화시키는 일이 필요하였다. 따라서 『삼국사기』는 이와 같은 현실비판의 안목에 의한 과거지사의 평가였기 때문에, 현실에 대한 간접비판은 물론 미래에 대한 교훈의 의미를 보여준 것이다.

> 왕으로서 백성을 구하지 않는 것은 인仁이 아니고, 신臣으로서 간諫하지 않는 것은 충忠이 아니다.(권49, 열전 9, 창조리倉助利)

라는 『삼국사기』의 표현도 실은 현실비판을 위한 수단에 불과한 것이다.

김부식은 문종 29년(1075)에 태어나 고려귀족사회의 절정기를 목도하면서 의종 5년(1151)에 77세로 졸卒하였다. 그의 70여 생애는 문종·선종

---

7) 『고려사』 권98, 열전11 정습명.
8) 박용운, 1980, 『고려시대 대간제도의 연구』, 75쪽.

이후 인종·의종 등 7왕을 거치었으며 그의 활동시기는 주로 50대 이후였다. 그가 『삼국사기』를 쓴 나이가 71세였고, 74세에 치사致仕한 것도 이를 뒷받침한다.

그가 생존하던 전반기는 거란의 위협이 제거되면서 사회가 안정되어 풍수도참·불교 및 유학은 크게 성하였으나,[9] 후반기는 여진의 압력과 윤관尹瓘·이자겸李資謙·김부식·정지상鄭知常 등 문벌간門閥間의 대립과 갈등이 격화된 때였다. 그가 성장하던 10대에는 고려·송·거란간에 국제관계의 균형[10]속에서 의천義天이 활약하던 때였으며, 고려문화의 긍지와 자신을 가졌던 시기였다. 그러나 그가 30대가 되었을때 여진의 압력이 밀려오고 있었고, 33세가 된 1107년에 윤관의 여진정벌이 있었다. 이어 1108년(34세)에 이자겸이 둘째 딸을 예종에게 바치었다. 이때를 전후해서 고려는 이들 가문간에 극심한 대립이 이뤄지게 되었다 특히 대각국사비大覺國師碑의 찬撰을 둘러싼 윤관과 김부식의 대립과 윤언이尹彥頤와의 충돌을[11] 제하더라도, 인종대에 들어서 이자겸의 인수절人壽節과[12] 납비納妃문제로 첨예화된 양가兩家의 대립은 극도에 달했다고 생각된다.

이러한 외척·문벌가문 사이의 불화에 편승한 사회혼란은 여초麗初이래 꾸준히 성장된 유교적인 정치 윤리관 그리고 투철한 자주의식을 근본적으로 부인하는 것이어서 김부식의 작사作史에 큰 영향을 주었다고 생각된다. 그러나 이러한 고려귀족사회의 모순에도 불구하고 그의 40대는 청연각清燕閣, 양현고養賢庫와 백고좌회百高座會를 설치·개최되어 유교에 대한 깊은 사회인식이 일반화되었고, 동시에 자신의 원찰願刹[13]과 같이

9) 김상기, 1958, 「고려문종시대의 문화」『국사상의 제문제』 3, 57~72쪽.
10) 김철준, 앞의 논문, 42쪽.
11) 『고려사』 권96, 열전9 윤관(附彥頤).
12) 『고려사』 권98, 김부식열전에 "昇中又欲號資謙生日爲人壽節 自古所無 唐玄宗時始稱皇帝生日爲千秋節 未聞人臣有稱節者"라 하여 김부식은 인신이 절節을 칭할 수 없다고 인수절에 대한 '명분과 비례非禮'를 내세워 반대하였다.
13) 김철준, 앞의 논문, 72쪽.

불교에 대한 깊은 이해는 역시 『삼국사기』 저술의 저변에 나타날 수 있었다고 생각된다. 이러한 유교사상의 충신의忠信義는 귀족문벌 사회의 모순과 비리에 대한 비판의식으로 성장되었고, 불교의 호국사상은 외세의 압력에 대한 국가의식으로 승화되어 갔다. 따라서 그는 '분열과 갈등은 국가의 우환'[14]이라고 절규하였고 비리와 비례를 극도로 질시하였으며 외세에 저항하고 외적을 물리친 김유신金庾信·을지문덕乙支文德을 영웅으로 기술한 것이다. 여기서 우리는 『삼국사기』가 철저한 국가의식을 머리말 진삼국사표進三國史表에서 보여지고 있어 그가 사대주의자라고 매도해서는 안된다고 생각된다.

그가 50세가 된 인종 2년에 기술된 『고려도경高麗圖經』에는 김부식을 비롯하여 이자겸·윤언식尹彦植·김인규金仁揆·이지미李之美 등 4명을 간략히 소개하고 있다. 김부식에 대한 서긍徐兢의 인물평은

> 그는 살이 쪘고 몸이 컸다. 얼굴이 검었으나 눈은 튀어났다. 박학하여 학식이 넓었고 글짓기에 능하여 고금古今의 경서經書에 능통하였다.[15]

라 하였다. 그가 51세가 된 해에 이자겸이 인종에게 다시 딸을 바치며 횡포가 심해지면서 그와의 대립이 더욱 격화되었고 드디어 다음해에 이자겸난이 일어났다. 그러나 그가 실질적으로 정치의 제1선에 서서 활동한 것은 60대 이후였다. 정지상 등 서경파西京派의 등장으로 새로운 도전세력을 맞게 되면서 61세 때에 묘청난妙淸亂이 일어났다.

그는 묘청난 진압을 분열주의자에 대한 국민적 통일의 승리라 생각했고, 이러한 분열에 대한 응징의 표시로서, 71세의 고령으로 많은 어려움을 극복하면서 『삼국사기』를 저술한 것이다. 따라서 그는 제濟·려麗의 내분을 그 나라 멸망의 원인으로 강조하였으며, 갈등과 분열에 허덕이는

14) 『삼국사기』 권44, 열전4 장보고(論).
15) 『고려도경』 권8, 인물.

당시의 사회에 대한 간접적인 비판을 서슴지 않았다. 74세에 치사致仕한 뒤 77세 된 의종 5년에 사망하였다.

여기서 주목할 것은 그의 3차에 걸친 입송入宋이었다. 그가 제 1차로 입송한 것은 30대 후반으로서 그때 그곳에서 1092년에 초간初刊된 『자치통감資治通鑑』을 보았을 것이다. 김부식 자신이 『삼국사기』에 이를 인용(9개)하고 있어 그것을 직접 가져오지는 못했을지라도 충분히 열람할 기회는 있었을 것이어서, 『삼국사기』는 그 형태가 『당서唐書』를 모방하고 있었다. 이것은 외래문화의 졸속한 모방의 배격과 그에 대한 충분한 비판을 위한 주체적인 자각의 표시인 것이다.

따라서 그가 묘청세력이 득세하던 1128년(54세)에 제3차의 입송은 보다 많은 한문화에 대한 이해와 자료수집을 위한 여행인지도 모른다. 그때에 그는 앞 시대의 역사를 정리하려는 야심을 갖고 있었을 것이 분명하다. 그러므로 이러한 자료수집과 역사의 저술의욕을 간파한 인종은 그에서 사기찬술史記撰述의 명을 내렸다고 하겠다. 다시 말하면 인종은 외척의 횡포를 자신의 실정失政으로 생각하여 항상 괴로워했을 것이며, 김부식으로 하여금 『삼국사기』를 완성케 함으로써 스스로를 반성하려는 자세를 갖고 있었으리라 보인다. 더구나 왕의 중병을 목도한 그가 『삼국사기』를 바치면서 쾌유를 빌었으나, 인종은 『삼국사기』를 받아본지 3개월 만에 서거하였다.

『삼국사기』가 김부식을 비롯한 11명의 편사관이 만들었지만, 위에서 본 바와 같이 그들의 창작물이 아니다. 다만 김부식이 쓴 머리말(進三國史表)과 사건의 해설(史論) 및 인물평가(列傳) 등을 제하고 대부분의 역사사실(志를 포함하여)은 기존 사서를 전재한 것이기 때문이다. 김부식이 머리말에서 인용한 『고기古記』나 중국문헌(『한서漢書』·『당서唐書』·『자치통감資治通鑑』·『책부원귀冊府元龜』) 외에도 『고구려비기』나 『신라고사』의 예로 보아 당시는 많은 문헌이 있었을 것이다. 또한 그가 3차에 걸쳐 송에 들어

간 것은 『자치통감』(1092년 간행)을 참고하기 위해서 였지만, 김부식은 결국 『사기史記』의 형태를 참고하여 기전체紀傳體를 택함으로서 외세(여진)와 귀족갈등을 초월하려는 국가의식의 의미가 컸다고 하겠다.

또한 백제 근초고왕 30년(375)에 고흥高興의 『서기書記』와 신라 진흥왕 6년(546)의 『국사國史』의 편찬, 그리고 고구려 영양왕 11년(600)에 이문진李文眞의 『신집新集』 5권의 존재는 이미 삼국시대에 국사편찬이 있었음을 알 수 있다. 더구나 『화랑세기花郎世記』와[16] 『계림잡전鷄林雜傳』, 그리고 최치원崔致遠의 『제왕연대력帝王年代曆』의 기록으로 보아 통일신라로 이어진 역사편찬은 큰 발전이 있었다고 하겠다. 특히 나말의 김운경金雲卿·최치원·최신지崔愼之 등 숙위학생宿衛學生(또는 遣唐留學生)들이 귀국 후 문한직文翰職에 종사하였으므로 여초에 국사편찬의 필요성이 제시되었을 것이다.[17]

국사편찬이 단순히 유교정치이념의 구현이 아니라 왕권강화의 표현이기 때문에 여초에 존재하였을 역사실록이 소실된 이후 덕종대 황주량黃周亮 등이 『칠대실록七代實錄』을 편찬하였음은 당연하다. 특히 고려왕실이 안정되고 외세의 위협(여진)과 귀족간의 갈등을 목도한 인종(1122~

---

16) 『화랑세기』는 김대문金大問이 저술했다는 기록만 있고 전해지지 않는다. 그런데 1989년에 『초록본 화랑세기』가 발견되었고, 이어 1995년에는 『필사본 화랑세기』가 나타났다. 저자는 1세 풍월주(魏花郞)부터 15세 김유신(첫면)까지의 내용이며, 후자는 4세(二花郞)부터 마지막 32세 신공信功까지의 내용으로 되어 있다. 다만 그 내용은 화랑(風月主)이 지나치게 혼인관계의 무질서와 여성상으로 묘사된 점, 그리고 역사성의 부족함을 들어 위작설과 사실론으로 의견이 통일되지 않고 있다. 권덕영, 노태돈 등은 위작설을 주장하였으나 이종욱은 진본으로 설명하고 있다.
권덕영, 1989, 「필사본 화랑세기의 사료적 검토」 『역사학보』 123.
노태돈, 1995, 「필사본 화랑세기의 사료적 가치」 『역사학보』 147 : 1997, 「필사본 화랑세기는 진본인가」 『한국사연구』 99·100.
이종욱, 1995, 「화랑세기 연구서설」 『역사학보』 146 : 1997, 「화랑세기의 신빙성과 그 저술에 대한 고찰」 『한국사연구』 97(1999, 『화랑세기』 재수록, 소나무).

17) 신형식, 2002, 「나말 숙위학생의 역할」 『한국의 고대사』, 삼영사, 63쪽.

1146)은 김부식에서 『예종·인종실록』 편찬을 요구하였을 것이며, 철저한 유학자였던 김부식은 이러한 바탕에서 『삼국사기』를 편찬하였다고 생각된다. 이로써 우리나라의 전통사학은 그 바탕이 마련되었으며, 역사편찬의 모델이 될 수 있었다.[18)]

제2절 『삼국사기』의 연구성과

인종 23년(1145)에 만들어진 『삼국사기』는 '진삼국사표進三國史表'와 본기本紀(28권)·표表(3권)·잡지雜志(9권) 그리고 열전列傳(10권)으로 되어 있다. '진삼국사표'찬술撰述의 동기와 목적 및 그 성격의 방향을 제시한 서론에 해당한다. 우선 그 내용은 중국에는 각 시대마다 사관史官이 있어 역사의 기록이 있으니만치, 장구한 역사를 가진 우리나라도 마땅히 그것이 있어야 할 것임을 말한 후에

> 지금 학사대부學士大夫들은 모두 오경五經·제자지서諸子之書·진한사서秦漢史書에는 널리 능통하지만, 우리나라 사실은 망연하여 그 시말을 모르고 있으니 심히 가슴 아픈 일이다. 더구나 신라·고구려·백제가 3국을 세우고 서로 정립鼎立하여 예禮로서 중국과 통한 바 있어 『한서漢書』나 『당서唐書』에 모두 열전列傳에 기록된 바 있다. 그러나 국내(중국)의 것은 자세하나 국외(3국)의 것은 간략하게 써 놓았으므로 실리지 않는 것이 적지 않다. 더욱 고기古記에는 문자가 거칠고 사적事跡이 빠지고 없기 때문에 이것으로는 군후君后의 선악이나 신자臣子의 충사忠邪·국가의 안위, 인민의 이난理亂 등을 모두 들어내어 후세에 경계를 할 수 없게 되었다. 따라서 3장長(재才·학學·식識)의 인재를 얻어 일가지사一家之史를 이룩하여 만세에 남겨두는 교훈을 삼아 해와 별같이 밝히고 싶다.(<진삼국사표>)

라고 『삼국사기』의 편찬동기와 목적을 분명히 하고 있었다. 즉, 이에 의

18) 신형식, 2007, 「한국사학사」 『한국사의 새로운 이해』, 이화여대, 270~272쪽.

하면 중국의 경우와 같이 '우리 역사'를 다시 써서 '후세에 교훈'을 삼겠다는 것이다. 이 두 가지의 목표는 『삼국사기』 전체를 흐르는 기본정신이며, 특히 '왕의 치적, 신하의 충성, 백성의 도리'가 역사서술의 내용이라는 점을 밝히고 있다. 따라서 3자간의 책무를 통해 국가의 안위가 결정되기 때문에 우리는 역사 속에서 교훈을 찾는다는 것이다.

이러한 『삼국사기』가 편찬된 후, 정사서正史書로는 300년 후인 조선 문종 원년(1451)에 『고려사』가 있을 뿐이다. 따라서 그에 대한 비판은 조선왕조의 성립 직후 전왕조사前王朝史의 편찬 필요성이 태동되면서 크게 일어나게 되었다. 다만, 『삼국사기』가 쓰여진 한 세기 뒤에 이규보李奎報(1168~1241)에 의한

> 김부식이 국사國史를 다시 편찬할 때 동명왕東明王의 사적을 매우 간략하게 다루었다. 그는 국사란 세상을 바로잡는 책이기 때문에 대이지사大異之事로서 후세에 보여줄 수 없다고 생각하여 그를 간략하게 한 것이 아니겠는가.[19]

라는 간략한 비판은 있었다. 이것은 『구삼국사』에 보여진 동명왕에 대한 괴력난신怪力亂神의 내용을 크게 삭제한 김부식을 옹호한 글이다.

따라서 『삼국사기』에 대한 본격적인 비판은 조선에 와서 이루어진다. 이에 대한 최초의 비판은 여말선초麗末鮮初의 권근權近(1352~1409)으로부터 비롯된다. 그는 『진삼국사략전進三國史略箋』에서

> 김부식이 체제(범례)는 사마천司馬遷의 『사기史記』의 법을 취했으나, 대의大義는 간혹 춘추春秋와 다른 점이 있었고, 한 가지 사실이 여기 저기(3국의 각 본기)에 중첩되어 있다. 방언方言과 이어俚語가 서로 섞여서 선정과 가모嘉謨는 전한 것이 드물며 나라별로 글을 만들어 참고하기가 어렵다.[20]

19) 『동명왕편』 서.
20) 『동문선』 권44, 표전表箋.

라 하여 체제는 마사馬史의 법을 취했으나 뜻은 춘추의 내용과 달랐으며, 중복된 기록과 방언·이어를 비난하고 있다. 이것은 거서간居西干 등의 고유명칭이나 춘추의 뜻을 3국 실정에 맞게 해석을 꾀한데 대한 비판이었다. 오히려 선초鮮初의 사가들이 갖고 있는 유교적 형식주의자들 보다는 훨씬 김부식이 융통성이 있고 현실적인 합리성이 있는 것이다.[21] 그는 또한 『삼국사략서三國史略序』에서도

> 김부식이 삼국사를 만드는데 사마천의 『사기』를 모방하여 나라별로 썼고, 본기·열전·지·표도 있어 50권이나 된다. 같은 해를 본기에 나누어 한가지 일을 중복되어 방언과 이어를 없애지 못하였고, 범례가 적당치 못하고 책이 크고 번잡하여 보는 사람이 참고하기에 퍽 어려움을 갖는다.[22]

라 하여 서술체제·방법 및 사론史論에 대한 불만을 토하고 있다.[23]

이에 대해서 윤회尹淮(1380~1436)도 그의 『의청간행동국사략전擬請刊行東國史略箋』에서

> 근래 김부식의 편찬을 본다면 부피가 많고 용장冗長하여 읽으려면 잠이 오고 황당하며 광탄狂誕하기 때문에 입에 오르면 불경不經할 뿐이다.[24]

라 하여 황당광탄荒唐狂誕한 책으로 혹평하고 있다. 이것은 『삼국사기』 내용이 춘추지법이나 중국의 경전에 불충실하다는 것이어서 왕명에 의해서 그러한 부분을 수정해야 한다는 것이다. 따라서 모름지기 사서史書는 춘추필법, 반고班固와 사마천의 규범을 훼손해서는 안 된다는 것이다. 여기에도 우리는 김부식의 탈중국적인 현실성을 대할 수 있다.[25]

---

21) 고병익, 앞의 논문, 15쪽.
22) 『동문선』 권 91, 서.
23) 정구복, 1975, 「동국사략에 대한 사학사적 고찰」 『역사학보』 68, 7쪽.
24) 『동문선』 권44, 표전表箋.
25) 권근은 전술한 바와 같이 춘추필법을 충실히 이행하는 것이 사서史書의 기본으로 생각하였다. 따라서 그는 알영閼英을 성인聖人으로 한 것이나, 부인을 巡幸에 동반

이어 이극돈李克墩(1435~1503)의 『동국통감東國通鑑』 서문에도

> 우리나라(동방)는 단군·기자이래 삼한에 이르기까지 그 기록이 근거가 없으며, 3국에 이르러서는 근근히 있는 것조차 조락粗略이 심하고 다구나 터무니없는 불경지설不經之說을 첨가시켜 후세의 사가에게 이것을 계승 찬술케 하였다.

라 하였으며, 서거정徐居正 그 자신도 『진동국통감전進東國通鑑箋』에 이와 비슷하게 '불경황괴不經荒怪'를 비난하고 있다. 이것은 『삼국사기』에 보이는 '구전口傳된 내용의 충실한 기록'을 못 마땅히 여긴 것이다. 한편, 오운吳澐의 『동사찬요東史纂要』에도 특히 직관지職官志에 있어서의 신라편중을 비판하여 체제나 이어俚語 사용을 비난하고 있다.

이러한 김부식에 대한 비판은 18세기 이후에도 비슷하게 전개되었다. 우선 안정복安鼎福(1712~1791)도 『삼국사기』가 중국기록의 보충이라는 측면은 인정할 수 있으나,

> 그 책이 소략하고 잘못된 곳이 많아 김부식은 사가史家로서의 규모는 거의 이룰 수 없었다. 그가 왕명을 받들어 역사를 편찬함에 보다 널리 문적文籍을 두루 살피고 헌서지로獻書之路를 열어 주었다면, 지나치게 간단하여 식자識者들에게 한恨은 주지 않았을 것이다.[26]

라 하여 광범한 자료의 수집과 이용을 하지 못한 무능을 비난하였다. 이러한 순암順菴의 비판과 같이 정약용丁若鏞의 경우도 "김부식이 우리나라 고사古史가 갖는 황탄荒誕·비리鄙俚함을 들어 탄식할 뿐" 구체적으로 큰 비난을 하지 않았다.[27] 대개 조선사가들은 『삼국사기』의 체제나 어구

한 것은 비례非禮라는 것이다. 이에 대해서 김부식은 비례로 생각치 않았고, 특히 내물왕이 동성同姓을 아내로 한 것은 예는 아니지만, 우리 현실로는 불가피한 것임을 강조하였다.

26) 『순암선생문집順菴先生文集』 권10, 동사문답서東史問答序.

27) 『다산전집』 권1, 시문집(題疆域考).

및 사론史論에 있어서 그것이 중국 정통사학의 패턴을 벗어났다는 형식주의적인 예론禮論에 입각한 비판이었다. 즉 정사正史의 체제나 사론은 춘추필법과 예禮에 따라야 한다는 것이다.

그러므로 『삼국사기』에 보여진 혁거세의 알영대동閼英帶同의 순행巡幸이나 알영의 칭성稱聖은 예禮가 아니라고 크게 비판하고 있다. 더구나 내물왕의 동성혼을 옹호한 김부식의 사론은 선초鮮初의 형식주의적인 유학儒學들에게 더욱 비난의 표적이 될 수밖에 없었다. 이에 대해 조선후기의 사가들은 그러한 방언·이어나 불경不經의 표현보다도 광범한 자료수집과 이용이 부족했음을 지적하고 있었다.

『삼국사기』에 대한 체계적인 비판은 20세기초 일련의 민족사가에 의하여 집중적으로 전개되었다. 우선 신채호申采浩는 『삼국사기』의 기록이 소루疏漏함이 사료史料의 부족이 아니라고 지적한 뒤에,

> 선학들이 말하되, 삼국의 문헌이 모두 병화兵火에 없어져 김부식이 고거考據할 사료가 부족하므로 그의 편찬한 사기가 그렇게 소루함이라 하나, 기실은 역사의 병화보다 김부식의 사대주의가 사료를 분멸焚滅한 것이다.[28]

라 하여 김부식의 철저한 사대주의사관에 원인을 두고 있다. 다시 말하면 김부식은 서경전역西京戰役의 승리를 기회로 삼아 사대주의에 사로잡혀

> 조선의 강토를 바짝 줄이어 대동강 혹은 한강을 국경으로 정하는 한편 사대적 유교적인 입장의 사료는 부연찬탄敷演讚嘆 개작改作하고 그에 불합不合한 사료는 논폄도개論貶塗改 혹은 산제刪除하였다.[29]

28) 신채호, 「조선역사상일천년래제일대사건」 『단재신채호전집』 중, 118쪽.

29) 신채호, 앞의 책, 119쪽. 이어서 단재는 그러한 근거로 ① 『삼국사기』에서 부여와 발해를 제거한 점 ② 백제의 위례慰禮를 직산稷山으로 옮긴 점 ③ 고구려 주군州郡의 태반을 한강 이남으로 옮긴 점 ④ 신라의 평양주平壤州를 삭제하여 북방영토를 외국에 할양한 점 ⑤ 고유 사상인 화랑의 성인인 영랑永郎·부예랑夫禮郎을 기록하지 않고 당唐에 동화한 최치원을 숭배한 점 ⑥ 당과 혈전한 복신福信은 열전에 없는데 투항한 흑치상지黑齒常之를 내세운 점 등을 들었다.

라고 하여 그는 철저한 사대주의에 사로잡혀 사료를 임의로 날조·개작했다고 하였다. 따라서 그의 인물평도 혹독하여 김춘추는 외족을 끌어들여 동족을 멸망시킨 대죄인이라 하여

> 이종異種을 초招하여 동종同種을 멸滅함은 구적寇賊을 위하여 형제를 살殺함과 무이無異한 자니 차의此義가 심명甚明하여 비록 삼척동자라도 가히 지득知得할 바이어늘 (중략) 황차동국통일況此東國統一의 공으로 기죄其罪를 엄俺하리오 (중략) 연즉然則 김춘추 일생에는 죄만 유有하고 공功은 무無하거늘. (하략) 이족異族으로 하여금 동족을 멸한 김춘추여, 차등주의此等主義를 고취하여 오국吾國을 삭약削弱케 한 역사가여.30)

에서 그를 불세출의 군주로 서술한 역사가의 입장을 한탄하였다. 이에 대해서 최남선崔南善도 비슷한 견해를 보이면서

> 그런대로 체례體例가 정제하고 문사文辭가 화미華美하지만 이러한 외관外觀이 도리어 이 책의 단점이요. (중략) 후인과 타인의 안목에 번지르하게 보이게 된 것이 실은 지나사상과 한문적 기습氣習으로서 국고國故의 원형을 왜뉴歪扭하고 개환改換한 결과이다. 유교적으로 보아 괴난怪亂한 것은 말살하기를 꺼리지 않았고 한학상漢學上으로 비야鄙野한 것은 변개變改하기를 서슴지 않고 자구字句의 편便을 위해선 신축과 산첨刪添, 취사取捨와 전재剪裁를 예사로 하였다.31)

라 하여 사실에 충실하기보다는 문사에 치중하였고, 원상原相에 따른 것이 아니라 주관에 따라 개작을 서슴지 않았다는 것이다.

이에 대해서 일제하의 식민사가들은 대부분이 같은 입장을 내세우고 있었다. 즉 진전좌우길津田左右吉이 제·려의 본기는 물론 신라본기의 상대上代부분은 전혀 믿을 수 없는 허구라고 주장한32) 이후, 모든 일인학

---

30) 신채호, 「독사신론」『단재신채호전집』 상, 509~510쪽.
31) 최남선, 1914, 『삼국유사해제』, 8쪽.
32) 津田左右吉, 「三國史記の新羅本紀ついて」『津田左右吉全集』 별권1.
末松保和, 1954, 『新羅史の諸問題』, 東洋文庫, 430쪽.

자들은 『삼국사기』 내용이 거의가 중국문헌의 기계적인 전재轉載라 했으며, 한결같이 내물왕 이전의 기록을 신빙성이 없는 날조라고 생각하였다. 말송보화末松保和도 역시 다음과 같이

> 중국사료의 기계적인 삽입, 유교적 입장의 강조, 신라 제일주의, 고려왕실과 신라왕실과의 관계의 명시明示이다.

라고 설명하였다.[33] 심지어는 반도충부飯島忠夫는 『삼국사기』에 나타난 66회의 일식日食기사를 중국문헌의 전재라고 하면서

> 일식기사는 『삼국사기』의 찬술 당시 나중에 속임수가 폭로된다는 것을 생각하지 않고 중국의 사서기록을 그대로 옮겨 수공적手工的으로 첨가하였다.[34]

라고까지 주장하여 『삼국사기』의 사료적 가치를 외면하였다.

이러한 부정적 견해는 근래의 한국학자들 사이에도 나타나고 있다. 즉, 김철준씨는 김부식의 사관이 고대적 성격과 전통적인 체질을 부인하는 입장에서 많은 주요 사료들이 김부식의 사관으로 말미암아 소멸될 것인가를 지적한 후,

> 전통적인 문화체질과 거리가 먼 모방적이고도 사대적인 유교사관에 입각할 때 결과는 자기 전통문화의 빈곤화, 축소화이며 외교관계기사의 풍부함도 사대주의의 합리화에 불과하다.[35]

라고 주장하고 있다. 따라서 김부식의 서술은 사대주의의 타당성을 강조하기 위한 것이며, 사료의 고대적 성격을 말살하려든가, 애매하게 하였다는 것이다.

그러나 이상과 같은 부정적 의견에 대하여 긍정적 견해도 있다. 이에

---

33) 末松保和, 1963, 「舊三國史と三國史記」 『朝鮮學報』 39·40, 56쪽.
34) 飯島忠夫, 1925, 「三國史記の日食記事について」 『東洋學報』 15-3, 126~140쪽.
35) 김철준, 앞의 논문, 82~83쪽.

대해서 고병익씨는 김부식의 집필부분으로 생각되는 30칙則의 논찬論贊을 분석하면서 유교적 형식윤리관이 오히려 덜하였고 중국기사의 정확한 전재는 물론이며

> 첫째로 그는 삼국의 기사를 본기로 배당해서 3국을 동등한 격에 놓고 있다. 도시 3국의 기사를 본기로 명명하는 것도 만약 김부식이 정말 중국중심의 사대사고가 골수에 박힌 사람이면 하지 못했을 일이다. (중략) 둘째로 주목할 만한 것은 3국 각국의 기사에 있어서 편사자가 제1인칭으로서 해국該國을 표현하고 있다는 사실이다. (하략) 요컨대 신라·고구려·백제의 3국에 대한 김부식의 자세는 놀라울 정도로 공평불편하였고 주관적인 호오好惡이나 명분론적인 차별에 사로잡히지 않고 냉정한 객관성을 유지하고 있음을 볼 수 있다.[36]

라 하여 비교적 『삼국사기』의 기록이나 김부식 사관을 옹호하는 입장을 취하고 있다.

또한 근래에 이기백씨는 『구삼국사』와의 비교를 통해서 『삼국사기』가 도덕적 합리주의사관으로 설명할 수 있다고 한 후에

> 삼국사기는 오히려 발전된 사관과 역사서술의 산물이었다고 생각하고 있다. 그러기에 현대 역사학의 입장에서 볼 때, 『삼국유사』 보다는 『삼국사기』의 것이 현대의 그것에 가까와지고 있는 것이다.[37]

라고 하여 보다 발전된 사관을 나타내 준 것으로 주장하고 있다.

이러한 상반된 견해에 대하여 필자는

> 『삼국사기』의 본기내용은 처음부터 신라를 국가체제로 인정하여 정치·천재·외교 및 전쟁이라는 4항목으로 서술되어 있다는 점이다. 이 항목의 비율은 전체적으로 포물선을 긋고 있으며, 내물왕을 어떤 역사적인 전기轉機로 내세우지는 않았다.[38]

---

36) 고병익, 앞의 논문, 29~32쪽.
37) 이기백, 1976, 「삼국사기론」 『문학과 지성』 26, 873쪽.
38) 신형식, 1977, 「신라사의 시대구분」 『한국사연구』 18, 10~32쪽.

라 하여, 본기내용을 정치·천재지변·전쟁·외교의 4항목으로 나누어 역사서술의 방법을 자연의 변이(도전)와 인간(왕)의 활동(정치·외교·전쟁)과의 상관관계로 보려고 하였다. 그리고 철저한 유교적이며 사대주의적인 김부식의 사관에는 그래도 자기 나라의 독자성과 특수성을 인정하려는 국가의식이 강조되었고, 당시 사회에서 불가피한 현실적인 융통성을 찾아보려고 하였다.

무엇보다도 필자는 『삼국사기』내용에 있어서 항상 문제가 되는 '상고대上古代의 기록'이라 해도 그것이 갖는 사료적 한계성을 부인할 수 없지만, 일단 사료로서의 가치를 인정하는 입장에서 본서本書를 집필하였다. 그것이 비록 중국문헌의 전재이며, 편찬당시에 많은 수정이 있었다 해도 유일할 문헌으로서의 사실 그 자체까지 부정한다면 한국고대사는 성립될 수 없을 것이기 때문이다. 다만, 편찬당시의 기록이 얼마나 정확하게 원래의 사실을 전하고 있는가 하는 문제는 항상 염두에 둬야 할 것임은 말할 나위도 없다. 따라서 본서는 그에 대한 비판에 앞서, 『삼국사기』의 정확한 '실체파악'을 목적으로 한 것이며, 장래할 명확한 비판을 위한 기초적 작업이 될 것이다.

근래 정구복鄭求福씨는 『삼국사기』와 김부식에 대한 다각적인 연구로 유학적이면서도 인간중심의 역사의식을 부각시켜 이 책에 대한 이해에 큰 도움을 주었다.[39] 또한 이강래李康來씨는 『삼국사기』 도처에 보이는 분주分註에 주목하여 진흥대 이후의 편사의 전통과 통일전쟁이후 일통삼한의식一統三韓意識을 강조하고 있다.[40] 나가서 『삼국사기 형성론』에서 『삼국사기』의 자료에 대한 심층적 분석을 통해서 그 성격을 유교적 세계관과 덕목에서 부각시켰으며, 결국 『삼국사기』는 고려왕조의 위기에 대한 하나의 대안으로 그 의미를 정리하였다.[41] 이로서 『삼국사기』는 한국

39) 정구복, 1999, 「김부식과 삼국사기」 『한국중세사학사』 Ⅰ, 집문당, 280쪽.
40) 이강래, 1995, 『삼국사기 전거론』, 민족사 참조.

전통사학의 정착에 바탕이 되었으며, 한국사학사상의 위치를 확인할 수 있게 되었다.

위에서 본 바와 같이 『삼국사기』는 조선시대에 이르러 사대적이며 간략한 책으로 비판되었으며 민족사학자들과 일제 사가들도 비슷한 견해를 갖고 있었다. 특히 김철준씨의 부정적 시각이 고병익·이기백씨 등의 반론으로 이 책에 대한 긍정적인 평가가 부각되면서 필자는 『삼국사기』를 다각적으로 분석함으로서 그 정당한 평가를 이룩할 수 있게 되었다.

무엇보다도 근자에 좌등장지佐藤將之는 『삼국사기』를 정치사상의 입장에서 분석하여 김부식이 갖고 있는 유교상(『좌전左傳』과 『맹자孟子』)을 응용하여 당시의 유교적 분위기속에서도 자아의식의 상징으로 설명하고 있다.[42]

---

41) 이강래, 2000, 『삼국사기 형성론』, 신서원 참조.
42) 佐藤將之, 1995, 「삼국사기 정치사상의 연구」, 서울대 박사학위논문.

제2장

『삼국사기』 본기 내용의 계량적 분석

『삼국사기』는 본기에 가장 큰 비중을 두었다. 따라서 그에 대한 분석이나 평가는 『삼국사기』 이해의 관건이 될 것이다. 그러나 종래 상고대上古代의 본기에 대한 부정적 평가는 한국고대사연구에 많은 공백을 남기게 하였음은 사실이다. 따라서 『삼국사기』에 대한 보다 긍정적인 평가는 그 자체의 실상을 해명하는 길인 동시에 고고학적 발굴 성과를 연결시켜 한국고대사의 새로운 개척의 열쇠가 될 수 있을 것이다.

『삼국사기』는 그 기록내용이 '중국문헌의 전재'나 '방언·이어俚語에 의한 불경不經한 문구'가 상당히 눈에 띄고 있는 것은 사실이다. 이것은 어디까지나 사실史實에 충실하려는 편찬자의 의도로 간주하면서, 우리는 이제 보다 정확하고 가까운 그 실체파악의 길목에 선 것이다.

필자는 『삼국사기』의 내용을 '자연과 인간의 대응'이라는 차원에서 4항목으로 나누어 서술하려는 것이다. 그리고 자연의 변화(천재지변)와 인간(왕)의 활동(정치·전쟁·외교)이 어떠한 상관관계를 갖고 있었고, 시대에 따라 그것이 변화하는 과정을 주목하려는 것이다. 그리고 본기분석을 계량 사학적 이론에 의한 통계적 방법을 취하였다. 특히 천재지변의 오행적 설명과 정치적 의미에도 많은 관심을 두려는 것이다.

그러나 계량적 분석은 본기의 전체를 개략적으로 파헤친 것에 불과한 것이며, 개별적이고도 구체적인 분석은 제3장으로 미루었다. 특히 본기기록의 변천과정에서 당시 사회의 모습을 추적하려 하였으며, 그러한 '기록의 변화'속에서 시대구분의 가능성도 제시해 보았다.

제1절 본기 내용분석의 방향과 방법

본기는 '본기사이기지本紀事而記之'라는 『사기』의 표현처럼, 과거사실의 기록이다. 따라서 그것은 역사적 사건의 기록이며, 왕의 치적을 나열한 것이다. 『삼국사기』는 전 50권 중에서 28권을 본기에 할애하였다. 이것은 열전위주의 중국문헌[1]과 큰 차이를 나타내는 것이다. 더구나 열전列傳·지志에서 보이는 신라편중의 서술과는 달리, 고구려에 10권, 백제에 6권, 신라에 5권(통일신라 제외)을 배당시켜 3국을 공평히 기록하고 있었다. 그러므로 우리는 3국 역사에 대한 적절한 안배는 결국 본기의 내용이 비교적 객관적일 수 있다는 기대를 갖게 한다.

이러한 본기내용에 있어서는 항상 부딪치는 두 가지 문제점이 있다. 그 하나는 상고대上古代의 본기내용에 대한 사료적 한계성이며, 다른 하나는 기록내용의 분석방법과 그 방향이다. 일찍이 일본인으로부터 제기된 사료의 신빙성부인은 대부분 『삼국사기』의 내용이 중국문헌의 '단순한 전재轉載'라는 점과 '내물왕이전 기록의 허구'라는 사실[2]로 집약된다. 그러나 『삼국사기』 전편에 보여진 중국문헌의 일부전재는 결코 부인할 수 없지만, 그것이 현존 최고문헌으로서의 '사실보전事實保全'이라는 역사적 의미까지도 삭제될 수는 없는 것이다. 이러한 초기기록에 대해서 그 연대는 불신한다 해도 현존문헌이 없는 한 '사료로서의 가치'는 어느 정도 인정해야 한다는 이병도씨의 견해 이후[3] 그에 대한 긍정적 평가가 높아지고 있다.

---

1) 신형식, 1978, 「삼국사기열전의 분석」 『한국사논총』 3, 19~42쪽(본서 제5장 소수所收).

2) 末松保和, 1966, 「舊三國史と三國史記」 『朝鮮學報』 39·40, 1쪽.
津田左右吉, 1919, 「三國史記の新羅本紀について」 『津田左右吉全集』, 別卷1.

3) 이병도, 1936, 「삼한문제의 신고찰」 『진단학보』 6, 77~84쪽.

더구나 고고학적인 성과와 문헌과의 결부를 통해 상고기록의 사료적 가치를 인정하려는 김원룡씨의 주장[4]은 『삼국사기』 연구의 새로운 계기를 불러 일으켰다. 이미 이기백·천관우씨[5]를 비롯하여, 근래에 이종욱·노중국·문경현씨 등의 연구성과도 상고기록을 토대로 이룩된 것이다.[6] 필자도 신라병부령의 기원을 상고의 대보大輔에서 구한 후, 그 분화과정[7]을 밝혀본 바 있었다.

이러한 빈번한 상고문헌의 이용에 따른 사료적 비판은 『삼국사기』의 성격규명 못지않게 중요한 작업이다. 그러나 현재로서는 그 비판에 대한 적절한 방법이 '문헌의 상호비교검토'나 '고고학적인 연구 성과와의 연결'을 중심으로 한 평가에 머물고 있을 뿐이다. 더구나 전승된 원자료와 편찬자의 수정(변형)을 가려내기가 불가능하기 때문에 <표 1>에서와 같은 『삼국사기』와 『삼국유사』의 기록에서 일부나마 찾을 수 있다.

〈표 1〉 『삼국사기』와 『삼국유사』의 기록비교

지증왕智證王	삼국사기	王體鴻大 膽力過人
	삼국유사	王陰長一尺五寸 難於嘉耦
진평왕眞平王	삼국사기	王生有奇相 身體長大 志識沈毅明達
	삼국유사	身長十一尺 駕幸內帝釋宮 踏石梯三石並折

4) 김원룡, 1967, 「삼국시대의 개시에 관한 고찰」 『동아문화』 7, 1~33쪽.
5) 이기백씨의 「갈문왕고」(『역사학보』 58)는 일성왕 15년(148)의 朴阿道(갈문왕)부터 고찰대상이 되고 있어 末松保和가 中古부터 시작한 오류를 지적하였다. 천관우씨의 「삼한고」(1·2·3, 『사학연구』 26, 『진단학보』 41, 『한국학보』 2)도 상고기록을 토대로 한 것이다.
6) 이종욱씨의 「사로국의 성장과 진한」(1979, 『한국사연구』 12)과 1979, 「고구려초기의 좌·우보와 국상」(『전해종박사화갑기념논총』)이나 노중국씨의 「고구려국상고」(1979, 『진단학보』 16-7) 및 문경현씨의 「신라국형성과정의 연구」(1973, 『대구사학』 6) 참조.
7) 신형식, 1974, 「신라병부령고」 『역사학보』 61, 68~69쪽.

이것이 phallicism의 표현[8]이라고도 할 수 있으나, 『삼국사기』의 편찬 당시에 나타난 원자료의 합리적 수정일 수가 있다. 그러므로 보다 철저한 사료적 비판이 수반될 때 『삼국사기』에 대한 성격 구명이 가능하겠지만, 우선 본고는 『삼국사기』의 실체 규명에 목적을 둔 것이므로 간헐적으로 필요시에 한해서 비판을 가했을 뿐이다.

여기서 우리는 1971년에 발견된 무령왕지석武寧王誌石과 본기내용을 비교할 때, <표 2>에서와 같은 일치점을 발견하게 되어 『삼국사기』에 대한 사료적 신빙성을 높여 줄 수 있다. 그러나 광개토왕기廣開土王紀를 보면 그의 비문에 비하여 지나치게 소략하기[9] 때문에, 그에 대한 비판에 앞서 보완의 문제도 지적되어야 할 것이다.

〈표 2〉 무령왕지석과 『삼국사기』의 비교

지석誌石	寧東大將軍 百濟王 斯麻王 年六十二歲 癸卯年 五月丙戌朔 七日壬辰崩
『삼국사기』	武寧王 諱 斯麻王 … 寧東大將軍 二十三年 癸卯 夏五月 王薨

여기서 필자는 상고대의 본기기록을 일단 긍정적으로 받아들인다는 입장에서 본서를 집필하였다. 본기의 내용은 당시의 사회상을 집약시킨 '사건의 기록'이라고 생각하여 모든 선입관을 버리고 기록 자체의 의미를 파악하려는 자세를 취하였다. 예를 들어 백제의 개루왕기蓋婁王紀는 재위 39년간에 다음과 같은 5가지 기록뿐이다.

---

8) 김철준, 1973, 「고려중기의 문화의식과 사학의 성격」 『한국사연구』 9, 82~83쪽.

9) 본기에 나타난 광개토왕의 정복활동은 백제정벌(2·3·4년)과 慕容氏정벌(9·13·14·15년) 등 두 가지에 불과하다. 그러나 비문에 나타난 정복활동은 「광개토왕능비재론」(천관우, 1979, 『전해종박사화갑기념논총』)에 따르면 대거란작전을 비롯한 6개 방향의 9가지의 정복(작전)활동이 있었다.

① 4년 夏 4月 王獵漢山
② 5년 春 2月 築北漢山城
③ 10년 秋 8月 熒惑犯南斗
④ 28년 春正月 日有食之
⑤ 28년 冬 10月 羅王怒 出師來伐 諸城堅壁自守不出 羅兵絶糧而歸

따라서 우리는 당시의 정치가 곧 왕의 직능으로서 대변되고 있음을 알 수가 있다. 즉, 王은 '하늘의 일'인 형혹熒惑(화성;③)·일식(④)과 '지상의 일'인 수렵(①)·축성(②) 및 전쟁(⑤)의 조절을 통해서 양자간의 균형을 유지하는 사람인 것이다. 이것은 '하늘(자연)과 땅(인간) 사이의 관념적 사고'[10]에서 왕의 직능과 활동범위를 말해 주는 것이며, 고대중국의 천인관天人觀과도 일맥상통한다고 생각된다. 따라서 본기내용의 변화는 어느 정도 사회변천의 모습을 반영하고 있지만, 전반적으로 볼 때 본기기록은 일정한 pattern을 유지하면서 계속되고 있음을 찾을 수 있다.

이러한 관점에서 볼 때, 본기내용은 크게 정치·천재지변·전쟁·외교의 4부분으로 구분할 수 있다. 이러한 구별은 원자료나 편찬자의 작사作史 태도에서 나온 것이 아니다. 어디까지나 본기내용을 분석한 결과로 나타난 것이며 『삼국사기』의 기록에 나타난 고대사회에 있어서의 역사서술의 내용에서 추출한 필자의 생각일 뿐이다. 다시 말하면 위에 든 4항목의 내용은 '자연의 변화'와 '인간의 대응' 속에서 천상(자연이변)과 지상(정치행위)의 상관관계를 설명하는 것으로서, 그 속에서 군신의 도리, 국가의 안위, 인민의 이란理亂 등을 찾아 역사서술의 목적을 제시하는 것이라 믿는다.

그리고 분석방법에 있어서는 계량사학의 통계적 방법을 도입하였다. 다만, 일부 왕에 대한 지나친 단편적 기록은 '통계처리에 필요한 최소한도의 미달'[11]이므로 계량적 분석에서는 제외될 수밖에 없었고, 역사적인

10) Wolfram Eberhard, 'The Political Function of Astronomy and Astronomers in Han China'(Chinese Thought and Institution: John K. Fairbank. ed., 1957), p.33.

11) R. W. Fogel; The New Economic History; its Findings and Methods in Quantitative

사회현상을 숫자화하고 획일화하는 데에 대한 비판[12]을 외면할 수는 없다. 그러나 『삼국사기』에 대한 종합적 연구의 일환으로서 그 실체파악을 위한 선구적인 작업이라는 입장에서 통계적 분석법을 택하게 되었다. 따라서 계량사학적 분석은 『삼국사기』 연구의 한 방법일 뿐이다.

그리고 정치기사는 다시 축성·수궁修宮, 순행, 임면, 제사 그리고 기타의 5항목으로 세분하여 각각 그 의미를 파악하였다. 천재지변기사는 '구징咎徵과 사건과의 관계'에 관심을 두어, 천재지변의 정치적 의미추구에 초점을 두었다. 특히 자연현상에 있어서의 오행적 설명도 꾀하여 보았으며, 그 외에 전쟁·외교기사도 당시의 사회상과 결부시켜 설명하였다. 이러한 본기기록의 분석은 3국시대의 정치와 사회전반을 이해하는 첩경이었고, 김부식사관의 윤곽을 대할 수 있어, 3국시대의 시대구분의 실마리[13]를 찾아볼 수가 있었다. 나아가서 유교적인 합리주의사관[14]에 젖은 『삼국사기』의 편찬자들이 놀랍게도 김부식과 같이 불교에 대한 깊은 이해가 저변에 잠재되어 있음도 발견할 수가 있었다.

제2절 신라본기 내용의 분석

1. 상대기록의 분석

주지하는 바와 같이 『삼국사기』와 『삼국유사』는 신라사를 각각 3분하고 있다. 즉, 전자는 상대上代(시조~진덕여왕)·중대中代(무열왕~혜공왕)·하대下代(선덕왕~경순왕)로, 후자는 상고上古(혁거세~지증왕)·중고中古(법흥왕~

History, 1965), p.331.

12) 이영, 1977,「계량사학에 관한 연구」『역사교육』 22, 157쪽.

13) 신형식, 1977,「신라사의 시대구분」『한국사연구』 18, 45쪽.

14) 이기백, 1976,「삼국사기론」『문학과 지성』 26, 860쪽.

진덕왕)·하고下古(무열왕~경순왕)로 나눈 것이 그것이다. 그러나 양서兩書의 구분은 근본적으로 다른 것이 아니고 '구분의 시기'가 서로 뒤바뀌고 있을 뿐이다. 『삼국사기』의 상대는 『삼국유사』의 상고·중고이며, 유사의 하고는 사기의 중대·하대이기 때문이다. 이러한 구분의 근거를 『삼국사기』는 혈통을 중시한 국인國人(신라인)이 나눈 바에 두었고, 『삼국유사』는 중고와 하고의 차이를 성골聖骨과 진골眞骨이라는 사실에 두었다. 이와 같은 시대구분은 나말의 삼대목三代目에서도 보인바 있거니와, 신라인들은 국가의 장구한 성장과정이나 3국통일 그리고 제·려 및 한문화를 수용하면서 몇 번의 시대감각의 차이를 경험하였다는 뜻을 말해 주는 것이다.

그러나 실제로 신라인들이 생각했던 시대감각과 『삼국사기』 편찬 당시의 김부식 등 편찬자들의 역사인식과는 큰 차이가 있게 되었다. 이러한 차이를 우리는 『삼국사기』의 기록에서 접할 수 있었다. 즉, 신라사회에서 시대구분의 큰 구획선이 된 무열왕과 선덕왕宣德王을 『삼국사기』에서는 전왕前王의 기사 다음인 5권과 9권의 맨 끝에 간략히 기술하고 있는 것이다. 이것은 신라인의 시대구분 의식을 실제로 반대한다는 김부식의 뜻이 될 것이다.

상대는 혁거세로부터 진덕여왕까지 28왕[15] 711년간(BC57~AD654)을

---

15) 『삼국사기』에는 하대 28왕의 계보와 각왕의 본기가 있고, 『삼국유사』도 가계 설명이 있다. 그러나 조선의 기록에는 27왕으로 되어 있어, 민애왕(44대)이 빠지고 있다. 우선 『삼국사절요』에는 목차에 나와 있으나, 내용에는 "金明弑僖康而卽位 祐徵弑閔哀而卽位"라 하여 춘추의 뜻에 따라 찬탈기록을 남긴다고 하였다. 그러나 민애왕의 기록은 전혀 없이 왕이 된 사실뿐이며, 다른 왕같이 서두에 왕명이 나오지 않는다. 이어 『동국통감』에도 목차에 빠지고 없으며, 단지 희강왕조의 "金明弑王自立"이라는 내용뿐이다. 그후 『동사강목』에는 왕세계도王世系圖에도 삭제되었고, 내용에는 "金明弑王自立"이라 나와 있다. 특히 "初明雖立僖康實懷異志至是明與利弘等與兵作亂 入王宮弑王左右"라 하여 다른 왕과 달리 이름(金明)으로 표시되어 있다. 그렇다면 그를 삭제한 이유가 무엇일까? 金良相(宣德王)은 혜공왕을, 彥昇(헌덕)은 애장왕을, 金明(민애왕)은 희강왕을, 祐徵(신무왕)은 민애왕을 각각 시해하고 즉위한 바 있다. 따라서 민애왕만을 삭제한 것은 큰 의문이 아닐

말한다. 기이하게도 상대의 28왕은 전체 신라 56왕의 절반이 되는 수치여서, 이를 작위作爲결정이라는 회의를 표하는 경우도 있음직하다.[16] 또한 상대 7세기는 신라 992년의 4분의 3에 해당하여, 중대(126년)·하대(155년)의 6~5배에 달하고 있다. 따라서 이 시기의 왕의 재위기간은 평균 25.4년이나 되어, 중대(15.8년)·하대(7.8년) 및 전체(17.7년)보다 훨씬 길다. 더구나 이 시기에는 왕호王號의 변천이나 시대구분에 여러 구획선이 그어지는 때여서 많은 복잡한 문제를 안고 있었다. 이처럼 상대는 신라가 발전하는 유년기에 해당하여 그 성장에 있어서 심한 진통과 시련을 강요당한 것으로 풀이된다. 그러나 이러한 초기의 기사를 어떻게 이해(평가)하느냐 하는 근본적인 문제점은 커다란 숙제이다.

이 장기간에 걸친 상대를 『삼국사기』에서는 전 5권으로 나누어 서술하였다. 각 권의 구별은 특정한 의미가 있는지 또는 분량상의 편의인지는 분명치 않다. 그러나 그것이 '분량에 의한 구분'만은 아닐 것이며, 분량도 고려하되 김부식 자신의 주관적인 기준에 따른 상당한 의미가 있었을 것이다. 유교적인 합리주의사관에 투철한 그가 함부로 역사를 구획할 정도로 무지하지는 않았을 것이기 때문이다.

1) 제1권의 분석

제1권(혁거세~일성왕)은 7대 211년간(BC57~AD154)의 기록이다. 기록 전체의 내용을 파악하기 위해서 정치·천재지변·전쟁·외교 등으로 나누어 보면 <표 3>과 같다.

수 없다. 다만, 하대 원성계의 양대산맥인 禮英·仁謙系의 갈등에서 나말까지 왕통을 유지해온 예영계는 신무왕부터 사실상 세습이 계승되었음을 본다. 따라서 선초 이후 유교적인 명분과 정통성을 내세운 사가들은 신무왕에게 피살된 민애왕을 더구나 희강왕(예영계)을 시해한 그를 정통의 왕계에서 의식적으로 제거시킨 것이 아닐까 한다.

16) 末松保和, 1954, 『新羅の諸問題』, 3~4쪽.

〈표 3〉 제1권의 내용분석(%)

<table>
<tr><th rowspan="2">왕명</th><th colspan="4">기 사 내 용</th><th colspan="2" rowspan="2">내용의 분류</th></tr>
<tr><th>정치</th><th>천재</th><th>전쟁</th><th>외교</th></tr>
<tr><td rowspan="4">혁거세
赫居世</td><td rowspan="4">5
(21.7)</td><td rowspan="4">13
(56.5)</td><td rowspan="4">2
(8.7)</td><td rowspan="4">3
(13)</td><td>정치</td><td>A(2) B(1) C(1) E(1)</td></tr>
<tr><td>천재</td><td>일식(7) 혜성(3) 龍(2) 雷雨(1)</td></tr>
<tr><td>전쟁</td><td>倭(1) 낙랑(1)</td></tr>
<tr><td>외교</td><td>마한(2) 옥저(1)</td></tr>
<tr><td rowspan="3">남해왕
南解王</td><td rowspan="3">5
(29.4)</td><td rowspan="3">9
(52.5)</td><td rowspan="3">3
(17.6)</td><td rowspan="3"></td><td>정치</td><td>C(2) D(1) E(2)</td></tr>
<tr><td>천재</td><td>일식(2) 旱(2) 蝗(2) 疫(1) 五星(1) 無氷(1)</td></tr>
<tr><td>전쟁</td><td>낙랑(2) 왜(1)</td></tr>
<tr><td rowspan="4">유리왕
儒理王</td><td rowspan="4">9
(47.4)</td><td rowspan="4">6
(31.6)</td><td rowspan="4">2
(10.5)</td><td rowspan="4">2
(10.5)</td><td>정치</td><td>B(1) D(1) E(7)</td></tr>
<tr><td>천재</td><td>지진(1) 大水(2) 혜성(1) 龍(1) 大風(1)</td></tr>
<tr><td>전쟁</td><td>華麗(1) 낙랑(1)</td></tr>
<tr><td>외교</td><td>貊國(2)</td></tr>
<tr><td rowspan="4">탈해왕
脫解王</td><td rowspan="4">9
(33.3)</td><td rowspan="4">7
(25.9)</td><td rowspan="4">9
(33.3)</td><td rowspan="4">2
(7.4)</td><td>정치</td><td>B(1) C(4) D(1) E(3)</td></tr>
<tr><td>천재</td><td>혜성(2) 지진(1) 無雪(1) 旱(1) 大風(1) 怪(1)</td></tr>
<tr><td>전쟁</td><td>백제(7) 가야(1) 왜(1)</td></tr>
<tr><td>외교</td><td>왜(1) 백제(1)</td></tr>
<tr><td rowspan="4">파사왕
婆娑王</td><td rowspan="4">21
(52.5)</td><td rowspan="4">13
(32.5)</td><td rowspan="4">3
(7.5)</td><td rowspan="4">3
(7.5)</td><td>정치</td><td>A(2) B(3) C(3) D(2) E(11)</td></tr>
<tr><td>천재</td><td>旱(2) 怪(2) 지진(2)[혜성·大風·우박·隕石·雪·大水·蝗](1)</td></tr>
<tr><td>전쟁</td><td>가야(2) 백제(1)</td></tr>
<tr><td>외교</td><td>가야(2) 백제(1)</td></tr>
<tr><td rowspan="4">지마왕
祇摩王</td><td rowspan="4">6
(19.4)</td><td rowspan="4">17
(54.8)</td><td rowspan="4">6
(19.4)</td><td rowspan="4">2
(6.5)</td><td>정치</td><td>A(1) C(3) D(1) E(1)</td></tr>
<tr><td>천재</td><td>일식(2) 怪(2) 大水(2)[우박·蝗·落星·疫·風·霜·혜성·지진·雷·火·旱](1)</td></tr>
<tr><td>전쟁</td><td>가야(3) 말갈(2) 왜(1)</td></tr>
<tr><td>외교</td><td>왜(1) 백제(1)</td></tr>
</table>

왕명	기사내용				내용의 분류	
	정치	천재	전쟁	외교		
일성왕 逸聖王	16 (48.5)	14 (42.4)	3 (9.1)		정치	A(1) B(1) C(5) D(1) E(8)
					천재	혜성(3) 雷(3) 旱(2)[霜·일식·五星·疫·雨雹·火](1)
					전쟁	말갈(3)
평 균	36	42.3	15.2	6.4	정치	A(6) B(7) C(18) D(7) E(33)
					천재	일식(12) 혜성(11) 旱(8) 怪(5) 大水(5) 雷(5) 지진(5) 大風(4) 無氷(1) 無雪(1) 隕石(1) 雪(1) 落星(1)
					전쟁	백제(8) 가야(6) 말갈(5) 왜(4) 낙랑(4) 華麗(1)
					외교	백제(3) 마한(2) 왜(2) 가야(2) 貊(2) 옥저(1)

註: 정치기사에서
A는 築城·設柵·修營宮室 등 대규모의 인력동원을 요하는 정치행위이다.
B는 巡狩·畋獵·巡幸 등 왕의 출타와 그에 수반되는 행위(사건)를 말한다.
C는 任免·立太子·納妃 등 실제의 인물을 어느 직(위)에 임명(면직포함)하는 것이다.
D는 謁始祖廟·祠天地·祈雨 등 일체의 제사와 기원을 위한 사제적 사실을 뜻한다.
E는 그 외의 모든 정치기사로서, 주로 大赦·賑恤·閱兵·권농·下令·政事·반란(투항포함) 등 전반적인 왕의 업적이나 일반 정치기사를 포함한다.

이에 따르면, 앞에서 언급된 4항목이 일정한 비중으로 증감되면서 구성되고 있음을 알 수 있다. 따라서 '하늘의 일'(천재지변)과 '땅(인간)의 일'(정치·전쟁·외교)은 어느 정도의 비율을 유지하면서 양자간의 상관관계를 보여주고 있었다. 그러므로 왕은 이러한 양자간의 조절 속에서 역사서술의 과제를 추출시켰고, 사회발전의 형태를 준비하는 존재이기도 했다.

제1권의 내용은 천재지변기사가 가장 큰 몫을 차지하고, 그 다음이 정치·전쟁·외교기사의 순이다. 그러나 이러한 기사내용은 백제(제1권)의 경우와는 어느 정도 비슷한 양상을 띠고 있으나, 시조의 기록상에서는 편 대조적이다. 더구나 3국의 시조始祖가 등장하는 신비스러운 내용에 있어서도 혁거세赫居世가 가장 간결하여 주몽朱蒙·온조溫祚와는 출자出自를 달리하고 있다. 즉, 주몽과 온조는 건국양상이 기존국가에서 도피하는 과정에서 보신輔臣의 도움과 고통스런 역경을 극복하는 것이지만, 혁거세는 순탄한 건국과정에 의한 조용한 등장이었다. 또한 전자는 힘과 싸움(사냥)의 인간이라면, 후자는 대부代父(소벌공蘇伐公)의 양육과 도움을 받는 덕과 신망의 인물이어서 각기 그 나라의 성격을 대변하고 있다. 이와 같은 혁거세의 중지衆智에 의한 조용한 등장은 신라를 이어 온 고려 건국의 합리성을 간접적으로 강조한 정치적 의미가 깃들어 있을 것으로 추측해 볼 수도 있다.

제1권에서 가장 큰 비중을 차지한 천재지변의 기사는 12회의 일식과 11회의 혜성 및 8회의 가뭄기사를 중심으로 20여 종의 자연변이의 내용으로 되어 있다. 이것은 '초기국가에 있어서 자연현상의 관찰과 천재지변의 기록'이 역사서술에 큰 비중을 갖는다는 사실을 입증한 것이다.[17] 나아가서 혁거세나 남해왕기에는 지변地變이 거의 없고 일식·성변星變과 같은 천변天變이 집중되고 있는 것은 주목할 일이다. 특히 혁거세의 재위년간에 보여진 7회의 일식기사는 그것이 실제로 나타난 자연현상이라 해도,[18] 주몽·온조기와 비교하면 큰 의문이 생긴다. 이것은 왕권의 신성함을 보다 강조하려는 신라의 성격과 맥을 같이 하기 때문이다. 따라서 우리는 제·려의 성장과정에 '투쟁과 살상'이 많은데 비하여, 신라에는

---

17) Wolfram Eberhard, 'The Political Function of Astronomy and Astronomers in Han China'(Chinese Thought and Institution: John K. Fairbank. ed., 1957), p.33.

18) 박혁거세의 재위기간(B.C.57~A.D.4)에는 7회의 일식기사가 있다. 그러나 이 기록은 단순한 중국문헌의 전재가 아니라, 실제로 있었던 일식의 기록이다. 이에 대한 근거는 Oppolzer의 日食典(Canon der Finsternisse; 1887)의 日食번호에 2747이하 2888까지 나타나 있으며, 渡邊敏夫의 『日本·朝鮮·中國의 日食月食寶典』(1979)에도 통번호通番號 87·90·92·93·97·101·104로 나타나 있다.

'신성과 안민安民'을 내세운 사실을 기억할 필요가 있다.

그러나 본기의 천재지변기록은 거의가 정치적 의미를 갖고 있어 때로는 사건을 가져올 전조前兆로, 때로는 사건후의 경고라는 의미를 잃지 않고 있었다.

(1) ⓐ 혁거세 59년 9월 그믐날에 일식이 있었다. 60년 9월에 두 마리 용이 금성金城의 우물 안에서 보였는데, 우뢰가 울고 궁성남문宮城南門에 벼락이 떨어졌다.

ⓑ 유리왕 31년 2월 성패星孛(혜성)가 자궁紫宮에 나타났다. 33년 4월 용이 금성의 우물에서 보였는데, 폭우가 서북으로부터 쏟아졌다. 5월에 대풍大風이 나무를 뽑아 버렸다.

(2) ⓐ 유리왕 11년 서울에 땅이 갈라지고 샘물이 솟아 올랐다. 6월에 큰 장마가 있었다.

ⓑ 파사왕 14년 10월에 지진이 있었다.

(3) 파사왕 23년 10월에 복숭아·오얏꽃이 피었다. 25년 정월에 중성衆星이 비오듯 떨어졌으나, 땅에는 이르지 않았다.

위의 사료는 제1권의 대표적인 천재지변의 기록이다. (1)은 혁거세와 유리왕의 사망을 예견한 것이며, (2)ⓐ는 낙랑의 침입을, ⓑ는 가야의 침입을 알려온 전조였다. (3)은 실직국悉直國의 모반을 예고한 징후였다. 여기서 우리는 하나의 징후나 변괴는 일정한 사건만 연결된 것이 아니고, 여러 가지 괴이와 관계를 맺으면서 반드시 정치적 사건을 유발[19)]하고 있음을 보게 된다. 따라서 자연의 변화를 일종의 경고(도전)라고 한다면, 이에 대한 대책으로 왕의 대책이 수반되는 것이다. 즉, 지마왕祗摩王 3년 3월의 우박과 홍수는 왕으로 하여금 대사大赦를 강요하였던 것이다. 그러나 이러한 상고대의 자연관은 유교사상의 수용에 따라 뚜렷한 천인天人관계로 재구성되었을 것임은 물론이다.

천재기사 다음으로 큰 비중을 갖는 것은 정치기사이다. 혁거세의 기록은 전술한 바와 같이 신덕神德에 의한 필연적인 건국을 강조한 후, 시

---

19) Wolfram Eberhard, op. cit., p.48.

조로부터 말왕末王까지 하나의 '국가체제와 왕권의 성립'을 강조한 것이다. 특히 정치기사는 통치자(왕)의 전제적 지위를 확인하는 동시에 왕의 직능과 사회발전상을 보여 주는 것이었다.

(1) ⓐ築加召馬頭二城(파사왕 8년 7월)
ⓑ立柵長嶺以防靺鞨(일성왕 7년 2월)
(2) ⓐ築京城(혁거세 21년)
ⓑ營宮室於金城(同 26년 1월)
ⓒ重修宮室(벌휴왕 13년 2월)
(4) 開雞立嶺路(아달라왕 3년 4월)
(5) ⓐ親祀始祖廟(지마왕 2년 2월)
ⓑ重修始祖廟(아달라왕 17년 2월)

위에 열거한 사료에 의하면 (1)은 방어시설의 설치와 개수라 할 수 있고 (2)는 궁궐이나 수도首都시설의 확충이다. (3)은 전쟁과 교통을 위한 도로의 개척이며, (4)는 종묘사직의 제사와 풍요를 위한 기원의 뜻으로 동양고대사회의 통치자의 직능을 설명하는 것이 된다. 따라서 우리는 Wittfogel이 제시한 동방전제정치 이론[20]과 비교해 볼 수가 있다. 특히 일성왕 11년의

> 농사는 정치의 근본이고 먹는것은 백성이 하늘로 여기는 것이니, 여러 군은 제방을 수리·보완하고 논밭을 널리 개간하라(下令 農者政本 食惟民天 諸州郡修完堤防 廣闢田野).

라는 기록은 대규모의 인력동원상을 단적으로 나타낸 것이다.

정치기사는 다음과 같이 4가지 유형으로 집약될 수 있다. 첫째, 앞에서 지적한 대로 축성·설책·수영궁실과 같은 방어시설과 궁궐축조를 중

---

20) Karl A. Wittfogel은 그의 Oriental Despotism(1955)에서 "빈번한 방어시설의 설치와 개수, 도로의 개척, 궁전·首都·사원축조 등을 통한 배수시설에 대한 대규모의 노동력동원"(30~41쪽)이 동양적 전제주의의 특징으로 설명하였다.

심으로 한 인력동원기사가 있다. 이를 필자는 (A)라 칭하였다. 그러나 신라의 경우는 백제와 달라서 (A)가 큰 비중을 갖지 않는다. 여기서도 제·려왕과 신라왕의 성격에 근본적인 차이가 있다. 즉, 백제는 (A)가 중심이었지만, 려麗·라羅는 후술하는 바 (B)·(C)가 중심이 된다. 이것은 나·려가 왕의 직능이나 정치상황이 같다는 뜻이 아니라, 단지 주변정세나 사회환경이 다르다는데서 온 결과이다.

둘째는 왕의 지방출장인 순무巡撫·순수巡狩·순행巡幸 등이 있는바, 이를 (B)라 칭한다. (B)의 경우 신라는 대개 순무(행)이어서, 전렵畋獵을 위주로 하는 제·려와 다른 면을 갖고 있다. 원래 천자는 정치와 순수巡狩[21]라는 2가지의 직능을 갖고 있었다. 따라서 순수는 봉선封禪으로서의 제의적祭儀的 기능과 지방제후의 통제를 위한 행차로서, 대개 군사훈련·민정시찰·정치의 득실과 휴척休戚을 살피는 것이다.[22] 그러므로 제1권에 보여진 7회의 (B)기사는 결국 '복속지服屬地의 백성들을 진휼賑恤함으로써 민심을 수습하며, 대내적인 결속력을 강화하고 농업생산력을 증대시키는 것'이 될 것이다.[23] 다만, 여기서의 (B)는 권농·진휼·제사의 목적으로 사용되고 있어 제·려의 전렵과 그 뜻이 달랐다.

정치기사의 세 번째 것은 임면기사로서 이하 (C)라 칭한다. 이것은 즉위직후에 행해지는 고위관직의 임명기사를 말한다. 대개 고구려는 '입태자납비立太子納妃'가 큰 비중을 차지하지만, 신라는 거의가 이벌찬伊伐湌 등의 관리임명이 주류를 이룬다. 이러한 입태자나 납비의 기사가 많았던 고구려의 초기는 복잡한 정치적 타협의 뜻을 갖고 있는 것이어서, 나말의 현상과 비슷한 모습을 보여준다. 이렇게 (C)의 큰 비중은 신라 왕권의 일면을 반영한 것으로, 고구려는 (B), 백제는 (A)를 중심으로 하는 점과

21) 『사기』 권2(夏本紀 2)에 "於是帝堯乃求人更得舜 舜登用 攝行天子之政 巡狩"라 하였으며, 『사기』 권1(五帝本紀)에도 政과 巡狩를 구별하였다.

22) 『맹자』 권2, 梁惠王章句下 및 권 12, 告子章句下

23) 김영하, 1979, 「신라시대 순수의 성격」 『민족문화연구』 14, 244쪽.

비교될 수 있다. 따라서 신라는 일찍부터 왕의 전제적 경향이 강했고, 고구려는 적극적이며 침략적임에 비해 백제는 외족으로부터의 침입에 대한 방어위주의 사회상을 유지하였다는 결론이 나온다.

네 번째로 (D)라 이름 지어진 것은 「친사시조묘親祠始祖廟」와 같은 제사의 기록이다. 왕은 시조에 대한 제사 외에, 재난의 예방·결실과 풍요의 기원을 위한 사제자였음을 말하는 것이다. 이것은 군주가 정치적 권위와 아울러 종교적 권위도 함께 가지며 '천도와 인도의 조절자'이기 때문에,[24] 일체의 종교의식을 집행한다는 뜻이다. 따라서 왕은 전통적인 의례준수儀禮遵守와 자연의 질서유지의 책임자로서 흉작의 예방이나 대책을 위해 순무·대사大赦·진휼 등의 은총을 잊어서는 안 되는 것이다.

끝으로 이러한 4가지 이외의 직능을 종합하여 (E)라 칭한다. 여기에는 주로 대사·구휼·반란진압·권농 및 일반정치사실 등이 있다. 특히 고구려는 정복·투항기사가 압도적으로 많은 반면, 신라는 대사·구휼·권농 등 일반정치기사가 큰 비중을 갖고 있다. 여기서도 우리는 두 나라의 성격상 차이를 살필 수 있으나, 무엇보다도 신라가 '휼민恤民·안민安民의 기사'를 많이 갖고 있다는데 『삼국사기』 편찬자들의 12세기에 갖고 있던 역사의식을 보게 된다.

(1) 유리왕 14년, 고구려왕 무휼無恤(대무신왕大武神王)이 낙랑樂浪을 멸망시켰다. 이에 그 나라 사람 5천명이 내투來投하므로 6부에 나누어 살게 하였다.
(2) 파사왕 3년 유사有司에 명하여 농상農桑을 권하고 군사軍事를 단련하여 불우不虞에 대비케 하였다.
(3) 파사왕 11년 7월 사자使者 10명을 각 주군州郡에 보내서 공사公事를 게을리 하고 전야田野를 황폐케 한 자를 처벌하였다.
(4) 일성왕 11년 왕은 농사農事는 정치의 근본이며, 식량은 백성들의 하늘과 같은 것이니 모든 주군에서는 제방을 수리하고 전야를 넓게 개척하라고 분부하였다.

24) Max Weber, Wirtschaft und Gesellschaft(1956), p.130.

위와 같은 적극적인 신라 초기의 권농·호구증식戶口增殖 정책은 일찍이 조선초 사가들의 관심이 보여진 바도 있거니와,[25] 이는 단순한 권농책이 아니라 전쟁수행을 위한 인력자원의 확보책일 수도 있다.

여기서 우리는 파사왕기婆娑王紀에 대한 재평가가 필요하다. 유리왕대의 일련의 문명진보에 주목한 후, 기마전투가 격렬해진 파사왕대를 고대국가의 성립으로 보려는 천관우千寬宇씨의 주장도 있어 이 시기의 기록을 간과할 수가 없다.[26] 우선 그의 기록은 제1권의 통계적 수치와 큰 차이가 있다. 이에 파사왕을 전후한 시기의 기록을 보면 아래와 같다.

〈표 4〉 파사왕 전후의 기록비교(%)

내용 / 왕명	정치	천재지변	전쟁	외교
탈해왕脫解王	33.3	25.9	33.3	7.4
파사왕婆娑王	52.5	32.5	7.5	7.5
지마왕祗摩王	19.4	54.8	19.4	6.5
제1권의 평균	36	42.3	15.2	6.4

<표 4>에 의하면 파사왕의 기록은 정치기사가 천재기록의 배에 가까워 비율상 3세기 후엽의 현상을 나타내고 있다. 더구나 4세기에 이르기까지 가장 많은 순행을 하고 있으며, 처음으로 제산천祭山川의 기사를 갖고 있다. 나아가서 대보大輔라는 관직 대신에 이찬伊湌을 임명하고 있어 고구려의 좌·우보에서 국상國相으로의 변화를 보는 느낌이다. 특히 음즙벌국音汁伐國·실직국 그리고 압독국押督國의 정복, 5천명의 군대동원, 최초의 열병閱兵기사 등은 그의 형령반포刑令頒布의 정치적 의미와 함께

25) 정구복, 1978, 「동국통감에 대한 사학사적 고찰」『한국사연구』 21·22, 153쪽.
26) 천관우, 1976, 「삼한의 국가형성」『한국학보』 2, 46쪽.

당시의 정치·사회적 발전상을 보여 주는 것이라 하겠다.

끝으로 전쟁기사가 탈해왕 이후에는 크게 증가되어 파사왕 때는 이미 대규모화되었음을 언급하였다. 이때의 전쟁 상대국이 주로 백제·가야·왜 그리고 말갈이다. 여기서 우리는 이러한 외족의 침입과 그 대책에서 지방제도의 성립[27]을 보게 된다. 즉, 백제와는 주로 와산성蛙山城(보은)·낭자곡성娘子谷城(청주)에서 충돌하였기 때문에 이곳에 대한 관심은 자연히 상주上州의 설치와 연결되었다.

그리고 말갈의 남침과 신라의 동해 진출은 가야와 아시촌소경阿尸村小京[28]과 비슷한 입장이 될 수가 있었다. 따라서 파사왕을 전후한 신라본기의 기록은 영토·국민 그리고 군대의 존재가 국가성립의 필수요건임을 고려할 때 어느 정도 그를 충족시킬 수 있다고 생각된다. 더구나 대규모의 인력을 동원한 축성과 영토의 보호조치, 그리고 외국의 침입과 왕의 정치적 경제적 행위는 이 시기를 전후해서 이미 신라는 뚜렷한 국가가 성립되고 있음을 믿게 해준다.

2) 제2·3권의 분석

제2권(아달라왕~흘해왕)은 9대 202년간(AD154~356)의 기록이다. 여기서는 제1권이 박씨왕계인 것처럼 아달라왕을 제하면 전부 석씨왕昔氏王이 된다. 다만 박씨왕계 속에서의 탈해왕의 경우처럼, 석씨왕계에서도 미추왕이 김씨왕일 뿐이다. 그러나 탈해는 비록 석씨이지만 부인이 박씨이며 Ramage에서 상하의 가계보다 좌우의 분지分枝를 중시하는 서婿·자子의 동일원칙으로[29] 보아 박씨계라고 해도 무방하다. 따라서 미추왕의 부인이 석씨여서 그도 석씨계에 포함할 수 있으니 만큼 양자는 크게 문제가 될 수 없다.

---

27) 신형식, 1975, 「신라군주고」 『백산학보』 19, 61~71쪽.

28) 임병태, 1967, 「신라소경고」 『역사학보』 35·36, 96쪽.

29) Raymond Firth, Element of Social Organization(1966), p.53.

제2권의 내용은 <표 5>에서 볼 수 있듯이 제1권의 형태보다는 약간의 변화가 오고 있었다.

〈표 5〉 제2권의 내용분석(%)

<table>
<tr><th rowspan="2">왕명</th><th colspan="4">기 사 내 용</th><th colspan="2" rowspan="2">내용의 분류</th></tr>
<tr><th>정치</th><th>천재</th><th>전쟁</th><th>외교</th></tr>
<tr><td rowspan="4">아달라왕
阿達羅王</td><td rowspan="4">15
(44.1)</td><td rowspan="4">13
(38.2)</td><td rowspan="4">4
(11.8)</td><td rowspan="4">2
(5.9)</td><td>정치</td><td>B(2) C(4) D(3) E(6)</td></tr>
<tr><td>천재</td><td>霜(2) 怪(2)[雨·蝗·龍·일식·雹·지진·疫·雨土·旱](1)</td></tr>
<tr><td>전쟁</td><td>백제(4)</td></tr>
<tr><td>외교</td><td>왜(2)</td></tr>
<tr><td rowspan="3">벌휴왕
伐休王</td><td rowspan="3">11
(44)</td><td rowspan="3">11
(44)</td><td rowspan="3">3
(12)</td><td rowspan="3"></td><td>정치</td><td>A(1) B(1) C(3) D(1) E(5)</td></tr>
<tr><td>천재</td><td>일식(3) 雷-벼락(2) 雪(2) 혜성(1) 大水(1) 怪(1) 旱(1)</td></tr>
<tr><td>전쟁</td><td>백제(3)</td></tr>
<tr><td rowspan="4">내해왕
奈解王</td><td rowspan="4">17
(32.7)</td><td rowspan="4">25
(48.1)</td><td rowspan="4">8
(15.4)</td><td rowspan="4">2
(3.8)</td><td>정치</td><td>A(1) B(2) C(5) D(1) E(8)</td></tr>
<tr><td>천재</td><td>怪(6) 旱(4) 五星(2) 霜(2) 일식(2) 大水(2) 雹(2) 疫(1) 大風(1) 雷(1) 지진(1) 雪(1)</td></tr>
<tr><td>전쟁</td><td>백제(5) 왜(1) 말갈(1) 가야(1)</td></tr>
<tr><td>외교</td><td>가야(2)</td></tr>
<tr><td rowspan="3">조분왕
助賁王</td><td rowspan="3">8
(47.1)</td><td rowspan="3">4
(23.5)</td><td rowspan="3">5
(29.4)</td><td rowspan="3"></td><td>정치</td><td>B(1) C(3) D(1) E(3)</td></tr>
<tr><td>천재</td><td>大風(1) 蝗(1) 怪(1) 지진(1)</td></tr>
<tr><td>전쟁</td><td>왜(3) 백제(1) 고구려(1)</td></tr>
<tr><td rowspan="4">첨해왕
沾解王</td><td rowspan="4">11
(44)</td><td rowspan="4">9
(36)</td><td rowspan="4">3
(12)</td><td rowspan="4">2
(8)</td><td>정치</td><td>A(1) C(5) D(2) E(3)</td></tr>
<tr><td>천재</td><td>怪(2) 旱(2) 龍(1) 일식(1) 蝗(1) 雨(1) 혜성(1)</td></tr>
<tr><td>전쟁</td><td>백제(2) 왜(1)</td></tr>
<tr><td>외교</td><td>백제(1) 고구려(1)</td></tr>
</table>

왕명	기 사 내 용				내용의 분류	
	정치	천재	전쟁	외교		
미추왕 味鄒王	16 (57.1)	7 (25)	5 (17.9)		정치	B(3) C(4) D(2) E(7)
					천재	旱(2) 龍(1) 火(1) 霜(1) 雹(1) 風(1)
					전쟁	백제(5)
유례왕 儒禮王	9 (50)	5 (27.8)	3 (16.7)	1 (5.6)	정치	A(1) C(3) D(1) E(4)
					천재	旱(2) 水(1) 蝗(1) 霧(1)
					전쟁	왜(3)
					외교	백제(1)
기림왕 基臨王	7 (63.6)	3 (27.3)		1 (9.1)	정치	B(1) C(1) D(2) E(3)
					천재	지진(2) 旱(1)
					외교	왜(1)
흘해왕 訖解王	9 (39.1)	9 (39.1)	1 (4.3)	4 (17.4)	정치	A(1) C(3) D(1) E(4)
					천재	旱(3) 怪(2) 蝗(1) 霜(1) 雨雹(1) 風(1)
					전쟁	왜(1)
					외교	왜(3) 백제(1)
평 균	46.9	34.3	13.2	5.5	정치	A(5) B(10) C(31) D(14) E(43)
					천재	旱(16) 怪(14) 霜(6) 일식(7) 蝗(5) 雹(5) 지진(5) 大水(4) 大風(4) 雪(3) 雷(3) 雨(2) 疫(2) 혜성(2) 五星(2) 雨土(1) 火(1) 霧(1)
					전쟁	백제(20) 왜(9) 말갈(1) 가야(1) 고구려(1)
					외교	왜(6) 백제(3) 가야(2) 고구려(1)

그것은 제1권의 천재·정치기사의 순위가 제2권에서는 정치·천재의 순으로 바뀌었다는 점이다. 이것은 왕권이 보다 강화되어 간다는 뜻으로 (C)의 큰 증가와 의미를 같이 한다.

정치기사는 전체내용의 절반을 차지하는바, 그 중에서도 (C)가 대종을 이루고 있다. 지마·일성왕 이후 王은 즉위 후 '친사시조묘親祀始祖廟'와 최고 관직자의 임명이 상례로 되어 있었다. (B)에서 보더라도 출행出幸이 무휼撫恤(진휼賑恤)의 뜻이 아닌 외방주둔外方駐屯의 군사에 대한 위로와 격려의 목적에 더 큰 의미가 있는 것이다. (D)의 경우에도 석씨계는 석씨직계의 조상이 아닌 시조묘에 대한 제의祭儀를 예외없이 계속하여 왕의 기본적인 자세를 취하고 있었다. 그러나 이러한 정치기사에서 가장 중요한 것은 (E)의 내용상의 변화이다. 그것은 대사大赦·녹수錄囚에 대한 빈번한 기록과 아울러

(1) ⓐ 아달라왕阿達羅王 3년 4월 계립령로雞立嶺路를 개척하였다.
ⓑ 아달라왕 5년 3월 죽령竹嶺의 길을 개척하였다.

(2) ⓐ 벌휴왕伐休王 4년 3월 주군에 토목공사 때문에 농시農時를 빼앗기는 일이 없도록 영을 내렸다.
ⓑ 미추왕味鄒王 11년 2월 농사에 피해가 되는 모든 일을 일체 금지하는 영을 내렸다.
ⓒ 흘해왕訖解王 9년 2월 한재旱災로 일이 순조롭지 못했으나, 지금은 땅의 기운이 일어나서 농사가 시작되었으니 농민을 괴롭히는 일은 중지케 하였다. 21년 벽골지碧骨池를 개척하였는데, 그 언덕 길이가 1800보나 되었다.

(3) ⓐ 첨해왕沾解王 5년 정월 남당南堂에서 청정聽政을 시작하였다.
ⓑ 미추왕 7년 봄·여름에 한재가 드니 왕은 군신들을 남당에 모여 놓고 정사와 형벌의 득실을 친히 물어 보았다.
ⓒ 미추왕 15년 군신들이 궁전을 개조하자고 주장하였으나, 왕은 백성들을 걱정하여 이를 듣지 않았다.

와 같은 왕권의 실질적인 행사와 정치적 발전이다. (1)은 도로개척에 따른 정복의 수행과 북방문화의 유입을 위한 조치이며, (2)는 권농의 법률적 조치이다. 벽골지와 같은 수리시설의 확보는 농지의 개발과 함께 빈번한 한해旱害에 대한 적절한 배려라 할 것이다. (3)은 중앙집권적인 정청政廳의 설립으로 보이거니와, 이병도씨는 흘해왕대로 그

설치연대를 보고 있다.[30] 그러한 설치연대는 차치하고도 왕이 남당南堂에서 정치를 논의했다는 것은 중요한 의미가 있는 것이며, 특히 왕이 군신들과 정치를 협의하고 있다는 사실이다. 이것은 왕권에 대한 견제와 부족적 타협의 의미가 포함된 고대국가의 초기 모습이 될 것이다. 특히 제도화된 견제기구의 존재를 국가성립의 요건[31]으로 삼는 경우를 볼 때 3세기의 신라사회는 정치적으로 크게 발전되었음을 보게 된다.

천재지변의 기사는 가뭄(16회)을 비롯하여 일식·황蝗·지변 등 19종의 자연변이에 대한 기록이다. 그러나 조분왕 17년의 '동남유백기여필련東南有白氣如匹練'과 같은 표현은 오행사상에서 나타난 '서방의 백기白氣'와는 전혀 다른 단순한 자연현상일 뿐이다. 그러나 제1권에서 본 바와 같은 사망의 전조인 낙진落震과 지진, 전쟁을 예고하는 일식과 지진 등은 어느 정도 묵시적 의미를 주고 있었다. 특히 내해왕 23년 7월의 '무고병물자출武庫兵物自出'은 곧 이은 백제군의 내침을 예고하는 뚜렷한 지변이었다. 다만, 천체변화와 재난에 대한 관측술과 해석이 불가능했던 2·3세기의 신라는 자연변이에 대한 공포와 불안이 결국 통치자의 정치적 이용물로 나타날 수밖에 없었음을 말하는 것이다.

원래 통치자는 자연현상의 정상적인 기능에 책임을 느끼기 때문에, 그는 의식적으로 자연현상을 조작할 수도 있는 것이므로[32] 빈번한 자연변이는 왕에게 새로운 힘과 정치적 행위를 강요할 수 있을 것이다. 동시에 천상·지상의 괴변이 인간활동의 결과로 풀이하게 됨에 따라 내해왕 8년 10월의 도리화桃李華는 말갈 범경犯境의 결과로 받아들여 침략(정벌) 직후의 현상으로 풀이될 수도 있었다. 즉, 천재지변은 어떤 정치적 사건

30) 이병도, 1954, 「고대남당고」 『서울대논문집』 1, 12쪽.

31) Beattie John, Other Cultures(Free Press, 1964), pp.140~150.

32) Wolfram Eberhard, op. cit., p.50.

의 예고만이 아니라, 특정한 행위의 정당화 또는 결과로도 나타날 수도 있기 예문이다.

전쟁기사는 주로 백제와의 투쟁기록이다. 그리고 이러한 양국의 충돌이 와산성蛙山城(보은) 등지에서 일어나고 있는 것은, 그 지역의 철생산과[33] 연결될 수 있을 것 같다. 따라서 적성赤城·양산陽山 등지를 중심으로 한 옥천·보은일대의 정치적·군사적 중요성은 결국 신라지방제도의 성립과 관련을 갖게 되었음을 앞에서 언급한 바 있었다.

한편, 왜倭와의 충돌도 3세기에는 커다란 국난이 되었다. 그것은 석우노전昔于老傳 <열전45>에 나타난 대왜감정의 악화에 잘 나타나 있어, 그 아들인 흘해왕의 대왜절교도 여기에서 연유되었을 것이다. 따라서 외교기사는 주로 대왜관계의 기록으로서 초기 신라의 성장과정에서 보여진 왜와의 관계는 서·북의 제·려와 항상 표리를 이루면서 큰 문제가 되었다.

제3권(내물왕~소지왕)은 5대 144년간(356~500)의 기록이다. 이때는 4세기 중엽에서 5세기 말까지 흔히 신라의 고대국가 성장기로 이해되어온 시기로서 정치·사회상의 큰 변화가 기대되었다. 그러나 기록상으로 볼 때 <표 6>에서와 같이 1·2권과 궤를 같이하고 있다.

〈표 6〉 내물왕 전후의 기록비교(%)

내용 / 왕명	정치	천재지변	전쟁	외교
흘해왕訖解王	39.1	39.1	4.3	17.4
내물왕奈勿王	17.6	58.8	8.8	14.7
실성왕實聖王	27.8	33.3	27.8	11.1

33) 신형식, 1971, 「신라왕위계승고」 『유홍렬박사화갑기념논총』, 59쪽.

<표 6>에 따르면 적어도 본기의 내용상으로 볼 때에는 내물왕에게 정치적 의미를 줄 하등의 이유가 없다. 따라서 고대국가의 성립에 대한 내물왕·고이왕, 그리고 태조太祖의 위치는 재검토되어야 할 것이다. 김정배씨는 이 문제를 국가의 개념이나 성격에서 비판한 바 있지만,[34) 『삼국사기』의 기록에서 볼 때 내물왕은 역사적 전환기의 인물은 아니었다. 그러나 신라가 내물왕을 전후해서 전혀 변화가 없다는 뜻은 아니다.

> "해동海東의 일이 옛과 같지 않다는 것은 무엇을 뜻하는가."라는 부견符堅의 물음에 위두衛頭는 "이는 마치 중국의 시대변혁이나 명호개역名號改易과 같은 것이니 어찌 옛과 같으리오."(『삼국사기』 권3, 내물왕 26년)

라는 위두衛頭와 부견符堅의 대담에서도 당시 신라의 변화상은 짐작이 간다. 따라서 내물~소지왕대는 신라사회의 발전에 한 분수령이 되는 시기라는 점은 확실하다. 우선 이사금尼師今에서 마립간麻立干으로의 왕의 명칭변화는 단순한 어휘의 차이만은 아닐 것이다. 더구나 내물왕은 자신의 아들을 계승시키기 위해서 실성實聖을 정략적인 인질로 추방시킨 점[35)]과 나·제동맹이라는 군사동맹 속에서 고구려 간섭을 배제하려는 움직임은 내물계의 강한 혈연의식과 맥을 같이 하고 있다. 다만, 일련의 변화는 내물왕대에 일어난 것이 아니라, 제3권의 말미인 자비·소지왕대에 일어났으니, 그 대표적인 예가 빈번한 축성기사와 신궁神宮의 설치이다.

---

34) 김정배, 1973, 「한국고대국가의 기원」 『백산학보』 14, 82쪽.
35) 신형식, 1966, 「신라의 대당교섭상에 나타난 숙위에 대한 일고찰」 『역사교육』 9, 106쪽.

〈표 7〉 제3권의 내용분석(%)

왕명	기사내용: 정치	천재	전쟁	외교	내용의 분류	
내물왕 奈勿王	6 (17.6)	20 (58.8)	3 (8.8)	5 (14.7)	정치	D(1) E(5)
					천재	怪(6) 旱(4) 蝗(3) 지진(2) 無氷(1) 疫(1) 雨土(1) 혜성(1) 大水(1)
					전쟁	왜(2) 말갈(1)
					외교	백제(2) 고구려(2) 前秦(1)
실성왕 實聖王	5 (27.8)	6 (33.3)	5 (27.8)	2 (11.1)	정치	C(1) D(1) E(3)
					천재	怪(3) 지진(1) 蝗(1) 無氷(1)
					전쟁	왜(4) 백제(1)
					외교	고구려(1) 왜(1)
눌지왕 訥祗王	12 (27.3)	18 (40.9)	7 (15.9)	7 (15.9)	정치	C(1) D(3) E(8)
					천재	霜(4) 雹(4) 風(3) 怪(3) 旱(2) 水(1) 지진(1)
					전쟁	왜(4) 고구려(3)
					외교	백제(4) 고구려(2) 왜(1)
자비왕 慈悲王	14 (45.2)	10 (32.3)	7 (22.6)		정치	A(6) B(1) C(2) D(1) E(4)
					천재	怪(2) 大水(2) 지진(2) 龍(1) 蝗(1) 落星(1) 疫(1)
					전쟁	왜(5) 고구려(2)
소지왕 炤知王	33 (48.5)	20 (29.4)	12 (17.6)	3 (4.4)	정치	A(7) B(5) C(4) D(5) E(12)
					천재	大水(5) 旱(3) 風(2) 雷(2) 龍(2) 五星(1) 雹(1) 火(1) 蝗(1) 黃霧(1) 疫(1)
					전쟁	고구려(7) 왜(4) 말갈(1)
					외교	백제(2) 가야(1)
평 균	33.3	38.9	18.5	9.2	정치	A(13) B(6) C(8) D(11) E(32)
					천재	怪(14) 大水(9) 旱(9) 지진(6) 蝗(6) 雹(5) 風(5) 霜(4) 疫(3) 龍(3) 雷(2) 無氷(2) 雨土(1) 혜성(1) 落星(1) 火(1) 五星(1) 霧(1)
					전쟁	왜(19) 고구려(12) 말갈(2) 백제(1)
					외교	백제(8) 고구려(5) 왜(2) 前秦(1) 가야(1)

정치기사에서는 <표 7>에서 보는 바와 같이 (A)가 중심이 되었다. 이것은 신라가 지금까지의 소극적인 방어태도와 미온적인 대주변정책에서 벗어나 적극적인 공격태세와 정벌사업을 추진했다는 뜻이다. 특히 왜와 19회, 고구려와 12회의 충돌기사를 고려한다면 축성기사의 의미는 이해될 수 있을 것이다.

(1) ⓐ 자비왕 6년 2월 왜인이 번번이 강역으로 침입해 오므로 왕은 해변에 2성을 쌓게 하였다.
ⓑ 자비왕 10년 봄 왕은 유사에 명하여 전함戰艦을 수리케 하였다.
ⓒ 소지왕 15년 7월 임해臨海·장령長嶺의 2진鎭을 설치하여 왜적을 방비하였다.
ⓓ 눌지왕 13년 시제矢堤를 새로 쌓았다.
(2) ⓐ 자비왕 11년 봄 고구려는 말갈과 함께 북변北邊의 실직성悉直城을 습격하였다. 9월에 하슬라인何瑟羅人 15세 이상자를 징발하여 니하泥河에 성을 쌓았다.
ⓑ 소지왕 3년 2월 왕은 비열성比列城으로 행차하여 군사를 위문하고 군복軍服을 하사하였다.
(3) 자비왕 13년 삼년산성을 쌓았다. 3년이란 말은 역사役事가 3년만에 끝난 까닭으로 이름지어진 것이다.

에서 볼 때 (1)은 대왜, (2)는 대말갈, (3)은 대백제방어를 위한 것이다. 특히 이때에 보여진 순행의 목적이 군사위문과 군복하사의 성격을 지니고 있어, 당시의 정복과 전쟁의 중요성을 말해주고 있다. 그러므로 일선一善지방인을 동원한 국서國西 지방의 축성기사(3년산성·굴산성屈山城)는 소지왕의 일선군一善郡 순행과 상호관련이 있을 것이며, 그 후 여러 왕의 국서國西에 대한 관심을 상기시키고 있다. 따라서 '왕도王都가 동남방에 편재되어 있어 서부의 강대한 지배영역에 관심'[36]을 보인 것은 당연한 조치라 여긴다.

제3권의 내용에서 특기할 것은 자비·소지왕대의 기록내용이다. 즉 서

---

36) 井上秀雄, 1978, 「三國王朝の凶作對策」『古代朝鮮史序說』, 154쪽.

울의 방리명坊里名 획정·장군임명 등은 신궁의 설치와 더불어 당시의 사회변화와 국가체제정비를 반영하는데 족할 것이다. 그 중에서 자비왕의 6개의 축성과 소지왕의 증축은 외침에 저항할 수 있는 영토의 보호개념이 포함되는 것이다. 그러므로 소지왕의 5차에 걸친 순행은 영토의 확인과 민심수람民心收攬의 뜻을 지닌 당연한 모습이 될 것이다. 그리고 시사市肆과 목민자牧民者의 추천 및 사방지화四方之貨의 통용은 마치 6안구眼龜가 '신라전체로서 국가체제의 완비'37)를 뜻해 주는 것으로 소지~지증간에 어떤 큰 역사적 전환을 구할 수 있으리라 생각된다. 따라서 소지왕의 신궁건립은 단순한 묘신廟神의 변천이 아니라, '골骨에서 족族으로의 변화'38)라는 주장과 같이 어떤 시대변천의 실마리를 볼 수 있게 한다.

이러한 변화의 의미는 자비·소지왕기의 기록내용에서도 분명히 나타나 있다.

〈표 8〉 5세기전·후반기의 비교(%)

전기와 후기	정치	천재	전쟁	외교
내물·실성·눌지왕(356~458)	24.2	44.3	17.5	13.9
자비·소지왕(458~500)	46.9	30.9	20.1	2.2

즉, <표 8>에 의하면, 신라는 5세기 중엽 이후에 와서 큰 사회적 변모가 있었음을 알게 된다. 따라서 이러한 5세기 후엽의 변화는 지증왕 이후의 정치적 발전에 배경이 된 것으로 생각된다.

또한 (E)의 내용에 있어서도 특히 "백성들에게 소를 모는 법을 가르친다"(敎民牛車之法), "떠돌아다니며 노는 자들을 귀농시킨다"(驅游食百姓歸農) 등 권농정책의 추진은 정치·사회상의 변화를 뜻하는 것이다. 이러한 수리시설의 개발과 함께 주목할 것은 이 시기를 전후해서 농산물이 맥麥류

---

37) 김철준, 1952, 「신라상대사회의 Dual Organization 하」 『역사학보』 2, 65쪽.
38) 변태섭, 1964, 「묘제의 변천을 통하여 본 신라사회의 발전과정」 『역사교육』 8, 76~77쪽.

에서 도稻류로의 변화가[39] 촉진되었다는 것이다. 따라서 이때가 신라농업의 일대 발전기에 들어섰다는 뜻이[40] 될 것이다.

다음의 천재지변기사는 내물왕대에 집중적인 괴변(지변)을 필두로 정치기사보다 비중이 컸다. 그러나 한해旱害에 대한 오행적 설명이[41] 불가능한 것은 아니나 '전문적인 오행설의 이론이라 해도 완전히 적용되는 경우는 극히 적기'[42] 때문에 4~5세기까지도 신라는 백제와 달리 오행사상이 크게 일반화되지는 못한 듯하다. 그러나 내물왕기의

> 3년 2월 자운紫雲이 묘상廟上을 선회하고, 신작神雀이 묘정廟庭에 모여들었다. 7년 4월에 시조묘정始祖廟庭에 있는 나무들이 하나로 연결되었다.

라는 내용은 신작과 수련리樹連理와 같은 서징瑞徵[43]으로서 왜의 침입을 격퇴(승리)하는 것과 관계가 있어 일부나마 미약한 대로 오행설이 유포되어 가고 있음을 알 수가 있다. 이러한 사실은 자비왕 10년 9월에

> 하늘이 붉어졌고 큰 별이 북에서 동으로 흘러갔다(天赤 大星自北流東南).

라는 징후가 있었거니와, 다음해에 전쟁이 일어났음에서도 알 수가 있다. 이때 북방의 큰 별은 '고구려와 말갈'이었고, 동남쪽은 신라의 북동쪽인바, 그들이 실직으로 침입한다는 예고였다. 따라서 실성왕 15년의 '토함산붕吐含山崩'은 토실기성土失其性의 뜻도 있지마는, 실제로는 석씨昔氏의 몰락으로 해석해야 할 것이다.

---

39) 이춘영, 1964, 『이조농업기술사』, 15~18쪽.

40) 이기백, 1974, 「영천청제비정원수치기의 고찰」『신라정치사회사연구』, 35쪽.

41) 가뭄에 대한 오행적 설명은 '金不從革'으로 파악하고 있다. 이에 대한 연구는 이희덕씨의 「고려시대의 오행설에 대한 연구」(1978, 『역사학보』 79)와 「삼국사기에 나타난 천재지변의 성격」(1980, 『동방학지』 23·24) 등이 있다.

42) Wolfram Eberhard, op. cit., p.47.

43) 이희덕, 「고려시대의 오행설에 대한 연구」, 82쪽.

눌지왕 42년 2월에 지진이 일어났다. 금성남문金城南門이 저절로 무너졌다.

라는 기사는 곧 왕의 사망징조였음과 같이 지진과 전쟁·사망은 더욱 깊은 관계를 갖고 있었다. 다만, 소지왕을 끝으로 왕위교체와 자연변이(흉조)가 직접 관련이 없어진다는 사실[44]은 정치·사회의 발전에 짝하는 것으로 크게 주목할 일이다.

전쟁기사는 정치기사의 (A)와 관계가 있어 큰 비중을 갖고 있었다. 특히 왜와 고구려와의 충돌은 신라의 영토적 확장과 왕권의 신장에 따라 격화되었다. 무엇보다도 해안방어시설(築矢堤)과 전함수리는 해양전술의 발전을 가져와 대마도對馬島 정벌계획이 추진되었던 것이다. 따라서 이와 같은 해전술海戰術의 진보는 지증왕대의 우산국于山國 정벌이 가능하였을 것이며, 고구려에 대한 후방교란작전으로 박제상朴堤上과 같은 해양세력을[45] 이용할 수가 있었을 것이다.

여기서 우리는 『일본서기』(권14) 웅략雄略 8년(AD464)의 고려군사진살高麗軍士盡殺 기록에 대해서 재검토의 필요성을 느낀다. 즉, 내물왕 37년(392)의 실성파견(인질) 이후, 고구려의 보호 속에 있던 신라는 자비왕 7년(464)까지 고구려군인의 신라 주둔 기사가 보이므로 적어도 72년간 지배하에 있었다는 계산이 나온다. 필자는 중원비中原碑의 내용을 검토할 때 464년까지 왕경王京에 고구려 군대가 주둔한 것으로 파악했으나,[46] 이미 눌지왕 34년(AD450)의 실직원悉直原싸움과 잇따른 고구려의 침입기사로 미루어 볼 때 459년에 고구려군이 철수(중원지방으로의 퇴각)한 것으로 수정하고자 한다.

따라서 450~464년간의 중원주둔으로 파악하여, 자비왕 7년(464)에는 고구려군의 축출이 실현된 것으로 생각된다. 따라서 장수왕은 468년에 신라를 보복 공략한 것이며 그 여세로 중원비를 세워 그 지방에서의 우

---

44) 신형식, 「신라왕위계승고」, 77쪽.
45) 김용선, 1979, 「박제상소고」『전해종박사화갑기념논총』, 601~610쪽.
46) 신형식, 1979, 「중원고구비에 대한 일고찰」『사학지』 13, 75쪽.

위를 재확인한 것으로 보인다.

제3권의 외교기사에는 고구려·왜의 인질외교나 백제와의 혼인외교까지 발전된 내용이 나타난다. 그러므로 이러한 빈번한 인적 교류 속에서 문화의 수수授受와 문물의 교류가 촉진되어 신라 사회개발에 큰 계기가 되었다고 생각된다. 다만, 내물왕의 전진前秦교섭을 커다란 사건으로 보고 있지만, 그보다 1세기 앞서서 통교한 기록이 나타나 있다. 즉, 『진서晋書』 진한조辰韓條(권 69, 열전 67, 四夷傳)에 의하면

> 무제태강원년武帝太康元年(280)에 왕이 사신을 보내서 방물方物을 바쳤고 태강太康 2년(281)에도 다시 조공을 하였다. 7년에 재차 입조入朝하였다.

라는 기록이 분명히 나와 있어, 내물왕 이전에 중국과 교섭하였음을 확인해주고 있다. 물론 이때의 왕은 '진한辰韓의 왕'이라고 되어 있지만 그가 신라의 왕임은 물론이다. 이러한 경우는 백제의 예에서도 같은 책 마한조에 나타나 있다. 따라서 중국에 견사遣使한 사실로 국가체제의 정비를 결부시킬 수만은 없다.

그러므로 여기서 우리는 『삼국사기』의 제3·4권의 구분을 어느 정도 안심하고 받아들일 수 있는 근거를 찾게 된다.

3) 제4·5권의 분석

제4권(지증왕~진평왕)은 5대 132년간(500~632)의 기록이다. 이 시기는 중국이 남북조南北朝 후기에서 수隋를 거쳐 당초唐初에 이르는 때여서 여麗·수隋전쟁을 제하고 비교적 중국의 정치적 간섭이 둔화된 때였다. 따라서 안으로 왕권이 본궤도에 오르고, 밖으로 3국간의 항쟁이 격화된 시기인 만큼, 자연히 정치관계에 역점을 두게 되었을 것이다.

<표 9>에서 보듯이 전체 기록의 6할이 정치관계의 기록이며, 다음이 외교기사이다. 따라서 천재지변의 기사는 앞 시기와는 달리 크게 줄

어 정치기사의 5분의 1 정도에 불과하였다. 더구나 왕위교체가 자연변이와 관계가 없게 되어서 부자상속이 본격화되었기 때문에, 그에 따라 기록상의 변화도 수반되었다.

〈표 9〉 제4권의 내용분석(%)

<table>
<tr><th rowspan="2">왕명</th><th colspan="4">기 사 내 용</th><th rowspan="2" colspan="2">내용의 분류</th></tr>
<tr><th>정치</th><th>천재</th><th>전쟁</th><th>외교</th></tr>
<tr><td rowspan="3">지증왕
智證王</td><td rowspan="3">15
(75)</td><td rowspan="3">4
(20)</td><td rowspan="3">1
(5)</td><td rowspan="3"></td><td>정치</td><td>A(1) C(1) D(1) E(12)</td></tr>
<tr><td>천재</td><td>旱(1) 霜(1) 지진(1) 雷(1)</td></tr>
<tr><td>전쟁</td><td>于山國(1)</td></tr>
<tr><td rowspan="3">법흥왕
法興王</td><td rowspan="3">15
(83.3)</td><td rowspan="3">1
(5.6)</td><td rowspan="3"></td><td rowspan="3">2
(11)</td><td>정치</td><td>A(1) B(1) C(3) D(1) E(9)</td></tr>
<tr><td>천재</td><td>龍(1)</td></tr>
<tr><td>외교</td><td>梁(1) 가야(1)</td></tr>
<tr><td rowspan="4">진흥왕
眞興王</td><td rowspan="4">33
(57.9)</td><td rowspan="4">5
(8.8)</td><td rowspan="4">7
(12.3)</td><td rowspan="4">12
(21.1)</td><td>정치</td><td>A(2) B(2) C(6) E(23)</td></tr>
<tr><td>천재</td><td>怪(2) 雷(1) 旱(1) 지진(1)</td></tr>
<tr><td>전쟁</td><td>백제(4) 고구려(2) 가야(1)</td></tr>
<tr><td>외교</td><td>陳(6) 北齊(3) 백제(1) 梁(1)</td></tr>
<tr><td rowspan="3">진지왕
眞智王</td><td rowspan="3">4
(57.1)</td><td rowspan="3"></td><td rowspan="3">2
(28.6)</td><td rowspan="3">1
(14.3)</td><td>정치</td><td>A(1) C(1) D(1) E(1)</td></tr>
<tr><td>전쟁</td><td>백제(2)</td></tr>
<tr><td>외교</td><td>陳(1)</td></tr>
<tr><td rowspan="4">진평왕
眞平王</td><td rowspan="4">27
(32.9)</td><td rowspan="4">18
(22)</td><td rowspan="4">14
(17.1)</td><td rowspan="4">23
(28)</td><td>정치</td><td>A(3) B(1) C(4) D(2) E(17)</td></tr>
<tr><td>천재</td><td>旱(3) 怪(3) 火(2) 霜(2) 지진(2)[雷·雨土·五星·風·大水·隕石](1)</td></tr>
<tr><td>전쟁</td><td>백제(10) 고구려(4)</td></tr>
<tr><td>외교</td><td>隋(11) 唐(10) 陳(2)</td></tr>
<tr><td rowspan="4">평 균</td><td rowspan="4">61.2</td><td rowspan="4">11.3</td><td rowspan="4">12.6</td><td rowspan="4">14.9</td><td>정치</td><td>A(8) B(4) C(15) D(5) E(62)</td></tr>
<tr><td>천재</td><td>旱(5) 怪(5) 지진(4) 雷(3) 霜(3) 火(2)[龍·雨土·五星·風·大水·隕石(1)</td></tr>
<tr><td>전쟁</td><td>백제(16) 고구려(6) 가야(1) 우산국(1)</td></tr>
<tr><td>외교</td><td>隋(12) 唐(10) 陳(9) 北齊(3) 梁(2) 가야(1) 백제(1)</td></tr>
</table>

우선 정치기사도 (C)를 중심으로 하고 (E)가 정치기사의 7할에 육박하고 있다. (C)의 증가는 군주軍主·상대등上大等·병부령兵部令 및 사신仕臣의 임명기사로서 정복국가로서의 도약과 제도적 정비로서의 관리임명의 중요성을 반영해 주고 있는 것이다. 이러한 사실은 상대등이 '왕권의 전제적인 강화과정에서 일반귀족의 통솔의 필요성'[47]에서 발생된 것과 같은 것이다. 또는 상고의 대보大輔(또는 伊伐湌)가 상대등이나 병부령으로 분화되면서[48] 보다 전문적인 중고中古의 정치적 정비를 단행한 점과도 같은 성격이 될 것이다.

또한 필자는 지방제도의 발전을 서방(백제)·북방(고구려)·남방(가야) 세력과의 군사적 입장으로 파악한 후,[49] 진흥왕대의 주치州治의 빈번한 교체와 군주軍主의 임명을 그러한 군사적 필요성으로 고찰한 바도 있었다. 그리고 (E)의 내용에서 우리는 6~7세기 신라사회의 내적인 발전상을 살필 수가 있었다. 그 중에서 가장 많은 부분은 진평왕기의 제관부諸官府 설치와 같은 중앙·지방제도의 정비에 대한 것이다.

더욱이 '순장의 금지'(下令禁殉葬 ; 지증왕 3년), '상복법 실시'(制喪服法頒行 ; 지증왕 5년), '율령으로 관리의 공법 제정'(頒示律令始制百官公服 ; 법흥왕 7년), '하령금살생下令禁殺生'(동왕 16년), '외관의 가족동반 허용'(敎許外官携家之任 ; 동왕 25년) 등 빈번한 교령敎令의 반포는 정비된 신라사회의 법제적인 단면을 볼 수 있는 근거가 될 것이다. 따라서 이러한 조치는 관부官府의 증설과 함께 중고대의 군현제의 실시나 제도정비에 따른 왕권강화과정을 반영해 주고 있어, 법흥·진흥왕의 건원建元과 뜻을 같이한다고 하겠다. 이러한 정치적 변화에 따라 '시용우경始用牛耕'과 '제방수리(命有司修理堤防)' 등의 권농정책과 동시전東市典의 설치는 경제적 성장의 표시라 하

---

47) 이기백, 1962, 「상대등고」『역사학보』 192 ; 1974, 『신라정치사회사연구』, 95쪽.
48) 신형식, 「신라병부령고」, 71쪽.
49) 신형식, 「신라군주고」, 61~71쪽.

겠다.

정치기사의 특기할 또 하나의 내용은 국사편찬과 우륵于勒기사 등 문화·예술기사를 비롯하여 불교에 대한 풍부한 기록이다. 무엇보다도 불교 공인 이전 사금갑射琴匣설화를 보아,[50] 소지왕 때 이미 불교가 널리 유행되었을 것이어서 순장금지나 상복법제정도 불교와 관련이 있을 것이라 지적된 바 있다.[51] 특히 흥륜사興輪寺·황용사·분황사 등의 사찰축조와 팔관회·백고좌회百高座會의 기사는 안홍安弘·원광圓光·담육曇育·지명智明 등 구법승의 내왕기록과 함께 김부식의 불교에 대한 깊은 이해를 말해 주고 있다. 따라서 그 자신이 개인적인 원찰을 갖고 있다는 사실[52]과 함께 불사리·불경에 대한 풍부한 기록은 『삼국사기』의 성격에 큰 참고가 될 것이다. 이러한 성장기에 있어서 왕실과 불교와의 제휴는 정신적 도움을 필요로 한 전제왕권의 정치적 의도에서 안출된 것이어서, 9·10세기 왕권몰락기에서 보여진 '불력佛力에의 애착'은 상호관계가 있으리라 본다.

다음의 외교기사는 신라사회의 발전과정에 수반되는 문화적 욕구와 국력신장에 따른 제·려의 도전에 대항하려는 정치적 이해에 따라 큰 비중을 갖게 되었다. 따라서 수隋 이전의 외교기록은 구법승의 내왕기사가 위주였고, 원광의 걸사표乞師表 이후에는 정치적 필요성에 따라 청병사請兵使와 같은 정치외교의 추진이 나타나게 된 것이다. 이러한 외교적 경쟁은 3국간에 격심한 외교전쟁으로 확대되었으나 결국 신라의 승리로 매듭지어졌을 때, 그것은 숙위외교의[53] 추진이었다.

전쟁기사는 나·제동맹의 타파 이후, 백제와의 충돌을 비롯하여 고구

50) 『삼국유사』 권1, 기이2 射琴匣.

51) 신형식, 「신라왕위계승고」, 79쪽.

52) 김철준, 앞의 논문, 72쪽.

53) 신형식, 「신라의 대당교섭상에 나타난 숙위에 대한 일고찰」, 102~112쪽(본서 제3장 3절 참조).

려와의 전쟁기사가 중심이 되었다. 이때의 전쟁기사는 진평왕기의 일부를 제하고 '승전의 기록'에 주목할 필요가 있다. 특히 진흥왕대의 7차의 전쟁기사는 완승의 기록뿐이다. 이것은 진흥왕 5년의 병부령 증치增置와 더불어 대당大幢·서당誓幢을 중심으로 하는 군제의 개편과 병부兵部를 정점으로 하는 병권의 체계화와 같은 제도적인 정비에서 찾아질 수만은 없다. 오히려 전술·무기상의 변화에 주목할 때에

> 나마 신득身得이 다발식 활(砲弩)을 만들어 바치니 그것을 성 위에 설치하였다(진흥왕 19년).

과 같은 신무기의 발명은 새로운 복병전략과 함께 기병·보기步騎중심의 려·제군을 쉽게 격퇴시킬 수 있었을 것이다. 이와 같은 포노砲弩는 발사장치뿐만 아니라,[54] 명중율과 힘에 있어서 큰 위력을 발휘했을 것임은 확실하다. 더구나 갑사甲士에서 볼 수 있는 전투장비의 개혁은 신라에게 퍽 유리하였을 것이어서 진흥왕대의 전쟁에 큰 효과를 보았으리라 생각된다.

> ① 진흥왕 11년 3월, 왕은 이찬 이사부異斯夫에게 군대를 이끌고 출격케 하여 2성을 취한 뒤 그것을 증축시켰다. 그리고 갑사甲士 1천명으로 그곳을 지키게 하였다.
> ② 무왕 3년 좌평해수佐平解讐에 명하여 보기步騎 4만명을 거느리고 4성을 침공케 하였다. (중략) 신라장군 무은武殷은 승리를 틈타 갑졸甲卒 1천명을 이끌고 대택大澤에 이르렀다.

위와 같은 글에서 당시 신라의 포노砲弩나 갑사의 위력은 구래의 보기전步騎戰에 머물러 있던 백제를 크게 압도할 수 있었다고 하겠다.

끝으로 천재지변의 기사는 비중은 가장 적은 편이나, 보다 재검토할 필요성을 느끼게 된다. 특히 진흥왕 36년의 "황룡사 장육상이 눈물을 흘렸다"와 같은 것은 금불종혁金不從革의 오행사상과 연결이 가능할 것이

---

54) 김기웅, 1976, 「삼국시대의 무기소고」 『한국학보』 5, 19쪽.

다. 특히 이변은 때때로 왕실이나 궁정관리들의 그릇된 행위와 연결되어졌기 때문에[55] 진평왕 8년 5월의 '뇌진雷震·성운星殞'과 동 9년 7월의 대세大世·구칠仇柒의 망명사건, 동 36년 2월의 '영흥사永興寺 불상의 자괴自壞'와 진흥왕비의 사망, 그리고 동 53년의 '백구화白狗禍'와 칠숙柒宿·석품石品의 모반사건 등은 서로 관련지어 생각할 수가 있다.

다시 말하면 6세기 이후 불교의 번창으로 종래의 재래신앙과 자연변이에 대한 의식은 크게 달라졌을 것이나, 진흥왕 이후의 빈번한 대중對中교섭에서는 오행사상이나 도교가 수용되었을 것으로 보여진다. 따라서 진흥왕 37년의 화랑도의 공인기사 속에 "서로 도의를 닦고(相磨以道義) 서로 가락을 즐긴다(或相悅以歌樂)"라는 사실에서 유·불·선의 3교가 결합되어 있는 사상적 추이를 보게 된다. 따라서 종래 상례화 되어 간 '지진과 왕의 사망'을 피하려 하였고, 불교의 공인에 따라 왕의 신성함을 강조하면서 기존의 사상체계를 극복하려 했다고 생각된다. 그러나 지진과 전쟁 또는 반란사건과의 관계는 그 후에도 거의가 연결되고 있다.

특히 지증왕을 새로운 사회변화의 큰 계기로 삼으려는 김부식의 노력은 나을신궁奈乙神宮의 설치에 단적으로 표시될 수 있었다. 그러나 지증왕 15년에 시호법諡號法이 처음 시작되었다고 한 기록은 그의 잘못된 서술이 분명하다. 이것은 그가 제4권의 의미, 특히 지증왕을 부각시키기 위해서 국호의 제정이나 군현제실시 등 일련의 업적을 강조하고 그것을 뒷받침하려는 것으로 시호제를 첨가시켰을 것으로 생각된다. 그러나 진흥왕의 순수비에도 진흥태왕眞興太王이라는 기록이 나오고 있으며, 진평왕의 경우도 『수서隋書』(권 81, 열전 46)에 "高祖拜眞平王爲上開府樂浪郡公新羅王"이라 하였고, 『구당서舊唐書』(권 199상, 열전 149)에도 "其王金眞平隋文帝時授上開府樂浪郡公新羅王"이라 하였음을 보아 시호에 대한 『삼국사기』의 기록이 오류임을 알 수 있다.

---

55) Wolfram Eberhard, op. cit., p.48.

제5권(선덕왕善德王~무열왕)은 3대 29년간(AD632~661)의 기록이다. 이 시기는 이른바 '민족의 결정기'[56]에 해당하는 때여서 그 기사의 핵심은 대당교섭과 항쟁에 관계된 것이다. 따라서 정치·외교·군사문제와 직결된 내용이 그 주류를 이루고 있으니, 그 대표적인 것은 당의 군사협조, 김춘추·김유신의 활동 및 내분의 역사적 의미를 강조하려는 백제멸망기사 등이 그것이다. 그러나 무열왕은 통일의 주역일 뿐만 아니라 문무왕과 함께 5묘廟에도 불천不遷·불훼지조不毁之祖였음은 주지의 사실이거니와, 그에 대한 짧은 기록은 문무왕의 경우를 2권(6·7권)으로 다루고 있음과 비교할 때 큰 의문이 아닐 수 없다.

더구나 김부식은 여왕의 등장을 "나라가 망하지 않은 것은 다행이다."(선덕왕사론)라고 혹평한 선덕왕善德王·진덕왕眞德王 다음에 중대의 첫 왕을 기록한 저의는 무엇일까. 『삼국유사』의 경우도 무열왕의 기록이 문무왕의 기록의 배가 되고 있다는 점을 주목한다면 무열왕·선덕왕宣德王 즉 중대·하대의 첫 왕을 전시대의 끝에 부기한 처사가 김부식의 주관적 입장의 표시임은 확실하다. 이것은 일종의 탈권을 통해 등장한 양인에 대한 혐오감의 표시임과 동시에 이자겸의 횡포를 묵도한 그 자신의 현실비판의 표시일 것이다. 따라서 당시의 사회상을 고려할 때, 새로운 시대로 생각될 매듭이 오히려 그 다음 왕인 문무·신문왕과 원성왕 이후에 이룩되었음을 확인한 결과에서 나온 것으로 생각된다. 그리고 도덕적 합리주의사관을 내세운 그로서는 항렬상 선덕善德·진덕·무열이 같다는 사실과 선덕왕宣德王이 실제로 무열계와 원성계의 과도적 존재[57] 또는 실질적인 무열계였다는 사실로 보았기 때문일 것이다.

또 한가지 분명한 것은 제5권 이후 정확히 진덕왕부터는 빠지는 해가 없이 전체 재위연간의 기록을 남기게 되었다는 사실이다. 그리고 천재신

---

56) 손진태, 1948, 『한국민족사개론』, 177쪽.
57) 末松保和, 앞의 책, 31쪽.

이天災神異에 대한 기사가 현저하게 줄어들었으며, 그 내용도 한·수재 등 천재보다는 지변이 중심이 된다는 것이다. 이것은 초기의 혜성·일식기사와 같은 천변위주와는 근본적으로 달라진 것이지만 자연현상에 대해 오행사상에 의한 구체적 이해와 체계적인 해석이 가능해졌다는 것이다. 따라서 정치·외교기사에도 전시대와는 현저하게 다른 내용이 보여지게 되었으니 우리는 선덕善德·진덕왕에 의한 유교정치이념의 추구에서[58] 진평왕과 선덕여왕 사이의 시대적 차이를 발견케 된다.

〈표 10〉 제5권의 내용분석(%)

왕명	기 사 내 용				내용의 분류	
	정치	천재	전쟁	외교		
선덕왕 善德王	17 (35.5)	7 (14.6)	11 (22.9)	13 (27.1)	정치	C(7) D(1) E(9)
					천재	怪(4) 旱(1) 지진(1) 雹(1)
					전쟁	백제(8) 고구려(3)
					외교	唐(12) 고구려(1)
진덕왕 眞德王	12 (38.7)	4 (12.9)	3 (9.7)	12 (38.7)	정치	C(4) D(1) E(7)
					천재	혜성(1) 隕石(1) 雪(1) 怪(1)
					전쟁	백제(3)
					외교	唐(12)
무열왕 武烈王	13 (33.3)	11 (28.2)	7 (17.9)	8 (20.5)	정치	A(1) C(10) D(1) E(1)
					천재	怪(7) 雷(1) 大水(1) 火山(1) 星落(1)
					전쟁	백제(4) 고구려(3)
					외교	唐(8)
평 균	35.8	18.6	16.8	28.7	정치	A(1) C(21) D(3) E(17)
					천재	怪(12)[旱·지진·雹·혜성·隕石·雪·雷·大水·火山](1)
					전쟁	백제(15) 고구려(6)
					외교	唐(32) 고구려(1)

<표 10>에 의하면 제5권의 특징은 정치와 외교기사의 내용에 나타

58) 신형식, 1969, 「숙위학생고」 『역사교육』 11·12, 62쪽.

나 있다. 우선 정치기사는 외형적으로 (C)와 (E)가 가장 큰 비중을 갖는다. 그것은 관제의 정리기에 들어선 집사부執事部의 성립과 빈번한 상대등·시중의 교체라는 사실에서만이 아니라, 무열계가 등장하는 정치적 변모를 뜻하는 것이 될 것이다.

진평왕하에서 세력을 강화시킨 용춘龍春(무열계)은 서현舒玄(유신계)과 결속하면서 새로운 귀족으로 부상되었다. 특히 대야성大耶城함락을 계기로 무열계·김유신계가 결합된 이후, 비담毗曇의 난에서 무열계의 집권체제가 확립된 것이다.[59] 따라서 진덕왕의 재위기간은 무열왕권의 정책시험기였고, 내물계의 정책과는 다른 새로운 것이 시도된 것이다. 우선 김춘추·김유신의 정치적 배려에서 나타난 집사부의 성립[60]을 비롯하여

(1) 진덕왕 5년 정월 1일에 왕은 조원전朝元殿에 나와서 백관들의 신정하례新正賀禮를 받았는데, 하정賀正의 예가 이때에 시작되었다.

(2) ⓐ 진덕왕 6년 정월에 파진찬波珍湌 천효天曉를 좌리방부령左理方府令으로 삼았다.

ⓑ 무열왕 원년 5월에 이방부령理方府令 양수良首 등에게 명하여 종래의 율령을 상세히 살피어 이방부격理方府格 60여조를 수정하게 하였다.

에서 보듯이 신정하례新正賀禮(①)와 율령정치를 위한 좌리부령左理府令의 임명(②) 및 숙위외교(③)와 적극적인 친당정책 등 전시대와는 전혀 다른 새로운 정책의 시도가 그것이다. 동시에 강력한 전제왕권의 구축을 위해 반란·반역자에 대한 엄격한 징계와 백제인에 대한 회유기사가 무열왕기에 간헐적으로 나타나 있다.

외교기사는 대당교섭의 내용으로서 선덕여왕의 국학國學입학 요청과 청병사請兵使를 비롯하여 진덕왕대의 숙위외교가 그 대표적이다. 특히 이러한 숙위宿衛는 전통적인 조공과 인질외교가 결합되어 유교적 표현을

---

59) 신형식, 1979, 「무열왕권의 성립과 활동」『한국사논총』 2, 10쪽.

60) 이기백, 1974, 「신라집사부의 성립」『신라정치사회사연구』, 151~153쪽.

벌어 쓴 종합외교로서 통일의 단서와 그 실현에 큰 역할을 하였음은 주목할 일이다.[61] 따라서 태평송이나 중국의 연호年號와 의관제衣冠制의 실시는 결국 친당외교를 위한 접근책에 불과한 것이다.

전쟁기사는 백제와의 싸움과 정벌기사이며, 간헐적인 고구려와의 충돌 내용이다. 이러한 백제정벌은 원래 무열가문武烈家門의 명예회복을 위한 정치적 수단에서 시작되었기 때문에, 당은 측면에서 도움을 준 것에 불과하였다. 더구나 당은 한족의 체면 만회를 위해 신라의 요구에 응함으로써 배후세력을 배제하려는 것이었다. 따라서 당은 처음부터 소극적인 자세를 취하였으며, 그들의 주력부대가 백제와 충돌한 일은 없었다.[62] 특히 당은 나당연합군의 작전과정에서 신라의 정세를 파악하려 했고 가능하면 신라를 당의 세력하에 묶어두려 하였다. 이러한 사실은 당 고종이 소정방蘇定方에게 신라를 정벌하지 않는 이유를 물었으며,[63] 신라인들도

> 당나라 사람은 백제를 멸망시킨 다음 사비성泗沘城에 병영을 두고 있으며, 몰래 신라를 침략하려는 음모를 꾸몄다.(권42, 김유신열전, 중)

라고 하여 당의 야욕을 알고 있었다.

전쟁기사에서 특기할 것은 신라가 갖고 있는 포노砲弩는 고구려인이 소유한 포거抛車에 적대할 수 없었다는 점이다. 이것은 고구려가 당과의 항쟁에서 노획한 것으로 보여, 나·당연합군의 고구려정벌이 예상외로 어려움이 많았다고 하겠다.

전쟁기사에서 끝으로 주목할 수 있는 것은 양국측 기록의 차이이다. 이러한 양국의 기록차이는 『삼국사기』의 성격 이해에 커다란 도움이 될 것으로 보인다. 우선 백제정벌기사에 있어서

61) 본서, 제3장 제3절 참조.

62) 신형식, 앞의 논문, 13쪽.

63) 『삼국사기』 권42, 열전 2(김유신 중)에 "定方既獻俘天子慰藉之曰 何不因而伐新羅"이라고 하였다.

> 무열왕 7년(660) 3월에 소정방을 신구도행군대총관神丘道行軍大摠管으로, 김인문金仁問을 부대총관副大摠管으로 하고, 유백영劉伯英 등 13만 대군으로 백제를 정벌케 하였다.

는 것이 『삼국사기』의 기록이나, 『자치통감』에는

> 현경顯慶 5년 3월에 소정방을 신구도행군대총관神丘道行軍大摠管으로 삼고 좌무위장군左武衛將軍 유백영劉伯英 등 수륙13만군으로 백제를 정벌케 하였다.[64]

라고 하여 『당서』에서와 같이 당시 숙위로서 당측의 부사령으로 선도장이 된 김인문을 고의로 삭제하고 있었다.[65] 또한 백제멸망기사에도 『삼국사기』에는

> 의자왕의 아들 융隆은 대좌평大佐平 천복千福과 함께 나와 항복하였다. (중략) 소정방은 왕·왕족·신료 등 93명과 백성 1만 2천명을 포로로 하여 사비성을 떠나 당으로 들어갔다. (무열왕 7년)

라 한데 비해서 『자치통감』(권 200, 현경 5년)에는

> 소정방은 군대를 이끌고 바다를 건너 들어왔다. 백제는 웅진강구熊津江口에서 저항하니, 소정방이 진격하여 격파하였다. 백제측 사망자는 수천명이나 되었고 나머지는 도망갔다. 당군은 수육군으로 도성을 공략하여 만여인萬餘人을 죽이니(중략) 드디어 의자왕이 항복하였다.

라고 가볍게 기록하여 포로기사는 없으며, 『신당서』(권3, 본기3)에도 그냥

> 현경顯慶 5년 11월 무술戊戌 소정방이 백제왕을 포로로 바쳤다.

라 하여 포로기록은 물론 자국에 불리한 내용을 삭제하고 있다. 그러나

---

64) 『자치통감』 권200, 唐紀 16.
65) 신형식, 「신라의 대당교섭상에 나타난 숙위에 대한 일고찰」, 113~115.

『삼국사기』는 자기측에 부끄러울 정도로 정확하게 포로로 간 인물의 수까지 낱낱이 자세하게 기록하고 있지 않은가. 여기서 우리는 『삼국사기』의 사료적 가치는 물론 "당태종과 고종간의 중요한 기간만은 그 공헌도가 어느 책보다 높다."66)라는 Jamieson의 주장을 경청할 만하다.

끝으로 천재지변기사는 비율상보다 내용상으로 주목을 하게 된다.

> 개구리의 노怒한 형상은 병사의 형상이며, 옥문玉門은 여근女根이니 여자는 음陰이요, 그 색깔은 희고, 또 흰색은 서쪽이므로 군사가 서쪽에 있음을 알 수 있는 법이다.(『삼국유사』 권1, 기이2(선덕왕善德王 지기삼사知幾三事))

라는 내용을 볼 때, 7세기에 신라에서의 음양오행설은 크게 발달되었음을 알 수 있다. 이러한 『삼국유사』의 내용에 대해서 『삼국사기』에도 "두꺼비가 궁궐 서쪽(玉門池)에 모여들었다."(선덕왕 5년)라는 이변을 앞세워 같은 내용으로 되어 있다. 그외 '대석자이大石自移'(선덕여왕 7년)와 '암위미岩爲米'(무열왕 4년)는 각각 오행설의 금불종혁金不從革과 토실기성土失其性과 연결시킬 수 있을 것이며, 무열왕의 사망은 '수위혈水爲血'과 관계가 있을 것으로 보인다. 이러한 음양오행사상은 결국 도참·불교 및 토착신앙과 결속되어 통일신라의 오악五岳사상에도 영향을 주었을 것이다.

2. 중대기록의 분석

1) 제6·7권의 분석

중대는 무열왕부터 혜공왕까지 8대 126년간을 말한다. 그러나 통일의 주역인 무열왕에 대한 기록은 제5권 말미에 서술되었으므로 여기서는 제외하였다. 문무왕에 대해서는 6·7권에 걸쳐 상세한 내용으로 되어 있

66) John C. Jamieson, 1969, 「나당동맹의 와해」『역사학보』 44, 3~4쪽.

으며, 나머지 7왕을 2권에 나누어 서술하고 있다.

문무왕에 대한 파격적인 서술은 민족통일과정이라는 입장에서 나·당교전사실을 비교적 정확하게 기록하여 통일전쟁에 참여한 다수의 국민에 대한 공헌의 의미와 관용 그리고 동맹의 뜻을 강조하려는 것이다. 즉 이때의 기록은 신라가 북방일대의 반란을 조장하고 당 점령지구로부터 도출逃出하는 다수의 유민에게 피난처를 제공함으로써 자기의 세력을 증강하는 한편 당의 반공反攻세력을 약화시킴에 성공한 줄거리였다.[67] 이 사실은 당이 자신의 패배기록을 의식적으로 삭제하여, 설인귀薛仁貴의 유형流刑·고간高侃의 열전결여列傳缺如 등 나·당교전에서 패배한 당시의 장군기록을 고의로 남기지 않고 말소시킨 『당서』와 비교할 수 있다. 그러므로 적어도 통일전쟁기록만은 『삼국사기』의 내용을 상당히 긍정적으로 평가할 수 있을 것이다.

문무왕의 재위 21년간은 고구려정벌과 대당전쟁으로 점철된 시기였다. 따라서 제6·7권의 내용은 전쟁관계가 중심이 될 것이지만, 실제로 가장 큰 비중을 가진 것은 정치기사였다. 이것은 문무왕이 대당항쟁 속에서도 우이방부右理方府·외사정外司正·좌우사록관左右司祿館 등 23관부의 설치[68]와 같은 정치제도의 정비를 하고 있었음을 보여주는 것이다.

따라서 정치기사에서는 <표 11>에서와 같이 (C)가 중심이 되어 7명의 시중侍中이 임명되었고, 제·려귀화인과 전공자戰功者에 대한 관직부여가 빈번히 이루어지고 있었다. 다음 (A)의 경우에도 당과의 대결 외에 제·려 잔민殘民의 토벌문제가 컸기 때문에 잦은 축성기록이 보여지고 있었다.

---

67) Ibid., p.2.
68) 신형식, 「무열왕권의 성립과 활동」, 22쪽.

〈표 11〉 제6·7권의 내용분석(%)

왕명	기사내용				내용의 분류	
	정치	천재	전쟁	외교		
문무왕 文武王	102 (54.3)	26 (13.8)	35 (18.6)	25 (13.3)	정치	A(12) B(2) C(25) D(1) E(62)
					천재	怪(5) 지진(5) 五星(4) 火(3) 혜성(3) 隕石(3) 雷(2) 風(1)
					전쟁	당(16) 백제(11) 말갈(5) 고구려(3)
					외교	唐(25)

그러나 가장 중시할 것은 (E)의 기사이다. 우선 5차에 걸친 대사大赦와 논공행상은 통일전쟁을 수행키 위한 정치적 배려일 뿐만 아니라, 귀화인과 하급관리의 우대 속에서 '경주 구귀족에 대한 견제세력의 육성'[69]이라는 점과 연결될 수 있을 것이다. 이러한 사실은 연정토淵淨土의 견당사遣唐使발탁과 무열왕 7년의 백제 귀화인인 충상忠常, 상영常永 그리고 자간自簡의 총관摠管기용 이래 문무왕의 고구려정벌에도 그들을 원정군의 수뇌로 이용하였다는데[70] 나타나 있다. 특히 668년의 고구려정벌의 논공論功에도 고위층의 장군은 한 등급씩 올려 주었을 뿐이지만, <표 12>에서 보듯이 실제로 논공의 중심인물은 전부 하급장교나 하급관리였다.

〈표 12〉 668년의 논공행상

官職	人名	功績	승진된 관직과 포상
大幢小監	本得	蛇川戰功	一吉湌·租一千石
漢山州小監	朴京漢	平壤軍主殺害	一吉湌·租一千石
黑嶽令	宣極	平壤大門戰功	一吉湌·租一千石
誓幢幢主	金遁山	平壤軍營戰功	沙湌·租七百石
南漢山軍師	北渠	平壤北門戰功	述干·粟一千石
斧壤軍師	仇杞	平壤南橋戰功	述干·粟七百石
比列忽假軍師	世活	平壤小城戰功	高干·粟五百石
南漢州小監	金相京	蛇川戰功	一吉湌(추증)·租一千石

69) 신형식, 앞의 논문, 19쪽.
70) 신형식, 앞의 논문, 15쪽.

따라서 이러한 중간층 이하의 국민을 위한 정치적 우대는 신문왕神文王 이후의 북방경영과 맥을 같이한다고 하겠다.

정치기사 성격에 특기할 사실은 율령정치 내지는 법치체제의 확립이다. 문무왕 2년 8월에 총관진주摠管眞珠·진흠眞欽이 "거짓으로 병을 핑계삼아 한가로이 지내면서 국사를 돌보지 않았다(詐稱病閑放不恤國事)"라 하여 사형시킨 바 있었다. 이것은 다분히 정치적인 냄새가 짙은 조작일 수도 있으나,[71] 국가의 법률·명령계통을 강조하려는 의도가 크게 작용한 것으로 보인다. 문무왕기에 나타난 새로운 법령에서 대표적인 것은 아래와 같다.

① 왕은 백성들이 마음대로 재화財貨와 전지田地를 사찰에 시주하는 것을 금지하였다.(4년 8월)
② 견포絹布의 계량은 옛날의 10심尋을 1필로 하였는데, 길이 7보, 넓이 2척을 한필로 하였다.(5년 8월)
③ 당에서 숙위하던 대내마덕복大奈麻德福이 역술曆術을 배워가지고 돌아와 새로 역법을 개용改用하였다.(14년 1월)

이와 같은 기록에서 국가질서 확립을 위한 도량형과 역법의 통일을 위한 법적 조치를 발견할 수가 있다. 특히 전제적인 정책추진에 짝하여 문무왕 15년의

동銅으로써 백사百司 및 주군州郡의 인장印章을 주조鑄造하여 나누어 주었다.

라는 기록은 그의 유언에 나타난

율령의 격식으로 불편한 것이 있으면 곧 편리하게 고치고 원근에 포고하여 그 뜻을 알리게 하고 주사자主司者는 이를 시행토록 하라.

와 함께 무열왕 이후 크게 추진해 온 율령정치의 중요성을 말해 주고 있다. 따라서 문무왕의 관부官府개혁에도[72] <표 13>에서와 같이 실무

71) 신형식, 「신라병부령고」, 83쪽.
72) 주 67) 참조.

직을 완비케 하였으며, 좌이방부의 설치와 외사정의 전국파견으로 나타난 것이다.

〈표 13〉 문무왕대 설치·증치된 관부 및 관원

관 부	관 리	인 원	연 대	내 용
집사부執事部	史	6	11年	增 置
병부兵部	大監	1	15	增 置
	弩舍知	1	12	始 置
	史	2	11	增 置
	史	3	12	增 置
	弩幢	1	11	始 置
조부調府	卿	1	15	增 置
창부倉部	卿	1	15	增 置
	史	3	11	增 置
	史	7	12	增 置
예부禮部	卿	1	15	增 置
승부乘府	卿	1	15	增 置
	史	3	11	增 置
사정부司正府	卿	1	15	增 置
	史	5	11	增 置
	外司正	5	11	增 置
선부船府	卿	2	3	始 置
영객부領客府	卿	1	15	增 置
좌이방부左理方府	卿	1	18	增 置
상사서賞賜署	史	2	20	增 置
우이방부右理方府	令(2) 卿(2) 佐(2) 大舍(2) 史(10)			始 置
좌사록관左司祿館	監(1) 主書(2) 史(4)			始 置
우사록관右司祿館	監(1) 主書(2) 史(4)			始 置

다음으로 전쟁기사는 대당전쟁과 백제잔민토벌이 중심이 되었다. 특히 671년의 나·당전쟁 이후 양국은 정면으로 대결케 됨에 따라 전쟁양상이 달라지게 되었다.

> 670년(문무왕 10년) 3월, 이찬 설오유薛烏儒가 고구려 태대형太大兄 고연무高延武와 더불어 각각 정병精兵 일만을 거느리고 압록강을 건너 옥골屋骨에 이르렀다. 4월에 그들과 싸워 크게 이겨 참획자斬獲者는 헤아릴 수가 없었다.

라든가 또는,

> 672년 8월 아군은 고구려병과 더불어 적과 싸워 수천명의 목을 자르니 고간高侃이 도망하므로 추격하였다.(문무왕 12년)

에서와 같이 적극적으로 귀화인을 대당전에 이용하면서 민족간의 대립이 아닌 외족과의 항쟁으로 발전시켰다. 특히 666년의 연정토가 투항해 온 12성을 중심으로 하여, 668년에 투항한 대곡大谷·한성漢城 등 신라의 북방은 이제 나·당의 격전장이 되었고, 신라의 최후 북방전진기지가 되었다. 따라서 이 북변北邊에 대한 관심은 신문왕 이후 북방개척으로 연결되었으며, 사민徙民과 휼민恤民정책을 통해 새로운 조세원租稅源의 확보에 큰 관심을 보이게 되었다. 그러므로 다음과 같은 문무왕의 유언을 대할 수 있게 된다.

> 병기를 녹여 농구를 만들게 하고, 백성들은 인수仁壽의 터전에 살도록 마련하라. 부세賦稅를 가볍게 하고 요역徭役을 덜게 하여 집집마다 인구가 늘고 민생이 안정되어 (중략) 변성邊城과 진알鎭遏 및 주州·군郡·현縣의 과세는 그것이 필요하지 않거든 폐하도록 하라.(권7 문무왕 말미)

여기서 우리는 문무왕의 긴급한 전쟁수행 중에서도 꾸준히 추진한 율령정치와 법제적 정비는 중대 전제왕권의 확립에 큰 계기가 되었다고 믿는다.

천재기사는 주로 불·벼락·혜성 및 지변이다. 이러한 '징후는 하늘의 경고로 지상에서의 균형에 심각한 큰 변혁이 일어나지 않도록 복구되어야 한다는 것'[73]을 통치자에게 알려주는 것이기 때문에 우리는 몇 가지의 추측이 가능하다. 즉, 화재가 왕·왕후 또는 고위 궁정관리의 그릇된 행위의 결과로 생각된다면,[74] 문무왕 2년 2월의 논공행상에 대한 반발이 '영묘사靈廟寺의 벼락사건'인지도 모른다. 또는 조작된 '진주眞珠·진흠眞欽의 피살사건'에 대한 비난으로서 벼락을 상징시켰을 것이며, 문무왕 4년 8월의 지진은 왕의 새로운 교령敎令(사찰에 기부금지령)을 예고해 준, 또는 그것을 정당화시키려는 것인지도 모른다. 그러나 문무왕 12년 9월, 16년 7월의 혜성은 각각 전쟁의 예고였고, 13년 6월의 "호랑이가 궁중뜰에 들어왔으므로 죽였다"(虎入大宮庭殺之)라는 사건은 곧 이은 7월에 김유신의 사망으로 연결되었다.

> 19년 4월 형혹성熒惑星이 우림羽林을 지키고, 6월에는 태백성太白星이 달에 들어갔으며 유성流星이 참대성參大星을 범하였다. 8월에는 또 태백太白이 달에 들어갔다.

라는 빈번한 성변星變은 천존天存의 사망을 예견하는 것이며, 문무왕 21년의 "유성이 떨어졌다"(天狗星落)는 것은 문무왕의 사망을 의미하기도 하였다. 또한 같은 해 봄의 "종일 밤처럼 어두웠다"(終日黙暗如夜)라는 일변日變은 일종의 일식현상이라고 생각될 수도 있으나, 渡邊敏夫의 계산[75]에 의하면, 이 해에는 일식日食이 10월에 중국과 일본에서는 각각 관측되었으나, 한반도에는 나타나지 않고 있어 단순한 괴변이지 일식은 아니었다. 이러한 『삼국사기』의 정확한 기록은 그 사료적 가치는 물론, 당시의 신라 천문학의 수준을 말해 준다 할 것이다.

끝으로, 외교기사는 단순한 조공외교[76]가 아니라, 그 속에는 청병·사

---

73) Wolfram Eberhard, op. cit., p.55.

74) Ibid., p.54.

75) 渡邊敏夫, 1979, 『日本朝鮮中國の日食月食寶典』, 296쪽.

죄·숙위·숙위학생[77] 등 다양한 외교적 접근이 추진되었다. 특히 진덕왕 2년의 김춘추·문왕文王의 경우 이래, 문무왕 8년 원기元器와 연정토淵淨土, 9년의 흠순欽純과 양도良圖, 12년의 원천原川과 변산邊山의 예와 같이 정正·부사副使와 같은 제도적 발전상을 보여주고 있다.

문무왕 10년(670)의 기사내용에 『삼국사기』는 3·4월조에 당군의 격파 사실이 있으나, 『통감』(권 201, 성종 1년)에는 그러한 사실이 없으며, 『당서』(권3)에는 유인궤劉仁軌 파직기사만이 나오고 있다.

〈표 14〉 『삼국사기』와 『통감』·『신당서』의 기록비교

<table>
<tr><td rowspan="10">671년</td><td rowspan="4">삼국사기</td><td>6월</td><td>竹旨가 백제 加林城에서 싸우다. 이어 石城에서 당군과 격전끝에 5천 3백명을 목자르고, 果毅 6인을 사로잡다.</td></tr>
<tr><td>7월</td><td>설인귀의 항의서와 문무왕의 답서가 교환되다.</td></tr>
<tr><td>9월</td><td>고간이 4만의 대군으로 침입하다.</td></tr>
<tr><td>10월</td><td>당의 漕船 70척을 격파하고 郎將鉗耳侯와 사졸 100여 인을 사로잡다. 이때 익사자는 헤아릴 수 없었다.</td></tr>
<tr><td>통감</td><td>7월</td><td>고간이 고구려의 餘衆을 安市城에서 격파하다.</td></tr>
<tr><td rowspan="4">신당서</td><td>6월</td><td>가뭄이 들어 죄수를 보살폈다.</td></tr>
<tr><td>9월</td><td>지진이 있었다.</td></tr>
<tr><td>10월</td><td>明禮樂士를 구하였다.</td></tr>
<tr><td>11월</td><td>일식이 있었다.</td></tr>
<tr><td rowspan="5">672년</td><td rowspan="2">삼국사기</td><td>7월</td><td>고간의 군사 1만, 李謹行의 3만이 평양에 진주하다.</td></tr>
<tr><td>8월</td><td>신라군이 고구려군과 합해서 高侃군을 격퇴하여 수천명을 살해하였으나 石門에서는 역전패하다.</td></tr>
<tr><td>통감</td><td>12월</td><td>고간이 고구려의 餘衆과 白水山에서 싸워 이기다.</td></tr>
<tr><td rowspan="2">신당서</td><td>7, 8월</td><td><기록없다.></td></tr>
<tr><td>12월</td><td>유인궤가 同中書門下 3품으로 복직하다.</td></tr>
</table>

76) 신형식, 「나당간의 조공에 대하여」, 97~109쪽(본서 제3장 제3절 참조).
77) 신형식, 「숙위학생고」, 59~87쪽.

연도	사료	월	내용
673년	삼국사기	9월	당병이 말갈병과 함께 북변을 침입하였으나, 9번 싸워 모두 패배하였다. 이 전투에서 피살자가 2천여 명이며, 익사자는 셀 수가 없다.
		冬	당군이 우잠성牛岑城을 공략하다.
	통감	5월	이근행이 고려의 叛者를 舍化蘆河의 서쪽에서 격파하여 수천인을 사로잡다.
		12월	소정방이 서방을 토벌하다.
	신당서		<기록없다.>
675년	삼국사기	2월	유인궤가 七重城에서 신라군을 격파하다. 이근행을 安東鎭撫大使로 삼고 침입하니 왕은 사죄하다.
		9월	설인귀가 침입하니, 문훈文訓이 역습하여 1,400명을 목자르고 병선 40척을 나포하다. 설인귀가 도망하였으며, 戰馬 1천필을 노획하다. 이근행이 20만으로 買肖城에 주둔하였으나, 신라군에게 격파되어 전마 3만380필을 획득하다. 당병이 거란·말갈병과 칠중성에 침입하였으나 실패하다. 당군과의 대소 18회 싸움에서 당군은 6천47명이 피살되고, 전마 200필을 노획하다.
	통감	2월	유인궤가 신라군을 칠중성에서 격파하다. 신라의 南境을 공략하여 많은 자를 참획하다.
		9월	<내용 없다.>
	신당서	2월	유인궤가 신라군과 칠중성에서 싸워 이기다.
		8월	유인궤를 尙書左僕射로 삼다.
		9월	<기록없다.>
676년	삼국사기	11월	沙湌施得이 병선을 거느리고 설인귀와 싸우다가 패하였다. 그러나 다시 진격하여 대소 22회 싸움에서 4천여명을 살해하다.
	통감	11월	연호를 고치고 죄수를 석방하다.
	신당서	11월	죄수를 석방하다.

즉, 중국 문헌은 자국에 불리한 내용은 삭제하고 있어 그에 대한 객관성이 문제가 된다. 문무왕 11년부터 본격화된 양국의 충돌은 17년까지 실질적인 전쟁상태에 들어섰거니와, 이에 대한 양측의 문헌을 비교하면 <표 14>와 같다. 여기서 우리는 『삼국사기』의 객관적 서술자세와 사실의 정확한 기록을 어느 정도 짐작할 수 있다. 만일에 중국문헌의 무비판적인 전재라면 7세기에 단 1회도 없는 일식기사를 고려하여 671년(『신당서』 권 3, 함형咸亨 2년 11월)의 일식[78]을 외면하지 않았을 것이다.

2) 제8권의 분석

제8권(신문왕~성덕왕)은 3대 56년간(681~737)의 기록이다. 이 시기는 통일전쟁 후, 나·당간의 불화가 청산되면서 양국의 '친선관계'가 유지되는 동시에, 신문왕대의 정치제도의 완비와 사회적 안정이 이룩되는 때였다. 따라서 <표 15>에서 보듯이 정치기사가 6할이 넘게 되었고, 전쟁기사는 거의 없어지게 된다.

우선 정치기사도 (C)가 중심이 되어 중앙·지방관제의 정비와 연결되고 있다. 이들 3왕의 시기에 상대등과 시중이 각각 6명과 18명이 교체[79]되었다는 사실을 지적할 때, 결국 무열계의 전제왕권이 확립되어진 내용의 기록이라 하겠다.[80]

---

78) 본기의 기록 중, 삼국시대를 통해 7세기에는 1회의 일식기사도 없다. 7세기에 중국에서는 24회, 일본에서는 5회의 기록이 있었다. 따라서 『삼국사기』가 중국문헌의 기계적 전재라면 671년의 나당간의 외교문서의 교환 등 일련의 정치적 사건을 고려하여 1·2회는 기록했어야 했다. 그러나 7세기에는 한반도주변에서는 日食이 많았으나, 한반도(경주)에서는 일식중심대가 없어 실제로 그것이 나타나지 않았던 것이다.

79) 이기백, 『신라정치사회사연구』, 103쪽 및 113쪽.

80) 신형식, 「신라 중대 전제왕권의 전개과정」 『산운사학』 4, 1990.
_____, 「신라 중대 전제왕권의 특질」 『국사관 논총』 20, 1990.

〈표 15〉 제8권의 내용분석(%)

王名	기사내용				내용의 분류	
	정치	천재	전쟁	외교		
신문왕 神文王	40 (81.6)	7 (14.3)		2 (4.1)	정치	A(4) B(1) C(11) D(2) E(22)
					천재	怪(2) 五星(1) 雪(1) 혜성(1) 隕石(1) 大水(1) 雷(1)
					외교	唐(2)
효소왕 孝昭王	19 (55.9)	12 (35.3)		3 (3.8)	정치	A(1) C(6) D(1) E(11)
					천재	怪(4) 혜성(2) 지진(2) 旱(1) 大風(1) 大水(1) 五星(1)
					외교	唐(2) 日本(1)
성덕왕 聖德王	83 (48)	42 (24.3)	2 (1.2)	46 (26.6)	정치	A(7) B(3) C(22) D(3) E(48)
					천재	지진(8) 隕石(6) 旱(5) 怪(4) 五星(3) 雪(3) 雷(2) 雨雹(2) 大水(2) 혜성(1) 無雪(1) 火(1) 蝗(1) 疫(1) 大風(2)
					전쟁	일본(1) 말갈(1)
					외교	唐(45) 일본(1)
평 균	61.8	24.6	0.4	13.2	정치	A(12) B(4) C(39) D(6) E(81)
					천재	怪(10) 지진(10) 隕石(7) 旱(6) 五星(5) 혜성(4) 大雪(4) 大風(3) 大水(3) 雷(3) 雨雹(2) 火(1) 疫(1) 蝗(1) 無雪(1)
					전쟁	일본(1) 말갈(1)
					외교	唐(49) 일본(2)

다음으로 가장 큰 의미가 있는 (E)의 변화이다. 특히 신문왕 1~9년 사이의 일련의 기록은 전제왕권에 반발하는 귀족 또는 중고세력의 제거

와 국가체제의 완성에 대한 구체적인 내용이었다.

(1) ⓐ 소판김흠돌蘇判金欽突·파진찬흥원波珍湌興元과 대아찬진공大阿湌眞功 등이 모반하므로 이들을 죽였다.(1년 8월)
ⓑ 이찬군관伊湌軍官(상대등·병부령) 등은 적신흠돌賊臣欽突의 역모사실을 알면서 알리지 않았기 때문에 죽였다.(1년 8월 교서敎書)
ⓒ 안승安勝의 족자族子인 장군대문將軍大文이 금마저金馬渚에서 모반하다 발각되어 죽였다.(4년 11월)
(2) ⓐ 위화부령位和府令 2인을 두고 선거選擧의 일을 맡게 하였다.(2년 4월)
ⓑ 공장부감工匠府監 1인과 채전감彩典監 1인을 두었다.(2년 6월)
ⓒ 예작부경例作府卿 2인을 두었다.(6년 1월)
(3) ⓐ 완산주完山州를 다시 설치하고, 용원龍元을 총관摠管으로 삼았다.(5년 봄)
ⓑ 거열주居列州를 나누어 청주菁州를 둠으로써 구주九州가 완비되었다.(同)
(4) ⓐ 국학國學을 세워 경卿 1인을 두었다.(2년 6월)
ⓑ 당에 사신을 파견하여 예기禮記와 문장文章을 청하니, 측천무후則天武后는 유사에 명하여 길흉요예吉凶要禮를 서사書寫하고, 문관사림文館詞林에서 사섭규계詞涉規誡를 골라 50권을 내어 주었다.(6년 2월)
(5) ⓐ 문무관료들에게 전지田地를 차등있게 하사하였다.(7년 5월)
ⓑ 내외관의 녹읍祿邑을 폐지하고 해마다 조곡租穀을 주어 이를 항식恒式으로 삼았다.(9년 1월)
(6) ⓐ 친히 신궁神宮에 제사한 후 대사大赦하였다.(2년 1월)
ⓑ 대신을 조묘祖廟에 보내어 제사를 하면서 태조대왕太祖大王·진지대왕眞智大王·문흥대왕文興大王·태종대왕太宗大王·문무대왕文武大王의 영靈에게 말씀을 올렸다.(7년 4월)
(7) 왕은 장차 달구벌達句伐로 서울을 옮기려 하였으나, 그만 두었다.(9년 9월)

위의 기록에서 (1)은 독주하는 무열왕계에 반발하는 구귀족에 대한 강력한 제재이며, 상대등 군관軍官의 처형 직후에 내린 교서에서 본 '사상지친事上之親 진충위본盡忠爲本'의 유교정치이념은 중고왕실의 불교관과 큰 차이를 보여준다. (2)와 (3)은 중앙·지방제도의 완비이며, (4)는 유교정치구현을 위한 것이다. 특히 9주가 중국의 천하관의 반영이라면, 5소경小京은 제·려에 대한 정치적 배려와 오행설과도 관련이 될 듯하다.

(5)는 완비된 관료제하의 경제적 조치이며, (6)은 오묘제五廟制의 확립에 따르는 무열왕통의 친조親祖관념과 민심일신의 표시였다.[81] 그러므로 이러한 오묘제의 성립과 더불어 전국적인 행정구역도 마련된 이후여서, 우리는 오악五岳의 성립을 이 시기에 된 것으로 생각한다.[82] 따라서 이러한 오악의 완성 속에서는 오행사상의 영향도 전혀 외면될 수는 없었을 것임은 자명하다. 그러므로 우리는 신문왕 1~9년간의 사회적 변화에서 상대(중고中古)와 중대(하고下古)의 시대구획을 찾아볼 수 있지 않을까 한다.[83]

또한 성덕왕기의 12회에 걸친 대사大赦와 빈번한 진휼기사는 흉작대책의 물질적 구원으로서 진급賑給·사곡賜穀·여수慮囚·순무巡撫·중시면직中侍免職의 표시라[84] 하겠지마는 한편 다른 의미도 가미되고 있었을 것이다. 즉, 그것은 무열왕실이 추구한 위민·애민정책[85]의 일환으로서 권농책일 수가 있다. 특히 맹자의 위민사상에 따르면 위민의식은 자원평등분배론으로民의 경제·사회적 이익을 옹호하는 것으로서 치자治者가 피치자被治者에 선심을 베푸는 시혜이지만, 그것은 어디까지나 지배자의 자기권익보호의 성격인 것이다.[86]

따라서 피지배자로서의 민民은 군주의 권력유지에 바탕되는 것이기 때문에, 왕의 지위는 민民의 판단과 감각에 예민해야 하는 것이다. 여기에 통치자가 피치자를 위한 시혜의 원인이 있는 것이며, 그 구체적인 방법으로 세제개혁·대사(형벌완화)·현사賢士등용·복지증진책 등이 따르는 것이다.[87] 이러한 맹자의 위민사상은 중대왕권전제화의 기저를 이루고

81) 변태섭, 앞의 논문, 73쪽.
82) 이기백, 1974, 「신라오악의 성립과 그 의의」『신라정치사회사연구』, 205쪽.
83) 신형식, 「신라군주고」, 99쪽.
84) 井上秀雄, 1978, 『古代朝鮮史序說』, 140~162쪽.
85) 신형식, 「무열왕권의 형성과 활동」, 17~19쪽.
86) 유초하, 1979, 「맹자의 위민의식과 그 성격」『민족문화연구』 14, 123~139쪽.
87) 『맹자』(권1 梁惠王篇上 5) "施仁政於民 省刑罰 薄稅歛 深耕易耨"이라 하였으

있지만, 이는 동시에 불경(대살차니건자소경大薩遮尼乾子所經 제3 왕론품王論品)에서 보여진 "王者得立 以民爲國 民若不安 國將危矣 王者常當憂民如念赤子不離於心"과도 일맥상통하고 있다. 그러므로 우리는 무열왕 이후 시도한 참전에 의한 농민지위향상책이나 문무왕의 "집집마다 넉넉하고(家給人民) 민간은 안정된다(民間安堵)"의 유조遺詔도 결국은 유교·불교의 복합적인 의미를 지닌 것이라 하겠다.

다음의 외교기사는 문무왕 16년(676) 이래 성덕왕 2년(703)까지 근 30년간의 국교단절 이후의 기록이다. 성덕왕과 현종간의 국교재개로 성덕왕 재위 36년 간45회의 대당외교기록이 있었다. 이러한 빈번한 대당교섭은 그 횟수에 의미가 있는 것이 아니라, 외교 속에서 보여진, 내면적 변화에 있다. 즉, 신라의 대당진공물進貢物에는 금·은·인삼 등 원료품만이 아니라, 조하주朝霞紬·어아주魚牙紬 등의 제품이 주류가 되었음은 신라 수공업의 발전상을 반영하는 것이다.[88] 나아가서 이러한 문물수수授受에 수반된 경전·도덕경·천문도 등의 수용에서 유학은 물론, 의학·역학易學·음양오행 등 기술학의 발달을 가져와 누각漏刻의 제작(718) 등이 가능해진 것도 물론이다.

천재지변의 기사는 괴변과 지진 및 성변星變이 크게 눈에 띄고 있으며, 상당한 경우가 특정한 사실과 연결되고 있었다. 건시원년建始元年(BC 32) 8월의 '유양월상승有兩月相承'을 '황제주변의 여자들의 횡포'[89]로 설명한 것을 보면, 신문왕 2년 5월의 '태백범월太白犯月'은 3년 2월의 호화스런 납비納妃에 대한 예고였으며, '여름의 폭설은 국민의 반란의 경고'

며 1권 3절에서도 "是使民養生喪死無憾 王道之始也"라 하고 있다.(유초하씨의 앞의 논문 참조).

88) 신형식, 「나당간의 조공에 대하여」, 101쪽(본서 제3장 제3절 참조).

89) Wolfram Eberhard, op. cit., p.951. 이에 대한 『한서』(권10, 成帝紀10 建始 1년 8월)의 "有兩月相承"에 대한 설명은 "相承在上下也 案京房易傳去 君弱如婦爲陰所乘 則兩月出"이었다.

라는 『한서』(권27, 中之下)의 해석에 따른다면, 신문왕 3년 4월의 대설은 4년의 안승족자安勝族子의 반란과 연결되고 있었다. 따라서 천재지변이 반드시 오행적 설명으로 풀이되는 것만은 아니라 해도 몇 가지의 예는 그와 관련이 있다고 하겠다.

한편 지진은 오행에 있어서는 토실기성土失其性으로서 대개가 태후섭정太后攝政과 연결되고 있으나,[90] 『삼국사기』에는 주로 왕의 사망과 가장 크게 관련을 짓고 있어서 약간의 차이가 있다. 그러나 그것은 분명히 하늘의 경고로 파악되어 '지진과 대사大赦'(성덕왕 7년·9년·23년)는 서로 연관을 갖고 있었다. 이러한 예는 '한旱과 대사大赦'(성덕왕 13년·15년)도 같아서 이것이 단순한 '흉작'에 대한 대책이 아니라, 자연과 인간의 상호작용이라는 측면으로 이해해야 할 것이다. 즉 자연의 변화(구징咎徵)에 적응하여 인간행위(정치)를 조정시켜 양자의 균형을 꾀하려는 것이었다. 따라서 이러한 자연(천상)과 인간(지상)의 평형은 반드시 오행설에 의한 규범적 설명이 아니라, 성덕왕 4년의 '가뭄－사주식賜酒食－하교금살생下敎禁殺生'이나 7년의 '지진－진성범월鎭星犯月－대사'와 같이 사회적 필요에 따라 변형되어 간 듯하다. 다만, 성변에 있어서는 신문왕 3·4년의 혜성·유성과 안승족자의 반란, 효소왕 8년의 혜성(성패星孛)과 '수혈색水血色－경영慶永의 반란'은 직접 관계가 되고 있었다.

3) 제9권의 분석

제9권(효성왕~선덕왕宣德王)은 4대 48년간(AD737~785)의 기록이다. 이 시기는 통일신라의 황금기로서, 제8권에서 보여진 성격과 비슷한 양상을 보이고 있다. 다만, 정치기사에서 반란사건과 북방경영 등이나 <표16>에서와 같이 천재지변에 큰 비중을 갖고 있음이 다를 뿐이다.

---

90) 『후한서』 지16, 오행4.

〈표 16〉 제9권의 내용분석(%)

왕명	기 사 내 용				내용의 분류	
	정치	천재	전쟁	외교		
효성왕 孝成王	12 (41.4)	9 (31)		8 (27.6)	정치	A(1) C(5) D(1) E(5)
					천재	怪(4) 지진(2) 隕石(2) 五星(1)
					외교	唐(8)
경덕왕 景德王	51 (54.8)	28 (30.1)		14 (15.1)	정치	A(3) C(15) D(1) E(32)
					천재	혜성(5) 怪(5) 雨雹(3) 旱(3) 지진(2) 雷(2) 風(2) 隕石(2) 龍(1) 無雪(1) 疫(1) 蝗(1)
					외교	唐(12) 일본(2)
혜공왕 惠恭王	25 (38.5)	28 (43.1)		12 (18.5)	정치	B(4) C(5) D(1) E(15)
					천재	怪(8) 지진(6) 혜성(2) 雨土(2) 隕石(2) 旱(2) 五星(1) 蝗(1) 雷(1) 雹(1) 無雪(1) 黃霧(1)
					외교	唐(12)
선덕왕 宣德王	10 (76.9)	1 (7.7)		2 (15.4)	정치	B(1) C(3) D(1) E(5)
					천재	雪(1)
					외교	唐(2)
평 균	52.9	27.7		19.2	정치	A(4) B(5) C(28) D(4) E(57)
					천재	怪(17) 지진(10) 혜성(落星)(7) 隕石(6) 雨雹(4) 五星(2) 雨土(2) 蝗(2) 雷(2) 無雪(2) 風(2) 龍(1) 疫(1) 雪(1) 雨雷(1) 霧(1)
					외교	唐(34) 일본(2)

정치기사는 제8권의 경우처럼 (C)가 대종을 이루고 있었다. 이것은 무열왕권하에서 교체된 상대등과 시중이 각각 17명(48%), 41명(52%)이나 된다는 사실[91]과 궤를 같이 하는 것으로 강력한 전제왕권의 확립에 따른 불가피한 사실일 것이다. 즉 왕권이 강화되면서 천재흉조의 책임을

91) 신형식, 「무열왕권의 성립과 활동」, 22쪽.

시중에게 지웠기 때문에,[92] 제9권의 경우에도 14명의 시중 중에서 5명이 물러나게 되었다.

다음에는 (B)기사의 증가이다. 이것은 주로 혜공왕기에 나타나는바, 그 출행出幸의 목적이 구휼·순무巡撫보다는 '행국학幸國學'이나 '행감은사幸感恩寺'와 같은 비정치적인 것이었다. 이러한 순행의 성격변화는 원래의 순무가 실제로 실효를 거두지 못한데서 오는 당연한 추세라 여긴다. 또는 이러한 자연변이를 유교적인 정치관이나 불교의 호국관에 의한 극복을 꾀하려는 새로운 움직임일 수도 있다. 더구나 전제왕권이 확립되면서 천재흉조의 책임이 자신(왕)에게 있지 않다고 생각하였기 때문에 다른 고위층에게 돌려서, 특별한 대책을 세우지 않았을지도 모른다. 이와 같은 흐름 속에서 왕의 도덕정치의 퇴조는 경덕왕 15년 상대등 김사인金思仁과 혜공왕 13년의 상대등 양상良相의 시정극론時政極論이나 선덕왕宣德王의 유조에서 보여진 "나의 덕망이 백성들의 기대에 못미치고(此皆德不符民望) 정치가 천심에 합당하지 않다(政未合天心)"에도 뚜렷하다.

끝으로 (E)기사의 내용에서 주목할 것은 우선 관제官制개혁에 대한 것이 제일 많거니와 이것은 경덕왕 때의 일련의 정치 개혁에 대한 내용을 설명한 것이다. 여기서 몇 가지의 변화상을 살펴보면, 동궁東宮과 동궁관아東宮官衙·정찰관偵察官·어용성御龍省의 설치와 율령박사律令博士의 임명 등이다. 이것은 궁정직宮廷職으로서의 내성內省·어룡성御龍省·동궁관東宮官의 정비상을 나타낸 것과[93] 정찰관을 두어 백관百官의 규찰을 강화하는 과정에서 8세기의 전제왕권의 모습을 선명하게 반영한 것이다. 따라서 이를 뒷받침하는 것이 율령정치의 유지가 될 것이다.

또한 천문·누각박사漏刻博士의 임명은 천체의 변화나 자연현상의 관찰에 대한 국가적 관심을 보여준 것으로 농민생활에 필요한 역서曆書의 개

92) 이기백, 앞의 책, 178쪽 및 井上秀雄, 앞의 책, 158쪽.
93) 三池賢一, 1972,「新羅內廷官制考」上·下『朝鮮學報』67·62, 참조.

발과 관계가 있었을 것이다. 그러므로 경덕왕 17년의 의관醫官과 율령박사의 임명은 역서나 천문관측만이 아니라 경덕왕·선덕왕대宣德王代의 줄기찬 북방경영의 위민책과 뜻을 같이하는 것이 될 것이다.

정치기사의 가장 주목할 내용인 8세기 중엽 이후의 계속적인 북방경영은

> ① 경덕왕景德王 7년에 아찬 정절貞節을 파견하여 북변을 검찰檢察하고, 처음으로 대곡성大谷城 등 14군현을 설치하였다.
> ② 경덕왕 13년 5월에 우두주牛頭州에서 서지瑞芝를 바쳤다.
> ③ 경덕왕 21년 5월에 오곡성五谷城·휴암성鵂巖城·한성漢城·장새성獐塞城·지성池城·덕곡성德谷城의 6성을 축조하고 각각 태수太守를 두었다.
> ④ 선덕왕宣德王 2년에 사자를 보내서 패강浿江이남의 주군州郡을 순무시켰다.
> ⑤ 선덕왕 3년에 왕은 한산주漢山州로 순행하고, 백성들을 패강진浿江鎭으로 옮겨 살게 하였다.
> ⑥ 선덕왕 4년에 아찬 체신體信으로서 대곡진군주大谷鎭軍主로 삼았다.

등과 같이 상당한 정치적 의미를 갖고 있음을 보게 된다. 이러한 북방경영은 무열왕이 말갈침입에 대항해서 만든 실직悉直(삼척)의 북진北鎭과 함께 패강진浿江鎭도 서해방어를 위한 군사적 조치일 수도 있으며, 둔전병屯田兵이라 부를 수 있는 군호적軍戶的 성격[94]으로 파악될 수 있을 것이다. 동시에 개척농민을 이곳에 투입하여 평화무장하는[95] 방편으로도 추측이 가능하다.

그러나 한편으로 녹읍의 부활이 귀족세력의 반발을 둔화시켜 왕권구축을 꾀하려는 정치적 포석이라고 생각할 수 있다면, 이러한 북방경영도 결국 표면상으로는 국방이라는 정책적 입장을 취하고는 있지만, 내면으로는 우선 농토의 확대와 농민 생활기반을 강화하려는 위민·권농책의 일환일 것이다. 동시에 중대中代 왕권을 지지해 줄 배후세력의 양성[96]

94) 이기백, 1968, 『고려병제사연구』, 232쪽.
95) 이기동, 1976, 「신라하대의 패강진」 『한국학보』 4, 13쪽.
96) 신형식, 「신라사의 시대구분」, 26쪽.

또는 왕실에 반발하는 귀족의 견제를 꾀하려는 정책이 포함되어 있었을 것이다. 이러한 경우는 김유신계인 김암金巖을 패강두상浿江頭上으로 내보낸 사실과 그가 친원성계였다는 것으로 생각해 낼 수가 있다. 또는 국가의 혜택을 입은 다수의 양민을 확보하여 새로운 조세책이나 인력자원의 확보책일 수도 있을 것이다.

그러나 중대왕권은 결국 이러한 북방경영에도 불구하고 그들과 연결된 것이 아니며, 이때의 북방은 이미 김헌창란金憲昌亂 때에 보듯이 독자적인 세력으로 성장하여 궁예弓裔세력의 큰 배경이 될 수 있었다. 원성왕 원년(785)에 패강진에서 적오赤烏를 바친 기록을 끝으로, 패강진을 비롯한 북방이 사실상의 신라지배를 벗어났다는 것이다.

따라서 8세기 중엽의 황금기에 처한 신라사회가 외형적인 정치체제의 정비와 안정 속에서 내재된 사회모순은 빈번한 반란사건의 발생만은 아니었다. 이미 전제왕권은 녹읍의 부활과 대사大赦의 남발과 같은 임시적 조치로 유지될 수가 없었으며, 이러한 사회모순은 상대등의 시정극론과 천재흉조의 계속에서도 찾아질 수가 있었다. 따라서 전제왕권의 실질적인 와해는 이미 진휼기사의 소멸에도 나타나게 되었다. 여기에 경덕왕이 충담사忠談師에게 안민가安民歌를 짓게 한 내면적 이유도 안정 속에 깃든 불안과 혼란을 의식한 처사라 하겠다.

> 군君은 아비요, 신臣은 사랑스런 어미시라. 민民은 즐거운 아이로 여기시니, 민民이 은애恩愛를 알지로다. (중략) 군君답게 신臣답게 민民답게 할지면 나라는 태평하리이다.(『삼국유사』 권 2, 경덕왕 충담사)

라 한 안민가는 신문왕 이후 팽배해진 위민·안민의 풍조가 크게 흔들리고 무질서의 사회상을 개탄한 것으로, 일종의 정치적 경종의 뜻이 포함된 것이다. 따라서 이완해진 기강과 정치도의를 되찾고 왕실의 권위를 회복하려는 노력은 하대下代에서도 줄기차게 계승되었으니, 그것이 왕의

교서나 유조에 나타난 도덕적인 유교정치의 찬양이었다.[97]

천재지변기사는 지변을 비롯하여 성변·가뭄 등이 많이 보이는바, 이것은 중엽 이후 안으로부터 변모하는 신라의 사회상을 말해 주는 것이라 하겠다. 특히 효성왕 2년 4월의

> 흰 무지개가 해를 관통하고 소부리의 강물이 핏빛으로 변하였다

라는 것은 결국 5행사상의 수실기성水失其性으로 보아 간종묘簡宗廟·폐제사廢祭祀를 극복하려는 것이 왕 3년 정월의

> 할아버지와 아버지 묘廟에 절하였다

가 된 것이다. 특히 혜공왕 2년의 '두 해(日)의 출현'은 해가 왕(통치자)을 뜻하기 때문에, 8세로 즉위한 왕을 대신하여 '태후의 섭정'(2인의 통치자)을 비판한 하늘의 경고였다. 또한 경덕왕 6년의 한旱·무설無雪·대역大疫과 7년의 천구성락天狗星落은 곧 이은 태후의 영명궁永明宮으로의 이거移居로 나타난 것이다. 따라서 경덕왕 22년의 대풍大風과 도이화桃李華는 상대등·시중의 면직과 연결되고 있기 때문에 왕실의 입장에서는 자연변이에 대한 새로운 대책에 부심케 된다.

여기서 우리는 8·9세기의 순행에 새로운 의미를 발견케 된다. 즉, 이러한 순무기사의 집중현상을 신라하대의 흉작대책으로 생각할 수도 있지만,[98] 그보다는 자연변이에 대한 합리적 대책으로서 불교와 유교와의 접근을 찾으려 한 것임은 전술한 바 있다. 즉, 왕이 사찰이나 국학에 왕림하여 백고좌회百高座會를 열거나 경의經義를 강론케 하여 새로운 극복책을 마련한 것이다. 이러한 왕실의 새로운 불교보호와 접근은 흥덕왕과

---

97) 유교정치에 입각한 대표적인 教書(詔)나 遺詔를 찾아보면, 宣德王의 下詔를 비롯하여, 문성왕의 유조, 진성여왕의 하조 등이 있다.

98) 井上秀雄, 앞의 책, 165~170쪽.

혜소彗昭와의 관계[99]나 동리산파桐裏山派와 사자산파獅子山派의 단월檀越이 문성왕·헌강왕이었음에도[100] 주목할 수가 있다. 이것은 빈번한 천재나 당시의 사회적 혼란을 극복하는데 불력을 이용함으로써 왕권의 새로운 후원자를 구해보려는 것이었다. 따라서 우리는 혜공왕 15년의 '지진-태백범월太白犯月－백좌법회百座法會'의 기록을 주의 깊게 관찰할 수가 있다.

그 외에 혜공왕 4년의 "범이 궁중에 들어왔다"(虎入宮中)와 6년의 "범이 집사성에 들어왔다"(虎入執事)는 대공大恭의 난과 김융金融의 난과 각각 이어져 있었다. 따라서 혜공왕대인 8세기 말에는 여러 사회혼란이 음양도참 및 오행사상과 결합되어 사회적으로 큰 영향을 주었다고 생각된다. 그러므로 『삼국유사』의

> 대공각간大恭角干의 반란이 일어났다. 서울과 5도를 아울러 96각간이 서로 싸워 큰 난리가 일어났다(『삼국유사』 권22, 혜공왕)

에서 보듯이 전국을 9주라 하지 않고 5도라는 표현을 이해할 수가 있다. 여기서 우리는 혜공왕초에 집중적으로 보여진 괴변의 기록을 '당시가 커다란 사회적 변화기에 들어섰다는 뜻'으로 생각하게 된다. 외교기사는 전시대와 거의 비슷한 모습을 하고 있다.

3. 하대기록의 분석

1) 제10권의 분석

제10권(원성왕~신무왕)은 8대 54년간(785~839)의 기록이다. 그러나 민

99) 『조선금석총람』 상, 雙谿寺眞鑑禪師大空塔碑銘, 68~69쪽.
100) 최병헌, 1972, 「신라하대선종9산파의 성립」『한국사연구』 7, 105쪽.

애왕(833~839)과 신무왕(839)은 재위년수의 문제가 아니라, 그 기록내용도 한 두 가지뿐이어서 통계처리상 제외하였다. 김부식은 하대 첫 왕인 선덕왕宣德王을 제9권 말미에 부기하고 있어 무열왕의 경우와 같이 신라인의 시대구분에 뚜렷한 반대의사를 나타내고 있었다. 이것은 단순한 신라인의 시대구분에 반대만이 아니라, 그의 합리적인 역사의식의 입장에서 나온 귀결이라 하겠다. 즉 선덕왕宣德王의 북방경영, 문무왕의 경우와 같은 동해화장東海火葬의 유언, 그 자신이 성덕왕聖德王의 외손인 점 그리고 선덕善德·진덕眞德·무열왕武烈王이 같은 항렬인 것 같이 혜공과 선덕宣德이 동일항렬인 점을[101] 고려해 볼 때, 선덕왕宣德王은 무열계의 왕이지 새 시대의 왕은 아니었다. 따라서 신무왕까지를 한 권에 묶은 것은 애장·민애·희강·신무왕이 같은 항렬이기 때문이며, 원성왕을 다음 권에 포함시킨 것도 그가 한 세대 아래이기 때문이다.

제10권은 원성왕부터 시작되었다. 그는 하대왕통의 실질적인 시조로서만이 아니라, 5묘廟·독서출신과讀書出身科의 경우에서 보듯이 뚜렷한 사회변천을 나타낸 주인공이었다. 우선 제10권의 내용을 <표 17>에서 살펴보자.

여기서 전체적으로 볼 때 그 내용은 8·9권과 비슷하며, 정치·천재·외교기사의 순으로 되어 있다. 따라서 정치기사의 내용도 (C)가 압도적으로 많다. 이것은 원성왕 재위 14년간에 8명의 시중이, 헌덕왕 재위 18년에는 7명이 시중이, 그리고 흥덕왕 재위 11년간에는 4명의 시중이 각각 교체되었음이[102] 나타나 있다. 동시에 하대의 귀족항쟁에 있어서 왕위계승이나 왕권수호를 위한 태자와 왕비책봉이 간헐적으로 보여지는 것도 정치적 불안정의 표징으로서 결국 (C)기사의 풍부함으로 나타나게 되었다.

---

101) 이광규, 1976, 「신라왕실의 혼인체계」 『서울대 사회과학논문집』 1, 143쪽.
102) 이기백, 앞의 책, 177쪽.

〈표 17〉 제10권의 내용분석(%)

<table>
<tr><th rowspan="2">왕명</th><th colspan="4">기 사 내 용</th><th rowspan="2" colspan="2">내용의 분류</th></tr>
<tr><th>정치</th><th>천재</th><th>전쟁</th><th>외교</th></tr>
<tr><td rowspan="3">원성왕
元聖王</td><td rowspan="3">38
(55.9)</td><td rowspan="3">27
(39.7)</td><td rowspan="3"></td><td rowspan="3">8
(4.4)</td><td>정치</td><td>C(16) D(2) E(20)</td></tr>
<tr><td>천재</td><td>旱(5) 怪(4) 蝗(3) 日食(3) 지진(3) 五星(2) 雨(1) 火(1) 雨雹(1) 雪(1) 疫(1) 大風(1) 霜(1)</td></tr>
<tr><td>외교</td><td>唐(2) 渤海(1)</td></tr>
<tr><td rowspan="3">소성왕
昭聖王</td><td rowspan="3">7
(70)</td><td rowspan="3">2
(20)</td><td rowspan="3"></td><td rowspan="3">1
(10)</td><td>정치</td><td>C(4) E(3)</td></tr>
<tr><td>천재</td><td>怪(1) 大風(1)</td></tr>
<tr><td>외교</td><td>唐(1)</td></tr>
<tr><td rowspan="3">애장왕
哀莊王</td><td rowspan="3">26
(51)</td><td rowspan="3">15
(29.4)</td><td rowspan="3"></td><td rowspan="3">10
(19.6)</td><td>정치</td><td>A(1) B(1) C(6) D(3) E(15)</td></tr>
<tr><td>천재</td><td>怪(6) 지진(3) 五星(1) 隕石(1) 雪(1) 日食(1) 月變(1) 寒(1)</td></tr>
<tr><td>외교</td><td>唐(5) 일본(5)</td></tr>
<tr><td rowspan="4">헌덕왕
憲德王</td><td rowspan="4">39
(51.3)</td><td rowspan="4">27
(35.5)</td><td rowspan="4">1
(1.3)</td><td rowspan="4">9
(11.8)</td><td>정치</td><td>A(1) C(13) D(3) E(22)</td></tr>
<tr><td>천재</td><td>怪(13) 隕石(3) 雪(3) 일식(2) 旱(2) 火(1) 水91) 霧(1) 雷(1)</td></tr>
<tr><td>전쟁</td><td>당(1)</td></tr>
<tr><td>외교</td><td>唐(8) 발해(1)</td></tr>
<tr><td rowspan="3">흥덕왕
興德王</td><td rowspan="3">20
(46.5)</td><td rowspan="3">11
(25.6)</td><td rowspan="3"></td><td rowspan="3">12
(27.9)</td><td>정치</td><td>B(2) C(18) D(3) E(7)</td></tr>
<tr><td>천재</td><td>五星(2) 旱(2) 霜(1) 雪(1) 지진(1) 怪(1) 疫(1) 日食(1) 혜성(1)</td></tr>
<tr><td>외교</td><td>唐(12)</td></tr>
<tr><td rowspan="2">희강왕
僖康王</td><td rowspan="2">5
(71.4)</td><td rowspan="2"></td><td rowspan="2"></td><td rowspan="2">2
(28.6)</td><td>정치</td><td>C(1) E(4)</td></tr>
<tr><td>외교</td><td>唐(2)</td></tr>
<tr><td rowspan="4">평 균</td><td rowspan="4">57.7</td><td rowspan="4">25</td><td rowspan="4">0.2</td><td rowspan="4">17.1</td><td>정치</td><td>A(2) B(3) C(47) D(12) E(71)</td></tr>
<tr><td>천재</td><td>怪(25) 旱(9) 일식(7) 지진(7) 雪(6) 五星(5) 隕石(4) 蝗(3) 雨(2) 火(2) 疫(2) 大風(2) 霜(2) 雨雹(1) 月變(1) 寒(1) 霧(1) 雷(1) 혜성(1)</td></tr>
<tr><td>전쟁</td><td>唐(1)</td></tr>
<tr><td>외교</td><td>唐(30) 일본(5) 발해(2)</td></tr>
</table>

정치기사에서 특히 눈에 띄는 것은 (D)의 급증이다. 지금까지 소외되었던 제사에 대한 기록이 현저하게 증가된 것은 하대 원성계의 새로운 왕통위상과 정치적 변모의 내면을 나타내기 위한 것이라 생각된다. 즉, 애장왕 1년의 5묘의 개정, 빈번한 시조묘와 신궁의 제사, 그리고 2묘·5묘[103]의 별치別置 등이 그것이다. 이 중에서 원성왕의 5묘는 성덕왕과 개성開聖(선덕왕宣德王 부父)을 흥평興平(조祖)·명덕明德(부父)으로 바꾼 점에서 원성계의 새로운 혈통을 내세운 것이지만, 아직도 무열·문무왕을 포함시키고 있음에서 무열계와의 타협을 나타내주고 있었다. 그러나 애장왕의 5묘는 지금까지의 불훼지조不毁之祖인 무열·문무왕을 제외시켰다는 데서 원성계의 확립이라고 할 수가 있다. 이러한 사실은 애장왕비가 박씨였다는 것에도 주목할 필요가 있어, 나말의 박씨왕과 어떤 관련이 가능할 것이다.

정치기사의 또 다른 특징은 (E)의 기사인데 그중에서도 독서출신과나 학생녹읍學生祿邑(소성왕 1년)의 설정 등 유교정치의 구현에 대한노력이 눈에 띈다. 특히 원성왕 4년의 궁전술弓箭術에 의한 인재발탁과 입당유학생의 관리등용은 확실히 전시대와는 다른 인물위주의 새로운 시대조류를 보여주는 것이다. 그리고 빈번한 흉작과 천재에 임하여 (B)를 줄인 대신에, 발사진휼發使賑恤의 정책을 추진하고 있음이 특기할 사실이다. 이것은 왕 자신의 정치적 지위의 불안과 도적의 봉기나 지방세력의 할거에서 오는 불가피한 현상이라고 할 수도 있다. 그러므로 9세기초 애장왕의 '공식公式 20여조'의 반포는 단순한 당제唐制율령의 이탈[104]만이 아니라, 원성왕권의 새로운 구축을 위한 노력의 표시가 될 것이다.

다음의 천재지변의 기사는 지변이 중심이 되면서 가뭄과 일식·지진기사가 크게 증가된다. 우선 오행사상에서 '인아人痾는 조정반란'[105]과

103) 변태섭, 앞의 논문, 72쪽.
104) 井上秀雄, 앞의 책, 291쪽.

연결되고 있음을 고려할 때, 원성왕 7년의 '제공悌恭반란과 일산삼남一產三男', 그리고 헌덕왕 17년의 '김범문金梵文모반과 일산이남이녀一產二男二女'와 관계를 맺을 수 있다. 따라서 이러한 쌍둥이 탄생을 상서祥瑞[106]로 지적한 일부의 주장은 일률적으로 적용될 수가 없음을 보게 된다. 이와 결부하여 애장왕 10년의

> 정월에 달(月)이 필성畢星을 범하였다. 6월에 서형산성西兄山城의 염고鹽庫가 우는데 황소울음과 같았다. 벽사碧寺의 두꺼비가 뱀을 잡아먹었다.

라는 기사는 오행의 가색불성稼穡不成으로 '내음란內淫亂 범친척犯親戚'의 토실기성土失其性[107]의 뜻으로 간주될 때, 동년 7월의 '언승彥昇의 난'을 예고하는 것이었다. 즉, 두꺼비가 뱀을 잡아먹었다는 것은 신하(언승)가 왕(애장왕)을 죽인다는 뜻으로 풀이될 수 있다. 그 외에도 헌덕왕 14년(822)의 김헌창난을 경고한 '패강남천이석전浿江南川二石戰'의 석퇴石頹현상도 같은 의미를 갖고 있었다.

지진에 대한 기록도 결국은 '닥쳐올 위험에 대한 경고'[108]로 생각하는 경우가 크기 때문에, 사신궁祀神宮·대사를 하게 되었다. 다만, 지진이 사망사건과 연결되는 것은 변함이 없으나, 대부분의 지진은 어떤 특정사건이나 그 후의 정치적 변화와 무관하게 사건으로서만 기록되어지는 것도 상당히 많이 보여지고 있다.

일식기사는 그것이 갖고 있는 정치적 영향보다 그에 대한 정확한 기록이 중요한 것이다. 애장왕 2년(AD801)의 "일식의 날인데 일식을 하지

105) 『당서』 권36, 오행3에 "永徽6年 淄州高苑民 吳威妻 嘉州民 辛道護妻 皆 … 產四男 凡物反常則爲妖 亦陰氣盛則母道壯也"라 하였으며 『후한서』(지17, 오행5 人痾)에도 不祥, 朝廷霧亂의 흉조로 파악하였다.

106) 박성래, 「Portents in Korean History」(Journal of Social Sciences and Humanities, Vol.47, 1978), pp.83~84.

107) 『후한서』지16, 오행4.

108) Wolfram Eberhard, op. cH., p.23.

않았다"(日當食不食)의 기사는 신라의 독자적인 일식관측의 예로[109] 생각하거니와, 분명한 일식에 대한 확증의 근거가 된다. 일식의 기사는 아마도 우천으로 볼 수 없었을 것임을 나타냈을 것이다. 그날의 일식에 대한 명확한 사실은 과학적으로 밝혀지고 있다.[110] 따라서 『자치통감』에는 6월이라고 되어 있으나, 『삼국사기』에는 5월로 되어 있어 중국문헌보다 정확성을 가지고 있었다.

외교기사는 일본과의 관계가 나타나고 있음이 주목된다. 특히 애장왕의 대일외교는 대당외교만큼의 비중을 두고 있어, 성덕왕 말년 이후 중단되었던 숙위외교의 재추진[111]과 같이 새로운 외교정책을 모색한 것이다. 이것은 원성계의 정치적 안정을 피하려는 일련의 노력의 표시였고, 나아가서 애장왕은 해인사海印寺를 창건하여 왕실과 새로운 관련을 맺게 하였음도 주목된다. 하대왕실과 해인사와의 관계는 그가 해인사에 친행하여 2천 5백결을 시납施納하고 광찬회廣讚會를 거행한[112] 이후에, 해인사는 북궁北宮으로 왕실의 특별보호를 받았음을 생각할 때 이러한 사실은 8세기 후엽 이후 줄기차게 기도한 정책적 배려로 간주된다. 즉, 해인사일대의 지방세력을 경주왕실의 경제적·정치적 배경으로 이용하려는 기도가 엿보이게 되었다. 따라서 9세기 중엽 이후 사회의 혼란과 함께 왕의 출행이 불가능해진 이후에도, 해인사의 세력은 의연히 남게 되었다.[113]

그러나 9세기 이후의 계속적인 반란과 흉작, 빈번한 발사진휼發使賑恤의 기사에서 나타난 극도의 궁핍상은 '새로운 사찰금지'(禁新創佛寺 ; 애장

---

109) 김용운·김용국, 『한국수학사』, 39쪽.
110) 渡邊敏夫, 앞의 책, 298쪽 및 현정준, 1979, 「한국의 고대일식기록에 관하여」 『동방학지』 22, 115쪽.
111) 신형식, 「신라의 대당교섭상에 나타난 숙위에 대한 일고찰」, 125쪽.
112) 이홍직, 1968, 「나말의 전란과 치군」 『사총』 12·13, 419쪽.
113) 이홍직, 앞의 논문, 422쪽.

왕 7년)나 '벽골제 증축'(增築碧骨堤 ; 원성왕 6년), '제방수리'(修葺隄防 ; 헌덕왕 2년)의 임시적인 국지적 대책으로 치유될 수가 없었다. 이 시기의 내용은

> 서변西邊의 주군州郡에 기근이 들고 도적이 봉기하여 군사를 풀어 이를 토평하였다.(헌덕왕 7년)

와 같이 대부분이 기황饑荒, 도적편기盜賊遍起의 기사로 채워지고 있었다. 이와 같은 긴급한 상황은 왕의 순행을 불가능케 하였으며, 자연히 경주의 황룡사皇龍寺를 새로운 친행의 장소로 택하게 되었을 것이다.

2) 제11권의 분석

제11권(문성왕~진성여왕)은 6대 58년간(839~897)의 기록이나, 정강왕(재위 2년)은 기록이 적어 통계상으로는 제외하였다. 이때의 헌강·정강·진성왕은 경문왕의 자녀여서 같은 항렬이므로 한 권에 포함시켰을 것이다. 신라가 결정적으로 붕괴되어 가는 이 시기의 기록이지만 내용은 제10권과 별 차이가 없다. 우선 <표 18>에서 보면 정치기사는 (C)와 (B)가 큰 비중을 갖게 되었고, (E)의 내용도 큰 변화를 나타내고 있다.

먼저 (B)의 증가는 주로 황룡사에서 백고좌회百高座會를 위한 기사였다. 이러한 왕실과 황룡사와의 관계는 애장왕의 해인사창건을 이어온 새로운 불교정책으로 생각된다. 이것은 왕실의 깊은 보호를 받은 선사禪師들이 점차 왕실에 소극적인 입장114)을 취하게 됨에 따라, 중앙정부의 황룡사에 대한 배려는 더욱 고조되었으며, 불력에 의한 국난극복의 의지를 나타낸 것이다. 이것은 8세기의 북방경영에 대응하는 사실로서, 해인사의 경제력과 황룡사의 불력이용을 신라의 마지막 지주로 삼았던 것이다.

---

114) 김두진, 1973, 「낭혜와 그의 선사상」『역사학보』 57, 39쪽.

〈표 18〉 제11권의 내용분석(%)

왕명	기사내용				내용의 분류	
	정치	천재	전쟁	외교		
문성왕 文聖王	24 (50)	20 (41.7)		4 (8.3)	정치	C(11) E(13)
					천재	怪(3) 五星(3) 火(2) 旱(2)[疫·日食·雨雹·雷·無雪·雨土·風·霜·大水·蝗](1)
					외교	唐(4)
헌안왕 憲安王	7 (70)	3 (30)			정치	C(4) D(1) E(4)
					천재	霜(1) 旱(1) 怪(1)
경문왕 景文王	22 (46.8)	16 (34)		9 (19.1)	정치	B(3) C(4) D(2) E(13)
					천재	지진(3) 疫(3) 無雪(2) 大水(2) 혜성(2) 怪(1) 雷(1) 蝗(1) 龍(1)
					외교	唐(8) 일본(1)
헌강왕 憲康王	14 (53.9)	4 (15.4)		8 (30.8)	정치	B(5) C(2) E(7)
					천재	怪(2) 五星(2)
					외교	唐(5) 일본(2) 北國(1)
진성여왕 眞聖女王	15 (62.5)	7 (29.2)		2 (8.3)	정치	B(2) C(3) E(10)
					천재	怪(2) 旱(1) 無雪(1) 일식(1) 雷(1) 雹(1)
					외교	唐(2)
평 균	56.6	30.1		13.3	정치	B(10) C(22) D(3) E(47)
					천재	怪(9) 五星(5) 旱(4) 疫(4) 無雪(4) 大水(3) 지진(3) 雷(3) 蝗(2) 혜성(2) 火(2) 雨雹(2) 일식(2) 霜(2) 雨土(1) 風(1) 龍(1)
					외교	唐(19) 일본(3) 北國(1)

따라서 패강진浿江鎭이 진성여왕대에 궁예세력권으로 들어간 이후, 왕실의 선종禪宗에 대한 의식적인 접근 노력이 실패되면서 왕실의 새로운 사상적 후견자는 더욱 절실해진 것이다. 김헌창의 난 때에 이미 한산漢山·우두牛頭·패강진浿江鎭 등지가 독자적인 세력을 갖고 있었고, 하대에 기록이 남아 있는 도독都督임명지역이 남쪽지방에 치우쳐 있음을 생각할 때,[115] 해인사의 경제력은 당시 신라왕실의 최후 거점이 될 수가 있었다. 그러나 왕권이 위축되고 그와의 연결이 불가능하게 되면서 해인사가 어느 정도 독자세력으로 성장되었기 때문에, 왕실의 관심은 경주에 있는 황룡사에 집중될 수밖에 없었다. 따라서 경문왕 11년의 황룡사탑의 개축은 국가재건에의 정신적 욕구의 산물이었으며, 이 역사役事의 주인공이 왕(진성여왕)과 깊은 관계가 있는 위홍魏弘이라는 사실은 특히 주목할 일이었다. 따라서 9세기 후반의 왕들에 의한 국학 행차幸國學이나 행황룡사幸皇龍寺는 이러한 움직임의 표시에 불과할 것이다.

다음 (C)기사의 증가는 장보고張保皐를 비롯한 지방세력의 위협에 대처하려는 귀족간의 결합[116]이 보여지면서 상대등·시중에 대한 임면이 활발해진 것을 말한다. 이것은 문성왕~정강왕간의 5O년간에 상대등은 6명, 시중은 10명이 교체되었음에 나타나 있고,[117] 김양金陽·위홍魏弘 등이 병부령으로서 시중·상대등을 겸하면서 정치의 주역으로 등장되었음에서도[118] 볼 수가 있었다. 특히 황룡사 9층탑의 창조와 개조의 주인공이 병부령인 용수龍樹와 위홍이었다는 사실은 전자는 국가의 성장을 위하여, 후자는 국가의 마지막 보호를 위한 대역사를 완수하였음을 알게 한다. 그 외에도 극심한 왕위쟁탈전에 대응하여 왕비나 태자를 책봉함으로써 이러한 정치적 사건을 예방하려 한 것도 (C)기사 증가의 한 원인이었다.

---

115) 신형식, 「신라군주고」, 91쪽.
116) 이기백, 앞의 책, 125쪽.
117) 이기백, 앞의 책, 113쪽 및 177쪽.
118) 신형식, 「신라병부령고」, 95쪽.

끝으로 (E)기사의 내용은 제10권에서 강조된 유교정치의 추구와 왕권의 마지막 표시로서의 진휼기사가 큰 비중을 갖는다. 이것은 불교에 대한 각별한 배려에 대응한 유교정치이념의 강조라고 생각된다. 특히 왕의 국학행차(幸國學)와 아울러 김이어金夷魚·김가기金可紀·이동李同·최승우崔承祐·최치원 등의 숙위학생들의 도당渡唐유학은[119] 9세기 후반의 정치적 변화에 짝하는 사상적 변질의 모습이라 하겠다. 따라서 이러한 유·불의 조화와 결합은 결국 도교와의 결속으로까지 발전되어 나말의 사회적 변모를 이끌어가게 되었다. 이와 같은 사상적 추이는 다음과 같은 문성왕의 유조에서 보여진

> 위로는 하늘에 죄를 질까봐 두렵고, 아래로는 인심을 잃을까 두려워 조석으로 걱정함에 연빙淵氷을 건너는 것과 같다.

라든가, 진성왕이 선양禪讓을 결심한

> 근년이래로 백성들은 곤궁해졌고, 도둑이 봉기하니 이는 내 부덕의 소치이므로 어진이에게 양위를 결심하였다. (중략) 질남姪男 요嶢(효공왕)는 나이가 들어 학문에 뜻을 둘 수가 있고, 그 기틀이 가히 사직을 일으킬 만하다.

라는 유교정치의 희망과 기대에서 엿볼 수 있다. 한편, (E)기사의 내용에서 우리는 홍필弘弼이하 11차의 반란사건을 찾을 수 있었고, 5차의 대사와 진휼기사를 볼 수 있었다. 이것은 헌안왕 3년의 '수완제방권농修完隄防勸農'의 기록과 같은 수취원의 확보에서 마지막 노력을 한 흔적을 발견케 한다. 그러나 제11권의 기사에는 명학루鳴鶴樓·임해전臨海殿의 중수와 연회宴會기사가 빈번히 나타나고 있어 백제말의 기사와 비슷한 양상을 보여주고 있다. 이것은 결국 신라가 이러한 안락과 반란에서 스스로 멸망하게 된다는 것과 국가멸망의 원인을 그 나라 안에서 찾으려는 김부식의 역사관이라 하겠다.

---

119) 신형식, 「숙위학생고」, 73~78쪽.

천재지변에 대한 기사는 역시 괴변이 다른 천재보다 많이 나타난다. 특히 반란을 예고한 징후는 장보고의 난 직전인 문성왕 7년(845) 기사에

> 11월에 우뢰가 울렸고, 눈이 오지 않았다. 12월에는 해(日)가 셋이 나타났다.

는 것과 경문왕 7년(867) 12월의 '객성범태백客星犯太白'은 곧 이은 장보고의 반란과 김예金銳의 모반과 연결되고 있다. 또한 죽음을 예언한 기사에는 대개 지진과 관련이 컸으며, 이는 초기 이래의 공통현상이었다.

> 경문왕 15년 2월에 서울과 국동國東에 지진이 있었고, 패성孛星이 동쪽에 나타나 20일만에 없어졌다. 5월에 용이 궁성정宮城井에 나타나니 운무가 4방에서 모여 하늘로 올라갔다.

라는 기록이 있은 직후인 7월에 왕(경문왕)이 죽었다. 이러한 현상은 경문왕 10년의 왕비사망에도 보여졌고, 진성왕 2년의 일식은 왕의 아픔과 관련이 되었다. 그 외 불(火)과 사망사건도 상호 밀접한 관계를 갖는다.[120)]

특히 진성왕 1년 겨울의 무설無雪과 2년 2월의 '석자행石自行'은 9세기 말 백성들의 궁핍과 진성여왕과 위홍과의 음행(사통)을 비난한 왕거인王巨仁의 시정時政비방의 전단계로 보여진다. 그러나 왕거인의 구속에 대한 하늘의 벌은 '벼락과 우박'이었으므로 그들 석방시킴으로써, 천상과 지상의 균형을 다시 꾀한 것으로 풀이할 수가 있다.

그러나 나말의 사회적 혼란 속에서 이러한 오행설은 도참 및 여러 가지의 무속 등과 상호 결속되어 내용면으로 큰 변화를 하였음은 이미 제·려멸망기에 본 바 있었다. 따라서 9세기 후엽의 사상적 변질 속에서는 이러한 자연변이에 대해서 왕실은 불력에 의해서 새로운 극복책을 기도하게 되었음은 앞에서 언급하였다.

---

120) 문성왕 14년(852) 2월에 調府가 화재를 당하였는데 11월에 왕태자가 죽었다. 또한 17년 12월에도 珍閣省이 불에 탔는데 19년에 왕이 죽었다.

> 경문왕 10년 4월 서울에 지진이 있었고, 5월에 왕비가 죽었다. 7월에 큰 물이 들고, 겨울에 눈이 오지 않았으며, 앓은 사람들이 병에 걸렸다.

이러한 계속된 천재에 직면하자, 경문왕 11년 1월에 유사에게 명하여 황룡사탑을 개조케 하였다. 즉, 자연의 재난이나 괴이를 불력에 의해서 극복해 보려는 것이었다. 따라서 경문왕 13년의 황룡사 9층탑의 완성, 헌강왕 9년의 삼랑사三郞寺 순행, 진성왕 4년의 황룡사간등皇龍寺看燈은 각기 괴이의 퇴치를 위한 것이었다.[121] 이와 같이 하늘의 변화(도전)에는 그에 상응하는 인간의 대응으로 양자간의 균형을 꾀하려 했음은 물론이다.

이와 같은 정치·천재에 대한 왕실의 대책과 극복책은 외교기사에도 보여진다. 그것은 당에 대한 빈번한 조공과 함께 일본·북국(발해)에 대한 외교적 접촉이 눈에 띄기 때문이다. 특히 유학생의 파견에 따른 외교정책의 변모와 함께 경문왕 9년(869)의 사은사파견에는 34종의 진귀한 방물을 보내고 있어[122] 피폐한 당시 사회상을 고려할 때 주목할 사실이다. 그러나 당시 신라인의 해상활동이나 중국에서의 체당활동에 대해서는 전혀 기록이 없다.

3) 제12권의 분석

제12권(효공왕~경순왕)은 5대 38년간(897~935)의 기록이다. 여기서도 효공왕은 정강왕의 아들이지만, 3인의 박씨왕(신덕왕·경명왕·경애왕)과 함께 기록하고 있다. 이것 역시 효공왕과 신덕왕이 동일한 항렬이어서 12권에서 같이 다룬 것으로 볼 수 있다. 이 시기의 내용은 <표 19>에서 볼 수 있듯이 정치·천재·전쟁·외교 및 외국사실 등이 거의 비슷한 비율로 나오고 있다.

---

121) 경문왕 13년의 '기근과 역질'(하늘의 도전)은 '發使賑救·皇龍寺塔築造'(인간의 대응)로 나타났다. 헌강왕 8년 12월의 "枯彌縣女一産三男"은 9년 2월의 '三郎寺巡幸'으로 나타났다. 진성왕 4년의 皇龍寺看燈은 '日暈'에 대한 것이다.

122) 『삼국사기』 권11, 문성왕 9년 7월조.

〈표 19〉 제12권의 내용분석(%)

<table>
<tr><th rowspan="2">왕명</th><th colspan="4">기 사 내 용</th><th colspan="2" rowspan="2">내용의 분류</th></tr>
<tr><th>정치</th><th>천재</th><th>전쟁</th><th>외교</th></tr>
<tr><td rowspan="4">효공왕
孝恭王</td><td rowspan="4">11
(47.8)</td><td rowspan="4">7
(30.4)</td><td rowspan="4">4
(17.4)</td><td rowspan="4">1
(4.3)</td><td>정치</td><td>C(5) E(6)</td></tr>
<tr><td>천재</td><td>霜(2) 일식(1) 운석(1) 旱(1) 혜성(1) 우박(1)</td></tr>
<tr><td>전쟁</td><td>후백제(2) 泰封(2)</td></tr>
<tr><td>외교</td><td>唐(1)</td></tr>
<tr><td rowspan="3">신덕왕
神德王</td><td rowspan="3">2
(22.2)</td><td rowspan="3">6
(66.7)</td><td rowspan="3">1
(11.1)</td><td rowspan="3"></td><td>정치</td><td>C(2)</td></tr>
<tr><td>천재</td><td>霜(2) 지진(2) 怪(1) 五星(1)</td></tr>
<tr><td>전쟁</td><td>후백제(1)</td></tr>
<tr><td rowspan="4">경명왕
景明王</td><td rowspan="4">8
(36.4)</td><td rowspan="4">5
(22.7)</td><td rowspan="4">2
(9.1)</td><td rowspan="4">7
(31.8)</td><td>정치</td><td>C(2) E(6)</td></tr>
<tr><td>천재</td><td>怪(2) 風(1) 蝗(1) 旱(1)</td></tr>
<tr><td>전쟁</td><td>말갈(1) 후백제(1)</td></tr>
<tr><td>외교</td><td>고려(4) 後唐(3)</td></tr>
<tr><td rowspan="4">경애왕
景哀王</td><td rowspan="4">4
(30.8)</td><td rowspan="4">1
(7.7)</td><td rowspan="4">3
(23.1)</td><td rowspan="4">5
(38.5)</td><td>정치</td><td>D(1) E(3)</td></tr>
<tr><td>천재</td><td>怪(1)</td></tr>
<tr><td>전쟁</td><td>후백제(3)</td></tr>
<tr><td>외교</td><td>고려(4) 後唐(1)</td></tr>
<tr><td rowspan="4">경순왕
敬順王</td><td rowspan="4">9
(37.5)</td><td rowspan="4">3
(12.5)</td><td rowspan="4">4
(16.7)</td><td rowspan="4">8
(33.3)</td><td>정치</td><td>C(2) E(7)</td></tr>
<tr><td>천재</td><td>지진(2) 혜성(1)</td></tr>
<tr><td>전쟁</td><td>후백제(4)</td></tr>
<tr><td>외교</td><td>고려(7) 後唐(1)</td></tr>
<tr><td rowspan="4">평 균</td><td rowspan="4">34.9</td><td rowspan="4">28</td><td rowspan="4">15.5</td><td rowspan="4">21.6</td><td>정치</td><td>C(11) D(1) E(22)</td></tr>
<tr><td>천재</td><td>霜(4) 지진(4) 怪(4) 旱(2) 혜성(2) 일식(1) 운석(1) 우박(1) 五星(1) 風(1) 蝗(1)</td></tr>
<tr><td>전쟁</td><td>후백제(11) 태봉(2) 말갈(1)</td></tr>
<tr><td>외교</td><td>고려(15) 後唐(5) 唐(1)</td></tr>
</table>

특히 천재지변의 기사가 8세기 중엽 이후 급격히 증가하고 있어 사회가 크게 혼란해지고 있다는 증거가 된다. 동시에 상고대上古代(제1권)에 나타났던 외국관계기사가 다시 제12권에 보여지고 있으며, 천재기사의 비율에서도 양자는 흡사했다. 이것은 어쩌면 신라인의 마음속에 배어진 윤회관에서 나오거나 또는 김부식이 갖고 있는 불교에 대한 잠재적인 이해에서 나온 결과인지도 모른다.

정치기사는 역시 (C)와 (E)가 중심이 된다. 이것은 빈번한 왕권교체에 따른 불가피한 임면기사일 것이며, (E)의 경우는 거의가 궁예·왕건·견훤에 투항하는 기사이다. 특히 경명왕 이후는 태조(왕건)에게 투항한 지역명이 크게 증가되고 있어 918년의 상주尙州를 필두로 진주晋州(920), 성주星州(923), 영천永州(925), 청송靑松·안동安東·동해안(930), 홍성洪城(934) 등의 명칭이 나타나고 있어, 왕건의 세력이 의외로 컸음을 알려준다. 특히 효공왕 9년(905)의 궁예의 침략시에 왕은 여러 성주城主에게 대항하기보다 자신의 성을 고수하라고 명한 것을 보더라도 10세기 이후의 신라는 경주일대의 국가였을 뿐이다. 이러한 근거는 제12권에 나타난 각 지방의 성주(호족)들의 동향에서 찾아진다.

<표 20>에 의하면 각지의 호족(성주城主·장군將軍·적수賊帥)들은 스스로의 활로를 위해 새로운 세력에 투항하였고, 필요시에는 원봉元逢의 경우처럼 이중으로 두 번 귀순하기도 하였다. 또한 그들은 독자적으로 중국에 조공을 하고 있어 자신들의 지위를 대외적으로 신라왕과 같이 행세를 하였다. 특히 왕봉규王逢規는 '절도사節度使라는 직명을 가칭假稱함으로써 절도사 만능시대인 오대五代의 후당後唐을 현혹케하여 그가 독립적인 존재임을 표시'[123]하고 있어 나말의 호족의 성격을 살펴볼 수가 있었다. 그러므로 12권의 정치기사 내용은 신라에서 고려에로의 정치적 이행

123) 김상기, 1960, 「신라말에 있어서의 지방군웅의 대중통교」 『황의돈선생고희논총』, 62쪽.

과정을 설명한 것이며, 신라가 안으로부터 와해되어 스스로 고려에의 투항을 가능케 한 필연적 과정을 보여주려는 것이다. 따라서 모든 정치기사의 내용은 왕건의 등장과 발전이 내적 필연성에서 연유된 것임을 강조하였으며, '무고한 백성'을 위한 경순왕의 투항을 필연적인 역사적 추세로 평가한 것이었다.

〈표 20〉 나말의 호족분포

호 족	지 역	명 칭	동 향
양길梁吉	北原(원주)	賊帥	궁예에 투항(899)
청길淸吉·신훤莘萱	國原·菁州·괴산	적수	궁예에 투항(900)
아자개阿玆蓋	尙州(상주)	적수	왕건에 투항(918)
윤웅閏雄	康州(진주)	將軍	왕건에 투항(920)
원달元達	下枝城(풍산)	장군	왕건(922)·견훤에 투항(929)
순식順式	溟州(강릉)	장군	왕건에 투항(922)
성달城達	命旨城(포천)	장군	왕건에 투항(923)
양문良文	京山府(성주)	장군	왕건에 투항(923)
왕봉규王逢規	泉州(의령)	절도사	후당에 조공(924)
능문能文	高鬱府(영천)	장군	왕건에 투항(925)
흥종興宗	草八城(합천)	賊	고려와 싸움(928)
관흔官昕	陽山(영동)	장군	견훤에 협조(928)
유문有文	康州(진주)	장군	견훤에 투항(928)
왕충王忠	命旨城	장군	왕건에 협조(928)
홍술洪述	?	장군	견훤과 싸움(929)
선필善弼	載巖城(청송)	장군	왕건에 투항(930)

천재기사는 멸망기사로서는 의외로 적게 나타나 있어 제·려와 비교할 수 있다. 특히 경순왕기에는 괴변(흉조)은 하나도 없어 <표 21>에서 보듯이 의자왕과 특히 대조적인 모습을 보여주고 있다.

〈표 21〉 삼국 마지막 왕의 기사비교

기사 / 왕	정치	천재	전쟁	외교	괴변(흉조)의 수
경순왕	37.5	12.5	16.7	33.3	없음
보장왕	9.4	21.9	42.2	26.6	7
의자왕	18.5	42.6	22.2	16.7	17

이것은 아마도 신라왕조의 문화를 계승한 고려의 사회적 성숙과 합리적 서술을 위한 방편일는지도 모른다. 다만, 경애왕 4년의 '황룡사탑의 동요'는 국가의 멸망전조의 '경애왕 피살'을 예고하는 것으로 생각되며, 경순왕 8년의 '노인성老人星 출현'이 운주계運州界의 30여 군현의 태조에의 투항을 뜻하는 것 등이 고작이다. 특히 국가멸망의 흉조가 전혀 없는 것은 '신라에서 고려에의 변화'가 어떤 정치적·군사적 사건의 결과가 아니라 동일한 전통문화의 연장으로 생각하는 것 같다. 즉, 그것은 왕건의 덕에 의한 귀의로서 '하늘의 벌'이 아닌 '휴징休徵'에서 연유된 필연적 사건이라는 것이다.

이상에서 신라본기의 내용을 대략 분석해 보았다. 전12권의 보기를 통계적으로 살펴볼 때 몇 가지의 특징을 살필 수 있었다. <표 22>에 의하면 우리는 신라인의 시대구분이나 사회변천의식이 김부식의 사관에서 상당부분이 수정되었음을 보았다. 따라서 본기의 12권에 대한 구분이나, 각권의 서두를 장식한 지증왕·선덕왕善德王·신문왕·효성왕·원성왕 등은 그에 상응하는 사회적 변화와 시대변천의 뜻이 담겨져 있음을 알게 되었다. <표 22>에 의하면 신라본기는 정치기사가 절반이나 되었고, 전 시기를 통해 일정하고도 평탄한 비율을 유지하고 있어 꾸준히 신장되는 왕권의 모습과 신라사회의 안정을 가늠할 수 있었다. 특히 제4·8권이 정치기사에 큰 비중을 둔 것은 중고·중대의 사회변화를 뜻하게 될 것이다. 정치기사에서 가장 주목되는 것은 (E)인바, 이것은 왕권의 강화는 물론 사회의 복잡함과 성숙도를 반영해 주는 것이다. 따라서 (C)의 비중이 의외로 높다는 사실과 일치하는 것이며, 그것이 7·8·9세기에 크게 증가된 것도 주목할 수가 있다. 특히 (B)의 내용이 제·려와 크게 다르다는 점도 신라사회의 일면을 설명하게 될 것이다.

〈표 22〉 신라본기 내용의 분석(%)

권	代	연 간	정 치	천 재	전 쟁	외 교
제1권	7	赫居世～逸聖王 (211)	36	42.3	15.2	6.4
제2권	9	阿達羅王～訖解王 (202)	46.9	34.3	13.2	5.5
제3권	5	奈勿王～炤知王 (144)	33.3	38.9	18.5	9.2
제4권	5	智證王～眞平王 (132)	61.2	11.3	12.6	14.9
제5권	3	善德王～武烈王 (29)	35.8	18.6	16.8	28.7
제6·7권	1	文武王 (21)	54.3	13.8	18.6	13.3
제8권	3	神文王～聖德王 (56)	61.8	24.6	0.4	13.2
제9권	4	孝成王～宣德王 (48)	52.9	27.7		19.2
제10권	6	元聖王～神武王 (54)	57.7	25	0.2	17.1
제11권	5	文聖王～眞聖王 (58)	56.6	30.1		13.3
제12권	5	孝恭王～敬順王 (38)	34.9	28	15.5	21.6
평 균	56	992년	48.3	26.8	10.1	14.8

〈표 23〉 신라의 천재지변의 세기별 통계

세기 / 분류	B.C 1	A.D 1	2	3	4	5	6	7	8	9	10	계
日食	6	3	7	3					3	6	1	29
彗星	3	4	5	1		1		7	9	3	2	35
龍	1	2	1	2		2	2		1	1		12
旱		4	7	9	7	6	3	4	15	8	2	65
地震		4	2	2	4	4	2	10	21	7	4	60
大風		3	1	3	1	4	1	3	5	2	1	24
蝗		2	3	3	4	3			6	2	1	24
大水		2	6	3	1	8	1	2	3	4		30
雷(벼락)		1	6	1		2	2	4	5	3		24
疫		1	3	1	1	2			3	5		16
無氷		1			1	1						3
五星		1	1	2		1		6	8	8	1	28
無雪		1							3	4		8
雨雹		1	3	3	1	5		1	7	1	1	23
霜			4	3	1	4	1	2	2	3	4	24
大雪			3	1			1	2	5	5		17
隕石			2			1	1	5	12	4	1	26
火			2	1		1	1	5	2	3		15
雨土			1		1			1	2	1		6
大寒										1		1
白氣				1								1
안개(霧)				1			1		1	1		4
月變										1		1
괴변(怪)		1	8	7	8	8	2	16	25	29	4	108
계	10	31	65	47	30	53	18	68	138	102	22	584

천재지변기사는 <표 23>에서 보듯이 43종 594회의 기록을 갖고 있다. 특히 정치적 성숙기인 8세기에 집중되고 있는 것은 그에 대한 정치적 대응을 수반한 강력한 왕권의 유지와 다양한 사회발전상을 나타내게 한 것이다. 1.7년에 한번씩 찾아온 변이는 신라를 부단하게 사회개발케 하였고, 이러한 빈번한 천재지변에 대한 합리적 해석은 고려왕조에 큰 영향을 주었을 것이다. 또한 전쟁과 외교기사도 신라가 가장 많았다는 것은 국가 유지와 발전에 큰 자극이 되었으며, 그 속에서 신라사회의 내적충실을 기할 수 있었을 것이다. 결국 천재지변과 전쟁이 가장 많았던 신라는 그러한 자연적·대외적 도전에 대응하면서 정치적 발전과 사회개발을 유지하였으며, 외교를 통해 선진문화의 수용과 동양적인 국제질서 속에서 자아를 찾으려 했던 것이다.

4. 본기 내용상으로 본 신라사의 시대구분

『삼국사기』 이후 신라의 시대구분은 여러 가지 방법으로 시도되어 왔다· 그러나 주관적이고도 독립된 가치를 갖고 있는 역사사실을 보편적 원칙으로 나눈다는 것은 여러 가지 난점이 있다. 특히 역사적 발전은 복수적 요인에 좌우되기 때문에 단일적 구분의 어려움[124]이 있게 된다. 더구나 많은 문제점을 갖고 있는 본기를 비율상으로 시대구분 한다는 것은 커다란 모순이 될 수밖에 없기 때문에, 이것은 『삼국사기』의 이해라는 범주 속에서 생각되어야 할 것이다. 따라서 필자가 시도한 신라의 시대구분은 어디까지나 기록의 변화에서 본 일반적 성격의 파악이며, 시대구분의 한 방편일 뿐이다.

필자는 우선 말송보화末松保和 이래 여러 선학들의 구분과는 달리 『삼국사기』의 기록에 따르는 것이며,[125] 우선 내물왕을 역사전환의 기점으로

---

124) 차하순, 1970, 「시대구분의 이론적 기초」 『역사학보』 45, 147쪽.

본 중래의 입장을 배격하였다. 그리고 무열계武烈系의 시대를 진덕에서 선덕왕宣德王까지로 본 후, 신문왕 1~9년의 일련의 변화를 중대中代의 기점으로 생각하였다. 그리고 하대를 원성왕 이후로 보면서, 진성여왕대을 주목하고자 한다. 그러나 본서에서 시대구분은 그러한 왕통이나 정치적 입장이 아니라, 기록상의 변화에 의한 것뿐이다.

우선 『삼국사기』의 각권各卷 구분이 일정한 의미를 갖고 있다고 생각되어, 그 기록의 비율을 살펴보았다. 처음으로 시대구분이 가능한 것은 제1·2·3권을 비교한 다음과 같은 <표 24>의 모습이다.

〈표 24〉 제1기의 기록내용(%)

권 \ 내용	정치	천재	전쟁	외교
제1권	36	42.3	15.2	6.4
제2권	46.9	34.3	13.2	5.5
제3권	33.3	38.9	18.5	9.2
평 균	38.7	38.5	15.6	7

<표 24>에 의하면, 1·2·3권의 평균치는 정치(38,7%), 천재(38.5%), 전쟁(15.6%), 외교(7%)의 순이다. 따라서 내물왕을 전후로 하여 어떤 큰 차이가 없었고, 정치와 천재기사가 거의 같은 분량이며, 4항목의 비중이 각각 비슷한 비율을 나타내고 있었다. 여기서 우리는 신라의 시대구분에 있어서 혁거세로부터 소지왕까지를 하나의 시기로 잡게 된다. 이 시기를 제1기로 생각할 수 있는 근거는 첫째, 앞에서 본 바와 같이 『삼국사기』의 내용이 그 비율상 또는 항목상으로 같은 범주에 넣을 수 있다는 것이다. 둘째, 이 시기는 박·석·김의 3왕이 교대로 왕을 계승하였으나, 계속

125) 신형식, 「신라사의 시대구분」, 30~34쪽.

해서 공동의 시조묘를 받들었다는 점이다. 즉 소지~지증간에서야 비로소 시조묘 외에 새로운 나을신궁奈乙神宮이 나타나고 있음을 주목할 필요가 있다. 셋째, 왕위교체가 자연변이와 깊은 관계를 갖는다는 점이다. 즉, 왕은 천재지변의 영향을 받아 물러서야 한다는 것이다. 그러나 이러한 현상은 지증왕 이후에 일시적이지만 소멸되었다.

그러나 혁거세에서 소지왕까지의 557년간을 하나의 시대로만 규정할 수는 없다. 그 안에는 다시 세분될 시기가 있을 것임은 뚜렷하다. 그렇다면 다시 작은 2기로 나누어 제①기(혁거세~흘해왕)·제②기(내물~소지왕)로 생각한다. 제①기는 박·석왕시대로서 단순한 왕성王姓의 입장이 아니라, 왕의 선출방법이 추대·선거·공립共立에 의한 것이며[126] 왕비를 위요한 부족적 타협이 뚜렷했다는 것이다. 그리고 제②기는 소위 마립간시대로서 왕권이 보다 강화된 시기임은 『일본서기』의 재신라고구려인 색출살해사건[127]으로 분명해진다. 더구나 내물왕의 부자세습을 위한 실성實聖의 정치적 추방과[128] 그 후 실성·눌지간의 싸움으로 보아 세습준비 작업이 본격화된 것으로 생각할 수 있어, 제②기를 세습과도기라 부를 수 있다. 이러한 사실은 ①기의 왕위계승자가 장남·사위·손자·동생 등 무분별했으나, ②기에 이르러 장남으로 고정되어간 기록에서도 볼 수 있다.

다음 제2기는 세습제가 확립된 지증왕부터 통일이 완수된 문무왕대까지 181년간을 말한다. 이 시기는 국가체제의 완비, 불교의 번창, 왕위세습의 계승, 율령제의 발달, 민족의 통일과 당군의 축출에 따른 민족의 결정기로서 전반적인 신라의 큰 발전기에 해당된다. 우선 『삼국사기』의 내용을 그 항목과 비율로 살펴보자. 이 시기는 『삼국사기』의 4·5·6·7권에 해당하거니와, 특히 대당항쟁에 초점을 둔 문무왕의 기록도 그 내용

---

126) 신형식, 「신라왕위계승고」, 69쪽.
127) 『일본서기』 권14. 雄略天皇 8년조.
128) 신형식, 「신라의 대당교섭상에 나타난 숙위에 대한 일고찰」, 106쪽.

상 4·5권과 큰 변화가 없다.

〈표 25〉 제2기의 기록내용(%)

권 \ 내용	정치	천재	전쟁	외교
제4권	61.2	11.3	12.6	14.9
제5권	35.8	18.6	16.8	28.7
제6·7권	54.3	13.8	18.6	13.3
평 균	50.4	14.6	16	19

우선 <표 25>에서 볼 수 있듯이, 지증왕이후에는 『삼국사기』의 기록내용에서 정치기사가 천재기사의 3~4배에 해당하며, 외교기록 역시 3배로 증가되고 있다. 이것은 신라사회의 정치적 성장과 왕권신장의 표시였고, 국가발전에 따른 정복과 외교의 활발한 전개과정을 보여준 것이었다. 특히 내물왕과 지증왕을 비교해 볼 때

〈표 26〉 내물왕과 지증왕의 비교(%)

왕 \ 내용	정치	천재	전쟁	외교
내물왕	17.6	58.8	8.8	14.7
지증왕	75	20	5	

<표 26>에서 알 수 있듯이 두 왕의 성격상 차이는 물론 지증왕 이후의 뚜렷한 사회적 변화를 직감할 수 있다. 그러므로 우리는 『삼국사기』의 내용(구획)이 갖는 정치·사회적 의미를 도외시할 수는 없는 것이며, 국가체제의 완비는 우선 정치기사를 위주로 하되, 외교와 전쟁이 주요 문제점으로 등장하는 동시에 천재신이天災神異의 비중이 상대적으로 감소되는

것임을 알게 된다. 그러나 내물왕과 지증왕은 넓게는 내물계이지만, 전자는 정식 김씨왕의 시작으로써 김씨왕비(미추왕의 딸)를 택하였지만 후자는 박씨왕비(登欣의 딸)를 택하여 각각 자신의 직계를 유지하려는 입장이 달랐다. 그러므로 3, 4권의 구분이 이러한 사소한 문제도 고려한 듯하다.

그렇다고 제2기의 180여년을 동일한 선 위에서 한 시대로 생각할 수는 없을 것이다. 여기서 다시 2기로 나누어 본다면, 제①기를 지증왕~선덕여왕까지로 하고, 제②기를 진덕여왕~문무왕까지로 하여, 전자를 국가체제 정비기, 후자를 율령정치의 추구와 민족의 결정기로 부를 수 있을 것이다. 앞에서 본 바와 같이 지증왕대를 제2기의 시발로 보려는 근거는 첫째, 왕위교체가 자연변이와 관계가 없어졌다는 것이다. 이것은 불교와의 관계도 있겠지만, 지증왕기록에 정치기사가 75%를 차지한 사실로도 증명이 된다.

둘째, 나을신궁奈乙神宮의 설치를 든다.[129] 이것은 지증왕의 박비朴妃 등장과 함께 정통 내물왕계의 씨족집단과 구별을 꾀하려는 혈연의식이나 친족관념의 뚜렷한 표시이며, 국호國號·왕호王號의 제정과 함께 시대변천의 강력한 암시라 하겠다. 셋째, 세습의 확립과 군주軍主의 설치 및 아시촌소경阿尸村小京의 설치 등 일련의 정치·사회적 개혁을 추진하였다는 점이다. 따라서 상복법喪服法의 제정이나 순장殉葬의 금지는 앞 사회의 유풍을 제거시킨 획기적 사실로 지적될 수 있을 것이다. 더구나 신라의 미륵반가상彌勒半跏像 21구軀 중 하나를 제하고 전부가 6세기 후반에서 7세기 전반에 이르는 이 시기에 집중되었다는 점에서도[130] 이 시기는 하나의 범주에 넣을 수 있다.

---

129) 나을신궁의 설치에 내해서 본기에는 소지왕 9년(487)이라고 하였으며, 志에는 지증왕 때라고 하여 약간의 차가 있다. 이에 대해서 변태섭씨는 소지왕 7년의 守廟家 20戶 增置를 들어 소지왕 때로 보고 있다. 지증왕 때 설치되었다 해도 불과 13년의 차이뿐이기 때문에, 큰 문제가 될 수 없다. 다만, 우리는 소지·지증왕간에 뚜렷한 시대변혁의 선이 그어져야 한다는 사실을 알게 된다. 그러나 지증왕은 내물왕계의 새로운 혈족집단의 창시자였으므로, 지증왕 때라는 志의 기록을 믿는 것이 타당할 것이다.

130) 田村圓澄, 1974, 「半跏思惟像과 聖德太子」『韓日古代文化交涉史硏究』, 54쪽.

제②기의 시발을 진덕여왕대에 두려는 것은 첫째, 비담毗曇의 난을 진압함으로써 새로운 무열계(김춘추)와 김유신 세력이 큰 영향을 주기 시작하였으며[131] 신정하례新正賀禮와 좌이방부령左理方府令을 둔 바와 같은 율령정치를 바탕으로 정치적 혁신을 기하였다는 데로부터 찾는다. 이러한 근거는 진덕여왕 4년에 진골에게 아홀牙笏을 갖게 한 이후, 무열왕 원년의 이방부격理方府格 60여조의 수정에서 엿볼 수 있다. 따라서 진덕~무열왕대는 밖으로 대당외교와 전쟁을 꾀하는 한편 안으로 율령정치를 발전시키려는 노력이 병행되었음을 보게 된다.

둘째, 중고中古를 대표하던 품주稟主를 개편하여 집사부執事部와 창부倉部로 분치分置하였다는 것이다. 이것은 소위 무열계 왕권의 방파제역할을 하는 중대中代의 대표적 존재인 시중侍中이 등장하게 된다는 사실이며, 전시대와 다른 권력구조가 마련되기 시작한다는 점을 지적할 수 있다. 셋째, 이때에는 김춘추의 적극적인 외교 즉 태평송太平頌 같은 형식적인 외교수단보다 한걸음 더 나아가 숙위외교宿衛外交[132]가 추진되었다는 점이다. 이것은 보다 철저한 국제인질적 담보외교로서 통일의 단서가 열리게 되었음과 아울러 실제 양국의 군사동맹과 작전이 가능해져 통일의 완수에 큰 이바지를 한 사실을 들 수 있다.

그렇다고 시대변화가 이렇게 왕별王別로 이룩되었다는 것은 아니다. 지증왕대의 변혁은 이미 소지왕대에 나타나고 있었으며, 신문왕대의 변화는 문무왕말년에 나타난 바 있다. 그러나 일단 편의상 그 변화가 뚜렷한 시대의 왕으로부터 잡게 됨에 다라, 불가피하게 왕별로 구분하였을 뿐이다. 특히 제2기 말미인 문무왕(661~681 : 67권) 기록은 통일후의 정치적 수습(제·려 잔민의 흡수)과 전제정치의 정비과정, 그리고 대당강경책을 주로 서술하였다. 특히 무열왕권의 전제화의 준비과정에 따른 정치기사가 큰 비중을 갖게 되었다.

---

131) 신형식, 「무열왕권의 성립과 활동」, 10쪽.
132) 신형식, 「숙위학생의 수학과 활동」(본서 제3장 제3절) 참조.

제3기는 신문왕에서 선덕왕宣德王까지의 104년간이다. 이 시기는 소위 중대에 해당하는 왕권의 절정기이며, 문화의 난숙기에 해당된다. 이 시기는 통일이 완수되고, 나·당친선이 회복되어 여러 방면에서 사회가 안정되었다. 우선 이 시기의 내용인 제8, 9권의 기사를 비율로 살펴보면 <표 27>과 같다.

〈표 27〉 제3기의 기록내용(%)

권 \ 내용	정치	천재	전쟁	외교
제8권	61.8	24.6	0.4	13.2
제9권	52.9	27.7		19.2
평 균	57.4	26.2	0.2	16.2

이 시기는 전시기보다 정치기사가 더 큰 비중을 갖게 되는 동시에 자연변이나 천재도 크게 증가되고 있음을 주목해야 할 것이다. 이것은 왕권의 강화와 정치적 안정 속에서도 사회적 모순이 끊임없이 계속되었다는 증거인 동시에, 왕에게 자연의 정상적인 기능을 회복할 수 있도록 강력한 정치적 권위를 부여하려는 김부식의 서술태도에 의한 것일 수도 있다. 나아가서 이러한 자연의 변화에 대한 인간(왕)의 대응과 극복을 통한 양자의 균형을 유지하려는 노력도 엿볼 수가 있다.

이 시기의 변화는 이러한 비율에 있는 것만이 아니다. 신문왕 1~9년의 변화상을 볼 때 우리는 뚜렷한 몇 가지의 특이한 사항을 대할 수 있었다. 이때의 주요변화는 중앙·지방관부 완비, 녹읍祿邑폐지와 관료전官僚田의 지급, 천도遷都계획 등 일련의 정치적 개혁만이 아니었다. 5묘제의 확립에 따른 무열왕통의 수립과 그를 위한 유교정치의 구현과정 속에서 바뀌고 있는 내면적인 변질상을 주목해야 할 것이다. 특히 문무왕의 유언은 죽음에 임박해서 내린 우국안민의 충정에서 나온 것이겠지만, 통일전쟁에 적극적으로 협조한 하급관리와 일반대중(제·려 잔민포함)의 입장, 즉 백성의 생활과 직결된 여러 가지의 표현은 성덕왕의 정전丁田으로 나타날 수 있었을 것이다. 따라서 관음신앙이 민중과 연결된 시기[133]가 7세기 후엽이라는 사실과 율령격식에 불편한 점이 있으면 개혁하라는 문무왕의 유언에서 8세기의 사회변화상을 예견할 수가 있다.

필자는 앞서 소위 상대와 중대의 구분을 신문왕 1~9년간에 두어야 한다는 또다른 입장을 밝힌 바 있다.[134] 이러한 사실 속에서 우리는 신문왕대의 빈번한 반란과 왕비의 교체가 신新김씨계를 암암리에 제거하려는 듯이 포함된 것인지도 모른다는 추측을 할 수 있다. 더구나 8세기 중엽 이후 사회경제적 안정과 변화는 대당수출품의 변질에도 나타났으며, 무엇보다도 안민가安民歌에서 볼 수 있는 "君답게, 臣답게, 民답게 할지면 나라는 태평하리이다."라는 것에서도 당시의 국가와 민중을 앞세운 사회상을 엿볼 수가 있다.

그러나 혜공왕 이후에는 여러 가지 변화가 잇따른다. 상대등이 정치일선에 복귀하는 것은 물론이며, 김유신후손의 신원伸寃운동과 더불어 반중대적인 움직임과[135] 병부령兵部令·군주軍主의 재등장이 그것이다. 이것은 곧 원성왕대의 새로운 사회를 가져오게 하는 과도기적인 조치로서, 8세기말 이후의 율령체제 몰락을 제시한 정상수웅井上秀雄씨의 견해도[136] 참고해야 할 것이다.

제4기는 원성왕~정강왕까지의 하대 전반기 102년간을 말한다. 이 시기는 제10·11권(진성왕 제외)의 기록인바, 그 내용 비율은 <표 28>과 같다.

---

133) 홍승기, 1976, 「관음신앙과 신라사회」 『호남문화연구』 8, 60쪽.
134) 신형식, 「신라군주고」, 99쪽.
135) 이기백, 앞의 책, 250쪽.
136) 井上秀雄, 『新羅史基礎硏究』, 291쪽.

〈표 28〉 제4기의 기록내용(%)

권 \ 내용	정치	천재	전쟁	외교
제10권	57.7	25	0.2	17.1
제11권 (진성여왕 제외)	55.2	30.3		14.6
평 균	56.5	27.7	0.1	15.9

<표 28>에 의하면 정치관계기사가 가장 많고 천재지변은 증가되지만, 외교기록은 전시대와 비슷하다. 이러한 정치기사의 증가는 하대왕권의 회복이나, 장보고張保皐의 대두에 대응한 정치적 변수에 따른 자연적 추세였다. 우선 원성왕을 제4기의 서두에 두려는 근거는 첫째, 신문왕 때에 이룩된 5묘제를 일부 개편하여 선덕왕宣德王 때의 묘주廟主인 성덕왕과 개성대왕開聖大王(효방孝芳)을 천훼遷毁하였다는 점이다. 이것은 중대와 하대는 왕통만이 아니라 사회체제가 바뀌고 있음을 알려주는 것이 될 수 있다.

둘째, 독서출신과讀書出身科와 자옥子玉의 선발과 같은 실력위주의 인물 발탁을 꾀하였다는 점이다. 유교 정치 이념 추구는 선덕·신문왕의 경우에서도 본 바 있었으나, 하대에 이르러 다시 제기된 것이다. 그러나 이것은 단순한 복고가 아닌 새로운 발전의 신호였다. 셋째, 원성왕은 하대의 실질적인 시조로서 그의 두 아들 예영禮英·인겸계仁謙系가 계승되었음을 알 수 있다. 따라서 애장왕의 경우에는 5묘에 무열·문무왕을 제외시킨 것도 이 시기를 이해하는데 도움이 된다. 넷째, 자연변이가 크게 증가됨으로써 사회혼란의 모습을 나타내 주며, 구징咎徵에 대한 오행적 설명이나 또는 새로운 극복책이 추진되어 갔다. 특히 왕실과 선사들의 결속이나 해인사·황룡사와 같은 사찰과의 관련이 눈에 띄게 되었고, 천재지변과 재난을 불력에 의해 극복하려 했음을 주목하게 된다.

다섯째, 문성왕대부터 나타나기 시작하는 부도浮屠[137]와 9세기 중엽을 전후해서 대두된 귀부비龜趺碑[138]와 탑파塔婆·조각 및 불상 등에 걸친 전반적인 예술의 변질에 따른 조각미술의 퇴조는 제4기의 사회상을 나타내 준다고 하겠다. 더구나 8세기말~9세기말에 이르는 시기는 선종이 크게 고양되는 때이지만, 실상산의 홍척洪陟, 동리산의 혜철惠哲, 사자산의 도윤道允 등의 단월檀越이 각각 홍덕왕·문성왕·헌강왕 등이었음은[139] 아직도 왕실과 선사들의 관계가 어느 정도 유지되었음을 알려준다. 다시 말하면 이들 선사들이 왕실에 비협조적이었을망정, 정면으로 반대하고 나서지는 않았던 것이다. 그러므로 이 시기의 왕실은 되도록 선사들과 연결되기를 바랐으며, 선사들도 어느 정도 친교를 맺고 있음을 본다. 경문왕 12년(872)에 王의 초청에 응한 무염無染은 자신의 문인門人들에게 다음과 같이 말하였다.

> 대사(낭혜朗慧)가 그 제자에게 말하기를 뜻하지 않게 백종伯宗으로 임명되었으니, 원공遠公에게 큰 부끄러움이 인다. 그러나 道를 장차 행하게 됨에는 때를 잃지 말아야 할 것이다 하고 궁정宮廷에 도착하니 왕이 배拜하며 스승으로 삼았다.[140]

이로써 낭혜와 경문왕과의 관계를 알 수 있으며, 진감선사비眞鑑禪師碑에서 본다면 그는 홍덕왕의 큰 환영을 받았다. 또한 도헌道憲도 헌강왕의 초청으로 왕정王廷을 밟았으나, 곧 돌아가 버렸음을 본다.[141] 따라서 이러한 시기에 왕실이 해인사나 황룡사와 관계를 강화시키려는 것은 그 나름의 정치적 이유가 있는 것으로 생각된다. 그러나 결국은 선사들과 왕실과의 관계는 진성여왕을 고비로 단절되면서 지방호족과의 연결로 나

---

137) 정영호, 1974, 『신라석조부도연구』, 200쪽.
138) 이은기, 1976, 「신라말고려초의 귀부비와 부도연구」 『역사학보』 71, 88~89쪽.
139) 최병헌, 앞의 논문, 105쪽.
140) 『조선금석총람』 상, 77쪽(聖住寺朗慧和尙白月葆光塔碑).
141) 『조선금석총람』 상, 94쪽.

타나게 되었다.

제5기는 진성여왕 이후 경순왕까지 48년을 말하는바, 실제는 10세기를 뜻하는 이른바 나말려초의 전반기에 해당한다. 이 시기의 기록은 <표 29>와 같거니와, 정치기사는 약간 줄었으나 천재지변의 기록은 비슷한 분량을 나타내고 있다. 따라서 4·5기의 구분은 내용의 분량에 둔 것이 아니라, 그 속에서의 내적인 변화에서 찾을 수가 있었다.

〈표 29〉 제5기의 기록내용(%)

권 \ 내용	정치	천재	전쟁	외교
제11권(진성여왕)	62.5	29.2		8.3
제12권	34.9	28	15.5	21.6
평 균	48.7	28.6	7.8	15

진성여왕 3년(889)의 전국적인 농민반란은 후삼국시대의 내란기에 접어드는 신호로서 흔히 신라멸망의 큰 계기로 들고 있다. 이러한 전국 규모의 반란과 선사들과 호족과의 관계, 박씨왕의 등장, 빈번한 외국기사 등은 제4기와 큰 차이가 있거니와, 제5기의 내용은 <표 29>와 같다. 즉 낭혜와 같은 극단적인 개인주의는 결국 호족들과 그 입장을 같이 함으로써[142] 양자는 결속될 수 있다는 것이다. 따라서 제5기는 결국 신라가 경주일대로 축소된 시기를 말하며, 곧 신라멸망기요, 지방세력의 자립기가 된다. 그러므로 김부식이 지적한 불교의 폐해와 경애왕의 황락荒樂 등으로 신라가 그 이상 지탱할 수 없게 된 시기가 될 것이다.

그러나 이러한 나말려초의 사회변질은 정치·경제 등 표면상의 사회혼란에서보다 더 심각한 것은 사상면의 변천에 있는 것이다. 즉, 불교와

142) 김두진, 앞의 논문, 46쪽.

유교 또는 풍수사상 등이 결합되고, 결속되어 갔다는 점이다.

> 여래와 주공周孔은 비록 각기 시작되었으나, 근본으로는 한데 귀일되는 것이니, 양자를 겸하지 못한 자는 사물을 이해할 수 없느니라.143)

고 한 진감선사비명眞鑑禪師碑銘과

> 인심은 곧 불佛이요 불은 또한 仁이라 한다.<지증대사비명智證大師碑銘>

에서도 사상의 결속화 과정을 알 수 있으며, 최치원의 경우에서 우리는 3교敎의 복합적 입장을 살필 수 있다.144) 더구나 최치원의 『하살황소표賀殺黃巢表』에 나타난

> 정벌은 있으되 전쟁은 없어야 하는 것이 실로 왕도에 부합하는 것이다. (중략)무기(간과干戈)를 녹여 농구를 만들어 오랫동안 부귀토록 할지어다.

에서 우리는 그의 예禮와 도道, 경천敬天과 존왕尊王에 입각한 왕도·애민·권농정책과 유정무전有征無戰의 평화주의를 알 수가 있다. 이것은 왕건의 유교정치추구와 만부교사건萬夫橋事件에 나타난 그의 외교정책에 반영된 것이며, 실력위주·과거제도의 필요성 인식은 광종의 과거제로 나타나게 될 수 있었다. 그러므로 성종의 일련의 정책도 나말의 시대정신의 계승에 불과한 것이다. 이해를 돕기 위해서 전5기의 내용을 비율로 표시해 보면 <표 30>과 같다.

여기서 우리는 제1기를 국가형성기, 제2기를 국가체제완성기 및 민족국가결정기, 제3기를 민족문화개발기 또는 민족국가발전기로 부른다면, 제4기는 국가체제동요기로, 제5기를 국가체제해체기로 불러도 무방할 것 같다.

---

143) 『조선금석총람』 상, 67쪽(雙鷄寺眞鑑禪師大空塔碑).

144) 신형식, 「숙위학생고」, 75~79쪽.

〈표 30〉 신라 전5기의 본기 내용의 비교(%)

시대구분	정치	천재	전쟁	외교
제1기(혁거세～소지왕)	38.7	38.5	15.6	7
제2기(지증왕～문무왕)	50.4	14.6	16	19
제3기(신무왕～宣德王)	57.4	26.2	0.2	16.2
제4기(원성왕～정강왕)	56.5	27.7	0.1	15.9
제5기(진성여왕～경순왕)	48.7	28.6	7.8	15

〈표 31〉 신라의 시대구분(『삼국사기』의 기록)

<table>
<tr><th></th><th>시 대</th><th colspan="2">王 代</th><th colspan="2">사 회</th></tr>
<tr><td rowspan="2">제1기</td><td rowspan="2">국가형성기
(BC57～
AD500)</td><td>1</td><td>혁거세～흘해왕
(BC57～AD356)</td><td>왕의 추대·선거기</td><td rowspan="2">·동일시조묘시대
·자연변이에 의한 왕위교체시대</td></tr>
<tr><td>2</td><td>내물왕～소지왕
(346～500)</td><td>세습과도기</td></tr>
<tr><td rowspan="2">제2기</td><td rowspan="2">국가체제완성기
민족국가결정기
(500～681)</td><td>1</td><td>지증왕～선덕왕
(500～647)</td><td>국가제체정비기</td><td rowspan="2">·세습확립시대
·동일신궁시대
·국가체제완비</td></tr>
<tr><td>2</td><td>진덕왕～문무왕
(647～681)</td><td>무열왕권성립기
민족결정기</td></tr>
<tr><td>제3기</td><td>민족문화발전기
민족국가발전기
(681～785)</td><td colspan="2">신문왕～선덕왕宣德王
(681～785)</td><td colspan="2">민족문화의 발전과 민족국가의 성장기(오묘五廟의 성립)</td></tr>
<tr><td rowspan="2">제4기</td><td rowspan="2">국가체제동요기
(785～887)</td><td>1</td><td>원성왕～신무왕
(785～839)</td><td>귀족간의 항쟁</td><td rowspan="2">·귀족간의 타협과 항쟁기
·내란기
·5묘의 변천</td></tr>
<tr><td>2</td><td>문성왕～정강왕
(839～839)</td><td>귀족간의 타협시도</td></tr>
<tr><td>제5기</td><td>국가체제해체기
(887～935)</td><td colspan="2">진성왕～경순왕
(887～935)</td><td colspan="2">호족의 자립과 사상의 복합화
신라멸망기</td></tr>
</table>

제3절 고구려 본기 내용의 분석

1. 제1~3권의 분석

고구려본기는 10권으로 되어 있다. 제1권은 동명왕東明王과 유리왕瑠璃王을 설명한 이후, 대개 2~5왕을 단위로 나누어 기록을 하면서, 제9·10권은 보장왕을 기록하고 있다. 따라서 나·제의 경우보다 훨씬 많은 분량을 갖고 있어, 본기에 한해서는 고구려가 크게 우대받은 인상을 준다. 제1권에 2왕만을 포함한 것은 신라가 7왕, 백제는 5왕임에 비해서 고구려의 시조에 큰 비중을 둔 것으로 보인다. 더구나 제1권에 기록된 시기가 나·제가 각각 211·232년간임에 대해, 고구려는 55년간이라는 지극히 짧은 사실에서도 알 수 있다. 그러나 본기의 내용면에서 볼 때 3국의 시조 중에서 온조왕을 크게 나타내 주고 있어 상호 모순된 점이 엿보인다.

제1권(B.C.37~A.D.18)의 서두는 나·제의 경우와 같이 시조의 출자와 그 건국과정에 대한 신비한 설명으로 채워지고 있다. 대개 시조가 '신의 자식'임을 표시하는 여러 가지의 특성과 그것을 확인하는 일종의 시련을[145] 강요받는 공통의 특징을 보여주고 있다. 또한 주몽은 한고조漢高祖의 경우처럼 시조로서 특수한 5가지 특징[146]과 유사한 내용을 발견케 하고 있다. 즉, 주몽의 출생은 하늘과 연결되었고, 지도자로서의 필수요건인 선사술善射術을 지녔으며, 그의 사명(건국)을 수행할 수 있는 여러 가지 특징, 그리고 오이烏伊·마이摩離·협부陜父 등 조력자(3인의 보신輔臣)를 선택할 수 있는 능력 등이 그것이다. 나아가서 주몽전설을 우주의 3개

145) 이옥, 1972, 「주몽연구」 『한국사연구』 7, 65쪽.

146) Wolfram Eberhard, op. cit., p.38.

상징인 태양·땅·물과 연결시킨다든가, 수행한 3인을 무당과 결부시켜[147] 풀이할 수 있는 것과 같이, 3국이 다 함께 시조에 대한 특별한 배려가 눈에 띈다.

그러나 고구려본기에는 주몽보다 그를 이은 유리왕에게 파격적인 우대를 하고 있어 큰 의문이 앞선다. 더욱이 그는 부왕과 같이 고통스런 등장과정을 갖고 있었으며, 3인의 보좌관(옥지屋智·구추勾鄒·도조都祖)을 수행하고 있었다. 또한 상서祥瑞인 길조吉鳥(신작神雀)과 백장白獐을 갖고 있으나, 왕비·왕자간의 불화기록이 많아 고구려 사회가 갖고 있는 순탄하지 못한 복합성을 암시하고 있다.

〈표 32〉 제1권의 내용분석(%)

왕명	기사내용				내용의 분류	
	정치	천재	전쟁	외교		
동명성왕 東明聖王	6 (42.9)	5 (35.7)	2 (14.3)	1 (7.1)	정치	A(1) B(1) C(1) D(1) E(2)
					천재	怪(4) 龍(1)
					전쟁	靺鞨(1) 沃沮(1)
					외교	夫餘(1)
유리왕 瑠璃王	28 (71.8)	4 (10.3)	5 (12.8)	2 (5.1)	정치	A(3) B(7) C(5) D(2) E(11)
					천재	怪(2) 五星(1) 地震(1)
					전쟁	夫餘(2) 鮮卑(1) 玄菟(1) 王莽(1)
					외교	夫餘(2)
평균	57.4	23	13.6	6.1	정치	A(4) B(8) C(6) D(3) E(13)
					천재	怪(6) 龍(1) 五星(1) 地震(1)
					전쟁	夫餘(2) 沃沮(1) 鮮卑(1) 玄菟(1) 靺鞨(1) 王莽(1)
					외교	夫餘(3)

147) 이옥, 앞의 논문, 75쪽.

<표 32>에 의하면 제1권의 내용은 우선 반 이상이 정치기사로 채워지고 있어, 나·제의 경우와 크게 다르다. 이것은 고구려본기의 성격인 동시에 그 사회의 모습을 반영한 것이라 생각되거니와, 특히 동명왕의 기록은 온조왕의 그것과 거의 같아서 양자간의 관계를 알 수 있게 한다. 정치기사 중에서 (B)가 대종을 이루어 백제의 입장과는 다르지만, 양국의 왕이 갖는 기본 성격에는 맥을 같이 하고 있다. (A)기사의 감소는 정복적인 고구려의 군사적 우위의 표시로 방어적인 백제의 축성·설책設柵과는 그 뜻이 다를 수밖에 없었기 때문이다.

그러나 (E)의 큰 증가는 곧 주변 '약소국(나那)의 정복'의 뜻으로서 송양松讓·행인荇人·황룡국皇龍國 등의 흡수에 따른 활발한 영토확장의 뜻으로 풀이될 수 있다. 나·제의 경우는 그것이 대개가 권농·대사大赦 등 비군사적인 영역이 큰 비중을 갖고 있음에 대하여, 고구려본기는 제2·3권에도 거의가 정복적인 활동으로 기록되고 있다. 따라서 고구려본기의 (E)는 차라리 전쟁기사라고 해도 과언이 아니다. 그러므로 이는 나집단那集團의 대립과 개편과정에서 고구려의 대외전쟁은 둔화되기 마련이며, 사회발전이 지연되었음도 물론이다.

다음의 (C) 경우도 관리 임면이 아니고, 거의가 책비·입태자立太子 기록이어서 송양국松讓國(소노부消奴部)의 왕비를 위요한 정치적 타협과 유리왕의 여섯 왕자간의 갈등을 보여준 내용이라 생각된다. 특히 빈번한 왕자의 사망과 태자의 책봉기사는 왕권을 위요한 군소국가간의 정치적 갈등을 물론 초기 고구려의 사회적 전통을 대변한 것으로 풀이된다.

제1권에서 두 번째의 것은 천재신이기사로서 정치기록의 절반도 안 되고 있으며, 그 내용도 1회의 용·오성·지진과 6회의 괴이(지변)뿐이다. 이것은 온조왕의 기록과 비교될 수 있으나, <표 33>에 의하면 혁거세의 그것과는 크게 차이가 있었다.

〈표 33〉 삼국시조의 본기비교(%)

왕명	기 사 내 용				내용의 분류	
	정치	천재	전쟁	외교		
동명성왕 東明聖王	42.9	35.7	14.3	7.1	정치	A(1) B(1) C(1) D(1) E(2)
					천재	怪(3) 雲(1) 龍(1)
					전쟁	靺鞨(1) 沃沮(1)
					외교	夫餘(1)
온조왕 溫祚王	50.7	26.1	17.4	5.8	정치	A(14) B(8) C(13) D(4) E(7)
					천재	怪(6) 旱(4) 지진(3) 雹(2) 일식(1) 雷(1) 霜(1)
					전쟁	말갈(7) 낙랑(2) 마한(2)
					외교	낙랑(2) 마한(2)
혁거세 赫居世	20.8	58.3	8.3	12.5	정치	A(2) B(1) C(1) E(1)
					천재	日食(7) 혜성(3) 용(2) 뇌우(1) 지진(1)
					전쟁	낙랑(1) 왜(1)
					외교	마한(2) 옥저(1)

<표 33>에서 본다면, 주몽은 전쟁과 정복을 앞세운 인물임에 비해, 혁거세는 신성神聖을 강조함으로써 양자간의 상반된 모습을 나타내고 있었다. 그러나 온조는 완벽한 기록과 빈틈없는 기사로 채워져, 백제사회의 조기완성의 일면은 짐작할 수 있게 하지만 온조기의 신빙성에 큰 의문을 갖게 한다. 그러나 고구려의 성격은 시조이래 줄기차게 유지된 '전쟁과 정복'임을 다시 한번 확인할 수 있었다. 그러나 동명왕기의

① 6년 8월에 신작神雀이 궁정에 모여들었다. 10월에 왕은 오이烏伊와 부분노扶芬奴에게 명하여 태백산 동남의 행인국荇人國을 정벌하고, 그 땅을 성읍城邑으로 하였다.

② 10년 9월에 난조鸞鳥가 왕대王臺에 모여들었다. 11월에 왕은 부위염扶尉猒에게 명하여 북옥저를 정벌하여, 그 땅을 성읍城邑으로 하였다.

에서 보는 신작과 난鸞은 온조기에서 보는 홍안鴻雁과 같이 건국을 뜻하는 상서(길조)인 동시에 '원방민遠方民의 내투來投·소국병합小國併合'의 뜻으로서 시조로서의 위대함과 정복과정의 추진을 함께 보여주고 있었다. 다만, 혁거세본기에 나타난 빈번한 일식기사는 전혀 보이지 않고 있으며, 천재지변의 빈약한 기록은 정치·군사위주의 고구려가 갖는 성격과 같다고 하겠다.

끝으로 전쟁기사는 고구려가 처음부터 외족과 충돌하면서 성장되었다는 사실을 보여준 것만은 결코 아니다. 고구려는 대외항쟁보다 인근 나那집단(성읍국가)의 정복이 보다 급선무였기 때문에, 초기의 전쟁은 이들과의 충돌과정이어서 정치가사의 (E)에 포함시켰던 것이다. 따라서 제1권의 대외전쟁이란 한두번의 부여·옥저와의 충돌이나, 한漢(왕망王莽·한군현漢郡縣)과의 싸움이 전부였을 뿐이다. 외교기사도 긴급한 대내정복활동을 위한 정략으로서 부여와의 교질交質기사가 고작일 뿐이다.

이러한 제1권의 내용분석에서 볼 때 동명왕의 기록은 이변과 정벌(행인국荇人國·북옥저北沃沮) 뿐이어서, 시조의 본기로서는 지나치게 단조롭다. 따라서 다음의 유리왕의 기사가 더 중요성을 띠고 있어, 온조왕기가 백제초기의 성장과정을 설명하는 것처럼, 유리왕기도 고구려초기의 성장과정을 기술한 것으로 보아야 할 것 같다.

특히 제·려초기의 기록에서 왕의 궁술, 보좌인, 길조, 남하과정, 천도, 그리고 입태자의 기록은 단순한 양국의 혈통상의 연관성을 강조하는 것만이 아니라, 사회체제의 유사성을 설명해 준다고 하겠다. 다만, 유리왕, 3왕자의 불행한 죽음에 대한 기록은 고구려의 왕위계승에 따른 내적 모순이나 군소국의 병합과정에 나타난 정치적 시련을 반영해 주는 내용이 될 것이다. 그러므로 제1권을 유리왕에서 끊은 이유는 평탄한 부자상속의 대표적인 경우로서 형제상속을 시작한 대무신왕과 구별한 듯하다. 그러나 일찍부터 나타난 태자책봉과 태자의 정치참여는 3국 중 가장 먼저 정치체제를 정비하고 있었다는 두드러진 현상의 하나로 생각된다.

제2권(대무신왕~모본왕)은 3대 35년간(A.D.18~53)의 기록이다. 여기에는 유리왕의 6왕자 중에서 2명(대무신왕·민중왕)의 왕과 원자元子인 모본왕까지의 내용으로서, 태조왕의 등장을 새로운 변화로 생각하려는 뜻이 담겨진 듯하다.

〈표 34〉 제2권의 내용분석(%)

<table>
<tr><th rowspan="2">왕명</th><th colspan="4">기 사 내 용</th><th rowspan="2" colspan="2">내용의 분류</th></tr>
<tr><th>정치</th><th>천재</th><th>전쟁</th><th>외교</th></tr>
<tr><td rowspan="4">대무신왕
大武神王</td><td rowspan="4">14
(48.3)</td><td rowspan="4">8
(27.6)</td><td rowspan="4">5
(17.2)</td><td rowspan="4">2
(6.9)</td><td>정치</td><td>B(1) C(4) D(1) E(8)</td></tr>
<tr><td>천재</td><td>怪(2)[地震·雨雷·無雪·雪·霜雹](1)</td></tr>
<tr><td>전쟁</td><td>부여(2) 낙랑(2) 漢(1)</td></tr>
<tr><td>외교</td><td>부여(1) 한(1)</td></tr>
<tr><td rowspan="2">민중왕
閔中王</td><td rowspan="2">7
(70)</td><td rowspan="2">3
(30)</td><td rowspan="2"></td><td rowspan="2"></td><td>정치</td><td>B(3) E(4)</td></tr>
<tr><td>천재</td><td>水(1) 彗星(1) 無雪(1)</td></tr>
<tr><td rowspan="4">모본왕
慕本王</td><td rowspan="4">3
(33.3)</td><td rowspan="4">4
(44.4)</td><td rowspan="4">1
(11.1)</td><td rowspan="4">1
(11.1)</td><td>정치</td><td>C(1) E(2)</td></tr>
<tr><td>천재</td><td>大水(1) 霜(1) 雹(1) 大風(1)</td></tr>
<tr><td>전쟁</td><td>한(1)</td></tr>
<tr><td>외교</td><td>한(1)</td></tr>
<tr><td rowspan="4">평 균</td><td rowspan="4">50.5</td><td rowspan="4">34</td><td rowspan="4">9.4</td><td rowspan="4">6</td><td>정치</td><td>B(4) C(5) D(1) E(14)</td></tr>
<tr><td>천재</td><td>[怪·水·霜·無雪](2)[地震·雨雷·雪·彗星·大風·雹](1)</td></tr>
<tr><td>전쟁</td><td>부여(2) 낙랑(2) 漢(2)</td></tr>
<tr><td>외교</td><td>부여(1) 한(2)</td></tr>
</table>

<표 34>에 의하면 제2권의 내용은 제1권의 그것과 거의 비슷하여 별다른 사회진전의 모습을 찾기가 어려운 실정이다. 그러나 단지 정치기사의 내용상에서 몇 가지 변화가 눈에 띈다. 우선 (A)가 보이지 않는 것은 영토 확장이나 그 보호보다는 우세한 힘에 의한 침략의 뜻이 크기 때문일 것이다. (B)의 경우에는 단순히 전畋(렵獵)의 표현으로 되어 있어 백제의 왕과 그 맥을 같이한다는 것은 전술한 바 있다.

> ① 대무신왕 3년 9월에 왕이 골구천骨句川에서 사냥하다가 신마神馬를 얻었는데 이름을 거루駏驤라 하였다.
> ② 왕 5년 2월 부여와의 싸움에서 골구천신마骨句川神馬와 비류원대정沸流源大鼎을 잃었다. (중략) 3월에 신마 거루가 부여의 말 100필을 거느리고 함께 학반령鶴盤嶺 밑의 거회곡車廻谷에 이르렀다.

라는 두 사건에서 볼 때 거루는 단순한 마명馬名이 아니라 군소국가의 거수渠帥나 숨은 인물로 생각되어 전畋(獵)이 인물 발탁을 위한 무술대회 성격을 나타내 준다.

여기서 특기할 사실은 고구려성장기에 있어서 흡수·정복된 군소 부족장에 대한 정책적 배려이다. 이미 주몽대에 비류국을 흡수하여 송양왕(소노부)[148]을 만든 이래, 유리왕대는 왕비족으로 삼았다. 또한 기산箕山의 우씨羽氏, 비류수沸流水의 부정씨負鼎氏, 갈사국葛思國의 낙씨絡氏 등을 왕권에 협조한 대가로 기용하였던 것이다. 이러한 경우는

> 을두지乙豆智를 좌보左輔로, 송옥구松屋句를 우보右輔로 삼았다.

에서 보듯이 을두지는 태조왕 22년에 정복된 주나왕朱那王의 을음乙音과 연결된 것이며, 송옥구는 소노부임이 확실하다. 이와 같이 정복·흡수된 나那(부部)의 왕을 좌·우보에 임명시켜 왕권과 결속시켰으나, 이들 나집

---

148) 이병도, 1956, 「고구려국호고」 『서울대논문집』 3, 참조.

단은 어디까지나 그들의 독자적인 지위를 유지하고 있었다. 즉, 송씨松氏는 주몽 2년(BC 36)에 투항한 것으로 되어 있으나 태조왕 80년(132) 수성遂成의 출렵出獵기사에 비류나조의양신沸流那皀衣陽神이 태조왕추대를 건의하고 있음을 보아 고구려의 중앙정부에 흡수된 후에도 나집단의 대표들이 갖고 있는 정치적 역량을 짐작할 수 있다.

다음으로 임면기사인 (C)가 큰 비중을 갖고 있으나, 입태자 외에 좌·우보[149]와 같은 관직의 임면기사가 나타나고 있어 왕권성장의 한 단면을 나타내주고 있다. (D)의 경우, 시조묘始祖廟(東明廟)는 대무신왕이 세웠으나, 제2권에서는 알사謁祀에 대한 기록은 없다. 다만, 제천祭天·알시조묘謁始祖廟의 경우는 반드시 졸본卒本에서만 행해지고 있어 신대왕 이후에 가서야 왕이 그곳에 행차(如)해서 하게 됨을 볼 수 있다.

끝으로 제2권의 정치기사에서 절반 이상을 차지하는 (E)는 제1권의 경우와 거의 같다. 특히 왕은 즉위와 동시에 대사大赦를 하며, 기근과 천재 직후에 구휼이 크게 나타나고 있다. 단지, 인근 성읍국가(개마국蓋馬國·구다국句茶國)에 대한 복속과정은 계속되고 있어, 전반적으로 1·2권은 그 성격이 같다고 해도 무방할 것이다.

천재기사도 제1권과 별다른 차이가 없다. 특히 괴이가 크게 줄어들었으나, 아직도 백장白獐과 같은 서징瑞徵이 눈에 띄고 있다. 다만, 고구려본기의 천재기사는 나·제와 달리 다양치 못하였고, 대부분 구징咎徵과 사건은 특별관계가 없는 것으로 기록되었다. 전쟁과 외교기사도 고구려사회의 성장과정에 따라 점차 증가추세를 나타내고 있다. 특히 대무신왕 15년에 후한後漢과 외교관계가 성립되었다는 기록은[150] 시조묘의 설치나 부여와 낙랑의 공략 등의 기사와 함께 대무신왕의 정치적 입장을 강조하려는 것으로 보인다. 이러한 사실은 비류국 송양후松讓后의 아들인

149) 노중국, 「고구려국상고」 및 이종욱, 「고구려초기의 좌우보와 국상」 참조.
150) 본서 제2장 제3절 참조.

그가 송양계의 부장部長 3인을 축출시킨 사건에서도 뚜렷하다. 이것은 보다 계루부桂婁部의 전제왕권을 꾀하려는 정치적인 사건이라 해석되지만, 그들의 세력은 태조왕말까지지도 강력하게 유지되었음을 보여준다.

제3권(태조대왕~차대왕)은 2대 112년간(AD53~AD165)의 기록이다. 제3권의 2왕은 왕통상으로는 유리왕자인 재사再思의 아들로서 형제간이며, 차대왕이 피살되었기 때문에 일단 매듭을 지은 것으로 생각된다. 다만 태조대왕의 기록은 약간 정치기사가 높을 뿐이며 반대로 차대왕은 천재기사가 큰 비중을 갖고 있다.

그러나 태조왕기사에는 단순한 통계적 수치에서가 아니라, 다음과 같은 두 가지 사실을 보여준다. 하나는 그의 활발한 정복사업이며, 다른 하나는 당시의 나집단과의 불가피한 정치적 타협 모습이다. 즉 태조대왕은 요서지방에 대한 견고한 방비를 통해 한漢의 남하를 저지시켜 낙랑을 고립시킬 수 있었고, 동해안(옥저)으로 진출하여 한반도의 동·서요새를 장악하였다. 또한 태조왕은 빈번한 나집단의 정복을 꾀하였으나, 그러한 나집단의 정복과 협조과정에 대한 정치적 배려를 외면할 수는 없었다.

① 태조왕 16년 8월 갈사왕손曷思王孫 도두都頭가 나라를 들어 항복하므로 도두를 우태于台로 삼았다.
② 태조왕 20년 2월에 왕은 관나부貫那部 패자달가沛者達賈를 파견하여 조나藻那를 정벌하고, 그 왕을 사로잡았다.
③ 태조왕 22년 10월에 왕은 환나부桓那部 패자설유沛者薛儒를 보내 주나朱那를 정벌하고, 그 나라 왕자 을음乙音을 사로잡아 고추가古鄒加로 삼았다.

이러한 기록(①~③)에서 본다면 투항한 갈사왕족인 도두에게는 우태를, 정벌한 주나왕자에게는 고추가를 주었던 것이다. 그리고 협조한 대세력에게 패자沛者를 주어 그 나라 왕을 사로잡기도 하여 나집단에 대한 다양한 정책이 고려되었다. 따라서 고구려의 국가적 성장에 있어서 태조왕을 높이 평가해온 종래의 입장에도 불구하고, 태조왕~차대왕까지도 계루부의 전제왕권이 성립되지 못하여 관나·비류나·환나 등과의 연합정권으로 계승되었다고 생각된다. 그러므로 이러한 군소 나집단의 정치적 안배를 극복하는데는 시간이 걸려야 했으며, 여기서 고구려의 국가적 발전이 둔화되기 마련이었다. 따라서 이를 극복하려는 새로운 정치적 움직임이 나타났으니 그것은 좌·우보제에서 국상제國相制로의 전환이며, 나집단의 개편이라 하겠다.

〈표 35〉 제3권의 내용분석(%)

<table>
<tr><th rowspan="2">왕명</th><th colspan="4">기 사 내 용</th><th colspan="2" rowspan="2">내용의 분류</th></tr>
<tr><th>정치</th><th>천재</th><th>전쟁</th><th>외교</th></tr>
<tr><td rowspan="4">태조왕
太祖王</td><td rowspan="4">27
(46.6)</td><td rowspan="4">17
(29.3)</td><td rowspan="4">8
(13.8)</td><td rowspan="4">6
(10.3)</td><td>정치</td><td>A(1) B(10) C(5) E(11)</td></tr>
<tr><td>천재</td><td>蝗(3) 地震(3) 일식(3) 旱(2) 雪(2) 雷(1) 雹(1) 怪(1) 大水(1)</td></tr>
<tr><td>전쟁</td><td>漢(6) 옥저(1) 帶方(1)</td></tr>
<tr><td>외교</td><td>한(3) 부여(2) 肅愼(1)</td></tr>
<tr><td rowspan="2">차대왕
次大王</td><td rowspan="2">7
(38.9)</td><td rowspan="2">11
(61.1)</td><td rowspan="2"></td><td rowspan="2"></td><td>정치</td><td>B(1) C(3) E(3)</td></tr>
<tr><td>천재</td><td>일식(3) 지진(2) 혜성(2) 五星(1) 霜(1) 雷(1) 無氷(1)</td></tr>
<tr><td rowspan="4">평 균</td><td rowspan="4">42.8</td><td rowspan="4">45.2</td><td rowspan="4">6.9</td><td rowspan="4">5.2</td><td>정치</td><td>A(1) B(11) C(8) E(14)</td></tr>
<tr><td>천재</td><td>일식(6) 지진(5) 蝗(3) 雪(2) 旱(2) 혜성(2) 雷(2) 雹(1) 怪(1) 五星(1) 大水(1) 霜(1) 無氷(1)</td></tr>
<tr><td>전쟁</td><td>한(6) 옥저(1) 대방(1)</td></tr>
<tr><td>외교</td><td>한(3) 부여(2) 숙신(1)</td></tr>
</table>

<표 35>에 의하면 제3권은 정치·천재기사가 비슷한 분량을 갖고 있다. 정치기사에는 (B)와 (E)가 수렵·구휼·영토확인 외에 정치적인 모역謀逆수단으로 악용된 것이 특기할 일이다.[151] (E)의 경우는 나那의 정복과

구휼이 중심이 되며, 제천기록이 없는 것이 특징이다.

다음의 천재지변기사는 상당히 증가되고 있는바, 주로 일식과 지진의 기록이다. 특히 차대왕기에는 고구려에서 처음으로 일식이 보이고 있으며, 일식과 차대왕의 사망과 연결되고 있었다. 여기서 주목할 기록이 나타난다. 차대왕 4년의 '일식과 5성의 출현'에 대한 일관日官의 설명이 '이러한 천변을 왕의 덕과 국가의 복'으로 거짓 보고하였다는 점이다. 이러한 기록을 믿는다면 고구려는 2세기 중엽에 일관日官이 있었고, 독자적인 천체의 관측이 가능했다는 사실이다. 선학들의 주장에 의하면 고구려는 낙랑으로부터 천문기술을 수용하였다고[152] 추측하였고, 백제는 독자적인 천문관측이 4세기경으로 상정된바 있다.[153] 그러나 『삼국사기』의 기록에 따르면 고구려는 2세기 중엽 이전에는 확실히 천문에 대한 독자적인 관측이 가능했음을 알 수 있다. 더구나 일관에 의한 '일식의 적절한 해석'은 결국 그것을 통치자가 악용하거나[154] 또는 정치적 수단으로 해석될 수 있다는 가설이 보여질 수가 있게 된다.

끝으로 전쟁·외교기사도 제2장과 비슷한 편이나, 전쟁내용에서 큰 차이를 보이기 시작하였다. 즉, 1~2권의 1세기 중영 이전은 나那집단과의 항쟁이 중심이었으나, 1세기 중엽 이후인 제3권의 경우는 대내적인 나집단과의 정복은 물론, 중국(한漢)과의 항쟁을 동시에 추진하고 있었다는 사실을 보여주고 있다. 이것은 어느 정도 대내적인 정복과업의 원활한 추진 이후, 대외적인 항쟁의 추진이라는 고구려의 팽창과정을 설명하는 것이다. 때문에 요동과 요서를 위요한 대중국충돌이 불가피하였을 것이다.

---

151) 본서 제3장 제1절 참조.

152) 김용운·김용국, 앞의 책, 39쪽.

153) 박성래, 「Portentography in Korea」(Journal of Social Sciences and Humanities, 46, 1977), p.62

154) Wolfram Eberhard, op. cit., p.50.

2. 제4~5권의 분석

제4권(신대왕~산상왕)은 3대 62년간(165~227)의 기록이다. 제4권의 서두를 신대왕으로 한 것은 왕통상의 연계성보다는 사회변화에 초점을 준 듯하다. 무엇보다도 나집단의 대표로 임명된 좌·우보가 소멸되고 국상제[155]가 나타났으며, 즉위 직후 시조묘에 제사하는 제도가 시작되었음을 주목할 수 있다. 이러한 시조묘에 대한 제사의 시작은 신라의 나을신궁과 같은 커다란 사회적 변동과 뜻을 같이한다고 할 수 있다. 특히 차대왕을 살해했던 연나부椽那部의 명임답부明臨答夫가 신대왕초에 국상이 되었다는 사실은 당시 절노부의 세력을 짐작케 하거니와, 소위 절노부왕비시대[156]를 예견케 해 주고 있다.

<표 36>에 따르면 제4권은 1~3권과는 크게 다른 양상을 띠고 있다. 우선 정치기사가 천재기사의 3배에 가까우며, 외교기사가 거의 없다는 점이다. 이것은 2세기 후엽 이후 고구려사회내부에 큰 변화가 있었다는 사실과 일치할 것이다.

따라서 정치기사는 (E)(C)(B)의 순으로 나타나게 되었을 뿐만 아니라, (B)나 (E)의 성격변화에 주목할 수 있다. (B)의 경우도 졸본에의 시조제사를 위한 출행出幸이 중심이었고, 특히 산상왕의 택비행차擇妃幸次는 신라 소지왕의 내기군奈己郡 행차와 그 뜻을 같이하고 있다. (E)의 경우도 전시대와 같이 나那의 정복과 정치적 타협기사가 없어지고, 고국천왕기에는 왕비족의 반란진압기사와 을파소乙巴素의 등용이 눈에 띈다. 좌가노左可盧의 반란사건은 절노부왕비세력의 제거를 위한 정치적 의미를 지닌 것으로 이른바 5부족의 개편과 왕권강화와 연결되고 있어[157] 을파소

155) 노중국, 앞의 논문, 28쪽 및 이종욱, 앞의 논문, 497~500쪽.
156) 이기백, 「고구려왕비족고」, 89쪽.

의 파격적인 등용과 상관관계를 갖고 있을 것이다. 또한 을파소의 등용에서 '사직과 민생'을 내세우고 있음은 확실히 전과 다른 사회적 변모의 편린으로 보여진다.

〈표 36〉 제4권의 내용분석(%)

<table>
<tr><th rowspan="2">왕명</th><th colspan="4">기 사 내 용</th><th rowspan="2" colspan="2">내용의 분류</th></tr>
<tr><th>정치</th><th>천재</th><th>전쟁</th><th>외교</th></tr>
<tr><td rowspan="3">신대왕
新大王</td><td rowspan="3">7
(70)</td><td rowspan="3">1
(10)</td><td rowspan="3">2
(20)</td><td rowspan="3"></td><td>정치</td><td>B(1) C(3) E(3)</td></tr>
<tr><td>천재</td><td>일식(1)</td></tr>
<tr><td>전쟁</td><td>富山賊(1) 漢(1)</td></tr>
<tr><td rowspan="3">고국천왕
故國川王</td><td rowspan="3">10
(58.8)</td><td rowspan="3">6
(35.3)</td><td rowspan="3">1
(5.9)</td><td rowspan="3"></td><td>정치</td><td>B(2) C(3) E(5)</td></tr>
<tr><td>천재</td><td>[혜성·怪·五星·일식·雪·霜](1)</td></tr>
<tr><td>전쟁</td><td>한(1)</td></tr>
<tr><td rowspan="2">산상왕
山上王</td><td rowspan="2">15
(75)</td><td rowspan="2">5
(25)</td><td rowspan="2"></td><td rowspan="2"></td><td>정치</td><td>A(1) B(3) C(4) D(1) E(6)</td></tr>
<tr><td>천재</td><td>[雷·지진·혜성·怪·일식](1)</td></tr>
<tr><td rowspan="4">평 균</td><td rowspan="4">67.9</td><td rowspan="4">23.4</td><td rowspan="4">8.6</td><td rowspan="4"></td><td>정치</td><td>A(1) B(6) C(10) D(1) E(14)</td></tr>
<tr><td>천재</td><td>일식(3) 혜성(2) 怪(2)[五星·雪·霜·雷·지진](1)</td></tr>
<tr><td>전쟁</td><td>한(2) 富山賊(1)</td></tr>
<tr><td>외교</td><td></td></tr>
</table>

그러므로 왕권을 강화하려는 일련의 노력으로서는 (C)의 급증과 함께 빈번한 구휼과 대사 등의 기록으로 나타나기 마련이며 정치적 일신에의 표시로 환도천도丸都遷都가 뒤따른 것으로 보인다. 그러나 동천왕의 후궁

157) 이기백, 앞의 논문, 96쪽.

後宮이나 중천왕의 국상음우國相陰友의 발탁에도 불구하고 절노부의 세력은 의연히 계속되었다.

다음의 천재지변기사는 연례적인 재난의 기록이며, 전쟁과 한漢과의 약간의 충돌기사뿐이다. 특히, 일식과 신대왕의 죽음, 고국천왕 4년의 혜성과 전쟁은 상호관련이 있었다. 다만, 신라의 경우와는 달리 고구려에는 지진·벼락과 연결된 왕의 사망기사는 중천·서천·봉상왕 등이며, 백제는 온조·무령왕뿐이다. 그러나

> 고국천왕 12년 가을 9월 서울에 눈이 6척이나 쌓였다.

라는 가을의 폭설은 국민의 반란이라는 『한서』(夏雨雪賊臣爲亂 : 五行志7, 中之下)의 지적처럼, 좌가노의 모반과 직접 관계가 있었다. 특히 전쟁기록이 별로 나타나지 않는다는 것은 대내적인 정치개편의 편중과 국력축적에서 오는 불가피한 현상일 것이다. 따라서 5·6권에 이르러 축적된 국력을 바탕으로 활발한 전쟁기록이 등장하게 된다. 특히, 제4권의 내용에서 외교기사가 없는 것이 공통된 특징이다.

제5권(동천왕~미천왕)은 5대 104년간(A.D.227~A.D.331)의 기록으로서 주로 3세기 초에서 4세기 초까지의 내용이다. 이 시기는 고구려도 안으로 부자상속제가 발달하면서 정치적 성장과 때를 같이하면서 국력을 밖으로 신장시킴에 따라 중국(3국)과의 충돌이 격화된 때였다. 따라서 제5권의 내용은 <표 37>에서와 같이 전쟁기사가 큰 비중을 갖게 된 것이다. 더구나 제5권의 서두를 동천왕에서 시작한 것은 천재기사의 소멸과 같이 정치·군사면에 비중을 두려는 의도가 있었을 가능성이 있다.

〈표 37〉 제5권의 내용분석(%)

왕명	기사내용				내용의 분류	
	정치	천재	전쟁	외교		
동천왕 東川王	10 (52.6)		4 (21.1)	5 (26.3)	정치	A(1) B(1) C(5) E(3)
					전쟁	魏(2) 신라(1) 公孫氏(1)
					외교	魏(3) 吳(1) 신라(1)
중천왕 中川王	10 (62.5)	5 (31.3)	1 (6.3)		정치	B(3) C(5) E(2)
					천재	지진(2) 雷(1) 無雪(1) 疫(1)
					전쟁	魏(1)
서천왕 西川王	9 (56.3)	6 (37.5)	1 (6.3)		정치	B(3) C(3) E(3)
					천재	지진(2) 일식(1) 霜(1) 旱(1) 怪(1)
					전쟁	肅愼(1)
봉상왕 烽上王	11 (50)	9 (40.9)	2 (9.1)		정치	A(2) C(3) E(6)
					천재	지진(3)[雹·霜·雷·旱·혜성·怪](1)
					전쟁	慕容氏(2)
미천왕 美川王	2 (15.4)	4 (30.7)	6 (46.2)	1 (7.7)	정치	C(1) E(1)
					천재	혜성(2) 風(1) 霧(1)
					전쟁	현도(2)[낙랑·대방·모용씨·西安平](1)
					외교	後趙(1)
평 균	47.4	28.1	17.8	6.8	정치	A(3) B(7) C(17) E(15)
					천재	지진(7) 혜성(3) 雷(2) 霜(2) 旱(2) 怪(2) 無雪(1) 疫(1) 일식(1) 雹(1) 霧(1) 風(1)
					전쟁	魏(3) 모용씨(3) 현도(2)[신라·공손씨·숙신·낙랑·대방·西安平](1)
					외교	魏(3) 吳(1) 신라(1) 後趙(1)

우선, 정치기사는 가장 많은 부분을 차지하고 있으며, 그 내용에서 볼 때에도 (C)·(E)가 중심이 된다. (C)의 기사는 태자와 왕후의 책봉, 국상 등의 관직임명 등이 중심이 되어 일정한 왕비족과 관직에 있어서 선택된 지위를 확인하려는 조치를 강조하려는 것이다. 따라서 중천왕 이후 계속된 왕제王弟의 반란사건은 결국 왕권의 전제화 과정에 반발하는, 또는 '부자상속에 위협이 될 존재를 제거'[158]하려는 노력과 일치한 것이다.

제5권의 정치기사를 특징짓는 (E)의 내용이 주로 '왕제의 모반사건'[159]이라는 점은 부자상속의 추진에 따르는 불가피한 과정이지만, 이러한 정치적 혼란은 결국 위·숙신·모용씨 등의 계속적인 외침을 초래하게 되었다. 따라서 이러한 국가적 시련을 극복하려는 조치가 5부족의 행정적 개편이며, 외교적 활동의 모색이다. 즉, 서천왕 이후는 부명部名(방위方位)만 나오고 있어 부족연맹체에서 전제적인 왕권체제로의 전환[160]이라는 표현이 적절하지만, 부족적 전통 이상의 지역적 안배가 더 큰 문제로 등장하게 되었다.

이를 구체적으로 파악하기 위해서 서천왕·봉상왕대에 활약하던 인물을 찾아보면 <표 38>과 같다.

〈표 38〉 서천·봉상왕대(3세기 후엽)의 인물

출신부	성명	官位	관직	활동
남부	창조리倉助利	大使者	國相	봉상왕폐위·미천왕추대
북부	조불祖弗			봉상왕폐위·미천왕추대
	고노자高奴子	大兄	太守	모용외慕容廆 격퇴
동부	소우蕭友			미천왕 추대
서부	간수干漱	大使者		서천왕의 장인

158) 이기백, 앞의 책, 57쪽.

159) 중천왕 1년의 預物·奢句, 서천왕 17년의 逸友·素勃, 봉상왕 1년의 達賈, 2년의 咄固, 그리고 乙弗(돌고 아들) 등의 잇따른 모반사건이 그 예이다.

160) 今西龍, 『朝鮮古史の硏究』, 409쪽.

이에 따르면 부족적 전통의 극복에서 나타난 정치적 불안은 행정적 안배로 타협하면서 외침에 대응할 국가적 융합을 꾀하게 하였다. 더구나 이러한 정치적 혼란을 수습하는데 '권력의 분산'에 의한 왕권의 제약은 물론, 유교적 정치관을 제시하기 시작하였다. 따라서 창조리가 봉상왕의 무리한 왕궁조영을 반대하여 그를 축출시키면서 내세운 명분을

> 왕으로서 백성을 구휼치 않으면 인仁이 아니고, 신하로서 왕을 간諫하지 않으면 충忠이 아니다.(봉상왕 9년)

에서 찾고 있었으니 만큼, 3세기 초에 고구려는 이미 유교정치의 광범한 이해와 그 적용을 보여주고 이었다. 이러한 국가적 통합과 유교적 사회 윤리의 진전 속에서 미천왕은 정치적 안정을 꾀할 수 있었을 것이다.

그리고 천재지변에 있어서는 전과 비슷하나, 지진기사가 급증되고 있음이 눈에 띈다. 이것은 왕의 진휼을 강조하려는 정치적 목적이 숨겨진 내용일수도 있으나, 아직은 오행설과는 체계적으로 연결되지 못한 듯하다. 그러나 낙랑을 통한 한문화의 수용과정에서 오행사상도 흡수될 수 있었으므로 간헐적으로 일부는 이해되기 시작한 것 같다. 따라서 지진과 왕의 사망이 크게 관련을 맺고 있음은 신라와 비교할 필요가 있다. 그러나 고구려본기에서 보여진 일부의 천재지변기사는 천재지변끼리 연속적으로 나타나고 있어,[161] 그에 대응한 지상의 변화를 외면한 듯하였다.

그러나 '자연의 변화와 인간의 대응'은 자연의 순조로운 질서유지를 위한 불가피한 현상이었고, 유교적인 이해가 커진 당시 고구려사회의 '천인관天人觀'으로 보더라도 일방적인 자연의 변화만은 있을 수 없는 것이다. 따라서 이러한 자연변이만의 기록을 갖는 차대왕·산상왕·봉상왕

161) 가령, 차대왕 4년 4월의 일식 이후 20년 1월의 또 다른 일식까지 본기의 기록에는 8회의 천재지변 기사만 보인다. 산상왕 21~24년의 기록, 서천왕 2~4년간의 기록, 그리고 봉상왕 8년·9년의 기록도 자연변이의 내용만 보이고 있다.

등은 연속적인 천재지변의 결과 죽게 되었고, 서천왕은 전쟁의 위협을 받게 된 것이다. 따라서 하늘의 변화(천재지변)에는 그에 상응하는 지상(왕)의 정치적 기능이 요구되는 것이다.

끝으로 전쟁기사는 고국천왕 이후 강조된 '사직社稷과 민생民生'을 바탕으로, 국가적 통합을 전제함으로써 대외전쟁에 하나의 구심력을 찾았으며, 그러한 대전제를 통해 전쟁은 단순한 영토확장이 아니라 국가보전의 수단으로 이용케 되었다. 더구나 전쟁의 수행에서 나타나는 유교적 윤리관을 제시함으로써 외적의 격퇴와 전쟁에의 승리는 '백성의 편안과 선정 및 덕치'가 전제된다는 사실을 강조하였음을 보게 된다. 그러므로 국상은 국가의 재상이며, 백성을 위하여 죽을 수 있는 백성의 재신宰臣[162] 으로 이해되어졌고, 백성을 굶기고 괴롭히는 왕은 폐위되어야 한다는 창조리의 주장을 간과할 수가 없다. 그러므로 미천왕은 요동과 낙랑정벌에서 노획한 다수의 포로를 실제의 전쟁에 참가시켜 외정外征에 도움을 받게 하였다.

3. 제6~7권의 분석

제6권(고국원왕~장수왕)은 5대 160년간(AD331~AD491)의 기록이다. 제5권을 미천왕에서 끊은 이유는 낙랑축출과 같은 군사적인 이유만이 아니라, 국상제의 소멸 등도 간과할 수는 없었을 것이다. 그러나 고국원왕의 정치기사에는 (A)가 급증하고 있어 대외항쟁에 새로운 국면이 나타난 것으로 풀이된다. 이 기록은 4세기초에서 5세기말까지의 고구려가 극성기에 이르는 때의 것이어서 제5·7권과 큰 차이를 나타내 준다.

162) 『삼국사기』 권17, 고구려본기5, 봉상왕 9년조.

〈표 39〉 제6권의 내용분석(%)

<table>
<tr><th rowspan="2">왕명</th><th colspan="4">기 사 내 용</th><th colspan="2" rowspan="2">내용의 분류</th></tr>
<tr><th>정치</th><th>천재</th><th>전쟁</th><th>외교</th></tr>
<tr><td rowspan="4">고국원왕
故國原王</td><td rowspan="4">8
(30.8)</td><td rowspan="4">4
(15.4)</td><td rowspan="4">5
(19.2)</td><td rowspan="4">9
(34.6)</td><td>정치</td><td>A(4) B(1) C(1) E(2)</td></tr>
<tr><td>천재</td><td>無雪(1) 霜(1) 隕石(1) 雪(1)</td></tr>
<tr><td>전쟁</td><td>燕(3) 백제(2)</td></tr>
<tr><td>외교</td><td>燕(6) 晋(2) 前秦(1)</td></tr>
<tr><td rowspan="4">소수림왕
小獸林王</td><td rowspan="4">5
(29.4)</td><td rowspan="4">5
(29.4)</td><td rowspan="4">5
(29.4)</td><td rowspan="4">2
(11.8)</td><td>정치</td><td>E(5)</td></tr>
<tr><td>천재</td><td>無雪(1) 雷(1) 疫(1) 旱(1) 혜성(1)</td></tr>
<tr><td>전쟁</td><td>백제(4) 契丹(1)</td></tr>
<tr><td>외교</td><td>前秦(2)</td></tr>
<tr><td rowspan="4">고국양왕
故國壤王</td><td rowspan="4">3
(21.4)</td><td rowspan="4">5
(35.7)</td><td rowspan="4">5
(35.7)</td><td rowspan="4">1
(7.1)</td><td>정치</td><td>E(3)</td></tr>
<tr><td>천재</td><td>怪(1) 지진(1) 旱(1) 蝗(1)</td></tr>
<tr><td>전쟁</td><td>백제(3) 燕(2)</td></tr>
<tr><td>외교</td><td>신라(1)</td></tr>
<tr><td rowspan="4">광개토왕
廣開土王</td><td rowspan="4">6
(28.6)</td><td rowspan="4">2
(9.5)</td><td rowspan="4">11
(52.4)</td><td rowspan="4">2
(9.5)</td><td>정치</td><td>A(3) B(1) C(1) E(1)</td></tr>
<tr><td>천재</td><td>蝗(1) 旱(1)</td></tr>
<tr><td>전쟁</td><td>백제(5) 燕(5) 契丹(1)</td></tr>
<tr><td>외교</td><td>燕(2)</td></tr>
<tr><td rowspan="4">장수왕
長壽王</td><td rowspan="4">4
(5.5)</td><td rowspan="4">3
(4.1)</td><td rowspan="4">8
(10.9)</td><td rowspan="4">58
(79.5)</td><td>정치</td><td>B(1) E(3)</td></tr>
<tr><td>천재</td><td>怪(1) 雪(1) 大水(1)</td></tr>
<tr><td>전쟁</td><td>신라(4) 백제(2) 燕(1) 魏(1)</td></tr>
<tr><td>외교</td><td>魏(46) 燕(3) 宋(3) 南齊(3) 신라(2) 晋(1)</td></tr>
<tr><td rowspan="4">평 균</td><td rowspan="4">23.1</td><td rowspan="4">18.8</td><td rowspan="4">29.5</td><td rowspan="4">28.5</td><td>정치</td><td>A(7) B(3) C(2) E(14)</td></tr>
<tr><td>천재</td><td>怪(3) 旱(3) 蝗(2) 雪(2) 無雪(2)[지진·大水·雷·혜성·疫·霜·隕石](1)</td></tr>
<tr><td>전쟁</td><td>백제(16) 燕(11) 신라(4) 契丹(2) 魏(1)</td></tr>
<tr><td>외교</td><td>魏(46) 燕(11) 晋(3) 宋(3) 南齊(3) 前秦(3) 신라(3)</td></tr>
</table>

<표 39>에 의하면 제6권은 천재지변이 크게 줄은 대신, 정치·군사·외교기사가 거의 같은 비중을 갖게 되었다. 제6권의 가장 큰 몫을 차지한 전쟁기사는 백제와 연燕과의 충돌내용이다. 이미 미천왕 때의 요동확보는 중국 세력의 남침구실을 준 바 있어, 고국원왕 때는 신성新城을 수축하여 대비도 한 바 있었다. 이러한 요동지방의 전략상의 중요성은 그 일대의 철鐵생산과[163] 연결될 수 있어, 빈번한 축성과 함께 대중국방비가 자연히 남방(백제)경비를 소홀하게 했을 것이다. 여기서 고국원왕이 근초고왕近肖古王에게 패사하게 된 주인主因이 있다고 하겠다. 백제는 더구나 전술상에 있어서도 고이왕 이후 전략상의 변화를 구해서 궁사술弓射術을 개량하였고, 기마전에 대응할 수 있는 새로운 전술을 마련하고 있었다. 따라서 구래의 기마전단계에 머물던 고구려는 백제의 정예화된 보기步騎작전과 복병전략에 완패될 수밖에 없었다.[164] 따라서 광개토왕 이후는 새로운 보기전步騎戰으로 백제를 정벌케 함으로써 보다 진보된 전술 개발이 보여지게 되었다.

전쟁 다음으로 비중을 가진 외교기사는 장수왕 때 그 정절을 나타내고 있다. 먼저 소수림왕은 전왕 때의 남(백제)·북(연燕)의 위협에 대한 시련극복책으로 전진前秦과의 친선을 도모하여 대연對燕공동전선을 꾀하면서 백제공략에 주력했던 것이다. 특히 장수왕은 북위北魏와의 46회라는 기록적인 외교관계를 맺었을 뿐만 아니라, 연燕·진晋·송宋·남제南齊 등 5개국과 교섭을 맺으면서 남북조南北朝의 중국을 이용하고 있었다. 당시 중국의 각 왕조는 3국뿐만 아니라, 중국주변의 각 왕국에게 일정한 명호名號를 주고 있었다.[165] 비록 중국으로부터 중복된 영동領東·진동鎮東·수

163) 이용범, 1966, 「고구려성장과 철」『백산학보』 1, 1~5쪽.

164) 백제본기에는 고이왕 이후의 기록에서 騎兵이란 표현은 보이지 않는다. 아마도 북방계의 기마전에 대응하는 전략이 촉진되었음을 뜻하는 바, 아마도 새로운 보기전의 개발과 궁사술의 개량이 있는 듯하다.

165) 신형식, 「나당간의 조공에 대하여」, 69쪽.

동장군綏東將軍의 책봉冊封이 있었다 해도 그것은 정치적 종속관계가 아니라, 평등하고 예의적인 관계임은 물론이다.[166] 이러한 상호간의 정치적 승인은 결국 중국의 고전질서를 인정하는 속에서 독자적인 국가유지의 수단이 되었던 것이다. 특히 북위北魏와의 빈번한 친선은 강력한 북중국의 통일정권에 대한 위협을 제거함으로써 정치적 안정을 꾀하려는 정책이었을 것이다. 이러한 활발한 교섭을 통해서 고구려의 대중조공관계는 비로소 완성되었던 것이다.

외교기사 다음의 전쟁기록은 고국원왕의 패사 이후에 큰 변화를 나타내 준다. 즉, 소수림왕과 고국양왕은 백제정벌에 주력하였고, 광개토왕 때는 백제와 연燕과의 충돌기사가 중심이 된다. 특히 광개토왕은 백제와 연과의 집중적인 전쟁기록을 갖고 있어 전자는 고국원왕 패사에 대한, 후자는 모용황慕容皝에 의한 국가적 치욕을 보상하려는 것으로 생각된다. 따라서 광개토왕비문廣開土王碑文에 나타난 정벌과정[167]도 서방(연燕)과 남방(백제)의 공략에 역점을 두고 있는 것이다. 그러므로 장수왕대의 집중적인 대중국친선은 백제정벌에의 시간적 여유를 갖기 위한 정략이었고, 이러한 한반도에서의 군사적 우위는 중원비中原碑의 고압적 내용으로[168] 나타나게 되었을 것이다.

제6권의 정치기사는 그 비중의 감소보다는 내용상 변화에 주목을 요한다. 다시 말하면 (A)(C)(B)가 아니라 (E)의 문제인바, 그것도 태학太學·불교에 관계된 비정치기사가 눈에 띈다는 것이다. 이것은 절정기에 들어선 고구려의 내적 충실과 사회적 성숙을 의미하는 것이다. 이러한 사실은 천도이후에 보여진 경당扃堂에 대한 다음과 같은 중국측 문헌의 내용에서 두드러지게 나타난다.

---

166) 본서 제3장 제3절 참조.
167) 천관우, 「광개토왕능비문재론」, 517~561쪽.
168) 신형식, 「중원고구려비에 대한 일고찰」, 78쪽.

풍속에 책읽기를 좋아하였다. 벽촌의 허술한 말치는 집으로부터 도시의 큰길가에까지 경당扃堂이라는 대옥大屋을 지어 결혼 전의 자제들이 이곳에서 주야로 공부하고, 무술을 닦는다. 이때 배우는 책에서 오경·사기·한서·후한서·삼국지·춘추·옥편·자통字統·자림字林 및 문선文選이 있는바, 특히 문선이 널리 읽혔다.[169]

에서 본다면 이미 전국적인 교육기관이 설치되었고, 경서經書와 사서史書가 광범위 하게 이해되고 있다는 사실이 확인되었다. 따라서 5세기를 전후해서는 유학 이외에 오행사상에 대한 광범한 이해와 유행이 가능했으리라 보여진다. 따라서 평양천도는 단순한 남하정책의 추진이나 북위에 대응하면서 제·라의 북진을 봉쇄하는 한반도의 세력균형유지[170]라는 군사적 측면만이 아닐 것이다. 이것은 발전단계에 있는 고구려문화의 남방보급의 수단이며, 절정기에 들어선 문화확산의 한 증좌일 것이다. 나아가서 경당扃堂이 갖고 있는 군사적 의미는[171] 기간基幹병력의 확보에 따른 남방진출의 촉진제가 될 수도 있었을 것이다.

끝으로 천재지변의 기사는 연례적인 천재가 눈에 띄고 있으며 '우생마牛生馬'와 '도이화桃李華'와 같은 지변도 없지는 않지만, 백제와는 달리 오행설과는 직접 관계되는 것 같지는 않다. 그러나 광개토왕대의 한旱·황재蝗災는 오행사상과 전혀 무관한 기록은 아닐 것이다. 따라서 자연변이는 왕 자신에 대한 하늘의 경고나 새로운 행동의 요구라고 생각하기 때문에

장수왕 2년 8월, 이상한 새들이 왕궁에 모여들었다.

라는 조변鳥變을 목도한 왕은 즉시 사냥을 떠났다. 이것은 자연의 변화에 대한 왕의 대책으로서, 단순한 출렵出獵이 아니라 민정의 시찰이나

169) 『후한서』 권199, 열전149 동이(고구려).
170) 이용범, 1975, 「대륙관계사고대편」 상 『백산학보』 18, 53쪽.
171) 이기백, 1967, 「고구려의 경당」 『역사학보』 35·36, 50~52쪽.

또 다른 하늘의 경고에 대한 자기 반성의 수단일 수 있다. 따라서 왕의 출렵은 대개 승전이나 구휼, 재난 및 이변을 당한 직후에 있게 된다.[172] 따라서 왕의 출행은 동시에 자신의 정책(업적)을 확인하는 조치일 수도 있다.

제7권(문자왕～평원왕)은 5대 98년간(492～590)의 기록으로 대개 6세기의 고구려사회상을 서술한 것이다. 이 시기는 중국이 남북조의 대립이 계속되다가 수隋로 통일되어 가는 준비기였고, 나·제는 각각 중흥과 팽창을 시도하는 때여서 특히 외교가 큰 비중을 갖게 되었다. 더구나 고구려가 안장왕 이후 정치적 혼란이 일어나게 되었고, 더욱이 양원왕대의 극심한 내란은 고구려사회에 변화를 가져오게 하였다. 따라서 외교기사의 압도적인 우위는 고구려 안의 사회적 혼란에 대한 대외적인 극복책이었고, 수의 등장에 따른 당연한 결과였다. 그러므로 제7권의 내용은 외교기사가 정치·전쟁·천재기사의 총화總和보다 많은 5할을 넘고 있었다. 문자왕은 장수왕의 경우처럼 재위 28년간에 북위에 34회의 조공기록을 갖고 있으며, 6세기 동안에 고구려는 연 8개국에 90여회의 외교사절이 왕래하고 있었다. 이러한 외교적 교섭은 같은 시기에 백제의 20여회, 신라의 10여회와 비교할 때 당시 고구려의 국력과 일치함을 알 수 있다. 즉 외교사절의 파견횟수는 왕권신장이나 국력과 상호관계를 갖고 있는 것이어서[173] 장수왕·문자왕과 성덕왕의 예에서 볼 수 있다.

---

172) 주몽 1년의 出獵은 말갈 격퇴 직후에 보여진 후, 유리왕 2년의 출행도 納妃 직후에 있었다. 그리고 태조왕 46년의 출렵은 폭설 직후, 62년의 출렵은 일식 직후에 보였으며, 고국천왕 6년의 경우는 진휼 직후에 있었다.(본서 제3장 제1절 참조).

173) 신형식, 「나당간의 조공에 대하여」, 96쪽.

〈표 40〉 제7권의 내용분석(%)

<table>
<tr><th rowspan="2">왕명</th><th colspan="4">기 사 내 용</th><th rowspan="2" colspan="2">내용의 분류</th></tr>
<tr><th>정치</th><th>천재</th><th>전쟁</th><th>외교</th></tr>
<tr><td rowspan="4">문자왕
文咨王</td><td rowspan="4">6
(9.7)</td><td rowspan="4">8
(12.9)</td><td rowspan="4">9
(14.5)</td><td rowspan="4">39
(62.9)</td><td>정치</td><td>B(2) C(1) E(3)</td></tr>
<tr><td>천재</td><td>지진(2) 怪(2) 蝗(1) 旱(1) 雪(1) 風(1)</td></tr>
<tr><td>전쟁</td><td>백제(6) 신라(3)</td></tr>
<tr><td>외교</td><td>魏(34) 齊(3) 梁(2)</td></tr>
<tr><td rowspan="4">안장왕
安藏王</td><td rowspan="4">4
(28.6)</td><td rowspan="4">1
(7.1)</td><td rowspan="4">2
(14.3)</td><td rowspan="4">7
(50)</td><td>정치</td><td>B(2) E(2)</td></tr>
<tr><td>천재</td><td>旱(1)</td></tr>
<tr><td>전쟁</td><td>백제(2)</td></tr>
<tr><td>외교</td><td>梁(5) 魏(2)</td></tr>
<tr><td rowspan="4">안원왕
安原王</td><td rowspan="4">2
(7.1)</td><td rowspan="4">9
(32.1)</td><td rowspan="4">1
(3.6)</td><td rowspan="4">16
(57.1)</td><td>정치</td><td>B(1) C(1)</td></tr>
<tr><td>천재</td><td>大水(1) 雷(1) 疫(1) 風(1) 旱(1) 徨(1) 지진(1) 怪(1) 雹(1)</td></tr>
<tr><td>전쟁</td><td>백제(1)</td></tr>
<tr><td>외교</td><td>東魏(8) 魏(4) 梁(4)</td></tr>
<tr><td rowspan="4">양원왕
陽原王</td><td rowspan="4">5
(19.2)</td><td rowspan="4">6
(23.1)</td><td rowspan="4">6
(23.1)</td><td rowspan="4">9
(34.6)</td><td>정치</td><td>A(2) C(1) E(2)</td></tr>
<tr><td>천재</td><td>怪(2) 일식(1) 無氷(1) 五星(1) 雹(1)</td></tr>
<tr><td>전쟁</td><td>백제(4) 돌궐(1) 신라(1)</td></tr>
<tr><td>외교</td><td>東魏(5) 北齊(4)</td></tr>
<tr><td rowspan="3">평원왕
平原王</td><td rowspan="3">9
(23.7)</td><td rowspan="3">8
(21.1)</td><td rowspan="3"></td><td rowspan="3">21
(55.3)</td><td>정치</td><td>A(1) B(3)C(1) D(1) E(3)</td></tr>
<tr><td>천재</td><td>旱(2) 怪(1) 水(1) 蝗(1) 隕石(1) 霜(1) 雹(1)</td></tr>
<tr><td>외교</td><td>隋(9) 晋(7) 北齊(4) 周(1)</td></tr>
<tr><td rowspan="4">평 균</td><td rowspan="4">17.7</td><td rowspan="4">19.3</td><td rowspan="4">11.1</td><td rowspan="4">52</td><td>정치</td><td>A(3) B(8) C(4) D(1) E(10)</td></tr>
<tr><td>천재</td><td>怪(6) 旱(5) 지진(3) 蝗(3) 大水(2) 風(2) [雪·일식·五星·無氷·隕石·霜·雷·疫](1)</td></tr>
<tr><td>전쟁</td><td>백제(13) 신라(3) 突厥(1)</td></tr>
<tr><td>외교</td><td>魏(45) 梁(11) 隋(8) 東魏(8) 北齊(8) 晋(7) 齊(3) 周(1)</td></tr>
</table>

<표 40; 제3장 3절-3국의 대중국관계; 이 책의 326쪽>에 의하면 6세기 후엽에 수의 등장 이전에는 고구려가 중국과의 교섭에 있어서 큰 몫을 다하였으나, 수隋이후에는 3국의 경쟁적인 외교전쟁으로 오히려 신라가 주도권을 잡게 되었다. 이와 같은 외교사절의 파견에 따른 도로망의 정비와 교통시설의 발전은 신라의 해양교통과 크게 성격을 달리하게 된다. 그러나 평원왕 이후의 대진對陳, 대북제對北齊외교는 단순한 책봉을 받기 위한 외교적 접촉이 아니라 성장하는 돌궐에 대한 정치적 의도가 있었을 것이다. 또한 중국의 여러 왕조로부터 받은 고구려왕의 책봉명도 거의 비슷한 모습을 하고 있음은 전과 같다.

외교기사 이외에 정치·천재·전쟁기사는 비중이 거의 같게 나타난다. 우선 정치기사도 (B)와 (C)가 중심이나 전과 큰 차이가 없다. (B)는 '영토의 확인'이나 진휼을 위한 것이며, (E) 역시 별다른 특징이 없고, 거칠부열전居柒夫列傳에 나타나 있는 양원왕 7년(AD551)에 일어난 고구려의 정란[174]에 대하여는 전혀 언급이 없다. 이러한 대란을 기록하지 않은 것은 김부식의 주관에 의한 삭제로 생각되지는 않는다. 신라편중성이 강했던 그로서는 고구려의 내란을 외면할 수는 없기 때문이다. 오히려 고구려측 기록의 누락에 그 원인이 있을 것이며, 내외의 자료를 충분히 참고하지 못한데서 온 것이라 생각된다.

또는 내분과 분열을 극히 비판했던 김부식의 의도적인 삭제일 가능성도 전혀 부인할 수는 없을 것이다. 김부식의 서술에서는 왕조멸망기를 제하고 초·중기에 있어서의 내분을 장황히 기록한 예가 없기 때문이다. 그러나 6세기 후반 이후의 고구려는 5세기의 전제적 왕권의 유지가 불가능하게 되었음을 보여주게 되었으며, 이러한 상황에서 대대로大對盧의 등장이 가능했을 것이다.[175]

---

174) 거칠부전(열전 44)에는 惠亮이 "今我國政亂 滅亡無日"이라고 간단히 말하고 있다. 그러나 『일본서기』(권19, 欽明紀 7년)에는 "是歲高麗大亂 凡鬪死者二千餘人"이라 하여 大亂임을 나타내고 있다.

175) 노중국, 앞의 책, 23쪽 및 淸田正幸, 1979, 「高句麗莫離支考」『朝鮮歷史論集』 129~130쪽.

천재지변기사는 외교기사 다음으로 많은 비중을 갖고 있었고, 특히 지변이 큰 비중을 갖고 있었다. 그러나 '이수연리梨樹連理'와 같은 구징은 오행적 설명이 불가능하였으나, 가뭄이나 지진 및 일식 등의 기록은 어느 정도 연결되어지고 있었다. 다만, 이러한 이변이 집중적으로 있어나고 있음은 차대왕·산상왕·봉상왕의 경우와 같이 주목할[176] 일이다. 이것은 결국 안원왕대의 외척항쟁[177]의 예견이나, 양원왕 7년의 대정란 이후 사회적 혼란과 변모상을 경고하는 뜻으로 풀이된다. 우리는 양원왕 10년·11년의

> 12월 그믐에 일식이 있었다. 얼음이 얼지 않았다. 11년 10월에 호랑이가 왕도王都에 뛰어들어오니 사로잡았다. 11월에 태백太白이 낮에 나타났다.

와 같은 기록은 양원왕 10년의 대정란 이후 왕권의 추락상을 말해주는 동시에 13년(557)의 간주리干朱理의 모반사건을 예견한 징후로 생각된다. 따라서 5세기 이후에는 오행사상이 크게 유행되었을 것으로 보인다. 이러한 사실은 문자왕의 사망과 연결된 "폭풍발목暴風拔木과 궁궐의 남문이 저절로 부서졌다"(宮南門自毁)에서도 반영되고 있기 때문이다.

특히 전쟁기사에서는 양원왕 7년의 돌궐과의 충돌기사가 눈에 뜨인다. 고구려의 대외항쟁은 연 20개국과 127회의 전쟁기록이 있는바, 돌궐과는 단 1회의 기록이 바로 양원왕 7년 기사이다. 이 해는 신라가 한강유역을 차지한 해로서, 돌궐 침략기사에 신라의 북침기사와 함께 보이고 있다. 이러한 고구려의 서북부 국경의 압력과 내홍이 결국 한강유역의 상실을[178] 가져왔고, 양원왕 8년의 축장안성築長安城 등의 방비를 강화한 것이다. 또한 일련의 국제적 긴장의 조성에 따라 평원왕은 진陳과 북제北

176) 안원왕 5년 5월의 홍수, 10월의 지진, 12월의 雷·大疫, 6년의 大旱, 8월의 蝗害가 계속되었다. 양원왕의 경우는 10년 12월의 일식과 無氷, 11년 10월의 虎入王都, 11월의 太白晝見 등이다.

177) 이홍직, 1971, 「일본서기소재고구려관계기사고」 『한국고대사의 연구』 참조.

178) 노태돈, 1976, 「고구려의 한강유역상실의 원인에 대하여」 『한국사연구』 13, 31~54쪽.

齊에 집중적인 친선을 꾀하게 되는 것은 당연한 일이었다.

결국 제7권의 내용은 광개토·장수왕대에 확보된 광활한 영역을 유지하기 위한 6세기의 고구려가 처한 어려운 입장을 나타낸 것이다. 무엇보다도 중국세력의 변화에 따라 무력과 외교를 동시에 행사할 수 없었던 6세기에는 활발한 외교정책으로 현상을 유지하려 했던 것이다.

4. 제8~10권의 분석

제8권(영양왕~영류왕)은 2대 52년간(590~642)의 기록이다. 이 시기는 수·당의 교체기로서 신라의 팽창으로 고구려가 남북으로 시련을 받던 때였다. 따라서 제8권의 내용은 외교와 전쟁기록으로 채워지기 마련이다.

〈표 41〉 제8권의 내용분석(%)

<table>
<tr><th rowspan="2">왕명</th><th colspan="4">기 사 내 용</th><th colspan="2" rowspan="2">내용의 분류</th></tr>
<tr><th>정치</th><th>천재</th><th>전쟁</th><th>외교</th></tr>
<tr><td rowspan="3">영양왕
嬰陽王</td><td rowspan="3">1
(4.3)</td><td rowspan="3"></td><td rowspan="3">10
(43.4)</td><td rowspan="3">12
(52.2)</td><td>정치</td><td>E(1)</td></tr>
<tr><td>전쟁</td><td>隋(5) 신라(3) 백제(2)</td></tr>
<tr><td>외교</td><td>隋(12)</td></tr>
<tr><td rowspan="4">영유왕
榮留王</td><td rowspan="4">4
(18.2)</td><td rowspan="4">1
(4.5)</td><td rowspan="4">2
(9.1)</td><td rowspan="4">15
(68.2)</td><td>정치</td><td>A(2) B(1) E(1)</td></tr>
<tr><td>천재</td><td>日無光(1)</td></tr>
<tr><td>전쟁</td><td>신라(2)</td></tr>
<tr><td>외교</td><td>唐(15)</td></tr>
<tr><td rowspan="4">평 균</td><td rowspan="4">17.7</td><td rowspan="4">19.3</td><td rowspan="4">11.1</td><td rowspan="4">52</td><td>정치</td><td>A(2) B(1) E(2)</td></tr>
<tr><td>천재</td><td>日無光(1)</td></tr>
<tr><td>전쟁</td><td>신라(5) 수(5) 백제(2)</td></tr>
<tr><td>외교</td><td>隋(12) 唐(15)</td></tr>
</table>

<표 41>에 의하면 제8권은 외교기사가 6할을 넘고 있었고, 다음이 전쟁기사이며, 정치기사는 극히 적은 비율을 차지하고 있었다. 우선 외교기사는 12회에 걸친 수隋와의 교섭기록과 14회의 대당외교에 대한 내용이었다. 다만, 이때의 외교가 단순한 조공관계만이 아니라, 사은·사죄·주청奏請·걸항乞降 등 다양한[179] 형태를 띠고 있었음은 중국세력의 침략을 저지하려는 임시적 방편이 필요했기 때문이다. 이것은 중국문헌의 전재에서 온 결과이겠지만, 실은 그러한 겸허한 표현 속에서 양국간의 친선을 도모하는 동시에, 한강유역의 재탈환과 같은 정치적 목적과 대당전對唐戰에 대비한 보다 장기적인 대책을 준비하려는 정략도 포함되었을 것이다. 이러한 사실은 영양왕대에 시도한 빈번한 신라정벌과 천리장성千里長城의 축조에 나타나 있다.

여麗·수隋전쟁에 직접 참여했던 영류왕은 이미 영양왕말의 곡사정斛斯政송환[180]과 같은 대수친선을 목도했던 바 있었으므로, 즉위 후 적극적인 친당외교를 전개하였다. 우선 그는 4년에 포로교환을 통해 새로운 화해를 도모한 후, '청반력請班曆'(7년), '구학불노교법求學佛老敎法'(8년), '상봉역도上封域圖'(11년), 그리고 '청입국학請入國學'(23년) 등 대당외교에 새로운 접근을 꾀한 바 있다. 이것은 문화와 군사력의 대국인 당에 대한 일련의 평화공세로서 당을 중심으로 한 '세계질서' 속의 안주를 위한 영류왕의 현실적인 정책이라 할 수 있었다.

그러나 연개소문淵蓋蘇文을 중심으로 한 강경파는 16년에 걸친 천리장성의 대역사를 통해 자신의 세력을 강화시켜 이에 따른 정치적 사회적 혼란을 영류왕 등 온건파 백여명의 처형으로 수습하려 했다. 따라서 이러한 연개소문의 집권은 외교적으로도 대당강경책을 추구함에 따라 양국 관계에 파국을 가져오게 된다.

---

179) 신형식, 「나당간의 조공에 대하여」, 68~78쪽.

180) 『삼국사기』 권20, 고구려본기8, 영양왕 25년 7월조.

전쟁기사는 수와 신라와의 싸움에 대한 기록이다. 영양왕 9년(598)의 요서공략 이후, 양국은 서로가 휴전이 요구되었다. 수 문제는 고구려정벌에 실패한 이후 효과적인 전쟁준비가 필요하였고, 고구려 역시 보다 장기적인 대비책이 있어야 했기 때문이다. 여기에 고구려의 사죄사謝罪使는 수로부터 회군의 명분을 찾게 하였다. 따라서 고구려는 수와의 평화유지를 틈타서 나·제에 대한 공략을 꾀하게 되었으니, 영양왕 14년과 19년(2월, 4월)의 신라 정벌, 18년의 백제 공벌攻伐이 그것이다. 특히 영양왕 14년의 고승高勝에 의한 신라 정벌은 1만 명이나 되는 신라군의 강력한 저지로 실패되었지만, 아마도 이 싸움이 온달전溫達傳에 나오는 격전인 듯하다. 그러나 수의 계속적인 위협은 고구려에게 남방문제를 유리하게 이끌 수는 없게 하였다.

정치기사는 거의 보이지 않으나, 천리장성과 같은 축성기록이 간헐적으로 보일 뿐이다. 특히 영양왕의 국사편찬은 나·제와 달리 긴급한 상황에서 이루어졌다는데 의미가 있다. 따라서 고구려의 『신집新集』 편찬은 고대국가의 기념비적 사업이 아니라, 대수외교의 정치적 배려와 함께 국난극복에의 국민적 통일감을 강조하려는 것이었다고 보인다. 더구나 양원왕 때의 극심한 정치적 혼란을 경험한 영양왕으로서는 정치적 안정을 희구하려는 교훈적 사업으로서 국사편찬이 필요했을는지도 모른다.

제8권의 유일한 천재기사인 영류왕 23년(640)의 '일무광日無光'은 연개소문의 횡포로 왕(태양)이 빛을 발할 수 없는 것을 말한다. 더구나 지나친 축성과 전쟁에 시달린 고구려사회에 준 하나의 경고로서 '지상에서의 균형에 심각한 대변혁을 예방하려는 하늘의 예고'라고 생각할 때, 그것은 곧 연개소문의 정변과 관계가 있을 것이다.

제9·10권은 보장왕 27년간의 기록이다. 그러므로 고구려가 멸망하게 된 사회적 분열상, 불의와 불인不仁에 대한 과장된 해설과 그리고 대당전쟁기록이 큰 비중을 갖게 되었고, 특히 국가멸망에 따르는 참위讖緯기사가 눈에 띈다.

〈표 42〉 제9·10권의 내용분석(%)

왕명	기사내용				내용의 분류	
	정치	천재	전쟁	외교		
보장왕 寶藏王	6 (9.4)	14 (21.9)	27 (42.2)	17 (26.6)	정치	C(3) E(3)
					천재	怪(7) 운석(1) 無月(1) 霜(1) 雹(1) 雷雨(1) 落星(1) 혜성(1)
					전쟁	당(23) 신라(3) 거란(1)
					외교	唐(16) 신라(1)

<표 42>에 의하면 제일 많은 양을 가진 전쟁기사는 23회의 대당전쟁에 관한 것이다. 보장왕이 등장하면서 정권을 잡은 연개소문 등의 강경파는 도교道教수용과 숙위宿衛파견 등 대당친선을 꾀해 강·온 양면책을 병행하면서 당의 침략에 대비하였다. 그러나 보장왕 3년의 당의 침입으로 시작된 대당항쟁은 수와의 대결처럼 작전이나 전술상의 승리로서 해결될 문제는 아니었다. 麗·唐의 대결은 결국 '요동遼東확보'를 위한 싸움이었고, 당거撞車·포거抛車 등 당의 새로운 무기 앞에 고구려가 굴복케 된 싸움이었다.

> 요동遼東은 본래 중국의 땅인데 수씨隋氏는 4차나 출사出師해도 이를 취하지 못하였다. 짐은 지금 동정東征하여 중국에는 자제의 원수를 갚고, 고구려를 위해서는 군부君父의 수치를 갚으려는 것이다. 또한 4방을 평정하였으나 이곳(요동)만은 미정未定한 까닭에 아직 늙지 않았을 때에 사대부의 힘을 빌어 이를 공취하고자 한다.[181]

라 하여 요동은 한결같이 중국이 한반도제어의 전초기지로서 그 중요성을 갖고 있음을 말해주는 것이다. 당태종의 고구려정벌도 우선 요동확보에 목적을 두었다는 점이 보여진다. 다시 말하면 요동의 지정학적 위치

---

181) 『삼국사기』 권20, 보장왕 4년조. 이에 대해서 『구당서』(권199 상, 열전149 高麗)에도 "遼東之地 周爲箕子之國 漢家玄菟郡耳 魏晋已前 近在提封之內"라 하여 표현방식은 달랐으나 뜻은 같았다.

는 풍부한 철생산[182]을 갖고 있는 군사상·경제상의 요충지라는 것만은 아니었다. 극동의 관문인 그곳이 갖는 한중간의 정치적 중요성은 결국 그 후 계속된 양국간의 쟁처爭處가 되었던 것이다.

다음의 외교기사는 당과의 사절교환기록이다. 보장왕초의 조공기사는 그들의 침략을 저지하려는 정치적 목적의 것이었고 안시성安市城혈전 이후의 외교기사는 전후의 국교재개를 위한 형식적인 파견이었다.

정치기사에서 특기할 것은 보덕普德의 망명과 남생男生형제간의 다툼기사이다. 전자는 당군의 격퇴이후 더욱 강경해진 연개소문의 불교탄압으로서 불교세력과 연결된 일부 반대세력(온건파)의 재추방이며, 후자는 연개소문의 사후 일련의 귀족층의 내분상을 강조하려는 것이다. 특히 보장왕 25년의 여·당간의 마지막 대결을 목전에 둔 긴급한 상황이지만, 본기내용은 연개소문의 여러 아들간에 일어난 암투상과 당의 분열책만을 기록하고 있다. 이러한 내분기사는 김부식 자신의 국가관 내지는 역사의식의 핵심이 되는 "국민 상하가 화목하면(當其上下和衆庶睦) 큰 나라라도 함부로 취할수 없다(雖大國不能以取之)"라는 점을 지적한 것이라 본다.

끝으로 천재지변기사는 '동명왕 어머니상에서 피눈물(東明王母塑像泣血)' 등 동명왕대의 신작神雀·난조鸞鳥와는 달리 대부분이 고구려멸망과 관계있는 흉조(지변)의 기록이다. 이에 대해서 이홍직은 '중성서류衆星西流'는 당의 위협, 설색적雪色赤은 당의 원정, 왕모상읍혈王母像泣血은 고구려 운명을 슬퍼하는 흉조 등으로 설명한 후, 그러한 참위적 기사를 통일신라대에 꾸며진 기사[183]로 생각하였다. 특히 상읍혈像泣血, 와언訛言 등은 금불종혁金不從革의 오행과 연결된 내용이며, 낙성落星과 혜성에 대한 불길한 인식은 당시의 자연관을 반영한 것으로

182) 이용범, 「고구려성장과 철」, 6쪽.
183) 이홍직, 1963, 「고구려비기고」 『역사학보』 17·18, 344쪽.

① 큰 별이 월성에 떨어졌다. 이에 비담 등이 군사들에게 말하기를 '내 듣건대 별이 떨어지는 곳에는 반드시 유혈流血이 있다고 하니 이것은 여왕의 패망징조이다'라 하였다.<권41, 김유신 상>

② 보장왕 27년 4월에 혜성이 필앙畢昴의 사이에 나타났다. 당의 허경종許敬宗이 말하기를 혜성이 동북쪽에 나타나는 것은 고구려가 망할 징조이다.

에서 엿볼 수 있다. 따라서 오행과 도참 및 미신까지 결합되어 고구려멸망을 간접적으로 시사한 것으로 풀이된다.

5. 본기내용상으로 본 고구려사의 시대구분

이상에서 고구려본기의 내용을 대략 찾아보았다. 전10권의 본기를 통계적 분석으로 살펴볼 때, 몇 가지의 특징을 발견할 수가 있다.

〈표 43〉 고구려본기 내용의 분석

권	代	연간	정치	천재	전쟁	외교
제1권	2	東明王～瑠璃王(53)	57.4	23	13.6	6.1
제2권	3	大武神王～慕本王(35)	50.5	34	9.4	6
제3권	2	太祖王～次大王(112)	42.8	45.2	6.9	5.2
제4권	3	新大王～山上王(62)	67.9	23.4	8.6	
제5권	5	東川王～美川王(104)	47.4	28.1	17.8	6.8
제6권	5	故國原王～長壽王(40)	23.1	18.8	29.5	28.5
제7권	5	文咨王～平原王(98)	17.7	19.3	11.1	52
제8권	2	嬰陽王～榮留王(52)	11.3	2.3	26.2	60.2
제9·10권	1	寶藏王(27)	9.4	21.9	42.2	26.6
평 균	28	705년	36.4	24.1	18.3	21.2

<표 43>에 의하면 고구려본기는 전체적으로 정치기사가 제일 많고, 천재·외교·전쟁의 순이어서 백제의 경우와 큰 차이를 나타내고 있다. 10권의 구획은 단순한 분량의 균분이 아니라, 나·제의 경우와도 같이, 고구려 사회의 변천을 전제한 김부식의 시대구분의식이 작용되었으리라 여긴다. 특히 제4권의 정치기사가 제일 많은 비율을 갖고 있다는 것은 태조왕보다 신대왕·고국천왕의 경우가 정치적 의미가 크다는 사실을 나타낸 것이다. 그리고 제5권의 미천왕대까지는 정치적 발전을 꾀하였으며 광개·장수왕대인 제6권기에 들어서 사회의 균형적 안정을 보여 주었다. 그러나 고구려는 사회발전 내용이 전반부에 큰 비중을 두었기 때문에, 6세기 이후에는 외교나 전쟁이 내용의 핵심이 되었다 해도 전체적으로 균형을 잃고 있었다.

〈표 44〉 고구려 정치기사의 세기별 통계

세기 / 분류	BC 1	AD 1	2	3	4	5	6	7	계
A	2	3	1	2	6	2	3	2	21
B	3	12	12	9	1	3	7	1	48
C	3	10	13	19	3	2	3	3	56
D	2	2		1			1		6
E	4	27	21	15	13	6	7	5	98
계	14	54	47	46	23	13	21	11	229

정치기사는 <표 44>에 의하면 총 229회의 기록으로 되어 있어 비율상으로나(36.4%), 내용상으로 가장 큰 부분을 차지하고 있다. 그 중에서 (E)가 가장 많으며, (C)와 (B)가 그 다음의 순서이다. 이것은 신라가 (C)가 제일 많으며, 백제는 (A)가 중심이라는 사실과 대조할 수가 있다. (E)의 내용은 백제의 경우와는 달리 정복·반란진압·투항 등이 대종을 이루고 있다. 이것은 고구려의 성격을 반영한 것이며 그 다음이 대사大赦의 기록

이다. (C)는 임명기사가 중심이 되지만, 고구려의 경우는 태자책봉이 큰 비중을 갖는다. 다만, (B)에 있어서 특이한 점은 시조묘의 제사를 반드시 졸본에 가서 행한다는 사실이다. 또한 순무를 흉작대책의 하나로 취급하기도[184] 하지만 동시에 왕의 새로운 정책의 확인을 위해서, 또는 하늘의 경고(자연변이)에 대한 자기보호의 수단일 수도 있었다. 그러나 무엇보다도 (B)의 내용에 있어서 출렵이 반수에 가깝다는 것은 백제와 같이 혈통상 동질성 내지 비슷한 왕의 성격을 반영하는 것이다. 정치기사가 고구려 극성기인 5세기와 멸망기인 7세기에 가장 낮은 빈도를 갖는 것도 당시의 사회상을 반영해 주는 것이다. 이러한 정치기사의 내용에서 볼 때 태조왕은 고구려 역사에 있어서 결정적인 역할을 한 것이 아니었고, 오히려 유리왕대에 더 큰 비중을 둘 수가 있었다. 다만, 기록내용의 성격으로 볼 때는 신대왕 때에 와서 많은 변모를 나타내고 있었다.

천재지변기사는 정치기사 다음의 비중(24.1%)을 갖고 있다. 여기에는 26회의 괴변(주로 지진)을 포함해서 24종의 천재지변과 함께 총 154회의 이변을 보여주고 있다. 이 중에서 역시 농사에 관계된 재난인 지진을 비롯하여 대수大水·황蝗·박雹·상霜·대풍大風·한旱 등이 총 66회로 전체의 4할이 넘고 있어 4,5년에 한번씩 천재가 있게 되었다. 이러한 재난의 수치가 전세기를 통해서 비슷하게 분포되어 있으나, 5세기의 경우는 크게 떨어지고 있다. 이것은 5세기가 전쟁과 외교부분에 있어서 큰 활동을 할 수 있었던 사실과 관련이 있으리라 여긴다. 그러나 고구려의 경우 천재지변은 가장 비중이 적었으며, 많은 구징이 실제의 사건과 연결되지 않고 있는 예가 허다하였다. 이것은 고구려왕 스스로가 '자연변이'를 하늘의 경고로 받아들이지 않으려는 생각에서 나온 것인지는 모르나, 확실히 나·제의 경우와 달랐다. 그러므로 우리는 고구려본기의 내용과 나·제의 그것은 각각 상이한 원전原典에서 연유되었을 가능성이 있다고 생각할 수가 있다.

184) 井上秀雄, 앞의 책, 181~195쪽.

〈표 45〉 고구려 천재기사의 세기별 통계

분류＼세기	BC 1	AD 1	2	3	4	5	6	7	계
彗星		1	3	2	3			1	10
五星	1		2				1		4
落星					1		1	2	4
日食			8	2			1		11
日無光								1	1
月無光								1	1
雷雨		2	1	3	1		1	1	9
雲變	1								1
黃霧	1				1				2
雪		2	2		1	1	1		7
雨雹		2	1	1			3	1	8
大風		1			1		2		4
旱(大水)		1(3)	1	1	3	291)	4(2)		12(6)
無氷			1				1		2
疫				1	1		1		3
龍	1								1
蝗		2	1		1	1	3		8
無雪		2		1	2				5
霜		2	2	2	1		1	1	9
地震		2	5	7	2	1	2		19
怪	3	3	1	3	2	2	5	7	26
계	7	20(3)	28	23	20	7(1)	27(2)	15	153

〈표 46〉 고구려 외교기사의 세기별 통계

세기 / 분류	BC 1	AD 1	2	3	4	5	6	7	계
부여夫餘	2	3	1						6
한漢		2	3						5
숙신肅愼			1						1
위魏				3					3
오吳				1					1
신라新羅				1	1	2		1	5
연燕					6	5			11
진秦					3				3
진晋					2	1			3
후조後趙					1				1
송宋						3			3
남제南齊						6			6
후위後魏						56	30		86
동위東魏							13		13
양梁							11		11
북제北齊							8		8
진陳							7		7
수隋							18	3	21
주周							1		1
당唐								30	30
계	2	5	5	5	13	73	88	34	225

외교기사는 연 20개국과 225회의 관계기사를 갖고 있다. 특히 북위와의 빈번한 교섭을 위시하여, 중국과 활발한 외교관계를 맺고 있음을 알 수 있다. 이것은 백제가 남조南朝와의 관계에 역점을 둔 것과는 달리 남북조의 어느 나라와도 교섭이 이루어지고 있어 5·6세기의 국력을 짐작케 한다. 이러한 외교기사는 백제가 90회 정도의 외교기사를 보인 것과는 크게 대조할 수 있어 국력과 외교와의 상관관계를 알 수 있다.

끝으로 <표 47>에서 보는 전쟁기사는 총 129회의 전쟁사실을 보여주고 있다. 여기에서 알 수 있는 것은 고구려는 나·제와 50회의 전쟁을 하여 3국간의 전쟁에 근 4할의 비율을 갖고 있었다. 고구려는 연 20개국과 5.4년만에 1회씩 전쟁을 하는 셈이어서 백제와 비슷한 전쟁 횟수를 갖고 있다. 특히 기록상으로는 차대왕(146~165)·산상왕(197~227)·평원왕(559~590) 등 3왕 80여년의 비전쟁기를 제하면 4.7년에 1회씩 전쟁을 겪는 셈이다. 이러한 여러 나라와의 빈번한 전쟁은 그만큼 사회발전에 지장을 준 것이라 하겠다.

이상에서 고구려본기 내용을 크게 4항목으로 나누어 살펴본 결과 다음과 같은 사회변천상을 알 수 있다. 즉, 시조로부터 차대왕(B.C. 37~165)까지를 제1기로 하고, 신대왕~미천왕(165~331)까지를 제2기로 나눌 수 있었다. 그리고 제3기는 고국원왕~안원왕(331~545)까지, 그리고 양원왕~보장왕(545~668)까지를 제4기로 볼 수가 있다.

〈표 47〉 고구려 전쟁기사의 세기별 통계

분류 \ 세기	BC 1	AD 1	2	3	4	5	6	7	계
말갈靺鞨									1
북옥저 北沃沮	1								1
선비鮮卑	1								1
부여夫餘	1	3							4
한漢		2	10						12
낙랑樂浪		2			1				3
왕망王莽		1							1
현토玄菟		1			2				3
옥저沃沮		1							1
연燕				3	6	6			15
위魏				3		1			4
신라新羅				1		7	1	8	17
숙신肅愼				1					1
백제百濟					14	3	13	1	31
거란契丹					2			1	3
서안평 西安平					1				1
대방帶方					1				1
돌궐突厥							1		1
당唐								23	23
수隋							1	4	5
계	4	10	10	8	27	17	16	37	129

〈표 48〉 고구려의 시대구분

구분	시대	본기내용(%)		사회
제1기	동명왕~차대왕 BC 57~AD 165 (202)	정치	50.2	* 5부족 연맹왕권 * 左·右輔
		천재	34.1	
		전쟁	10	
		외교	5.8	
제2기	신대왕~미천왕 165~331 (166)	정치	57.7	* 왕권 전제화추진 * 국상제·시조묘 제사 * 절노부왕비족시대
		천재	25.8	
		전쟁	13.2	
		외교	3.4	
제3기	고국원왕~안원왕 331~545 (214)	정치	17.1	* 전제왕권시대(大王制 시작) * 전술개혁(步騎戰略) * 외교와 전쟁의 국가적 추진
		천재	17.1	
		전쟁	15.5	
		외교	49.6	
제4기	양원왕~보장왕 545~668 (123)	정치	15.9	* 전제왕권의 몰락·양원왕 때의 국난 * 대대로 등 등장 * 고구려의 붕괴
		천재	17.1	
		전쟁	22.9	
		외교	44.2	

이러한 시대구분은 우선 본기내용의 변화과정을 중심으로 한 것이다. 제1기는 1·2·3권을 묶은 시기로 정치적으로 계루부桂婁部를 중심으로 한 5부족의 연합정권이 유지된 때라고 하겠다. 다시 말하면 나那집단의 흡수와 그 집단의 장을 좌·우보로 임명하면서 국가의 발전을 꾀하는 시기였다. 그러나 제2기에 해당할 신대왕 이후에는 행정적인 부명部名만이 나타나고 좌·우보 대신에 국상제가 보이기 시작하였다. 더구나 절노부왕비의 문제, 을파소의 등장과 같이 왕권의 전제화가 촉진되었고, 졸본에서 시조묘제사가 시작되었음은 지증왕의 나을신궁의 제사와 그 궤를

같이 한다고 하겠다. 이러한 사실은 정치기사의 증가와 천재기사의 감소에서 나타나고 있다. 더구나 이 시기에 있어서 중국과의 격심한 투쟁은 결국 '사직과 민생'을 내세운 국민적 통합에 의하여 요동확보와 낙랑정벌이 가능해진 시기이다.

제3기인 고국원왕 이후는 외교에 큰 비중을 두면서 정복에 의한 광활한 영토·인구의 지배기에 해당한다. 더구나, 국상제國相制가 보이지 않는 대신 강력한 왕권의 뒷받침을 못하는 대왕제大王制[185]가 시작되었고, 고국원왕이 처음으로 정동대장군征東大將軍의 칭호를 받게 되었음[186]은 당시의 고구려 입장을 설명해 주는 것으로 보인다. 이 시기는 전제왕권이 확립되어 국상과 같은 행정수반의 지위가 유명무실해졌고, 강력한 국력에 의하여 외교와 전쟁이 수행되었다. 더구나 전통적인 북방민족의 기마전술을 개혁한 보기전步騎戰으로 동아시아의 세력을 대표하게 되었으므로, 북방(중국)과 남방(신라)에 대한 권위와 우위를 보여주는 광개토왕비나 중원고구려비의 정신을 보게 되었다.

제4기를 양원왕으로부터 구분한 것은 양원왕 7년(551)의 대정란을 계기로 전제왕권이 흔들리게 된 사실을 주목했기 때문이다. 따라서 그의 한강유역상실 이후 계속되어 간 사회적 동요는 천재기사의 증가에도 나타나게 되었다. 그러므로 이러한 귀족연립적인 성격은 대대로大對盧와 같은 새로운 정치적 매개체를 요구하였으나, 고구려의 쇠퇴와 붕괴는 막을 수 없었다.

185) 坂元義種, 1978, 『古代東アシアの日本と朝鮮』, 65~194쪽.
186) 본서, 제3장 제3절 참조.

제4절 백제 본기 내용의 분석

1. 제1권의 분석

제1권(온조왕溫祚王~초고왕肖古王)은 5대 232년간(B.C.18~A.D.214)의 기록이다. 제1권을 초고왕에서 끊은 이유는 불명하다. 오히려 부자상속의 직계를 고려했다면 다음 구수왕仇首王까지를 한 권에 넣는 것이 합리적일 수 있어, 신라본기의 일성왕과 아달라왕의 경우와 같았다.[187] 어쩌면 전왕(사반왕沙伴王)을 폐위시키고 등장한 고이왕古爾王을 비난하기 위해서 구수왕을 제2권의 첫머리에 두었는지도 모른다. 그러나 온조왕에 대한 파격적인 과대한 서술은 혁거세나 동명왕과 비교할 때 쉽게 납득할 수가 없다. 따라서 그러한 정복기사는 온조대의 사실만이 아니라, 초기 백제국의 성장과정을 일괄해서 기록한 것으로 간주해도 무방할 것이다.[188] 이에 대해서 사반왕沙伴王·계왕契王·혜왕惠王·구이신왕久爾辛王 등은 전혀 기록이 없으며 개루왕蓋婁王·책계왕責稽王·분서왕汾西王·침류왕枕流王·개로왕蓋鹵王·삼근왕三斤王·법왕法王 등은 지나치게 간략히 서술하였기 때문에 '통계처리에 필요한 최소한도의 미달'로 통계자료분석에서는 제외시켰다. 우선 제1권의 내용을 정리하면 <표 49>와 같다.

<표 49>에서 본다면, 제1권의 내용은 천재지변이 절반을 차치하고, 다음으로 정치·전쟁이 비슷한 분량이며, 끝으로 외교기사로 채워지고 있다. 따라서 이 시기의 역사적 관심은 자연변이에 두어졌음은 나·려의 경우에도 마찬가지이다. 54회의 천재지변기사는 괴이(지변; 10회)를 비롯하여 가뭄(8회)과 지진(8회) 및 일식(7회)이 가장 많으며, 총 16종으로 분류

187) 신형식, 「신라사의 시대구분」, 13쪽.
188) 노중국, 1978, 「백제왕실의 남천과 지배세력의 변천」 『한국사론』 4, 21쪽.

될 수 있었다. 특히 10회의 지진기사 중에서 온조왕대에 6회나 나타나고 있어 의자왕대의 17회와 함께 전체의 7할이 첫왕과 끝왕 때에 집중되어 있음을 볼 때 왕조흥망과 비기秘記와의 관계를 살필 수 있다.

〈표 49〉 제1권의 내용분석(%)

<table>
<tr><th rowspan="2">왕명</th><th colspan="4">기 사 내 용</th><th rowspan="2" colspan="2">내용의 분류</th></tr>
<tr><th>정치</th><th>천재</th><th>전쟁</th><th>외교</th></tr>
<tr><td rowspan="4">온조왕
溫祚王</td><td rowspan="4">35
(51)</td><td rowspan="4">18
(26)</td><td rowspan="4">12
(17)</td><td rowspan="4">4
(6)</td><td>정치</td><td>A(14) B(7) C(3) D(4) E(7)</td></tr>
<tr><td>천재</td><td>怪(6) 旱(4) 지진(3) 雹(2) 일식(1) 雷(1) 霜(1)</td></tr>
<tr><td>전쟁</td><td>말갈(7) 낙랑(3) 마한(2)</td></tr>
<tr><td>외교</td><td>낙랑(2) 마한(2)</td></tr>
<tr><td rowspan="4">다루왕
多婁王</td><td rowspan="4">12
(40)</td><td rowspan="4">6
(20)</td><td rowspan="4">11
(36.7)</td><td rowspan="4">1
(3.3)</td><td>정치</td><td>A(2) B(2) C(3) D(2) E(3)</td></tr>
<tr><td>천재</td><td>怪(3) 旱(1) 지진(1) 일식(1)</td></tr>
<tr><td>전쟁</td><td>신라(6) 말갈(5)</td></tr>
<tr><td>외교</td><td>신라(1)</td></tr>
<tr><td rowspan="4">기루왕
己婁王</td><td rowspan="4">2
(8.7)</td><td rowspan="4">16
(69.6)</td><td rowspan="4">3
(13)</td><td rowspan="4">2
(8.7)</td><td>정치</td><td>B(1) E(1)</td></tr>
<tr><td>천재</td><td>지진(3) 旱(2) 일식(2)[혜성·大風·龍·霜·雹·無氷·大雨](1)</td></tr>
<tr><td>전쟁</td><td>말갈(2) 신라(1)</td></tr>
<tr><td>외교</td><td>신라(2)</td></tr>
<tr><td rowspan="3">초고왕
肖古王</td><td rowspan="3">4
(14.3)</td><td rowspan="3">14
(50)</td><td rowspan="3">10
(35.7)</td><td rowspan="3"></td><td>정치</td><td>A(2) B(1) E(1)</td></tr>
<tr><td>천재</td><td>일식(3) 혜성(3)[지진·無雲·雷·旱·太白·大風·蝗·無氷](1)</td></tr>
<tr><td>전쟁</td><td>신라(8) 말갈(2)</td></tr>
<tr><td rowspan="4">평균</td><td rowspan="4">28.5</td><td rowspan="4">41.4</td><td rowspan="4">25.6</td><td rowspan="4">4.5</td><td>정치</td><td>A(18) B(12) C(6) D(6) E(12)</td></tr>
<tr><td>천재</td><td>怪(10) 旱(8) 지진(8) 일식(7) 혜성(4) 雹(3) 雷(2) 霜(2) 風(2) 無氷(2)[龍·蝗·無雲·太白-五星·隕石·雨](1)</td></tr>
<tr><td>전쟁</td><td>신라(16) 말갈(15) 낙랑(3) 마한(2)</td></tr>
<tr><td>외교</td><td>신라(3) 마한(2) 낙랑(2)</td></tr>
</table>

이러한 괴이에 대한 『삼국유사』(기이1, 서叙)의 견해는 다음과 같이,

> 대저 옛 성인聖人이 예악禮樂으로 나라를 일으키고 인의仁義로 교教를 설設함에 있어 괴력난신怪力亂神을 말하지 않는다. 그러나 제왕이 일어날 때는 부명符命에 능해 도록圖籙을 받아 범인凡人과 다름이 있다. 그런 뒤에 능히 대변大變을 타고 대기大器를 잡아 큰 일을 이루는 것이다. (중략) 따라서 3국의 시조始祖가 모두 신이神異한데서 나왔다는 것이 어찌 괴이한 것인가.

라 하여 제왕의 등장에 따른 신이神異의 의미를 강조하고 있다. 다만, 온조왕대의 이변은 의자왕대의 그것이 거의가 흉조인 '우는 것'과는 달리 인간의 변화人痾(老嫗化爲男)·마화馬禍(馬生牛一首二身) 등의 흉조와 아울러 길조吉鳥(鴻雁)와 같은 서징瑞徵도 있어 건국과정의 어려움과 정당성을 함께 나타내 주고 있었다. 그러나 이러한 구징咎徵이 일정한 원리와 규칙을 가진 것이 아니라, 어디까지나 지상의 변화와 상호연결이 된다는 기본원리를 제시하고 있었다.

(1) ⓐ 온조왕 13년 3월 왕경의 노파가 남자가 되었다. 5마리의 호랑이가 궁성에 들어왔다.
ⓑ 다루왕 21년 2월 궁중의 큰 나무가 저절로 말라 죽었다.
(2) ⓐ 다루왕 7년 4월 적기赤氣가 동방에 나타났다.
ⓑ 개루왕 28년 1월 그믐날 일식이 있었다.
ⓒ 초고왕 24년 4월 1일 일식이 있었다.
ⓓ 초고왕 34년 7월 지진이 일어났다.
(3) 온조왕 43년 9월 붉은 기러기(鴻鴈)가 왕궁에 모여들었다.

이와 같은 현상에서 (1)ⓐ는 왕모王母의 사망, ⓑ는 좌보흘우左輔屹于의 사망과 연결되었고, (2)는 전쟁의 예고로서, (3)은 원방인遠方人의 투항을 의미하는 것이었다. 그리고 천재지변은 거의가 농사와 직접 관계있는 가뭄(旱)과 지진이 대종을 이루고 우박(雹)·서리(霜)·풍해가 그 다음을 이룬다. 다시 말하면 천재지변 중에서 절반이 농업과 관계가 있는 재앙이

어서 왕의 사민徙民·권농·순무·척지拓地·구휼이 뒤따라야 하는 왕도王道 사상에 입각한 통치자의 책임과 자연과 인간과의 관계를 강조하고 있다. 그 외 일식과 성변 및 용에 대한 기록은 예외없이 흉작이나 전쟁 및 정치적 사건과 연결되고 있어 새로운 정리가 요망된다.[189)]

다음으로 정치기사는 온조·비류沸流의 남하와 백제의 건국과정을 장황하게 설명한 후, 이어서 건국이후 연차적으로 그의 업적내용을 소개하였다. 따라서 그것은 천재신이에 대응하는 것으로 왕의 현실적인 임무와 직능 또는 권한을 표시한 것으로 제1절에서 5가지로 설명한 바 있다. 그 중에서 가장 비중이 큰 것은 (A)로 분류한 축성·설책·수영궁궐修營宮闕 등 방어시설을 중심으로 한 대규모의 인력동원이다.

① 온조왕 41년 2월 한수漢水 동북쪽의 모든 고을 사람으로 15세 이상을 징발하여 위례성慰禮城을 수축하였다.
② 다루왕 39년 신라의 와산성蛙山城을 공취하고 200명을 머물러 두어 이를 지켰다.

등에 나타난 다수인의 동원과 이용은 빈번한 전쟁수행과 함께 가장 핵심이 되는 동양적 전제주의의 특징[190)]이며 왕의 직능이다. 따라서 정복국가에 있어서 축성·설책은 불가피한 외족방어만이 아니라, 영토확장과 농경지확대 및 사민 등 정치적 결실을 위해서도 필요한 것이었다. 다시 말하면 백제는 대외전쟁에 있어서도 고구려와 같이 대외침공이 위주가 아니라 (A)를 위주로 하는 방어형의 전쟁을 하는 나라다. 동시에 영토보존과 경작을 위한 국토확장과 확보가 필요했기 때문에 나·려보다 더 많은 노력과 시련이 수반되고 있었다. 따라서 이러한 불리한 여건은 초기 백제사회발전에 큰 자극제가 되어 비교적 조기성장을 가능케 한 것이다.

189) 본서, 제3장 제2절 참조.
190) Karl A. Wittfogel, op. cit., pp.30~41.

여기서 우리는 제·려와 신라간의 정치·문화·혈통상의 차이를 발견할 수 있으며, 동시에 제·려간의 문화유형을 달리하게 된 소이를 찾을 수 있다.

두 번째로 큰 비중을 차지한 것은 순무·순수·엽獵(畋) 및 행幸 등 (B)의 기사이다. 여기에는 크게 순수巡狩(獵·畋)와 순무巡撫(巡幸·巡守)로 나뉘는 바, 백제·고구려는 전자가 중심이나, 신라는 후자가 중심이 된다. 이러한 순수巡狩는 관직체제나 지방제도가 발달하지 않았던 고대일수록 그 중요성은 매우 컸던 것이며, 빈번한 왕의 순행巡幸은 하나의 필수적인 정치형태였음을 보게 된다.

온조왕 5년 10월 왕은 북변을 순무巡撫하고 사냥을 하여 신록神鹿을 잡았다.

에서 보듯이 순무巡撫와 수렵狩獵을 함께 한 기록을 제하고는, 반드시 엽獵(전畋)과 순무巡撫를 구별하고 있다. 제1권에 나타난 12회의 기록 중 6회의 엽과 5회의 순무巡撫가 있으나, 제2권 이하는 전렵畋獵이 중심이 된다. 전렵은 대개 군사훈련 또는 전쟁 준비를 위한 것과 순수한 사냥의 뜻으로 분류됨에 비해서, 순무巡撫는 권농·구휼·위문 및 영토확인의 의미를 띠고 있었다.

셋째로 많은 내용은 (D)인 제사에 관한 것이다. 군주가 정치적 권위보다 종교적 권위를 가지며, 대사교大司敎로서 주술적인 기우사祈雨師이기 때문에 천도天道와 인도人道의 조절자[191] 역할을 하였던 것이다. 따라서 왕은 정치적 안정, 결실과 풍요, 재난의 방지와 예방, 그리고 기원의 대변자가 되는 것이므로 알시조묘謁始祖廟·제천지祭天地·기우祈雨 등을 필수적으로 이행하는 사제자司祭者인 것이다. 대개 즉위 직후 알시조묘謁始祖廟·사천지祀天地 등으로 보여졌으나, 고이왕 14년(247) 이후에는 관직임명 전단계의 의미로 바뀌고 있어 사회변화의 한 면을 볼 수가 있다.

---

191) Max Webber, op. cit., p.130.

넷째로 (C)인 임명기사이다. 이것은 주로 태자책봉이나 좌·우보 등의 임명기사로서 통치자(왕)의 원초적인 직능이다. 무엇보다도 정치·사회의 발달과정에 따라 각 분야의 전문직이 대두되었고, 이에 권한의 일부 이양이 불가피해지면서 관리의 임명이 수반되어 갔다. 이때 먼저 분리된 관직은 군사직이었고,[192] 그러한 관리의 임명 속에서 부족적 타협과 부여씨와 비류계 해씨解氏의 연맹관계[193]를 볼 수 있다.

끝으로 일반정치기사 (E)가 큰 비중을 갖는다. 이것은 비중상으로는 크지만 (A)(B)(C)(D) 이외의 것을 종합한 것이므로 그 내용은 복잡하기 마련이다. 시대가 지날수록 더욱 복잡·다양해지는 일반정치기사에는 외족방비책, 사민과 권농, 행정구역의 설치와 변경, 반란진압, 기타 민간에서 있었던 일 등이 포함되고 있다. 따라서 기사내용의 수치는 가장 높게 되었으며, 다양화된 기사 속에서 왕권의 강화과정을 살피게 된다.

그러나 무엇보다도 주목할 것은 식량생산단계에 들어선 초기 백제사회의 사회·경제적 변화이다. 다시 말하면 잡다한 (E)기록 속에는 농경과 인구증가 및 구휼에 대한 시책이 많이 나타난다는 점이다.

(1) ⓐ 온조왕 13년 (중략) 내가 어제 한수漢水의 남쪽으로 나가서 돌아보니 땅이 기름지므로 마땅히 그곳으로 도읍을 옮겨 영원히 안전한 계책을 도모하는 것이 옳겠다 하고, 7월에 한산 밑으로 나가서 성책을 세워 위례성의 민호民戶를 옮겼다.
ⓑ 온조왕 14년 2월 왕은 고을을 순행하여 농사에 힘쓸 것을 권유했다.
ⓒ 온조왕 38년 3월 왕은 사자를 보내어 농업과 양잠을 권하고 급하지 않은 일로 백성들을 소란하게 하는 것은 모두 그만두게 하였다.
ⓓ 다루왕 6년 2월 국남國南의 주군에 처음으로 벼농사를 짓게 하였다.
ⓔ 기루왕 40년 7월 왕은 유사에게 명하여 수해를 입은 전지田地를 보수하게 하였다.

(2) ⓐ 온조왕 14년 7월 한강 서북쪽에 성을 쌓고 한성漢城 백성을 나누어 살게

192) 신형식, 「신라병부령고」, 62쪽.
193) 노중국, 앞의 논문, 35쪽.

하였다.

ⓑ 온조왕 33년 봄·여름에 큰 한재가 들어 백성이 굶주려 서로 잡아먹을 지경에 이르고, 도적들이 크게 일어나므로 왕은 이를 위문하였다. 8월에 동·서 2부部를 더 설치하였다.

ⓒ 온조왕 36년 7월 탕정성湯井城을 축조하고, 대두성大豆城의 민호民戶를 나누어 이에 살게 하였다.

ⓓ 온조왕 43년 10월 남옥저의 구파해仇頗解 등 20여가餘家가 부양斧壤에 이르러 글을 올리므로 왕은 이를 받아들여 한산漢山의 서쪽에 살게 하였다.

ⓔ 다루왕 11년 10월 왕은 동·서양부兩部를 순무하며 빈한하고 스스로 살 수 없는 사람에게 곡식 2석씩을 주었다.

ⓕ 초고왕 45년 2월 적현성赤峴城과 사도성沙道城의 두 성을 축조하고 동부東部의 민호를 옮겼다.

라는 두 가지의 사료 중에서 (1)은 농업에 대한 국가적 장려의 예이며, 이러한 권농정책의 강화는 농업생산력의 증대를 위한 불가피한 조치일 것이다. 따라서 (2)에서 볼 수 있는 민호와 전투력증가를 위한 농경지확대, 사민, 납민納民 등이 수반되었다. 그러므로 축성·설책은 군사적 방어시설로만이 아니라 농경지보호나 인구증가책(분산)의 일면도 있었음을 간과해서는 안 될 것이다.

정치기사 다음은 전쟁기록이다. 고대사회의 지도자는 종교적 직능 외에 군사적 임무가 필수적인 것이어서, 국가발생과 군대의 존재를 연결시키는 여러 가지 학설을 대할 수 있다.194) 이때 백제와 충돌한 나라는 신라·말갈 등 4개국이 있었다. 제1권의 전쟁기록은 3세기 초엽까지 백제가 성장하는 과정으로서 영토확장에 따르는 북(말갈)·남(마한)·동(신라)의 진출상황이라 하겠다. 특히 신라와의 16회에 걸친 싸움은 주로 낭자곡성娘子谷城(淸州)·와산성蛙山城(報恩) 등지에서 발생195)하는바, 여기는 이 지

194) 김정배, 1968, 「한국고대국가기원론」『백산학보』 14, 71쪽.

195) 천관우씨는 1~3세기간의 제·라의 전쟁기사를 남하하던 辰國系의 對百濟戰으로 풀이하고 있다(『삼한의 국가형성』 상, 4쪽).

역의 철鐵 생산과 연결시킬 수 있으며, 동·서간의 교통요지로서의 쟁처爭處가 되었으리라 여긴다. 따라서 이 지역은 신라의 지방제도발생이나 그 후 나·제간의 격전지가 되었다는 사실은 제1절에서 밝힌바 있다.

한편 말갈靺鞨과의 15회에 걸친 싸움은 초기백제에 있어서 가장 큰 문제였다. 이러한 사실은 마수성馬首城·병산책甁山柵·독산책禿山柵·구천책狗川柵·우두산성牛頭山城·고목성高木城·술천성述川城·부현성斧峴城 등 초기의 방어시설이 거의가 말갈·낙랑침략의 저지수단이었음이 뚜렷하다. 더구나 온조왕 8년 7월에 세운 마수성·병산책에 대한 낙랑태수의 항의를[196] 제하더라도, 백제는 대북방민족에 대한 끊임없는 군사적 도발에 대응하면서 동시에 북방유민의 흡수와 문화수용에 적극적이었음을 주목하게 된다.

1세기초 낙랑군의 정치적 변화에 따른 사회적 혼란으로 유민의 남하가 잦아짐에 따라 양국은 유민流民을 둘러싸고 심한 대립상을 보인 듯하다. 이러한 사실은 낙랑의 왕조난王調亂(A.D.30) 직후인 다루왕 7년(A.D.34)의 다음과 같은

> 9월에 말갈이 마수성을 함락시키고 백성들의 집에 불을 놓아 태워 버렸다. 10월에 말갈은 병산책을 습격하였다.

를 볼 때 잘 나타나 있다. 이렇게 백제는 북방의 말갈·낙랑과의 싸움을 하면서 내면적으로는 영토확장, 인구증대 및 문화흡수를 꾀하였음을 알 수 있다.

또한 잦은 전쟁기록에서 볼 때에 왕의 군사지휘권은 대개 다음 세 가지 형태로 볼 수 있다.

> (1) ⓐ 온조왕 10년 10월 왕이 친히 정병精兵 100명을 거느리고 봉현烽峴으로

196)『삼국사기』권23, 백제본기1, 온조왕 8년조.

나와 이를 구원하자 적賊들은 이를 보고 곧 도망하였다.
ⓑ 온조왕 18년 10월 말갈이 군사를 일으켜 변경을 엄습하므로 왕은 군사를 거느리고 나가 칠중하七重河에서 이를 맞아 싸워 추장소모酋長素牟을 사로잡았다.
ⓒ 초고왕 2년 신라 아달라왕阿達羅王도 또한 친히 정병精兵 8천명을 거느리고 뒤따라 들어와 한수漢水에 이르렀다.

(2) ⓐ 다루왕 47년 8월 군사를 파견하여 신라를 침공하였다.
ⓑ 기루왕 49년 왕은 다섯 장군을 파견하여 이를 구원하였다.
ⓒ 초고왕 39년 7월 신라 내해왕은 노하여 이벌찬 이음利音을 장수로 삼아 6부六部의 정병을 거느리고 우리의 사현성沙峴城을 침공하였다.

(3) ⓐ 구수왕 8년 8월 왕은 한수의 서쪽에서 군사를 검열하였다.
ⓑ 고이왕 7년 7월 왕은 석천石川에서 군사를 검열하였다.
ⓒ 근초고왕 24년 11월 왕은 한수의 남쪽에서 군사를 사열하였다.

즉, (1)은 왕이 직접 진두하여 전쟁에 참여하는 것이며, (2)는 장군(부하)을 파견하여 수행하는 것이다. (3)은 왕의 군사통치권 확립의 표징으로 수시로 열병을 실시하는 것으로 비류왕 이후에는 궁중에 사격장을 마련하여 '1일과 15일에 활쏘기 연습'(朔望習射 ; 비류왕 17년 8월)을 한 예를 볼 수 있었다.

또한 백제초기의 전쟁기록에서 특이한 것은 기마족의 특징이라 할 기동력 있는 기병의 존재이다. 북방의 유이민流移民이 초기 백제의 주도세력이어서 이들도 어느 정도 기병술을 체득하였을 것이며, 또한 초기 전투에서 주력은 기병이어서 이와 같은 우세한 기마전략은 부여계 왕의 선사술善射術과 맥을 같이하는 것이다.[197] 이러한 우세한 백제의 기마전법은

왕은 군사를 내보내고 사냥을 한다고 겉으로는 말하면서, 속으로 몰래 마한馬韓을 습격하여 드디어 그 나라의 국읍國邑을 병합하였다. (온조왕 26년 10월)

---

197) 濟·麗王의 일반적인 특징은 善射術이었다. 대개의 왕이 수렵시에 직접 사냥을 하여 "連中雙鹿衆人歎美之"(다루왕 4년 9월)하였으며, 비류왕 17년에는 宮西에 射臺를 만들고 매월 2회의 '활쏘기 연습'을 하였다는 기록이 있다.

이라는 표현에서도 알 수 있을 것이다. 따라서 백제는 대북방민족과의 항쟁에서 익힌 기마전법에 의해서 남방의 농경·토착민에 대한 정복사업이 비교적 쉬울 수 있었다.

전쟁기사 다음은 외교기록이다. 당시는 국가간의 공식적인 외교관계가 성립된 것은 아니지만, 전쟁 이외에 국가간의 교섭과 접촉은 불가피했다고 생각된다. 더구나 문물교류의 필요성이 고조되면서 외교의 필요성이 높아졌을 것이며, 결국 강경(전쟁)·온건(외교) 정책이 병존케 되었다.

이상에서 제1권의 내용을 분석해 보았다. 결국 이것은 백제건국초의 발전과정을 서술한 것으로, 기록상으로 볼 때는 3국 중에서 백제가 가장 선진사회를 이룩하였다는 결론이 나온다. 이와 같은 백제의 조기발전은 한강유역의 경제력은 물론이지만, 우세한 기마민족의 전력과 철기문화를 소유한 온조계와 비류계沸流系[198] 연합세력의 저력에 힘입었을 것임은 물론이다. 더구나 내륙으로 또는 해양을 통한 부단한 중국문화의 수용도 간파될 수는 없었을 것이다. 그러나 근본적인 것은 북방세력(고구려·말갈)의 침략에 대응하여 지배층인 유이민집단이 정치적 통합을 할 수 있었다는 것과 한강유역의 경제력을 흡수·이용할 수 있었다는 점이다.

2. 제2~3권의 분석

제2권(구수왕~침류왕)은 10대 171년간(214~385)의 기록이다. 왕통은 온조직계(비류계比流系)와 방계(고이계古爾系)의 두 계통이지만, 구수왕仇首王으로부터 다시 양분되었기 때문에 제2권의 서두를 그에게 둔 것이 아닐까 한다. 나아가서 비류계가 근구수왕近仇首王에 와서 양분되어(차남계次男系의 진사왕辰斯王은 한 왕뿐이지만) 침류왕枕流王은 결국 부자상속을 이룩하지 못

198) 노중국, 앞의 논문, 20쪽.

하였기 때문에 그에게서 제1권을 매듭지었는지 모른다. 더구나 제2권의 내용은 고이왕계古爾王系와 초고肖古·비류계比流系의 대조적인 기록으로 되어 있어 주목된다. 전자에는 고이왕 이후 책계責稽·분서汾西·계왕契王 등 4왕이 있으며, 후자에는 비류比流·근초고近肖古·근구수近仇首·침류왕枕流王 등이 있다. 그러나 고이왕계는 대중항쟁에 희생된 단명의 왕으로 그 기록이 지나치게 간단하지만 비류왕계는 비교적 기록이 많아 서로 대조를 이룬다. 제2권의 내용을 정리하면 <표 50>과 같다.

〈표 50〉 제2권의 내용분석(%)

<table>
<tr><th rowspan="2">계</th><th rowspan="2">왕명</th><th colspan="4">기 사 내 용</th><th rowspan="2" colspan="2">내용의 분류</th></tr>
<tr><th>정치</th><th>천재</th><th>전쟁</th><th>외교</th></tr>
<tr><td rowspan="14">肖古·比流系</td><td rowspan="3">구수왕
仇首王</td><td rowspan="3">6
(27.3)</td><td rowspan="3">10
(45.4)</td><td rowspan="3">6
(27.3)</td><td rowspan="3"></td><td>정치</td><td>A(1) B(1) D(1) E(3)</td></tr>
<tr><td>천재</td><td>일식(2) 雹(2)[火·雨·五星·旱·疫·怪變](1)</td></tr>
<tr><td>전쟁</td><td>말갈(3) 신라(3)</td></tr>
<tr><td rowspan="3">비류왕
比流王</td><td rowspan="3">10
(41.7)</td><td rowspan="3">13
(54.2)</td><td rowspan="3"></td><td rowspan="3">1
(4.2)</td><td>정치</td><td>A(1) B(1) C(3) D(2) E(3)</td></tr>
<tr><td>천재</td><td>일식(2) 旱(2) 운석(2) 雷(2) [龍·五星·蝗·怪變·혜성](1)</td></tr>
<tr><td>외교</td><td>신라(1)</td></tr>
<tr><td rowspan="4">근초고왕
近肖古王</td><td rowspan="4">5
(33.3)</td><td rowspan="4">2
(13.3)</td><td rowspan="4">4
(26.7)</td><td rowspan="4">4
(26.7)</td><td>정치</td><td>A(1) C(1) D(1) E(2)</td></tr>
<tr><td>천재</td><td>일식(1) 지진(1)</td></tr>
<tr><td>전쟁</td><td>고구려(4)</td></tr>
<tr><td>외교</td><td>신라(2) 東晋(2)</td></tr>
<tr><td rowspan="4">근구수왕
近仇首王</td><td rowspan="4">2
(16.7)</td><td rowspan="4">6
(50)</td><td rowspan="4">3
(25)</td><td rowspan="4">1
(8.3)</td><td>정치</td><td>C(1) E(1)</td></tr>
<tr><td>천재</td><td>지진(1) 旱(1) 疫(1) 雨土(1) 日暈(1) 怪變(1)</td></tr>
<tr><td>전쟁</td><td>고구려(3)</td></tr>
<tr><td>외교</td><td>東晋(1)</td></tr>
</table>

계	왕명	기 사 내 용				내용의 분류	
		정치	천재	전쟁	외교		
	소계	29.8	40.7	19.8	9.8		
古爾系	고이왕 古爾王	18 (48.6)	8 (21.6)	8 (21.6)	3 (8.1)	정치	B(2) C(5) D(3) E(8)
						천재	旱(4) 五星(1) 龍(1) 혜성(1) 怪變(1)
						전쟁	신라(2) 말갈(1)
						외교	신라(2) 말갈(1)
계		39.2	31.2	20.7	8.9	정치	A(3) B(4) C(10) D(7) E(17)
						천재	旱(8) 일식(5) 괴변(4) 五星(3) 지진(2) 龍(2) 혜성(2) 운석(2) 疫(2) 雷(2)雹(2) 日暈(1) 雨土(1) 火(1) 雨(1) 蝗(1)
						전쟁	신라(10) 고구려(7) 말갈(3) 낙랑(1)
						외교	신라(5) 東晋(3) 말갈(1)

*註: 제2권 10대왕의 기록이나 사반왕沙伴王은 전혀 기록이 없으며, 책계왕責稽王은 5항목(정치③, 군사②), 분서왕汾西王은 4항목(정치②, 군사①, 천재①), 침류왕枕流王은 3항목(정치①, 외교②)뿐이어서, 통계수 처리에서는 제외시켰다. 이러한 간략한 서술에서도 초고·비류계인 침류왕의 기록과 달리 고이계인 책계·분서왕은 정치·군사면을 강조하고 있으며, 두 왕은 중국과의 항쟁에서 피살되었다.

우선 제2권은 외형적으로부터 제1권과는 차이를 나타내고 있다. 첫째, 가장 큰 비중은 정치기사이다. 그러나 온조계를 이은 초고·비류계는 4할의 천재지변기록을 갖고 있어 제1권의 내용과 비슷한 모습을 하지만, 고이계는 분명히 정치위주의 기록을 하고 있었다. 또한 백제사에 커다란 역할을 한 근초고왕은 비류계 안에서도 큰 변화를 보여주어 정치·군사·외교가 거의 같은 비율을 차지하고 있었고, 천재지변은 크게 감소현상을 보여주고 있다.

더구나, 정치기사의 내용도 제1권의 (A)에서 (E)와 (C)로 바뀌고 있음은 백제왕권의 강화과정을 그대로 반영하고 있다고 할 것이다. 이러한 사실은 (B)의 격멸에도 뚜렷이 보인다. 특히 (E)의 확대는 새로운 제도와 율령의 반포 및 열병閱兵의 강화 등 일련의 정치적 변화만이 아니라,

> ① 구수왕 9년 2월 왕은 유사에게 명하여 제방을 수리하게 하였다. 3월에 영을 내려 농사를 권하였다.
> ② 고이왕 9년 2월 왕은 나라 사람들에게 명령하여 남택南澤을 개척하여 논을 만들고 벼를 심게 하였다.

와 같은 농업정책의 혁신 등에 주목해야 할 것이다. 그리고 (C)의 경우도 빈번한 좌평佐平의 임명기록으로 볼 때, 3세기 이후 백제왕권의 실질적인 행사로 이해할 수 있을 것이다.

고이왕은 5차에 걸친 좌평임명기사, 2차의 열병, 제도(6좌평)·관복·율령의 반포 및 남당南堂기사 등으로 정치적 의미는 충분하지만, 이 시기를 건국의 시작으로 보는 종래의 견해[199]는 이미 비판된 지 오래이다.[200] 따라서 국가체제의 재정비라는 시각에서 볼 때 우리는 온조왕대와의 비교·검토가 요청된다. 특히 빈번한 제천지祭天地 기록의 유사성이나 시작도전始作稻田(多婁王)과 개도어남택開稻於南澤(古尒王)의 도작稻作기사는 두 왕의 관계를 재조명할 수 있는 기회가 될 것이다.

---

199) 이병도, 1936, 「삼한문제의 신고찰」 『진단학보』 6 및 1959, 『한국사 고대편』, 398쪽.
200) 김정배, 앞의 논문, 75쪽.

〈표 51〉 온조왕과 고이왕의 비교(%)

왕	재 위	기록년	정 치	천 재	전 쟁	외 교	내 용
온조왕	46년	32년	50.7	26.1	17.4	5.8	A(14) B(8) C(3) D(4) E(7)
고이왕	53년	23년	48.6	21.6	21.6	8.1	B(2) C(5) D(3) E(8)

<표 51>에서 볼 때 기록상으로는 온조왕대에 실질적인 건국이 가능했다는 점이며, 정치적 변화는 (A) (B)에서 (C) (E)로의 전환이라는 사실뿐이다. 무엇보다도 양자의 기록에서 정치기사가 천재지변의 배가 된다는 것이며, 전쟁기사가 자연변이와 비슷하다는 결론이 나오고 있어 본기 내용상으로 볼 때는 고이왕의 정치적 위치가 큰 의미를 갖지 못하고 있었다. 신라의 경우에도 내물왕 전후에는 사회적 변화를 찾지 못하였고, 지증왕을 전후로 하여 그것을 찾을 수 있었던 점을 주목할 필요가 있다.

〈표 52〉 고이왕 전후의 기록비교(%)

왕	재위년	정치	천재	전쟁	외교
구수왕	214～234	27.3	45.4	27.3	
고이왕	234～286	48.6	21.6	21.6	8.1
비류왕	304～344	41.7	54.2		4.2
근초고왕	346～375	33.3	13.3	26.7	26.7
근구수왕	375～384	16.7	50	25	8.3

<표 52>에 의하면 고이왕의 기록은 전왕보다 큰 변화를 나타내 주었다. 그러나 그를 이은 비류왕 이후의 변화는 신려의 자비·소지·지증왕 이후의 기록과는 큰 차이가 있어, 고이왕을 분수령으로 하여 백제를 시대구분하는 데는 큰 난점이 있다.

이러한 (A)(B)(C)(D)의 변화와는 달리 (E)의 기사는 비슷하게 계속되었다. 이것은 왕의 사제司祭로서의 직능이 그대로 연장되었다는 사실이거니와, 그에 대한 성격은 약간의 차이가 있었다. 제1권에서는 왕의 취임 직후에 온조·다루왕의 기사에만 보인 후, 250년간의 공백을 보이고 있다. 제2권에서는 즉위 직후의 경우는 책계·근초고·분서왕뿐이며 대개의 경우는 동명묘東明廟와 천지天地에 대한 제사가 불규칙하게 보이지만 백제본기에 나타난 11회의 기사 중 5회의 기사가 2권의 내용이었다. 그러나 이때부터는 다음에서 보듯이

① 고이왕 14년 정월 왕은 남단南壇에서 천지에 제사를 지냈다. 2월에 진충眞忠을 우보右輔로 삼았다.
② 비류왕 9년 4월 왕은 동명묘에 배알하였다. 해구解仇를 병관좌평兵官佐平으로 삼았다.
③ 근초고왕 2년 정월 왕은 천지신명에게 제사를 지냈다. 진정眞淨을 조정좌평朝廷佐平으로 삼았다.

와 같이 알시조묘謁始祖廟와 제천祭天이 임명사실과 연결되고 있음이 주목된다. 이것은 왕의 정치적 행위(임명)에 대한 하늘(또는 시조)의 동의를 구하려는 뜻이며, 이때 임명된 관직자가 군사와 형옥刑獄에 관계되고 있음은 부여夫餘의 제천과의 연관[201]으로 생각할 수도 있다. 그러나 고이왕을 전후한 사회적 변화를 고려하면, 그것은 '부여계열夫餘系列의 의미' 속에서의 일부 극복을 꾀하려는 움직임이 아닐까 한다. 특히 왕(제후)은 천자가 아니기 때문에 제천할 수 없다는 제사지祭祀志의 설명으로 볼 때, 제천을 보여준 『삼국사기』 내용(백제본기)에 주목할 필요가 있다.

제2권의 두 번째 변화는 천재지변이 감소된 점이며 무엇보다도 괴변은 거의 소멸되고 없다. 그러나 세기별로 본 천재의 빈도수는 비슷한 모

201) 차용걸, 1978, 「백제의 祭天祀地와 정치체제의 변화」 『한국학보』 11, 73쪽.

습이다. 여기서도 볼 수 있는 것은 일식·태백太白 및 혜성이 갖는 전쟁 또는 사망과의 관계이다. 즉 구수왕 9년 11월의 일식과 고이왕 36년의 혜성(성패星孛)은 각각 신라와의 싸움을 예견해 주었으며, 비류왕 33년 혜성은 왕의 사망과 관련이 있었다. 나아가서 비류왕 24년 7월의 "구름이 붉은 까마귀떼와 같이 해를 덮었다"(有雲如赤烏夾日)라는 징후는 '구름이 해를 덮는 것처럼' 내신좌평內臣佐平 우복優福의 반란을 예고한 것이며, 근구수왕 10년의 '해무리가 세겹 되다'(日有暈三重)와 "궁중의 큰 나무가 스스로 꺾어지다"(宮中大樹自拔)는 왕의 사망이나 목불곡직木不曲直의 오행적 설명이 가능할 듯하다. 특히 고이왕 26년 9월의 '청자운기궁동靑紫雲起宮東'이라는 사실은 뚜렷한 오행사상의 영향을 받은 것으로 볼 수 있어 『주서周書』의 구태왕仇台王을 고이왕이라 할 때 '5방方'의 표시도 그와 연결시킬 수 있다. 따라서 오행설이 백제에서는 3세기 이후에 어느 정도 이해되기 시작했다는 추정이 가능하다.

다음으로 전쟁기사는 제1권과 비중이 거의 같지만 전쟁 상대국이 말갈·신라·낙랑 등에서 신라·고구려·말갈·낙랑의 순으로 바뀌고 있음을 주목할 수 있다. 여기서 볼 때 백제는 고구려를 제하고도 말갈·대방·한(낙랑) 등 중국세력과의 충돌을 통해 고대국가를 성장시킴에 따라 많은 시련을 받고 있었음이 확인될 수 있었다. 그러나 가장 주목할 것은 전쟁기록에서 '기병騎兵'이라는 어휘를 찾지 못하는 것이다. 이것은 고이계古爾系의 성격규명에 새로운 문제점으로 등장된다고 하겠다. 따라서 이러한 전술상의 변화는 고이왕을 전후한 백제사회의 변천과정을 짐작케 하는 것으로 풀이될 것이다. 즉, 기마전에 능한 고구려에 대항하기 위해서는 그와는 다른 전술이 요구되었으니 우선 비류왕 17년의 '축사대어궁서築射臺於宮西 매이삭망습사每以朔望習射'와 복병전술 같은 것이 그것이다. 이러한 전략의 시험이 곧 근초고왕의 고구려정벌로 나타났다고 생각된다.

나아가서 제2권에 수록된 3~4세기의 백제는 앞서의 시대와는 달리 외교기사가 현저히 증가되고 있었으며, 동진東晋과 같은 중국과의 교섭이 촉진됨으로써 고구려에 대항하는 새로운 국제적 안목이 생기게 되었다. 이러한 외교적 진출은 제3·4권으로 이어지면서 그 의미를 증대시켰고, 외교의 정치적 비중이 높아지게 되었다. 이로 미루어 보아 제1권이 백제의 고대국가성립기의 모습이었다면, 제2권의 내용은 왕권의 강화를 통한 백제의 정치·사회·경제적 발전상을 나타낸 것이라 하겠다.

제3권(辰斯王~蓋鹵王)은 6대 90년간(385~475)의 기록이다. 이때는 진사왕을 제외하고는 실제로 부자상속의 확립기로서 순조롭게 왕위계승이 이룩된 시기의 기록이다. 제3권의 서두를 정치적으로 큰 의미가 없었던 진사왕으로 한 이유는 불명하다. 다만 그 자신은 장남상속도 아니었고 또 직계에게 왕위를 물려 준 바도 없으나 4세기 후반에 유일하게 왕통상의 변화를 보여준 장본인이기 때문인지도 모른다. 다시 말하면 진사왕의 변칙적 등장은 그 후의 왕들에게 세습의 정통성을 수호하게 해준 결과가 되었을 것이다. 따라서 제3권의 끝을 개로왕으로 한 것은 우선 한성漢城시대 말왕末王이라는 점을 고려하면 합리적 의미를 갖는다 할 것이다.

제3권의 90년간은 4세기 말엽 이후 백제사회에 대한 기록이다. 이때는 전성기인 고구려의 압력이 가중되고 있어 백제는 신라와 왜와의 접근이 모색되고 있음이 두드러진다. 그리고 제1·2권과는 달리 왕통상으로 침류왕계(아신阿莘~개로왕)의 단일혈통이 계속되어 사회적 이질감은 없던 시기의 내용이다. 제3권의 내용을 정리하면 <표 53>과 같다.

〈표 53〉 제3권의 내용분석(%)

왕명	기 사 내 용				내용의 분류	
	정치	천재	전쟁	외교		
진사왕 辰斯王	8 (44.4)	3 (16.7)	7 (38.9)		정치	A(2) B(4) C(2)
					천재	혜성(1) 일식(1) 霜(1)
					전쟁	고구려(5) 말갈(2)
아신왕 阿莘王	12 (40.7)	6 (22.2)	7 (25.9)	3 (11.1)	정치	A(1) C(4) D(3) E(4)
					천재	혜성(2) 일식(1) 五星(1) 旱(1) 怪(1)
					전쟁	고구려(6) 신라(1)
					외교	일본(3)
전지왕 腆支王	7 (43.8)	5 (31.3)		4 (25)	정치	A(1) C(3) D(2) E(1)
					천재	일식(2) 혜성(2) 旱(1)
					외교	동진(2) 일본(2)
비유왕 毗有王	3 (14.3)	10 (47.6)		8 (38.1)	정치	B(2) C(1)
					천재	한(2)[지진·일식·龍·火·운석·혜성·蝗·無氷](1)
					외교	신라(4) 송(3) 일본(1)
평균	35.8	29.4	16.2	18.6	정치	A(4) B(6) C(10) D(5) E(5)
					천재	혜성(6) 일식(5) 旱(4)[지진·龍·운석·怪·火·蝗·無氷·五星·霜](1)
					전쟁	고구려(11) 말갈(2) 신라(1)
					외교	일본(6) 신라(4) 송(3) 동진(2)

*註: 제3권은 6대왕의 기록인 바, 개로왕은 재위 21년간에 4년간의 기록만이 있다. 그러나 그 기록이 일식(천재지변)·고구려와 싸움(전쟁)·축성(정치)·조공(외교) 등 4항목을 한 가지씩 배열하여 본기 내용이 전체적으로 균형을 이루고 있다. 그리고 久爾辛王은 1년 기록뿐이어서 통계적 처리에서는 제외시켰다.

<표 53>에 의하면 제3권은 4~5세기 백제의 정치적 성숙을 나타낸 것으로서 정치기사가 우위를 차지하고 다음에 천재지변으로 이어진 후,

전쟁·외교 등의 기사가 거의 같은 비중으로 보이고 있다. 이러한 본기 기며, 외교기사가 크게 증가되고 있어 사회발전상의 모습과 일치하고 있다.

제3권 역시 정치기사가 가장 큰 비중을 갖는다. 그 중에서 (B)와 (C)가 중심이지만 전체적으로 균형을 유지하고 있다. 특히 임명기사는 전지왕腆支王 4년 상좌평上佐平의 임명기사를 고비로 크게 둔화되고[202] 있으며, (B)가 진사왕 때 집중되고 있었다. 이것은 남침하는 고구려에 대응하려는 군사적 의미도 있으나 그가 전왕(침류왕)의 동생으로 즉위함으로써 아신왕(장남)과의 불화나 위협을 막으려는 정치적 의미도 있었을 것이다. 즉 진씨왕비시대眞氏王妃時代인[203] 당시에 있어서 진사왕은 오히려 진씨眞氏와 대립적인 미추홀彌鄒忽의 해씨解氏와의 연결[204]을 꾀하다가 구원행궁狗原行宮에서 피살되었음을 주목할 수 있기 때문이다.

제3권의 정치기사에서 또 다른 의미를 지닌 것은 다음과 같은 남해안의 관방시설이다.

> 진사왕 2년 봄 전국의 15세 이상된 자를 징발하여 관방關防을 설치하였다. 이것은 청목령青木嶺(開城)으로부터 북쪽의 팔곤성八坤城에 연하였고, 서쪽으로 바다에 이르렀다.

라는 서해안에 대한 방어책은 단순한 고구려의 남침에 대한 수도首都와 한강유역의 방비책만이 아니라, 통왕성지로通王城之路의 확보를 위한 전략적 의미가 포함되었을 것이다. 다시 말하면, 한강유역의 경제적·군사적 중요성을 둘러싼 제·려의 욕구가 이 지역에 대한 인식을 굳게하였다

---

202) 腆支王 4년 餘信의 上佐平임명 이후, 毗有王 3년의 解須·개로왕 때의 文周를 끝으로 상좌평의 기사는 보이지 않는다. 이것은 상좌평에게 지나친 권한집중에서 오는 6좌평의 반발로 생각할 수도 있다. 따라서 문주왕 이후는 전지왕이전의 '6좌평시대'로 환원된 듯한 인상이 짙다. 이것은 백제후반기의 8대귀족간에 이루어진 정치적 타협일 수도 있다.

203) 이기백, 1959, 「백제왕위계승고」 『역사학보』 11, 35쪽.

204) 노중국, 앞의 논문, 24쪽.

고 하겠다. 나아가서 서해안을 통한 대중對中통로의 확보, 백제인의 요서遼西진출[205]의 후원, 중국으로부터의 문화수용 및 해상권의 확보를 위한 정치적 의도가 포함되었을 것이다. 따라서 진사왕의 빈번한 서해안일대의 출렵과 고구려의 관미성關彌城공격은 상관관계가 있다고 하겠다. 이러한 임진·한강의 접합지인 서해안의 중요성은 결국 벽란도碧瀾渡[206]에 대한 정치·군사적 의미를 보여주는 것이라 하겠다.

끝으로 비중이 가장 적은 것은 천재지변기사이다. 이것은 어느 정도 사회가 안정되었다는 사실과 연결되겠지만, 일식·성변·한재 등 천변은 계속되기 마련이다. 따라서 4세기 이후 빈번한 남조南朝와의 접촉은 천재지변에 대한 체계적 이해가 촉진되었을 것이다. 더욱이 통치자의 합리적인 정권유지의 수단으로도 자연변이에 대한 해석은 필요한 것이다. 때문에 단 1회 뿐인 '백기자왕궁서기白氣自王宮西起'(아신왕 14년)이라는 기록은 보다 구체적으로 오행사상과 관계가 있음을 엿볼 수 있다.

> 好攻戰 輕百姓 飾城郭 侵邊境則 金不從革謂金失其性而爲災也[207]

이라는 5행의 금불종혁金不從革이라는 기본원리에 따르면, 아신왕은 그의 기록에서 7회의 전쟁기록을 갖고 있어 전체기사의 4분의 1이 넘고 있다. 그러한 잦은 고구려와의 싸움은 거의가 패전한 기록이며,

> ① 아신왕 7년 3월 쌍현성雙峴城을 쌓았다.
> ② 아신왕 8년 9월 왕은 고구려를 치고자 하여 크게 군마를 징집하였는데 백성들은 고역에 시달려 신라로 달아나므로 호구戶口가 많이 없어졌다.

등에 보여진 경백성輕百姓(民苦於役 多奔新羅)의 기록은 오행설에 대한 체계

---

205) 김상기, 1967, 「백제의 요서경략에 대하여」『백산학보』3, 135~142쪽.
206) 『고려도경』권27, 碧瀾亭.
207) 『후한서』志13, 五行 1.

적인 설명으로 평가할 수 있다.

또한 4~5세기에 천재기사를 대표하는 혜성과 일식도 실제로 전쟁에 대한 전조이었으며,[208] 전지왕 15년의 혜성-일식과 비유왕 28년의 혜성-용은 각각 왕의 사망과 연결되고 있었다.

3. 제4~6권의 분석

제4권(문주왕文周王~성왕聖王)은 5대 79년간(475~554)의 기록이다. 이 시기는 웅진·사비시대로서 서해안의 관문과 한강유역의 상실에 대한 국가적 손실과 잇달은 귀족간의 항쟁을 경험하면서 신흥귀족(지방세력)과의 관련 속에서 정치재건을 추구하는 때였다. 무엇보다도 웅진천도 이후에 경제적 손실에 대한 복구가 절실하였고, 민심의 수람 및 한강일대의 주민흡수나 편호編戶가 급선무였기 때문에

① 문주왕 2년 2월 왕은 대두산성大豆山城을 수리하고 한북漢北의 민호民戶를 옮겨 살게 하였다.
② 동성왕 5년 봄, 왕은 출렵을 떠나 한성성漢山城에 이르러 군사와 백성을 위로하고 격려하였다.

등으로 나타났던 것이다. 그러나 이 시기에 해씨解氏·연씨燕氏·진씨眞氏 등의 잇단 귀족항쟁은 제4권의 성격을 정치기사 위주로 나가게 했던 것이다. 따라서 축소된 농토의 재정비 및 개발과 고구려에 대응하여 남조와의 접근이 절실해졌다. 그러므로 무령왕 10년의 "제방을 쌓고 놀고먹는 자들을 농사짓게 하라(下令完固堤防驅內外遊食者歸農)."는 호남평야의 적극적인 개

208) 이러한 사실은 진사왕 6년의 혜성(孛)과 아신왕 4년의 혜성(孛)은 각각 고구려정벌과 관계가 있었다. 진사왕 8년과 개로왕 14년의 일식 역시 고구려와의 전쟁과 연결되었음이 분명하다.(본서 제3장 제2절 참조)

발[209]과 양梁과의 활발한 교섭은 무령왕릉 출토품에서 짐작이 갈 것이다.

〈표 54〉 제4권의 내용분석(%)

왕명	기사내용				내용의 분류	
	정치	천재	전쟁	외교		
문주왕 文周王	10 (83.3)	1 (8.3)		1 (8.3)	정치	A(2) B(1) C(3) E(4)
					천재	龍(1)
					외교	송(1)
동성왕 東城王	26 (53.1)	14 (28.6)	4 (8.2)	5 (10.2)	정치	A(6) B(8) C(4) D(1) E(7)
					천재	旱(3) 雪(2) 大水(2) 怪(2)[無氷·風·疾·霜](1)
					전쟁	고구려(2) 말갈(1) 魏(1)
					외교	南齊(3) 신라(2)
무령왕 武寧王	8 (32)	8 (32)	6 (24)	3 (12)	정치	A(3) B(2) E(3)
					천재	怪(2)[無氷·旱·일식·大水·蝗·지진](1)
					전쟁	고구려(3) 말갈(3)
					외교	梁(3)
성왕 聖王	3 (15)	4 (20)	8 (40)	5 (25)	정치	A(2) E(1)
					천재	일식(1) 五星(1) 운석(1) 虹(1)
					전쟁	고구려(6) 신라(2)
					외교	梁(4) 신라(2)
평균	45.9	22.2	18.1	13.9	정치	A(13) B(11) C(7) D(1) E(15)
					천재	旱(4) 水(3) 疫(3) 일식(3) 怪(2) 無氷(2) 雪(2)[五星·龍·지진·風·霜·운석·虹](1)
					전쟁	고구려(11) 말갈(4) 신라(2) 魏(1)
					외교	梁(7) 남제(3) 신라(4)

*주: 문주왕文周王의 아들인 삼근왕三斤王은 기록이 2년뿐이어서 통계자료의 처리에서 제외시켰다.

209) 노중국, 앞의 논문, 94쪽.

<표 54>에 의하면 제4권에서 제일 큰 비중을 갖고 있는 기록은 정치기사이다. 그 중에서 제3권에서는 가장 약세였던 (A)가 급증하였으며 (B)와 (E)도 크게 증가되고 있다. 이러한 사실은 천도에 따른 궁궐의 개축과

① 동성왕 20년 7월 사정성沙井城을 쌓고 한솔비타扞率毗陁로 하여금 이를 진수하게 하였다.
② 동성왕 23년 8월 가림성加林城을 쌓고 위사좌평衛士佐平 백가苩加로 하여금 이를 진수하게 하였다.

와 같은 대고구려방비의 축성과 군대주둔은 실지회복이라는 대명제 속에서 불가피했을 것이다. 또한 (E)의 기사 중에서 빈번한 반란의 진압과 구휼·권농은 당연한 기록으로 생각되지만, 임류각臨流閣의 설치나 연악宴樂의 기사가 나타나고 있음은 괴변의 출현과 관련이 있는 듯하다. 그리고 정치기사에서 주목할 것은 동성왕 때의 8차에 걸친 (B)의 기록이다. 이것은 지세파악을 통한 수도물색210)의 뜻도 있지만, 민심수렴과 군대의 격려(撫問軍民)가 보다 큰 목적이라 할 것이다.

특히 제4권의 내용에서 정치기사의 압도적 우위는 모든 시기를 통해 가장 큰 비중을 보이고 있으며, 천재지변기사의 2배가 넘고 있었다. 이러한 정치위주의 서술은 웅진천도 이후 한성시대와의 '사회적 차이'를 강조하려는 내용으로 보이거니와, 그것은 동성왕의 제천행사를 끝으로 제사적 기사가 소멸된 현실에서도 나타나고 있다. 이것은 백제가 부여계의 문화적 유대감각을 스스로 극복하려는 의도일 수도 있다.

천재지변의 기사는 특별히 변화를 보인 것은 없으나, 문주왕 3년의 '흑룡黑龍'은 해구解仇의 횡포와 왕의 사망과 연결되어 있었다. 그리고 동성왕 17년의 일식은 고구려와의 전쟁을, 무령왕 22년의 지진은 그의 사

210) 노중국, 앞의 논문, 94쪽.

망과 각각 관계가 있었다. 특히 동성왕 23년의 '노구화호老嫗化狐 이호투어남산二虎鬪於南山'은 지나친 전렵畋獵과 연락宴樂에 대한 경고였으며, 백가苩加의 반란을 예고한 것으로 풀이될 수가 있었다. 또한 성왕 12년의 형혹범남두熒惑犯南斗는 사비천도와 관련이 있는 사건인지도 모른다.

제4권의 내용에서 특기할 것은 외교기사의 대양對梁조공기사로서

> 성왕 19년 왕은 사신을 양梁으로 파견하여 조공하고 겸하여, 글을 보내어 모시박사毛詩博士와 열반涅槃 등의 경의經義와 아울러 공장工匠, 화사畵師 등을 청하였더니 양梁은 이 청을 받아주었다.

와 같은 남조문화에 대한 적극적인 수용이다. 이러한 문화·예술에 관한 기록은 사비천도 이후 사회·문화의 전반에 걸친 재정비과정에서 정치중흥에 짝하는 문예진흥의 표시라 하겠다.

이러한 성왕 19년의 문화수용사절은 한편으로 천도에 따른 국가재건의 광범위한 노력의 일환으로 파견된 것이었다. 따라서 새로운 지배체제의 원리와 안정에 기여할 불교교단의 정비와[211] 오행설에 관계된 문헌을 요구하는 입장도 포함되었으리라 본다. 때문에 사비천도 이후의 5부部 5방제方制는 새로운 성왕대의 혁신의 원리로 채택되었을 공산이 크다. 따라서 성왕 27년의 '백홍관일白虹貫日'도 결국은 왕의 천도나 국호國號개정과 같은 정치적 변혁에서 종묘사직을 소홀히 한데 대한 경고인지 모른다. 또한 고구려의 압력에 대응하기 위해서는 남조와의 친선은 물론 신라와의 관계도 필요하였을 것이다. 그러나 일찍부터 북방으로부터의 군사적 위협과 동방의 신라에게 항상 시련을 받는 백제이기 때문에 신라와의 친선 속에서도

> 동성왕 23년 7월 탄현炭峴에 책柵을 설치하고 신라를 방비하였다.

---

211) 노중국, 앞의 논문, 86쪽.

라는 경계는 잊지 않고 있었다.

끝으로 전쟁기사는 거의가 고구려와의 항쟁기록이라는 것은 당연하다. 특히 문주왕대는 남천南遷으로 인한 사회적 불안정으로 고구려와의 싸움이 불가능하였으나 동성왕 이후 어느 정도의 안정을 되찾으면서 적극적인 친신라정책(혼인정책)과 더불어 대려對麗전쟁이 전개되었다. 따라서 무령왕의 고구려정벌이 가능케 되었고, 성왕 중흥의 바탕을 이룩하였을 것이다. 특히, 동성왕 10년(488)의 '위군魏軍의 격퇴' 사실은 단순한 말갈군의 남침과 같은 사실이 아니었다.

> 이 해에 위魏나라는 수십만의 기병을 동원하여 백제를 공격하니 모대牟大(동성왕)는 장군 사법명沙法名·찬수류贊首流·해례곤解禮昆·목간나木干那 등을 이끌고 이들을 격파하였다.[212)]

라는 『남제서』의 기사는 '위군이 요서의 백제영토에 침입'한 것으로 『삼국사기』에는 구체적인 기록은 아니지만 백제와 후위後魏와의 충돌내용을 말하고 있어 백제의 화북華北진출을 간접적으로[213)] 표시하고 있다. 특히 무령왕을 전후한 백제의 적극적인 군사활동은 단순한 사회활동의 외적 표현이 아니라, 보기步騎전술상의 변화라는 각도에서 검토되어야 할 것이다. 고이왕을 전후해서 북방의 기마전법에 대항하는 새로운 복병전을 중심으로 한 전술개발은 근초고왕의 북벌이 가능했었다. 그러나 광개토·장수왕대의 힘에 의한 보기전은 백제전략에 차질을 가져와 한성漢城함락으로 나타났었다. 이에 웅진천도 이후 무령왕은 고구려의 보기전에 맞서 내외유식자內外游食者들을 귀농시켜 필요시 병력으로 이용하면서 대규모 힘의 전략[214)]에 맞서는 한편, 숫자적으로 열세인 백제실

212) 『南齊書』 권58, 열전39 東南夷(백제).
213) 방선주, 1971, 「백제군의 화북진출과 그 배경」 『백산학보』 11.
김상기, 「백제의 요서경략에 대하여」 참조.
214) 고구려의 보기전략은 우선 보병·기병전략의 절충에서 오는 기동력의 작전이다.

정에 맞는 병력의 정예화로 전략을 바꾸어 고구려에 맞설 수 있었던 것이다.

① 무령왕 1년 11월 왕은 달솔우영達率優永을 파견하여 군사 5천 명을 거느리고 고구려의 수곡성水谷城을 습격하였다.
② 무령왕 7년 10월 고구려장군 고노高老가 말갈과 함께 공모하고 한성漢城을 침공하고자 하여 횡악橫岳 밑으로 나오므로 왕은 군사를 거느리고 나가 격퇴시켰다.
③ 무령왕 12년 9월에 고구려가 가불성加弗城을 습취하고 약탈과 살육이 심하므로 왕은 용기勇騎 3천명을 거느리고 (중략) 이를 대파하였다.

따라서 위와 같이 6세기 전반기(무령왕) 까지는 어느 정도 고구려에 대항하여 그들의 침략을 저지할 수가 있었던 것이다.

그러나 성왕은 힘으로 맞선 고구려에는 어느 정도 대적해 왔으나, 단 2회의 신라전에서는 완패한 것이다. 이것은 대려對麗전략의 경험과 자신이 신라전략에는 무용지물이 되었다는 것이다. 즉, 성왕은 32년(554)에 보기 5천[215]으로 신라를 공격하였으나, 구천狗川의 복병전에서 자신까지 피살되는 참패를 당한 것이다. 고구려에 타격을 준 백제의 복병전은 이제 신라의 전략으로 바뀌었고, 고구려의 대수전對隋戰에 이용되어 간 것이다. 더구나 당시의 신라는 만궁彎弓의 백제군을 무력화시킬 수 있는 포노砲弩와 갑사甲士를 실전에 사용하고 있어 수數(힘)를 앞세워 고구려에

기병은 험준한 성곽전에는 쓸모가 없기 때문에 보병전략을 가미한 것이다. 그러나 그것은 무엇보다도 '힘(많은 병력)에 의한 직공법'을 취하는 특징을 지녔다. 장수왕은 한강포위에 3만 병력을 동원하였고, 광개토왕비문의 步騎5萬이라는 사실이 그를 뒷받침한다. 따라서 무령왕도 3년에는 정예 5천, 12년에는 3천을 이끌고 말갈과 고구려에 대항하였다. 성왕은 1년과 7년에 1만, 3만 병력으로 고구려에 대항한 바 있다.

215) 성왕 32년의 신라공략에 동원된 병력을 백제본기에는 보기 5천이라 하였다. 그러나 신라본기(진흥왕 15년)에는 '佐平 4명과 사졸 2만9천6백명을 참살시킨 것'으로 되어있어 대규모의 전쟁이었음을 알 수 있다.

대항했던 보기전은 큰 타격을 받게 된 것이다. 즉, 신라는 백제의 전략과 무기를 알고 있었으며, 백제는 대고구려전략수립에 치중하다가 신라에게 허점을 드러낸 것이다. 그러므로 위덕왕威德王 이후 백제는 이에 대처할 무기의 개발과 전략의 혁신에 관심을 둔 것이다.

제5권(위덕왕~무왕武王)은 4대 87년간(554~641)의 기록이다. 이 시기는 고구려가 돌궐의 침입과 수隋의 통일로 인한 대륙세력의 변화와 고구려와의 충돌이 없는 대신, 신라와의 싸움이 격화되고 있었다. 더구나 수·당의 신흥국가에 대한 3국의 경쟁적 접근은 오히려 중국측의 견제와 제약을 가져왔기 때문에,[216] 제5권의 특징은 외교기사에 있었다. 제5권의 내용을 정리하면 <표 55>와 같다.

〈표 55〉 제5권의 내용분석(%)

왕명	기사내용				내용의 분류	
	정치	천재	전쟁	외교		
위덕왕 威德王		6 (25)	4 (16.7)	14 (58.3)	천재	일식(3) 혜성(2) 지진(1)
					전쟁	고구려(2) 신라(2)
					외교	隋(5) 北齊(3) 陳(4) 後周(2)
무왕 武王	13 (22.8)	10 (17.5)	13 (22.8)	21 (36.8)	정치	A(4) B(2) C(1) E(6)
					천재	지진(4) 旱(3) 혜성(1) 水(1) 雨土(1)
					전쟁	신라(13)
					외교	수(5) 당(16)
평균	11.4	21.3	19.8	47.6	정치	A(4) B(2) C(1) E(6)
					천재	지진(5) 일식(3) 혜성(3) 旱(3) 水(1) 雨土(1)
					전쟁	신라(15) 고구려(2)
					외교	당(16) 수(10) 陳(4) 北齊(3) 後周(2)

216) 3국은 수가 등장하자 각기 경쟁적으로 접근을 꾀하였다. 濟麗는 수가 건국된 해(581)에 조공책봉되었으나, 신라는 594년(진평왕 16년)에 책봉을 받았다. 그러나 당은 3국을 같은 해(624)에 책봉을 하고 있어 상호간의 견제와 균형을 취하였다.

<표 55>에 의하면 제5권은 내용의 반이 외교기사이다. 이것은 반대로 정치기사의 격감을 나타내어 당시의 정세와 일치하게 된다. 즉, 그 때에 백제는 신라와 적대감정을 갖고 있었고 또한 고구려가 사회적 혼란과 파탄에[217] 직면하고 있었으므로, 자연히 국가적인 활로를 외교에 둔 것이라 생각된다. 수(581~618)의 37년간에 백제·신라는 10회, 고구려는 19회의 조공사를 파견하고 있었음은 당시의 외교교섭의 중요성을 반영해 주고 있다. 때문에 위덕왕은 수·북제·진·후주 등과의 외교기록이 전체내용의 6할이 되고 있음은 당면한 결과였다. 여기서 주목할 것은

① 무왕 38년(637) 12월 사신을 당으로 파견하여 철갑鐵甲과 조부雕斧를 바치니 당태종은 이를 크게 환대하고 금포錦袍와 채백彩帛 3천단段을 내주었다.
② 무왕 40년 10월 사신을 당으로 파견하여 금갑金甲과 조부雕斧를 바쳤다.

에서와 같이 입당시 헌진獻進한 물건에 큰 변화가 있었다는 점이다. 이때 가지고 간 것이 철갑·금갑·조부 등인 바 당으로부터의 이러한 개발된 전투복과 무기의 요구는 대려對麗전쟁을 앞둔 당의 입장으로는 절실한 것이었다. 백제도 역시 무왕 37년에 만궁彎弓으로 신라의 포노砲弩에 완패한 경험이 있기 때문에 전투장비의 개선이 마련되었음을 어느 정도 보여주는 것이다.

그러나 무왕에 이르면 물론 외교기사가 중심을 이루지만, 정치·천재·전쟁기사가 증가되어 전체적으로 균형을 유지한다. 모든 시기를 통하여 가뭄과 일식은 그 분포상태가 비슷하였고 (A)와 (B)가 간헐적으로 보이는 것은 대신라전을 위한 축성과 민심수람의 수단으로 여겨진다.

제5권의 또 다른 특징은 왕의 환락기사의 등장이다.

① 무왕 35년 2월 왕흥사王興寺가 이룩되었는데, 그 절을 물에 임하여 짓고

217) 註 172) 참조.

채색 등은 장엄하고 화려하게 꾸몄다. 왕은 늘 배를 타고 절로 들어가서 향을 피웠다. 3월에는 궁성의 남쪽에 연못을 파고 20여 리에서 물을 이끌어 들이고, 사방의 언덕에 버드나무를 심고 연못 속에 섬을 만들었는데 중국의 방장선산方丈仙山을 모방하였다.

② 무왕 37년 3월 좌우의 신하들을 거느리고 사비하泗沘河의 북포北浦에서 연회를 베풀고 놀았다. 이 포구의 양쪽 언덕에 기암과 괴석을 세우고 그 사이에 기이한 꽃과 이상한 풀을 심었는데 마치 한 폭의 그림과도 같았다. 왕은 술을 마시고 홍이 극도에 이르러 북을 치고 거문고를 뜯으며 스스로 노래를 부르고 신하들은 번갈아 춤을 추니 이때 사람들은 그 곳을 대왕포大王浦라고 말하였다.

③ 무왕 39년 3월 왕은 비빈과 더불어 큰 연못에 배를 띄우고 놀았다.

와 같은 무왕의 유락기사는 결국 백제사회의 붕괴가 불가피해졌다는 논리를 보여주려는 것으로, 의자왕본기의 말미에 나타난 '지어백제지계至於百濟之季 소행다비도所行多非道'를 반증하려는 것으로 보인다.

끝으로 제6권은 의자왕의 1대기이다. 이것은 고구려의 보장왕의 경우처럼 국가 멸망의 원인과 그것이 갖는 민족적 교훈을 강조하려는 김부식 사관의 표시라 생각된다. 특히 시조와 말왕의 파격적 서술은 왕조흥망의 역사적 변화를 갖는 참위적讖緯的 설명으로 풀이하려는 편찬자의 의도가 반영된 것으로 여긴다.

〈표 56〉 제6권의 내용분석(%)

왕명	기사내용				내용의 분류	
	정치	천재	전쟁	외교		
의자왕 義慈王	10 (18.5)	23 (42.6)	12 (22.2)	9 (16.7)	정치	A(2) B(1) C(2) E(5)
					천재	괴변(17) 雷(2) 旱(2) 風(1) 無氷(1)
					전쟁	신라(11) 당(1)
					외교	당(7) 고구려(1) 일본(1)

<표 56>에서 본다면 제6권은 천재지변이 전체 기사의 약 절반을 차지하고 있으며, 그 중에서도 괴변(지변)이 7할을 넘고 있다. 이것은 국가멸망의 징조로서 참위와 오행 및 기타 여러 사상이 결합되어 있음을 알 수 있으며, 의자왕 20년 기사는 '신라통일 이후 불가佛家들 사이에 꾸며진 것'[218]이라기보다는, 음양오행설의 실질적 적용이라고도 할 수 있을 것이다. 특히 대어출사大魚出死·"서울의 우물물이 핏빛이 되었다(王都井水血色)."·귀변龜變·하변蝦變·계화鷄禍, 그리고 와언訛言 등은 오행의 전반적인 내용이 공존되고 있음을 나타내 준다. 즉 어변魚變은 '수불윤하水不潤下', 견변犬變과 와언訛言은 '금불종혁金不從革', 그리고 구변龜變과 계화鷄禍는 '목불곡직木不曲直' 등과 연결되고 있어 오행설의 체계적인 상승相勝이나 상생相生보다는 도참설圖讖說과 크게 결합되어 있었다.

제6권에서 두 번째로 두드러진 특징은 그 내용이 제1권과 비슷한 양상을 보여 준다는 것이며, 특히 천재지변기사의 비율이 1권과 같다는 점이다.[219] 이것은 김부식의 역사를 보는 관점이 불교의 윤회사상에 큰 영향을 받았을 것 이라는 생각을 갖게 해 준다.

셋째로 제6권의 내용은 의자왕의 실정을 폭로함으로써 그의 비리·부도지상不道之相을 강조하려고 하였고, 향락과 간諫의 배격 및 '지배층의 내분'을 크게 나타낸 점이다. 특히 서자庶子 41명에게 준 좌평과 식읍食邑(비리), 그 외 음황탐락淫荒耽樂(不道), 긴급한 전황에 대한 대신간의 알력과 내홍 등은 '분열과 갈등이 국가의 우환'이라는 김부식의 사론史論과 함께

> 상하와 중서衆庶가 화목해야만 비록 대국大國이라도 이를 취할 수 없다.(권22, 고구려본기 말미의 논論)

---

218) 이홍직, 앞의 논문, 340·344쪽.

219) 제1권과 6권의 정치기사는 각각 전체의 28.4%와 18.5%이며, 천재지변기사는 41.4%와 42.6%이었다. 그리고 전쟁기사도 25.7%와 22.2%여서 대개 비슷한 양상을 띠고 있다.

라는 역사적 교훈을 강조하고 있다. 따라서 백제가 무도無道하여 천리天理에 역행했기 때문에 멸망되어야 한다는 당위성을 강조한 것이다. 특히 백제왕실의 내분에 대한 장황한 설명은 교훈으로서 역사의 의미와 현실에 대한 강한 비판의식의 소산으로[220] 파악될 수 있다.

4. 본기내용상으로 본 백제사의 시대구분

이상에서 우리는 백제본기의 내용을 계량사학적인 입장에서 분석해 보았다. 각 권의 구별이 단순한 분량의 구획이 아님은 신라본기의 분석에서도 본 바 있다. 왕통에 의한 시대구분을 배격한 김부식의 입장에서는 그러한 각 권의 구분에서 어떤 일정한 변천의식을 반영하였을 것임은 확실하다. 우선 백제본기내용을 전반적으로 정리해 보면 <표 57>과 같다.

〈표 57〉 백제본기 내용의 분석(%)

권	代	연 간	정 치	천 재	전 쟁	외 교
제1권	5	B.C.18～A.D.214(232)	28.4	41.4	25.7	4.5
제2권	10	214～385(171)	39.2	31.2	20.7	8.9
제3권	6	385～475(90)	35.8	29.4	16.2	18.2
제4권	5	475～554(79)	45.9	22.2	18.1	13.9
제5권	4	554～641(87)	11.2	21.1	20.4	47.3
제6권	1	641～660(19)	18.5	42.6	22.2	16.7
계	31	678	29.8	31.3	20.6	18.3

220) 신형식, 「삼국사기열전분석」, 15쪽.

<표 57>에 의하면 백제본기는 그 분량(비율)상으로 천재지변의 기사가 가장 많고, 정치기사가 약간 적게 그 뒤를 따르며, 전쟁·외교의 순으로 되어 있다. 대개 정치기사는 포물선을 그리고 있어 사회발전이 비교적 순탄하였음을 보여주고 있으며, 제4권의 경우에 그 절정을 이룬다. 이것은 웅진시대의 정치적 재건과 발전상을 보여주는 것이어서 무령왕을 전후한 시대구분의 계기를 찾아보게 된다. 천재지변의 경우는 <표 58>에서와 같이 한旱·일식·지진 등 20여종의 재난(주로 지변)이 190여회나 기록되어 있으며, 농사에 관계된 재난이 절반이나 되었다. 특히 35회의 괴이(지변)가 온조왕과 의자왕대에 집중되고 있어, 왕조의 흥망과 부명符命·도록圖錄과의 관계를 알 수가 있다. 그러나 길조가 동시에 흉조도 된다는 사실을 생각할 때 이러한 천재지변이 井上氏의 구별처럼 일률적으로 천재와 흉조[221]로 나누어 구분될 수는 없을 것이다. 어떠한 자연(하늘)의 징후도 그에 상응하는 지상의 변화를 갖기 마련이어서, 천재 그 자체보다 그에 수반된 사건을 중시할 필요가 있기 때문이다. 이와 같은 자연변이와 정치기사의 균형적 서술은 결국 '자연현상과 인간활동'과의 상관관계 속에서 역사(인간활동)의 발전을 찾으려는 『삼국사기』 편찬자의 생각이라고 할 것이다.

특히 천재 중에서는 지진·한旱·대수大水 등 농사와 직접 관계있는 것이 7종으로 총 72회의 기록을 갖고 있어 전체의 4할을 차지하여 9년에 1회씩 맞는 꼴이 된다. 무엇보다도 가뭄이나 홍수와 같이 직접적으로 농민에게 피해를 주는 천재에 큰 비중을 둔 것은 정상적인 자연변화의 책임을 느끼는 왕에 대하여 간접적인 비판의 근거로 삼으려 했던 것인지도 모른다. 그것은 통치자가 이러한 '기능적 제어'[222]를 받음으로써 통치권 유지의 합리성을 보장받으려 했을 것이기 때문이다.

---

221) 井上秀雄, 『古代朝鮮史序說』, 297쪽.

222) Wolfram Eberhard, op. cit., p.34.

〈표 58〉 백제 천재지변기사의 세기별 통계

내용＼세기	1	2	3	4	5	6	7	계
日食	4	3	3	4	7	5		26
地震	5	3		2	1	2	3	16
旱	6	2	5	3	4	5	6	31
彗星	1	2	2	4	4	2	1	16
雹	3		2					5
雷	1	1		2			3	7
雨		1	1		2	1	1	6
霜	2			1		1		4
雪					2			2
無氷		1	1		2	1	1	6
無雲		1						1
龍	1		1	1	2			5
隕石	1			2	1	1		5
五星		1	3	2		1		7
大風	1		1		1		1	4
火			1		1			2
蝗			1	1	1	1		4
疫			1	1	1	2		5
기타(怪)	9	1	3	4	1	3	18	39
계	34	16	25	27	30	25	34	191

다음의 정치적 기사는 <표 59>에서 보듯이 총 208회의 기록으로 (E)가 가장 많으며, (A)(B)(C)(D)의 순이다. 그러나 (E)는 다양한 정치기사의 종합이기 때문에 실제로는 (A)(B)(C)가 중심이 된다. (A)는 1세기에 제일

많아 국가성장기에 있어서 방어시설의 중요성을 반영해 주고 있으며, 공격보다는 방어에 치중한 백제사의 단면을 보여주고 있다. 또한 (A)의 빈번한 기록은 전세기를 통해 항상 외침의 위협을 받고 있었음을 보여주는 것으로, 잦은 천도로 인한 궁궐의 조영도 포함되어 있음을 말한다.

〈표 59〉 백제정치기사의 세기별 통계

내용＼세기	1	2	3	4	5	6	7	계
A	16	2	4	5	9	6	6	48
B	10	2	3	5	7	6	3	36
C	6		5	11	11		2	36
D	6		6	5	4			21
E	10	1	13	11	13	7	12	67
계	48	5	31	37	44	19	24	208

(B)의 경우도 전시기를 통해 비슷한 횟수를 갖고 있음이 주목된다. 이것은 백제왕의 전통적인 수렵벽狩獵癖의 일면도 있으며, 왕의 구휼·권농·독려 등의 출행기록이 된다. 특히 5~6세기의 잦은 순렵巡獵은 천도에 따른 인심수합, 지세파악 등의 정치적 의미가 있었다. 백제는 전시대를 통하여 총 36회의 순행기사가 있어 18.8년에 1회씩 왕이 서울을 떠난 것이 된다. 그러나 실제로 124회의 전쟁기록, 190여회의 천재기록 등을 고려하연 왕의 출행은 상당히 많았다는 결론이 나온다. (B)의 정치적 의의는 그것이 대개 흉작대책의 하나로서 재난지역주민의 위문·격려의 뜻이 크다는 점도 간과할 수는 없다. (C)의 경우는 4~5세기에 집중적으로 나타나 고대국가발달에 따른 관직의 임명에 대한 표시였다.

끝으로 (D)는 점차 감소현상을 보이고 있으나 동성왕 11년 10월의 제천행사 이후 그 기록이 소멸되고 있다. 이것은 백제왕실이 스스로 부여계였음을 강조하던 외적 표현과는 달리 내적으로 변모되고 있음을 반영하는 것으로 생각된다. 즉, 불교와 같은 외래사상으로 제천의식이 흔들리게 되고[223] 오행설의 영향으로 사회의 변모를 나타낸 것으로 파악할 수 있다. 어쩌면 대고구려와의 원한을 내세워 그들과의 혈통을 부인하려는 정치적 의도가 포함되었는지도 모른다. 따라서 동성왕을 이은 무령왕 이후는 즉위 초의 제천·알시조묘도 없어졌고, 새로운 관직자 임명 기사도 거의 볼 수가 없게 되었다. (E)의 경우도 대부분이 권농·구휼을 비롯한 외족방어책 등 일반 정치내용이어서 백제가 처한 입장과 왕권의 성격을 말해주고 있다.[224]

<표 59>에서 알 수 있는 것은 백제는 1세기에 가장 활발한 정치활동을 하였고, 다음으로 3·4·5세기에 역시 정치활동이 풍부하였음을 알 수가 있다. 그리고 2·6세기가 비교적 침체기에 해당하였다. 이것은 2세기의 기루왕(77~128), 개루왕(128~166), 초고왕(166~214) 등이 신라와 격심한 전쟁에 시달렸기 때문일 것이며, 6세기 역시 무령왕(501~523), 성왕(523~554)은 고구려와 신라와의 싸움에 큰 비중을 두었기 때문이다. 따라서 위덕왕(554~598)은 침체된 국가의 재건을 위한 수·진陳·북제北齊 등과의 외교에 노력을 하게 된다.

그러나 여기서 주목되는 것은 정치기사의 빈도와 천재지변기사의 세기별 상관관계이다. 앞에서 우리는 정치기사가 점차 증가하였음에 대해 천재기사는 점진적으로 감소되었음을 보았다. 그러나 <표 60>에서 본다면 천재와 정치기사의 내용은 비슷한 비율로 변화됨을 알 수 있다. 즉, 정치적 발전에 따라 천재지변은 자연히 감소현상을 보이게 되지만, 정치적·사회적 성장에 따라 자연변이도 결코 소멸된 것이 아니라 내적으로는 증가되었다는 것이다. 이것은 자연의 징후와 사건과의 관계로 미루어

---

223) 차용걸, 앞의 논문, 65쪽.
224) 본서 제3장 제1절 참조.

통치자는 후대로 오면서 자연현상을 조작할 충분한 이유[225)]가 있다 해도, 그것만은 아닐 것이다. 어디까지나 유교적인 천인관의 입장에서 왕은 그 통치권의 근거가 되는 민民의 정치·경제·도덕에 책임을 져야 하고, 그를 위해 하늘의 경고가 필요했기 때문일는지 모른다.

〈표 60〉 천재지변과 정치기사의 세기별 통계

세기 / 내용	1	2	3	4	5	6	7	계
천 재	33	16	25	27	30	25	35	191
정 치	48	5	31	37	34	19	24	208

다음으로 전쟁기사를 보면 백제는 총 124회의 전쟁기록이 있어 5.5년에 1회씩 전쟁을 한 결과가 된다. 그러나 실제로 비전쟁기를 제하면[226)] 4.7년마다 전쟁이 있었던 셈이다. 이는 고구려가 129회, 신라가 179회임을 고려할 때 3국은 각기 전쟁으로 큰 피해를 입은 것이 된다.

<표 61>에서 볼 때 백제는 전시기를 통해 전쟁이 있었으며 1세기에는 활발한 영토 확장이 4세기에는 정복활동이 수행되었음을 알 수 있다. 특히 백제는 총 전쟁회수의 절반에 가까운 55회를 신라와 싸웠고, 고구려·말갈·한군현 등과의 싸움에서 4왕이 희생되기도 하였다. 여기서 볼 때 백제는 거의 7할이 나·려와의 항쟁이며, 중국과의 항쟁은 대개 4세기 이전에 집중되었다. 무엇보다도 전쟁기사가 전체기록의 20%가 넘고 있기 때문에 그에 따른 부담은 결국 백제사의 발전에 큰 제약적 요인이 되었다고 생각된다.

---

225) Wolfram Eberhard, op. cit., p.50.

226) 백제본기에서 전쟁이 없던 시대는 비류왕(304~344)을 비롯하여, 전지왕(406~420)·비유왕(427~455)과 구이신왕·문주왕 등이 있으나 이 시기는 직접 전쟁을 하지 않았을 뿐이다.

〈표 61〉 백제 전쟁기록의 세기별 통계

세기 국가	1	2	3	4	5	6	7	계
신라	7	8	11		1	4	23	55
고구려			1	17	4	11	1	34
말갈	12	2	5	2	1	3		25
낙랑	3		2	1				6
마한	2							2
위魏					1			1
당唐							1	1
계	24	10	19	20	7	18	26	124

〈표 62〉 백제 외교기사의 세기별 통계

세기 국가	1	2	3	4	5	6	7	계
신라		2	2	3	6	2		15
고구려							1	1
마한	2							2
낙랑	2							2
말갈				1				1
동진				5	2			7
후위後魏					1			1
송					1			1
양						7		7
후주後周						2		2
북제北齊						3		3
진陳						2		2
수隋						7	5	12
당							23	23
왜				1	5		1	7
계	4	2	2	10	18	23	30	89

끝으로 외교기사는 <표 62>에서 보듯이 연 15개국과 89회의 외교관계를 계속하였다. 물론 몇 번의 교섭이라는 사실을 곧 외교관계의 성립으로 생각하는 것은 아니었다. 적어도 4세기의 동진東晋 이후에 이르러 조공관계가 이루어지면서 공적인 외교관계가 수립되었다고 해야 함은 물론이다. 백제의 외교관계는 그 비중이 계속해서 증가되었으며, 4~6세기의 국가적 팽창에 따라 외교적 관계도 큰 몫을 다하였다.

신라와는 외교도 전쟁과 같이 활발한 관계를 유지하였으며, 기이하게도 고구려와는 4~5세기 이전에도 외교적 접촉이 없었다. 주로 남조와의 깊은 교섭은 그에 따른 문화적 교류도 활발하여 불교·오행사상·학술 등 많은 영향을 받았다고 생각된다. 따라서 이러한 남조와의 부단한 접촉은 백제문화의 새로운 발전을 가능케 하였을 것으로 믿는다.

이상의 기록내용은 결국 백제사회의 변천과정을 일목요연하게 나타내 주고 있으며, 그 속에서 일정한 시대구분의 가능성을 제시해 주고 있다. 우선 왕통상으로 볼 때 백제는 크게 다음의 <표 63>과 같이 구분될 수 있다.

〈표 63〉 왕통에 의한 백제의 시대구분

왕 통	왕 명	연 대	정 치	천 재	전 쟁	외 교
온조직계	溫祚王～沙伴王	BC 18～AD 234(252)	28.3.	42.2	25.9	3.6
고이직계	古爾王～契王	234～346(112)	48.6	21.6	21.6	8.1
비류직계	比流王～三斤王	304～479(175)	39.8	30.5	14.6	15.2
동성왕계	東城王～威德王	479～598(119)	25	26.4	22.2	26.4
혜왕계	惠王～義慈王	598～660(62)	20.7	30.1	22.5	26.8

이러한 구분은 그 직계의 단절에서 본 구분이며, 각 왕통의 출발이 예외없이 직계가 아닌 왕이었다. 이러한 왕통의 변화가 사회변천과는 직접 관계가 없다 해도 어느 정도의 변모를 가져온다고 보여지는 바, 왕위계승이나 왕족 또는 왕비족의 변천과는 크게 궤를 달리한다. 그러나 <표 62>에서 본다면, 온조직계와 고이계는 실질적으로 큰 차이를 나타내고 있었다. 그리고 5~6세기의 비류직계가 비교적으로 정치적 발전을 보여, 4항목의 균형적 안배로 나타났던 것이다.

한편, 본기기록상의 변화로 볼 때 <표 64>와 같이 백제는 3시기로 나눌 수 있다.

〈표 64〉 본기기록상으로 본 백제의 시대구분

시 기	정 치	천 재	전 쟁	외 교
온조왕~구수왕(252년간)	28.2	42.2	26	3.6
고이왕~동성왕(267년간)	53.1	28.6	8.2	10.2
무령왕~의자왕(159년간)	17.6	27.4	25.4	29.6

제1기(온조왕~구수왕)는 국가발전기라고 보아지나 천재지변이 큰 비중을 갖고 있었고, 제2기(고이왕~동성왕)는 국가완성기로서 정치기사의 비중이 크게 증대되어 천재지변은 크게 감소되어 1,2기의 내용은 양자를 맞바꾼 느낌이 든다. 그러나 제3기인 국가쇠퇴기(무령왕~의자왕)에 이르면 정치기사가 격감되고, 천재·전쟁·외교기사가 같은 비율로 등장되고 있다.

우선 고이왕을 새로운 사회의 첫 주자로 등장시킨 것은 왕통뿐만 아니라, 그의 본기기록에서 볼 수 있는 <표 52>와 같은 변화 때문이다. 고이왕 본기에는 전왕(구수왕)과 달리 정치기사가 천재지변보다 배 이상으로 나타나고 있으며, 제천행사와 관직임명을 연결시켜 탈부여계열의 움직임을 보이기 시작하고 있었다. 더구나 전쟁기록에도 구수왕 이후에는 기병에 대한 기록이 소멸되고 있어 전술상의 변화도 엿보인다.

동성왕과 무령왕의 사이를 구분한 이유도 단순한 제천행사의 소멸에만 주목한 것은 아니었다. 제1기는 천재지변 위주의 기록이 특징이며, 제2기는 정치기사가 중심이 되었다. 그러나 제3기는 4항목이 균형을 이루는 시기이면서도 천재지변이 증가추세를 보여주게 되었다. 더구나 동성왕대를 전후한 신흥 지방세력의 등장[227]과 무령왕 이후 사씨沙氏의 급성장은 한성·웅진시대와는 문화전통과 정치적 성격을 달리하게 되었다.

따라서 제1기를 한성전기시대 또는 온조·초고계의 시대라면, 제2기는 고이·비류계로서 한성후기·웅진시대라 할 것이다. 따라서 제3기는 사비시대가 될 것이며, 이 시기의 첫왕인 무령왕이 '온조계의 환원'[228]이면서도 스스로 시조를 구태仇台로 삼은 이유가 곧 탈부여계열의 정신적 움직임이었다고 하겠다. 이러한 근거는 무령왕이 만궁彎弓을 앞세워 고구려에 적극적인 공세를 취하면서 북방주몽계와의 싸움을 강조한데서 찾을 수 있으며, 중국세력과의 줄기찬 항쟁을 꾀한 고이왕을 높인 이유에서 보게 된다. 그러나 성왕 이후 사회적 모순은 급격히 증가되었고, 지변기사의 빈번한 등장은 전시대와 큰 차이를 나타내 준다.

227) 노중국, 앞의 논문, 105~124쪽.

228) 천관우, 「삼한의 국가형성」, 10쪽.

제3장

『삼국사기』 본기 기사내용의 개별적 검토

제2장에서 필자는 본기의 내용을 3국별로 계량사학적 방법으로 분석하였다. 그 속에서 우리는 본기의 내용이 정치·천재지변·전쟁 그리고 외교 등 4항목으로 나누어져 있었고, 그러한 항목의 변천 속에서 3국의 역사가 설명되고 있음을 보았다. 그리고 『삼국사기』의 서술 방법이 '자연의 변화'(挑戰)와 '인간의 활동'(對應)이라는 상관관계로 파악하려는 필자의 생각을 정리해 보았다. 그러나 계량적 분석에서는 사회변천상의 윤곽을 대략 살필 수는 있었으며, 그러한 자연변화현상을 수치로만 설명하는데 문제는 있었으나 역사해석의 한 방편으로 정리하였다.

따라서 본기내용의 개별적 검토 속에서 3국의 상호관련을 통해 우선 정치기사에서는 주로 왕의 성격, 대사大赦와 교령敎令의 형태, 그리고 순행의 유형과 특질을 통해 3국의 사회상을 구명하려는 것이다. 천재지변의 기사는 크게 천재와 지변으로 나눈 후 전자는 성변(혜성·오위五緯·운성隕星)·일변(일식)을 위주로, 후자에는 지진·문자괴門自壞·동물변動物變·인변人變 등을 중심으로 살펴보았다. 이러한 자연변이를 하나의 재앙으로서가 아니라, 그것이 갖는 정치적 의미의 추적에 초점을 두었다.

외교기사에는 한·중관계의 대종大宗을 이루는 조공을 형태나 내용면으로 분석하였으며, 숙위宿衛를 자주적인 신라사회의 입장에서 의미를 파악해 보았다. 끝으로 전쟁기록의 변천과정에서 당시 3국의 사회 변모상을 추적해 봄으로서 제3장은 본기내용의 개별적 검토이며, 한국고대사의 심층적인 분석이 될 것이다.

제1절 정치기사의 분석적 검토

1. 본기 내용을 통해 본 삼국의 사회상과 왕의 성격

1) 일반 정치기사의 검토

3국의 본기내용은 3국시대의 역사를 개략적으로 서술한 것이다. 동시에 그것은 당시의 사회상을 집약시켜 준 것이기 예문에, 기록상의 변화는 당시 사회의 변천상을 뜻하는 것이다.

〈표 1〉 삼국의 본기내용 비율(%)

내용 / 국가	정 치	천재지변	전 쟁	외 교
신라	48.3	26.8	10.1	14.8
고구려	36.4	24.1	18.3	21.2
백제	29.8	31.3	20.6	18.3
평균	38.2	27.4	16.3	18.1

본기내용은 <표 1>과 같이 정치·천재·외교·전쟁의 비율로 되어 있어 고대국가에 있어서의 그에 대한 중요성과 사회 모습을 알려주고 있다. 그러나 자연의 변화와 인간(왕)의 활동은 27:73의 비율로[1] 나타나 있지마는, 실제로 자연변이의 중요성은 그러한 수치보다는 훨씬 컸다고 생

1) <표 1>에서 보듯이 자연변화와 인간활동의 비율은 27:73으로 자연이 정치의 37%에 불과하다. 그러나 자연변화에 큰 영향을 받지 않는 외교를 제하면, 양자의 비율은 1:2가 된다. 이것은 천재지변은 반드시 정치나 전쟁문제와 불가분의 관계가 있으며, 한번의 자연현상은 두번의 정치현상을 가져온다는 결론이다.

각된다.

여기서 우선 고찰해야할 것은 정치기사이다. 이것은 앞에서 본 바와 같이 5항목으로 되어있어, 왕의 직능이나 당시 사회의 내면을 살필 수 있었다. 기록상으로 본다면, 왕은 우선 축성·수궁궐修宮闕을 통해 많은 인원을 동원하여 외적을 막고 궁정을 보호했어야했다(A). 그리고 필요시는 출행하여 진휼하고 민심을 수람하였으며, 지방정치를 감독하였다(B). 이어 관리를 임명하고 제도를 완비하여 국가질서를 유지하였다(C).

한편, 천지天地나 시조묘에 제사를 게을리 해서는 안 되었으며, 이러한 제의祭儀를 통해 풍요와 천재의 퇴치를 기원하였다(D). 그러나 왕은 이러한 4가지 기본임무 외에 복잡한 직능을 갖고 있어 이를 종합한 것이 (E)기사이다.

〈표 2〉 삼국 정치기사의 내용(%)

항 목	국 가	비 율	평 균
A	신 라	6.2	12.7
	고구려	9	
	백 제	23	
B	신 라	5.1	14.4
	고구려	21	
	백 제	17	
C	신 라	27.1	22.7
	고구려	24	
	백 제	17	
D	신 라	6.8	6.6
	고구려	3	
	백 제	10	
E	신 라	54.7	43.2
	고구려	43	
	백 제	32	

<표 2>에서 본다면 (E)가 가장 큰 비중을 갖는 것으로 되어 있었다. 그러나 여기에는 여러 가치가 포함되어 있어 실제로 특정한 직능으로 표시할 수 없으므로 보다 구체적인 검토가 필요하다.[2] 다만, (B)의 경우가 14.4%가 되고 있어, 실제로 전쟁의 직접 지휘의 예까지 첨부하면 왕의 정치적 외출은 상당한 비율로 나타나게 된다. 따라서 중국의 문헌에는 정치와 순수巡守를 구별하였으나,[3] 본고에서는 정치에 포함시켜 제2항에서 상술할 예정이다.

〈표 3〉 일반정치기사(E)의 분류(%)

항 목	국 가	비 율	평 균
대사大赦	신 라	11.8	9.7
	고구려	8.2	
	백 제	9.2	
권농勸農 진휼賑恤	신 라	7.2	12.8
	고구려	11.2	
	백 제	20	
정복征服 반란진압叛亂鎭壓	신 라	12.9	15.4
	고구려	25.5	
	백 제	7.7	
외족방어책 열병閱兵	신 라	4.2	7.7
	고구려	2.0	
	백 제	16.9	

2) 여기서 우리는 Coulanges가 지적한 초기국가의 왕에 대한 다음과 같은 설명을 음미할 수가 있다. “under these different names of King, Prytane, and Archon we are to see a personage who is, offers the sacrifice, pronounces the prayer, and presides at the religious repasts.” (The Ancient City, p.174) 즉, 왕의 여러 명칭은 그가 갖는 다양한 직능을 표시한 때문일 것이다.

3) 『사기』(권1, 오제본기1)에는 “堯老 使舜攝行天子政 巡守 舜得擧用事二十年 而堯使攝政”이라 하였고, 夏본기 2(『사기』 권2)에도 “於是帝堯乃求人 更得舜 舜登用 攝行天子之政 巡狩”라 하여 정치와 巡守(狩)를 구별하고 있었다.

항 목	국 가	비 율	평 균
정치일반	신 라	27.3	16.1
	고구려	10.2	
	백 제	10.8	
사망기사	신 라	2.8	5.7
	고구려	11.2	
	백 제	3.1	
기 타	신 라	33.9	32.5
	고구려	31.6	
	백 제	32	

(E)의 내용을 분석할 때 <표 3>에서 보는 바와 같이 대사(녹인錄因·여인慮因 포함), 정치일반(제도·교령敎令·명命 등), 정복과 투항, 권농과 진휼, 그리고 열병 및 사망기사 등 상당히 여러 가지의 항목으로 되어 있다. 특히 기타가 3할이 넘는 것은 잡다한 정치기사의 내용이 포함되어 있는 것으로 사회의 복잡성을 반영하는 것이라 하겠다. 특히 (E)기사의 비율에서 우리는 몇 가지 특징을 찾을 수 있다. 우선 정복·반란진압기사가 가장 많은 고구려는 초기 성장과정에서 성읍국가城邑國家(나집단)의 정벌에 많은 노력을 경주하였다는 것이며, 외족방편책에 큰 비중을 둔 백제는 방어형의 전쟁을 하였다는 사실이다. 따라서 이러한 전쟁수행의 인적자원충당을 위해 권농·진휼에 많은 노력을 하게 되었음도 물론이다. 그리고 일반정치기사나 대사가 가장 많으며, 전시대에 균등하게 분포되어 있는 신라가 결국 정치적으로 성숙되었고, 또 왕권이 순탄하게 유지된 사실을 의미할 것이다. 그러나 백제의 정치기사는 그 내용면이나 빈도수에 있어서 가장 빈약하여 신라보다 사회발전이나 왕권의 성장이 훨씬 미비하였음도 알 수 있었다.

〈표 4〉 대사大赦의 세기별 분포

세기 / 국가	1	2	3	4	5	6	7	8	9	10	계
신 라	2	4	5	3	4	3	10	22	11	1	65
고구려	4	2	3								9
백 제	2		1	1	1		1				6
계	8	6	8	4	5	3	11	22	11	1	80

대사는 <표 4>에서 보듯이 신라가 많은 기록을 갖고 있다. 그러나 그것이 순행시도 이루어지고 있어 실제로는 더 많은 회수가 있지마는, 순행시의 대사는 다음 항에서 정리하였기 때문에 여기서는 제외하였다. 다만, 제·려의 경우에 그것이 후기에는 보이지 않는 것은 신라의 왕과 성격을 달리한다는 듯이 되는지도 모른다. 특히 신라의 대사가 7·8세기에 집중되고 있는 것은 무열왕권의 위민정책[4]으로서 유교적인 정치이념의 실현이라는 의미가 깃들어 있었을 것이다. 이러한 대사가 보여지게 된 직접적인 원인을 찾아보면 <표 5>와 같다.

이에 의하면 대사는 크게 세 경우에 나타나고 있는바, 즉위와 천재지변의 경우가 가장 많고, 그 외에 사회적 요인을 들 수 있었다. 따라서 대사는 왕이 즉위와 동시에 시조묘에 제사한 후 베푸는 은전이며, 그 외 자연변이(천재)가 있을 때 이에 대응하는 조치의 하나였다. 따라서 흉작대책으로서의 대사[5]가 아니라, 오히려 중국의 책봉이나 입태자 그리고 전승戰勝·상서祥瑞(獻白雀) 등의 대길사大吉事에 대한 부대적인 은총[6]의 표시였음도 잊어서는 안 될 것이다.

---

4) 신형식, 1977, 「무열왕권의 성립과 활동」『한국사논총』 2, ??쪽.

5) 井上秀雄, 1978, 「三國王朝の凶作對策」『古代朝鮮史序說, 王者と宗教』, 143~151쪽.

6) 고구려의 경우도 9회의 대사大赦 중에서 즉위(4회)·입태자(2회)·지진(1회)·서징瑞徵(태조 5년 3각록헌진角鹿獻進)에서 나타났다. 그리고 백제의 6회 기사도 입태자(3회)·즉위(2회)·한旱(1회)의 기록으로 나타나고 있어 3국이 비슷한 양상을 보인다.

〈표 5〉 대사의 원인분석

원인	횟수		계
정치적 원인 (즉위)		28	28(43%)
자연적 원인 (천재지변)	가뭄(旱)	11	28(43%)
	화재	3	
	질병(疫)	3	
	우박	2	
	별의 변화(星變)	2	
	지진	2	
	기타	5	
사회적 원인	중국의 책봉	4	9(14%)
	立太子	3	
	戰勝	1	
	祥瑞	1	

<주> 기타는 대풍大風·대수大水·기飢·상霜·괴변怪變이 각각 1회씩으로 5회의 기록을 갖는다.

정치일반에는 대개 관부官府의 설치나 변경과 교령敎令 및 명命의 반포가 주류를 이루는바, 특히 '교령·명'의 종류나 그 형태에 주목하게 된다. 우선 왕의 최고 명령인 교敎(令·詔)와 그 실천적 조치인 명命에 대해서 찾아보면 3국의 왕에 대한 구체적 직능의 일면을 밝힐 수 있을 것이다.[7] 무엇보다도 우리는 그러한 교敎(令)나 명命을 무조건 중국의 율령격식이라는 일정한 규범에 적응시켜서는 안 된다는 점이다. 일반적으로 법규가 성립되기 이전에도 원래 법은 '종교의 한 부분으로서, 한 도시나 부족간

7) 명命에 대해서는 법적 조치로서의 영令·명命을 말하는 것이지, 관리의 임명이나 출정出征의 명命을 뜻하는 것은 아니다. 즉, "王命庾信 遂不至家 往伐破之"(선덕왕善德王 14년), "王命階古 法知 萬德三人 學樂於于勒"(진흥왕 13년), "命阿湌春賦 出守國原"(진흥왕 26년 8월), 그리고 "王命奈麻令奇捕捉"(진성왕 3년)과 같은 임명·출사出師 등 개인에게 한 명命은 제외시켰다. 따라서 법률적인 명命은 유사有司나 일반국민 전체에게 하는 것을 말한다.

〈표 6〉 신라 교(영)의 유형

유형	왕대	년	내 용
권농	파사 3년 1월	82	宜令有司勸農桑 練兵革以備不虞
권농	일성 11년 2월	144	下令 農者政本 食惟民天 諸州郡修完堤防 廣闢田野
권농	미추 11년 2월	272	下令 凡有害農事者 一切除之
권농	흘해 9년 2월	318	下令向以旱災年不順成 今則土膏脈起 農事方始 凡所勞民之事 皆停之
권농	지눌 22년 4월	438	教民牛車之法
권농	헌안 3년 4월	859	教修完隄防勸農
불교	지증 3년 3월	502	下令禁殉葬
불교	법흥 16년	529	下令禁殺生
불교	성덕 4년 9월	705	下令禁殺生
불교	애장 7년 3월	806	下教禁新創佛寺 …又禁以錦繡爲佛事 金銀爲器用 宜令所司 普告施行
제도	법흥 25년 1월	538	教許外官携家之任
제도	진덕 4년 4월	650	下教以眞骨在位者執牙笏
제도	신문 7년 5월	687	教賜文武官僚田有差
제도	신문 9년 1월	689	下教罷內外官祿邑
제도	경덕 17년 2월	758	下教內外官請暇滿六十日者 聽解官
제도	혜공 12년 1월	776	下教百官之號盡合復舊
제도	성덕 33년 1월	734	教百官親入北門奏對
토목	벌휴 4년 3월	187	下令州郡 無作土木之事 以奪農時
의관	문무 4년 1월	664	下教婦人亦服中朝衣裳
의관	홍덕 9년	834	下教曰 人有上下 位有尊卑 名例不同 衣服亦異
구휼	헌덕 9년 10월	817	教州郡發倉穀存恤
경고	신문 1년 8월	681	下教曰 賞有功者往聖之良規
경고	신문 1년 8월	681	教書曰 事上之規 盡忠爲本
유조 遺詔	선덕 6년 1년	785	王寢疾彌留乃下詔曰 寡人本惟菲薄
유조 遺詔	문무 21년 7월	681	遺詔曰 … 律令格式有不便者 卽便改張

에 있어서 동일한 의실儀式·예배禮拜·기도祈禱 등을 규제하는 관례'[8]였다. 그 후 여러 세기 동안을 거쳐 전승되어 오면서, 사회발전과정(복잡화)에 따라 종교적 관례에서 벗어나 정치적 의미를 띠게 되었다. 여기에서 기존의 관례는 왕의 신성한 특권이나 또는 통치수단으로 변형되어 갔을 것이다. 특히 국가의 발전에 따라 '전승과 풍요를' 위한 '천의天意의 전달'은 곧 법으로서 변형·전승되었으며, 후세에 한식漢式으로 기록되는 과정에서 그 규범을 갖추었다고 보아야 할 것이다. 그러므로 중국의 율령수용이전은 일정한 형태를 갖추지 못하였을 것이므로 그것과는 큰 차이를 나타내게 되었다고 생각된다. 따라서 중국문화와 율령제를 접하면서 전승된 기존의 법체제는 한식漢式 또는 일정한 형태로 수정·변형되었을 것이다.

『삼국사기』에 나타난 교령敎令의 실제적 집행과정은 다음과 같다.

(1) ① 下令農者政本 食惟民天 諸州郡 修完堤防廣闢田野
② 下命禁民間用金銀珠玉(일성왕 11년 2월)
(2) ① 下令完固堤防
② 驅內外游食者歸農(무령왕 10년 1월)

위 (1)·(2)에서 보듯이 영令(敎)이 내려지고, 곧 이어 실제의 시행조치인 명命(驅·制)이 뒤따르는 것이 통례이다. 그러나 교敎(令)·명命·제制 등이 독립된 법령으로 나타나는 경우가 훨씬 일반적이었다. 이에 3국시대의 교(영)와 명을 찾아보면 고구려는 교(영)가 2회, 명이 2회 뿐이며, 백제는 교(령)와 명이 각각 3회의 기록뿐[9]이어서, 신라에 비교될 수가 없었다. 이것 역시 제·려가 신라보다 훨씬 법제적으로도 미진함을 드러내는 것이다. 신라율령에 대해서 전봉덕씨는 법흥왕 이후 성문법시대로 접어들었다고 전제한후, 율律은 형벌법규로서 형刑·벌罰·죄罪로 나누어 고찰하

8) Coulanges, F.D., op. cit., p.186.
9) 제·려의 교·명 관계조문을 정리하면 다음과 같다.

였다.[10] 그리고 영令은 비형벌법규非刑罰法規로서, 관위령官位令·직원령職員令·사령祀令·호령戶令·의복령衣服令 등 13가지로 구분한 바 있다. 그러나 이것은 어디까지나 기록보다 법제사적인 내용면을 통해서 본 구별이었으므로 실제기록과는 큰 차이가 있다. 따라서 우리는 법흥왕 이전부터 보여진 왕의 교(령)를 살펴볼 필요가 있으니 앞의 <표 6>과 같다.

이에 의하면 신라본기에는 25개의 교(령)가 있는바, 주로 권농·불교·제도의 실시나 개혁에 관계된 것을 중심으로 되어 있었다. 이것을 <표 7>에서 세기별로 정리해보면 초기(2~5세기)는 대개 권농에 대한 것이 중심이 되었고, 중기(6세기)는 불교에 대한 것이 많았다. 그러나 7~8세기에는 전체의 절반이 모여 있는바, 대개 제도의 설치·개혁이나 새로운 법적 조치가 중심이 되고 있어 정치·사회의 발전상을 보여주고 있다.

〈표 7〉 신라 교敎(令)·명命의 분포

세기 / 종류	1	2	3	4	5	6	7	8	9	계
교敎	1	2	1	1	1	3	7	7	2	25
명(命)		1			3	6	2	3	1	16
계	1	3	1	1	4	9	9	10	3	41

제·려의 교敎와 명命

백제	교(영)	① 구수왕 9년 3월, 下令勸農事 ② 고이왕 29년 정월, 下令凡官人 受財及盜者 三倍徵贓 禁錮終身 ③ 무령왕 10년 정월, 下令完固防 驅內外遊食者 歸農
백제	명	① 기루왕 40년 7월, 命有司 補水損之田 ② 구수왕 9년 2월, 命有司修隄防 ③ 고이왕 9년 2월, 命國人 開稻田於南澤
고구려	교(영)	① 고국양왕 9년 3월, 下敎崇信佛法求福 ② 평원왕 25년 2월, 下令減不急之事 發使郡邑勸農桑
고구려	명	① 고국천왕 16년 10월, 命有司每年自春三月至秋七月出官穀 … 賑貸有差 ② 고국양왕 9년 3월, 命有司立國社修宗廟

10) 전봉덕, 1968, 「신라율령고」『한국법제사연구』 1968, 261~314쪽.

다시 말하면, 5세기 이전의 권농위주의 교敎(영令)는 사회·경제적 개발에 역점을 둔 것도 사실이지만 그 시대의 빈번한 천재와도 관계가 있었다. 6세기에 불교와 관련된 하령下令은 불교수용과 전통사상과의 충돌을 막고 새로운 사상체계의 확립조치 인지도 모른다. 그러나 7세기 이후에는 신라 자체의 율령제가 마련되었고, 또한 중국의 그것이 전래되었기 때문에 주로 새 제도의 실시에 관계된 것이 많게 되었을 것이다. 그러므로 중국의 율령제제와는 여러모로 특징을 달리하고 있음을 잊어서는 안 될 것이다.

〈표 8〉 신라 명命의 유형

유형	王代	년	내 용
권농	지증 3년 3월	502	分命州郡主勸農始用牛耕
	법흥 18년 3월	531	命有司修理堤防
군사	자비 10년 春	467	命有司修理戰艦
	소지 9년 3월	487	命所司修理官道
	성덕 30년 9월	731	命百官會的門觀射車弩
정치 사회	소지 19년 4월	497	命群官擧才堪牧民者各一人
	지증 6년 11월	505	始命所司藏氷
	일성 11년 2월	144	下命禁民間用金銀珠玉
제사 위로	문무 2년 3월	662	命所司設大酺
	문무 4년 2월	664	命有司徙民於諸王陵園各二十戶
	성덕 19년 5월	720	命有司埋骸骨
사찰	경덕 13년 7월	754	王命官修葺永興元延二寺
	경문 11년 1월	871	王命有司改造皇龍寺塔
제制	지증 5년 4월	504	制喪服法頒行
	지증 6년 11월	505	制舟楫之利
	법흥왕 7년 1월	520	始制百官公服朱紫之秩

이에 대해서 영令의 하부규칙인 명命은 반드시 해당 관청(所司)에 내리는 것으로 그 구체적인 명령전담기관을 밝히지 않는 교敎(令)와 다르다. 따라서 명命은 영令보다 훨씬 세부적인 실천 명령을 뜻한다. 예를 들면, 성덕왕 19년 5월의 "관청에 명하여 해골을 매장하게 하였다"(命有司埋骸骨)라는 것은 그해 4월의 홍수로 큰 피해가 있었으므로, 그에 대한 분묘의 재정리 사업령인 것이다. 그 외에 제制라는 것이 있는바, 그것은 명命과 같은 것으로 볼 수 있다. <표 8>에 의하면 명命은 권농보다 군사·사회·제의祭儀·사찰 등에 관계된 것이 많아 교敎와 그 유형을 달리하지만, 이것 역시 6~8세기에 집중되어 있는 것은 양자가 같다.

따라서 신라의 영令은 반드시 비형벌규정도 아니었고, 국가의 조직운영을 위한 법규만도 아니었다. 오히려 국가조직의 규정이라기보다는 법흥왕 이전에는 권농을 위한 왕의 덕목이었고, 그 이후에는 주로 국가운영조직법이 중심이 되었다. 그러므로 영令(敎)의 입장에서 본다면 법흥왕 이전에도 여러 형태로 존속되었음은 사실이다. 다만, 7세기 이후 당唐율령의 수용이후에 제도적으로 완비되었을 뿐이다. 그러므로 7세기 이후 율령제의 발달에 따라 격식도 어느 정도 갖추어지고 있었음은 무열왕원년 5월의

命理方府令良首等 詳酌律令 修定 理方府格 六十餘條

에서 살필 수 있었다. 나아가서 문무왕의 유조遺詔에도

"율령의 격식이 불편한 것이 있으면 바로 편리하게 고쳐라."

과 같이 분명히 보여지고 있다. 그러나 격식格式에 대한 직적적인 기록이 없어서 아마도 전술한 '명命'이 이에 해당한다고 생각할 수도 있다.

2) 초기 신라왕의 성격과 왕위교체과정

모든 정치행위는 왕으로부터 시작되었고, 동시에 그 자신의 책임으로 매듭지어진다. 『삼국사기』의 기록은 우리가 종래 이해하여 온 것처럼, 3국시대의 초기부터 말기까지 사회상이나 왕의 성격을 구별하지 않았다. 즉, 혁거세가 등장하는 시대부터 하나의 국가로 생각하였고, 그때의 왕을 실질적인 통치자(지배자)로 간주하였던 것이다. 이러한 사실은 신라 본기의 제1권에 보여진 다음과 같은 내용에서 찾아질 수가 있다.

(1) ① 왕이 친히 시조묘에 제사를 지내고, 죄인을 대사하였다.(유리왕 2년)
② 황재蝗災가 있어 곡穀에 피해가 커서 왕은 두루 산천에 제사를 드리니 황재가 없어졌다.(파사왕 30년)
③ 왜인이 군대를 이끌고 변경을 침범하였으나, 시조의 신덕神德을 듣고 되돌아갔다.(혁거세 8년)

(2) ① 왕이 6부를 돌아다니면서 민정民政을 보살피며, … 농상農桑을 장려하고 지리地利에 힘쓰게 하였다.(혁거세 17년)
② 왕은 군신을 불러 말갈정벌을 논의하였으나, 이찬伊湌 웅선雄宣이 반대하므로 그만두었다.(일성왕 9년)
③ 창영昌永을 이찬으로 삼아 정사政事에 참여케 하였다.(지마왕 2년)
④ 장령長嶺에 목책을 세워 말갈을 방비하였다.(일성왕 7년)
⑤ 골벌국왕骨伐國王 아음부阿音夫가 무리를 끌고 투항하니 집과 전장田莊을 주어 살게 하였다.(조분왕 7년)

(3) ① 왕은 알천閼川에서 열병閱兵을 하였다.(파사왕 15년)
② 왕은 장병을 파견하여 가야를 침입케 하고, 이어 정병 1만명을 거느리고 곧이어 쳐들어가니 가야에서는 군사를 정비하고 성을 굳게 지켰다.(지마왕 5년)
③ 왜인이 목출도木出島에 침입하니 왕은 각간角干 우오羽烏를 보내 막게 하였다.(탈해왕 17년)

(4) ① 호공瓠公을 마한馬韓에 보내 예방禮訪하였다.(혁거세 38년)
② 맥국貊國이 신라를 침입했던 화려華麗·불내不耐를 물리쳐주니, 왕은 기뻐해서 맥국과 우호를 맺었다.(유리왕儒理王 17년)

(5) 음즙벌국音汁伐國과 실직곡국悉直谷國이 서로 지경地境을 다투다가 왕에게 와서 판결하여 달라고 청하였으나, 왕은 어려운 일이라 하여 수로

왕首露王에게 묻자고 하였다.(파사왕 23년)

(6) ① 왕은 각 주군을 순행하여 민심을 안정시키고, 창곡倉穀을 풀어 백성을 구제하고, 사형죄死刑罪 아닌 사람은 모두 석방하였다. (파사왕 2 년)

② 왕은 압독주押督州에 순행하고 빈궁한 사람을 구제한 후, 서울로 돌아왔다.(파사왕 27년)

위의 6항목은 결국 신라 상대上代의 왕이 '고대국가'의 왕으로서 충분한 자격과 직능을 갖고 있었음을 보여 주는 것이다. (1)은 왕이 사제司祭로서 조상과 산천에 제사를 하는 덕망자德望者라는 것이며, (2)는 통치자로서 권농·임명·외적방어 및 정치전반을 직접 책임지는 것이다. (3)은 실제로 군사통치권자로서 외군을 격퇴시키는 것이며, (4)는 외교를 담당하여 국가를 대표하였음을 나타낸 것이다. (5)는 분쟁을 조정하고 최후의 결정을 할 수 있는 재판관으로서의 왕을 말하는 것이며, (6)은 순수巡狩를 통해 백성들을 진휼하고 민심을 수습하여 농업생산력을 증대시켜 국력신장을 꾀하는 모습을 보여주고 있다.

따라서 왕은 종교적 권위를 갖고 있으며, 천도와 인간사회의 조절자로서만이 아니라 강력한 권력을 행사하는 지배자 ruler라는 것이다. 여기서 우리는 Coulanges의 지적[11)]처럼, 1·2세기에 신라는 뚜렷한 왕의 존재를 보게 되었다. 물론 이러한 기록은 여러 가지 비판될 후세의 내용을 서술한 것이겠지만, 왕은 정치·군사·외교·종교 및 사법의 최고책임자로서의 직능을 분명히 나타내 준 것이다.

따라서 이러한 왕의 직능이나 성격 이해는 당시의 정치상황이나 사회 규명에 결정적인 관건이 될 것이다. 신라 992년간에는 56왕이 있었다. 따라서 신라왕의 재위기간은 평균 17.7년이어서, 고구려의 25.2년,

11) Coulanges의 The Ancient City(p.173)에는 고대국가의 왕을 다음과 같이 설명하였다. "The priest was at the same time magistrate, judge, and military chief. The King of Sparta, says Aristotle, have three attributes: They perform the sacring, they command in war, and they administer, justice."

백제의 21.9년보다 약간 짧은 편이다. 신라의 56왕을 계승 당시의 혈통[12]으로 볼 때는 <표 9>와 같이 아들(장남·차남)이 21명, 조카가 6명, 사위가 1명으로 아들 세대가 전체의 반이 되었다. 이에 비해서 동생과 같은 세대도 14명으로 상당한 비중을 갖는다. 따라서 신라는 형제상속제와 같은 과도기적인 왕위계승 방법이 없었으며, 초기부터 장남에게 왕을 이어준－세습이 아니지만－전통을 보인 바 있다. 따라서 왕위계승에 있어서 점진적 발전을 하지 못한 신라는 하대下代에 이르러 전제왕권이 무너지면서, 형제상속과 같은 일종의 왕위계승제를 볼 수 있게 된 것이다.

〈표 9〉 신라왕의 혈통

구 분		수	비 율
아들	장남	18	21 38%
	차남	3	
동생	친동생(親弟)	7	14 25%
	사촌동생(從弟)	7	
손자	친손자(親孫)	3	4 7%
	종손(從孫)	1	
기타	숙부	3	10 18%
	조카(姨)	6	
	사위(婿)	1	
	불명	7	7(13%)

12) 왕의 혈통은 보는 각도에 따라서 다르다. 조분왕은 벌휴왕의 손자이고, 내해왕의 종제從弟이다. 진평왕은 진흥왕의 손자이며, 진지왕의 조카이다. 따라서 왕의 혈통은 그 기준에 따라 다를 수밖에 없기 때문에, 『삼국사기』의 기록이 아니라, 반드시 전왕前王과의 관계를 위주로 파악하였다. 다만 그 혈통이 불명인 경우는 가장 가까운 왕과의 관계를 설명하였다.

왕비문제에 있어서는 1·2세기에 재위했던 박씨왕은 김·박씨의 왕비를 택하였고, 3·4세기의 석씨왕은 석씨왕비를 주로 택하고 있었다. 이것은 부족 또는 성씨간에 혼인을 통하여 상호견제의[13] 의미와 정치적 주도를 잡으려는 상호결속의 움직임이었다. 따라서 박·석의 결합이 결코 나타나지 않는 것은[14] 왕비계의 연결관계가 수대를 계속하치 못하고 단기간에 끝난 것과 같은 의미가 있었다. 5세기 이후, 김씨왕권의 성장에 따라 부자상속의 필요성이 높아져 김씨왕비를 택하였으나, 곧 박씨왕비를 받아들여야 할 정도로 정치상황이 바뀐 것이다. 따라서 7세기 이후 어느 정도 김씨왕비가 고정되었으며, 9세기말 효공왕의 박씨왕비는 곧 이은 박씨왕의 등장과 연결되었던 것이다.

<표 10>에서 볼 때 신라왕의 등장방법은 추대·계위·찬탈 등이 있었다.

〈표 10〉 신라 왕계표 〈 〉추정

세기	왕명	혈연	등장방법	교체원인	재위년수	왕비	특징
1	혁거세		추대	龍-暴雷雨-震城南門	61	閼英	有神德
	남해왕	장남	계위	大疫-無氷-太白入太微-蝗	21	雲帝夫人	身長大 性沉厚 多智略
	유리왕	장남	추대	龍-暴雨大風拔木	34	日知葛文王女	
	탈해왕	사위(南解)	추대	大風-金城東門自壞	24	南解王女(朴)	身長九尺 風神秀朗 知識過人
2	파사왕	차남(儒理)	추대	城門自毁-不雨	33	許婁葛文王女(金)	節儉省用而愛民
	지마왕	장남	계위	大雨-宮南門災-旱	23	摩帝葛文王女(金)	

13) Malinowski B., Crime and Custom in Savage Society(1926), p.48.
14) 신형식, 1971, 「신라왕위계승고」『유홍렬박사화갑기념논총』, 69~70쪽.

세기	왕명	혈연	등장 방법	교체원인	재위 년수	왕비	특징
	일성왕	숙부	계위	宮門災-慧星	21	支所禮女(朴)	
	아달라왕	차남	계위	雨土-旱	31	祗摩王女(朴)	身長七尺 豊準有奇相
	벌휴왕	손자(脫解)	추대	旱-震宮南大樹, 震金城東門	13		王占風雲 預知水旱及年之豐儉, 又知人邪正
3	내해왕	손자	추대	蛇鳴-地震-大雪	35	助賁王妹(昔)	容儀雄偉有俊才
	조분왕	종제	추대	白氣-地震	18	奈解王女(昔)	王身長美儀采臨事明斷
	첨해왕	친제	<추대>	大雨-孛星于東方	15		
	미추왕		추대		23	助賁王女(昔)	
	유례왕	장남(助賁)	<추대>	大霧	15		
4	기림왕	姪	추대	地震-病沒	13		性寬厚人皆稱之
	흘해왕	종제	추대	鶴巢月城隅-大雨	47		幼有老成之德狀貌俊異 心膽明敏爲事異於常流
	내물왕		<추대>	星孛于東方-馬流淚-旱	47	味鄒王女(金)	
5	실성왕		추대	魚有角-山崩-被殺	16	味鄒王女(金)	身長七尺五寸明達有遠識
	눌지왕	장남(奈勿)	自立	地震-金城南門自毁	42	實聖王女(金)	形神爽雅有君子之風
	자비왕	장남	계위	夜光-地震	22		
	소지왕	장남	계위	暴風-龍-黃霧	22	乃宿女(金)	幼有孝行謙恭自守

세기	왕명	혈연	등장 방법	교체원인	재위 년수	왕비	특징
6	지증왕	종제	계위		15	延帝夫人(朴)	王體鴻大膽力過人
	법흥왕	장남	계위		27	保刀夫人(朴)	王身長七尺寬厚愛人
	진흥왕	姪	<계위>		37	思道夫人(朴)	
	진지왕	차남(眞興)	<찬탈>	<폐위>	4	知道夫人(朴)	
7	진평왕	姪	<추대>	白虹飮于宮井-土星犯月	54	摩耶夫人(金)	王生有奇相身體長大 志識沉毅明達
	선덕왕	장녀	추대		16		性寬仁明敏
	진덕왕	종제	추대	大雪-王宮南門自毁	8		長七尺 垂手過膝
	무열왕	종제	추대	大官寺井水爲血-金馬郡地流血	8	文明夫人(新金)	王儀表英偉幼有濟世志
	문무왕	장남	계위	地震-流星犯參大星-天狗落坤方	21	善品女(金)	姿表英特聰明多智略
	신문왕	장남	계위		12	金欽突女(金)	
8	효소왕		계위	彗星入月	11		
	성덕왕	친제	추대	狗登在城鼓樓吠三日	36	金元泰女(金)	
	효성왕	차남	계위	地震-流星犯參大星	6	順元女(金)	
	경덕왕	친제	계위	地震-流星犯心星	24	滿月夫人(金)	
	혜공왕	장남	계위	地震-太白入月-黃霧-土雨(피살)	16	璋女(金)	
	선덕왕	질姪	<찬탈>	大雪-病沒	6	良品女(金)	

세기	왕명	혈연	등장 방법	교체원인	재위 년수	왕비	특징
	원성왕		추대	宮南樓橋災-二塔相擊-旱	14	神述女(金)	
	소성왕	손자	계위	暴風折木-臨海·仁化門壞	2	叔明女(金)	
	애장왕	장남	계위	月犯畢-西兄山城鹽庫鳴-蝦蟆食蛇 피살	10	朴妃	
	헌덕왕	숙부	<찬탈>	女人產兒二頭二身-產二男二女	18	禮英女(金)	
	흥덕왕	친제	계위	日蝕-星孛于東-太白犯月	11	金·朴妃	
	희강왕	질姪	<찬탈>	被殺(자살)	3	忠恭女(金)	
	민애왕	종제	<찬탈>	被殺	2	允容王后(金)	
	신무왕	종제	<찬탈>	病沒	1	明海女(金)	
9	문성왕	장남	계위	水災-蝗災-珍閣省火病沒-土星入月(病沒)	19	魏昕女(金)	
	헌안왕	숙부	계위	病沒	5		
	경문왕	종손	계위	地震-星孛于東-龍-雲霧	15	寧花夫人(金)	
	헌강왕	장남	계위	虎入宮-太白晝見-病沒	12	懿明夫人	王性聰敏愛看書 目所一覽皆誦於口
	정강왕	친제	계위	病沒	2		
	진성여왕	친제	추대	禪位	11		天資明銳 骨法似丈夫

세기	왕명	혈연	등장 방법	교체원인	재위 년수	왕비	특징
10	효공왕	姪	계위 (유언)	日食-王嬖於賤妾	16	乂謙女(朴)	年將志學 器可興宗
	신덕왕		추대	地震-太白犯月	6	憲康王女(金)	
	경명왕	장남	계위		8		
	경애왕	친제	<계위>	被殺(自盡)	4		
	경순왕		추대	投降	9		

우선, 추대는 23왕, 계위는 26왕, 찬탈은 6왕이며, 자립왕이 한 명 있었다. 다만, 추대된 왕은 거의가 장남·차남·동생 등이어서 일찍부터 부자계승의 전통이 있었다고 생각된다. 무엇보다도 박씨왕은 추대와 계위가 엇갈려 김씨·박씨와의 타협을 모색하였고, 석씨왕은 완전히 추대로 일관하였다. 이것은 석씨왕·왕비의 독점을 꾀하려는 정치적 이유였을 것이나, 이러한 단일부족의 독주는 결국 김씨계에 의해서 밀려나게 되였다. 그러나 5세기의 김씨계에 의한 왕·왕비족의 독점은 박씨계의 반발로 타협을 모색케 되었으니 그것이 중고中古의 개시이다.

왕의 교체방법은 병몰病歿 6왕, 피살 7왕, 기타 3왕(폐위 1, 선위 1, 투항 1) 등 16명을 제하고는 거의가 정상적인 죽음에 의하고 있다. 그러나 <표 11>에서 알 수 있는 바와 같이 교체원인을 보면 6세기 초를 제하고는 일정한 자연변이를 외면할 수가 없다. 즉, 왕의 교체는 어디까지나 '하늘의 뜻'이기 때문에 무엇보다도 결정적인 역할을 한 것은 천재(69.2%)였다. 그 중에서도 성변星變(28.2%)이 가장 큰 원인이었고, 다음이 가뭄이었다. 그리고 지변으로는 지진과 성문자괴였다. 즉, '태백범월太白犯月'·'태백주견太白晝見' 등은 왕 죽음의 전조였고, 가뭄이나 안개霧(황무黃霧) 역시 흉조임을 알 수 있었다. 특히 가뭄은 오행설의 '금불종혁金不從革'과 지진(山崩)·성문자괴는 '토실기성土失其性'과 각각 연결되어 중국에서도 천자의 교체에 큰 원인이 되고 있지만, 『삼국사기』의 내용이 그것과 처음부터 관련된 것으로 생각할 수는 없다. 이러한 사실은 왕의 죽음에 결정적 원인이 된 천재지변이 단 한 가지가 아니라, 그와 관련을 갖는 또 다른 원인이 있기 때문에 필자는 이를 직접·간접원인으로 생각해 보았다. 전자는 왕 죽음과 직결된 것이며, 후자는 전자를 가져오게 한 또 다른 현상을 말한다. 양자간에는 용龍-황무黃霧와 같이 서로 관계가 있는 것보다는 전혀 성격을 달리하는 것이 대부분이었다.

〈표 11〉 신라 왕위교체의 직접원인

<table>
<tr><th colspan="2">구분</th><th colspan="2">내용</th><th></th><th colspan="2">회수</th></tr>
<tr><td rowspan="11">천재</td><td rowspan="5">천변</td><td rowspan="3">성변</td><td>혜성</td><td>3</td><td rowspan="3">11(28.2%)</td><td rowspan="11">69.2</td></tr>
<tr><td>오성</td><td>5</td></tr>
<tr><td>유성</td><td>3</td></tr>
<tr><td rowspan="2">기타</td><td>일식</td><td>1</td><td rowspan="2">2(5.1%)</td></tr>
<tr><td>기타</td><td>1</td></tr>
<tr><td rowspan="6">천재</td><td colspan="2">가뭄(旱)</td><td>5</td><td rowspan="6">14(35.9%)</td></tr>
<tr><td colspan="2">안개(霧)</td><td>3</td></tr>
<tr><td colspan="2">벼락(雷, 震)</td><td>2</td></tr>
<tr><td colspan="2">바람(大風)</td><td>2</td></tr>
<tr><td colspan="2">큰 비(大雨)</td><td>1</td></tr>
<tr><td colspan="2">큰 별(大星)</td><td>1</td></tr>
<tr><td rowspan="7">지변</td><td rowspan="2">지변</td><td colspan="2">지진</td><td>4</td><td rowspan="2">7(17.9%)</td><td rowspan="7">30.7</td></tr>
<tr><td colspan="2">성문자괴</td><td>3</td></tr>
<tr><td rowspan="5">기타</td><td rowspan="2">동물변</td><td>犬吠</td><td>1</td><td rowspan="2">2(5.1%)</td></tr>
<tr><td>蝗</td><td>1</td></tr>
<tr><td colspan="2">질병(人痾)</td><td>1</td><td rowspan="3">3(7.7%)</td></tr>
<tr><td colspan="2">물색(水爲血)</td><td>1</td></tr>
<tr><td colspan="2">탑싸움(塔相戰)</td><td>1</td></tr>
</table>

〈표 12〉 신라 왕위교체의 간접원인

<table>
<tr><th colspan="2">구분</th><th colspan="2">내용</th><th></th><th colspan="2">회수</th></tr>
<tr><td rowspan="11">천재</td><td rowspan="6">천변</td><td rowspan="2">성변</td><td>오성</td><td>1</td><td rowspan="2">2</td><td rowspan="11">11
(36.7%)</td></tr>
<tr><td>유성</td><td>1</td></tr>
<tr><td rowspan="4">기타</td><td>흰 무지개(白虹)</td><td>1</td><td rowspan="4">4</td></tr>
<tr><td>야광(夜光)</td><td>1</td></tr>
<tr><td>흙비(雨土)</td><td>1</td></tr>
<tr><td>흰색 기운(白氣)</td><td>1</td></tr>
<tr><td rowspan="5">천재</td><td colspan="2">큰 바람(大風)</td><td>1</td><td rowspan="5">5</td></tr>
<tr><td colspan="2">번개(雷, 震)</td><td>1</td></tr>
<tr><td colspan="2">큰 비(大雨)</td><td>1</td></tr>
<tr><td colspan="2">큰 눈(大雪)</td><td>1</td></tr>
<tr><td colspan="2">무지개(霧)</td><td>1</td></tr>
<tr><td rowspan="10">지변</td><td rowspan="3">지변</td><td rowspan="2">지진</td><td>지진</td><td>4</td><td rowspan="2">5</td><td rowspan="10">19
(63.3%)</td></tr>
<tr><td>성문자괴</td><td>1</td></tr>
<tr><td colspan="2">불(火)</td><td>4</td><td>4</td></tr>
<tr><td rowspan="5">동물변</td><td colspan="2">용(龍)</td><td>4</td><td rowspan="5">8</td></tr>
<tr><td colspan="2">새(鳥變)</td><td>1</td></tr>
<tr><td colspan="2">말(馬淚)</td><td>1</td></tr>
<tr><td colspan="2">고기(魚變)</td><td>1</td></tr>
<tr><td colspan="2">동물변이(蝦食蛇)</td><td>1</td></tr>
<tr><td rowspan="2">기타</td><td colspan="2">질병(人痾)</td><td>1</td><td rowspan="2">2</td></tr>
<tr><td colspan="2">물빛(水爲血)</td><td>1</td></tr>
</table>

이러한 간접원인에는 <표 12>에서 보듯이 지변(63.3%)이 훨씬 더 많았으며, 특히 지진과 화재가 큰 비중을 갖고 있었다. 또한 여기서 주목되는 것은 용의 출현이 태풍이나 황무를 가져온 후, 왕의 사망으로 연결됨

이 예상되는 괴변만이 아니라, '천상과 지상의 균형을 파괴하는 변화'라는 점이다. 따라서 직접원인이 천재가 중심인 반면, 간접원인은 지변이 많아야 한다는 당연한 논리이다. 다시 말하면 지변은 천재를, 천변은 지변을 가져와 지상에서의 양자간에 심각한 불균형이 왔을 때 왕은 그 책임을 지게 되였고, 죽음으로 연결되었던 것이다.

> ① 효성왕 6년 2월에 동북방東北方에 지진이 일어났는데 그 소리가 우뢰 같았다. 5월에 유성流星이 참대성參大星을 범犯하었다. 왕이 돌아가셨다.
> ② 문성왕 17년 12월에 진각성珍閣省이 불에 탔다. 이어 土星이 入月하였다. 19년 9월에 왕이 병이 난 후, 돌아가셨다.
> ③ 헌강왕 11년 2월에 호랑이가 궁정宮廷에 들어왔다. 10월에 태백성太白星이 낮에 나타났다. 12년 7월에 왕이 돌아가셨다.

위의 기록에서 볼때 ①은 지진과 유성이, ②는 화재와 토성(오성)이, ③은 호랑이와 태백성(오성)이 각각 연결되어 지변에서 야기된 천재·천변으로 왕이 사망케 된 것이다. 결국 지진·화재·용 등으로부터 야기된 지상의 변화는 성변·가뭄이나 또 다른 지진을 가져와 왕의 교체에까지 확대되는 것이다. 이러한 현상은 오랜 역사적 인습에서 배태된 것이며, 후에 오행설이나 중국의 천명天命사상의 영향으로 보다 체계화되었을 뿐이다. 왕의 교체는 어디까지나 '자연적인 질서의 파괴'에 대한 책임이 왕에게 있기 때문에 그에 따른 천상과 지상의 심한 불균형을 바로잡으려는 일련의 대응으로 풀이할 수가 있을 것이다. 따라서 신라의 왕은 전제왕권이 확립된 이후에도 자연변화에 대한 일차적인 책임을 시중侍中에게 돌렸지만,[15] 궁극적인 책임은 자신이 갖고 있다는 신념에는 변함이 없었다.

---

15) 이기백, 1974, 「신라하대의 집사성」『신라정치사회사연구』, 177쪽.
井上秀雄, 앞의 책, 159쪽.

〈표 13〉 시중교체와 천재지변

구분		내용		회수	
천재	천변	별이변(太白晝見)	1	1	11 (57.9%)
	천재	가뭄(旱)	3	10	
		우박(雨雹)	2		
		장마(大水)	2		
		눈(雪)	1		
		안개(霧)	1		
		큰 바람(大風)	1		
지변	지변	지진(地震)	6	8	8 (42.1%)
		질병(疫)	1		
		도리화(桃李華)	1		

그러나 왕과 시중이 교체될 경우에 그 원인(천재지변의 경우)에 있어서는 차이가 나타나고 있다. 즉, 왕은 천재와 지변이 27(69.2%)대 12(30.7%)로 천재가 결정적인 원인이 되지만, <표 13>에서 보듯이 시중의 경우는 11 대 8(간접원인은 제외)로 양자가 비슷하였다. 오히려 개별적인 원인으로 볼 때 왕은 성변에, 시중은 지진에 큰 영향을 받아 왕과 시중의 성격상 차이를 보여주고 있었다. 그러나 가뭄과 지진은 양측 다 큰 비중을 갖고 있음은 물론이다. 이와 같이 천재지변의 책임을 갖고 있던 왕의 성격으로 볼 때 그가 지녀야 할 근본적인 자질을 살펴볼 필요가 있다. 왕은 천재에 대한 직접적인 원인이 자신에게 있는 것으로 믿어 그에 대응해서 갖춰야 할 자격이 따르기 마련이다.

본기의 다음과 같은 기록에서 볼 때 신라왕의 선천적 자격에는 몇 가지의 공통점 이 발견된다.

혁거세 : "聞始祖 有神德(中略) 我國自二聖肇興 人事修天時和 倉庾充實 人民敬讓"
남해 : "身長大 性沉厚 多智略"
탈해 : "及壯 身長九尺 風神秀朗 知識過人"
파사 : "節儉省用而愛民 國人嘉之"
아달라 : "身長七尺 豊準有奇相"
벌휴 : "王占風雲 預知水旱及年之豐儉 又知人邪正 人謂之聖"
내해 : "容儀雄偉 有俊才"
조분 : "王身長美儀采 臨事明斷 國人畏敬之"
기림 : "性寬厚 人皆稱之"
흘해 : "幼有老成之德 狀貌俊異 心膽明敏 爲事異於常流"
실성 : "身長七尺五寸 明達有遠識"
눌지 : "形神爽雅 有君子之風"
소지 : "幼有孝行 謙恭自守"
지증 : "王體鴻大 膽力過人"
법흥 : "王身長七尺 寬厚愛人"
진평 : "王生有奇相 身體長大 志識沉毅明達"
善德 : "性寬仁明敏"
진덕 : "長七尺 垂手過膝"
무열 : "王儀表英偉 幼有濟世志"
문무 : "姿表英特聰明 多智略"
헌강 : "王性聰敏 愛看書"
진성 : "天資明銳 骨法似丈夫"
효공 : "年將志學 器可興宗"

위에 열거한 사료에 의하여 왕은 외형적으로 장대하였고[16] 자연과 인간을 함께 꿰뚫어 보는 선천적인 재능이 있어야 했다. 그리고 신라왕은 덕과 지智를 겸비하고 있어, '선사善射'와 '강용剛勇'을 반드시 앞에 내세

16) 기록에 의하면 왕은 대개 7~11尺의 장신자를 제일 요건으로 하고 있었다. 이것을 현대적 수치로는 도저히 설명할 수가 없다. 다만, 『한국수학사』(김용운·김용국 저)의 「3국시대의 수학」(76~77쪽)에 의하면 3국시대에 後漢尺(후기)을 사용하였다고 보아 7척은 166.25cm이며, 9척은 213.75cm로 7척이 중키, 8·9척은 장신을 의미한다고 풀이하였다.

운 제·여와는 달랐다. 또한 5세기 이후는 군자지풍君子之風·겸공자수·謙恭自守·관인명민寬仁明敏 등 유교의 덕목이 보여지고 있어 유교정치사상의 실제적인 구현인 충효관의 광범위 한 이해를[17] 보게 되었다. 그러나 신문왕 이후 7~9세기 일대는 왕의 자격에 대한 구체적인 언급이 없다. 특히 의자왕의 '웅용유담결雄勇有膽決'이나 평원왕의 "담력이 있고 활을 잘 쏜다(有膽力 善騎射)." 등을 비교할 때, 신라왕의 성격은 커다란 변모가 수반되고 있었음을 알 수가 있다.

이와 같이 왕의 자격에 대한 불언급은 세습에 의한 승계라는 대 전제 속에서는 자격이 큰 문제가 될 수 없었고, 중대의 사회안정에서는 왕 개인의 능력보다 제도의 내용이 우선하기 때문일 것이다. 그러나 9세기 말에 새로운 '자격기준'의 제시는 부자상속이 불가능했던 나말의 혼란기에 있어서 "나이가 학문에 뜻할만하고(年將志學) 그릇이 집안을 일으킬만하다(器可興宗 ; 효공왕)"에서 보듯이 왕의 개인적인 능력이 필요했기 때문일 것이다. 그러나 왕의 자질 속에서 '애간서愛看書' '지학志學' 등 유교적 덕목을 제시한 사실은 9세기 이후 적극화된 유교정치의 추구와 궤를 같이 하는 것으로 진성여왕의 유언과도 같은 의미를 갖고 있다.

---

17) 신라왕의 성격표현에 유교적 덕목이 보인 것은 눌지왕 이후였다. 특히 朴堤上(열전5)의 "臣聞交隣國之道 誠信而已 若交質子 則不及五覇 … 臣雖奴才 旣以身許國 終不辱命"이라는 표현은 같은 시기였고 그가 고구려왕에게 한 말임을 고려할 때 이때는 유교적 충효관이 크게 일반화된 듯하다. 고구려는 이이 창조리倉助利의 "君不恤民 非仁也 臣不諫君 非忠也"(봉상왕 9년, 300)에서 보듯이 낙랑을 통해 일찍 유교적 덕목을 수용한 것으로 생각된다.

2. 신라 중대 전제왕권의 특징

1) 전제왕권에 대한 문제점

통일신라의 전성기인 중대中代를 전제왕권專制王權의 확립기로 생각하는 것은 주지의 사실이다.[18] 이 시기는 우리 역사상 최초로 정비된 관료

18) 통일신라의 전제왕권에 대한 해석은 당시 왕권이 절대화 된 사실에 대해서는 이견이 없으나, 그 개념(명칭)과 성격에 대해서는 일치점을 찾지 못하고 있다. 이러한 전제왕권의 존재(성립)에 대해서는 李基白, 1974, 「신라정치 사회사」, 일조각에서 부각되었으며, 이어서 1993, 「통일신라의 전제정치」 『한국사상의 정치형태』에서 그 틀이 만들어졌다. 그후 李基東씨도 이러한 견해에는 동의하지만(1980, 「신라 중대의 관료제와 골품제」 『진단학보』 50) 그 후 당시의 정치적 입장(관료와 골품제)에서 왕권의 무분별한 절대화로 설명되어서는 안된다고 하였다(1991, 「신라 홍덕왕대의 정치와 사회」 『국사관 논총』 21).

그 후 필자는 이러한 시각에서 통일신라의 전제정치를 역사적 사실로 인정하면서 귀족세력문제와 관료제를 전제하고 유교(王道思想)와 불교(護國思想)의 배경을 강조한바 있다. 이러한 전제정치는 그 특징은 달라도 金英美(1988, 「성덕왕대 전제왕권에 대한 일고찰」 『이대사원』 22·23), 金壽泰(1992, 「신라 신문왕대 전제왕권의 확립과 김흠돌난」 『신라문화』 50·51), 李明植(1989, 「신라 중대 왕권의 전제화 과정」 『대구사학』 38) 등은 그 명칭사용을 이해하고 있다.

이에 대해 근자에는 일부학계에서 전제정치(전제왕권)가 신라에만 존재한 것이 아니고 그 명칭이 서양의 제도에서 유래된 것이며 Wittfogel의 개념을 무비판적으로 사용하는데서 온 문제점을 제시하고 있다. 따라서 우리 역사 현실에 맞지 않는다고 반론을 제시한 경우는 李泳鎬(1992, 「신라 귀족회의와 상대등」 『한국고대사연구』 6), 金瑛河(2007, 「신라중대왕권의 기반과 지향」 『한국사학보』 16 : 2009, 「신라중대의 전제왕권론과 지배체제」 『한국고대사 연구의 새 동향』), 河日植(2006, 『신라 집권관료제 연구』, 혜안)씨 등이다.

그러나 이러한 전제정치의 대체용어가 없고 신라하대까지 황제적 지위는 계속되었기 때문에(金昌謙, 「신라 국왕의 황제적 지위」 『신라사학보』 2, 2004) 일반적으로 그 명칭을 사용하고 있다. 최근에는 '신라 중대 지배체제(국왕 중심의 중앙집권제)'라는 견해가 보인다(朴明浩, 「신라 중대 지배체제 연구」, 고려대 학위논문, 2009).

제도官僚制度를 마련하였고,[19] 강력한 절대왕권이 유지된 사회였기 때문이다. 동시에 이 시기에 이룩된 관료제도는 한국 전통사회의 원형原型으로서, 고려·조선왕조로 연결되었으므로 한국의 관료제도사에 있어서도 중요한 의미를 갖는다. 다만 이때의 전제왕권이 비록 귀족세력의 강력한 견제와 지원에 힘입은 것은 사실이나[20] 그렇다고 당시에 발달한 관료제도의 기반을 소홀히 대할 수는 결코 없는 것이다.

그러나 중대 전제왕권의 본질적인 특성은 외면한 채 현재 학계에서는 막연히 전제정치專制政治 도는 전제주의專制主義란 명칭을 사용하고 있으며, 단지 전제화가 이룩된 원인설명이 대부분일 뿐이다.[21] 기존의 연구경향은 신라의 관료제가 당(중국)의 율령제律令制를 모델로 하되, 신라의 독자적인 제도를 어느 정도 인정하고 있는 실정이다.[22] 한편 신라의 관료제는 족제적族制的 원리와 유교사상과의 관련에 따른 그 성격파악에 어려움은 있으나 확대 강화된 감찰제도監察制度에 그 특징을 부여하기도 하였다.[23] 그러나 이러한 기존의 연구는 신라 관료제의 한 특징을 될 수 있으나 그것이 갖는 본질적 성격은 외면한 결과가 되고 말았다.

필자는 중대 전제왕권을 지탱하는 두 지주는 '귀족세력과의 정치적 관계'와 '관료제도'라는 견해를 발표한 바 있다. 이에 중대 전제왕권의 전개과정에서 전제왕권과 귀족세력과의 관례를 해명한 필자는[24] 그때는 신라 전제왕권의 특질과 관료제도 문제를 미결로 남겨 두었다. 말하자면

---

19) 이기동, 1984,「신라 중대의 관료제와 골품제」『신라 골품제사회와 화랑도』, 일조각, 1984, 117쪽.
木村誠, 1980,「統一新羅の官僚制」『日本古代史講座』6, 137~148쪽.

20) 김수태, 1983,「신라 성덕왕·효성왕대 김순원의 정치적 활동」『동아연구』3
신형식, 1990,「중대 전제왕권의 전개과정」『산운사학』4.

21) 이기동, 1984, 앞의 책, 116쪽.

22) 井上秀雄, 1974,「三國史記にあらわれた新羅の中央行政官制について」, 앞의 책, 239쪽 ; 木村誠, 1980, 앞의 논문, 164~165쪽.

23) 李基東, 1984, 앞의 책, 142~143쪽.

24) 신형식, 1990, 앞의 논문.

본고는 관료제도 문제를 중심으로 신라 전제왕권의 특질을 찾아보려는 것이며, 나아가 왕권의 신성화神聖化 문제를 불교와 유교와의 관련을 통해서 구명해 보려는 것이다. 특히 신라의 관료제도가 당의 그것과 다른 독자성을 여러 측면에서 정리함으로써 우리나라의 정치제도사가 차지한 역사성을 밝히는데 주안점을 두고자 한다. 동시에 전제왕권 속에서 불교와 유교가 여하히 기능하였는가 하는 문제를 구체적으로 재검토하고자 한다. 다만 이러한 중대의 전제왕권이 이미 중고말中古末에 그 특성을 나타냈으며,[25] 하대下代에도 꾸준히 계속되었음으로 해서[26] 중대에만 있었던 전제왕권이나 전제주의라는 표현자체는 적절치 못하다는 지적이 많다.[27] 물론 통일신라의 강력한 왕권은 그때만 존재한 것도 아니고, 고려·조선시대에도 이어졌지만, 그 형태나 제한요소가 있었기 때문에 이러한 Wittfogel의 동방전제정치(Oriental despotism) 개념을 무비판하게 사용하는 서구적 표현은 문제가 있는 것은 사실이다.[28]

그러나 통일신라(삼국시대도 마찬가지이지만)의 왕이 특수한 신체적 특징(Special bodily marks), 훌륭한 인품(Good character), 그리고 유능한 조력자를 선택할 수 있는 능력(Capacility of selecting good helpers)을 지닌[29] 인간신(Man-god) 또는 공적公的 주술자呪術師로서 군신간의 결속에 수단이 되는 재분배 기능(Redistributional Function)으로 협조자(충신)에게는 한없는 선군善君이, 반대자(역적)에게는 무자비한 폭군暴君이 되는 양명성의 존재였다.[30] 그러므로

25) 이정숙, 1986, 「신라 진평왕대의 정치적 성격－소위 전제왕권의 성립과 관련하여－」 『한국사연구』 52 참조.

26) 최병헌, 1976, 「신라하대 사회의 동요」 『한국사』 3, 국사편찬위원회.
김동수, 1982, 「신라 헌덕·흥덕왕대의 개혁정치」 『한국사연구』 39 참조.

27) 하일식, 2006, 「신라 전제정치의 개념에 관하여」 『신라 집권 관료제 연구』, 혜안, 319~322쪽.

28) 신용하 엮음, 1986, 『아시아생산 양식론』, 까치, 247쪽 ; Barry Hindeis·Paul Q. Hirst, 1975, The Asiatic Mode of Production, Pre-Capitalist Modes of Production.

29) Wolfram Eberhard, 1957, The Political Function of Astronomy in Han China(John F. Fairbank<ed>, Chinese Thoughts and Institutions, p.38).

전제군주(절대군주)라 해도 자연의 벌(천재지변)이나 귀족(군신·국인)의 반대(화백)를 받아들여야 하기 때문에 전제군주란 말이 적합하지는 않다. 그러나 적절한 대체용어가 없는 현실에서 그대로 사용하고 있음을 밝힌다.

2) 중대전제왕권의 특질

통일신라의 중대 무열왕통시대는 전제왕권의 확립기로서 한국 고대의 전성기로 인정되고 있다. 이 시기의 전제왕권은 흔히 중국의 율령제에 입각한 발달된 관료제를 특징으로 간주하거니와[31] 신라 율령제도의 독자성 문제와 더불어 그 구체적 실상파악에는 통일된 견해가 없다. 다만 왕권의 전제화가 이룩된 요인에 대한 설명이나[32] 전제정치의 특징으로서 김씨왕족의 족내혼族內婚·장자상속長子相續·묘호제廟號制·갈문왕제葛文王制의 폐지 등을 들고 있을 뿐이다. 그러나 이러한 현상들이 통일 이후에 나타난 것이 아니었으므로 그것들이 곧 중대 전제왕권의 특징이라고 설명할 수 없다. 즉 족내혼 문제는 중고 이전에도 흔히 나타났고,[33] 하대에도 널리 존재하였으며, 장자상속제 역시 지증왕 이후 본궤도에 올라섰기 때문이다.[34] 566년(진흥왕 27)에는 동륜銅輪을 태자에 봉하는 등 장자상속제는 중고대中古代에 확립되었으나 묘제廟制나 갈문왕 폐지는 중대에 이르러 확립된 것은 사실이다. 따라서 통일신라의 전제왕권이 갖

30) V. M. Tikhonov, 1995, 「『삼국사기』 열전 김유신조가 내포하는 의의」 『이화사학연구』 22, 256~260쪽.

31) 池田溫, 1967, 「中央律令と官人機構」 『前近代アジアの法と社會』, 152쪽.

32) 이기동은 전제화가 이룩된 요인으로서 ① 통일전쟁 완성에 따른 고양된 왕실의 권위, ② 執事部 중심의 행정체계, ③ 당의 율령과 유교적 정치이념의 도입, ④ 광범위한 중앙귀족의 도태, ⑤ 지방세력의 흡수 등을 들었다(1984, 앞의 책, 116쪽).

33) 진흥왕의 어머니는 법흥왕의 딸(4촌 누이)이며, 진평왕의 어머니는 할아버지(진흥왕)의 여동생이었다. 金龍春(무열왕 부)은 4촌 조카(4촌 동생의 딸 : 天明)와 결혼하였으며, 金庾信은 여동생의 딸(金春秋의 딸)과 결혼하였다.

34) 신형식, 1971, 「신라왕위계승고」 『유홍렬박사화갑기념논총』, 74쪽.

는 제양상이 이미 중고에 존재한 것은 인정할 수가 있지만,[35] 그 형태와 특징이 보다 뚜렷해지고 정례화定例化된 것은 통일 후라는 점은 간과할 수 없다. 또한 중고에 있어서는 대외전쟁이 국정의 대부분을 차지하였지만, 무열왕권의 전성기인 신문왕~경덕왕대는 나당친선을 축으로 한 국제평화기였으므로 왕권의 성격이나 임무가 달라지게 되었다.

그러므로 전제왕권이 확립되는 신문왕 때는 과감한 정책추진의지가 엿보였으나 성덕왕 이후에는 점차 현상유지에 급급하게 되었다. 더구나 중대 무열왕통의 평균 재위년이 13.8년에 불과하여[36] 집중적인 정치개혁이 어려운 실정이었다. 그러나 비교적 장기간 왕위에 있었던 성덕왕(36년)과 경덕왕(24년)은 다양한 정책을 추진할 수가 있었다. 그것은 어느 정도 정치안정과 개혁이 가능할 수 있었다고 생각되기 때문이다. 그러나 즉위연령층이 불규칙하였고, 귀족세력의 강력한 견제와 태후太后의 섭정攝政이 간헐적으로 시도되었기 때문에[37] 파행적인 정치가 수반되기도 하였다. 따라서 귀족세력의 극복과 적극적인 정책수행을 위해서는 왕권의 전제화가 불가피하였다.

따라서 중대사회의 가장 큰 특징은 왕권의 절대화絶對化이다. 그러므로 이를 뒷받침하기 위해서는 왕권의 신성화가 전제되어야 하였으며, 그 방편으로 왕의 선천적인 골상骨相과 외모, 그리고 특출한 덕성德性 및 지혜가 요구되었다. 그 대표적인 예는 제·려왕의 선사술善射術과 신라왕의 지덕智德이 될 것이다.[38] 그러나 무열왕통시대인 중대는 무열왕과 문무왕

35) 신형식, 1985, 『신라사』, 이화여대 출판부, 102~111쪽 ; 이정숙, 1986, 앞의 논문, 15~22쪽.

36) 소위 중대(무열왕~혜공왕)까지는 126년이어서 평균 재위기간이 15.8년이었지만, 여기에서의 무열왕통은 진덕여왕부터 선덕왕(647~785)의 138년이므로 10왕의 평균 재위기간은 13.8년에 불과하다.

37) 효소왕과 혜공왕은 각각 6세와 8세에 즉위하였으므로 태후의 섭정이 불가피하였다. 도한 무열왕·성덕왕·경덕왕 등은 즉위 연령이 늦었다.

38) 신형식, 1984, 「삼국시대 왕의 성격과 지위」 『한국고대사의 신연구』, 일조각, 88쪽.

을 제외하고는 어느 왕도 신체적 특징이나 덕성을 나타낸 일이 없다.[39] 그렇다고 왕의 특별한 골상이나 초인적 능력이 없다는 뜻은 아니다. 하대의 경우이지만

> 왕(진성여왕)이 그 아이(요 : 효공왕)를 궐내로 불러들여 손으로 등을 어루만지면서 말하기를 "나의 형제자매의 골상骨相은 남과 다른 점이 있다. 이 아이도 등위에 두 뼈가 솟아났으니(兩骨隆起) 진자 헌강왕의 아들이다"라 하고 예를 갖추어 태자로 봉하였다(『삼국사기』 권11, 진성여왕 9).

와 같이 신라말까지 역대의 왕은 선천적인 특성을 지니고 있었다.

그러나 중대의 왕들은 이러한 외형적인 특징을 내세우지 않았다. 오히려 선정善政을 강조하는 교서教書나 유조遺詔를 통해서 왕도정치의 표본을 내세웠다. 신문왕은 재위 12년 간(681~692)에 4번의 하교下教를 내렸고, 성덕왕은 재위 36년 간(702~737)에 12회의 대사령大赦令을 내려 왕권의 위엄과 권위를 나타내었다. 사면령의 분포가 7~8세기에 집중된 것은[40] 교서의 빈도와 같은 맥락에서 이해할 수 있다. 이와 같이 무열왕권은 648년(진덕여왕 2)에 김춘추가 당의 국학國學에서 석전釋奠과 강론講論을 참관한 이래

> ① 신문왕 2년 6월에 국학을 세워 경卿 1인을 두었다(『삼국사기』 권8).
> ② 신문왕 6년 2월에 사신을 당에 보내 『예기禮記』와 문장文章에 관한 책을 청하였다. 당주唐主 측천則天이 소사所司로 하여금 길흉요례吉凶要禮를 등사하고 또 문관사림文館詞林 중에서 규계規戒에 관한 글을 선택하여 50권을 만들어 주게 하였다(『삼국사기』 권8).

---

39) 중대 8왕 중에서 무열왕은 "王儀表英偉 有濟世志"(『삼국사기』 권5)라든가, "春秋美姿顔 善談笑"(『일본서기』 권25, 효덕천황 대화 3년)와 문무왕의 "姿表英特 聰明多智略"(『삼국사기』 권6)뿐이다. 단 진덕여왕은 "姿質豊麗長七尺 垂手過膝"(『삼국사기』 권5)이라 하였는데, 여왕은 혈통상으로 전평왕의 딸이므로 순수 무열왕계와는 달라야 하였다.

40) 신형식, 1981, 「삼국사기 본기내용의 개별적 검토」 『삼국사기연구』, 일조각, 156쪽.

③ 성덕왕 16년 9월에 입당했던 대감大監 수충守忠이 돌아와 문선왕文宣王, 10철哲, 72제자弟子의 화상畵像을 바치매, 그것을 국학에 안치하였다(『삼국사기』 권8).
④ 성덕왕 27년 7월에 김사종金嗣宗을 당에 보내어 방물方物을 전하고, 겸하여 자제의 국학 입학을 청하였다. 당주가 이를 허락하고 과의果毅란 벼슬을 주어 숙위宿衛로 머물게 하였다(『삼국사기』 권8).
⑤ 경덕왕 6년 국학에 제업박사諸業博士와 조교助敎를 두었다(『삼국사기』 권9).
⑥ 혜공왕 원년에 왕이 대학大學에 행행行幸하여 박사로 하여금 『상서尙書』를 강의케 하였다(『삼국사기』 권9).
⑦ 혜공왕 12년 2월에 왕이 국학에 행행하여 청강하였다(『삼국사기』 권9).

와 같이 중대의 역대 왕들은 국학을 충실히 하고 경전을 강론케 하는 한편, 학생들을 당의 국학에 수학케 하는 등 유교정치이념의 구현을 위해 진력하였다. 특히 성덕왕·경덕왕대에 묘학제廟學制의 확립은 교육장소를 신성화시킴으로써 강학講學과 시학視學의 의례를 통한[41] 전제왕권의 권위를 강조하려는 의도와 뜻을 같이 할 수 있었다. 여기서 주목할 것은 6두품 출신이 주류를 이루는 국학을 왕이 중시하였다는 사실이다. 국왕도 얽매이는 유교적인 규범과 도덕율道德律을 강조한 논리는[42] 결국 진골귀족의 횡포에 대항하기 위한 왕권의 전제화 노력이라 하겠다. 무엇보다도 국왕이 6두품 계열의 정치적 자문과 반골품적인 입장을 통해 귀족세력 억압의 논리적 타당성을 구하려는 의도였다고 하겠다.[43]

이와 같은 유교정치이념의 추구는 당으로부터 같은 문화수준과 인의지국仁義之國임을 인정받음으로써 국왕의 권위를 내세울 수 있게 되었다. 성덕왕 30년에 당제唐帝의 조서에

그대의 이명二明은 경복慶福하고 삼한三韓은 선린善隣이니, 때로 인의지향

41) 高明士, 1989, 「羅·麗時代廟學制的創立與展開」 『大東文化硏究』 23, 263~265쪽.
42) 이기백, 1986, 「신라골품체제하의 유교적 정치이념」 『신라사상사연구』, 일조각, 228~229쪽.
43) 이기백, 1974, 「신라 육두품 연구」 『신라정치사회사연구』, 일조각, 62~63쪽.

> 仁義之鄕의 칭이 있고, 대대로 훈현勳賢의 업業을 나타내었다. 그 문장文章과 예악禮樂은 군자지풍君子之風을 드러냈고, 납관納款과 수충輸忠은 근왕勤王의 절節을 다하였다. 참으로 번유藩維의 진위鎭衛요 충의忠義의 의표儀表이니, 수방殊方의 원속遠俗과 같이하여 말할까 보냐(『삼국사기』 권8).

라고 하였다. 즉 당으로부터의 '인의지향仁義之鄕'이나 '군자지풍君子之風'이라는 칭송은 신라 전제왕권의 합리적 근거를 제공받을 수 있었다. 그러므로 통일신라의 왕도 중국의 천자와 같은 절대군주로서의 자격을 지니고 있음을 확인케 되었음을 뜻한다. 이에 당제의 지절사持節使에도 귀숭경歸崇敬과 같은 당대의 문호文豪·석학碩學이 파견되었고,44) 당의 책명사冊命使로 온 위단韋丹·원수방元秀方 등도 대표적인 유학자로 선발되었다.45) 이러한 경우는 당의 빈공과賓貢科에 합격한 유학생이 신라가 가장 많았음에도 엿볼 수 있다.46)

따라서 신라의 왕은 이러한 유교정치의 지도이념인 지智와 덕德을 바탕으로 하고, 경세經世의 방법으로 예禮·악樂·정政·형刑을 베푸는 형태를 취하게 된다. 원래 유가儒家의 본성이 도덕의 실천에 있는 만큼47) 그 도덕의 내적 기준인 인仁과 외적 기준인 예를48) 결합시켜 하나의 보편적 원리를 통해 국민교화의 명분을 찾을 수 있게 하였다. 다시 말하면 유교적 이상세계인 평천하平天下를 이룩하여

> 대도大道가 행해 졌을 때는 천하가 공평하게 디고, 참으로 어질고 능력있는 사람을 선발하여 신의를 강론하고 친목을 도모하게 됨으로 자기 부모만 부모로서 섬기지 않고, 자기 자식만 자식으로서 사랑하지 않는다. 그리하여

---

44) 신형식, 1989, 「한국고대의 서해교섭사」 『국사관논총』 2, 국사편찬위원회, 37쪽.
45) 이기동, 1984, 「신라하대 빈공급제자의 출현과 나당문인의 교환」 『신라 골품제사회와 화랑도』, 일조각, 292쪽.
46) 신형식, 1984, 「나말여초의 숙위학생」 『한국고대사의 신연구』, 일조각, 445쪽.
47) 이완재, 1983, 「유학의 정신」 『동방사상논고』, 도원유승국박사화갑기념논총간행위원회, 13쪽.
48) 이한구, 1983, 「유교윤리의 본질적 구조」, 위의 책, 29쪽.

> 늙은이는 편히 쉴 수 있고, 젊은이는 일할 수 있고, 어린이는 잘 자랄 수 있다. 과부·홀아비·고아 등 불쌍한 사람들을 잘 보호받을 수 있게 되며, 남자는 할 일이 있고, 여자는 시집가 편안히 지낼 수 있다. 재화財貨를 함부로 쓰는 것을 싫어하되, 혼자 간직하지 않으며, 노력하지 않는 것은 싫어하되, 자기만을 위해서 일하지는 않는다. 그러므로 음모는 없어지고 도둑은 생겨나지 아니한다. 그리하여 문을 달지 아니하니, 이를 대동大同이라 부른다(『예기禮記』 예운편禮運篇).

와 같은 대동세계大同世界의 구체적 실상을 중대 전제왕권사회에서 찾으려 한 것이다. 그러므로 모반죄를 응징하였고, 국학에서 『논어論語』와 『효경孝經이 필수과목으로 부과한 것이다.[49] 더구나 686년(신문왕 6)에 입당사入唐使가 『예기』와 문장에 관한 책과 길흉요례吉凶要禮의 서書를 요구한 것은[50] 687년의 오묘제五廟制를 마련한 후에

> 사시四時의 절후節候를 고르게 해주시고 오사五事의 징徵을 잘못함이 없도록 하여 주시며, 곡식이 잘되고 질병이 없어지고 의식衣食이 풍족하며 예의가 갖추어져 중외中外의 평화 속에 도둑이 사라져 후손에게 관유寬裕를 내리어 길이 다복多福을 누리게 해 주십시오(『삼국사기』 권8, 신라본기8 신문왕 7년 4월).

라는 제문祭文의 정신과 같이 곧 민본民本에 바탕을 둔 유교정치의 이상적인 실현과정을 엿볼 수 있게 한다. 이러한 사실은 신문왕이 즉위 뒤에 있었던 김흠돌金欽突의 난에 연루된 김군관金軍官을 처형하는 교서敎書에서 "事上之規 盡忠爲本 居官之義 不二爲宗"이라고 한 기록에 잘 나타나 있다.

그러므로 신문왕은 중대 사회를 평천하의 대동사회大同社會로 만듦으로써 평화아 부귀의 세계를 이룩하겠다는 자세를 보였다. 여기서 우리는 유교의 정치이념인 "예禮는 민심을 절제하고 악樂은 민심을 화和하게 하

---

49) 이기백, 1986, 「신라골품체제하의 유교적 정치이념」 『신라사상사연구』, 일조각, 226쪽.
50) 『삼국사기』 권8, 신라본기8, 신문왕 6년.

며, 정政은 예악을 행하는 것이며, 형刑은 어긋남을 막아 주는 것"임을[51] 확인할 수 있게 되었으며, 곧 이어 "백성은 가장 중요한 것이며, 사직社稷(나라)은 그 다음이다. 왕은 세 번째로서 백성들의 마음을 얻으면 천자가 될 수 있다"라는[52] 왕도정치王道政治의 규범을 나타낼 수 있었다.

이러한 유교정치의 규범은 백제 정벌 직후 소정방蘇定方이 당제에게 한

> 신라의 국왕은 어질고 백성을 사랑하며, 그 신하는 충성으로 나라를 섬기고, 아랫 사람이 이 사람을 섬기기를 부형父兄과 같이 한다(『삼국사기』 권42, 열전2 김유신 중).

라는 표현에서 우리는 신라사회에 뿌리내린 유교정치이념을 엿볼 수 있다.

중대 전제왕권을 뒷받침한 또 하나의 정신적 기반은 불교이다. 불교를 수용하는데 앞장선 왕실로서는 이를 통해 왕권의 강화는 물론 신성화의 도구로 삼은 것은 물론이다. 그만큼 불교는 절대왕권에 필요한 것이었다. 다만 전제왕권의 화엄종華嚴宗의 관계는 논의로 하지만,[53] 불교가 왕권의 신성화를 촉진시킨 것은 사실이다.[54] 608년(진평왕 30)에 「걸사표乞師表」를 수隋에 바친 원광圓光의

> 자기가 살려고 남을 죽이려는 것은 승려의 도리는 아니다. 그러나 자신이 대왕의 땅에 살고 왕의 수초水草를 먹고 사는데, 어찌 감히 왕명王命을 거역하

---

51) 『禮記』 禮運篇.

52) 『孟子』 제14, 盡心下.

53) 화엄종이 전제왕권의 사상적 배경이 되었다는 견해는 안계현(1976, 「신라불교」 『한국사』 3, 국사편찬위원회, 216쪽), 김문경(1970, 「의식을 통한 불교의 대중화 운동」 『사학지』 4, 102쪽), 그리고 이기백(1986, 「신라시대의 불교와 국가」 『신라사상사연구』, 일조각, 261쪽) 등이다. 이에 반해 전제왕권이 화엄종과 직접 관련이 없다는 주장은 김상현(1984, 「신라중대 전제왕권과 화엄종」 『동방학지』 44, 64~65쪽)과 김복순(1989, 「신라중대 화엄종과 왕권」 『한국사연구』 63, 128쪽) 등이다.

54) 홍윤식, 1988, 「삼국시대의 불교수용과 사회발전의 제문제」 『한국불교사의 연구』, 교문사, 40쪽.

겠는가(『삼국사기』 권4, 신라본기4 진평왕 30년).

라는 표현에서 볼 때 국가와 왕실이나 개인과 국가는 불교라는 공적公的 윤리를 통해 결합되었으며, 왕이 양자 간의 교량역할을 하였다. 다시 말하면 불교는 왕실과 귀족 간에 공동의 대화창구나 광장의 역할을 한 것이다.[55]

왕실과 불교와의 관련은 여러 가지 형태로 이루어졌다. 법공法空(法興王)이나 법운法雲(眞興王) 등 불교왕명佛敎王名을 비롯하여 순행巡幸할 때 반드시 고승高僧(沙門道人)을 대동하는 것은 불교를 통해 왕권의 신성함을 뒷받침하려는 것임이 분명하다. 중고 왕실을 대표하는 황룡사皇龍寺와 그 부대시설이 진흥왕에서 선덕여왕 때에 이르러 완성된 후 백좌강회百座講會와 간등看燈이 그곳에서 이루어졌고, 사주寺主가 국통國統으로서 그 곳에 거주하였다.[56] 그 후에 중대 왕실과 봉덕사奉德寺, 하대 왕실과 황룡사가 인왕도량仁王道場이 되었다는 것은 불교와 왕실과의 깊은 관련을 설명해 준다. 특히 황룡사의 창건이 법흥왕대의 귀족집단의 사회를 극복하고 왕권지배체제를 확립하려는 전환기 사회를 배경으로 한 사실도 큰 도움이 될 것이다.[57] 따라서 당시의 불교가 왕실(궁정)불교였고, 중대에 이르러 국가불교가 되었다는 견해는[58] 불교의 발전과정의 설명은 될 수 있지만, 정당한 견해라고는 볼 수가 없다.[59]

고대국가에서 왕은 단순한 지배자나 집권자는 아니다. 왕은 초인적인 권위로 인도人道와 천도天道를 조절하는 존재로서 국가 그 자체인 것이다. 따라서 왕실가 국가는 구별될 수 없으며, 왕사王事는 곧 國事였다.

---

55) 홍윤식, 1985, 「신라 황룡사 경영의 문화적 의미」『삼국유사와 한국고대문화』, 원광대 출판부, 255쪽.
56) 이기백, 1986, 「황룡사의 그 창건」『신라사상사연구』, 일조각, 55~62쪽.
57) 홍윤식, 1985, 앞의 책, 251쪽.
58) 李成市, 1983, 「新羅中代の國家と佛教」『東洋史研究』 42-3, 67~72쪽.
59) 이기백, 1986, 「신라시대의 불교와 국가」『신라사상사연구』, 일조각, 255쪽.

(1) ① 能死於王事 幸矣(『삼국사기』 권5, 신라본기5 무열왕 7년).
② 能死於王事 無所悔矣(『삼국사기』 권47, 열전7 관창).
(2) 夫子勇於國事 可謂世濟忠義矣(『삼국사기』 권47, 열전7 소나).

에서와 같이 1은 관창官昌이 660년(무열왕 7)에 대백제전에서 희생되었을 때 그 부친(品日)이 한 말이며, 2는 소나素那가 부친(沈那)과 함께 전공(백제왕의 싸움)을 세우고 순국하였을 때 왕이 한 말이다. 즉 개인이 말할 때에는 왕사라 하였고, 국왕이 말할 때에는 국사로 표현한 것이다. 따라서 양자는 구별될 수 없었고,[60] 왕에 대한 복종의 뜻인 충은 보국報國의 정신인 것이다. 여기서 왕은 불교를 매개로 하여 왕실과 국가를 하나로 연결시킬 수 있었다.

진흥왕과 황룡사와의 관계는 문무왕과 사천왕사四天王寺, 신문왕과 감은사感恩寺, 성덕왕과 봉덕사奉德寺, 그리고 혜공왕과 봉은사奉恩寺로 확대되었다. 무엇보다도 무열왕실은 왕실사원(成典)을 세워 왕실의 정통성과 권위를 강조함은 물론, 진골귀족에 대한 견제를 꾀하였다.[61] 중대 왕권과 깊은 관계를 맺고 있는 7사성전寺成典을 도해하면 <표 14>와 같다.

7사성전의 수부首府인 사천왕사를 비롯하여 각 성전은 사원의 감독관리나 왕실의 원당願堂으로서[62] 백좌법회百座法會를 통해 왕실과 국가의 안녕 보호를 위한 정신적 기반이 되었다. 그러므로 왕들은 수시로 이곳을 찾았으며, 하대에 이르러 왕의 출행出幸 장소가 주로 황룡사였고, 정치적 혼란기에는 국난극복의 정신적 위로를 위해 왕이 사찰을 찾았다는 점도 같은 뜻으로 생각할 수 있다.[63] 그러므로 영흥사에 성전을 둔 684년(신문왕 4)을 전후하여 성전체제成典體制를 완비한 것과[64] 전제왕권의 확립은 불가분의 관계가 있는 것이다.

---

60) 이기백, 1986, 앞의 책, 252쪽.
61) 채상식, 1984, 「신라통일기의 성전사원의 구조와 기능」 『부산사학』 8, 99쪽.
62) 채상식, 1984, 앞의 논문, 116쪽.
63) 신형식, 1981, 「순행의 유형과 그 성격」 『삼국사기연구』, 일조각, 177쪽.
64) 이영호, 1983, 「신라중대 왕실사원의 관사적 기능」 『한국사연구』 43, 108쪽.

〈표 14〉 7사성전의 성격1)

구분 명칭	설치 연대	목적
사천왕사 四天王寺	679년(문무왕 19)	唐軍 축출
봉성사 奉聖寺	685년(신문왕 5)	神印宗 惠通의 降龍사상
	경덕왕 때 重創	信忠의 宿怨 조처
감은사 感恩寺	688년(신문왕 8)	문무왕 遺業 계승
봉덕사 奉德寺	707년(성덕왕 6)	무열왕 追福
	738년(효성왕 2) 완성	성덕왕 追福
봉은사 奉恩寺	771년(혜공왕 7)	진지왕 追福
	794년(원성왕 10) 重創	
영묘사 靈廟寺	635년(선덕왕 4)	星信숭배
영흥사 永興寺	684년(신문왕 4)	국가 태평 기도

이러한 통일신라의 전제왕권은 고대의 동방적東方的 전제주의(Oriental despotism)나 서양의 절대주의(Absolutism) 또는 독재정치(Dictatorship), 그리고 전체주의(Totalitarianism) 등과는 같을 수는 없으나 이들의 정치적 특징을 고루 갖춘 절대군주제絶對君主制였다. 통일신라의 왕은 중국의 천자와 같이 초인적인 권위와 신성한 덕성德性으로 천도와 인도를 조절할 수 있었고,[65] 무력의 합법적 사용과 강력한 행정력을 행사할 수 있었다. 다시 말하면 신라의 전제정치는 관료제와 귀족세력의 견제를 받고 있으나 유교와 불교의 사상적 배경으로 합법화할 수 있었고, 그 권위를 보장받을 수 있었다. 특히 신라의 전제왕권은 통일전쟁을 수행하는 과정에서 국민

65) 최문환, 1966, 『막스웨버연구』, 삼영사, 41쪽.

적 총화總和와 충효사상忠孝思想으로 더욱 무장될 수 있었음도 간과해서 안 될 것이다. 이와 같이 무열왕권은 7사성전과 같은 원찰願刹을 중심으로 한 불교를 통해 그 신성함을 보장받을 수 있었고, 유교의 왕도정치의 구현에서 현실적 권위를 인정받을 수 있었다. 이것이 만파식적萬波息笛의 정신인 것이다.66) 나아가서 화엄사상華嚴思想이 갖고 있는 원융사상圓融思想은 조화와 평등을 바탕으로 국민을 한데 묶는 정신적 공감대를 형성하였으며,67) 애민사상愛民思想을 통해 군君·신臣·민民을 하나의 광장으로 통합할 수 있었다. 여기에 「안민가安民歌」의 정신이 있는 것이다.

> ① 이 피리를 불면 적병이 물러가고 병이 낫고, 가뭄에는 비가 오고 비가 올 때는 개이며, 바람이 가라앉고 물결이 잔잔해진다(『삼국유사』 권2, 기이2 만파식적).
>
> ② 군君은 아비요, 신臣은 사랑스런 어미시라. 민民은 즐거운 아이로 여기시니 민이 은애恩愛를 알지로다. … 군답게 신답게 민답게 하면 나라는 태평하리다(『삼국유사』 권2, 기이2 경덕왕 충담사 표훈대덕).

이 두 노래는 중대의 전제왕권이 지향하는 이상국가의 모습을 나타낸 것이다. ①의 만파식적에서 호국용護國龍으로 승화한 문무왕의 신성함과 만파萬波를 다스리고 초월성으로 전제왕권을 설명하였다. ②의 「안민가」에서는 만파식적에서 나타난 천지의 조화를 다스리고 유교의 예악사상禮樂思想과 신비적이고도 전능한 불타佛陀의 진리가 결합되어 이상적인 국가상을 제시하고 있다. 이와 같이 중대의 전제왕권은 군·신·민의 동심원同心圓 속에 융합될 수 있는 평화의 정신까지 포용하고 있었다. 곧

---

66) 김상현, 1981, 「만파식적설화의 형성과 의의」 『한국사연구』 34, 27쪽.
67) 김상현, 1984, 「신라중대 전제왕권과 화엄종」, 63쪽.

> 내가 듣기로는 불교는 세외교世外敎(末世의 일)이다. 나는 속세의 사람인데 어찌 불도佛道를 배우겠는가? 유교의 도를 배우겠다(『삼국사기』 권46, 열전6 강수).

와 같이 불교는 말세末世의 교敎이며, 유교는 현세現世의 교이다. 전자는 절대왕권을 지원해 준 정신적 기능을 다하였고, 후자는 그러한 전제왕권을 지탱해 준 현실적 정치기능을 다하였던 것이다. 그러므로 전제왕권은 양자를 통합하여 왕통의 지위를 정당화하였고, 역대 왕들은 자신을 초월적인 존재임을 과시할 수 있었다. 이러한 단적인 예를 문무왕과 선덕왕의 유조遺詔에서 엿볼 수 있다. 즉 문무왕은 불교식 화장火葬을 유언하였으며, 유교정치의 기본 형태인 율령격식律令格式의 실시를 부탁하고 죽었다. 선덕왕 역시 불교식의 장법葬法과 천심天心에 순응하는 도덕정치의 유언을 남긴 바 있다. 이와 같은 유교와 불교의 조화와 융합은 최승로崔承老가 제시한 "불교는 수신지본修身之本이요, 유교는 이국지원理國之源"이라는 시무책의 정신으로 연결되어 갔다.[68]

3) 통일신라의 권력구조

중대의 전제왕권은 카리스마적인 왕의 권위와 신성함을 수반하고 있다. 그러나 특정한 귀족이나 외척의 견제나 왕도정치이념의 규제를 받지 않을 수 없었다고 해도 중대의 전제왕권은 발달된 관료제도라는 합법적 장치를 통해서 존속되었다. 말하자면 절대왕권도 관료제라는 틀 속에서 전달되고 집행됨으로써 그 권능이 보장될 수 있었다. 따라서 신라의 관료제도는 당의 율령제를 답습하였다고 해도 신라의 독자적인 제도는 여러 부분에서 보여 지고 있는 것이다.

68) 『고려사』 권93, 열전6 최승로.

〈표 15〉 통일신라의 중앙관부

명칭	별칭	설치연도	장관(수)	정비과정
병부		516년(법흥왕 3)	令(3)	초창기
사정부	肅正臺	544년(진흥왕 5)	〃(1)	
위화부	司位府	581년(진평왕 3)	〃(3)	발전기
조부	大 府	584년(진평왕 6)	〃(2)	
승부	司馭府	〃	〃(2)	
예부		586년(진평왕 8)	〃(2)	
영객부	司賓府	621년(진평왕 43)	〃(2)	
집사부		651년(진덕여왕 5)	侍中(1)	<禀主>에서 분리 정리기
창부		〃	令(2)	
좌이방부	議方府	〃	〃(2)	
우이방부		667년(문무왕 7)	〃(2)	완성기
선부	利濟府	678년(문무왕 18)	〃(1)	
공장부	典祀署	682년(신문왕 2)	監(1)	
예작부	修例府	686년(신문왕 6)	令(1)	

통일신라의 권력구조에서 먼저 지적할 것은 독자적인 관료제도의 발달이다. 516년(법흥왕 3)에 설치된 병부兵部에서부터 686년(신문왕 6)의 예작부例作府를 끝으로 중앙의 14관부가 설치되기까지는 170년의 기간이 소요되었다. 모든 관부가 일시에 성립되는 것이 아니라 기존의 관부가 국가의 발전과정의 필요성에서 분화·정비되어 왔다는 점이다. <표 15>에서 보듯이 신라 관부는 최초의 관직인 대보大輔가 상대등上大等과 병부령兵部令으로 분리된 후[69] 품주禀主는 집사부執事部와 창부倉部로,[70] 이방부理方府와 사록관司祿館의 좌·우분치, 그리고 예부禮部와 영객부領客府, 승부

69) 신형식, 1984, 「신라의 국가적 성장과 병부령」 『한국고대사의 신연구』, 일조각, 184쪽.
70) 이기백, 1974, 「신라 집사부의 성립」 『신라정치사회사연구』, 일조각, 151쪽.

乘府와 선부船府의 분리 등을 통하여 직능상으로 분화·정비되었다. 이러한 관직의 분화 또는 관부의 세분화는 특정기관에의 권력독점을 막고 왕권의 중앙집중을 꾀하려는 조치인 것이다. 따라서 통일 후에는 당의 6전제典制의 5단계를 모방한 듯하지만,[71] 전시대를 통해 신라의 독자적인 관료제를 유지한 것은 사실이다.[72] 우선 신라의 중앙행정관부에 있어서 부部와 부府의 구분을 분명히 하고 있다. 14개의 중앙관부 중에서 집사부執事部·창부倉部·병부·예부 등 4부部만을 제외하고 10개의 관청은 10부府로 표시한다. 4부는 대보나 품주에서 분화된 부족적 전통을 지닌 것으로 부府보다는 한 단계 높은 기관이다. 따라서 10부府는 4부部보다는 격이 한 단계 낮은 입장에서 4부의 지휘·통제를 받을 가능성이 크다. 즉 위화부位和府와 예작부는 집사부의 감독을, 선부와 승부는 병부의 통제를, 영객부와 공장부工匠府는[73] 예부의 지휘를, 그리고 조부調府는 창부의 지휘를 받았다고 생각된다.[74] 그리고 7사성전을 비롯한 19전典과 상사서賞賜署·대도서大道署 등 6서署, 좌左·우사록관右司祿館 등이 각기 전문적인 직능을 맡고 있었다. 특히 병부령과 같은 중앙 최고의 관직자가 왕실의 원당願堂인 7사성전의 책임자를 겸직함으로써 양자 간의 원만한 관계를 유지케 한 것도 특기할 일이다.

---

71) 이기동, 1984, 「신라중대의 관료제와 골품제」 『신라 골품제사회와 화랑도』, 일조각, 123쪽.

72) 井上秀雄, 1974, 「三國史記にあらわれた新羅の中央行政官制について」 『新羅史基礎研究』, 東出版, 239쪽.

73) 工匠府는 682년(신문왕 2)에 監을 우두머리로 하여 설치한 관부이나 책임자가 다른 府의 令과 달리 한 단계가 낮은 監卿이다. 그러나 경덕왕 때에 典祀署로 바꾼 것으로 보아 공장부는 土木·營繕의 기관이 아니고(토목·영선의 일은 예작부에 이관) 祭儀 사무를 맡은 기관으로 생각된다(신형식, 1985, 『신라사』, 이화여대 출판부, 130쪽).

74) 신형식, 1985, 「신라의 통치구조」 『신라사』, 127쪽.

〈표 16〉 신라·당의 병부 조직 비교

	1단계		2단계		3단계		4단계		5단계		6단계	
신라	令	1~5위	大監(侍郞)	6~8위	茅監(大舍)	11~13위	弩舍知(司兵)	12~13위	史	12~17위	弩幢(小司兵)	12~1
		3인		3인		2인		1인		17인		1인
당	尙書	정3품	侍郞	정4품하	郎中	2인	員外郞	2인	主事	10인		
		1인		2인								

특히 당의 6전제와 근본적으로 다른 것은 병부의 지위가 위화부(사부使部)의 그것보다 훨씬 높다는 점이다. 따라서 통일 후 당의 6전제를 모방하여 5단계의 조직으로 편성되었다고 해도 병부의 경우를 보면 당의 그것과는 다른 조직과 특징을 갖고 있었다.[75] <표 16>에서 보듯이 관직명도 신라 고유의 관명을 유지하였고, 다른 관부가 5단계 조직을 갖고 있으나 신라는 6단계를 고수하였다. 대부분의 관원이 병부의 것을 기준으로 하고 있으며, 관원수도 집사부와 같이 27명을 기준으로 하고 있었다.[76] 특히 병부령이 시중侍中으로 승진된 일이 없으며, 오히려 시중을 거쳐 병부령이 되었으므로[77] 시중이 위로 왕명을 받들어 여러 관부의 장을 거느리는 수상은 될 수 없었다.[78] 오히려 병부령은 관등이 가장 높았고, 재상宰相과 사신私臣을 겸할 수 있는 상신上臣의 위치에 있었다. 따라서 병부령인 이사부異斯夫와 위홍魏弘이 국사편찬國史編纂과 황룡사탑개조皇龍寺塔改造의 주역이 될 수 있었다.[79] 특히 신라의 중앙행정체계는 특정기관의 월권越權을 방지하기 위해 전 관부가 왕과 직결되어 있어 고

75) 신형식, 1981, 「삼국사기 지의 분석」『삼국사기연구』, 일조각.

76) 『삼국사기』의 중앙관부(권38, 직관 상)의 설명에 있어서 그 기준을 병부의 것으로 삼고 있다. 調府의 경우에 "卿二人 文武王 十五年 加一人 位與兵部大監同"이라 하였고, 창부·예부·예작부 등도 병부의 관등이나 직제를 따른다고 하였다.

77) 신형식, 1984, 「신라의 국가적 성장과 병부령」『한국고대사의 신연구』, 일조각, 164쪽.

78) 이기백, 1974, 「신라 집사부의 성립」『신라정치사회사연구』, 171쪽.

79) 신형식, 1984, 앞의 책, 179쪽.

려의 도병마사제都兵馬使制나 조선의 의정부議政府와 같은 중간기구를 허용치 않았다. 이것은 중대 전제왕권의 가장 단적인 모습이다.

다음으로 통일신라의 권력구조에서 주목되는 것은 전제왕권의 유지를 위한 관부 상호 간의 견제와 균형이다. 중앙의 행정관부인 14관부와 7사성전을 포함한 19전典이 각각 300명 정도의 관리를 갖고 있었고, 행정관부와 내정관부內廷官府도 비슷한 관리로 균형을 이루고 있었다.[80] 무엇보다도 14관부와 7사성전은 각기 직능이 다르지만, 전자가 당의 5단계 행정조직을 답습한 것처럼 <표 17>에서 알 수 있듯이 후자에도 똑같이 5단계의 관리를 두고 있었다.[81] 이것은 전제왕권을 지탱하는 행정조직과 아울러 왕실의 권위를 인정하는 원당과의 조화된 의미를 나타낸 것이며, 7사성전이 사원의 감독·통제라는 외형적 임무보다 왕실의 봉사奉祀기관으로서의[82] 내면적 기능을 강조함으로써 왕권의 신성한 권위를 보장해 줄 수 있는 것이었다고 하겠다.

〈표 17〉 중앙관부와 7사성전의 관직 비교

		1단계	2단계	3단계	4단계	5단계
부	명칭	令	卿(侍郎)	大舍(主簿)	舍知	史
	관등	대아찬~이벌찬	사찬~아찬	사지~대나마	사지~대사	조위~대사
전	명칭	衿荷臣(令)	上堂(卿)	赤位(判官)	赤位(錄事)	史(典)
	관등	대아찬~이벌찬	나마~아찬		사지~나마	

그러므로 大道署가 국가적 불교통제기관이 아니라 왕정王廷의 불사佛寺를 관장하는 관청이라고 할 때,[83] 병부령·전중령殿中令인 김옹金邕이 사

80) 신형식, 1981, 「삼국사기 지의 분석」 『삼국사기연구』, 일조각, 331쪽.
81) 변선웅, 1973, 「황룡사 9층탑지의 연구」 『국회도서관보』 10-10, 53쪽.
82) 井上秀雄, 1974, 「新羅兵制考」 『新羅史基礎硏究』, 東出版, 140~141쪽.
83) 田村圓澄, 1969, 「僧官と僧官制度」 『飛鳥佛教史硏究』, 54~100쪽.

천왕사부령四天王寺府令과 전지대왕사眞智大王寺(奉恩寺)使를 겸한 사실은[84] 매우 뜻깊은 사실이 아닐 수 없다. 결국 성전사원을 통해 왕실의 추복追福과 국가의 안태安泰를 기원케 함과 동시에 귀족세력에 대하여 왕통의 권위를 강조할 수 있었다. 동시에 그러한 성전에 왕권이 침투할 수 있도록 행정책임자가 그곳을 지휘·통제하게 하였다.

이러한 다양한 기관의 증설과 관료군의 팽창에 따라 이에 대한 감독이 필요하였다. 그러므로 무엇보다도 사정司正·감찰監察 기능을 강화시켜야 하였으며, 조기의 사정부司正府 설치와 이방부理方府의 분치, 그리고 외사정外司正으 파견 등으로 나타났다. 이러한 율령제와 감찰업무의 강화는 법전法典 정비라는 차원에서 왕권의 합법화의 목적도 있었지만,[85] 관리 상호 간의 감독과 견제의 의미도 배제시킬 수는 없다. 특히 집사부의 중시中侍를 1인으로 하여 특정귀족가문과 왕실 간의 결속을 꾀하였으며, 신라의 14개 중앙관부에 총 300여 명의 관원 중에서 하급관리인 사史가 200명 정도에 육박하는 것은 단순한 사무중점주의事務重點主義가[86] 아니라 진골귀족의 세력을 견제하려는 의도로 간주할 수도 있을 것이다.[87] 또한 귀족적 전통을 지닌 3등관 이상의 관료진과 하급관리의 실무진을 구분함으로써[88] 관료체제의 운영의 미를 이룩할 수도 있었을 것이다. 따라서 신라의 사정司正 관청의 필요성이 증대하여 중앙·지방관청 뿐 아니라 746년(경덕왕 5)에는 내성內省까지 내사정전內司正典을 두게 되었다.

---

84) 「신라성덕대왕신종명」『조선금석총람』 상, 139~140쪽.

85) 이기동, 1984, 「신라중대의 관료제와 골품제」『신라 골품제사회와 화랑도』, 일조각, 121쪽.

86) 전봉덕, 1956, 「신라의 율령고」『서울대 논문집』 4, 336쪽.

87) <표 4>에 의하면 고급관리는 각 부에 7~8명에 불과하지만, 최하급의 실무직인 史는 10~30명 선을 유지하고 있다. 그러나 당시 업무관리상 고급·저급관리의 수는 정치적 의미가 있다고 생각된다.

88) 井上秀雄, 1974, 「三國史記にあらわれた新羅の中央行政官制について」『新羅史基礎硏究』, 東出版, 290~291쪽.

다음으로 신라의 권력구조에서 특기할 점은 장·차관의 복수제複數制와 고위관직의 겸직제兼職制이다. 신라의 중앙최고 14개 행정관부에서 장관이 1인인 경우는 집사부·사정부·선부 및 예작부 등 4부만이고, 병부와 위화부는 3인의 영令을 두고 있다. <표 18>에 의하면 신라의 장관은 거의가 복수제를 취하였고, 차관은 전부가 2~3명으로서 되어 있었다. 이러한 복수제의 성격이 주요 국사에 대한 귀족합의제라든가[89] 가장 유력한 급량부及梁部와 사량부沙梁部 출신에 안배한 것으로 설명하기도 한다.[90] 특히 병부령 3인에 대해서는 경주慶州내부, 경주외의 지방, 그리고 전체의 통일조직의 3분야를 분장하는 것이라든가[91] 병권의 분산에 따른 상호견제의 의미로도 파악하기도 한다.[92]

〈표 18〉 통일신라 14관부의 관원수

구분	執事部	兵部	調府	倉部	禮部	乘府	船府	司正府	例作府	領客府	位和府	左理方府	右理方府	工匠府	계
令	1	3	2	2	2	2	1	1	1	2	3	2	2		24
侍郎	2	3	3	3	3	3	3	3	2	3	3	3	2	1	37
郎中(大舍)	2	2	2	2	2	2	2	2	6	2	2	2	2	2	32
舍知(司兵)	2	1	1	1	1	1	1	2	2	1		2	2		17
史	20	17	10	30	11	12	10	15	8	8	8	15	10	4	178
小司兵		1					2								3
관리수	27	27	18	38	19	20	19	23	19	16	16	24	18	7	291

89) 井上秀雄, 1974, 앞의 책, 226~267쪽.
90) 이기백, 1974, 「품주고」 『신라정치사회사연구』, 146쪽.
91) 井上秀雄, 1974, 앞의 책, 226쪽.
92) 김철준, 1964, 「한국고대국가발달사」 『한국문화사대계』 Ⅰ, 531쪽.

7~8세기의 왕권전제화 과정 속에서도 왕비나 시중侍中·상대등上大等을 위요한 대표적인 귀족세력은 의연히 존재한 것인 사실이나 외척세력은 주로 시중·상대등·병부령·사정부령司正府令 등을 장악하였지, 전행정 관직을 독점할 수는 없었다. 동시에 전행정부 장관이 정치적 실권을 행사한 것은 아니었기 때문에 그것은 행정적 차원보다는 정치적 의미가 있는 것으로서[93] 직능職能의 분화와 권력의 견제 및 분산을 통한 전제왕권의 유지책일 가능성이 높다. 다만 병부령의 3인은 처음부터 3인을 둔 것이 아니라 국가적 필요성에서 증원된 것으로 보아야 할 것이다. 즉 516년(법흥왕 3)의 초치初置는 관부의 책임자로서, 544년(진흥왕 5)의 증치增置는 대가야전의 원활한 수행을 위해서, 그리고 659년(무열왕 6)의 제3 병부령은 대백제전과 당군과의 군사적 협조를 위해 둔 것으로 보았다. 원래 병부령은 재상宰相과 사신私臣을 겸할 수 있기 때문에 반드시 3인을 동시에 둘 필요는 없었다고 생각된다.[94]

통일신라의 권력구조에서 특기할 겸직兼職 문제가 또한 주목을 끈다. 이러한 겸직제가 권력집중·행정능률의 향상 및 행전문제의 타개책일 수도 있고,[95] 진골귀족의 합좌제도合坐制度의 증좌證左일 수도 있으며,[96] 무열계의 권력장악 수단으로 창안된 것으로 생각할 수도 있다.[97] 그러나 오랜 운영과정에서 겸직제는 그 성격이 바뀔 수밖에 없었다 해도, 결국은 왕실과 가까운 또는 권력을 장악하고 있는 소수의 왕족 일파의 권력독점의 방편이 되었다. 또한 겸직의 사례가 병부령을 비롯하여 상대등·시중·사정부령 등에 집중되고 있어 2~3가문의 외척(귀족)세력과의 타협 속에서 전제왕권이 보존될 수 있는 현실속에서는 절대왕권 유지의 수단일 수밖에 없다. 원래 신라에 있어서 겸직제는

93) 이기백, 1974, 앞의 책, 137쪽.
94) 신형식, 1984, 「신라의 국가적 성장과 병부령」『한국고대사의 신연구』, 일조각, 161쪽.
95) 이문기, 1984, 「신라시대의 겸직제」『대구사학』 26, 2쪽.
96) 이기동, 1984, 앞의 책, 138쪽.
97) 이문기, 1984, 앞의 논문, 13쪽.

1) 나해왕 25년 3월에 이벌찬伊伐湌 이음利音이 사망하였다. 이에 충훤忠萱을 시켜 이벌찬으로 하여 병마사兵馬事를 겸지게 하였다(『삼국사기』 권2).
2) 흘해왕 2년 정월에 급리急利를 아찬阿湌을 삼고 주요 정치를 위임하는 동시에 내외병마사內外兵馬事를 겸직케 하였다(『삼국사기』 권2).

에서 보듯이 그 기원이 상당히 오래되었다. 그리하여 왕권의 성장과 관료제의 발달과정에 따라 제도화되었을 것임은

병부령 1인은 법흥왕 3년에 처음으로 두었고, 진흥왕 5년에 1인을 가하였으며, 태종왕 6년에 또 1인을 더하였다. 관등은 대아찬大阿湌에서 태대각간太大角干까지로 하였으며, 재상宰相과 사신私臣을 겸할 수 있게 하였다(『삼국사기』 권38, 잡지7 직관 상).

에서 알 수 있다. 무엇보다도 겸직의 주역은 병부령이며,[98] 사신私臣이 설치된 것이 622년(진평왕 44)이고 보면, 이러한 겸직제도 역시 일반적인 중앙관직체계가 확립되는 진평왕대에 제도화되었을 것이다.[99] 그러나 이미 법흥·진흥왕대의 기사인

1-1) 법흥왕 16년(계체기 23년) 신라는 상신上臣인 이질부례지간기伊叱夫禮智干岐(이사부異斯夫)를 다시 보냈다(『일본서기』 권17, 계체기 23년 4월).
2) 진흥왕 2년 3월 이찬伊湌 이사부를 병부령으로 삼고, 중외中外의 병마사兵馬事를 맡게 하였다(『삼국사기』 권4).
3) 진흥왕 6년 7월 이찬 이사부가 "국사國史란 군신의 선악을 기록하여 포폄褒貶을 만대萬代에 보이는 것이라 … "고 하였다(『삼국사기』 권4).
2-1) 진흥왕 6년 7월 대아찬大阿湌 거칠부居柒夫 등에 명하여 널리 문사文士를 모아 국사를 편찬케 하였다(『삼국사기』 권4).
2) 진흥왕 12년 신미에 왕은 거칠부를 비롯하여 구진仇珍 대각찬大角湌,

98) 위와 같음.
99) 이에 대해 木村誠은 병부령이 재상을 겸직하는 것은 재상직이 설치된 진덕여왕대라는 주장을 하고 있다(木村誠, 1977, 「新羅の宰相制度」 『人文學報』 118, 34쪽).

탐지耽知 잡찬迊湌 … 8장군에 명하여 백제와 더불어 고구려를 침공하였다(『삼국사기』 권44, 열전4 거칠부).

3) 진지왕 원년 이찬 거칠부를 상대등을 삼아 국사國事를 총괄케 하였다(『삼국사기』 권4).

라는 사료에서 볼 때 이사부는 병부령으로서 국사편찬을 건의하였다면 그는 분명히 다른 관직을 겸하고 있었다고 생각된다. 그렇다면 『일본서기』의 상신上臣은 상대등일 가능성이 있으나 그것이 531년(법흥왕 18)의 설치 이전이므로 대신大臣·대등大等으로 간주할 수밖에 없다. 또한 거칠부도 상대등이 되기 전에 이미 장군과 또 다른 관직을 겸하고 있었다. 따라서 신라의 겸직제도는 상고대上古代 유력 부족장의 복합적 전통이 후대까지 존속된 현상으로 볼 수도 있다. 따라서 제도상으로는 진평왕 때 확립되었으나 이미 진흥왕 때의 이사부에서 구체적인 겸직 사례를 찾을 수 있다.

통일신라의 겸직제는 결국 본직本職과 겸직 문제로 나눌 수 있으나[100] 대체로 본직은 병부령이 있음은 사실이다. 다만 양자의 구별이 분명치 않기 때문에 이러한 겸직제가 고려시대의 판사제判事制의 기원이 되었다는 사실[101] 이외에는 단정지을 수는 없다. <표 19>에서 볼 수 있듯이 병부령은 법제적으로 상대등을 거의 겸직한 것으로 보이며, 7사성전의 금하신衿荷臣(검교사檢校使)을 겸하고 있었다. 이러한 겸직사례에서 주목할 것은 이들 병부령(또는 겸직자)들은 예외 없이 근친왕족이거나 외척으로서 실권을 장악한 인물이라는 점이다. 동시에 중앙행정 책임자가 대체로 7사성전의 책임자를 겸직케 함으로써 양자 간의 정치적 조화와 성전의 지위를 격상시키려는 의도가 엿보이고 있었다. 따라서 진골 독점관직에서의 겸직제도의 근복목적이 왕권전제화의 수단이며, 특권의 배타적 독점의 방법이었음은 확실하다. 그러므로 집사부의 장관인 중시가 1인으로 하여

100) 이문기, 1984, 앞의 논문, 17~28쪽.

101) 이기동, 1984, 앞의 책, 137쪽.

귀족세력의 침투를 배제한다는 견해는[102] 마땅히 시정되어야 할 것이다. 즉 중시는 전제왕권을 지지해 준 왕비족(외척)이나 특정귀족의 대표가 차지한 관직이기 때문에 전제왕권의 유지를 위해서는 중시의 정치적 협조가 필요하였던 것이다. 따라서 왕권이 크게 강하였던 성덕왕과 경덕왕대는 빈번한 중시의 교체가 있었다. 그러므로 겸직제의 사례가 왕권이 약화되는 경덕왕 말년 이후에 많이 보여지는 것도 같은 맥락에서 이해된다.

〈표 19〉 병부령의 타직 겸직 사례

병부령	겸직 내용	겸직 시기	왕과의 관계	전거
이사부 異斯夫	[將軍]·國史編纂官	진흥왕 6년	내물왕 4세손	『삼국사기』 권4
[거칠부] [居柒夫]	將軍·上大等	진지왕 1년	내물왕 5세손	〃
김용수 金龍樹	大將軍·私臣	진평왕 44년	진평왕 종제, 김춘추 부	〃
김군관 金軍官	將軍·上大等	신문왕 1년	왕족	『삼국사기』 권8
김옹 金邕	殿中令·司正府令·修城府令·監四天王寺府令·眞智王寺使	혜공왕 7년	경덕왕 先妃 오빠	聖德大王神鐘銘
김충렴 金忠廉	上大等	원성왕 1년	왕족	『삼국사기』 권10
김준옹 金俊邕	太子	원성왕 11년	원성왕 손(소성왕)	〃
김언승 金彦昇	上大等·私臣	애장왕 1년	소성왕 제(헌덕왕)	〃
김헌정 金獻貞	修城府令·侍中		왕족(원성왕 손)	斷俗寺神行禪師碑
김위홍 金魏弘	上大等	헌강왕 1년	왕족	皇龍寺九層木塔刹柱本記

* [ ]는 추정

102) 이기백, 1974, 「신라 집사부의 성립」 『신라정치사회사연구』, 일조각, 155쪽.

이와 같은 겸직사례는 병부령 이외에도 몇 가지 다른 기록이 있으니 아래아 같다.

1. 檢校使 肅正臺令兼修城府令 檢校感恩寺使 角干臣金良相.[103]
2-1) 魏昕 … 授蘇判兼倉部令 轉侍中兼兵部令 唐聘問(『삼국사기』 권44, 열전4 김양).
2) 文聖大王 與檀越季 舒發翰魏昕爲 南北相 各居其官猶左右相.[104]
3. 善德王 六年 秋七月 拜閼川爲大將軍 眞德女王 元年 二月 拜伊湌閼川爲上大等(『삼국사기』 권5).
4. 善德王 十一年 王命 大將軍金庾信 領死卒一萬人赴地 … 拜庾信爲押梁州軍主 武烈王 七年 春正月 拜伊湌金庾信爲上大等(『삼국사기』 권5).

위의 자료를 볼 때 김양상金良相은 숙정대肅正臺(사정부司正府)令으로서 수성부修城府(경성주작전京城周作典)令과 감은사사感恩寺使를 겸하였고(1), 위흔魏昕(김양金陽)은 본직은 몰라도 처음에는 창부령倉部令을 겸직하였으며, 뒤에 시중(문성왕 9년~10년)으로서 병부령을 겸하고 있었다(2). 다만 김양이 의정誼靖과 남북상南北相(좌우상左右相)을 하였다면, 결국 하대에 있어서 대표적인 겸직사례가 될 것이다. 3·4는 알천과 김유신이 장군으로서 상대등을 겸한 중고말의 사실인데, 당시의 긴급한 상황에서 온 불가피한 현상으로 보인다.

결국 진골 독점의 재상직 겸대兼帶는 특권의 독점적 수단으로서 중고나 하대에 이르러 광범위하게 나타나고 있어 중대에 있어서는 상당히 제한·규제한 듯한 인상을 받는다. 다시 말하면 제도적으로 허용된 겸직제는 중대왕권 전제하에서는 정치적으로 어느 정도 규제되었을 가능성이 높으나 하대에 이르러 더욱 일반화됨으로써 일부 특권층 귀족과의 연합에 따른 왕권유지수단이 되었으리라 본다.

---

103) 「新羅聖德大王神鐘銘」 『朝鮮金石總覽』 上, 40쪽.
104) 「聖住寺朗慧和尙白月葆光塔碑」, 위의 책, 77쪽.

한편 하급관직에서의 겸직은 문한직文翰職·근시직近侍職이나 사원성전寺院成典의 판관判官 등에서 많이 나타나고 있었다.[105] 이와 같은 비행정적인 관직의 겸대는 전문직의 능력보유자가 부족함에서 연유될 수도 있으나[106] 오히려 비진골출신 특히 6두품 계열의 불만을 해소하고 그들이 정치적 진출을 보장하려는 의도가 있었을 것이다. 하위직 겸대사례가 전적으로 신라말기에 나타났으며, 그들이 거의가 숙위학생宿衛學生 도는 빈공출신賓貢出身의 지적知的 집단이고,[107] 또한 그 관직이 한림원翰林院·숭문대랑崇文臺郞·서서원학사瑞書院學士 등임을 고려할 필요가 있다. 이것은 유교정치이념에 따른 왕권강화의 방편으로서 문한 및 근시기구를 통한 측근정치지향의 수단이라고 할 수도 있다.[108] 그것은 결국 진골귀족층의 견제를 벗어나려는 왕의 정치적 노력일 수도 있기 때문이다. 동시에 근시·문한직을 중심으로 한 하위직의 전문관직자들은 그러한 특수한 입장을 통해 자신들의 지위확보를 위한 수단일 수 있으며, 진골귀족에 대한 대응방편일 수도 있다. 다시 만하면 같은 귀족의 세역 영향을 받으면서도 중대는 겸직제를 어느 정도 제한할 수 있었다는 것이 전제왕권의 유지였으며, 그러한 다양한 겸직허용은 결국 왕권몰락의 계기가 되고 말았다. 다시 말하면 강력한 왕권구축의 방편이었던 겸직제는 도리어 왕권제한의 요소가 되고 말았던 것이다.

그러므로 신라에 있어서의 재상제도는 이러한 겸직제도에서 그 성격파악이 가능하다.[109] 신라의 최고관직으로 재상제도는 법제적으로 존재하지 않는다. 다만 병부령이 재상을 겸할 수 있도록 규정하고 있으며,[110] 『삼국

105) 이문기, 1984, 앞의 논문, 47~50쪽.
106) 이문기, 1984, 위의 논문, 52쪽.
107) 신형식, 1985, 「나말여초의 견당유학생 재론」 『변태섭박사회갑논총』, 삼영사, 601쪽.
108) 이기동, 1984, 「나말여초 근시기구의 확장」, 앞의 책, 263쪽.
109) 木村誠, 1977, 「新羅の宰相制度」 『人文學報』 118, 28~36쪽
110) 『삼국사기』 권38, 잡지7 직관 상에 "兵部令一人 法興王三年始置 眞興王五年加一人 太宗王六年又加一人 … 又得兼宰相 私臣"이라는 기록이 있다

사기』나 『당서唐書』에 간헐적으로 재상에 대한 기록이 있을 뿐이다. 기록이나 금석문金石文에 나타난 재상에 대한 기록을 정리하면 아래와 같다.

1. 眞德王薨無嗣 庾信與宰相閼川伊湌謀迎春秋侍伊湌卽位(『삼국사기』 권42, 열전2 김유신 중).
2. 金彦昇十年爲侍中 十一年以伊湌宰相 十李年爲兵部令 哀莊王元年爲角干 二年爲御龍省私臣 未幾爲上大等 至是 卽位(『삼국사기』 권10, 신라본기10 헌덕왕 원년).
3. 景文王五年 夏四月 唐懿宗降使 … 賜大宰相錦彩五十匹 … 賜次宰相錦彩二十匹(『삼국사기」 권11).
4. 伊湌金周元 初爲上宰 王爲角干 居二宰(『삼국유사』 권2, 원성대왕).
5. 文聖大王 亦遣宰相魏昕 請昕請居 因錫焉(「聖住寺事績碑」).
6. 命親弟上宰相角干魏弘爲□臣(「皇龍寺九層木塔刹柱本記」).

이상에서 볼 때 재상으로 기록된 알천·김언승·김주원·위흔(김양상) 등은 결국 상대등 또는 병부령에 있는 자가 그것을 겸직하였음을 본다. 재상 이외에도 대신大臣·총재冢宰라는 관직명이 나오고 있으나 결국 재상은 왕권의 강화를 위해서 최고 실권자에게 붙여진 정치적 배려라고 하겠다.[111] 그러므로 중대의 전제왕권하에서는 그 존재가치가 거의 무시될 수밖에 없었다. 이러한 기록과 같이 중국측 문헌에도 <표 20>에서와 같이 김양상(선덕왕)·김경신(원성왕)·김언승(헌덕왕) 등을 비롯하여 을제乙祭·김은거金隱居 등 당대의 최고 실권자들은 재상으로 표현하고 있다. 이들 대부분이 하대의 인물이라는 사실이다. 그러므로 을제나 알천 등 중고말에 시작되었으나 결국 재상으로서의 활동은 귀족연합기貴族聯合期로서 왕권의 약화시기에 그 권한을 행사할 수 있었다. 결국 재상제도는 제도상으로 나타난 것이 아니라 귀족세력의 영향하에 있는 신라 전제왕권으로서는 당시 정치적 실권을 장악한 인물이나 왕족에게 준 관직임에는 틀림이 없다.

통일신라의 권력구조에서 끝으로 간과할 수 없는 것은 전제왕권을 뒷

111) 신형식, 1985, 「신라의 재상」 『신라사』, 134쪽.

받침하려는 많은 제도적 장치를 들 수 있다. 전제왕권 확립의 방편으로 활용한 연좌제連坐制를 비롯하여[112] 왕권에의 직접적인 무력도발에 대한 대응책으로서 시위부侍衛府를 진골세력 침투의 저지기관으로 사병적私兵的 성격으로 개편한 것도 그 대표적인 예가 될 것이다.[113] 그 단적인 사실은 병부의 관원이 27명(영을 포함하여)에 불과한데 시위부의 인원이 180명이 되었으며,[114] 왕의 순행시巡幸時에 수가신隨駕臣이 40여 명이 된다는 것에 잘 나타나 있다.[115]

〈표 20〉 당서에 나타난 재상

인명	관직	정치활동	전거
을제 乙祭	大臣	上大等(선덕왕 1~5년)	『신당서』 권220
김은거 金隱居	〃	遣唐使(혜공왕 3년), 中侍(혜공왕 4~6년)	『구당서』 권199
김양상 金良相	宰相, 上相	中侍(경덕왕 23년~혜공왕 4년), 上大等(혜공왕 10~16년)	〃
김경신 金敬信	上相	上大等(선덕왕 1~5년), 원성왕	〃
김숭빈 金崇斌	宰相, 大宰相	中侍(원성왕 8~10년), 上大等(헌덕왕 1~11년)	『구당서』 권199
김언승 金彦昇	宰相, 大宰相	遣唐使(원성왕 6년), 侍中(원성왕 10~12년), 上大等(애장왕 2~10년), 헌덕왕	『구당서』 권15

112) 주보돈, 1984, 「신라시대의 연좌제」『대구사학』 25, 33~42쪽.

113) 이문기, 1986, 「신라 시위부의 성립과 성격」『역사교육논집』 9, 48~49쪽.

114) 신형식, 1984, 「삼국시대 왕의 성격과 지위」『한국고대사의 신연구』, 일조각, 86쪽.

115) 왕의 隨駕臣은 정확히 규정되어 있지 않다. 다만 「磨雲嶺碑」에 따르면 沙門道人(僧統) 2인, 大等 7인, 近侍集團 11인, 堂來客·裏內客 등 5~10인, 그리고 外官과 助人 몇 명 등 30~40명 정도로 추측할 수 있다(신형식, 1985, 『신라사』, 23~24쪽). 그러나 이문기는 당래객·이내객 각각 50인으로 생각하고 있으나(이문기, 1983, 「신라 중고의 국왕근시집단」『역사교육논집』 5, 72쪽) 이렇게 되면 왕의 수행인원이 140명 정도가 된다. 따라서 신라의 중앙행정관리수를 보아 불가능한 일이다.

신라 전제왕권의 제도적 특질은 다양한 내정관부內廷官府의 기능에 가장 잘 반영되어 있다. 우선 『삼국사기』(직관지)에 나타난 중앙행정관부가 총 44개에 불과하지만,[116] 내정관부가 115개에 이르고 있다는 것이다. 여기에는 내성內省 계통의 71관부, 어룡성御龍省 계통의 35관부, 그리고 동궁東宮 계통의 10관부 등으로 나뉘어 각기 특징적인 직원구성의 일면을 나타내고 있다.[117] 이들 기관에 대한 『삼국사기』의 기록이 8세기 후엽 9세기 초엽에 작성된 것으로 볼 수도 있겠으나[118] 내성이 585년(진평왕 7)에 3궁에 사신私臣 1인씩 두었으며, 622년(진평왕 44)에 3궁 통합의 내성사신內省私臣을 임명한 점으로 보아 중대 전제왕권하에 그 기구를 대폭 확장 정리하였을 것이다. 다시 말하면 설치 연도가 표시된 것이 신문·성덕왕대이며, 대부분이 경덕왕 때 개칭되었으므로 대부분의 궁정관부는 성덕왕 때의 빈번한 대당교섭으로 당의 전중성殿中省·내관內官·궁관제宮官制를 받아들였을 것은 물론이다. 다만 당의 전중성은 그 최고관직인 감監이 종3품에 불과하였고, 그 부속기관도 상식국尚食局·상약국尚藥局·상의국尚衣局·상사국尚舍局·상승국尚乘局·상연국尚輦局으로 구성되고 있어 신라제도와는 전혀 다른 모습을 하고 있다.[119] 그러나 신라의 궁정관부는 그 관부의 지위를 최고행정관부와 같은 수준으로 하였으며, 그 관원의 구성도 <표 21>에서와 같이 집사부와 내성을 같이 5단계의 관리를 두고 있다.이는 적어도 양기관의 지위를 같게 함으로써 당의 전중성이

> 殿中監事天子服御·總領尙食·尙藥·尙舍·尙乘·尙輦六局之官屬(『구당서』 권44, 직관3).

이라는 6개의 직능에 한정한 것과는 근본적으로 달랐다.

---

116) 신형식, 1981, 「삼국사기 지의 분석」 『삼국사기연구』, 일조각, 330쪽.
117) 三池賢一, 1971, 「新羅內廷官制考」 上 『朝鮮學報』 61, 4~14쪽.
118) 三池賢一, 1971, 위의 논문, 9쪽.
119) 『구당서』 권44, 지24, 직관3.

〈표 21〉 집사부와 내성의 비교

관부 / 관원	장관	차관	3등관	4등관	5등관
집사부 執事部	中侍(1)	侍郎(2)	大舍(2)	舍知(2)	史(20)
	大阿湌~伊湌	奈麻~阿湌	舍知~奈麻	舍知~大舍	先沮知~大舍
내성 內省	私臣(1)	卿(2)	監(2)	大舍(1)	舍知(1)
	衿荷~太大角干	奈麻~阿湌	奈麻~沙湌	?	?

* ( )는 인원수

그러나 신라의 내정관부는 다양한 직능을 갖고 있었다. 신라의 내성이 당의 상승국이나 상연국 등의 직능을 행정부에 이관한 대신, 세택洗宅을 어룡성과 동궁관東宮官에 각각 설치함으로써 그것이 신라 후반기에 있어서 선교성宣教省과 더불어 국왕의 시종이나 비서기관을 강화시켰다. 더구나 이 기관에 학사學士들이 배치된 서서원瑞書院·숭문대崇文臺 등과 함께 국왕권 강화의 노력에 기여한 사실은 주목할 일이다.[120] 이것은 나말羅末의 유교정치이념의 추구와 함께 약화되어 가는 왕권 재확립의 수단이 아닐 수 없다.

특히 병부령이 사신과 재상을 겸직케 함으로써 국가행정과 왕실행정의 원활한 운영과 균형을 이룩케 하였으며, 714년(성덕왕 13)에는 상문사詳文師(통문박사通文博士·한림翰林)을 내성 안에 두는 한편, 숭문대를 어룡성에 부설시켜 외교문제를 담당케 한 것은 단순히 외교관계 업무만은 아닐 것이다. 오히려 그것이 경덕왕 때 한림으로 개칭한 것으로 보아 하사들로 하여금 정치자문역할을 하게 한 전제왕권의 강화수단으로 생각된다. 또한 천문天文(司天)박사博士나 의학醫學과 약전藥典 등도 내정기관으로 하여 위민정책을 괴한 점과 대부분의 궁정관계기관을 성덕왕 때 설치하거나 경덕왕 때 개칭한 것도 전제왕권의 유지와 같은맥락에서 설명할 수 있다.

---

120) 이기동, 1984, 앞의 책, 233쪽 및 263쪽.

또한 궁정관부의 내사성전內司成典·율령전律令典과 같은 사법기관, 상문사·왜택전倭宅典·왜전倭典과 같은 외교기관, 인도전引道典·사전寺典·제전祭典과 같은 제사기관 등을 두어 행정관부의 사정부司正府·이방부理方府나 영객부領客府 및 예부禮部와의 관계를 고려하여 왕실내각의 성격으로 활용할 수 있게 하였다. 이러한 제도는 고려시대의 중추원中樞院이나 조선시대의 승정원承政院 제도를 가능케 한 제약적 시원始源임이 분명하다. 여기서 통일신라의 제도와 고려와 조선의 제도에 기원起源이 되었음을 알 수 있으며, 한국 전통사회의 원형이 이룩되었음을 확인할 수 있었다.

4) 신라 전제정치의 역사적 위상

통일신라 전반기에 확립된 전제왕권과 관료제도는 우리나라 전통사회의 원형을 이룩하였기 때문에 이 시기에 보여진 왕권의 모습과 관료제도의 틀은 주요한 의미를 갖고 있었다. 결국 전제왕권을 외형적 중국의 그것과 거의 같은 형태를 휘하였으나 관료제도는 중국의 그것과 거의 같은 형태를 취하였으나, 관료제는 중국의 그것과는 달리 신라의 독자적인 특성을 끝까지 유지하였다. 다만, 이러한 전제왕권은 이미 중고말에 그 초기형태가 나타났지만, 통일전쟁이라는 국력의 집중과 왕권의 권위를 요구하는 현실적 필요성과 새로 등장하는 무열왕권의 확립과정에서 보다 구체화 되었다.

우선 중대 무열왕권은 왕권의 신성화에 입각한 절대군주제였다. 유교적 왕도정치이념을 표방하여 빈번한 교서敎書와 사면령赦免令을 통해 전제군주의 덕성德性을 강조하였고, 국학國學의 충실과 경전의 강론을 통해 군자지풍君子之風과 인의지도仁義之道를 내세워, 군주의 규범을 밝힘으로써 전제군주제의 논리적 타당성을 확인하였다. 동시에 신성한 전제왕권은 불교를 통해 정신적 뒷받침을 마련하였다. 불교는 개인과 국가, 개인과 왕실을 연결시키는 공적公的 윤리가 되었고, 불교행사는 국가적 사업으로 승화되었다. 사천왕사四天王寺나 감은사感恩寺 등의 성전成典은 왕실의 정통성과 권위를 확인해 주었고, 백좌강회百座講會와 같은 불교집회는 국가의 안녕과 보호를 위한 의미를 더해 주었다. 다시 말하면 유교의 왕도정치의 구현에서 전제왕권의 현실적 권능을 제공받았고, 불교의 종교적 권위에서 그 신성함을 보장받을 수 있었다. 이것이 만파식적萬波息笛의 사상이며, 「안민가安民歌」의 정신이었다. 그러므로 문무왕과 선덕왕의 불교식 화장火葬과 유교적인 율령정치의 유조遺詔가 바로 중대 전제왕권의 상징적 표현이 될 수 있었다.

다음으로 통일신라의 권력구조나 관료제도는 당의 그것을 모방하였으나 전시대를 통해 신라의 독자성을 유지하였다는 점이다. 이러한 신라관료제의 특성을 정리하면 아래와 같다.

첫째로, 신라의 관료제도는 170년이란 장구한 정비기간을 요하였으며, 690년(신문왕 10) 전후에 완비되었다. 중앙행정조직은 4부部와 10부府를 기간으로 직능상 분화·정비되었으며, 특정기관의 월권을 방지하기 위해 전체관료체제가 왕과 직결되어 의정부議政府와 같은 중간기구를 두지 않았다. 따라서 집사부執事部는 중앙행정을 총괄하는 최고관부도 아니고, 시중侍中도 수상首相으로서의 기능이 거의 없었다. 그러므로 제도상으로 없었던 재상宰相이 정치적 차원에서 존재하였으며, 병부兵部 위주의 행정체제가 유지되어 병부령兵部令이 실질적인 집권자가 되었다.

둘째로, 신라의 권력구조는 각 기관의 상호견제와 균형을 특징으로 한다. 14관부와 7사성전을 비롯한 19전典의 특수기관은 각기 5단계의 행정조직과 관원수에 있어서 상호 균형을 유지하였다. 전자는 정치적 실무를 담당하였고, 후자는 왕실의 원당願堂이나 특수직능을 맡아 상호간의 독자성을 지켰으며, 그 책임자는 겸직兼職케 함으로써 양자간의 원활한 운영을 꾀할 수 있게 하였다. 이러한 균형과 견제 속에서 전제왕권을 보장하는 장치가 마련되었다.

셋째로, 신라 관직제의 또 다른 특징은 장차관長次官의 복수제複數制와 고위직의 광범한 겸직제兼職制이다. 이러한 복수제는 귀족합의제의 정신에 입각한 사실일 수도 있으나 정치적 의미가 컸다. 또한 겸직제는 관료제의 발달과정에서 나타났으며, 고려의 재상宰相·판사직判事職이나 조선의 당상관堂上官의 겸직제의 기원이 될 수 있었다. 그러므로 신라의 재상제도도 전제왕권하의 귀족세력 존재와 관련이 있으며, 하대에 이르러 더욱 활성화된 것도 사실이다. 이러한 겸직제는 하급관리의 경우에도 나타나 근시近侍·문한직文翰職을 중심으로 진골귀족에 대응하며, 왕권강화에 기여하기도 하였다.

넷째로, 신라의 관료정치제도에서 특기할 것은 115개나 되는 궁정관제宮廷官制에도 보여진다. 당의 전중성殿中省이 상승국尙乘局이나 상연국尙輦局 등 제한된 기능만을 갖고 있으나 신라의 궁정관직은 내성內省·어룡성御龍省·동궁관東宮官으로 3분되어 광범하고 다양한 직능을 갖고 있었다. 즉 신라의 경우는 상승국과 상연국 등의 기능은 일반행정관부로 이관시켰으나 세택洗宅·선교성宣敎省·문한직文翰職의 직능은 물론 사정司正·외교의 기능까지 갖고 있음으로써 왕실내각王室內閣(Kitchen-Cabinet)의 의미까지도 나타내고 있었다. 그러나 내성의 사신私臣과 행정관부의 최고 관직자가 겸직됨으로써 탈권과 월권을 방지하였으며, 왕권이 양기관에 합법적으로 침투될 수 있었다.

이와 같이 통일신라의 관료제도는 그 명칭이나 직능에 있어서 당의 그것을 모방하였으나 각 부분에서는 신라의 독자성을 견지하였다. 특히 행정관부와 내정관부內廷官府의 제도적인 균형을 통해 전제왕권을 보필하였으며, 한국 傳統社會의 제도적적 원형을 마련하여 고려·조선으로 연결됨으로써 한국사에 있어서 처음으로 제도화된 정치조직이었다. 그러나 전제왕권이라는 표현이 꼭 적절한 것은 아니지만 마땅한 용어가 없기 때문에 그대로 사용할 수 밖에 없었다. 특히 전제왕제이 일방적으로 권력의 행사가 발휘된 것이 아니라 '제도화 된 관료제의 틀' 속에서 유지되었으며, 언제나 천재지변(하늘의 벌)과 국인(귀족의 대표, 화백도 그 일종)의 견제와 저항을 받고 있었음을 간과할 수 없었다. 그리고 이러한 전제왕권은 언제나 유교적인 덕목으로서 왕도정치의 구현으로 그 존재를 유지할 수 있었다.

3. 순행巡幸의 유형과 그 성격

정치기사의 항목 중에서 두 번째의 것으로 순수巡守(巡撫·巡幸)[121]라는 것이 있다. 이것은 왕이 궁궐을 떠나서 이루어지는 일체의 정치활동으로서, 중앙의 정치행위에 못지않은 큰 의미가 있는 것이다. 원래 巡守(巡狩)는 '정치와 별개의 것'으로 생각하는 천자의 활동으로서, 정기적으로 중앙정부를 떠나서 제후국諸侯國을 돌아다니며 정치의 득실과 국민의 휴척休戚을 살피는 것이다.

> 천자는 5년에 한번 순수巡守를 행한다. 세歲 2월에 동방으로 가서 대종代宗에 이르러 시제柴祭와 산천에 제사를 행한다. 천자가 제후를 만나보고, 그 지방에서 나이가 백세인자를 찾아본다. 태사太師에 명하여 시詩를 펴서 풍속風俗을 살피고, 시사市肆에 명하여 납가納賈를 통해서 인민의 호악好惡과 음벽淫辟을 살핀다. 전례典禮에 명하여 절후節候·월月·일日을 보살피며, 율律·예악·제도 및 의복 등을 중앙정부와 같게 잡아준다.[122]

라는 기록으로 볼 때, 순수는 통치자의 지방출장으로서 경노·풍속·제사·종묘·예악·제도·인재등용 등 왕도정치의 덕목으로 이해되고 있다. 이러한 대 전제에서 김영하씨는 신라의 순수를 '소국병합과정에서는 민

121) 『삼국사기』에는 巡狩·巡守·狩獵·田·畋·巡·幸·巡幸 등으로 표현되어 있어 이들에 대한 뚜렷한 차이는 발견할 수가 없다.

122) 『예기』 권11, 王制 제5.

심수람의 진휼과 대내적인 결속 강화수단으로, 고대국가의 성장단계에서는 정복의 원활을 기한 군사위문과 재해구제'로 보았다. 그리고 정복국가에서는 영토의 확인과 재정복을 위한 선무의 수단[123]으로 파악한 바 있었다.

그러나 『삼국사기』에서 보여진 순행은 경사京師에서의 정치와 반드시 구분된 것이 아니라 그 연장이었다. 그리고 3국이 약간의 차이를 갖고 있기 때문에 보다 명확한 검토가 요구된다. 다만, 왕의 출타는 순수 이외에도 직접적인 군대통솔의 경우가 많으나, 그것은 전쟁수단이었기 때문에 순행이 아니었다. 그리고 8세기 이후, 신라의 왕은 사찰에 행차를 하게 되었거니와 9세기 이후는 지방외출이 불가능했기 때문에 대부분 황룡사 행차를 하게 된다. 이것은 중앙을 떠난 것은 아니지만, 일단 궁궐을 떠난 것이어서 순수에 포함시켰다. 특히 순행의 목적을 보다 뚜렷하게 이해하기 위해서, 그것을 떠나게 된 원인(배경)을 아울러 밝혀 보려는 것이다.

> 고구려는 매년 3월 3일 낙랑지구樂浪之丘에 모여 사냥을 하여 잡은 돼지와 사슴 등으로서 하늘과 산천신에 제사를 지낸다. 이 날에는 왕도 사냥을 나가는데 군신들과 5부部의 병사들도 모두 왕을 따른다. 이때 온달溫達은 자기가 기른 말을 타고 수행하였는데, 그는 늘 앞에서 달려 나갔고 잡은 짐승도 제일 많았다. 다른 사람이 그를 따를 수 없기 때문에 왕은 그를 불러 특별히 대해 주었다.(『삼국사기』 권 45, 열전 5, 온달)

이것은 고구려의 풍속이지만, 순수의 성격을 단적으로 설명하고 있다. 즉, 순수는 사냥·제사·군사훈련·인물발탁 등 여러 가지 목적을 띤 왕의 행차이다. 따라서 수狩·행幸·순무巡撫라고 해서 그것 자체만의 의미가 아니라, 항상 복합적 의미를 지니고 있었음을 간과해서는 안 될 것이다. 이러한 사실을 소지왕 10년 2월의 순행에는 '진휼과 여옥수慮獄囚'가 보였고, 진흥왕 16년 10월의 순행에도 '척경拓境과 곡사曲赦'가 있었음에도

123) 김영하, 1979, 「신라시대의 순수의 성격」 『민족문화연구』 14, 212~245쪽.

알 수 있었다. 신라는 52회, 고구려는 47회, 백제는 36회의 기록이 있는 바, 그 속에서 우리는 3국의 사회적 성격을 찾게 된다.

<표 22>는 신라의 순행을 정리한 것이다. 이에 의하면 신라의 52회의 기록에서 구휼이 12회, 행사찰이 9회, 군사가 7회로 출행수가 가장 많았고, 행국학幸國學과 영토확인이 4회였다. 그 외에 권농·수렵·택인擇人·풍속과 민정시찰·제사·대사 등 11가지의 목적을 갖고 있었다. 따라서 출행의 목적이 진휼과 군사위로·전술의 개발 및 백고좌百高座의 청강 등이 가장 중심이 되었다. 그러나 다른 정치기사의 경우와 같이 세기별 출행수는 거의 일정하여 정치적으로 성숙된 일면을 나타내 준다. 무엇보다 신라는 수렵이 단 1회뿐이어서 순행의 내용이 거의가 수렵인 제·여와 크게 성격을 달리한다. 이것은 제·여의 왕이 기본자격에서 '선사善射'를 내세운 것과 대조할 수 있다. 그 외

성덕왕 11년 4월 駕幸溫水

라 하여 온천에 출행하였는바, 순행의 잠재적 목적인 유락을 구체적으로 나타내고 있었다. 그러나 대부분의 경우는 이러한 행락기사는 기록하지 않았기 때문에, 수렵의 경우는 군사훈련도 있지만 유렵遊獵의 의미로 생각해도 무방할 듯하다.

〈표 22〉 신라의 순행巡幸

유형	출행연대	출행기록	출행동기
구휼	유리 5년 11월(28)	王巡行國內 見一老嫗飢凍將死…解衣以覆之	
	파사 2년 3월(81)	巡撫州郡 發倉賑給 慮獄囚 非二罪悉原之	祭祀
	파사 14년 2월(93)	巡幸古所夫里郡 親問高年 賜穀	任命

유형	출행연대	출행기록	출행동기
	파사 27년 1월(106)	幸押督 賑貧窮	大雪
	조분 6년 1월(235)	東巡撫恤	전쟁
	미추 3년 3월(264)	幸黃山 問高年及貧不能自存者 賑恤之	大赦
	기림 3년 2월(300)	巡幸比列忽 親問高年及貧窮者 賜穀有差 三月至牛頭州 望祭太白山	祭祀
	소지 5년 10월(483)	幸一善界 存問遭災百姓 賜穀有差	洪水
	소지 10년 2월(488)	幸一善郡 存問鰥寡孤獨 賜穀有差 三月至自一善所歷州郡獄囚 除二死悉原之	王移仕
	성덕 17년 2월(718)	王巡撫國西州郡 親問高年及鰥寡孤獨 賜物有差	任命
	선덕 3년 2월(782)	王巡幸漢山州 移民戶於浿江鎭	朝貢
	홍덕 9년 10월(834)	巡幸國南州郡 存問耆老及鰥寡孤獨 賜穀布有差	
군사	아달라 4년 3월(157)	巡幸長嶺鎭 勞戍卒 各賜征袍	置縣(도로개척)
	아달라 9년(162)	巡幸沙道城 勞戍卒	흉작
	미추 23년 2월(284)	巡撫國西諸城	전쟁
	소지 3년 2월(481)	幸比列城 存撫軍士 賜征袍	전쟁
	문무 8년 7월(668)	王行次漢城州 教諸摠管往會大軍	전쟁
	문무 14년 9월(674)	幸靈廟寺 前路閱兵 觀阿飡薛秀眞六陣兵法	任命
	홍덕 9년 9월(834)	王幸西兄山下大閱 御武平門觀射	任命
권농	혁거세 17년(BC 41)	王巡撫六部 妃閼英從焉 勸督農桑以盡地利	
	소지 18년 8월(496)	幸南郊觀稼	전쟁
	애장 4년 4월(803)	王幸南郊觀麥	任命

유형	출행연대	출행기록	출행동기
영토 확인	미추 3년 2월(264)	東巡幸望海	大赦
	자비 12년 7월(469)	王巡撫經水州郡	洪水
	법흥 11년 9월(524)	王出巡南境拓地 加耶國王來會	
	진흥 16년 10월(555)	王巡幸北漢山 拓定封疆 … 曲赦	置完山州
국학	혜공 1년(765)	幸太學 命博士講尙書義	大赦
	혜공 12년 2월(776)	幸國學聽講	下敎
	경문 3년 2월(863)	王幸國學 命博士已下 講論經義	入唐
	헌강 5년 2월(879)	幸國學 命博士已下講論	日本使臣來至
사찰	진평 44년 1월(622)	王親幸皇龍寺	唐使臣來至
	혜공 12년 1월(776)	幸感恩寺望海	下敎
	경문 4년 2월(864)	王幸感恩寺望海	納妃
	경문 6년 1월(866)	幸皇龍寺看燈	立太子
	헌강 2년 2월(876)	皇龍寺齋僧 設百高座講經 王親幸聽之	大赦
	헌강 9년 3월(883)	王幸三郎寺	怪變(一產三男)
	정강 2년 1월(887)	設百座於皇龍寺 親幸聽講	凶年
	진성 1년(887)	設百座皇龍寺 親幸聽法	大赦
	진성 4년 1월(890)	幸皇龍寺看燈	怪變(暈5重)
수렵 狩獵	헌강 5년 11월(879)	獵穴城原	日本使臣來至
	성덕 11년 4월(712)	駕幸溫水(溫泉)	唐使臣來至
대사 大赦	혜공 6년 1월(770)	王幸西原京 曲赦所經州縣繫囚	無雪
택인 擇人	소지 22년 9월(500)	王幸捺已郡 郡人波路有女子	暴風·龍·안개
	진흥 12년 3월(551)	王巡守 次娘城 聞于勒… 特喚之	改年號
풍속	벌휴 3년 1월(186)	巡幸州郡 觀察風俗	征伐

유형	출행연대	출행기록	출행동기
	헌강 5년 3월(879)	巡幸國東州郡 有不知所從來四人…	國學幸次
불명	탈해 3년 3월(59)	王登吐含山	祭祀
	내해 13년 2월(208)	西巡郡邑 浹旬而返	任命
	내해 32년 2월(227)	巡狩西南郡邑	大赦
	신문 9년 9월(689)	幸獐山城	下敎
	성덕 10년 10월(711)	巡狩國南州郡	大雪
제사	일성 5년 10월(138)	北巡親祀 太白山	閱兵

이러한 순행이 진휼인 경우는 5세기 이전에 집중되어 있었고, 행국학幸國學과 사찰寺刹은 8·9세기에만 나타나고 있었다. 전자는 정복전쟁의 수행이나 농업생산력의 증대를 위한 사회적 조치라면, 후자는 나말의 혼란을 극복하려는 유교정치·호국불교의 사상적 욕구였다. 그러나 순행이 나타나게 된 직접적인 동기를 찾아보면 그 목적이 단순한 외형적인 기록과는 큰 차이가 있음을 보게 된다. 즉, 천재·흉작의 대책으로서의 순행은 10회(19%)뿐이며, 나머지는 <표 23>에서 볼 수 있는 바와 같이 정치적 동기로 이루어진 것이다. 물론 대부분의 천재나 흉작에는 왕의 직접적인 구휼보다 관리를 파견하는 발창구지發倉救之·순문백성巡問百姓·발사무문發使撫問의 방식이 더 효과적이기 때문에 순행의 흉작대책은 井上秀雄씨의 지적[124]과는 달리 큰 의미가 없었을 것이다. 다시 말하면 그는 흉작정책으로서 진급賑給·여수慮囚·순무巡撫·중시면직中侍免職을 내세우고, 특히 순무를 21회로 파악하였으나, 이것은 어디까지나 발사안무發使按撫를 뜻하는 것이어서, 왕 자신의 순행은 구휼과는 큰 관계가 없다고 할 것이다. 더구나 순행시가 1~3월(31회)과 9~10월(10회)에 집중되고 있어 오히려 파종·추수의 독려와 관계가 있었을지도 모른다. 무엇보다도 구휼을 위한 출행이

124) 井上秀雄, 앞의 책, 151쪽.

거의가 1, 2월에 집중되었다는 것은 쉽게 납득이 되지 않기 때문이다. 그러나 전체로 볼 때는 춘계(37회)가 추계(13회)보다 훨씬 많았음이 특징적이다.

〈표 23〉 신라의 순행巡幸의 직접동기

영역	사건	회수	
천재	천재	5	10(19.3%)
	흉작(飢)	2	
	괴변	3	
정치	임명	7	27(51.9%)
	대사大赦	6	
	제사祭祀	3	
	하교下敎	3	
	책비冊妃·입태자立太子	2	
	개연호改年號	1	
	기타	5	
전쟁	승리·정벌	6	6(11.5%)
외교	조공朝貢·사절래지使節來至	6	6(11.5%)
불명		3	3(5.8%)

그러므로 <표 23>에서 보듯이 왕의 출행은 거의 정치적 동기에서 출발하는바, 임명·대사 직후에 가장 많이 보여지고 있었다. 이것은 왕 자신의 정치적 행위에 대한 확인과 기념의 뜻이며, 하교·입태자·전승·외국사절내지來至에 따른 출행임을 고려하면 그 속에는 자축과 유람의 의미가 포함된 듯하다. 다만, 9세기에 집중적으로 보여진 행황룡사幸皇龍寺는 사회안정·국가부흥의 구국적 선무행차일 뿐이다. 여기서 우리는 진흥왕순수비에서 나타난 '민심의 방채訪採나 위로 및 표창'의 의미는 실

제로 순수의 근본동기의 뜻을 기록한 의례적인 것일 수밖에 없다. 그러나 11회의 기록은 즉위 직후에 나타나고 있었고, 또한 진휼을 위한 것이 4회(11회 중)나 되고 있어 일종의 즉위기념을 위한 행사(여행)였음도 물론이다. 또한 외국사신이 도착한 직후에 출행이 나타나고 있어 함께 국학國學이다 사찰을 방문한다든가, 유람을 떠났을 가능성도 배제할 수는 없다. 그러나 순행의 성격상 전시대가 동일한 것이 아니었고, 6·7세기 이전에는 주로 진휼·군사 및 영토확인의 뜻이 강하였음에 비해서, 그 이후에는 행국학幸國學·사찰寺刹을 통한 새로운 국난극복의 정신적 위로를 받으려 한 것으로 생각된다.

이에 대하여 고구려는 47회의 순행기록이 있다. <표 24>에 의하면 전렵畋獵이 20회로서 가장 많으며 그 다음에 제사와 구인求人을 위한 출행이었다.

〈표 24〉 고구려의 순행巡幸

유형	번호	출행연대		출행기사	출행동기
수렵	1	瑠璃 2년 9월	BC 18	西狩獲白獐	納妃
	2	유리 3년	BC 17	王田於箕山	왕비사망
	3	유리 22년 12월	3	王田于質山陰	축성
	4	민중 3년 7월중	46	王東狩獲白獐	홍수(天災)
	5	민중 4년 4월	47	王田於閔中原	無雪(天災)
	6	태조 7년 4월	59	王如孤岸淵觀魚 釣得赤翅白魚	伐沃沮(전쟁)
	7	태조 10년 8월	62	東獵	홍수(天災)
	8	태조 55년 9월	107	王獵質山陽 獲紫獐	전쟁
	9	태조 86년 3월	138	遂成獵於質陽	
	10	태조 86년 7월	138	又獵箕丘	

유형	번호	출행연대		출행기사	출행동기
	11	차대 3년 7월	148	王田于平儒原	왕자사망
	12	산상 3년 9월	199	王畋于質陽	大赦
	13	중천 15년 7월	262	王獵箕丘 獲白獐	祀始祖廟
	14	서천 7년 4월	276	王如新城 獵獲白鹿	
	15	서천 19년 4월	288	王幸新城 海谷太守獻鯨魚目	王弟謀叛
	16	장수 2년 10월	414	王畋于蛇川之原 獲白獐	괴이
	17	문자 15년 8월	506	王獵於龍山之陽	조공
	18	안장 11년 3월	529	王畋於黃城之東	조공
	19	평원 13년 7월	571	王畋於浿河之原	조공
제사	20	태조 69년 10월	121	王幸扶餘祀太后廟 存問百姓 窮困者 賜物有差	전쟁
	21	신대 3년 9월	167	王如卒本 祀始祖廟	즉위 (大赦, 任命)
	22	고국천 2년 9월	180	王如卒本 祀始祖廟	즉위(册妃)
	23	동천 2년 2월	228	王如卒本 祀始祖廟	즉위
	24	중천 13년 9월	260	王如卒本 祀始祖廟	전쟁승리
	25	고국원 2년 2월	332	王如卒本 祀始祖廟	즉위
	26	안장 3년 4월	521	王如卒本 祀始祖廟	즉위
	27	평원 2년 2월	560	王如卒本 祀始祖廟	즉위
	28	영류 2년 2월	619	王如卒本 祀始祖廟	즉위
求人	29	동명 1년	BC 37	王見沸流水中 有菜葉逐流下 … 獵往尋	
	30	유리 21년 9월	2	王如國內觀地勢 還至沙勿澤	

유형	번호	출행연대		출행기사	출행동기
				見一丈夫	
	31	유리 24년 9월	5	王田于箕山之野 得異人	立太子, 大赦
	32	대무신 3년 9월	20	王田骨句川 得神馬	지진, 大赦
	33	민중 4년 7월	47	王田見石窟	無雪
	34	산상 12년 11월	208	王幸酒桶村女家	郊豕逸
	35	산상 12년 3월	209	王復幸女家	
구휼·위로	36	태조 46년 3월	98	王東巡柵城…獲白鹿…與羣臣宴飮 賜柵城守吏物段有差 遂紀功於岩乃還	대설
	37	고국천 16년 10월	194	王畋于質陽… 給衣食以存撫之	霜, 구휼, 民饑
	38	안원 7년 3월	537	民饑 王巡撫賑救	
	39	평원 23년 10월	581	民饑 王巡行撫恤	霜, 民饑
영토확인	40	태조 62년 8월	114	王巡守南海 冬十月 至自南海	日食
	41	문자 4년 7월	495	南巡狩 望海而還	旱, 조공
사건모의	42	태조 80년 7월	132	遂成獵於倭山與左右宴…羣寮欲立王子再思	지진
	43	태조 94년 7월	146	遂成獵於倭山之下 謂左右曰…	지진
전쟁	44	중천 12년 12월	259	王畋于杜訥之谷…王簡精騎五千	無雪, 大疫
기타	45	서천 19년 4월	288	王幸新城 海谷太守獻鯨魚目	叛亂
	46	유리 37년 7월	17	王幸豆谷	왕자익사
	47	광개토 18년 8월	409	王南巡	築城徙民

그 외 구휼·영토확인·사건모의·전쟁 등 7가지의 목적을 갖고 있어 신라와 큰 차이를 나타내고 있다. 우선 고구려는 수렵과 제사를 위한 출행이 전체의 6할이 되고 있으며 시조의 제사는 반드시 졸본에 가서 지낸다는 것이 특징적이다.

〈표 25〉 고구려 순행의 직접동기

영역	사건	回數	
천재	천재	9	16(31.4%)
	흉작(飢)	6	
	괴변	1	
정치	즉위	7	23(41.5%)
	대사	4	
	제사	3	
	사망	3	
	축성	2	
	반란진압	2	
	納妃	1	
	辭退	1	
전쟁		5	5
외교		5	5
불명		2	2

<표 25>에서 보면 고구려도 역시 천재나 흉작대책은 16회 뿐이며, 정치적 목적이 24회, 그리고 전쟁과 외교적 이유가 각각 5회였다. 다만, 제사(시조)를 위한 순행은 거의가 즉위 직후에 이루어지고 있었고, 15회에 해당하는 출행이 즉위 초에 있었음을 볼 때 그것은 즉위기념행사의

〈표 26〉 순행의 월별통계

국가 / 월	신라	고구려	백제	계
1월	10			10
2월	14	4	6	24
3월	7	7	1	15
4월	4	6	4(1)	15
5월			1(1)	2
7월	2	10	2	14
8월		5	2	7
9월	5	7	5	17
10월	5	5	8	18
11월	2	1	3	6
12월	1	2		3
불명	2	1	1	4

하나라고 해도 무방할 것이다. 더구나 고구려의 경우는 <표 26>에서 보듯이 춘계(17회)보다 추계(30회)에 집중되어 신라와 정반대의 현상을 나타내고 있다. 이것은 추수감사와 수렵을 위한 행사일 가능성이 컸다. 이러한 사실은 앞에서 보여진 온달전의 내용 즉, 3월의 '회렵會獵과 제천祭天·사산천祀山川'의 풍속을 뒷받침할 수가 있으며, 북방계의 기마민족의 전통과 연결될 수가 있을 것이다.

그러나 고구려는 대개 시조묘의 제사가 왕의 졸본행차에서 이룩된다는 점과 순행을 통한 인물발탁의 중요성을 강조함으로써 신라와 큰 차이가 있었다. 따라서 구휼위주의 신라와 수렵중심의 고구려는 곧 그 사회의 성격을 반영한 것이다. 그리고 구휼救恤·위로행慰勞幸의 출발시기도 거의가 사곡賜穀·진휼賑恤의 행정조치가 내려진 직후에 있기 때문에, 실질적인 확인행정이라고 할 수가 있다. 특히 이러한 잦은 출렵은 왕왕 폐위 또는 기타 정치사건의 모의여정으로 악용되기도 하였음이 눈에 띈다

(<표 24>의 42·43참조).

끝으로 백제의 36회에 결친 순행기사를 살펴보자. <표 27>에 의하면 36회의 기록 중에서 수렵狩獵이 24회로 6할이 넘었고, 그 다음에 구휼·군사·권농·독려·사면·지세파악 그리고 영토확인 등 8가지의 목적을 갖고 있다.

〈표 27〉 백제의 순행巡幸

유형	출행연대		출행기사	출행동기
출렵	온조 5년 10월	BC 14	巡撫北邊 獵獲神鹿	饑饉
	온조 10년 9월	BC 9	王出獵獲神鹿	외교단절
	온조 43년 8월	25	王田牙山之原	축성
	다루 4년 9월	31	王田於橫岳下 連中雙鹿	전쟁
	기루 27년	103	王獵漢山獲神鹿	天災
	개루 4년 4월	131	王獵漢山	즉위
	구수 16년 10월	229	王田於寒泉	祭祀
	고이 3년 10월	236	王獵西海大島 手射四十鹿	즉위
	비류 22년 11월	325	王獵於狗原北 手射鹿	天災
	진사 6년 10월	390	獵於狗原 七日乃返	전쟁
	진사 7년 7월	391	獵國西大島 王親射鹿	전쟁
	진사 7년 8월	391	又獵橫岳之西	전쟁
	진사 8년 10월	392	王田於狗原 經旬不返	전쟁
	비유 29년 3월	455	王獵於漢山	饑饉
	문주 3년 9월	477	王出獵宿於外 解仇使盜害之	反亂
	동성 5년 4월	483	獵於熊津北獲神鹿	천재
	동성 12년 9월	490	王田於國西泗沘原	축성
	동성 14년 10월	492	王獵牛鳴谷 親射鹿	천재

유형	출행연대		출행기사	출행동기
	동성 22년 4월	500	田於牛頭城	축성
	동성 23년 10월	501	王獵於泗沘東原	축성
	동성 23년 11월	501	獵於熊川北原	축성
	동성 23년 11월	501	又田於泗沘西原	축성
	무령 22년 9월	522	王獵于狐山之原	외교
	무왕 33년 7월	632	王田于生草之原	전쟁
권농 구휼	온조 14년 2월	BC 5	王巡撫部落 務勸農事	遷都
	온조 33년 춘하	AD 15	春夏大旱民饑相食 … 王撫安之	饑饉
	다루 11년 10월	38	王巡撫東西兩部 貧不 能自存者給穀人二石	饑饉
	초고 43년 추	208	蝗, 旱穀不順成 盜賊多 起 王撫安之	흉작
	비유 2년 2월	428	王巡撫四部 賜貧乏穀有差	즉위
慮囚 (恩典)	무령 23년 2월	523	王幸漢城 命佐平因友達 率沙烏等 徵漢北州郡民 年十五歲已上 築雙峴城	지진
	의자 2년 2월	642	王巡撫州郡 慮囚除死罪 皆原之	외교
군사 위문	온조 22년 9월	AD 4	王帥騎兵一千獵斧峴 東遇靺鞨賊一戰破之	축성
	동성 5년 춘	483	王以獵出至漢山城 撫 問軍民 浹旬乃還	天災
지세 파악	온조 13년 5월	BC 6	予昨出巡觀漢水之南 土壤膏腴宜都於彼	괴이한 災難
영토 확인	온조 38년 2월	AD 20	王巡撫東至走壤 北至浿 河五旬而返	기근

우선 수렵위주라는 것은 고구려와 그 특징을 같이하고 있으며, 제사를 위한 출행이 없었다. 다만, 순행의 동기에서 볼 때(<표 28>참조), 흉작이나 기근의 대책이 여·라보다는 훨씬 적극적이었으나, 백제 역시 정치·외교·전쟁과 관계있는 것이 일반적인 사실이다. 특히 축성(수궁修宮포함)과 연결되고 있음은 백제사회의 방어형 전쟁과 같은 의미로 생각된다. 또한 출행시기가 춘계(14회)보다 추계(21회)가 훨씬 많아 고구려와 비슷하였다. 그러나 백제의 다음과 같은 경우

(1) 무령왕 23년 2월 왕은 漢城으로 행차하여 좌평佐平 인우因友와 달솔達率 사오沙烏에게 명하여 한북주漢北州의 군민 15세 이상 자를 징발하여 쌍현성雙峴城을 쌓게 하였다.
(2) 무왕 31년 2월에 사비泗沘 궁성宮城을 수리하는 중에 왕은 웅진성熊津城에 행차하고 있었다. 여름에 한재旱災가 들어 심한 피해를 줌으로 사비성泗沘城의 역사役事를 그만두게 하였다.
(3) 진사왕 8년 7월에 고구려왕 담덕談德(광개토왕)이 4만의 군대로 북변北邊을 침입하여 석현石峴 등 10여 성을 함락시켰다. 10월에는 관미성關彌城이 함락되었다. 왕은 구원狗原으로 사냥을 떠나서 10여일이 지나도 돌아오지 않다가 11월에 구원의 행궁에서 죽었다.
(4) 동성왕 22년 봄에 임류각臨流閣을 궁성 동쪽에 세웠다. 4월에 우두성牛頭城으로 사냥을 갔다가 우박을 만나 그만두었다.

에서 볼 예 (1)은 국가의 대역사(축성)를 독려하기 위한 출행이며, (2)는 일종의 은전恩典이었다. 그러나 (3)의 경우를 볼 때 고구려의 침입으로 큰 피해를 보는 중에 출렵을 했다는 것은 피난의 뜻인 것이다. 그러나 그러한 표현을 쓰지 않은 것은 (4)의 경우에도 유람의 뜻을 숨긴 것과 같다. 그러나 흉작기근을 당한 지역이나, 적에게 피습을 당했거나, 반도에게 입은 피해에 대한 보상이나 위로의 행차도 없는 것은 아니었다. 그러나 3국의 경우, 대개 이러한 순행이 왕도정치의 지엽적인 형태로서 왕의 덕성 속에서 보여진 정치적인 자기기만의 행위일 수도 있음직하다.

〈표 28〉 백제순행의 직접동기

영역	사건	回數	
천재	흉작(기飢)	6	13 (36.1%)
	천재	6	
	괴변	1	
정치	축성	8	14(38.9%)
	즉위	3	
	제사	1	
	반란진압	1	
	천도	1	
전쟁		6	6(16.7%)
외교		3	3(8.3%)

3국의 순행을 전체적으로 파악해보면 그 출행시기는 춘·추 두 계절로 나누어 시행되고 있었으며, 6월에는 전혀 보이지 않았다. 그리고 그 목적이 천재·흉작에 대한 진휼과 위로를 위한 출행은 전체의 3할 정도이며, 7할 정도는 정치적 의미를 지닌 것임을 알 수 있었다. 즉 즉위·대사·축성·임명 등 왕의 정치적 사건에 대한 축하와 확인, 전승과 외교사절의 도착을 기념하는 행사라는 점이 뚜렷하다는 것이다. 그러나 기록상으로는 단순한 유렵遊獵이 압도적으로 많아 유렵의 의미가 컸으며, 다음이 진휼과 위로, 군사적 성격(훈련·사열·전쟁·무기시험), 인물발탁, 영토확인과 권농 등이 주요 내용이 되었다. 다만, 신라의 경우는 8·9세기에 국학國學과 사찰에의 행차라는 특수한 변질된 형태도 있었다.

제2절 천재지변 기사의 개별적 검토

1. 천재기사의 분석

1) 천재지변기사의 종합적 정리

앞에서 본 바와 같이 『삼국사기』의 내용 중에서 천재지변의 기사가 전체의 27.4%나 되고 있어 전쟁·외교기사보다 훨씬 높은 비중을 갖고 있었다. 더구나 이러한 천재지변은 그에 대응하는 정치적 변화를 수반하고 있기 때문에 각각의 천변·괴이가 갖고 있는 의미를 살펴볼 필요가 있다. 우직 조상들은 일찍부터 이러한 자연변이에 특별한 관심을 갖고 있었음은 다음과 같은

> 옛 부여夫餘의 풍속에 수한水旱이 고르지 못하고, 5곡이 익지 않으면, 곧 허물을 왕에게 돌려 혹은 바꾸기도 하고 혹은 죽이기도 하였다.(『삼국지』 권 30, 동이전 30, <부여>)

이라는 옛 풍속에서 볼 수 있으며, '별의 운행으로 풍흉豊凶을 예측한 기사'[125]에서도 분명히 나타나 있었다. 따라서 '천명관天命觀에 바탕을 둔 정치사상의 구현을 기본정신'[126]으로 한 『삼국사기』의 내용으로 볼 때, 천재지변의 기사에 관한 실질적 의미파악이 요청된다. 동양고대사회에 있어서는 천재신이가 정치에 대한 경고·비판 및 사건의 예고로 생각되었기 때문에, 자연변이의 전후에 있었던 사건의 정리를 통해 삼국시대의 자연관 또는 그러한 기사의 성격을 규명할 수 있으리라 생각된다.

이러한 천재지변의 기사에 대한 체계적 정리는 18세기 『증보문헌비고』[127]

---

125) 『삼국지』 권30, 동이전30, 濊傳.
126) 김용운·김용국, 1977, 「삼국사기의 일식기사」 『한국수학사』, 31쪽.
127) 『증보문헌비고』(象緯考)에서는 일식·月掩犯五緯·五緯掩犯 등 15종의 천변과

에서 보여진 바 있었다. 그러나 그것은 단순한 사건의 나열 이상의 뜻은 없다. 근래 정상수웅井上秀雄씨 통계적 분석에서 본다면, 그는 이러한 천재지변을 천재와 흉조로 나누어 신라는 전자를 356, 후자는 176으로 계산하였으며 고구려는 94와 17로, 백제는 94와 32로 파악하였다.[128] 즉 삼국·통일신라 시대의 천재는 544, 흉조는 225로 총 769회로 파악하여 일건평균년수·일왕대평균건수 및 일년평균건수까지 계산한 바 있다. 이러한 연구는 3국의 흉작대책이나 왕의 죽음과 천재와의 관련을 추구하려는 것이었다.

이에 대해 박성래씨는 이러한 천재지변을 구징咎徵(Omens)과 상서祥瑞(auspices)로 나누어 전자에는 일식日食 이하 용龍까지 17종을, 후자에는 일산삼남一産三男·동물변이動物變異 이하 사리舍利까지 6종으로 정리한 바 있다.[129] 여기서는 96개의 징후에 대한 세기별 통계와 그 재이災異에 대한 사상적 의미를 추구하였다. 이는 자연현상에 대한 새로운 해석으로서, 음양오행설과의 관련은 물론, 천재에 대한 정치적 의미도 파악할 수 있는 큰 진전이라 생각된다. 그러나 제시된 통계표의 내용은 『삼국사기』와 큰 차이를 나타내고 있다.[130]

필자는 <표 29>에서 볼 수 있듯이 모든 자연변이를 천재와 지변으로 대별한 후, 전자를 천변과 천재로, 후자를 지변·동물변·수변樹變·인변人變·잡변雜變 등 6가지로 세분하였다. 이를 다시 정리해서 천변天變에는 성변星變(138회)·일월변日月變(79회) 등 총 252회의 천변으로 파악하였고, 천재天災는 가뭄(108회)과 우박(35회)까지 11가지의 재난이 352회의 수

風異 이하 24종의 物異 등 총 39종의 변이를 설명하였다. 그러니 『삼국사기』의 내용과는 서로 상치된 기록이 퍽 많이 보여진다. 가령 『비고』에는 문성왕 원년 5월과 6년에 지진기사가 있으나, 『삼국사기』에는 전혀 없다.

128) 井上秀雄, 앞의 책, 296쪽.

129) 박성래, 'Portents in Korean History'(Journal of Social Sciences and Humanities, Vol. 47, 1978.6), pp.32~90.

130) 박성래씨의 'Portentography in Korean'(Journal of Social Sciences and Humanities, Vol. 46, 1977, p.57)에 제시된 통계 중, Noavae, Comets 등 혜성의 통계가 필자의 계산과 큰 차가 보인다. 또한 5성星도 6회로 되어 있으나, 실제는 훨씬 많이 나타나 있다.

〈표 29〉 삼국시대 천재지변의 유형

(숫자는 回數)

천변(天變)	星變	혜성	星孛	31	60	138
			혜성	17		
			客星	8		
			蚩尤旗	2		
			長星	2		
		五緯	五緯犯月	19	39	
			五緯犯星	8		
			五緯晝見	8		
			五緯犯緯	2		
			五緯合聚	2		
		隕星	유성	27	39	
			大星落	9		
			天狗星落	3		
	日月變	日變	일식	66	76	79
			日無光	4		
			白虹貫日	2		
			日暈	4		
		月變	月無光	3	3	
	天變	天變	天色變	2	11	35
			天有聲	4		
			白(赤)氣	5		
		雲變	色雲	5	24	
			雲形變	2		
			無雲	2		
			白虹	2		
			土雨	9		
			雨變	3		
			雲色	1		
천재	旱(不雨)			108	352	
	大水(雨)			42		
	大風			32		
	霜害			37		
	霧(黃霧)			6		
	雷(震)			40		
	寒			1		
	無氷			11		
	雪害			26		
	無雪			13		
	雹害			36		

지변 地變	지변	지진	지진	91	96	137
			地裂	3		
			山崩	2		
		火	火	17	19	
			水中火	1		
			地燃	1		
		지변	門自壞	9	22	
			石自行	5		
			兩塔相戰	5		
			기타	3		
	動物變	獸變	虎變	8	26	82
			狐變	3		
			狗變	4		
			馬變	3		
			牛變	5		
			狼變	2		
			猪變	1		
		鳥變	神雀	4	11	
			鳥變	7		
		蟲變	蝗	36	38	
			蟲變	2		
		기타	龍	17	33	
			魚變	10		
			蛇變	1		
			鼠變	1		
			蝦蟆變	4		
	樹變	기타	桃李華	10	20	20
			連理樹	2		
			臥樹自起	2		
			樹自死	2		
			기타	4		
	水變		水色變	8	16	16
			暴溢	6		
			水爲血	2		
	人變		人異	15	41	41
			疫疾	24		
			訛言	2		
	雜變		鬼鳴	3	11	11
			兵器, 鹽庫變	3		
			像淚變	3		
			夢變	2		

치를 나타내고 있었다. 특히 천변에는 성변星變(혜성·오위·운성隕星)이 56%나 되었고, 천재에는 가뭄이 31%나 되어 가장 큰 비중을 갖고 있었다.

그 외 홍수·벼락·서리·우박 및 대풍(폭풍) 등이 주요 재난으로 나타나 있어 전체의 천재 중에서 8할을 넘고 있었다. 이러한 천재를 세기별로 파악해 볼 때, 거의가 균등하게 분포되고 있어 연례적인 재앙임을 알 수가 있다.

〈표 30〉 3국의 한旱·수해水害 세기별 분포

( )는 수해

나라 / 세기	신라	백제	고구려	계
1	4(2)	6(3)	1	11(5)
2	7(6)	2	1(1)	10(7)
3	9(3)	5	1(1)	15(4)
4	7(1)	3	3	13(1)
5	6(8)	4(1)	2(2)	12(11)
6	3(1)	5(2)	4(1)	12(4)
7	4(2)	6	(1)	10(3)
8	15(3)			15(3)
9	8(4)			8(4)
10	2			2
계	65(3)	31(6)	12(6)	108(42)

〈표 31〉 황해蝗害의 세기별 분포

나라 / 세기	신라	고구려	백제	계
1	2	2		4
2	3	1		4
3	3		1	4
4	4	1	1	6
5	3	1	1	5
6		3	1	4
7				
8	6			6
9	2			2
10	1			1
계	24	8	4	36

그러나 <표 30> <표 31> <표 32>에서 보듯이 모든 재난이 신라에 집중되고 있었고, 폭풍과 황해蝗害는 거의가 신라에서 나타나고 있다. 여기서 볼 때 천재가 지변보다 훨씬 많았으며, 천변에는 성변이 가장 큰 비중을 갖고 있었다. 이것은 일식日食과 함께 '하늘의 뜻'으로 고대정치에 많은 영향을 주였다고 생각된다. 천재에는 가뭄이 홍수의 배가 되고 있어 농업사회에서의 그 비중을 잘 나타내 주고 있었다.

〈표 32〉 풍해風害의 세기별 분포

나라 \ 세기	1	2	3	4	5	6	7	8	9	10	계
신라	3	1	3	1	4	1	3	5	2	1	24
고구려	1			1		2					4
백제	1		1		1		1				4
계	5	1	4	2	5	3	4	5	2	1	32

따라서 3국시대는 가뭄이 9.2년마다, 홍수가 23.6년마다 보여지고 있어, 6.6년마다 1회씩 천재가 드는 결과가 되었다. 한편, 지변에는 30종의 변이가 271회의 기록을 갖고 있으며, 지진이 33%나 되어 가장 큰 비중을 갖고 있다. 전체적으로 볼 때 천재와 지변의 비율은 604 : 332로서 천재가 배 정도가 되고 있다. 이것은 고대사회에 있어서 왕조의 운명과 농경에 절대적 영향을 주는 하늘의 위력과 힘을 믿는 천명사상의 표시일 것이다. 그러나 이러한 천재가 전부 흉조는 아니었고, 더구나 '흉조와 동시에 길조도 되기 때문에'[131] 그것은 일정한 원리나 규범으로 개념을 정할 수는 없었다. 더구나 구전된 사실의 기록이 많기 때문에 그에 대한

131) Wolfram Eberhard, 'The political function of Astronomy and Astronomers in Han China'(Chinese Thought and Institutions, John Fairbank. ed., 1957), p.48.

합리적 해석도 문제가 될 때가 있을 것이다.

> ① 토함산 동쪽의 땅이 타더니 3년만에 그쳤다.(무열왕 4년 7월)
> ② 궁중의 남쪽에 있는 연못 가운데 불꽃이 보였는데 불덩이가 수레바퀴와 같았고, 밤을 지나 없어졌다.(비유왕 21년 5월)
> ③ 15일 밤에 달은 나타났는데 보이지 않았다.(보장왕 2년 9월)

이와 같은 사료는 현대적 입장에서 볼 때 ①·②는 화산을 뜻하고, ③은 월식을 나타낸 것이다.

그러나 우리의 관심은 천재지변 중에서 홍수·한旱·용 등 대책을 수반할 수 있는 재난의 경우가 아니다. 구체적으로 대응책을 마련할 수 없는 일식·혜성 등의 천변과 수변獸變·수색변水色變 등 지변이 검토대상이 될 수 있는 것이다. 다시 말하면 이러한 여러 가지 징후는 일종의 '하늘의 경고'였기에 독자적인 천문학적 관측보다도 그에 대한 정치적 의미를 파악하는 일이 중요한 것이다. 즉 자연의 변화(구징咎徵)에 대한 통치자의 대응(대책과 정치적 변화)을 통해서 삼국시대의 자연관을 재조명할 수가 있을 것으로 생각되기 때문이다. 가장 대표적인 이변의 예를 들어보면 다음과 같다.

> (1) 성덕왕 15년 정월에 유성이 달(月)을 범하였으므로, 달이 빛을 잃었다.
> (2) ① 문무왕 21년 1월 1일 종일 날이 어두워 밤(夜)과 같았다. 5월에 지진이 일어나고, 유성이 참대성參大星을 범하였다.
> ② 혜공왕 2년 정월에 두 해(日)가 나타났다.
> ③ 영류왕 23년 9월에 해(日)가 빛이 없었고, 3일이 지나서야 다시 밝아졌다.
> ④ 비류왕 24년 7월에 적오赤烏와 같은 구름이 모여 해를 양쪽에서 좁혀들었다.

위의 기록에서 달은 왕비를, 해는 왕을 지칭한다는 것을 쉽게 알 수가 있다. (1)은 성덕왕 15년 3월(유성범월流星犯月의 2개월 후)에 성정 왕후成貞王后의 폐출사건을 예견한 것이다. 이 사건으로 인해 대풍과 한재가 들었기 때문에 왕은 기우제를 통해 자연과의 균형을 이루는 것이다.

(2)의 ②는 혜공왕이 8세에 즉위하였으므로, 태후가 섭정함으로써 통치자가 2인이 되였음을 경고한 것이다. ③은 당시의 권신인 연개소문의 전횡으로 왕이 허약해진 것을 의미하였고, ④는 비류왕 24년에 내신좌평 우복優福(赤烏)이 북한성(구름)에서 일어난 모반사건을 의미한 것이다.

> ① 문무왕 13년 정월에 큰 별이 황룡사와 궁성의 중간에 떨어졌다. 6월에 호랑이가 궁성에 들어왔으므로 이를 잡아 죽였다.
> ② 혜공왕 4년 6월에 서울에 우박이 내리고, 대성大星이 황룡사의 남쪽에 떨어졌다. 지진이 있었고, 샘물이 말랐다. 호랑이가 궁중으로 들어왔다.
> ③ 보장왕 18년 9월 9마리의 호랑이가 한꺼번에 성내에 들어와 사람을 잡아 먹었으므로, 이를 잡으려 했으나 못 잡았다.

여기에서 볼 때 ①은 문무왕 13년 7월의 김유신의 사망사건과 곧 이은 아찬 대토大吐의 모반사건을 의미하는 것이다. ②는 7월의 대공大恭의 난을 뜻하는 것으로 상대등·시중의 교체로 천상·지상의 균형을 꾀한 것이다. ③은 보장왕 11월의 당의 대군이 침입한 사실과 연결되었던 것이다.

이렇게 천재지변기사는 단순한 자연의 변이가 아니라, 그에 수반되는 여러 가지 정치적 의미를 갖고 있었다. 그러므로 우리는 900여회의 천재지변 기록에 대한 체계적인 정리가 필요하게 되었다. 우선 『삼국사기』에 나타난 천재지변을 세기별로 정리하면 <표 33>과 같다.

〈표 33〉 천재지변의 세기별 분포

( )는 평균치

내용＼세기	유형			BC 1	AD1	2	3	4	5	6	7	8	9	10	계
천재 天災	天變	星變	혜성	3	6	8	6	7	5	3	8	7	6	2	60(16.5)
			五緯	1	1	4	5	2	1	2	6	8	8	1	39(25.4)
			隕星		1	2	3	1	2	3	10	12	4	1	39(25.4)
		日月變	일식	7	6	18	8	4	7	6		3	7	1	67(14.8)
			日變					1		1	2	3	3		10
			月變								1	1	1		3
		天變	天變					1	2			2	1		6
			雲變		2		3	3	2		2				12
			土雨			1		3			2	2	1		9
			기타								2	1			3
	天災	旱(不雨)			11	10	15	13	12	12	10	15	8	2	108(9.2)
		大水(雨)			5	7	4	1	11	4	3	3	4		42(23.6)
		雷(震)		1	4	8	4	3	2	3	8	4	3		40(24.8)
		大風			5	1	4	2	5	3	4	5	2	1	32(31)
		霜害			4	6	5	3	4	3	3	2	3	4	37(26.8)
		霧(黃霧)			2		1	1		1		1			6
		寒害											1		1
		無氷			1	2	1	1	3	2	1				11
		雪害			2	5	1	1	3	2	2	5	5		26(38.2)
		無雪			3		1	2				3	4		13
		雹害			6	4	6	1	5	3	2	7	1	1	36(27.6)
지변 地變	地變	지진			10	10	9	8	6	6	14	22	7	4	96(10.3)
		火				2	1		3	1	7	2	3		19
		門自壞			1	2		1	1	1	3				9
		石變									1		4		5
		塔變										2	3		5
		기타			1						1			1	3
	動物變	獸變	虎變	1						2	2	1	2		8
			狐變			1	1				1				3

세기 / 내용	유형			BC 1	AD1	2	3	4	5	6	7	8	9	10	계
			犬變								2	2			4
			기타		1			3	1		3	3			11
		鳥變		2	2		1	3	1		1		1		11
		蝗變			4	4	4	6	5	4		6	2	1	36(27.6)
		魚變				1	1	1	1		5		1		10
		龍變			4	1	3	1	4	2		1	1		17
		기타					1				2	1	3		7
	人變	人異		1		1	1			1	4	3	4		15
		疫疾			1	3	3	3	3	3		3	5		24(41.3)
		訛言				1					1				2
	樹變	桃李華			1	1	1	1	1	2		1	2		10
		기타			2	1	1	1		1	2	1	1		10
	水變	水色變									6	1	1		8
		기타			1			2		1	3			1	8
	雜變						2		1	1	2		1		7
	계			16	67	104	96	80	91	72	126	133	103	20	928

이에 의하면 천재 중에서 가장 큰 것은 가뭄(108회)이었는데, 그것은 9.2년에 1회꼴의 비율을 갖고 있었다. 그 외 일식은 15년, 혜성은 16.5년을 주기로 하고 있었으며, 홍수·벼락·서리·우박 등도 20여년을 주기로 보여지고 있었다. 이러한 천재의 주기성에 대해서 지변은 지진이 10.3년을 주기로 하는 것 이외에 별다른 특징을 볼 수가 없다. 천변에서 성변은 138회, 일월변은 79회, 기타 천변은 33회로 성변이 55%나 되어 천변에서 가장 큰 몫을 갖고 있다. 따라서 별에 대한 특별한 관심과 주목이 우선 영성제靈星祭로 나타났을 것이며, 그 외 일월제日月祭가 있기 마련이다. 천재에서도 가장 큰 문제가 된 것이 가뭄·홍수·폭풍·서리·우박 등이어서 이와 관련하여 우사제雨師祭·기우제祈雨祭·벽기제辟氣祭·풍백제風伯祭 등의 국가적인 제례祭禮를 보게 된다.

2) 천변기사의 정치적 의미

자연변이의 기사(936회) 중에서 천변은 252회(천재 352회 제외)의 기록을 갖고 있어 전체의 천재지변 중에서 3할의 비율을 보이고 있다. 그만큼 하늘의 변화는 고대사회의 정치에 절대적 영향을 주고 있었던 것이다. 전술한 바와 같이 천변에는 성변·일월변 및 천변 등 3가지의 변이가 있었다. 우리가 주목하려는 것은 이러한 천변의 분석적 설명이 아니라, 그와 같은 하늘의 변화(도전)에 따르는 정치적 의미를 밝히는데 있다.

우선 성변을 찾아보면 여기에는 혜성·오위五緯(5성星) 및 운성隕星 등이 있다. 혜성에는 일반적으로 지칭된 혜성(17회)과 성패星孛(31회)를 비롯해서 객성客星·치우기蚩尤旗(2회) 등과 장성長星(2회)을 이에 포함시켰다. 총 60회의 혜성기록 중에서 절반의 비중을 갖는 '성패星孛'에 대한 기록을 정리하면 <표 34>와 같다.

〈표 34〉 혜성(星孛)의 기록

나라	回數	연대	사 건
신라	1	혁거세 9년 3월(BC 49)	B1; 倭侵
	2	혁거세 14년 4월(BC 44)	
	3	혁거세 54년 2월(BC 4)	B1; 東沃沮獻馬
	4	유리 31년 2월(54)	A2; 龍·大風
	5	탈해 3년 6월(59)	A2; 馬韓將軍來降 B0; 倭修交
	6	일성 16년 8월(149)	A0; 雷·疫 A1; 旱 A2; 伊湌雄宣死亡
	7	첨해 14년 7월(260)	A1; 王死亡 B0; 大雨
	8	내물 45년 8월(400)	A0; 馬泣 A1; 實聖歸國 A2; 왕사망 B1; 蝗
	9	효소 8년 2월(699)	A0; 唐朝貢 A1; 慶永謀叛死 A2; 왕사망 B1; 지진,大水
	10	경덕 23년 3월(764)	A0; 용 A1; 지진, 왕사망 B0; 시중교체
	11	흥덕 11년 6월(836)	A0; 왕사망 B1; 시중교체
	12	경문 15년 2월(875)	A0; 지진, 왕사망 B1; 近宗謀逆
	13	효공 12년 2월(908)	A1; 궁예진격 A2; 견훤침략

나라	回數	연대	사 건
고구려	1	민중 3년 11월(46)	A1; 投降漢 A2; 왕사망 B1; 大水
	2	차대 13년 2월(158)	
	3	고국천 4년 7월(182)	A2; 漢侵入
	4	산상 21년 10월(217)	A0; 雷, 지진 A1; 일식
	5	미천 1년 11월(300)	A2; 현도군공략 B0; 風
	6	미천 16년 8월(315)	B0; 현도성공격 B2; 樂浪軍侵
	7	소수림 13년 9월(383)	A1; 왕사망
백제	1	초고 21년 10월(186)	A0; 雷, 無雲
	2	초고 39년 10월(204)	A0; 신라침략 A2; 旱
	3	고이 36년 9월(269)	
	4	진사 6년 7월(390)	A1; 靺鞨侵 B1; 고구려침략
	5	아신 4년 2월(395)	A2; 和親倭
	6	아신 9년 2월(400)	A2; 大旱 B2; 축성
	7	전지 11년 5월(415)	A2; 일식, 旱
	8	전지 15년 정얼(419)	A0; 일식 A1; 왕사망
	9	비유 28년(454)	A1; 왕사망
	10	위덕 41년 11월(594)	B2; 일식
	11	무왕 41년 정월(640)	A1; 왕사망

<주> A0은 혜성이 나타난 직후(같은 해), A1은 다음해, A2는 다음 다음해를 말한다. B0은 혜성이 나타난 직전(같은 해)이며, B1은 前年을 말한다.

위에서 볼 때 31회의 성패 중에서 우리는 몇 가지의 공통된 사실을 발견할 수가 있다. <표 35>에서 알 수 있듯이, 혜성출현 전후의 사건을 정리하면 직전에는 31종이 있으나 직후에는 47종의 사건이 있었다. 그러나 실제로 직접 영향을 받은 사건을 본다면 직전에는 18건, 직후에는 42건이 되기 때문에 혜성은 결국 어떤 사건의 결과가 아니라 그에 대한 예고의 뜻이 컸음을 알게 한다. 구체적인 예를 들면 다음과 같다.

① 경덕왕 23년 3월에 혜성(패孛)이 동남으로 흘러갔다. 용이 양산楊山 밑에서 나타나서 갑자기 날아갔다. 12월 11일에 크고 작은 유성이 나타

났는데 그 수를 헤아릴 수가 없었다. 24년 6월에 지진이 있었다. 6월에 유성이 심성心星을 범犯하였다. 이달에 왕이 돌아갔다.

② 경문왕 15년 2월 서울과 국동國東에 지진이 있었다. 패성孛星이 동쪽으로 나타나 20일만에 없어졌다. 5월에 용이 궁성 우물에 나타났는데 운무雲霧가 4방에서 모여 하늘로 올라갔다. 7월 8일에 왕이 돌아갔다.

여기에서 볼 때 혜성은 거의가 1차의 변화(천재지변)를 수반한 후에 왕의 죽음(2차의 변화)을 가져오고 있었다.

〈표 35〉 성패 출현 전후의 사건

시기 / 사건		A0	A1	A2	B0	B1
變異	天災	4	4	2	2	5
	地變	5	1	4		3
사망		2	6	4		
전쟁		1	3	4	1	5
모반		1	1			1
기타		1	2	2	5	8
계		14	17	16	8	22
天災/사건		9/5	5/12	6/10	2/6	8/14

<표 35>에서와 같이 혜성이 가져온 결과(사건)는 우선 천재지변(일식·지진·한 등)을 먼저 유발한 후, 곧 이어 사망(12건)·전쟁(8건)·모반(2건) 등을 예고한 바 있었다. 따라서 혜성은 천재나 왕의 사망 그리고 전쟁 등을 예견해 주었고, 거의가 불길한 징조로 나타나고 있었다.

성패 이외의 혜성 17회의 기록도 왕의 사망과 관계가 있는 것이 4건,[132] 전쟁이 3건이나, 그 외에는 일정한 사건과 연결시킬 수가 없었다.

---

132) 17회의 혜성기록에서 탈해왕 23년 2월과 일성왕 20년 10월의 것은 각각 왕의 죽음과 연결되었고, 백제의 분서왕 5년, 비류왕 33년의 것은 2년 뒤의 사망과

그 외의 혜성(장성·객성 등)도 지진·한재·모역·일식 등과 관계가 있었다. 특히 봉상왕烽上王은 객성의 출현 이후, 귀명鬼鳴·지진·한재가 잇달아 들어 군신들이 폐위(결국은 자살)시킨 일이 있었다. 그러므로 이러한 하늘의 경고에 대해서 왕은 고위관직교체·대사 등을 통해 천상의 변화에 대한 지상의 조화를 꾀하기도 하였다.

이러한 혜성과 같은 징후와 사건의 시간적 차이는 '대부분의 사건은 징후직후(O~4년)에 일어나지만, 일부는 사건이 징후보다 앞서(O~4년) 일어나기'133) 때문에 필자도 사건 전후 2년을 기준으로 하였다. 그리고 혜성의 세기별 분포를 보면 <표 36>에서와 같이 전세기에 골고루 나타나 있다. 그러므로 혜성은 일식보다도 지극히 주기적인 현상을 하고 있어 삼국시대는 16.5년이 주기가 되고 있다.

〈표 36〉 혜성의 세기별 통계

세기 \ 나라	신라	고구려	백제	계
BC 1	3			3
AD 1	4	1	1	6
2	3	3	2	8
3	2	2	2	6
4		3	4	7
5	1		4	5
6			2	2
7	6	1	1	8
8	7			7
9	6			6
10	2			2
계	34	10	16	60

연결되어 있다.

133) Wolfram Eberhard, op. cit., p.53.

혜성 다음으로 많이 보이는 오위五緯는 『증보문헌비고』의 구분에 따라 오위범월五緯犯月(19회) 이하 범위犯緯(2회)·합취合聚(2회)·범성犯星(8회)·주견晝見(8회) 등 5가지 유형의 39회 기록이 있다. 그 중에서 가장 많은 기록을 갖고 있는 오위범월의 내용을 찾아보면 다음의 <표 37>과 같다.

〈표 37〉 오위범월五緯犯月 기록의 분석

나라	회수	연대	사건
신라	1	내해 10년 7월(205)	A0; 霜·雹·鳴 A2; 伊音爲伊伐湌 B2; 靺鞨來侵
	2	소지 6년 3월(484)	A0; 土星犯月 B1; 大水·雷 B2; 大風
	3	진평 53년 7월(631)	A0; 土星犯月 A1; 왕사망
	4	문무 10년 12월(670)	A0; 土星犯月·지진 A1; 백제정벌
	5	문무 19년 4월(679)	A0; 유성 A2; 王存?死亡
	6	문무 19년 8월(679)	
	7	신문 2년 5월(682)	A0; 立國學 A1; 納妃 B0; 대사
	8	효소 9년 6월(702)	A2; 왕사망 B0; 모반
	9	성덕 7년 4월(708)	A0; 대사 A1; 한 B0; 지진
	10	성덕 34년 정월(735)	A0; 입당사사망
	11	혜공 15년 3월(779)	A0; 백좌법회百座法會 A1; 왕사망(모반)
	12	애장 2년 9월(801)	A0; 寒 A1; 납비
	13	진흥 2년 정월(836)	A0; 太白犯月·왕사망
	14	문성 12년 정월(850)	A0; 대사·大風
	15	문성 17년 12월(855)	A0; 土星入月·왕사망
	16	헌강 6년 2월(880)	A0; 太白犯月
	17	신덕 6년 정월(917)	A0; 왕사망
백제	1	초고 40년 7월(205)	A0; 太白犯月 B1; 전쟁
	2	고이 16년 정월(249)	A0; 太白犯月

이에 따르면 19회의 오위범월(주로 태백범월)을 그와 관계가 된 정치적 사건과 연결시켜 볼 때 왕의 사망(고관사망 포함)이 8건, 왕비교체가 2건이며, 그리고 대사大赦가 3건이었다. 그 외에 반란·전쟁·고위관직자교체 등과 자연변이가 잇따르는 경우가 있었다. 따라서 5위(5성)의 경우도 혜성과 같이 '왕의 죽음'을 예견하는 것이 일반적이었고, 특히 범월犯月에서 왕비문제가 등장되고 있음을 보았다.

> 신문왕 2년 5월 태백太白이 달(月)을 범하였다. 6월에 국학을 설립하고 경卿 1인과 공장부감工匠府監 1인 및 채전감彩典監 1인을 각각 두었다. 3년 2월에 일길찬一吉湌 김흠운金欽運의 딸을 맞아 부인으로 삼기 위해, 이찬 문영文穎과 파진찬 삼광三光을 파견하여 기일을 정하고, 대아찬 지상智常으로 납채納采를 하게 하였다.

라는 것은 '태백범월'의 사건 직후 국학을 설치하여 일단 하늘의 경고를 받아들인 후, 신문왕은 첫 부인(흠돌欽突의 딸)을 부친의 반역을 이유로 추방하고 새 부인(흠운의 딸)을 맞아들인 것이다. 이러한 예는 애장왕 2년의 경우에도 나타나 있었다. 혜공왕 15년 3월의 '태백범월'은 백고좌百高座를 베풀어 우선 그 이상의 심각한 변화를 저지하려는 대응조치를 취하였다. 그러나 왕을 둘러싸고 있는 여자들의 횡포와 왕의 무절제는 계속되었기 때문에 16년 1·2월의 계속된 황무黃霧·우토雨土가 이를 설명하고 있었다. 따라서 우리는

> 왕은 어려서 즉위하였는데 어른이 되어 음탕하고 성색聲色하여 함부로 놀러 다녔고 기강이 문란하여 재이災異가 빈번하게 보이게 되었다. 이에 인심은 멀어져 가고 사직社稷은 위태로워져 드디어 이찬 지정志貞이 모반하여 무리를 모아 궁궐을 포위하였다. 4월에 상대등 김량상金良相과 이찬 경신敬信은 지정을 죽였으며, 이때 왕은 후비와 함께 난병亂兵에게 해를 당하였다.

라 하여 김량상일파에 의해서 궁궐에 포위되어 왕이 왕후와 함께 결국

피살되는 과정을 설명하고 있다. 그 외 오위범위·오위합취合聚·오위범항성犯恒星 등도 반란·사망 등과 관계가 있었으며 오위주견晝見도 비슷한 사건의 예시라 할 수가 있었다. 특히 범항성이나 주견의 경우 일식과 연결되고 있음도[134] 주목할 수가 있었다.

〈표 38〉 유성流星과 정치와의 관계

나라	회수	연대	사건
신라	1	남해 11년(14)	A0; 樂浪來攻 A2; 일식 B0; 倭人遣兵船
	2	파사 25년 1월(104)	A0; 悉直叛 A1; 雪 B2; 桃李華
	3	지마 9년(120)	A0; 大疫 A1; 倭人侵
	4	자비 10년 9월(467)	A0; 天赤 A1; 축성 B2; 蝗
	5	진평 8년 5월(586)	A0; 雷震 A1; 大世·仇柒謀叛
	6	선덕 16년 1월(647)	A0; 왕사망 B0; 廉宗謀叛
	7	진덕 1년 8월(647)	A0; 백제침 A1; 조공 B0; 혜성
	8	태종 8년 5월(661)	A0; 雷 B0; 고구려침
	9	문무 13년 1월(673)	A0; 大吐謀叛 A1; 大風 B1; 혜성
	10	문무 19년 6월(679)	A0; 축성 B0; 略耽羅國
	11	문무 21년 5월(681)	A0; 왕사망 B0; 지진
	12	문무 21년 6월(681)	
	13	신무 4년 10월(684)	A1; 復置完山州 B1; 혜성
	14	성덕 5년 3월(706)	A2; 지진 B0; 饑·진휼
	15	성덕 9년 1월(710)	A0; 지진 A1; 대설
	16	성덕 14년 10월(715)	A1; 대풍·유성범월 B0; 大旱
	17	성덕 14년 10월(715)	A1; 旱·祈雨 A2; 지진
	18	성덕 17년 10월(718)	A2; 大雨·蝗 B0; 지진

134) 五緯晝見은 太白晝見뿐인바, 신라 4회, 고구려 1회, 그리고 백제는 3회 등 8회의 기록을 갖고 있다. 이중에서 내해왕 5년(200)과 원성왕 3년(787)과 태백주견 직후에는 일식이 나타난 바 있다.

나라	회수	연대	사건
	19	효성 1년 9월(737)	A1; 白虹貫日　B0; 지진
	20	효성 6년 5월(742)	A0; 왕사망　B0; 지진
	21	경덕 7년 1월(748)	A1; 대풍　B1; 大疫
	22	경덕 23년 12월(764)	A1; 지진　B0; 혜성
	23	경덕 24년 6월(765)	A0; 왕사망　B0; 落蟲西原京
	24	혜공 3년 7월(767)	A1; 혜성　B0; 지진
	25	혜공 4년 6월(768)	A0; 大恭謀叛　A1; 蝗　B0; 지진
	26	애장 2년 9월(801)	A0; 大寒　A1; 지진
	27	헌덕 2년 7월(810)	
	28	헌덕 2년 10월(810)	
	29	헌덕 15년 4월(823)	A0; 雪
	30	효공 9년 2월(905)	A0; 霜
고구려	1	고국원 6년 3월(336)	B1; 霜
	2	평원 23년 2월(581)	A0; 霜
	3	보장 2년 9월(643)	A1; 唐侵入　B1; 新羅侵
	4	보장 20년 5월(661)	A0; 당침입　B0; 당침입
백제	1	비류 13년(316)	A0; 王都井水溢　B0; 旱
	2	비류 30년 5월(333)	A0; 雷　A2; 일식　B2; 大旱
	3	아신 7년 8월(398)	A2; 일식　B0; 고구려정벌
	4	비유 28년(454)	A0; 蝗　A1; 黑龍
	5	성왕 10년(582)	B2; 五星

오위 다음의 성변에는 유성(운성隕星)이 있다. 여기에는 <표 38>과 같이 27회의 유성과 9회의 대성락大星落 및 3회의 천구성락天狗星落 등 39회의 성운星隕의 기록이 있다. 이것 역시 커다란 하늘의 변괴로

서 정치에 끼친 영향이 대단히 컸기 때문에 다음과 같은 정리가 필요하다.

〈표 39〉 유성流星 전후의 사건

사건 \ 시기		A0	A1	B0
변이	천재	7	9	4
	지변	4	4	7(지진 6)
사망		4		
전쟁		3	2	3
모반		2	1	1
기타		1	4	

<표 39>에 의하면 유성은 다른 성변과 같이 흉조임은 확실하며, 우선 천재지변을 가져온 후, 사망·전쟁·반란사건 등을 보여 주고 있었다.

> ① 효성왕 6년 2월에 동북지방에 지진이 일어났다. 5월에 유성이 참대성參大星을 범하였다. 왕이 돌아갔다.
> ② 문무왕 21년 1월 1일 종일 날이 어두워 밤과 같았다. 5월에 지진이 있었고, 유성이 참대성을 범하였다. 7월 I 일에 왕이 돌아갔다.

에서 볼 때 지진이 있은 직후, 유성이 있었고 왕이 죽었던 것이다. <표 39>에서는 유성이 나타나기 직전에 6회의 지진기록을 갖고 있어 유성(천변)은 지변(지진)의 결과로 나타날 수 있는 현상임을 말하고 있었다. 따라서 유성과 같은 하늘의 경고는 지상의 사건(왕의 정치)에 대한 일종의 경고의 의미도 있다고 할 것이다. 여기서 주목할 것은 신라의 기록에 나타난 30회의 유성에서 7세기에는 8회, 8세기에는 12회가 나타나고 있다는 점이다. 특히 첨성대가 만들어진 바로 647년부터 집중적으로 보이기 시작했으며, 647년(선덕왕善德王 16년 1월)의 유성은 비담난중에 있었던 사실이다. 이러한 낙성을 '패적지조敗績之兆'로 하여 전쟁에 이용한 것은 차치하더라도, 진덕여왕 때부터 본격적인 성변의 기록은 아마도 이 시기를 전후해서 천문관측에 큰 계기가 되었을 것이라 생각된다. 여기에 첨성대와의 관계를 고려에 넣을 수 있으며,[135] 신라의 천문기술에 새로운 전환점을 찾을 수 있을 것이다. 이러한 사실은 지진에 있어서도 총 61회(신라)의 기록 중에 7세기에는 11회, 8세기에는 22회임에 비해서 그 이전 시기는 대개 2·3회에 불과한데도 분명하다.[136] 따라서 8세기 경덕왕 6년(747)에는 국학이 제학諸學박사를 두게 되었고, 8년(749)에는 천문박사·누각박사를 정식으로 두게 되었음은 이러한 과학기술상의 발전을 반영하는 것이 될 것이다.

다음으로는 천변 중 가장 큰 영향을 주는 일식에 대해서 알아보자. 일변에는 일식 이외에도 일무광日無光·백홍관일白虹貫日·일훈日暈 등이 있으나 일식은 가장 무서운 천변으로 일찍부터 주목되어 왔다. 『삼국사기』에는 67회의[137] 일식기록이 있다. 이에 대해서 일찍이 飯島忠夫는 『史記』의 일식기록은 전적으로 중국문헌의 전재라는 점을 내세우고

> 일식기사는 『삼국사기』의 찬술 당시 나중에 속임수가 폭로된다는 것을 생각치 않고, 중국의 『사기』 기록을 옮겨 수공적手工的으로 첨가하였다.[138]

---

135) 전상운, 1975.2, 『한국과학기술사』, 117쪽.

136) 신라의 61회 지진 중에서 1세기는 3회, 2세기는 2회, 3세기는 2회, 4세기는 4회, 5세기는 4회, 6세기는 1회에 불과하다. 그러나 고구려는 1세기에 2회, 2세기에 5회, 3세기에 7회 등 훨씬 풍부한 기록을 갖고 있어 양국이 대조된다.

137) 『삼국사기』에는 실제로 66회(신라 29회, 고구려 11회, 백제 26회)의 기록뿐인데, 애장왕 2년(801) 5월에 "日食當不食"이라 하여 일식이 아닌 듯한 기록이 있으나, 이것은 분명히 일식으로 계산된 것이며 다만 관측을 못했다는 뜻이다. 더구나 이 기록은 중국문헌에 없으며, Oppolzer의 『食典』(Canon der Finsternisse, 1887)이나 渡邊敏夫의 『日本·朝鮮·中國の日食月食寶典』(1979)에 분명히 일식으로 나타나 있다.

138) 飯島忠夫, 1925, 「三國史記の日蝕記事について」 『東洋學報』 15-3, 126~140쪽.

라 하였다. 그러한 근거를 飯島는 『한서』·『후한서』·『당서』·『위서魏書』 등의 출전을 제시 하고 있었다.

이에 대해서 김용운씨는 중국의 천명관에 바탕을 둔 정치사상이란 측면에서 飯島의 주장을 비판하고, 『삼국사기』의 일식기사를 긍정적으로 받아들이고 있다. 이에 대한 근거를 김용운씨는

> 중국 사서의 일식기사를 옮겨 쓴 것이라면 3국 사이에 공통으로 기록된 것이 2개(신라 지마왕 13년과 고구려 태조왕 72년의 일식과 백제 개로왕 38년과 고구려 차대왕 20년의 일식)뿐이라는 사실이 납득이 가지 않는다. 그리고 3국의 일식기록이 연대의 간격이 지나치게 불균등하며, 중국기록이 없는 첨해왕 10년 3월의 일식기록은 엄두도 못 낼 일이다.139)

라고 제시한 후, 飯島가 제시한 연대의 착오와 『삼국사기』와 중국문헌의 일식회수를 비교하고 있었다. 특히 초기기록이 중국문헌과 일치한 이유는 낙랑의 영향을 들고 있으며, 787년 이후 독자적인 천문관측기록을 남길 수 있다고 주장하였다. 이것은 전술한 7세기 이후에 보여진 천문관측기술의 발전상과 뜻을 같이할 수가 있다.

한편 박성래씨도 飯島의 주장을 반대하고, 막연한 전승으로 전해들은 것을 중국의 기록과 대조하여 더욱 합리적인 용어로 정리하였음을 강조하였다. 나아가서 『삼국사기』의 자연현상의 분포상태를 정리하여 501년 이후의 기록은 신빙성이 높다고 지적한 후 301~600년 사이의 백제의 일식기사는 실제로 관측한 것140)이라 지적하였다.

또한 현정준씨는 3국 이래의 일식을 전체적으로 정리한 후, 구체적으로 일자日字의 오류를 지적하였다. 더구나 우리측 기록에 없는 한반도에서 볼 수 있는 23회의 일식을 찾아낸 바 있었다.141)

---

139) 김용운, 앞의 책, 36~38쪽.

140) 박성래, Portentography in Korea, pp.53~91. 및 Portents in Korean History, pp.31~92.

141) 현정준, 1979.6, 「한국의 고대일식기록에 관하여」 『동방학지』 22, 120~135쪽.

〈표 40〉 일식의 세기별 분포

세기＼국가	신라	고구려	백제	계
BC 1	6		1	7
AD 1	3		3	6
2	7	8	3	18
3	3	2	3	8
4			4	4
5			7	7
6		1	5	6
7				
8	3			3
9	7			7
10	1			1
계	30	11	26	67

이러한 선학들의 연구성과를 토대로 하여 『삼국사기』에 나타난 일식기사를 정리해 보면서, 그것이 지닌 정치적 의미를 찾아보자. 3국의 일식기사에서 볼 때 <표 40>와 같이 신라는 4~7세기간에는 전혀 일식이 없으나 백제에는 계속 보이고 있어, 백제가 훨씬 천문관측술이 발달했다고 생각된다. 이러한 사실은 어느 정도의 주기성을 띤 일식기사가 백제의 기록에서 찾을 수 있기 때문이다. 따라서 『삼국사기』의 일식기사가 중국문헌의 단순한 전재라면 3국이 존속하는 10세기의 중국문헌에 나타난 265회의 기록 중[142] 단 67회만을 기재할 필요는 없었을 것이다. 더욱이 4·5세기에는 중국에는 30·31회임에 대해 여·라에는 1회의 기록도 못할 이유는 없었을 것이다.

3국의 일식기사를 총정리하면 <표 41>과 같다.

142) 渡邊敏夫의 『日本·朝鮮·中國の日食月食寶典』에 의하면 3국이 존속된 시기에 중국에는 265회의 일식이 있어 3.7년마다 1회식 나타난 비율이다.

〈표 41〉 삼국의 일식기사

〈1〉 신라의 일식기사

번호	통번호	일시	사건
1	87	혁거세 4년 4월(BC 54)	A1;龍見於閼英井(왕비탄생)
2	90	혁거세 24년 6월(BC 34)	A2;營宮室
3	92	혁거세 30년 4월(BC 28)	A0;樂浪來侵
4	93	혁거세 32년 8월(BC 26)	B2;樂浪來侵
5	97	혁거세 43년 2월(BC 15)	
6	101	혁거세 56년 1월(BC 3)	B2;혜성
7	104	혁거세 59년 9월(AD 2)	A1;龍見 - 雷雨震 - 왕사망
8	105	남해 3년 10월(6)	B2;樂浪兵至
9	107	남해 13년 7월(16)	A2;旱·蝗·饑 B2;樂浪來侵
10	152	지마 13년 9월(124)	A1;靺鞨內寢 B2;倭人內寢
11	154	지마 16년 7월(127)	A1;長星竟天-地震雷-이찬昌永사망 B2;靺鞨內寢
12	158	일성 8년 9월(141)	A1;말갈정벌논의 B2;靺鞨內寢
13	166	아달라 13년 1월(166)	A1;백제내침 B1;아찬吉宣모반
14	180	벌휴 3년 1월(186)	A1;下令勸農 A2;백제내침 B1;정벌
15	182	벌휴 10년 1월(193)	A0;괴변 B1;대설·大水
16	183	벌휴 11년 6월(194)	A2;旱·震-왕사망 B1;人異
17	184	내해 5년 9월(200)	A0;大閱 B1;백제침경
18	185	내해 6년 3월(201)	A0;旱·대사 A2;靺鞨犯境 B2;백제내침
19	209	첨해 10년 3월(256)	A3;旱蝗 B1;백제내침
20	528	원성 3년 8월(787)	A1;旱蝗 B0;지진·太白
21	529	원성 5년 1월(789)	A1;饑·旱 A2;태자사망 B1;旱蝗
22	532	원성 8년 8월(792)	A1;大風 A2;태자사망 B1;상대등사망 시중교체
23	538	애장 2년 6월(801)	A0;熒惑入月 B0;대사

번호	통번호	일시	사건
24	540	애장 9년 7월(808)	A1;일변·괴변·왕사망 B1;시중교체
25	542	헌덕 7년 8월(815)	A0;飢·혜성 B1;시중교체
26	545	헌덕 10년 6월(818)	A1;이찬眞元·憲貞퇴임 B1;旱·飢
27	555	홍덕 11년 1월(836)	A0;혜성·태백·왕사망 B1;상대등교체 시중교체
28	561	문성 6년 2월(844)	A0;太白·雨·시중良川퇴직 B1;시중교체·虎變
29	626	진성 2년 2월(888)	A0;王疾·旱 A1;元宗叛 B1;魏弘사망
30	659	효공 15년 1월(911)	A1;왕사망 B1;견훤침입

〈표 41-1〉 삼국의 일식기사

〈2〉 고구려의 일식기사

번호	통번호	일시	사건
1	144	태조 62년 3월(114)	A2;巡守南海
2	147	태조 64년 3월(116)	A0;대설 A2;지진·侵현도
3	152	태조 72년 9월(124)	A0;지진·폐위모의 B2;漢과 전쟁
4	160	차대 4년 4월(149)	A0;오성·무빙 B1;왕자·王弟살해
5	164	차대 13년 5월(158)	B0;혜성
6	166	차대 20년 1월(165)	A0;前王사망·왕피살
7	177	신대 14년 10월(178)	A1;國相(答夫)·왕사망
8	180	고국천 8년 5월(186)	A4;대설·귀족모반 B0;熒惑 B2;漢來侵
9	191	산상 23년 2월(219)	A1;괴변 A4;왕손출생 B2;지진·혜성
10	219	서천 4년 7월(273)	A0;饑 A3;巡幸?達 B1;霜旱
11	359	양원 10년 12월(554)	A0;무빙 A1;虎入王都太白晝見 A2;반란 B0;전쟁

〈표 41-2〉 삼국의 일식기사

〈3〉 백제의 일식기사

번호	통번호	일시	사건
1	99	온조 6년 7월(BC 13)	A2;말갈내침 B1;巡撫 B2;旱·饑疫
2	130	다루 46년 5월(AD 75)	A1;侵신라 B2;신라와 전쟁
3	134	기루 11년 8월(87)	A2;지진 B2;신라와 전쟁
4	136	기루 16년 6월(92)	A1;落星 B2;旱·대풍
5	166	개루 38년 1월(165)	A0;신라인모반·신라내침 A1;王死
6	171	초고 5년 3월(170)	A0;침신라 B2;침신라
7	181	초고 24년 4월(189)	A0;신라와 전쟁 B1;침신라
8	189	초고 47년 6월(212)	A2;침말갈 B2;말갈과 전쟁
9	193	구수 8년 6월(221)	A0;열병·大水 A1;침신라 B1;말갈격퇴
10	195	구수 9년 11월(222)	A0;신라내침 A2;신라와 전쟁
11	240	비류 5년 1월(308)	
12	252	비류 32 10월(335)	A1;혜성 B0;星隕·火·雷
13	262	근초고 23년 3월(368)	A1;고구려내침
14	269	진사 8년 5월(392)	A0;고구려내침·왕사 B1;말갈침입
15	271	아신 9년 6월(400)	A2;旱 A3;침신라 B1;침고구려 B2;고구려정벌
16	277	전지 13년 1월(417)	A0;飢·축성
17	278	전지 15년 11월(419)	A1;왕사 B0;혜성
18	290	비유 14년 4월(440)	A0;遣使入宋
19	305	개로 14년 10월(468)	A1;침고구려
20	313	삼근 2년 3월(478)	A1;旱·왕사 B0;解仇반란
21	325	동성 17년 5월(495)	A0;고구려내침 B3;大風
22	343	무령 16년 3월(516)	B4;고구려내침
23	357	성왕 25년 1월(547)	A1;고구려내침
24	360	위덕 6년 5월(559)	A2;침신라 B5;고구려내침
25	376	위덕 19년 9월(572)	A5;침신라
26	391	위덕 39년 7월(592)	A2;혜성

이에 의하면 일식은 하나의 천문현상이지만, 그것이 지니는 정치적 의미는 표현할 수 없을 정도로 컸던 것이다. 대개 그것은 실정을 한 왕이나 통치자에게 주는 엄중한 하늘의 경고였고, 하늘의 벌을 예견하는 징후였다. 따라서 고려시대의 경우를 보더라도 일식이 일어나면 왕이나 대신들이 소복하고 일식이 끝날 때까지 일체의 정사政事를 하지 않고 각기 처소[143]에서 기다렸던 것이다. 이것은 하늘의 분노를 풀어주는 일정한 의식이 끝날 때까지 기다리면서 닥쳐올 불행의 극복을 기원하게 된다. 그러므로 우리는 『서경』에서 볼 수 있는 일관日官의 일식불관측(또는 불고지)을 처형한 기록을 주목할 수 있을 것이다. 이러한 일식의 정치적 기능을 알기 위해서 일식직후의 사건을 찾아보면 <표 42>와 같다.

〈표 42〉 일식전후의 사건

시기＼사건	A0	A1	A2	B0	B1	B2
천재지변	16	10	6	5	6	5
전쟁	9	8	7	2	7	9
사망	4	8	3		3	
모반	2	1	1	1	2	
시중교체	1	1			5	
기타		2	2	1	1	

이에 따르면 일식직전의 사건이 46건인데 비해, 직후의 사건은 82건으로 나타나 있다. 그러므로 일식 역시 다른 성변이나 일변과 같이 '사건의 예고'라는 의미가 강하였다. 즉, 일식은 대개가 가뭄과 같은 천재나 전쟁 및 왕(고관 포함)의 사망을 예고하는 흉조였다. 즉 일식직후에 일어난 천재지변이 16회, 전쟁이 9회, 사망이 4회였고, 다음해에는 10회(천

143) 『고려사절요』 권4, 문종원년 3월조.

재)·8회(전쟁)·8회(사망)의 수치로 나타나고 있어 적어도 일식은 커다란 정치적 사건을 초래하고 있었다. 더구나 일식직전에 시중교체가 5회로 보이고 있는 것은 일식이 대신해고나 왕의 정치행위(대사·순행·축성·수상교체)의 부당성을 경고한 사실일는지도 모른다.

그러나 3국의 일식기사를 일별할 때, 각기 상이한 현상을 발견할 수가 있다. 즉, 신라는 그것이 대개 가뭄(7회)과 기근(3회)을 가져오는 전조였고, 전쟁(6회)과 왕의 사망(9회)의 예고였다. 이에 대해서 고구려는 어떠한 일정한 사건과는 연결이 없이 천재지변을 가져왔으며, 백제는 전쟁(16회)을 예고하는 사건이었다. 그리고 왕의 사망(3회)이나 가뭄(2회)과도 큰 관계는 없었다. 다만, 신라는 시중교체와 같은 부적절한 왕의 정치 활동을 경고(질책)한 징후도 될 수 있다는 점도 부인할 수는 없었다. 단지 일식의 회수로 보아 3국시대의 그 주기는 14.8년에 1회씩 나타난 셈이다.

2. 지변기사의 분석

1) 지변기사의 종합적 의미

지변기사는 앞에서 본 바와 같이 332회의 기록이 있다. 이것 역시 그 표현이 천재의 경우처럼 과학에 대한 지식이 부족한 당시 사회의 모습을 반영하고 있었다. 신덕왕 4년 6월의

> 참포槧浦 물이 동해 물과 서로 싸웠는데, 물결이 20장이나 높이 솟아올랐고, 3일만에 그쳤다.

라는 기록은 결국 해일현상을 설명한 것으로 생각된다. 따라서 무열왕 4년의 "동쪽 토함산의 땅이 3년간이나 탔다."는 것도 화산의 뜻으로 풀이될 것이다. 그러나 지변은 천재와 달리 오행사상과 깊은 관계가 있기

때문에 그와의 관련도 고려되어야 할 것이다.

① 신문왕 12년 봄에 대나무가 말라버렸다.
② 다루왕 21년 2월에 큰 괴수槐樹가 저절로 말라버렸다.

라는 수변樹變은 결국 신문왕의 사망과 좌보左輔 흘우屹于의 죽음으로 나타났다. 이것은 오행적 설명이 아니라 자연현상에 대한 합리적인 해석일 수도 있다.

지변에서 가장 큰 영향을 주는 것은 지진이다. 지진에는 '지진地震'이란 표현 외에 지열地裂·산붕山崩·함지陷地 등을 포함하여 총 96회의 기록이 보인다. 이러한 지진의 기록은 신라가 61회, 고구려가 19회, 백제가 16회의 회수를 보여 10년에 1회의 지진을 맞게 된다. 특히 신라의 경우 7·8세기에 집중현상을 보인 것은 다른 천변의 기사와 함께 이 시기에 과학의 발달이 현저해졌음을 시사하는 근거가 될 것이다. 그리고 각 세기별로 그 회수도 일정하여 지진에 대한 기록의 신빙도를 높여주고 있었다.

〈표 43〉 지진의 세기별 분포

국명 세기	신라	고구려	백제	계
1	3	2	5	10
2	2	5	3	10
3	2	7		9
4	4	2	2	8
5	4	1	1	6
6	2	2	2	6
7	11		3	14
8	22			22
9	7			7
10	4			4
계	61	19	16	96

이러한 지진의 정치적 의미는 그것이 오행의 '토실기성土失其性'과도 연결된 가장 큰 지변이라는 점[144]이다. <표 44>에 의하면 지진은 가뭄(9회)과 홍수(7회) 등 천재를 가져오기도 하였고, 전쟁(25회)과 사망(24회)의 전조였음을 알 수 있었다. 동시에 그것은 그에 대한 하늘의 경고일 수도 있다.

〈표 44〉 지진과 사건과의 관계

사건 \ 시기		A0	A1	A2	B0	B1
전쟁		12	7	6		7
사망		10	8	6		4
모반		1		1		
천재지변	旱		8	1		5
	홍수	6		1		
	대풍	1	2	1		1
	疫	3	2			
	飢	2	2	2		2
	기타	3	1	1		2

다음으로 문자괴門自壞를 살펴보면 그것은 지진과 같은 의미가 있었다. 오히려 대표적인 토실기성土失其性(가색불성稼穡不成)으로 왕의 죽음을 예고하는 징후였다.[145]

지변의 다음 유형에는 동물변이 있다. 여기에는 수변獸變·충변蟲變·조변鳥變·어변魚變및 용변龍變 등 여러 종류가 있다. 우선 수변에는 호虎·호狐·구狗·낭狼·저猪 그리고 우변牛變 등이 있으나, 대개 흉조로 생각된다. 그중에서 대표적인 호변虎變을 찾아보면 <표 45>과 같다.

144) 『후한서』 권16, 오행4, 지진.
145) 문자괴의 기록을 찾아보면 아래와 같다.

〈표 45〉 호변의 정치적 의미

	연 대	기 사 내 용	정치적 사건
1	문무왕 13년 6월(673)	虎入大宮庭殺之	A0;김유신사망·大吐모반
2	혜공왕 4년 6월(768)	虎入宮中	A0;일길찬大恭叛
3	문성왕 5년 7월(843)	五虎入神宮園	A1;일식·시중교체
4	헌강왕 11년 2월(885)	虎入宮庭	A1;왕사망
5	양원왕 11년 10월(555)	虎入王都	A0;천변 A2;干朱理叛
6	보장왕 18년 9월(659)	九虎一時入城食人捕之不獲	A0;唐침입
7	온조왕 23년 2월(BC 6)	五虎入城	A0;王母死
8	동성왕 23년 1월(501)	二虎鬪於南山捕之不得	A0;천재·왕피살

여기서 볼 때 8회의 호변은 일정한 원칙을 나타내고 있다. 호랑이는 왕의 죽음이나 귀족의 반란을 예견해 주었고 ⑥의 경우처럼 당군唐軍의 침략을 뜻하기도 하였다. 그 외에 호변狐變이나 구변狗變의 예도 모두 사망과 관련을 갖고 있었으며 전체적으로 불길한 징후였다.

또한 용龍의 출현도 왕사망·지진 및 전쟁과 관계가 있었다. 즉, <표 46>에서 보듯이 17회의 용기사에서 왕의 사망을 예견한 것이 5회였고, 전쟁이 3회, 지진이나 가뭄을 비롯한 천재가 9회나 되고 있어, 용도 흉조였음을 알 수 있었다. 그러나 이러한 지변이 단독으로 일어나는 것이 아니라, 천재나 다른 지변과 복합적으로 일어나고 있음을 주목하게 된다.

문자괴門自壞의 정치적 의미

	연 대	사 건
1	탈해왕 24년 4월(80)	A0;왕사망 B0;대풍 B1;혜성
2	파사왕 32년 4월(111)	A0;旱 A1;왕사망 B2;蝗
3	아달라왕 7년 4월(160)	A1;蝗 B2;도로개척
4	눌지왕 42년 2월(458)	A0;왕사망 B1;대풍·霜
5	진덕왕 6년 3월(652)	A2;왕사망 B0;대설
6	무열왕 4년 7월(657)	A0;石爲米 A1;시중교체 B0;火山·大水
7	근구수왕 10년 2월(384)	A0;왕사망 B0;黑暈(樹自拔)
8	문자왕 27년 3월(518)	A0;대풍 A1;왕사망
9	진평왕 36년 2월(614)	A0;왕비사망 A1;지진 A2;전쟁(佛像自壞)

〈표 46〉 용변龍變의 정치적 의미

	연대	사건
1	혁거세 60 9월(3)	A0;雷 B1; 일식
2	유리왕 33년 4월(56)	A0;대풍 A1;왕사망 B2;혜성
3	아달라왕 11년(164)	A2;일식 B2;巡
4	첨해왕 7년 4월(253)	A0;旱 A2;전쟁(백제내침)
5	미추왕 1년 3월(262)	
6	자비왕 4년(461)	A2;전쟁(倭침입) B2;전쟁(倭)
7	소지왕 12년 3월(490)	A2;旱 B1;전쟁(고구려내침)
8	법흥왕 3년 1월(516)	A1;兵部설치 A2;축성
9	진흥왕 14년 2월(553)	B2;전쟁(고구려정벌)
10	경덕왕 23년 3월(764)	A1;지진·왕사망 B0;지진·혜성
11	경문왕 15년 5월(875)	A0;왕사망 B0;지진·혜성
12	동명왕 3년 3월(35)	A1;霧
13	기루왕 21년 4월(97)	A2;霜
14	고이왕 5년 4월(238)	B0;旱
15	비류왕 13년 4월(316)	B0;旱
16	비유왕 29년 9월(455)	A0;霧·왕사망
17	문주왕 3년 5월(477)	A0;解仇叛·왕사망

그리고 인변人變에 대해서 박성래씨는 서징瑞徵으로 분류하고 있었다.[146] 오행에서도 인아人痾는 길조라 하고 있으나, 『삼국사기』의 기록은 전혀 의미를 달리하고 있었다. 인변에는 3,4명 쌍둥이 기사가 7회이며, 그외 인변이 6회가 있다. 그러나 대부분의 인변기사는 전혀 길조로서의 뜻을 갖지 못하였고 오히려 반란이나 왕의 사망과[147] 연결되고 있었다.

이에 비해서 백록白鹿·백장白獐 및 신조神鳥와 같은 특이한 색을 가진

146) 박성래, 앞의 논문, 83쪽.

147) 『삼국사기』의 인변에 대한 기록은 15회에 이른다. 그 중에서 3, 4쌍둥이 출생기록이 7회, 기형아출생(2頭2身, 1身2頭)이 3회, 기타 인변이 5회이다. 이중에서 왕 사망이 4회나 연결되고 있었으나, 이것은 다른 징후와 달리 특정사건의 결과로 일어난 경우가 많았다.

동물은 길조[148]였음을 본다. 특히 내물왕과 장수왕의 즉위를 축하하는 신작神雀과 이조異鳥가 그것을 보여 주었고, 주몽왕 6년의 행인국荇人國 정벌과 온조왕 43년의 남옥저 사람을 받아들인 것을 보여준 조변鳥變의 경우도 같았다. 그러나 의자왕 19년의 '자계여소작교雌雞與小雀交'와 같은 기사는 신라와의 전쟁을 예견해 주기도 하였으나, 헌덕왕 14년의 괴조와 같이 김헌창난의 진압을 예견해 준 길조이기도 하다.

〈표 47〉 천재지변과 전쟁과의 관계(%)

종류 / 나라	신 라	고구려	백 제	총 계
旱(蝗)	13	10	17	40(25.5)
地震	10	5	4	19(12.1)
日食	3		15	18(11.5)
彗星(隕星)	6	7	5	18(11.5)
霜·雹	7	3	2	12(7.6)
雷·震(벼락)	3	4	1	8(5.1)
洪水(大雨)	6	1		7(4.5)
龍	5			5(3.2)
大雪	1	3		4(2.5)
其他	7	7	2	16(10.2)
총계	69	40	48	157

위에서 우리는 천재지변의 개별적 분석을 통해 그것이 갖는 정치적 의미를 살펴보았다. 특히 천재지변의 영향을 크게 받는 것은 전쟁이어서 천재지변과의 상관관계는 6:4이다. <표 47>에 의하면 후대로 올수록 양자의 관계가 더욱 크다는 사실을 알게 된다. 이것은 천재지변과 정치

148) 박성래, 앞의 논문, 85쪽.

와의 관계와는 정반대의 입장이었다. 따라서 사회발전과정에 따른 자연의 합리적 해석은 정치문제에서는 벗어나게 되었으나 전쟁문제에서는 여전히 큰 영향을 준다는 점이 지적될 수 있다.

2) 지진기사의 정치적 의미

(1) 『삼국사기』 지진기사의 검토

고대사회에 있어서 인간은 절대적으로 자연의 지배를 받고 있었다. 그러므로 자연현상(천재지변)은 인간가 사회를 지배하는 마력魔力으로 평가되었다. 다라서 그것은 인간능력을 초월하는 정치적 의미를 갖게 되었으며, 점차 지배자의 능력과 연결되어 갔다.

> 옛 부여의 풍속에는 가뭄이나 장마가 계속되어 오곡五穀이 영글지 않으면, 그 허물을 왕에게 돌려 '왕을 마땅히 바꾸어야 한다'고 하거나 '죽여야 한다'고 하였다.[149)]

이라는 부여의 풍습이 바로 그것을 나타내고 있다.

이러한 고대의 자연과自然觀은 삼국시대에도 계승되었으며, 그 후에도 오랫동안 이어져 왔다.

> 왕은 어려서 왕위에 올랐는데, 장성하자 음악과 여자에 바져 나돌아 다니며 노는 데 절도가 없고 기강이 문라해졌으며, 천재지변이 자주 일어나고 인심이 등을 돌려 나라가 불안하였다. (이에) 이찬伊湌 김지정金志貞이 반란을 일으켜 무리를 모아서 궁궐을 에워사고 침범하였다(『삼국사기』 권9, 신라본기9 혜공왕 16년)

이라는 기록은 왕이 정치를 어지럽혀 천재지변이 잇달은 것으로 생각한다는 것이다. 그러나 원시적인 자연관은 유교의 천인합인설天人合一說이나 오행사상五行思想의 영향으로 점차 덕치주의德治主義의 규범으로 전개

149) 『삼국지』 권30, 위서30 동이전 부여.

되어 갔다[150] 따라서 삼국의 정치적 성장을 보인 4~5세기 이후 천재지변은 하나의 자연현상을 벗어나 '歷史敍述의 한 部分'이 되어 정치적 의미를 강조하기에 이르렀다.[151]

천재지변 중에서 그 빈도나 영향을 가장 크게 나타낸 것은 지진이다.[152] 지진은 '토실기성土失其性'이라는 오행적五行的 설명 이전에 고대사회에서 가장 주목을 받았던 변이變異였기 때문에, 그것이 갖고 있는 내면적 성격은 중요한 의미를 갖고 있다. 따라서 지진의 정치적 성격 파악은 고대사회 이해의 한 방편이 될 수 있다. 이미 필자는 천재지변이 갖고 있는 성격에 대한 개괄적 검토를 한 바 있어[153] 이를 토대로 하여 구체적으로 지진의 성격구명을 꾀하려는 것이다. 따라서 우리는 한국고대사회에서의 지진이 차지한 정치적 의미는 물론, 당시의 자연관 내지는 천문관天文觀을 통해서 고대의 정치사상을 찾아볼 수 있으리라 여긴다.

『삼국사기』(본기)의 기록은 크게 정치·천재지변·외교 및 전쟁기사로 대별된다. 이들 항목은 시대에 따라 그 비율을 달리하고 있어 당시 사회상 이해의 기준이 될 수가 있었다.[154]

〈표 48〉 『삼국사기』(본기)의 내용 비교(%)

나라 / 내용	정치	천재지변	외교	전쟁
신 라	48.3	26.8	14.8	10.1
고구려	36.4	24.1	21.2	18.3
백 제	29.8	31.3	18.3	20.6
평 균	38.2	27.4	18.1	16.3

150) 이희덕, 1984, 『고려유교정치사상연구』, 일조각, 51쪽.
151) 신형식, 1981, 「삼국사기 본기내용의 통계적 검토」 『삼국사기연구』, 20쪽.
152) 신형식, 1981, 앞의 책, 190쪽.
153) 신형식, 1981, 앞의 책, 184~209쪽.
154) 신형식, 1981, 앞의 책, 153쪽.

<표 48>에 의하면 삼국시대의 역사서술은 "자연의 변화(천재지변)와 인간활동(정치·외교·전쟁)과의 상관관계"로서 역사에 있어서 자연변화의 중요성을 찾을 수 있었다. 따라서 천재지변은 일정한 자연현상으로서가 아니라 역사서술의 하나로서 간주되어야 할 것이다.

> 近仇首王 六年 大疫 夏 五月 地震 深 五丈 橫廣三丈 三日乃合
> 八年 春 不雨至 六月 民饑 … 十年 春 二月 日有暈三重 宮中大樹自拔
> 夏 四月 王薨(『삼국사기』 권24).

위의 기록에서 본다면, 근구수왕은 빈번한 천재지변 즉 질병－지진－한발旱魃－일훈日暈－대수자발大樹自拔(지진) 직후에 훙거薨去하였음을 알 수 있다. 이러한 현상은 단순한 자연변화이겠지만, 왕이 천상과 지상의 질서(균형)파괴인 구징咎徵에 대한 책임으로 죽음으로써 불균형의 정상화가 온다고 믿었던 것이다. 이와 같이 고대사회에 있어서 천재지변은 단순한 자연변화가 아니라 그에 따른 정치적 의미가 수반되기 때문에 자연현상으로만 설명할 수는 없다. 다시 말하면 천재와 지변은 상응하는 현상은로 하늘(자연)과 땅(인간) 사이의 관념적 사고에서[155] 볼 때에도 특정한 사건을 유발하는 동시에 '사건의 예고'라는 의미를 갖고 있었다.[156] 따라서 이러한 자연변화에 대한 책임을 지닌 왕으로서는

> 왕은 바람과 구름을 점쳐 홍수와 가뭄, 그리고 그 해의 풍년과 흉년을 미리 알았다. 또한 사람의 사악함과 정직함을 알았으므로 사람들은 그를 성인이라 일컬었다(『삼국사기』 권1, 벌휴왕).

이라고 하였음은 당연하다.

이러한 천재지변에 대해서 『증보문헌비고增補文獻備考』(상위고象緯考)에

---

155) Wolfram Eberhard, 1957, The Political Function of Astronomy and Astronomers in Han China 「Chinese Thought and Institution」(John K. Fairbank, ed.) p.33.
156) Wolfram Eberhard, op. cit., p.23.

서는 천변天變(日食·月掩犯五偉·星變 등 15종)과 물이物異(風異·旱蝗·地異·獸異 등 24종) 등으로 나누고 있다. 다만 여기서 주목할 것은 이러한 자연변화를 단순히 나열하였을 뿐이며, 그것이 갖는 정치적 의미 부여는 제외하였을 뿐 아니라 사실에 대한 뚜렷한 근거가 없는 것이 문제점으로 지적될 수 있다.157)

한편 정상수웅井上秀雄씨는 천재지변을 천재와 흉조로 나누어, 전자를 544회, 후자를 225회로 총 769회로 파악하였다. 다만 여기서는 자연변화가 단순한 현상이 아니라 왕의 죽음과 연결시켰으며, 삼국의 흉작대책을 여러 각도로 설명하고 있다.158)

이에 대해 박성래朴星來는 천재지변을 구징咎徵(omens)과 상서祥瑞(auspices)로 나누어 전자를 일식 이하 용龍까지 17종으로, 후자를 일산삼남一産三男·동물변이動物變異 이하 사리舍利까지 6종으로 정비하였다. 특히 여기서 96개의 징후徵候에 대한 세기별 통계와 그 재이災異의 사상적 의미를 추구함으로써 그것이 갖는 정치적 성격을 파악하고 있다.159)

최근에 이희덕李熙德은 『삼국사기』에 나타난 천재지변을 『홍범오행전洪範五行傳』의 체계에 따라 『후한서後漢書』(오행지五行志)와 비교하면서 그것이 지닌 정치적 의미로 중시中侍의 임면任免과 연결시켰다. 이것은 결국 유교의 도덕정치사상으로 발전되어 고려 이후 유교정치사상의 확립에 커다란 계기가 되었음을 지적하였다.160)

---

157) 『증보문헌비고』(상위고 10)에는 '地異'의 내용으로 地隙·地裂·地陷·地燃·地鏡 등으로 분류하고 있다. 다만 『문헌비고』의 내용에서는 『삼국사기』에 기록되지 않은 '문성왕 1년 5월', 「'기루왕 13년 10월' 등이 있으며, 반대로 『삼국사기』에 있는 '기루왕 35년 10월'의 지진은 빠지고 없다. 또한 『삼국사기』에는 '홍덕왕 6년 1월'의 지진기록이 있으나 『문헌비고』에는 '홍덕왕 1년 1월'로 되어 있다.

158) 井上秀雄, 1978, 『古代朝鮮史序說－王者と宗教』, 296쪽.

159) 박성래, 1977, 「Portentography in Korea」 『Journal of Social Sciences and Humanities』 Vol. 46, pp.46~57.

160) 이희덕, 1984, 앞의 책, 20~38쪽.

이에 대해서 필자는 『삼국사기』에 나타난 전체의 자연현상을 천재天災와 지변地變으로 대별하여, 전자는 천변天變과 천재天災로, 후자는 지변·동물변動物變 등 6가지로 대별하였다. 특히 천재에는 성변星變·일월변日月變 등 252회의 천변과 가뭄·우박 등 352회의 천재가 있으며, 지변에는 지진 이하 330여회의 변이變異가 있었다.[161] 이로써 삼국·통일신라시대에는 930여 회의 천재지변이 있었는데, 천재가 배 정도의 횟수를 나타내고 있어 고대사회에 있어서 그것이 갖고 있는 의미를 강조하였다.

이러한 천재지변 중에서 가장 큰 비중을 갖고 있는 것은 천변의 경우는 성변(혜성彗星·오위五緯·운성隕星)과 일식이며, 천재의 경우는 한발旱魃이다. 그리고 지변의 경우는 지진이 대표적인데, 전체의 지변 중에서 지진이 차지한 비율은 3할에 미치고 있다. 따라서 단일 종류의 자연변화 현상에서는 지진이 가장 큰 사건이며, 다음이 가뭄이다.

지진에 대한 최초의 정리기사인 『증보문헌비고』(상위고 10, 지이地異)에는 지진에는 지극地隙·지열地裂·지함地陷·지연地燃·지경地鏡을 포함한 지이현상으로 풀이하고 있다. 필자 역시 지진을 화재火災·문자괴門自壞·석변石變·탑변塔變 등 광의로 해석하였으나[162] 이에 대한 보다 구체적인 검토를 기할 필요가 있다. 우선 『삼국사기』에는 지진·지동地動·지열地裂·지함地陷·산붕山崩을 비롯하여 이탑상격二塔相擊(전戰)·석자행石自行石頹·문자괴(훼毁) 등 여러 가지의 표현을 하고 있다. 그러나 이러한 지열현상이 모두 지진은 아니었다.

(가) 武烈王 四年 秋 七月 東吐含山地燃 三年而滅 興輪寺自壞 □□□北巖崩碎爲米 食之如陳倉米(『삼국사기』 권4).
(나) 慈悲王 八年 夏 四月 大水 山崩一十七所(『삼국사기』 권3).
(다) 聖德王 十九年 夏 四月 大雨 山崩十三所(『삼국사기』 권8).

161) 신형식, 1981, 앞의 책, 184~191쪽.
162) 신형식, 1981, 앞의 책, 190쪽.

(라) 脫解王 二十四年 夏 四月 京都大風 金城東門自壞(『삼국사기』 권1).
(마) 阿達羅王 七年 夏 四月 暴雨 閼川水溢 漂流人家 金城北門自壞(『삼국사기』 권2).
(바) 眞德王 六年 三月 京都大雪 王宮南門無故自毁(『삼국사기』 권5).

위의 기록은 지진으로 간주될 몇 개의 사례를 지적한 것이다. (가)는 화산火山(지연地燃)에 따른 지진(興輪寺自壞)으로 볼 수 있다. (나)와 (다)는 산붕山崩으로서 얼핏 지진으로 간주할 수 있으나[163] 실제는 폭우暴雨로 인한 산사태인 것이다. 다라서 자비왕 8년과 성덕왕 19년의 산붕은 분명히 지진이 아니었다.[164] (라)와 (마)의 문자괴門自壞(頹毁)도 지진의 일종이니 지변地變으로 생각되기 쉽지만, (라)는 폭풍에 의한 성문파손이며, (마)는 폭우에 따른 성문파괴인 것이다. 끝으로 (바)의 경우는 지진현상으로 볼 수 있을 것이다. 그러므로 9회의 문자괴 현상도[165] 전부 지진으로 생각할 수는 없다.

『삼국사기』에는 113회의 지진기사가 있다. 즉 신라는 64회의 지진(지열地裂·지동地動·지함地陷·산붕山崩 포함)과 3회의 문자괴(頹), 4회의 석퇴石頹, 그리고 5회의 탑동塔動(二塔相戰) 등이 그것이다. 고구려는 19회의 지진 기사를 갖고 있으며, 백제는 18회(2회의 석퇴와 1회의 문자괴 포함)의 지진기록을 갖고 있다. 그 외 『증보문헌비고』에는 4회의 추가 기사가 있어[166] 삼국·통일신라는 총 117회의 지진이 있었다고 하겠다.

163) 이희덕, 1984, 앞의 책, 28쪽.
164) 『증보문헌비고』(권10, 상위고10)에도 자비왕 8년 4월과 성덕왕 19년 4월의 산붕은 지진으로 취급하지 않고 있다.
165) 『삼국사기』에는 9회의 문자괴(頹) 기록이 있다(신형식, 1981, 앞의 책, 207쪽). 그러나 기록상의 문자괴 중에서 '脫解王 二十四年 夏 四月 京都大風 金城東門自壞', '訥祗王 四十二年 春 二月 地震 金城南門自毁' 등과 같이 폭풍과 지진에 의한 破毁는 지진현상이 아니다. 따라서 아달라왕 7년 4월, 무열왕 4년 9월, 문자왕 27년 3월 등 5회의 기록은 지진이 아니다. 그러므로 9회의 문자괴 중 지진에 해당하는 것은 4회 뿐이다.
166) 『문헌비고』에 기록된 것 중에서 『삼국사기』에 보이지 않는 지진기록은 '문무왕

〈표 49〉 삼국·통일신라의 세기별 지진 분포

세기 / 나라	신라	고구려	백제	합계(내용)
1	3	2	7	12[石頹(1)]
2	4	5	3	11[門自毁(1)]
3	2	7		9
4	4	2	3	9[大樹自拔(1)]
5	5	1	1	6
6	2	2	2	6
7	15		3	18[門自毁(2)·石頹(1)]
8	24			24[塔動(2)]
9	14			14[石頹(2)·塔動(2)]
10	5			5[塔動(1)]
합계	79	19	19	117[石頹(4)·門自毁(4)·塔動(5)]

<표 49>에 의하면 통일 이전의 삼국시대는 거의 비슷한 기록을 갖고 있었다. 그러나 7세기 이후 특히 8~9세기에 집중된 기록을 갖고 있어 당시의 천문학의 발달상을 이해할 수도 있지만,[167] 그 속에는 또 다른 의미가 포함된 듯하다. 무열왕권의 확립과정에 수반된 유교정치이념의 추진은[168] 오행사상五行思想의 광범한 유통을 수반하였을 것이다.

> 개구리는 노한 모습을 하고 있어 병사의 형상이다. 옥문玉門은 여자의 생식기이다. 여자는 음陰이 되니, 그 음의 색은 흰색이고 흰색은 서방西方이다. 그러므로 군사가 서방에 있음을 알았다(『삼국유사』 권1, 기이2 선덕왕지기삼사).

에서 이미 통일 이전에 오행사상에 대한 영향을 고려할 수 있었고, 통일 후 5소경小京·5묘제廟制 및 5악岳 사상도 결국은 5행사상과 연결된다고 하

3년 5월', '문성왕 1년 5월', '문성왕 6년', '기루왕 13년 10월' 등 4기사이다.

167) 신라의 30회 流星 기록이 7세기 중엽 瞻星臺가 만들어진 이후에 집중되어 있다. 이것은 이 시기를 전후한 천문기술의 발달과 연결될 수가 있다(전상운, 1976, 『한국과학기술사』, 117쪽).

168) 신형식, 1977, 「무열왕권의 성립과 활동」 『한국사논총』 2, 17쪽.

겠다.[169] 따라서 『후한서』(지16)의 5행(4)에 나타난 지진地震·산붕山崩·지함地陷·대풍발수大風拔樹 등은 천재지변의 성격파악에 기준이 되었을 것이다.

(2) 삼국 및 통일신라 지진의 오행적 분석

고대사회(삼국 및 통일신라시대)에 있어서 지진은 단일 현상으로서는 가장 큰 재앙이었다. 그러나 지진은 높은 빈도에서가 아니라 그것이 갖고 있는 내면적인 성격에서 주목을 요하는 것이다. 일찍이 지진의 정치적 의미에 대해서

> 五行傳曰 治宮室 飾臺榭 內淫亂 犯親戚 悔父兄 則稼穡不成 謂土失其性而爲災[170]

라 하여 지나친 궁전의 축조나 장식과 범친犯親·음란淫亂 행위는 사심불용思心不容과 함께 결국 지진·산붕·대풍발수·명螟 및 우질牛疾(우화牛禍)를 가져온다는 것이다. 특히 『후한서』에는

> (가) 女主盛 臣制命 則地動圻 畔震起山崩淪 是歲竇太后攝政 兄竇憲 專權
> (나) 建北元年九月乙丑 郡國三十五地震 … 是時安帝 不能明察 信宮人及阿母聖等讒
> (다) 和帝永元元年二月戊午 隴西地震 … 匈奴單于於除鞬叛 遣使發邊郡兵 討之[171]

라 하여 왕의 불찰이나 女主(太后·宮人·왕의 乳母) 등의 횡포를 경고하거나 전쟁·반역 및 섭정의 예고로 지진을 설명하고 있었다. 이와 같이 지진은 특정사건의 유발이나 예고의 뜻으로서[172] 받아들였으나, 삼국사회의 입

---

169) 신형식, 1981, 『삼국사기연구』, 48쪽.
170) 『후한서』 지16, 오행4.
171) 위와 같음.
172) Wolfram Eberhard, op. cit., p.23.

장에서는 중국정사中國正史의 천재지변과는 관련이 없어도[173] 그 나름대로의 성격부여가 시도된 것이다.

특히 천재지변은 유교의 덕치사상에 입각한 천인합일설天人合一說에서만이[174] 아니라, 천상·지상의 질서유지를 위해서도 일정한 원칙을 요하게 되었다.

> (가) 祇摩尼師今 十七年 八月 長星竟天 冬十月 國東地震 十一月 雷 十八年 伊湌昌永卒 以波珍湌玉權爲伊湌以參政事(『삼국사기』 권1).
> (나) 近仇首王 六年 大疫 夏 五月 地裂 八年 春 不雨至六月 民饑 十年 春 二月 日有暈三重 宮中大樹自拔 夏 四月 王薨(『삼국사기』 권24).
> (다) 榮留王 二十三年 秋 九月 日無光 經三日復明 二十五年 冬 十月 蓋蘇文弑王(『삼국사기』 권20).
> (라) 聖德王 十五年 春 正月 流星犯月 月無光 三月 出成貞王后 賜彩五百匹 … 大風拔木飛瓦 崇禮殿毁 夏 六月 旱 又召居士理曉祈禱 則雨 救罪人(『삼국사기』 권8).
> (마) 眞平王 五十二年 大宮庭地裂 五十三年 春 二月 自狗上于宮墻 夏 五月 伊湌柒宿與阿湌石品謀叛 秋 七月 白虹欲于宮井 土星犯月 五十四年 春 正月 王薨(『삼국사기』 권4).

위의 사례 중에서 (가)는 성변(장성경천長星竟天)－지진은 곧 천상과 지상의 질서가 파괴됨으로써 이찬伊湌 창영昌永의 죽음으로 나타났으므로 신임자(옥권玉權)를 이찬에 임명하여 정상화를 꾀한 것이다. (나)는 대역·지진－해무리－대수자발의 결과는 왕의 훙거薨去로 귀착되었음을 보게 된다. (다)는 연개소문淵蓋蘇文의 전횡專橫으로 왕이 허약해진 것을 나타낸 것이며, (라)는 왕후의 폐출廢黜을 예고한 것으로 결국 왕의 부덕不德과 불민不敏에 대한 극기克己와 선정善政(구죄인救罪人)을 꾀한 것이다. (마)는 지진이 모반謀叛과 왕의 사망을 가져오는 변괴變怪임을 나타낸 것이다.

따라서 위와 같은 자연관自然觀의 입장에서는 전쟁·반역 및 왕의 죽음

---

173) 이희덕, 1984, 앞의 책, 33쪽.
174) 이희덕, 1984, 앞의 책, 39쪽.

과 연결된 지진의 의미는 다른 어떤 현상보다도 중시되었던 것이다. 이에 지진의 정치적 성격파악을 위해 고대사회에 나타난 지진의 체계적 정리를 꾀해 보았다. 이러한 지진의 정치적 의미는 삼국사회 성격이해의 한 면이 될 것이라 생각된다.

〈표 50〉 신라시대의 지진

종류	발생시기	연대	지진 전후의 사건
지진 地震	脫解王 8년 12월	64	百濟攻狗壤城(10월)-地震(12월)-無雪(12월)-百濟攻蛙山城(10년)
	婆娑王 14년 10월	93	巡幸古所夫里(2월)-京都地震(10월)-加耶侵馬頭城(15년 2월)
	婆娑王 21년 10월	100	雨雹(7월)-京都地震(10월)-築城名月城(22년 2월)
	祇摩王 17년 10월	128	長星竟天(8월)-國東地震(10월)-雷(11월)-伊湌昌永卒(18년 가을)
	阿達羅 17년 7월	170	重修始祖廟(2월)-京都地震·霜雹害穀(7월)-百濟寇邊(10월)
	奈解王 34년 9월	229	蛇鳴(4월)-地震(9월)-大雪(10월)-王薨(35년 3월)
	助賁王 17년 11월	246	白氣(10월)-京都地震(11월)-王薨(18년 5월)
	基臨王 7년 8월	304	旱(5년 여름)-地震(7년 8월)
	基臨王 7년 9월	304	地震(7년 8월)-京都地震(9월)
	奈勿王 33년 4월	388	京都地震(4월)-地震(6월)-無氷(겨울)
	奈勿王 33년 6월	388	地震(4월)-地震(6월)-無氷(겨울)-大疫(34년 1월)-蝗(7월)
	實聖王 5년 10월	406	蝗害(7월)-京都地震(10월)-無氷(11월)-倭人侵東邊(6년 3월)
	訥祇王 42년 2월	458	隕霜(41년 4월)-地震(2월)-金城門自壞(2월)-王薨(8월)
	慈悲王 21년 10월	478	夜赤(21년 2월)-京都地震(10월)-王薨(22년 2월)
	智證王 11년 5월	510	隕霜(10년 7월)-地震(5월)-雷(10월)
	眞興王 1년 10월	540	太后攝政(8월)-地震·桃李華(10월)-雪害·拜異斯夫爲兵部令(2년 3월)
	眞平王 37년 10월	615	王妃死(36년 2월)-地震(10월)-百濟侵攻(38년 10월)

종류	발생시기	연대	지진 전후의 사건
	善德王 2년 2월	633	旱(1년 5월)-大赦(1월)-京都地震(2월)-百濟侵西邊(8월)
	文武王 3년 1월	663	眞珠詐稱病逐誅(7년 8월)-築富山城·地震(1월)-攻取百濟城(2월)
	文武王 4년 3월	664	百濟殘賊攻破·地震(3월)-攻高句麗城(7월)
	文武王 4년 8월	664	攻高句麗城(7월)-地震·禁人擅以財貨田地施佛寺(8월)
	文武王 6년 2월	666	立太子(5년 8월)-京都地震(2월)-靈廟寺災·大赦(4월)
지열 地裂	儒理王 11년	34	京都地震·泉渹·大水(6월)-泉浪犯境(13년 8월)
	慈悲王 14년 3월	471	築芼老城(2월)-京都地裂·大疫(10월)
	眞平王 52년	630	侵娘臂城(51년 8월)-大宮庭地裂(52년)-石品謀叛(53년 2월)-王薨(54년 1월)
지함 地陷, 山崩	祇摩王 12년 5월	123	隕霜(4월)-地陷(5월)-日食(13년 9월)
	實聖王 15년 5월	416	獲怪魚(3월)-山崩(5월)-王薨(16년 5월)
	武烈王 4년 7월	657	大水·火山·興輪寺自壞·北巖崩(7월)-侍中任命(5년 1월)
석퇴 石頹	善德王 7년 3월	638	拜閼川爲將軍(6년 7월)-石頹(3월)-雨黃花(9월)-高句麗侵地邊(10월)
문자괴 門自壞	婆娑王 32년 4월	111	蝗(30년 7월)-城門自壞(4월)-旱(7월)-王薨(33년 10월)
	眞平王 36년 2월	614	旱·霜(35년 4월)-永興寺佛自毁·眞興王妃卒(2월)
	眞德王 6년 3월	652	大雪·王宮南門自毁(3월)-王薨(8년 3월)

지진에는 앞에서 언급한 바와 같이 지진을 비롯하여 지열·산붕·지동·지함·문자괴(훼)·석퇴·탑동 등이 있다. 그러나 석퇴(석자행石自行)나 탑동(양탑상전兩塔相戰)은 지진현상의 구체적인 모습이라고 하겠으나 각기 진동의 강약표시라 하겠다. 다만 지진·지열·지함의 차이는 불투명하지만, 아마도 지동은 약진弱震으로,[175] 지진은 중진中震으로 간주할 수 있

175) 地鳴에 대한 『삼국사기』의 기록은 없다. 그러나 고려시대 이후에는 지명에 대한 기록이 있는데, 그것은 微震으로 생각된다.

을 것이다. 따라서 지열은 강진强震으로 지함과 산붕은 열진烈震 또는 격진激震으로 생각할 수 있다. 나아가서 석퇴는 강진으로, 탑동과 문자훼는 중진 정도로 추측할 수 있다.

신라시대(통일이전)에는 <표 50>에서 보는 바와 같이 32회의 지진이 있었다. 이 시기에는 지진(22회)을 비롯하여 지열(3회)·지함(산붕 : 3회)·석퇴(1회)·문자괴(훼 : 3회) 등의 구별이 있었다. 앞에서 언급한 바와 같이 천재지변은 당시의 정치현상을 비판(경고)하는 동시에 사건의 예고라는 양 기능이 있다. 그러나 지진은 일식日食이나 성변星變이 주로 '사고의 예고'임에 비해서,[176] 지진은 현실비판의 면도 상당히 컸다.

(가) 慈悲麻立干 十一年 秋 九月 徵何瑟羅人年十五以上 築城於泥河 十三年 築三年山城 十四年 春 二月 築芼山城 三月 京都地震(『삼국사기』 권3).
(나) 眞興王立 諱麥宗 時年七歲 … 王幼少 王太后攝政 元年 冬 十月 地震 桃李華(『삼국사기』 권4).

위의 기록에서 (가)는 자비왕의 빈번한 축성에 대한 비판(경고)이며, (나)는 태후 섭정에 대한 간접적인 비난의 뜻으로 생각된다. 빈번한 토목공사나 여주女主의 전횡專橫의 원인으로 생각한

地者陰也 法當安靜 令乃越陰之職 專梁之政 故應以震動
是時鄧太后攝政專事 … 二年 郡國十二地震[177]

의 경우로 볼 때 5세기 이후 어느 정도 오행사상의 영향이 크게 작용되었으리라 생각된다. 그러나 지진도 역시 '사건의 예고'에 더 큰 의미가 있었는데, 대표적인 사건은 아래와 같다.

(가) 1. 奈解尼師今 三十四年 秋 九月 地震 冬 十月 大雪深五尺 三十五年

176) 신형식, 1981, 「천재지변 기사의 개별적 검토」 『삼국사기연구』, 204쪽.
177) 『후한서』 지16, 오행4.

春 三月 王薨(『삼국사기』 권2).

2. 訥祇麻立干 四十二年 春 二月 地震 金城南門自毁 秋 八月 王薨(『삼국사기』 권3).
3. 眞平王 五十二年 大宮庭地裂 五十三年 春 二月 夏 五月 伊湌柒宿與伊湌阿湌石品謀叛 五十四年 春 正月 王薨(『삼국사기』 권4)

(나) 1. 阿達羅尼師今 十七年 秋 七月 京師地震 霜雹害穀 冬 十月 百濟寇邊(『삼국사기』 권2).
2. 善德王 二年 二月 京都地震 八月 百濟侵西邊(『삼국사기』 권5).
3. 善德王 七年 春 三月 七重城南大石自移三十五步 冬 十月 高句麗侵北邊七重城(『삼국사기』 권5).

라 하여 (가)는 지진이 죽음을 예고한 사건이며,[178] (나)는 전쟁을 가져온 재난이다. 다만 여기서 주목할 것은 지진 전후에 발생되는 천재天災의 종류이다. 그것은 대개가 지진(지변地變)과 상반되는 천재로서 가뭄·우박(서리) 등이 주종을 이루고 있어 천재와 지변은 언제나 감응관계感應關係를 통해 자연의 질서(조화)를 유지할 수 있었다. 그러나 <표 3>에서 가장 눈에 띄는 것은 지진이 왕의 죽음(7회)와 전쟁(10회)의 예고라는 점이었다.

다음으로 고구려의 지진은 19회의 기록이 있다. <표 51>에 의하면 고구려는 지진의 형태(종류)가 단조로웠으며, 3세기에 집중된 것이 특이하였다. 특히 고구려의 경우는 신라와 달리 일정한 원칙이나 공통된 의미를 갖고 있지 않았다. 오히려 출렵出獵이나 임명任命 직후에 잦은 지진이 보이고 있어 오행사상과는 직접 연결된 것 같지는 않으나[179] 당시의 비정秕政에 대한 강한 경고(비판)로 볼 수가 있었다. 때문에 지진 직후에 순수巡狩나 대사大赦 및 천도遷都 등과 같은 정치행위가 수반되었으며, 전쟁과 죽음과 같은 예고의 의미도 간헐적으로 보여 지고는 있다.

---

178) 지진의 가장 큰 정치적 의미는 죽음의 예고였다. 32회의 신라 지진 중에서 10회가 사망(왕비와 대신의 죽음 각 1회)을 예고하였으며, 11회가 전쟁을 가져왔다.

179) 『후한서』(지13, 오행1)에 따르면 '田獵不宿'은 淫雨·旱·訛言 등의 원인으로서 오행1로 간주하였다.

〈표 51〉 고구려시대의 지진

종류	발생시기	연대	지진 전후의 사건
지진	瑠璃王 21년 8월	2	豕逸(3월)-巡幸(4월)-地震(8월)-巡幸(9월)-遷都(22년 10월)
	大武神 2년 1월	19	京都震·大赦·百濟民投(1월)-入始祖廟(3년 3월)
	太祖王 66년 2월	118	日食(64년 3월)-雪(12월)-地震(66년 2월)-攻華麗城(6월)
	太祖王 72년 11월	124	日食(9월)-朝貢(10월)-地震(11월)
	太祖王 90년 9월	142	丸都地震·王夜夢(9월)
	次大王 2년 11월	147	叛(3월)-任命(7월)-地震(11월)-王弟薨(3년 4월)
	次大王 8년 12월	153	隕霜(6월)-地震·客星犯月(12월)
	山上王 21년 10월	217	雷·地震·星孛(10월)-日食(23년 2월)
	中川王 7년 7월	254	國相任命(4월)-지진(7월)-立太子(8년)
	中川王 15년 11월	262	巡幸(7월)-雷·地震(11월)
	西川王 2년 12월	271	國相任命(7월)-地震(12월)-隕霜(3년 4월)-旱(6월)
	西川王 19년 9월	288	巡幸(8월)-地震(9월)-王至(11월)
	烽上王 1년 9월	292	殺安國君(3월)-地震(9월)-慕容廆來侵(2년 8월)
	烽上王 8년 10월	299	鬼哭·客星犯月(9월)-雷·地震(12월)-地震(9년 1월)-旱(2~7월)
	烽上王 9년 1월	300	地震(8연 12월)-地震(9년 1월)-旱(2~7월)
	故國壤 2년 12월	385	慕容農來侵(2년 11월)-地震(12월)-立太子(3년 1월)-伐百濟(9월)
	文咨王 2년 10월	493	朝貢(1년 10월)-지진(2년 10월)-扶餘王來投(3년 7월)
	文咨王 11년 10월	502	蝗(8월)-地震(10월)-百濟犯境(11월)
	安原王 5년 10월	535	大水(5월)-地震·雷·大疫(12월)-旱(6년)

백제의 지진은 <표 51>에서와 같이 19회의 기록이 있다. 고구려와 달리 지열(2회)과 석퇴·문자괴가 나타나고 있어 비교적 오행사상의 영향

이 보이고 있다. 그러나 신라와 같이 오행사상과 깊은 연결이 불가능하였으며, 특정한 정치적 기능을 나타내지는 못하였다. 다만 지진 다음에 전쟁이나 사망보다 외교(조공)가 나타나고 있어 그것이 정치적 경고의 뜻을 갖고 있음을 알 수 있다.

〈표 52〉 백제시대의 지진

종류	발생시기	연대	지진 전후의 사건
지진	溫祚王 31년 5월	13	徙民(1월)-雹(4월)-地震(5월)-地震(6월)
	溫祚王 31년 6월	13	地震(5월)-地震(6월)-旱(33년 여름)
	溫祚王 45년 10월	27	旱(45년 여름)-地震(10월)-王薨(46년 2월)
	多婁王 10년 11월	37	任命(10년 10월)-地震(11월)-穀不成(11년)-巡幸(10월)
	己婁王 13년 10월	89	日食(11년 8월)-地震(13년 6월)-旱(14년 3월)
	己婁王 35년 3월	111	旱(32년 여름)-靺鞨侵(7월)-地震(35년 3월)-地震(10월)
	己婁王 35년 10월	111	地震(3월)-地震(10월)-外交(37년)
	肖古王 34년 7월	199	地震(7월)-侵新羅邊境(7월)
	近肖古 27년 7월	372	侵攻平壤城(26년 겨울)-朝貢(27년 1월)
	毗有王 3년 11월	429	朝貢(3년 가을)-上佐平任命(10월)-地震(11월)-大風·無氷(12월)
	武寧王 22년 10월	522	巡幸(9월)-地震(10월)-築城(23년 2월)-王薨(5월)
	威德王 26년 10월	579	長星竟天·地震(10월)-朝貢(28년)
	武　王 19년 11월	616	攻新羅城(17년 10월)-地震(11월)-新羅來侵(19년)
	武　王 38년 2월	637	旱(37년 8월)-地震(38년 2월)-地震(3월)
	武　王 38년 3월	637	地震(38년 2월)-地震(3월)-朝貢(12월)
지열	己婁王 13년 6월	89	日食(11년 8월)-地裂(13년 6월)-旱(14년 3월)
	近仇首 6년 5월	380	大疫(6년)-地裂(5월)-旱(8년 봄)
석퇴	己婁王 17년 8월	93	日食(16년 6월)-石頹(17년 8월)-龍(21년 4월)
문자괴	近仇首 10년 2월	384	旱(8년 여름)-日暈·大樹自拔(10년 2월)-王薨(4년)

〈표 53〉 통일신라시대의 지진

종류	발생시기	연대	지진 전후의 사건
지동	孝昭王 7년 2월	698	任命(1월)-京都地動·大風折木·中侍交替(2월)-大水(7월)
	聖德王 24년 10월	725	雪((3월)-雹·侍中交替(4월)-地動(6월)-朝貢(25년 4월)
지진	文武王 10년 12월	670	土星入月·地震·侍中退·眞珠叛(12월)
	文武王 21년 5월	681	天變(1월)-地震·流星(5월)-天狗落坤方(6월)
	孝昭王 4년 10월	695	任命(4년)-京都地震(10월)-中侍交替(5년 1월)-旱(4월)
	聖德王 7년 2월	708	地震(2월)-鎭星犯月·大舍(4월)-旱(8년 5월)
	聖德王 9년 1월	710	天狗隕·地震·大赦(1월)-大雪(10년 5월)-中侍卒(10월)
	聖德王 16년 4월	717	創新宮(3월)-地震(4월)-太子卒(6월)
	聖德王 17년 3월	718	中侍任命(1월)-地震(3월)-震皇龍寺塔(6월)-星變(10월)
	聖德王 19년 1월	720	震彌勒寺(18년 8월)-地震·上大等卒(19년 1월)
	聖德王 21년 2월	722	中侍卒(1월)-京都地震(2월)-給丁田(5월)
	聖德王 22년 4월	723	朝貢·地震(4월)-立太子(23년 1월)
	孝成王 1년 5월	737	上大等任命(3월)-地震(5월)-流星(9월)-朝貢(12월)
	孝成王 6년 2월	742	地震(2월)-流星·王薨(5월)
	景德王 2년 8월	743	納妃(4월)-地震(8월)-朝貢(12월)-侍中任命(3년 1월)
	景德王 24년 4월	765	流星(23년 12월)-地震(24년 4월)-流星·王薨(6월)
	惠恭王 3년 6월	767	天變(2년 10월)-地震(3년 6월)-星變(7월)
	惠恭王 4년 6월	768	彗星(봄)-雨雹·地震·虎入宮中(6월)-大廉謀叛(7월)
	惠恭王 6년 7월	770	彗星(5월)-虎入執事省(6월)-金融叛(8월)-京都地震(11월)-侍中交替(12월)
	惠恭王 13년 3월	777	京都地震(3월)-地震(4월)
	惠恭王 13년 4월	777	地震(13년 3월)-地震·時政極論(4월)-侍中交替(10월)
	惠恭王 15년 3월	779	侍中任命(14년 10월)-京都地震·太白入月·百座法會(15년 3월)-謀叛·王薨(16년 4월)
	元聖王 3년 2월	787	旱(2년 9월)-京都地震·大赦(3년 2월)-太白(5월)-蝗(7월)-日食(8월)
	元聖王 7년 11월	791	雪·侍中交替(10월)-京都地震(11월)-上大等卒(8년 8월)
	元聖王 10년 2월	794	大風(9년 8월)-地震·太子卒·侍中交替(10년 2월)
	哀莊王 3년 7월	802	定後宮(4월)-地震(7월)-創海印寺(8월)
	哀莊王 4년 10월	803	外交(日本 : 7월)-地震(10월)-侍中任命(5년 1월)
	哀莊王 6년 11월	805	封大王后·王后(1월)-律令(8월)-地震(11월)-下敎(7년 3월)

종류	발생시기	연대	지진 전후의 사건
	興德王 6년 1월	831	王不豫(5년 4월)-地震·侍中交替(6년 1월)
	文聖王 1년 5월	839	地震(5월)-大赦·敎(8월)-上大等任命(2년 1월)
	文聖王 6년	844	五虎入宮(5년 7월)-日食(6년 2월)-地震(?)
	景文王 10년 4월	870	重修朝元殿(8년 8월)=朝貢(10년 2월)-京都地震(4월)-王妃卒·大水(7월)
	景文王 12년 4월	872	重修月上樓(11년 2월)-京都地震(12년 4월)-蝗害(8월)
	景文王 15년 2월	875	重修月正堂(14년 9월)-國東地震·星孛(15년 2월)-龍(5월)-王薨(7월)
	神德王 2년 4월	913	上大等任命(1년 5월)-霜·地震(2년 4월)-霜(3년 3월)
	神德王 5년 10월	916	甄萱攻大耶城(8월)-地震(10월)-太白犯月(6년 1월)-王薨(7월)
	敬順王 2년 6월	928	戰爭(1월)-地震(6월)-戰爭(8월)
	敬順王 6년 1월	932	戰爭(5년 2월)-外交(8월)-地震(6년 1월)-外交(4월)
지함	惠恭王 2년 2월	766	二日並出(1월)-牛禍·康州地陷(2월)-天變(10월)
탑동 塔動	景德王 14년 봄	755	旱蝗·侍中交替(13년 8월)-穀貴·望德寺塔動(14년 봄)-財政極論(15년 2월)
	元聖王 14년 3월	798	蝗·大水·侍中交替(13년 9월)-南樓橋災·望德寺塔相擊(14년 3월)-旱(6월)-王薨(12월)
	哀莊王 5년 9월	804	伏石起立·水變血(7월)-望德寺塔戰(9월)-地震(6년 11월)
	憲德王 8년 6월	806	石頹(1월)-望德寺塔戰(6월)-侍中任命(9년 11월)
	景哀王 4년 3월	927	戰爭(1월)-皇龍寺塔搖動北傾(3월)-戰爭·王薨(11월)
석퇴 石頹	憲德王 8년 6월	806	年荒(1월)-石頹·塔動(6월)-侍中任命(9년 1월)
	憲德王 13년 7월	821	旱(12년 여름)-侍中卒(13년 4월)-二石戰(7월)-雷(12월)-樹木枯(14년 2월)-金憲昌亂(3월)
	眞聖王 2년 2월	888	無雪(1년 겨울)-石頹·王與魏弘通(2년 2월)

통일신라의 지진은 <표 53>에서와 같이 지동(2회)·지진(36회)·지함(1회)·탑동(5회) 그리고 석퇴(3회) 등 47회의 기록이 있다. 특히 8세기에 절반(24회)이 집중되고 있어 대부분이 7~8세기에 관측되었다는 점이 주목된다. 이러한 현상은 유성의 기록도 이 시기에 집중되고 있어 천문학 발

달과 관계가 있는지도 모른다. 그러나 무열왕권의유교정치의 추진은 오행사상의 광범한 이해를 가져왔을 것이므로 덕치사상德治思想의 입장에서도 자연관이 크게 바뀌었음은 당연하다.

> (가) 1. 哀莊王 五年 秋 七月 重修臨海殿 新作東宮萬壽房 九月 望德寺二塔戰(『삼국사기』 권10).
> 2. 景文王 七年 春 正月 重修臨海殿 八年 秋 八月 重修朝元殿 十年 夏 四月 京都地震 五月 王妃卒 十一年 春 正月 王命有司 改造皇龍寺塔 二月 重修月上樓 十二年 夏 四月 京師地震(『삼국사기』 권11).
> (나) 1. 景德王 二年 夏 四月 納舒弗邯金義忠女 爲王妃 秋 八月 地震(『삼국사기』 권9).
> 2. 哀莊王 六年 春 正月 封母金氏爲大王后 冬 十一月 地震(『삼국사기』 권10).
> (다) 惠恭王立 … 王卽位時年八歲 太后攝政 二年 春 正月 二日並出 大赦 … 康州地陷成池 縱廣五十餘尺(『삼국사기』 권9)

이라는 기록 중에서 (가)는 『후한서』(오행4)의 '치궁실식대사治宮室飾臺榭'와 같은 과도한 궁전개수宮殿改修에 대한 응징이며, (나)는 부당한 책비册妃에 대한 하늘의 벌로 생각할 수 있다. (다)는 태후섭정太后攝政과 왕의 불능명찰不能明察에 따른 '위지불성謂之不聖'의 결과로 나타난 토성土性의 상실喪失 바로 그것이다. 따라서 이러한 오행적五行的인 자연관은 통일신라의 47회 지진 중에서 13회의 사망사건과 직결되고 있었고, 하대 왕권의 추락이나 실정失政과는 깊은 관련을 맺고 있었다.

그러나 통일신라의 지진은 위와 같은 오행적 해석으로 설명할 수 없는 일면이 있다. 무엇보다도 지진 직후에 대신大臣(상대등·시중) 임명(교체)이 14회나 된다는 사실이다. 이러한 가능성은 13회의 대신임명이 지진 직전에 보여졌다는 기록과 일치하기 때문이다. 물론 잘못된 대신임명도 왕의 비정秕政이고 보면, 결국 지진도 왕의 실정에 대한 경고이기 때문에 지진 직후에 새로운 교체가 따르기 마련이다. 무엇보다도 성덕왕의 재위 36년간(702~737)에 8회와 혜공왕의 재위 16년간(765~780)에 7회의 지진이 주목된다. 따라서 전자는 유교의 도덕정치 구현을 위한 정치적 성격이, 후자는 정치적 혼란의 경고라는 의미가 있었다고 생각된다. 여기에 신라 유교정치사상의 본질이 있다. 그러나 혜공왕대는 대공大恭·대렴大廉의 모반(4년)을 비롯하여 김융金融(6년), 염상廉相·정문正門(11년), 志貞(16년) 등이 반란을 일으켰음에 비추어 빈번한 지진은 이것들과 관계가 있었다고 생각한다. 다만 왕의 교체가 되는 직접 동기에 있어서는 천재가 압도적이지만, 시중의 경우는 지진이 큰 비중을 갖고 있었다.[180)]

> 惠恭王 六年 五月 十一日 彗星出五章北 至六月十二日滅 二十九日 虎入執事省 捉殺之 秋 八月 大阿飡金融叛 伏誅 冬 十一月 京都地震 十二月 侍中隱居退 伊飡正門爲侍中(『삼국사기』 권9).

이라는 기록에서 볼 때 우리는 혜성-반란-지진-시중교체의 연속적 과정의 결과를 살필 수 있다. 그러므로 하나의 잔연변화는 그것으로 끝나는 것이 아니라 상호 연결되어 있어 천재지변은 오행사상만이 아니라 항상 복합성을 띄기 마련이다. 결론적으로 통일신라의 지진은 오행사상과도 깊은 관련이 있음도 사실이지만, 13회의 지진이 대신임명 직후에 일어났다는 점을 주목해야 할 것이다. 그러므로 지진 다음에 14회의 대신교체가 이어졌다는 사실과 함께 주목하면서, 13회의 사망사건을 예고한 기록도 간과할 수는 없다.

(3) 고대사회에서의 지진의 정치적 의미

이상에서 살펴본 바와 같이 삼국·통일신라시대의 지진은 정치적 영향이 가장 컸던 천재지변이었다. 특히 지진은 정치 전반에 절대적인 영향을 주는 혜성·일식 등과 같은 천변인 동시에 한발旱魃·홍수洪水 등과 같은 천재가 되었다. 그만큼 지진은 변이變異와 재앙災殃이 되는 까닭에 그것이 지닌 양면성에 따라 정치적 의미도 큰 것이다.

---

180) 신형식, 1981, 「삼국사기 본기 기사의 개별적 검토」『삼국사기연구』, 170쪽.

유교의 영향을 받은 삼국시대 이래 지진은 오행사상에 따른 해석도 가능해 졌다. 그러나 고구려나 백제는 뚜렷한 연결은 어려운 편이며, 대개 왕의 정치행위(임명·순행·제사)에 대한 비판의 의미가 강하였다. 이러한 사실은 고구려의 경우 19회의 지진에서 6회가 왕의 정치행위(임명과 수렵) 직후에 나타났음에 확실하다. 동시에 백제·고구려는 거의 같이 대개가 지진은 죽음이나 전쟁의 예고라는 정치적 의미를 갖고 있었다.

그러나 신라는 5세기 이후 어느 정도 오행사상이 보급되어 태후섭정이나 빈번한 축성·수궁修宮을 비난하는 경우에 지진이 일어났음을 본다. 그러나 왕의 실정에 대한 경고와 사망과 전쟁의 예고로서의 의미는 예외없이 나타내고 있었다. 통일신라의 경우에는 무엇보다도 왕의 정치행위(임명)에 대한 비판의 뜻이 강해졌으며, 따라서 지진 직후에 새로운 대신의 교체를 단행함으로써 정치적 반성을 꾀하게 하였다.[181] 다만 유교의 덕치주의에 입각한 정치사상은 오행설에 입각한 여주의 전횡과 궁전의 중수에 대한 토실기성土失其性의 뜻을 분명히 나타내 주고 있었다. 동시에 전쟁이 없던 통일신라시대는 거의가 지진이 왕의 죽음과 연결되고 있었고,[182] 실정에 대한 비판만이 아니라 위민정치爲民政治의 계속적 추진을 위한 자극제로서도 존속되었다.

한편 지진 발생의 시기(월별)를 살펴보면 <표 54>에서와 같이 전시기에 분포되어 있다. 그러나 삼국이나 통일신라의 경우 10월이 가장 많았으며, 대개 봄과 겨울에 집중되었다.[183] 이러한 사실은 역대왕의 정치

---

181) 통일신라의 47회 지진 기록에서 지진 직후에 대신(태자 1명 포함)을 교체한 사실은 14회에 이르고 있다. '孝昭王 七年 二月 京都地動 大風折木 中侍幢元退老 大阿湌順元爲中侍'라든가 '興德王 六年 春 正月 地震 侍中祐徵免 伊湌允芬爲侍中' 등이 그 대표적 사례이다.

182) 통일신라의 47회 지진 중에서 사망과 연결된 회수는 13회에 이른다. 그 대표적인 예는 '文武王 二十一年 夏 五月 地震 秋七月一日 王薨'과 '景文王 十五年 春 二月 京都及國東地震 秋 七月八日 王薨' 등이다.

183) 이러한 사실은 1920년도의 6회 지진 기록 중에서 1회(12월)만 제외하고 전부 1~4월에 발생한 것도 이에 도움이 될 것이다. 그러나 그 외의 발생 시기는 일정치 않았다.

적 행위가 춘春·동계冬季에 집중된 것과 관련이 있는지도 모른다. 지진 기록을 가장 많이 갖고 있는 성덕왕의 경우 임명·조공·관부 설치 등이 거의가 이 시기에 나타나고 있다.[184] 특히 순행의 시기가 춘계(1~3월)·동계(10~12월)에 집중된 것과 같이[185] 고대국가에 있어서의 정치는 주로 추운 계절에 행해지고 있었다. 이것은 다른 천재지변과는 다르게 지진이 갖고 있는 특징이어서 당대의 정치적 의미를 갖는다고 하겠다.

〈표 54〉 삼국·통일신라의 지진 발생 월별 분포(%)

월 / 나라	신라	고구려	백제	통일신라	합계(4季 %)	
1 2 3	1 4 4	2 1 	 2 2	4 9 5	7 16 11	34 (29.1)
4 5 6	2 2 2		 2 2	7 3 5	9 7 9	25 (21.4)
7 8 9	2 2 2	1 1 3	2 1 	3 1 1	8 5 6	19 (16.2)
10 11 12	7 1 1	5 3 3	5 3 	4 2 1	21 9 5	35 (29.9)
불명不明	2			2	4	4(3.4)
합계合計	32	19	19	47	119	117

184) 성덕왕대는 7년 2월~24년 10월 사이에 8회의 지진 기록이 있었다. 이 시기에 있어서의 왕의 정치 기록을 볼 때 대사(봄 2회, 겨울 2회), 순행(봄 1회, 겨울 1회), 관부 설치(봄 3회, 겨울 1회), 임명(봄 8회, 겨울 2회), 축성(겨울 3회) 등이 봄과 겨울에 실시되었다.

185) 신형식, 1981, 「순행의 유형과 그 성격」『삼국사기연구』, 180쪽.

다음으로는 지진 발생지역의 문제가 있다. 중국의 경우는 『후한서』 이후 발생지역의 표시가 나타나 있다.

(가) 世祖建武 二十二年 九月 郡國四十二地震 南陽尤甚
(나) 章帝建初 元年 三月 甲寅 山陽 東平地震
(다) 永和 三年 三月 乙亥 京都 金城隴西地震裂[186)]

등과 같이 구체적인 지명이 기록되어 있다. 그러나 우리의 경우는 대개 '경도지진京都地震'으로 되어 있어 수도 부근에 집중되어 있다. 이러한 사실은 지진 측정이 궁성일대만이 가능할 수밖에 없었던 당시의 문화수준에서는 불가피하였던 것이며, 지방의 경우는 지진 발생 이후 피해상에 따라 보고된 경우에 한할 것이다.

壞民屋 南方尤甚(문무왕 4년 8월).
康州地陷成池 從廣五十餘尺(혜공왕 2년 2월)

이라는 것이 그 예이다.

그러므로 지진의 구체적 피해상도 기록될 수가 없었다. '倒(壞)民屋有死者(파사왕 21년, 기림왕 7년)와 같이 사상자가 있었다는 기록뿐이다.

景德王 十五年 春 三月 京都地震 壞民屋 死者百餘人(『삼국사기』 권9)

이라 하여 인명피해상을 표시하고는 있으나 대부분의지진은 발생기록뿐이다. 따라서 지진은 그러한 현실적 피해에서가 아니라 그것이 갖고 있는 잠재적 기능에서 중요한 역할을 한 것이다.

앞에서 살펴본 바와 같이 지진은 토실기성土失其性으로 '여주의 전횡, 왕의 실정, 빈번한 치궁실의 경고'와 '반역, 전쟁, 죽음의 예고'로서의 큰 의미가 있었다. 따라서 통일신라의 경우는 시중교체의 직접적인 동기와

186) 『후한서』 지16, 오행4.

왕의 죽음과 연결시켰음을 알 수가 있었다.

> (가) 惠恭王 十三年 春 三月 京都地震 夏 四月 又震 上大等良相上疏 極論時政 冬 十月 伊湌周元爲侍中
> (나) 惠恭王 十五年 春 三月 京都地震 … 太白入月 設百座法會 十六年 二月 伊湌志貞叛 夏 四月 上大等金良相與伊湌敬信 擧兵誅志貞等 王與后妃爲亂兵所害(『삼국사기』 권9).

라 하여 (가)는 혜공왕의 실정을 비판한 것으로 시정극론時政極論으로 나타나게 되었으므로 시중을 교체하여 그 책임을 묻도록 한 것이다. (나)는 정직적 실정을 백좌법회百座法會로 극복하려고 하였으나 결국 왕은 모반으로 피살되고 말았음을 알 수 있다. 이와 같은 지진은 오행사상의 입장에서만이 아니라 실제로 국가기반이 흔들린 것으로 생각하였다. 여기서 우리는

> 景哀王 四年 三月 皇龍寺塔搖動北傾 太祖親破近巖城 … 萱又縱其兵 … 逼令王自盡(『삼국사기』 권12)

이라는 사실에서 고대사회에 있어서 지진이 갖는 정치적 의미를 단적으로 찾을 수 있다.

지진은 삼국·통일신라시대에 있어서 가장 큰 천재지변으로서 그것은 천변인 동시에 천재도 되었다. 그러나 그것은 재앙으로서만이 아니라 천변으로서의 양면성을 지녔기 때문에 다른 천변보다 큰 의미가 있었다. 더구나 유교의 천인관天人觀이 수용됨에 따라 고대의 정치사상 이해의 한면으로 확대되어 복합성을 띄게 되었다. 따라서 우리는 지변을 오행사상의 범주 속에서가 아니라 삼국시대의 정치·사회와의 관련 속에서 설명해야 할 것임을 강조하였다.

우선 필자는 『문헌비고』(상위고)의 기록과 대조하면서 『삼국사기』의 지진 기사를 총정리하여 117회의 지진 기록을 확인하였다. 따라서 지진은 8.5년의 주기로 발생한 지변으로서 산붕·지함·지열·지동·문자괴(훼)·

탑동·석퇴 등 다양한 표현을 갖고 있었다. 필자는 이러한 기록을 지진의 강약에서 나온 결과로 보면서 우선 지동을 약진으로 간주하였다. 이어 지진은 탑동과 문자괴와 함께 중진으로, 지열은 강진으로 생각하였다. 그리고 지함과 산붕은 열진 또는 격진으로 파악하였다. 특히 지진 발생 기록이 7~8세기에 집중된 사실을 천문학의 발달보다 광범한 유교정치 이념의 구현으로 풀이하였다.

다음으로 지진의 정치적 의미는 무엇보다도 오행사상의 '토실기성土失其性'에서부터 찾을 수 있었다. 그것은 여왕의 전횡, 빈번한 궁정의 수축, 그리고 왕의 실정에 대한 경고였다는 점이다. 동시에 도덕적인 유교정치 구현의 계속적인 권장으로도 지진은 발생되었다. 이것은 전형적인 정치 안정기인 성덕왕대의 8회의 지진 기록에서 찾을 수 있었다. 이러한 특기한 사실은 지진을 오행사상의 범주 안에서 설명할 수 없는 이유가 된다. 신라의 독자적인 정치사상의 발전에 따라 지진은 무엇보다도 당대 정치에 대한 비판과 경고로 간주되는 것이며, 동시에 정치적 반성의 계기가 된다는 점이다. 이러한 근거는 47회의 통일신라의 지진에서 13회는 왕의 대신임명 후에 발생하였으며, 지진 직후에도 14회의 대신교체가 단행되었다는데 있다.

그러나 지진의 정치적 의미는 이러한 왕의 정치적 반성과 함께 죽음과 전쟁의 예고였다는데 있다. 신라의 경우는 10회의 사망과 11회의 전쟁과 연결되었으며, 통일신라는 13회가 죽음을 전제하는 천변이었기 때문이다. 특히 지진 발생시기가 봄·겨울에 집중된다는 사실과 왕의 정치행위(임명·순행·관부 설치·대사)가 이 시기와 거의 일치하고 있음을 연결시킬 필요가 있다. 여기서 우리는 지진의 발생에 따른 치자治者의 정치적 반성이 단순한 상징적 의미가 아니라 고대의 정치발전의 계기가 되었다는데 주목을 할 수 있는 것이다. 끝으로 지진을 통해서 볼 때 삼국 및 통일신라가 사회상이나 정치관에서 약간의 차이가 있었음도 밝힐 수 있었다.

제3절 외교관계 기사의 개별적 검토

1. 조공기사의 재검토

1) 당唐이전의 3국과 중국과의 교섭관계

『삼국사기』의 기록 중 외교기사는 18%에 불과하다. 그러나 3국이 존속한 10세기간에는 연 34개국과 619회의 외교관계 기록을 갖고 있다. 이러한 외교관제는 크게 중국과 일본과의 교섭이지만, 실제로는 3국과 중국의 관계가 3국의 외교를 뜻하는 것이라 하겠다.

3국과 중국의 외교는 조공朝貢으로 표시되었다. 이러한 조공은 '중국의 전통적인 중화사상과 왕도사상에서 나온 대외정책의 형식'으로 이해되었으며, 그 속에서 선진문화의 수용과 부대적인 경제적 의미[187](무역)를 강조하여 왔다.

그러나 한편으로 조공을 정치적인 면으로 생각하여 종주국과 종속국의 관계로 인정한 후, 3국의 정치·문화적 독자성의 저해 수단으로 파악하고, 양국간에는 경제적인 도움이 없었다고 주장하는 전해[188]도 있다.

그러나 본고는 이러한 상반된 조공의 개념을 부연하고 또 추구하려는 것이 아니다. 고대의 한국외교를 대중국교섭관계를 보아서 그 내용과 형태가 어떠했는지를 찾아 고대외교의 성격을 고찰하려는 것이다. 또한 3국의 사회변천에 따른 조공외교의 유형을 밝혀 고대국가에 있어서 외교가 지닌 의미를 파악하려는 것이다.

다시 말하면, 후한後漢으로부터 오대五代에 이르는 9세기에 걸친 한·

---

187) 김상기, 1948, 「고대무역형태와 나말의 해상발전에 취하여」 『동방문화교류사논고』, 4쪽.
188) 전해종, 1966, 「한중조공관계고」 『동양사학연구』 1, 10~27쪽.

중관계를 체계화함으로써, 삼국시대의 조공이 어떠한 변질과정을 거쳐 왔고, 또 그것이 고려 이후로 어떻게 전승되었는가 하는 문제를 밝혀 보려는 것이다.

3국과 중국과의 외교적인 접촉에 대한 최초의 기록은 대무신왕 15년(32)의 다음과 같은 기록이다.

> 12월에 사신을 한漢으로 파견하여 조공하니, 광무제는 다시 그 왕호王號를 회복하였는데, 이때가 광무제 8년이다.

이에 따르면, 조공에 대한 개념과 그 성격을 이해할 수는 없으나, 고구려의 대무신왕 15년에 왕은 광무제(후한)에게 조공하였으며, 그에 따라 중국황제로부터 왕호를 다시 받았다는 사실을 말하고 있다. 따라서 고구려는 1세기초에 중국과 접촉을 하고 있었으며, 중국측의 책봉을 받았다는 조공의 한 형태를 볼 수 있다.

백제의 경우는 고구려보다 3세기나 늦게 근초고왕 때부터 조공이 시작되었으며 그 기록은 아래와 같다.

> 함안咸安 2년 정월에 백제의 임읍왕林邑王이 각각 사신을 보내 방물方物을 바쳤다. 6월에 사신을 보내서 백제왕 여구餘句(近肖古王)를 진동장군영낙랑태수鎭東將軍領樂浪太守로 봉했다.[189]

라 하여 함안 2년(근초고왕 27년, 372)에 백제의 근초고왕이 동진東晋에 방물을 바치며 조공하니 동진제東晋帝는 이에 대해 책봉을 줬다고 하였는데 근초고왕 27년 조(『삼국사기』)와 『해동역사』(33, 교빙지 1)에도 동일하게 기록되어 있다. 신라는 백제보다도 늦은 내물왕 26년(381)에 전진前秦과의 교섭이 그 시초인바 내물왕 26년조에 의하면

---

189) 『진서晋書』 권9, 帝紀9, 簡文帝 咸安 2년조.

위두衛頭를 전진에 파견하여 방물을 바쳤다. 부견符堅이 위두에게 묻기를, 경卿의 말에 의하면 해동海東의 사정도 예와 같지 않으니 어찌된 까닭인가 하니 위두는 역시 중국과 같이 시대가 변하면 명칭도 바뀌기 마련이오. 어찌 옛과 같겠소 하고 대답하였다.

라 하여 전진에 조공했음을 알 수 있으나,[190] 중국측의 책봉도 없었고 그 후 전혀 대중국간교섭이 없었다. 그러나 중국문헌에 의하면 내물왕보다 100년이나 앞서서 무제武帝 태강원년太康元年(280)과 2년에 각각 신라(진한辰韓)가 중국(진晋)에 조공한 사실[191]이 있어, 백제보다 1세기나 앞서고 있음을 알 수가 있다.

이상에서 3국의 대중국교섭의 역사를 살펴보았거니와, 그 순서가 『삼국사기』에는 여·제·나의 순서로 되어 있었다. 그러나 모든 기록이 신라위주라면 대중접촉도 신라부터일 테지만, 오히려 반대로 신라가 가장 늦었던 것이다. 따라서 『진서晋書』의 기록에서 신라가 백제보다 1세기나 앞서고 있다는 것은 주목할 일이다. 그러나 3국의 대중교섭이 곧 조공관계의 성립이 아니었고, 적어도 기록상으로는 항속적인 '연년조공'의 관계[192] 이후가 실질적인 외교관계의 성립으로 볼 수 있는 것이다. 그러나 중국측의 연년조공은 어디까지나 외형적인 것이었고, 내면적으로는 3국자체의 필요성이나 입장이 있었기 때문에, 구제적인 기록을 재검토할 필요가 있을 것이다.

고구려는 대무신왕 15년(32)에 후한後漢에 조공한 후 모본왕慕本王 2년(49), 태조왕太祖王 57년(109), 59년 및 72년에 송사送使의 사실이 있어 상

---

190) 이에 대해 『자치통감』(104. 晋紀26, 열전상)에는 "太元二年春 高句麗 新羅 西南夷 皆使入貢于秦"이라 하여 태원 2년(내물왕 22년, 377)으로 되어 있어 4년의 차를 보이며, 『태평어람』(781, 四夷部 2, 東夷新羅)에는 晋書에 의해서 "建元十八年 新羅國王 樓寒遣使衛頭獻美女"라고 하여 建元 18년(382)으로 되어 있으며 『해동역사』에는 太元 2년(377)을 조공의 시초로 하여 종잡을 수 없다.

191) 『晋書』 권69, 열전67, 四夷.

192) 전해종, 앞의 논문, 11쪽.

당한 간격을 두고 행하여졌을 뿐 아니라, 그 후로는 동천왕東川王 8년(234)에 위魏에 조공할 때까지 100여년간에는 대중국접촉 사실이 없다. 또한, 동천왕(227~248) 재위 22년에 걸쳐 2회의 대위對魏조공이 있었으며, 동왕 11년(237)부터 고국원왕故國原王 10년(340)의 대전진對前秦조공이 있을 때까지는 단 1회의 후조後趙(미천왕 31년) 송사送使가 있을 뿐이었다. 그후 고국원왕 10년, 13년, 25년 및 광개토왕 9년(400)에 각각 전연前燕에 조공하고 있어 그 파견회수는 10년1공貢도 못되는 것이다. 따라서 최초의 대중국교섭이 있었던 대무신왕 15년(32)부터 장수왕 13년(425)의 대북위北魏조공이 시작될 때까지 근 400년간에 고구려의 송사회수는 연 7개국에 16차뿐이어서 기록상으로도 연년조공連年朝貢은 물론 아니었다.

> 고국원왕 10년에 왕은 세자를 보내 연왕燕王 황皝에게 조공하였다.

라는 것으로 볼 때 연년조공은 아니지만, 고국원왕은 세자를 보내 입조하였다는 데서 내용상 또는 형태상으로 조공관계가 어느 정도 구체화되어 갔음을 알 수 있다. 그것은 조공사의 자격이 우선 왕자였다는데서 본 것이다. 그러나 동왕 13년조에 보여진

> 왕은 그 아우를 파견하여 연에 들어가 칭신稱臣하고 진귀한 보물 수천을 바쳤다.

에서도 고국원왕 스스로가 칭신하고 있어 사실상의 조공단계로 보기 쉬우나,[193] 기실 고국원왕 12년에 전연前燕의 침입으로 왕모 및 왕비가 납치되어 갔으므로 그 귀환을 위한 응급조치라고 본다면 오히려 이때의 기록은 어디까지나 긴급한 당시 상황을 위한 정치적 외교였을 것으로 생각된다.

193) 전해종, 앞의 논문, 21쪽.

따라서 그 후 전연에 대해서도 계속적인 조공관계는 성립되지 않았으며, 장수왕 13년 이후 매년 조공했다는 기록은 있으나,194) 『삼국사기』에는 동년의 사실은 보이지만 계속되지 않고 23년에 나타나고 있다. 즉 13년, 23년, 25년, 27년에 각각 송사했으며 긴 공백을 둔 후 50년, 53년, 54년, 56년, 57년, 55년(이하 약)에 북위에 조공하고 있다. 따라서 13~23년은 십년일공十年一貢, 23~27년은 2년1공, 50년 이후에 연년조공連年朝貢하고 있었다는 추측을 하게 된다. 기이하게도 장수왕본기에 28~37년까지는 그 기록이 누락되고 있어 그간의 사정을 알 수 없지만 기록상으로는 23년경부터 조공이 적극적으로 추진되었고 53년(465)부터 완전한 조공관계가 성립되었다고 생각된다.

> 장수왕 79년 12월에 왕이 돌아가자 위魏의 효문제는 이를 듣고 제소制素한 후 흰옷을 입고 동교東郊에 나와 애도를 표하였다. 복야僕射 이안상李安上을 보내서 왕을 거기대장군태부요동군개국공고구려왕車騎大將軍太傅遼東郡開國公高句麗王을 추증하였다.

라 하여 장수왕 홍거薨去에 위魏 효문제가 조위사를 보내 추증하는 것이 비로소 나타났음을 볼 때 적어도 5세기 중엽 이후에 장수왕과 북위 간에 외형적으로는 조공관계가 완성되었다고 할 것이다. 즉 중국측에서는 연년조공을 정식으로 조공관계의 성립으로 보았으나, 3국측에서는 그러한 중국의 입장을 고려하되, 자체의 필요성에 의해서 사절의 파견을 조절하였다는 뜻이 될 것이다. 적어도 조공이 중국측 표현대로 '복속의 표징'이라면 가장 강력한 국가가 완성된 장수왕때에 그것도 매년에 걸친 조공의 필요성은 있을 수 없기 때문이다. 따라서 우리는 조공의 이러한 입장을 고려하되 『삼국사기』의 기록을 재정리한다는 뜻에서 사실을 파헤쳐 보려는 것이다.

---

194) 『증보문헌비고』 권171, 交聘1.

때문에 『삼국사기』의 조공기록은 그것이 편찬 당시의 입장을 고려한 내용으로 파악해야 할 것이며, 기록 그 자체의 내면적 성격을 잊어서는 안 될 것이다. 그러나 3국 당시는 어느 정도 기록에 입각한 조공의 의미가 있었을 것이나, 그것이 어디까지나 '고대적인 동양질서'의 일환에서 본 형식적인 외교관계였음은 물론이다. 다시 말하면 조공사의 파견이나 회수는 전적으로 3국측의 입장에서 나타난다는 사실이다.

백제 역시 근초고왕 27년 동진東晋과의 교섭 이후 동왕 28년, 근구수왕近仇首王 5년(379), 침류왕 원년(384) 및 전지왕腆支王 2년(406), 12년에 각각 조공하고 있어 연년조공하고 있지는 않았다. 오히려 아신·전지왕대는 대왜對倭교섭에 치중하고 있었으며[195] 비유왕毗有王 3년(429), 14년에는 송宋에 입조하였고, 구이신왕久爾辛王때는 매세공헌每歲貢獻하였다는 기록이 있으나,[196] 그러한 사실은 『삼국사기』 및 그 외의 문헌에서 전혀 볼 수가 없다. 여기에 『삼국사기』 편찬자들의 국가관이 있다. 즉, 조공 그 자체는 중화사상의 대외적 표시이지만, 그 파견은 어디까지나 3국의 정치적·문화적 필요성에 의한 사행使行임을 강조하려는 것이다. 따라서 동성왕 6년(484)에 남제南齊에 입공入貢한 후 무령왕 21년(521)까지 전혀 대중국교섭의 기록이 없다. 성왕 2년, 12년, 19년, 27년 등의 송사送使에서 볼 때 6세기 중엽이 지난 후에도 계속적인 조공이 이룩되지 못하였던 것이다. 특히 위덕왕 때는 북제北齊(18·19년), 후주後周(24·25년), 진陳(14·24·31·34년), 수隋(28·29·36·45년) 등으로 조공하고 있어 특정한 1개 왕조와 조공관계를 이루지 않고 있었다. 이것은 적어도 백제가 수 이전의 어떠한 중국과도 정치적·문화적 외교관계의 항속적 필요성이 크지 않았다는 뜻이 될 것이다.

위덕왕 36년 백제왕은 진陳의 정벌을 축하하는 사절을 보냈다. (중략)거리

195) 阿莘王 6년(397)에 腆支를 인질로 왜에 파견하였고, 동왕 11년, 12년에 각각 사자의 교환이 있었다. 전지왕 5년, 14년에도 양국의 사절이 왕래하였다.

196) 『증보문헌비고』 권171, 교빙1·2·3.

> 도 멀지만 일과 말이 같거늘 어찌 매년 입공을 요하리오. 짐도 사신을 보내지 않으리니 왕도 이를 알아서 했으면 좋겠소.

라 하여 위덕왕威德王 36년(589) 이래 연례적인 송사가 이루어졌다고 하였으나, 그후 구체적인 기록이 없다. 그러나 6세기말 이후 수의 등장과 더불어 위덕왕은 정치적 필요성에 따라 적극적인 외교공세를 취함으로써 백제의 대수對隋 조공관계는 본궤도에 올라서게 되었다.

신라는 지리적 격리성으로 가장 늦게 외교적인 교섭이 나타났으며, 그 파견회수도 빈약하였다. 전진前秦과의 교섭 이후 단 1회의 대양對梁조공이 있었을 뿐 법흥왕 8년(521)까지 조공이 없었다. 당시는 중국과의 교섭보다도 왜와의 교섭이 보다 활발하였기 때문에[197] 오히려 대왜관계가 중심을 이루었다. 그 후 진흥왕 25년(564)의 대진對陳조공이 시작될 때까지 전혀 중국과의 관련이 없어 근 200년간에 대양對梁조공 1회뿐임을 보여 3국 중 가장 열세에 있었음을 알 수 있다. 그러나 동왕 25년의 대진對陳교섭으로 비로소 중국측의 책봉을 받게 되었으며 동왕 27년(566) 이후 연년조공이라는 사실은[198] 확실하다. 즉 27·28·29년(이하 약) 등에 진陳에 견사遣使하고 있어 백제보다도 앞서 조공관계를 성립시켰음을 알 수가 있다. 이것은 경제적 개발과 문화의 성장이 빨랐던 백제와 달리 사회개발이 필요했던 신라사회의 당연한 요청이었다. 따라서 이러한 외교적 요구는 6세기 이후 급성장한 신라사회의 문화적·정치적 욕구에 부응한 당연한 결과인 것이다. 대당교섭 이전의 3국과 중국간의 조공회수를 일람하면 <표 55>와 같다.

---

197) 왜는 박혁거세 이후 계속적으로 신라를 침략하였으니 내물왕 26년 대전진對前秦교섭 이전에도 12차의 침입이 있었다. 따라서 이미 탈해왕 3년에 결호교빙結好交聘을, 지마왕 12년에 강화를 꾀하였고, 흘해왕 3년엔 결혼책을, 실성왕원년엔 미사흔未斯欣을 인질로 보내서 그 침략을 막고자 하였다. 그 후 자비왕 때는 6차의 침입이 있었음에서 볼 때 나왜관계가 급선무였음은 확실하다.

198) 『증보문헌비고』 권171, 교빙1·2·3.

〈표 55〉 삼국의 대중국관계

중국＼삼국	신라	고구려	백제
후한後漢		5	
위魏		3	
오		1	
전진	1	3	
동진		3	7
진	9	7	2
연		11	
후조		1	
량	2	11	7
북제	3	3	3
남제南齊		3	
후위後魏		89	1
동위東魏		13	
송宋		3	4
주周		1	
후주後周			2
수隋	12	21	12
계	27	178	38

<표 55>에 의하면 고구려는 대무신왕 이후 대당교섭이 시작된 영류왕 2년(619)까지 약 600년간 16왕조에 178회의 송사를 하고 있어 위·연·수 등과의 충돌기를 제하면 상당히 빈번한 회수로 나타난다. 따라서 조공의 회수는 그 국가의 발전과정이나 또는 그 나라의 국력과 일치하기 때문에 장수왕때 가장 많이 나타나는 것은 당연한 사실이 된다. 즉 장수왕 재위 79년 동안에, 북위와의 교섭이 있던 23년부터 56년간에 46회의 파견이 있었다. 이렇게 잦은 송사의 사실은 장수·문자왕의 약 100여년간에 집중적으로 나타나, 이때에 왕성한 외교적인 진출이 북조뿐만 아니라 남조와도 이루어졌음을 알 수 있다.

백제는 송·양·동진·진 등의 남조와 관련이 깊었다. 그 파견 회수나 교섭의 수에 있어서는 고구려와 비교할 수 없는 열세에 놓였으나, 그러한 외교적인 진출이 고구려의 압력에 대항하는 구국의 길로 모색되었다.

더구나 왜와의 교섭과 병행해서 대중국접촉을 유지하였기 때문에, 대수對隋·진陳의 외교에서도 적극성을 보이지 못하게 되었다. 따라서 연례적인 조공제의 확립도 불가능하였고, 진陳과의 교섭에서도 신라에 뒤지고 있었으니 이것이 바로 백제의 국가적 침체라 하겠다.

신라는 백제와 같이 남조와 교섭을 하였으나 지리적인 격리성, 대왜불화와 사회적 후진성으로 인하여 중국과 관계를 하지 못하고 있었다. 그러나 진흥왕 25년 이후 대진對陳교섭은 이미 낙후한 외교적인 사태를 극복하는 전환점이 된 것이며, 이미 백제의 송사회수를 능가하고 있었다. 따라서 6세기 중엽 이후 진陳·수隋에 대한 3국의 대중조공은 3국이 비등한 빈도를 보이고 있으며 대당교섭 이후는 신라가 그 주도권을 잡게 되었다.

특히 장수왕은 북위北魏·진晋·전연前燕·송宋·남제南齊 등 5개국과 조공관계를 맺었으며 각국으로부터 동일한 책봉을 받고 있었다. 백제 위덕왕 역시 후주後周·북제北齊·수隋 등과의 관계를 맺었으며 진흥왕도 양梁·북제北齊·진陳과 외교관계를 수립하고 있었다. 이러한 중복된 조공은 양국이 서로 정치적 종속관계가 있는 것이 아니고 평등하고 예의적인 관계임을 표시한 것이라 여겨진다. 즉 특정한 나라에 입조했다고 해서 다른 나라가 이를 질책한 사례가 없기 때문에, 당대의 조공이 갖는 성격을 알 수 있다. 더욱이 전기前記의 3왕은 각기 그 국가의 조공이 정례화된 시기였고, 또 국력이 강한 시기였음에 비추어 3국의 국가적인 완성단계를 외적으로 표현한 것이었다고 할 수 있다.

여기서 주목할 것은 『삼국사기』는 초기의 외교기록이 극히 소략하다는 점이다. 오히려 사료로서의 가치가 없는 『증보문헌비고』가 '연년조공連年朝貢'이나 교빙交聘을 크게 강조하였으며, 『삼국사기』는 대조적으로 소극적이었다. 위덕왕 36년의 백제송사에 대해서 '불수년별입공不須年別入貢'한 사실에도 명백하다. 이것은 조공이 3국측에서 필요함을 보여주는 것이라 하겠으나, 5세기 이후의 조공기록은 도리어 3국측이 훨씬 적극적이었다. 이것은 각국이 국가체제를 완성하였다는 뜻만이 아니라, 외교를 정치·군사에 이용하려는 목적이 있기 때문이다. 이제 조공은 문화 수용이나 정치적 승인이라는 형식적인 범주를 벗어나게 된 것이다.

이러한 한·중외교의 중핵을 이룬 조공에 대한 빈번한 기록과는 달리 그 사행의 종류나 목적 및 본질에 대해서는 언급이 없다. 만지 조공·봉공奉貢·입공入貢·입조入朝·헌방물獻方物 등의 간단한 기록으로 그치고 있어서, 그 미분화 내지 종합성에서 조공의 종류를 구분하기는 무척 곤란하다. 그러나 보다 정확한 조공의 이해를 위해 성격별로 유형을 나누어 봄으로써 조공의 본질을 고찰하려는 것이다. 물론 진하進賀·사은謝恩·청병請兵을 막론하고 입조사入朝使는 넓은 의미로 볼 때 조공이었으나 그 목적과 임무가 다르므로 편의상 사행을 구분한 것이며, 3국이 중국으로 간 경우와 중국측에서 온 경우로 나누어 서술해 본다.

가) 조공朝貢

조공은 일반적으로 한·중외교의 중심이 된 삼국측 사행의 총칭이다. 그러나 3국과 중국사회의 발전과정에 따라 외교적 관계도 복잡화되면서 그 내용이 다양화되어 갔다. 따라서 그 유형이 세분화되어갔지만, 이곳에선 좋은 의미로서 진공進貢·회사回賜와 책봉冊封이 이루어지는 경우에 한한다. 따라서 3국시대에 보여지는 진하進賀·사은謝恩·구법求法·청병請兵·사죄謝罪 등을 제외한 그 외의 교섭을 뜻하게 된다.

① 평원왕 19년 왕은 사신을 보내 주周에 조공하니 주 고조는 왕을 봉하여(중략) 고구려왕으로 삼았다.
② 진흥왕 28년 3월 진陳에 사신을 보내 방물方物을 바쳤다.
③ 장수왕 60년 9월 사신을 보내 위魏에 조공하였는데 이로부터 바치는 물품이 배로 늘어났고 그에 대한 보답도 역시 차차 증가하였다.

위의 ①에서 본다면 조공은 책봉을 받기 위한 것이고, ②는 하등의 목적도 없이 조공으로 끝나는 것이었다. ③은 진공과 회사回賜의 수수授受가 행하여지는 것이어서 조공의 목적과 그 본질을 찾을 수 있게 한다.

첫째의 예는 원칙적으로 왕위가 바뀔 때 중국에 파견되는 것이며, 또는 최초의 입조시에 행해진다. 중국 역시 황제 즉위초나 제위가 바뀔 때 또는 처음으로 조공을 받았을 때 이루어진다. 고구려가 중국측으로부터 받은 명칭을 보면 <표 56>과 같다.

〈표 56〉 고구려의 册封王號 일람

책봉왕호	왕	연 대
1. 征東大將軍營州刺使	고국원왕	35년(355)- 燕, 慕容雋
2. 高句麗王 樂浪郡公	장수왕	1년(413)- 晋, 安帝
3. 都督遼海諸軍事征東將軍領護東夷中郎將遼東郡開國公高句麗王	장수왕	23년(434)- 魏, 世祖
4. 車騎大將軍開府儀同三司	장수왕	51년(463)- 宋, 世祖
5. 驃騎大將軍	장수왕	68년(480)- 南齊, 太祖
6. 使持節都督遼海諸軍事征東將軍領護東夷中郎將遼東郡開國公高句麗王	문자왕	1년(492)- 魏, 孝文帝
7. 使持節散騎常侍都督營平二州征東大將軍樂浪公	문자왕	3년(494)- 齊
8. 車騎大將軍	문자왕	11년(502)- 梁, 高祖
9. 寧東將軍都督營平二州諸軍事高句麗王	안장왕	2년(520)- 梁, 高祖
10. 安東將軍領護東夷校尉遼東郡開國公高句麗王	안장왕	2년(520)- 魏
11. 使持節散騎常侍領護東夷校尉遼東郡開國公高句麗王	안원왕	2년(532)- 魏
12. 使持節侍中驃騎大將軍領護東夷校尉遼東郡開國公高句麗王	양원왕	6년(550)- 北齊
13. 使持節領東夷校尉遼東郡公高句麗王	평원왕	2년(560)- 北齊, 廢帝
14. 寧東將軍	평원왕	4년(562)- 陳, 文帝
15. 開府儀同三司大將軍遼東郡開國公高句麗王	평원왕	19년(577)- 周, 高祖
16. 大將軍遼東郡公	평원왕	23년(581)- 隋, 高祖
17. 上開府儀同三司	영양왕	1년(590)- 隋, 文帝

<표 56>에서 본다면 중국의 여러 왕조가 거의 동일하게 책봉을 하였으며, 대개 요동군공遼東郡公의 칭을 주고 있었다. 장수왕은 북제·진·송 및 남제로부터, 평원왕은 북제·주·진·수로부터 각각 책봉을 받고 있어 그것이 정치적 구속력으로 갖는 승인이 아닌 예의적인 것임을 보여준다.

여기서 주목할 것은 '영호동이領護東夷' '영동이領東夷'란 표현으로서, '관념적이지만 동이東夷 전체에 대한 통솔을 전제'[199]로 하였을 것이라는 점이다. 실제로 중국문헌에서는 대개 고구려왕(장수왕·평원왕)에게 영호동이(『위서魏書』·『책부원귀冊府元龜』)란 표현을 하고 있지만, 진흥왕도 북제北齊 하청河清 4년(565)에 영동이교위領東夷較尉(『책부원귀』 권 963, 봉책封冊 1)를 받고 있어 '영동이'가 동이東夷 전체에 대한 통솔의 의미는 설득력이 적은 듯하다. 또한 3국을 각기 고구려에는 요동군공遼東郡公, 백제에는 대방군공帶方郡公, 신라에는 낙랑군공樂浪郡公 등의 명칭을 준 것으로 보아 3국에 대한 상호균형과 견제의 의미도 곁들여 있었다고 생각된다.

백제의 경우는 고구려에 비해서 책봉회수가 적었다. 『삼국사기』에 나타난 책봉명칭을 도해하면 <표 57>와 같다.

〈표 57〉 백제의 책봉왕호冊封王號 일람

책봉왕호	왕	연 대
1. 使持節都督百濟諸軍事鎭東將軍百濟王	전지왕	12년(416)- 東晋, 安帝
2. 使持節都督百濟諸軍事寧東大將軍	무령왕	21년(521)- 梁, 高祖
3. 持節都督百濟諸軍事綏東將軍百濟王	성왕	2년(524) -梁, 高祖
4. 使持節侍中車騎大將軍帶方郡公百濟王	위덕왕	17년(570)- 北齊, 後主
5. 使持節都督東青州諸軍事東青州刺史	위덕왕	18년(571)- 北齊, 後主
6. 上開府儀同三司帶方郡公	위덕왕	28년(581)- 隋, 文帝

---

199) 이기백, 1979, 「중원고구려비의 몇가지 문제」 『사학지』 13, 37~38쪽.

위에서 본다면 책봉왕호는 고구려와 비슷하였다. 대방군공帶方郡公이라는 지역적인 명칭은 3국의 국가적 차이를 인정한 불가피한 현실이며, 고구려왕이 정동장군征東將軍·영동장군領東將軍임에 대해 백제왕에게는 진동鎭東·수동장군綏東將軍의 칭호를 주고 있었다. 역시 백제왕에게 영동領東·정동征東의 칭호를 주지 않은 것은 격을 약간 낮춘 듯한 인상이 짙다. 그러나 수는 제·려를 같이 대하였지만, 왕이라는 칭호는 주지 않았다.

신라는 백제보다 외교적인 교류가 빈약하였으며, 그에 따라 책봉기사도 별로 보이지 않는다. <표 58>에서 본다면 신라는 여·제와 같은 지역적인 칭호를 받았으나 장군이라는 책명은 전혀 없었다. 다만 여·제와는 달리 수隋로부터 왕호王號를 받고 있어서 수 이래로 발전되어 가는 신라외교의 실상을 보게 된다.

〈표 58〉 신라의 책봉왕호冊封王號 일람

책봉왕호	왕	연 대
1. 使持節東夷校尉樂浪郡公新羅王	진흥왕	26년(565)- 北齊, 武成帝
2. 上開府樂浪郡公新羅王	진평왕	16년(594)- 隋

이러한 '조공-책봉'의 관계는 양국의 정치적 관련을 규정한 전통적인 조공의 본질을 나타낸 것이며, 책봉시에 전해지는 중국측의 하사물이 따르는 것이다.

> 문자왕文咨王 원년 3월 위魏 효문제孝文帝가 사절使節을 보내 왕을 봉하여 사지절도독 요해제군사 정동장군령호동이중랑장요동군개국공고구려왕使持節都督遼海諸軍事征東將軍領 護東夷中郎將遼東郡開國公高句麗王으로 삼고 의관衣冠·복물服物·거기車旗 등의 장식물을 주었다.

라 하여 책봉시는 의관·거기·검패劍佩 등을 하사하였으니 기록이 없지만 진공進貢이 있었음을 인정할 수 있을 것이다.

> 장수왕 23년 6월 왕은 사신을 위魏에 보내어 조공하였다. (중략)왕을 봉하여 (중략) 고구려왕으로 삼았다. 가을에 왕이 사신을 위에 보내 사례하였다. (상동 권18)

라 하여 '조공(진공進貢) - 책봉冊封 - 사은謝恩'의 관계를 알 수 있는 것이다.

이에 비해 조공이라는 기록뿐인 사행의 예는 상당히 많았다. 흔히 전형적인 조공관계는 진공進貢과 회사回賜로 해석되는데 비해 이는 '헌방물獻方物, 공방물貢方物'이라는 기록이 수반되지 않는 경우를 말한다. 그러나 국내문헌(『삼국사기』·『문헌비고』)과 중국문헌(『책부원귀』·『당서』·『자치통감』)의 기록이 전혀 달라 구체적으로 확인할 방법이 없지만 대개 방물이란 기록이 누락된 것으로 보여진다.

끝으로 진공과 회사가 수수授受되는 전형적인 조공이었다. 그러나 대부분이 방물내용의 기록이 없으며 막연히 '헌방물'로 되어 있다.

> ① 장수왕 원년에 장사長史 고익高翼을 진晋으로 파견하여 글을 올리고 백마白馬를 바쳤다.
> ② 안장왕 5년 11월 사신을 위魏에 보내 조공하고 양마良馬 10필을 진상하였다.
> ③ 미천왕 31년 12월 후조後趙의 석륵石勒에게 사신을 보내어 호시楛矢를 바쳤다.

위에서 본다면 고구려는 백마·호시 등을 보내었으며 그 외는 방물方物이란 기록뿐이다. 백제는 진공에 대한 기록이 거의 없으며 신라 역시

> 진흥왕 27년 진陳에 사절을 보내 방물을 바쳤다.

는 기록일 뿐이어서 어떠한 방물을 진공하였는지 알 수 없다. 다만,

> 고국원왕 13년 2월 (중략) 진기한 보물 수천을 바쳤다.

라는 『삼국사기』의 기록에서 볼 수 있듯이 상당수의 방물을 진공하기는 한 것 같으나, 구체적인 세목細目이 보이지 않음이 유감이다. 그러나 중국측의 문헌에는 국내기록과 다르게 많은 내용을 알려준다.

> 진서秦書에 이르기를 부견符堅 건원建元 18년에 신라국왕 누한樓寒이 위두衛頭를 보내 미녀를 바쳤다.[200)]

라 하여 건원 18년(내물왕 27년, 382)에 내물왕이 미녀를 바쳤다고 하였으나 동년의 『삼국사기』에는 전혀 조공사실이 없으며 전년前年에 간략한 입조기록이 있을 뿐이다.

> 진晋의 태원太元(376~395) 중에 왕수王須(근구수왕近仇首王)가 사신을 보내서 생구生口를 바쳤다.[201)]

라 하여 백제왕이 동진東晋에 생구(포로)를 보내고 있었으며, 『진서晋書』에서도

> 의희義熙(406~418)년간에 왕 여영餘映(전지왕腆支王)이 사신을 파견하여 생구生口를 바쳤다.[202)]

라 하였다. 또한 『양서梁書』(권 55)에는 송宋 원가元嘉(424~453)연간에도 비유왕毗有王이 역시 생구를 바치고 있어, 4세기말~5세기초에 백제의 진헌進獻에는 기이하게도 사람이 보이고 있었다. 이러한 빈번한 생구의 송환은 여러 중국문헌에도 나타나고 있어 주목된다. 생구가 곧 전쟁포로라고 할 때, 4~5세기에 백제에는 많은 전쟁이 있었다는 결론이 나온다. 따라서 근초고왕 이후 고구려정벌이나 백제의 요서영유遼西領有

---

200) 『太平御覽』 권781, 東夷2, 신라.
201) 『梁書』 권54, 열전48, 백제.
202) 『晋書』 권9, 帝紀9, 효문제 9년조.

나 화북華北진출[203]에서 얻어진 포로들의 본국 송환일 가능성이 큰 것으로 이는 또한 백제의 중국진출에 대한 실질적인 확인이라 할 수 있겠다.

고구려도 포로를 중국에 송환시킨 예는 없지 않았다.

> 고국원왕 40년, 진왕맹秦王猛이 연燕을 정벌하니 연나라 태부太傅 모용평慕容評이 도망하였다. 왕은 이를 잡아 진秦에 보냈다.

에서와 같이 고구려왕은 투항포로를 송환함으로써 외교의 원활한 유지를 꾀하는 한 방편으로도 이용하였다.

이에 대해 중국에서는 일정한 방물을 요구하기도 하였다. 즉 『위서魏書』(권 54, 열전 48)에는

> 원가元嘉 16년, 태조가 북방을 토벌하기 위해 고구려왕 연璉(장수왕)에게 800필의 말을 보내도록 조詔를 내렸다.

라고 되어 있으나, 이 해(439)의 『삼국사기』에는 전혀 기록이 없다. 그러나 문자왕기文咨王紀에는

> 13년 4월에 사신을 위魏에 파견하였다. (중략) 황금은 부여夫餘에서 산출되고 가옥珂玉은 신라에서 생산되는바 부여의 것은 물길勿吉이 방해하고, 신라의 것은 백제百濟가 방해하고 있다. 그래서 황금과 가옥을 왕부王府에 올리지 못하는바, 이는 실로 양적兩賊이 놓여 있기 때문이다.

라고 하여 황금·가옥이 보이고 있으므로 전에 진공進貢한 사례가 있었다고 여겨진다. 오히려 동왕 13년에 입조한 고구려의 사자에게 위魏 세종이 '토모무실상공土毛無失常貢'이라는[204] 말을 하고 있음에 비추어 상당

---

203) 김상기, 1967, 「백제의 요서경략에 대하여」 『백산학보』 3.
방선주, 1971, 「백제군의 화북진출과 그 배경」 『백산학보』 11 참조.

204) 『삼국사기』 권19, 고구려본기7, 문자왕 13년 4월조.

한 종류가 있었으리라 본다. 이러한 3국의 진공에 대한 중국의 회사回賜는 너무나 빈약하고 부수적이었다.

> ① 진흥왕 10년 봄(중략) 부처의 사리를 보내왔다.
> ② 진흥왕 26년(중략) 석씨釋氏의 경론經論 7,100여권을 보내왔다.
> ③ 소수림왕 2년 6월 진왕秦王 부견符堅이 승僧 순도順道를 시켜 불상과 경문을 보내왔다.
> ④ 문자왕 원년 정월(중략)에 의관·복물服物·거기車旗의 장식물을 주었다.
> ⑤ 안장왕 2년 2월(중략) 왕에게 의관과 패검佩劍을 주었다.
> ⑥ 안원왕 2년 7월(중략) 왕에게 의관과 패검을 주었다.
> ⑦ 영양왕 2년 3월(중략) 거복車服을 내려 주었다.

위에서 본다면 신라는 불경·불사리가 있고, 백제 역시 불교전래만이 보이고 있으며, 고구려는 책봉시에 하사下賜란 의관·검패 등이 있을 뿐이다. 특히 소수림왕 2년 및 침류왕 원년의 불교전래도 회사回賜라고 볼 수 있지만 전체적으로 볼 때 진공에 대한 회사는 너무도 약소하였고 또한 피동적이어서 3국측의 경제적 손실은 물론이다. 다만, 회사는 책봉에 따른 부차적인 답례라는 조공의 한 측면을 나타낸 것으로 보인다. 특히 고구려는 중국으로부터 받는 물건에 의관·거복·검패가 중심인데 이는 백제와 신라가 문화적인 욕구임에 반해 정치·군사적인 입장이어서 3국의 각기 다른 사회상을 보게 된다.

조공에 대한 또 하나의 문제는 조공사朝貢使의 자격에 관한 것이다. 통일신라는 비교적 많은 조공사의 성명이 나타나 있으나, 백제와 고구려는 거의 나타나지 않는다. 우선 고구려의 경우는 <표 59>와 같다.

<표 59>에서 본다면 송사送使 178회 중에서 사신명使臣名이 밝혀진 것은 7회뿐이다. 단지 고국원왕 때 세자·왕제 등을 연燕에 파견한 것은 모용황慕容皝에 의한 왕모王母납치에 대한 불가피한 굴욕적인 사절이었음을 제하고라도 대개 외교사절로써 왕족을 보냈음은 사실이다. 따라서

나포된 송황의 사절이용이나, 고익·승천(종숙)의 경우로 보아 외교사절은 왕 측근의 인물을 파견하였다고 생각된다. 이러한 고구려측의 송사에 대한 중국측의 회사回使를 살펴볼 때, 시어사侍御史 이발李拔(광개토왕 17년, 북연北燕), 원외산기시랑員外散騎侍郞 이오李敖(장수왕 23년, 북위北魏), 상서尙書 양이陽伊(장수왕 23년, 연燕)의 예로 보아 상당히 고위층 인물이었음을 확인할 수 있다. 이것은 고구려의 사신에 상응하는 조치로서 당시의 양국 외교가 정치적·외교적 상하관계가 아니라는 근거가 될 것이다. 더욱이 북위와 연과의 대립이 격화된 장수왕 23년(434)에는 위는 이오를, 연은 양이를 각각 고구려에 파견하여 친선을 꾀하고 있는데 이는 대립된 위·연 양국이 고구려왕에게 동등한 책봉을 한 후, 서로 자기편으로의 연결을 기도하였음을 보게 된다. 고구려 역시 그러한 중국의 전통적인 대외관을 역이용하여 동서의 세력균형과 국제질서의 유지를 기대할 수가 있었다.

〈표 59〉 고구려의 사절

사신 이름	관직	파견연대	파견국
□ □ □	세자世子	고국원왕 10년(340)	燕
□ □ □	왕제王弟	고국원왕 10년(340)	燕
송황	前東夷護軍	고국원왕 19년(349)	燕
고익高翼	장사長史	장수왕 1년(413)	晋
여노餘奴		장수왕 68년(480)	南齊
승천升千	종숙從叔	문자왕 1년(492)	北魏
예실불芮悉弗		문자왕 13년(504)	北魏

백제의 경우는 고구려보다 조공사의 자격에 대하여 훨씬 구체적인 기록을 보이고 있다.

〈표 60〉 백제의 사절

사신 이름	관직	파견연대	파견국
여례餘禮	長史	개로왕 18년(472)	北魏
장무張茂	司馬	개로왕 18년(472)	北魏
사약사沙若思	內法佐平	동성왕 6년(484)	南齊
왕변나王辯那	長史	위덕왕 45년(598)	隋
연문진燕文進	扞率	무왕 8년(607)	隋
왕효린王孝隣	佐平	무왕 8년(607)	隋

<표 60>에서 살펴보면, 백제는 조공사朝貢使에 좌평 같은 최고의 지위에 있는 인물을 발탁하였음을 알 수 있다. 특히 사씨沙氏와 연씨燕氏는 각기 웅진시대와 사비시대의 대표적인 성씨임을 생각할 때, 외교를 통한 정치권력유지의 한 수단이 될 수가 있을 것이다. 다만, 왕씨王氏는 이른바 백제의 8대성大姓에도 볼 수 없는 성이어서 새로운 검토가 요망된다.[205] 그리고 장사長史라는 것은 『삼국사기』에서는 볼 수 없으나, 『수서隋書』(권 81)와 『북사北史』(권 94)에 나타난 '長吏(史)三年一交代'를 고려하면, 그것은 단순한 외직外職은 아닌 듯하다.

한편 신라의 조공사에 대해서는 구체적인 관등보다는 인명이 보여지고 있다.

---

205) 중국의 조공사에 왕의 측근이나 고위층을 파견한다는 사실에 비추어 보면, 위덕왕 45년의 왕변나와 무왕 8년의 왕효린은 주목될 인물이다. 더구나 이들의 등장 시기가 성왕 이후 새로운 정치회복의 시기였기에, 아마도 백제말에 등장된 8姓 이외의 신흥귀족일 가능성이 크다. 어쩌면 신라와 고구려의의 귀화인일 가능성이 크며, 귀족의 대우를 하여 王氏를 주었는지 모른다. 더욱이 외국 귀화인의 외교사절이용은 3국시대에 일반적이기 때문이다.

〈표 61〉 신라의 사절

사신 이름	관직	파견연대	파견국
위두衛頭		내물왕 26년(381)	前秦
제문諸文	奈麻	진평왕 22년(600)	隋(귀국연도)
횡천橫川	大舍	진평왕 22년(600)	隋(귀국연도)
상군	大奈麻	진평왕 24년(602)	隋
만세	大奈麻	진평왕 26년(604)	隋
혜문		진평왕 26년(604)	隋
원광		진평왕 33년(611)	隋

<표 61>에서 본다면, 신라는 대개 나마奈麻·대나마大奈麻의 관등에 있는 귀족층에서 선발하여 백제나 고구려보다 격을 낮추고 있다. 더구나 신라는 이러한 입조사入朝使에 고승高僧을 이용하고 있어 구법사求法使라는 그들의 종교적인 입장을 정치에 이용하였으니, 이는 원광의 예에서 뚜렷이 알 수 있다. 당시에 구법사로 파견된 대표적 고승은 <표 62>과 같다.

〈표 62〉 신라의 구법승求法僧

구법승	출국연대	귀국연대	파견국	활동
각덕覺德		진흥왕 10년(549)	梁	중국사신과 함께 귀국
안홍安弘		진흥왕 37년(576)	隋	胡僧과 함께 귀국
지명智明	진평왕 7년(585)	진평왕 24년(602)	陳	입조사와 함께 귀국
원광圓光	진평왕 11년(589)	진평왕 23년(601)	陳	입조사와 함께 귀국
담육曇育	진평왕 18년(596)	진평왕 27년(605)	隋	입조사와 함께 귀국

<표 62>에 의하면 이들 구법승들은 대개 10여년간 중국생활을 한 후, 입조사入朝使를 따라 귀국하고 있었다. 그러나 이들이 실제로는 외교

사절의 직능을 다하고 있었으며, 대부분이 입조사의 귀국시에 강제로 데려온 듯한 인상이 짙었다. 특히 이들은 귀국시에 선진중국문물을 전래하여 학문과 문화 전반에 많은 공헌을 하였다고 생각된다. 원광은 처음에는 구법사求法使(陳)로, 다음은 청병사請兵使(隋)로서 파견되었음이 특이하다.

이러한 조공사의 자격과 함께 또 하나의 특기할 사항은 진평왕 때부터 신라의 입조사는 2인이 동시에 파견되었다는 점이다.

> ① 진평왕 22년 원광圓光이 조빙사朝聘使로 갔던 나마奈麻 제문諸文·대사大舍 횡천橫川과 함께 돌아왔다.
> ② 진평왕 26년 7월에 대나마大奈麻 만세萬世·혜문惠文 등을 보내 조빙朝聘하였다.

라 하여 입조사는 제문(나마)·횡천(대사) 일행과 만세(대나마)·혜문 일행으로 파견되었으니 정正·부사副使라는 시원적인 고찰로 속단할 수 없으나,[206] 신라의 사행이 진일보하고 있음을 표시하는 것이다. 다시 말하면 이러한 두 계통의 사절은 제도적 정비라는 측면보다 정치·문화적 욕구에 대한 구체적인 표현으로서 대수對隋외교의 적극성을 반영한 것이다. 따라서 그러한 문물수용의 이면에는 청병사라는 군사외교사를 빈번히 보내주는 것도 이때부터이다. 고구려가 수隋와 조공관계를 유지하면서도 자주 충돌함에 비하여, 신라는 점차 접근하고 있었다. 그러나 연년견사連年遣使에 따른 3국의 수나라에 대한 교섭은 그 송사送使의 회수가 말해주듯이 경쟁적이었으며 조공 그 자체는 보다 발전된 제도화의 길을 걷고 있었다.

---

206) 물론 이보다 앞서 백제는 개로왕 18년(472)에 餘禮와 張茂를 北魏에 파견한 일은 있으나 이는 급박한 고구려침략의 대항을 위한 請兵使로서 겸허한 인사에 불과하다고 여긴다. 당시는 백제가 완전한 조공관계가 성취되지 못하였으며 그후 전혀 기록도 없기 때문에 正·副使의 시초라고 단정지을 수는 없다.

나) 진하進賀

넓은 의미의 조공사에 포함되는 이 사행은 대청對淸교섭에서 본다면 등극登極·존호尊號·존시尊諡·책립冊立 및 토평討平 등에 파견되는 것으로 보이지만[207] 3국시대에는 어떤 경우에 이루어졌는가를 찾아보면 아래와 같이 진하進賀가 조공과 별개로 성립되지 않음을 알 수 있다.

> 개황開皇원년 10월 을유乙酉 백제왕 부여창扶餘昌이 사신을 보내 축하하였다. 창昌에게 상개부의동삼사 대방군공上開府儀同三司帶方郡公을 주였다.[208]

라 하여 수隋 고조의 등극축하를 위해 사신이 파견되었고, 이의 답례로 책봉이 있었다. 그러나 그 후에는 국내외의 문헌으로 보아 황제 등극시에 진하한 예는 거의 보이지 않는다.

> ① 태조대왕 57년 춘정월 遣使如漢 賀安帝加元服.
> ② 동천왕 11년 遣使如魏 賀改年號.
> ③ 위덕왕 36년 隋平陳(중략) 幷遣使奉表賀平陳.

위에서 본다면 ①은 원복元服 착용을, ②는 연호年號개정을, ③은 진陳의 토평討平을 각각 진하한 것이다. 이로 미루어 등극·원복착용·연호개정 및 토평에 보내졌으리라 여기지만, 신라의 경우는 전혀 보이지 않는다.

다) 사은謝恩

이는 봉전封典·애례哀禮·진하進賀·진주陳奏·석뢰錫賚·쇄환刷還·진휼賑恤 등과 관련이 있지만,[209] 3국시대에는 거의 나타나지 않는다. 그러나 봉전에 대한 사은만은 잊지 않았다. 전술한 바와 같이 조공에 대한 책봉이

---

207) 전해종, 앞의 논문, 15쪽.
208) 『隋書』 권1, 帝紀1, 高祖 上.
209) 전해종, 앞의 논문, 13쪽.

있으면 이에 사은을 하는 것이다.

> 개황開皇 10년 7월 고구려요동군공高句麗遼東郡公 고탕高湯이 죽었다. 그 아들 원元을 상개부의동삼사上開府儀同三司로 삼아 요동군공遼東郡公을 이어받도록 했다. 왕(평원왕平原王)은 이에 글을 올려 사은謝恩하였다.[210]

에서도 뚜렷이 알 수 있다.

> 소수림왕 2년 6월 진왕秦王 부견符堅이 사신과 중 순도順道를 시켜 불상과 경문經文을 보내오자 왕은 사신을 보내어 회사回謝하고 토산물을 바쳤다.

라 하여 부견이 불경을 전해 준 데 대하여 소수림왕이 사례謝禮로 공물을 바친 것이다. 따라서 조선의 경우처럼 그 파견조건이 다양치는 못하였으나 책봉과 불교 및 불경전래에 대한 의례적인 보은행報恩行이었음을 알 수 있다.

라) 인질人質

인질의 파견은 대중국교섭 이전에도 고대국가에 흔히 존재했던 바였으니, 즉 고구려와 부여, 가야와 신라, 백제와 왜 사이에도 간헐적으로 계속되었다.[211]

> ① 내물이사금奈勿尼師今 37년 정월 고구려가 사신을 보내왔다. 왕은 고구려가 강성하였기 이찬 대서지大西知의 아들 실성實聖을 인질로 보냈다.
> ② 실성이사금 6년 3월 왜국과 우호를 맺고 내물왕의 아들 미사흔未斯欣을 볼모로 삼았다.

에서 본다면 ①은 신라가 고구려에게, ②는 역시 신라가 왜에 파견하였

---

210) 『책부원귀』 권963, 外臣部8, 册封1.

211) 신형식, 1966, 「신라의 대당교섭상에 나타난 숙위에 대한 일고찰」 『역사교육』 9(다음 節 참조).

음을 알 수 있어 강국의 침입을 방지하려는 인적 담보라고 보여진다.

> 문자왕 원년 3월 위魏의 효문제가 사신을 파견하여 왕을 봉하여 의관衣冠·복물服物·거기車旗의 장식물을 주었다. 또 왕에게 조서詔書를 내려 "세자를 들여보내 조공케 하라" 하니 왕은 "병이 있어 못 보낸다."하고 종숙從叔 승천升千을 보내 사자使者를 따라 대궐에 들게 하였다.

라 하여 위는 고구려에 세자입조世子入朝를 요구하고 있으니, 인질의 첫 요건으로 왕자를 뽑는 점에서 본다면 그 기원이라 여겨진다. 따라서 인질人質은 북방민족의 강압적인 외교수단이었으며 일방적인 요청이었다.

> 고국원왕 13년 2월 왕은 그 아우를 보내 연燕에 칭신稱臣하니(중략) 그 부父의 시체만 돌려주고 그 모母는 억류하여 볼모로 했다.

에서 보는 바와 같이 전연前燕은 납치해 간 왕모王母를 인질로 억류시켰음을 알 수 있으며 동왕同王 25년조의

> 왕은 사신을 연燕에 보내어 볼모로 잡히고 조공을 바쳐 왕모王母를 돌려달라고 청하니 연왕燕王은 이를 허락하였다.

에서도 왕모귀환을 위한 인질로 북방민족의 강압적인 대외정책이 한 수단이었다. 그러나 이러란 무도無道외교는 전통적인 유교사상을 앞세운 한족漢族들에게는거의 보이지 않고 있었다. 따라서 당대唐代 이후에는 신라와 발해측에서는 인질의 변형인 숙위宿衛라는 외교수단212)이 보여지게 된다.

마) 구법사求法使

이는 선진중국문물을 흡수하려는 넓은 의미의 문화적 관계이나, 3국

---

212) 신형식, 앞의 논문 참조.

시대는 불교·유교에 관한 것이 주된 요구였다. 고구려의 불교가 원칙적으로 사행使行을 통해서 들어왔음과 같이[213] 모든 중국문화는 이러한 조공사朝貢使의 왕래에서 이룩되었으며, 그러한 특수분야에는 그에 해당하는 전문적인 인물이 파견되었다. 즉 승려에 의해서 추진된 구법사는 원칙적으로 조공관계가 이루어진 후에 보여지는 것이 통례였다. 그러나 이들 구법승求法僧은 단순한 학문·종교면에서의 역할만이 아니고, 정치·외교상의 임무도 활발히 전개하였음은 앞에서 언급한 바 있다. 구법사求法使 자신들이 공적인 사절의 임무를 띠고 있기 때문에,

> 진흥왕 10년 봄, 양梁나라는 입학승入學僧인 각덕覺德과 함께 사신을 보내 불사리佛舍利를 전해 주었다. 이에 왕은 백관百官으로 하여금 흥륜사興輪寺 앞길에서 맞아들이게 하였다.

에서와 같이 양梁에서도 그들의 사절과 함께 귀국시켰던 것이다. 다시 말하면, 이들 입학승들로 하여금 불교연구라는 본래의 목적 외에 상대국의 정치상황이나 문물을 습득케하여 정치에 이용하였음은 물론이다.

> 진평왕 35년 7월, 수隋나라 사신인 왕세의王世儀가 와서 황룡사에서 백고좌회百高座會를 설치하고, 원광圓光 등 법사法師를 맞아 강론講論하였다.

하 하여 진평왕은 수사隋使를 맞아 불교행사를 베풀고 있어 그의 불교왕명佛敎王名과 깊은 관련이 있을 것 같다. 특히 진흥·진평왕대의 빈번한 구법승은 그것이 단순한 불사리·불경의 전수와 같은 구법求法의 사행이 아니라, 중고왕실中古王室의 내적인 필요성에서 연유된 정치적 사절이었다고 생각된다. 즉 진평왕의 백고좌회百高座會는 왕권의 신성화와 왕족의 배타적인 신분의식을 합리화하려는 것으로 보여, 종교적인 '신성관념神聖觀念'[214]을 강조하려는 것으로 믿어진다. 그러므로 진평왕 5년에 황룡

---

213) 김상기, 앞의 논문, 4쪽.

사 금당金堂이 조성된 후, 선덕여왕 때 첫 주지로 진골환희사眞骨歡喜師를 두었다는 『삼국유사』의 기록에서[215] 보듯이, 진평왕 전후의 이러한 불교관은 성골聖骨의 성립문제와 직결된다고 하겠다.

백제의 경우도 동진東晋·양梁과의 빈번한 교섭에는 그러한 문화수용을 위한 사절이 있었을 것이다. 약간 후대의 기록이지만,

> 성왕 19년에 왕은 사신을 양나라에 파견하여 조공하였고, 겸하여 글로서 모시박사毛詩博士·열반涅槃 등 경의經義와 공장工匠·화사畵師를 청하니, 양梁은 이를 허락하였다.

고 하여 불경 이외에 유학·공장工匠·미술 등 많은 주문이 있었다. 따라서 이러한 문화수용을 위한 사절은

> 비유왕毗有王 14년 견사조공우송遣使朝貢于宋 구역주求易株 식점요노이환式占腰弩而還

에서 볼 때 백제에서는 주역·점성·무기에 이르기까지 광범한 요구가 있었다. 그러므로 백제의 7회에 걸친 동진과의 교섭에 천문·역법·오행 등의 수용이 있었을 것임은 뚜렷하다. 이것이 아신왕 14년(405)의 '백기자왕궁서기白氣自王宮西起'로 나타날 수 있었고, 오방제五方制로 확립되었던 것이다. 여기에서 우리는 백제에 천문학의 발전이[216] 조기에 가능했다는 사실을 알게 된다.

바) 청병請兵

이는 연례적인 것이 아니었고 군사상 필요성에 원병을 요구하는 것과

---

214) 정중환, 1965, 「신라의 불교전래와 그 현세사상」 『조명기박사화갑기념불교사학논총』, 20쪽.

215) 『삼국유사』 권4, 塔像4, 皇龍寺丈六.

216) 박성래, 앞의 논문, 85쪽.

상대국 토벌을 요청하는 것 등이 있으며, 이것 역시 조공을 한 후 청병하는 것이 통례였다.

> 개로왕蓋鹵王 18년 위魏에 사신을 보내 말하기를 과인은 나라를 동극東極에 세웠으나 시랑豺狼(고구려)이 길을 막아 영화靈化는 입었으나 봉번奉藩의 인연이 없습니다. (중략) 저회를 불쌍히 여겨 한 장군을 보내서 우리나라를 구해주신다면, 비녀鄙女를 보내 후궁後宮을 삼게 하겠습니다.

라 하여 개로왕은 고구려토벌을 북위에 요구하였으며 또한 『삼국사기』 권 20에 보이는

> 백제왕 창昌이 수隋에 사신을 보내어 고구려정벌의 향도가 되겠다고 자청하였다. 수제隋帝는 조서詔書를 보내 "고구려가 이미 죄를 인정하였으므로 짐은 이를 용서하여 정벌하지 않을 것이다"라고 하였다.

한 바와 같이 청병이 백제로부터 출현하였음을 볼 때 백제사회의 허약성을 알 수 있다.

> 무왕武王 8년 3월 왕은 한솔扞率 연문진燕文進을 수隋에 보내 조공하고, 이어 좌평佐平 왕효린王孝隣을 보내 고구려토벌을 청하니, 양제煬帝는 이를 허락하였다.

라 하여 무왕 8년(607)에 백제는 고구려토벌을 요구하였다. 수는 598(영양왕 9년)에 고구려정벌에 실패한 일이 있었으니, 이러한 청병 및 토벌요청은 수隋를 군사적으로 이용하려는 의도였다고 하겠다.

> 진평왕 30년 왕은 고구려가 자주 국내를 침범함을 걱정하여 수隋의 병력을 빌어서 고구려를 정복하려고 원광圓光에게 걸사표乞師表를 지으라 하였다. (중략) 이에 그는 지어 바쳤다.

에서도 신라의 청병이 보여졌으며, 동왕 33년에도

> 왕은 수에 사신을 보내어 글월을 올리고 군사를 청하니 수양제隋煬帝는 이것을 허락하였다.

와 같이 고구려정벌을 위한 청병이 있었다. 그러나 이러한 청병 역시 대부분 의례적·형식적이었고, 중국의 군사적 우월감에 만족을 주려는 정치적 목적이 있었다.

그러나 그 후의 군사 요청은 대당교섭에서 신라에 의해 집중적으로 추진되어 3국통일의 외교적·군사적 관문이 열리게 되었음은 다 아는 바이다.

사) 사죄謝罪

이는 전쟁이 끝난 이후 국교정상화추진의 사절이며 격앙된 중국의 대3국감정을 완화시키려는 의도로 파견되었다.

> 개황開皇 18년 원元(영양왕嬰陽王)이 만여명의 말갈 무리를 이끌고 요서遼西를 공략하니, 영주총관營州摠管 위충韋冲이 패하여 도망쳤다. 고종高宗이 이를 듣고 대노大怒하여 한왕경漢王京을 원수元帥로 삼아 육·해군으로 고구려로 쳐들어 왔다. 이에 원元은 두려워 사죄사謝罪使를 보내서 스스로 요동분사신遼東糞士臣임을 아뢰었다.

라 하에 원元(영양왕)은 개황 18년(영양왕 9년, 598)에 왕의 요서선공遼西先攻에 자극되어 고구려정벌을 단행한 후 패귀敗歸한 수문제隋文帝에 사죄하고 다시 조공관계를 계속하였다.

> 평원왕 32년 왕은 진陳이 망했다는 소식을 듣고 크게 두려워하여 무기를 수리하고 군량을 저축하여 거수지책拒守之策을 마련하였다. 수隋 고조高祖는 왕에게 새서璽書를 내려 "비록 속국이라 칭하지만 정성이 극진하지 못하다"고 책망하였다. (중략) 왕은 글을 받고 황공하여 표를 올려 진사陳謝를 드리려 하였으나 하지 못하였다.

에서도 보는 바와 같이 평원왕이 수隋에 사죄사謝罪使를 보냄으로써 중국측의 침략을 막아보려고 하였거니와, 사죄사는 대개 전쟁 후에 보내지는 형식적인 것에 불과하였다.

다음으로 중국측으로부터 3국에 온 사절을 찾아보자. 그들은 특별한 명칭은 없으나, 주로 책봉을 중심으로 하는 넓은 의미의 조칙전달사詔勅傳達使였다고 하겠다. 또한 그것은 어디까지나 3국측의 조공에 대한 답례였으며, 부수적인 회사回使였다. 그러나 이리한 중국측의 사절도 3국의 그것에 상응하는 조치로서, 사절의 자격과 지위를 고려하였음은 사실이다. 그리고 3국의 문화적 요구에 대해서도 각각 전문적인 인물을 보내주었음도 물론이다.

가) 책봉冊封

전술한 바와 같이 처음으로 중국에 조공하면 그 답례로써 보낸 나라의 왕에게 책봉을 하게 되었으며, 대개 입조사入朝使의 귀국시에 함께 파견된다.

> 장수왕 23년 6월 왕은 사신을 위魏에 보내어 조공하였다. (중략) 세조世祖는 원외산기시랑員外散騎侍郎 이오李敖를 보내어 왕을 봉하여 (중략) 고구려왕으로 삼았다.

라고 하여 장수왕의 조공에 대한 위魏 세조世祖의 책봉을 볼 수 있다. 이러한 책봉은 처음 입조入朝하는 나라에, 또는 입조국의 왕위교체시에나 중국황제 교체시에 각각 보여졌다. 이는 조공국의 요청에 따르는 중국의 전통적인 중화사상의 표시일 뿐으로, 중국의 책봉이 하등의 정치적 구속력을 갖고 있지 않다. 책봉을 받지 않아도 관계는 없으나, 형식적인 관례나마 이러한 양국관계에서 동아東亞의 고전질서는 유지된 것이다. 그러나 책봉사는 입조사가 귀국시에 대행하는 경우가 많고, 그 외는 거의가 인명人名이 나타나지 않고 있다. 3국시대에 파견되어 온 책봉사冊封使의 인명이 보이는 것은 아래와 같다.

원외산기시랑員外散騎侍郎 이오李敖(장수왕 23 년, 북위北魏)
전중장군殿中將軍 조감刁龕(고국원왕 25년, 전연前燕)
강주성江注盛(안장왕 2년, 양梁)

이상의 3명에서 본다면 그 자격에 관한 것은 고찰하기 어려우며, 예의적인 중국측의 책봉은 3국측의 빈번한 조공에 비하여 너무나 빈약하였다.

나) 회사回賜

조공 중 진공進貢에 대한 직접적인 물질적 답례인 회사回賜 역시 부수적이며 형식적이었다. 이도 조공사에게 하사下賜하는 것이 통례이나 별도로 보내는 경우도 있다. 소수림왕 2년(372)의 순도順道가 가져온 불경도 회사回賜로 생각되거니와,

침류왕 원년 7월 진晋에 조공하였다. 9월에 호승胡僧 마라난타摩羅難陀가 진으로부터 이르니, 왕은 이를 영접하여 궁내로 맞아들였다.

라는 백제의 불교전래도 조공에 대한 회사로 온 것이었다.

장수왕 54년 3월 사신을 위魏에 보내 조공하였다. (중략) 이에 안락왕安樂王 진眞과 상서尙書 이부李敷 등을 보내어 국경에 이르러 폐幣(예물)를 전달했다.

라 하여 장수왕 54년의 기록에선 위제魏帝가 보낸 회사물回賜物의 구체적인 내용을 알 수 없다. 책봉시에 보여지는 회사 이외의 것은 거의 없으나 진흥왕 10년조의

> 양사梁使가 입학승入學僧 각덕覺德과 더불어 불사리佛舍利를 전해 주였다.

와 같이 불교에 관한 것이 고작이었다. 기록이 없다고 전혀 회사가 이루어지지 않았다고는 볼 수 없으나, 어디까지나 그것은 피동적이며 형식적인 것이었다.

다) 조위吊慰

이것은 중국의 황제 사거死去에 진위사陳慰使를 보내는 것처럼, 중국에서도 3국의 왕이 죽었을 때 보내는 것이다.

> 장수왕長壽王 79년 12월 왕이 돌아가니 98세였다. 호號를 장수왕長壽王이라 하였다. 위魏 효문제孝文帝가 듣고 동교東郊에서 애도식을 거행함과 동시에 알자복야謁者僕射 이안상李安上을 보내 왕을 책봉하여 거기대장군 태부요동군개국공 고구려왕車騎大將軍太傅遼東郡開國公高句麗王을 추증하고 시호를 강왕康王이라 하였다.

라 하여 장수왕 사거死去에 접하자 적위吊慰 겸 추증追贈 및 책시冊諡를 받았던 것이며, 그 후 문자왕 홍거시薨去時에도 위魏 영태후靈太后는 적위사吊慰使를 파견하였던 것이다. 물론 3국측의 고부告訃가 전제되었으리라 여겨지지만, 백제와 신라는 보이지 않는다.

라) 책망責望

이는 3국측의 적대행위나 불손한 처사에 대응한 중국측의 질책이다.

> 장수왕長壽王 68년 남제南齊 태조太祖 소도성蕭道成이 왕을 책봉하여 표기대장군驃騎大將軍을 삼으니 왕은 사신 여노餘奴 등을 보내어 남제에 조공케 하였는 바, 위魏의 광주인光州人이 바다에서 여노 등을 잡아 자기 나라 대궐로 보냈다. 이제 위魏 고조高祖가 조서詔書를 내려 왕을 책망責望하였다.

라 하여 위魏(고조)는 남제에 입조入朝한 고구려를 책하였다. 당시 남제는 위에 조공하고 있었으므로[217] 위의 질책은 당연하다 할 것이다.

> 개황開皇 17년 고구려왕 탕湯은 진陳이 망했다는 소식을 듣고 크게 두려워하여 치병적곡治兵積穀의 거수지책拒守之策을 세우니 이에 수문제隋文帝는 글을 내려 책망하였다. 이에 탕湯은 두려워 글로써 사죄하였다.[218]

에서도 탕湯(평원왕)의 대수對隋방비책에 대한 수의 질책이 있었으나, 고구려는 의례적으로 사죄하고 있다. 그러나 이러한 중국의 질책이 고구려에 준 정치적 영향은 전혀 없었다. 또한 장수왕 54년에 위魏의 문명태후文明太后가 왕녀를 요구하였을 때

> 왕은 글을 올려 제녀弟女가 죽었다고 말하니 위魏는 그 말이 거짓이라고 의심하여 가산기상시假散騎常侍 정준程駿을 보내 이를 절책切責하였다.

라 하여 사신을 보내 질책하고 있으나, 이것 역시 형식적인 사행에 불과한 것이다.

이상에서 대략 중국측의 사행을 찾아보았다. 어디까지나 중국측의 사행은 3국의 조공에 대응한 것으로서, 형식적인 면을 면치 못하였다. 그러나 중국측으로부터 고구려에 온 사절을 전부 찾아본 <표 63>에 의하면 몇 가지 특징을 나타내고 있다.

---

217) 『삼국사기』 18, 장수왕 72년조에 의하면 "時魏人 謂我方强 置諸國使邸 齊使第一 我使者次之" 라 하여 南齊가 魏에 조공하였음을 알 수 있으며 『魏書』에도 보인다.

218) 『자치통감』 권178, 隋紀2, 高祖 上.

〈표 63〉 중국측의 사행使行

人名	관직	국명과 사행	연대
도감刀龕	殿中將軍	前燕 – 책봉	고국원왕 25년(355)
이발李拔	侍御史	전연 – 回賜	광개토왕 17년(408)
이오李嫯	員外散騎侍郎	北魏 – 책봉	장수왕 23년(434)
양이陽伊	尙書	전연 – 救援	장수왕 23년(434)
진眞	安樂王	북위 – 회사	장수왕 54년(466)
이부李敷	尙書	북위 – 회사	장수왕 54년(466)
정준程駿	假散騎常侍	북위 – 責望	장수왕 54년(466)
이안상李安上	僕射	북위 – 告哀	장수왕 79년(491)
강주성江注盛		梁 – 책봉	안장왕 2년(520)

중국으로부터 3국에 온 사절이 백제·신라는 거의 없기 때문이다. 우선 중국측 사행도 고구려에 못지않은 고위층이어서 외교상의 독립성을 살필 수 있다. 그리고 중국측의 사신은 책봉과 회사回賜의 경우가 많았으며, 특히 북위北魏에서 고구려의 사신이 제齊의 사신 다음으로 대우받고 있었다는 사실이 주목된다.

2) 삼국과 당唐과의 조공

수隋를 이은 당唐에 대해서 고구려는 물론 제·나도 적극적인 외교경쟁을 하게 되었음은 중원中原을 통일한 강력한 왕조를 향한 3국측의 당연한 움직임이었다. 따라서 여·수전쟁 이후 고구려의 대당교섭은 양국의 대립완화를 위한 노력으로 출발하였고, 신라는 수隋 이래 국력의 급진적인 팽창에 짝하여 적극적인 대중국교섭을 강화한 것이었다.

수의 4차 침입을 저지한 영양왕嬰陽王이 사망하고 영류왕榮留王이 즉위하였을 때에 당唐이 건국되었다(618). 따라서 영류왕은 우선 양국의 국교정상을 위해 동왕 2년에 조공사를 처음으로 파견했으나 전례와 달리 책봉은 없었다. 신왕조新王朝의 첫 입조에 책봉이 없는 것으로 보아 당시 양국의 대립상을 짐작할 수 있다.

> 영류왕 5년 사신을 당에 보내어 조공하니 당고조唐高祖는 수말隋末의 전사戰士가 많이 고구려에 패망한 것을 생각하여 왕에게 조서詔書를 내했다. (중략) 이제 양국이 화호和好를 통하여 의리의 조이阻異함이 없으므로 이 곳(당)에 있는 고구려인들을 찾아서 이미 돌려보내기로 영令을 내렸으니, 그곳(고구려)에 있는 우리나라 사람들도 왕은 방환放還함이 옳겠다. (중략) 이에 중국사람을 남김없이 찾아내어 돌려보내니 그 수효가 수만명에 달하여, 고조高祖는 크게 기뻐하였다.

라 하여 영류왕은 대립된 양국의 감정을 완화시키기 위하여 포로를 교환함으로써 조공관계는 회복되었고, 동왕 7년(624)에 책봉을 받게 되었다.

백제는 고구려보다 3년 늦게 무왕 23년(621)에 대당조공이 시작되었으나,[219] 13년 후인 동왕 25년(624)에 – 고구려와 같은 해에 – 책봉을 받았다.

신라 역시 진평왕 43년조에 의하면

> 7월, 왕은 사신을 당唐에 보내 방물方物을 바치니 고조高祖는 친히 위로하고 통직산기상시通直散騎常侍 유문소庾文素를 파견하여 국서國書 및 그림·병풍·비단 3백필을 보내왔다.

에서 아는 바와 같이 진평왕 43년(621)에 조공하고 동왕 46년(624)에 책봉을 받았다. 기이하게도 당은 최초입조시에 책봉을 하지 않았으며, 동시에 3국을 같은 해에 책봉한 것은 3국에 대한 견제의 의미가 있었던 것이다.

이러한 대당교섭은 곧 3국이 경쟁적으로 추진한 결과였으며, 대당교

219) 『삼국사기』 권27, 武王 22년조.

섭 이전에 존재했던 조공의 유형은 보다 제도화된 양상을 나타내었다.

619년 대당교섭이 시작된 이래 고구려가 멸망하는 668년까지 50년간에 이루어진 3국과 당의 조공회수를 일람표로 작성하면 <표 64>와 같다.

〈표 64〉 통일전 삼국의 대당조공

삼국	왕	회수	계
고구려	영류왕榮留王(24년간)	15	25
	보장왕寶藏王(27년간)	10	
백제	무왕武王(21년간)	15	22
	의자왕義慈王(20년간)	7	
신라	진평왕眞平王(12년간)	8	34
	선덕왕善德王(16년간)	10	
	진덕왕眞德王(8년간)	9	
	무열왕武烈王(8년간)	5	
	문무왕文武王(8년간)	2	

<표 64>에 의하면 50년간에 3국이 파견한 입당사入唐使의 회수는 81회에 달하고 있으며, 그중 신라는 반에 가까운 비율로 송사送使하고 있어 신라외교의 급격한 성장을 보여주고 있다. 이 시기의 조공에 대해서는 대당외교 이전의 형태와 비교해서 다른 내용만을 고찰대상으로 하였다.

가) 조공

조공사朝貢使의 파견시기와 자격 등은 전과 같으나 그 사행의 인명人名이 다수 나타나는 것이 다르다. 고구려가 보낸 조공사의 인명을 찾아보면 <표 65>과 같다.

〈표 65〉 고구려의 견당사

人名	자격	파견연대
환웅桓雄	세자	嬰陽王 23년(640)
임무任武	왕자, 莫離支	寶藏王 6년(647)
복남福男	태자	寶藏王 25년(666)

<표 50>에서 본다면 고구려가 보낸 조공사는 전부 왕자였고 막리지와 같은 최고위 인물이어서, 당시 외교(조공)의 중요성을 알 수가 있다. 이러한 고구려측 사행에 대하여 당도 고구려의 내정을 알기 위하여 상당한 고위층 인물을 파견하고 있었다. 이때 고구려에 파견된 당唐의 사신을 보면 <표 66>과 같다.

〈표 66〉 당의 견고구려사遣高句麗使

人名	관직	파견연대	사행목적
침숙안沈叔安	刑部尙書	영류왕 7년(624)	책봉
주자사朱子奢	散騎侍郎	영류왕 9년(626)	청화請和
진대덕陳大德	職方郎中	영류왕 24년(641)	回謝 ? 回賜
상리현장相里玄奬	司農丞	보장왕 3년(644)	하조下詔

<표 66>에서 볼 때 고구려의 사행은 왕자를 보내 왕권의 유지를 위한 정치적 목적이 우선하는 듯 싶었으나, 당의 그것은 내용이 달랐다. 대개 고위관직자를 보내서 고구려에 상당한 대우를 하였다는 구실 속에서 고구려의 내부적 실상과 '허실의 파악'을 목적으로 하였던 것이다.[220] 이러한 중국측 사신중에는 일종의 '간첩행위'를 하고 있는 경우

220) 『앞의 책』 권20, 영류왕 24년조에 "大德因奉使 覘國虛實 吾人不知"라 하고 있으며 대덕大德이 이르는 고을마다 관리들을 매수하여 정보를 얻고 있음을 보게 된다.

가 있었다는 것이다. 이러한 사실은 진대덕의 귀국보고에 접하여 당태종이 크게 기뻐하면서

> 고구려는 고창高昌이 멸망한 것을 듣고 크게 두려워하여, 우리(당사唐使)에 대한 대접이 어느 때보다 후하였다.

하여 고구려정벌의 가능성을 확인하고 있었다. 따라서 고구려멸망에 있어서 이러한 '외교전의 실패'는 큰 원인으로 지적될 수 있다.

백제의 경우는 구체적인 조공사의 기록이 거의 없다. 다만, 무왕 25년의 대신大臣(실명失名)과 28년의 복신福信(왕질王姪)의 예로 보아 왕족이나 대신을 보냈음이 확실하다.

신라의 경우는 국가적 입장이나 대당접근의 수단으로서도 보다 활발한 외교가 추진되었기 때문에, 구체적인 인명人名이 나타나 있다.

〈표 67〉 신라의 遣唐使

人名	官位	파견연대	사행목적
감질허邯帙許		진덕왕 2년(648)	조공
김춘추金春秋	伊湌	진덕왕 2년(648)	請兵
김법민金法敏	이찬	진덕왕 4년(650)	獻太平頌
김인문金仁問	波珍湌	진덕왕 5년(651)	宿衛
김문왕金文王	左武衛將軍	무열왕 3년(656)	숙위
천복天福	弟監	무열왕 7년(660)	戰勝보고
김인문金仁問	이찬	무열왕 7년(660)	숙위
김인문金仁問	이찬	문무왕 2년(662)	숙위
즙항세汁恒世	大奈麻	문무왕 7년(667)	조공
원기元器·연정토淵淨土		문무왕 8년(668)	조공

<표 67>와 같이 신라도 왕족중심의 고관임은 물론이며, 특히 김춘추金春秋 부자父子의 중복된 견당遣唐사실은 무열계武烈系의 정치적 등장이 시작되는 외교적인 표현이라고 생각된다. 또한 김씨중심의 인물 중에서도 그 관등은 사지舍知 이상이었다고 할 것이며[221] 제·려보다도 인명人名출현이 현저히 나타나며 더욱이 고구려유족인 연정토를 사신으로 파견했음이 특이하다.

대당조공에 있어서 전과 다른 또 하나는 진공進貢과 회사물回賜物이 구체적으로 보이며 또 그 종류가 다양화된 점이다.

① 영류왕 11년 9월 (중략) 겸하여 봉역도封域圖를 올렸다.
② 보장왕 3년 9월 막리지가 당에 백금白金을 바쳤다.
③ 보장왕 5년 (중략) 아울러 미녀를 바치니 황제가 되돌려 보냈다.
④ 무왕 22년 사신을 당에 보내 과하마果下馬를 바쳤다.
⑤ 무왕 27년 사신을 당에 보내 명광개明光鎧를 바쳤다.
⑥ 무왕 38년 12월 (중략) 철갑鐵甲과 조부彫斧를 바쳤다.
⑦ 무왕 40년 10월 (중략) 금갑金甲과 彫斧를 바쳤다.
⑧ 진평왕 53년 7월 (중략) 미녀 2명을 바쳤다. (중략) 그러나 당은 사신과 함께 돌려보냈다.
⑨ 진덕왕 4년 6월 (중략) 왕은 오언五言의 태평송太平頌을 지어 비단에 써서 바쳤다.
⑩ 진덕왕 7년 11월 (중략) 금총포金總布를 헌납하였다.
⑪ 문무왕 8년 봄 (중략) 이후로는 여자를 헌납하지 말라는 칙지勅旨가 있었다.

위에서 본다면 고구려는 봉역도·백금·여인 등을 보내고, 백제는 과하마·명광개·철갑·금갑 및 조부 등 무기를, 신라는 금총포·태평송 등이 보내졌다. 금金·은銀은 전부터 계속되었으나, 북방민족과는 달리 공녀貢女의 금지칙서[222]가 있음을 볼 때 당의 대삼국외교는 어디까지나 기미羈

221) 弟監은 兵部의 職官으로서 그 官等이 舍知~奈麻(雜志 7, 職官 上)이므로 최하 舍知 이상의 職官으로 선발되었다고 생각된다.

縻정책의 일환이었다.

이에 대해 중국측의 회사回賜도 책봉시에 보내던 의복물과 불경 이외에 퍽 다양화되어 보다 많은 문물이 교류된 것 같다.

> ① 영류왕 7년 2월(중략) 도사道士에게 명하여 천존상天尊像과 도교道教의 법法을 가지고 가서 노자老子를 강의케 하니 왕과 국민이 이를 청강했다.
> ② 보장왕 2년 2월(중략) 태종은 도사 숙달叔達 등 8명을 파견하고 겸하여 노자의 도덕경道德經을 주었다.
> ③ 무왕 38년(중략) 금포錦袍와 채백綵帛 3천단段을 보내주었다.
> ④ 진평왕 43년 7월(중략) 그림병풍, 비란 3백필을 보내왔다.
> ⑤ 진덕왕 2년 겨울(중략) 어제御製 온탕溫湯과 진사비晋祠碑와 아울러 새로 편찬한 진서晋書를 보내주었다. (중략) 금金과 비단을 더욱 후하게 주였다.

위의 내용으로 금채金採·의관衣冠 이외에 천존상·도법道法·병풍·서적 등이 눈에 띈다. 특히 불교와 같이 도교의 전래도 이와 같은 회사回賜의 길을 따라 들어온 것이며, 서적의 흡수 역시 새로운 사회에 따른 문화적 요구의 표현이라 생각된다. 따라서 경제적인 진공進貢과 문화적인 회사回賜라는 내면적인 보상이 미약하나마 상쇄相殺되었다고 하겠다.

대당조공의 또 하나의 특징은 진공·회사의 내적 충실보다 입조사入朝使가 당측에서 관직을 받았다는 것이며, 그것도 신라에 한했다는 것이다. 진덕왕 2년조에 의 하면

> 춘추春秋는 또 장복章服을 고쳐 중국의 제도에 따르게 하여 달라고 청하니, 이에 내전內殿에서 값진 의복을 내어 춘추 및 그 일행에게 주고 조서詔書를 내려 춘추는 특진特進으로, 문왕文王은 좌무위장군左武衛將軍으로 삼아 귀국케 했다.

이라 하여 조공사 김춘추는 특진, 문왕(문주文注)은 좌무위장군이라는 관

---

222) 『삼국사기』 권6, 문무왕 8년조.

직을 받았다. 당서唐書에 의하면 특진은 정正2품의 문산관文散官이며, 좌무위장군은 종從3품 중앙직中央職의 장군으로[223] 이는 어디까지나 명예직이지만 신라사절에 한한 것이어서, 숙위외교와 같은 신라외교의 질적 변화를 가져오게 된다. 또한 입조사가 1인이 아니고 2인이었음은 보다 제도화의 길을 걷는 발전상을 뜻하는 것이라 하겠다.

나) 고애告哀

왕이 사망했을 때는 신왕新王의 책봉을 위해서라도 신속한 왕의 부訃를 당에 보고했으리라 여긴다.

> 무왕 42년 3월에 당으로 사신을 보내 소복素服한 후 글을 올려 왕의 죽음을 알리니 당제唐帝는 현무문玄武門에서 거애擧哀한 후 조詔를 내렸다.

라 하여 무왕 사망의 사실을 보고하니, 태종은 적위吊慰하고 광록대부光祿大夫를 추증한 것이나, 그 외는 기록이 전혀 없다.

다) 진하進賀

등극登極·연호개정年號改定 및 토평討平 등에 파견되었던 진하는 대당교섭에도 계속되었으나

> 현경顯慶원년 12월 고구려왕 고장高藏(보장왕)이 사신을 파견하여 글을 올려 황태자皇太子의 책봉을 축하하였다.[224]

라 하여 황태자 책봉에 축하를 보낸 보장왕의 진하사進賀使에만 보인다. 그러나 황제등극에는 직접 보냈다는 국내기록이 없다.

---

223) 『舊唐書』 권44, 職官 4.
224) 『책부원귀』 권970, 外臣部 15, 조공 3.

> 영류왕 11년 9월 사신을 당에 보내 태종이 돌궐 힐리가한頡利可汗을 사로잡은 것을 축하하고 겸하여 봉역도封域圖를 올리었다.

라 하여 영류왕은 돌궐 힐리가한頡利可汗의 체포에 진하하였으며,

> 보장왕 25년 태자 복남福男을 당에 파견하여 태산泰山의 제사를 축하하였다.

라 하여 보장왕은 당이 사당祠堂을 모신데 진하하고 있으나, 『삼국사기』에는 국왕 25년에 조공과 아울러 시사태산侍祠泰山으로 기록하고 있을 뿐이다.

라) 사은謝恩

이는 책봉·사시賜諡 및 문물전래의 보답으로 파견되었던 바 대당교섭에서도 책봉에 대해서는 계속되었다.

> 의자왕은 무왕의 원자元子이다. 태자太子가 왕을 계승하니, 태종은 사부랑중祠部郎中 정문표鄭文表를 백제에 보내 왕을 주국대방군왕백제왕柱國帶方郡王百濟王으로 책봉하였다. 8월에 왕은 사신을 당에 보내 사謝하고 방물方物을 바쳤다.(『삼국사기』 권 28, 의자왕 1년)

라 하여 의자왕 책봉에 대한 사은임을 알 수 있으며,

> 진덕왕 원년(중략) 당태종이 지절사持節使를 보내어 전왕前王에게 광록대부光祿大夫를 추증追贈하고 이어서 왕을 책봉하여 주국낙랑군공柱國樂浪郡公으로 삼았다. 7월에 사신을 당에 보내어 사은하였다.

에서는 선덕여왕의 추증 및 진덕왕의 책봉이 동시에 이루어졌음을 알 수 있으니 이에 대해서 진덕왕이 사은하고 있다. 특히 진덕왕 이후는 책봉이나 추증을 막론하고 지절사持節使를 보내온 것이 특이하다.

> 무열왕 원년 5월(중략) 당이 지절사持節使를 보내어 예를 갖추어 책봉하여 신라왕을 삼으니, 왕은 사신을 당에 보내 감사를 표하였다.

에서 보는 바와도 같다.

마) 숙위宿衛

인질은 고국원왕과 전연前燕과의 사이에서 보여졌다가 그후는 소멸되었지만, 이는 북방민족의 강압적인 대외정책에서 존재한 것이었다. 그러나 수·당대는 인질요구가 없었으며 오히려 신라에 의해서 적극적인 친당책으로 인질과 조공이 결합되고, 또 문화적인 표현이 첨가된 숙위宿衛가 추진된 것이다.[225] 진덕왕 2년조의

> 춘추春秋가 아뢰되, 신臣의 자식이 7형제가 있으니 원컨대 성상聖上의 곁을 시위侍衛케 해 주십시오.

라 하여 진덕왕 2년(648)에 처음으로 시작된 이래, 대당교섭의 중핵체中核體로서 양국의 교량인이 되었던 것이다. 『책부원귀』(권 996)의 "대체로 중국주 국가가 신하를 칭하고 인질을 바쳤다(夫四夷稱臣納爲質)."에서 기원을 갖는 숙위에 대해서는 다음 절節에서 상술하기 위해서 여기서는 약略한다.

이는 인질과는 달리 실제로 자신의 활동을 통하여 조공사나, 청병사로서 제·려정벌에 직접 참가하였으며, 동시에 양국의 교량인이 되었다. 특히 김씨왕족으로 자격을 제한했던 숙위는 무열왕계의 등장과 함께 출현하여 신라사회의 쇠퇴와 함께 소멸되었다. 그러나 어디까지나 숙위는 조공사로서의 기능을 계속하였으며, 당의 개방성 내지 국제성에서 그 본질이 추구되어야만 한다.

---

225) 신형식, 「신라의 대당교섭상에 나타난 숙위에 대한 일고찰」, 102~112쪽(다음절 참조).

바) 문화청구

대당교섭 이전의 대중국문화의 흡수는 주로 구법求法이었으나 보다 발전되는 사회의 필요에 따라 그 문화흡수의 영역이 더욱 확대되고 다양해졌음은 당연하다.

> 정관貞觀중에 신라승 아리야발마阿離耶跋摩·혜업慧業·현대玄大·현각玄恪·혜륜慧輪 등이 구법을 위해 서역·천축에 들어갔다.[226)]

라 하여 구법승은 전과 같이 파견되었고, 선덕여왕 5년조의

> 자장법사慈藏法師가 불법佛法을 구하러 당에 들어갔다.

에서도 알 수 있다.

> 영류왕 8년 왕은 사신을 당에 파견하여 불교와 도교의 가르치는 법을 배우게 해달라고 청하니 당제唐帝는 이를 허락하였다.

라 하여 영류왕은 불교뿐 아니라 도교까지도 요구하고 있음을 볼 수 있으며, 보장왕 2년에 당태종이 숙달叔達 등의 도사道士를 보내온 것은 전술한 바와 같다.

> 태종이 즉위함에 이르러 유학儒學을 크게 번성키 위해 문하門下에 홍문관弘文館을 특별히 설치하였다. (중략) 이어 박사博士를 보내 강술케 하니, 고려·신라·고창高昌·토번土番 등 4이夷에서는 서로 자제子弟를 파견하여 입학케 하여 8천여명에 이르렀다.[227)]

라는 중국문헌에 의하면 국학의 입학을 3국이 동시에 요청했다는 것이며 『삼국사기』에도 동일하게 기록되어 있다. 이러한 3국의 국학입학 요

226) 『朝鮮史』 1編, 3卷, 339쪽.
227) 『新唐書』 권44, 志34, 選擧志.

구는 수隋 이전에는 보이지 않았던 것으로 당唐문화의 선진성에 기인하는 것이며, 다음의 숙위학생宿衛學生[228]의 기원이 된 것이다. 그후 진덕왕 2년 김춘추의 입조시에도 국학에 대한 것이 보여지고 있어, 3국 외교의 비정치적인 영역이 확대되고 있었다. 이제는 군사외교에서 문화외교로의 질적 전환이 요구된 것이다.

사) 청병請兵

청병은 濟·羅양국이 거의 동시에 고구려정벌을 수隋에 요구한 것이다. 그러나 대당교섭은 신라에 의해 독점되었고, 또 숙위를 통한 적극적인 외교가 추진됨으로써 청병사는 거의가 신라측에서 보여지고 있다.

> ① 선덕여왕 11년 백제의 의자왕이 대군을 일으켜 서울 서쪽의 40여 성을 함락시켰다. 8월에 또 백제는 고구려와 합세하여 당항성黨項城을 빼앗아 당唐과의 통로를 끊으려 하므로 왕은 사신을 보내어 당제唐帝에게 급박한 사정을 말했다.
> ② 선덕여왕 12년 9월 사신을 당에 보내 글을 올리되, "고구려·백제가 신臣의 나라를 능멸하여 (중략) 원컨대 군사를 내어 구원해 주소서" 하였다.
> ③ 진덕왕 2년 겨울 (중략) 만약 폐하께서 군사를 내어 악한 무리를 제거하지 않으면 저희 나라 백성들은 다 포로가 되고 말 것입니다.
> ④ 무열왕 2년 정월에 (중략) 왕은 사신을 보내 당에 들어가 구원을 청하게 했다.
> ⑤ 무열왕 6년 4월 백제가 자주 경계를 침범하니 왕은 장차 칠 작정으로 사신을당에 보내어 군사를 청하였다.
> ⑥ 문무왕 6년 4월 (중략) 천존天存의 아들 한림漢林과 유신庾信의 아들 삼광三光이 다 나마奈麻의 관직으로 당에 들어가 숙위宿衛가 되었다. 왕은 백제가 이미 평정됨에 따라 고구려를 없애고자 당에 군사를 청하였다.

위에서 본다면 통일전 48회의 송사送使 중에서 6차의 청병사를 보내고 있다. 따라서 이러한 청병사행의 결실은 제·려정벌에 큰 도움이 되었

228) 신형식, 1969, 「숙위학생고」 『역사교육』 11·12 참조.

을 것 같다. 그러므로 김인문金仁問·김삼광金三光 등의 숙위는 청병사로서 활동하였을 뿐만 아니라 그 선봉장으로 양국정벌에 큰 공을 세웠던 것이다.

아) 사죄謝罪

주로 전쟁이 끝난 후 파견된 사죄사는 대당교섭에도 계속되었다.

> 보장왕 5년 5월 왕과 막리지 개소문蓋蘇文이 사신을 보내어 사죄하고 아울러 미녀 2명을 바치니 당제唐帝는 되돌려 보냈다. (중략) 6년 12월에 왕은 둘째 아들 막리지 임무任武를 당에 들여보내 사죄케 하니, 제帝는 이를 허락하였다.

라 하여 안시성安市城 혈전 이후 보장왕은 곧 사죄하고 국교회복을 꾀하였으며, 무왕 28년에도 당의 경고에 일단 의례적인 사죄사를[229] 보낸 바 있다.

> 태종은 사농승상리현장司農丞相里玄奬을 보내어 양국에 유시諭示를 내리니, 의자왕은 글을 올려 진사陳謝하였다.(권 28, 의자왕 4년)

라 하여 중국황제의 질책과 유고諭告에 대해서 의자왕이 형식적으로 진사하고 있음은 앞의 내용과 그 궤를 같이하고 있는 것이다.

자) 전승戰勝 보고

대당교섭 이전에 보이지 않던 이 전승보고는 당측의 출병에 대한 결과를 전달하는 것이다.

> 진덕왕 4년 6월 사신을 당에 보내어 백제군사의 격파 사실을 아뢰었다.

---

229) 『삼국사기』 권27, 무왕 28년조.

라든가 무열왕 7년조의

> 8월 18일 의자왕은 태자 및 웅진 방령方領 등을 인솔하고 웅진성熊津城에서 나와 항복하였다. (중략) 왕은 제감弟監 천복天福을 당에 보내 전첩戰捷을 보고하였다.

라 하여 백제 의자왕의 투항을 천복이 당정唐廷에 가서 보고케 하였다.

이에 대해서 당의 대삼국교섭은 별다른 변화가 없었다. 책봉은 전과 같이 이루어졌으며, 왕의 훙거薨去에 거애擧哀하고 적위사吊慰使를 보내어 추증追贈하는 것도 동일하였다. 그러나 3국시대에는 간헐적으로 보였던 적위사가 대당교섭에는 거의 매년 파견되어 왔고, 신라왕의 훙거에는 예외 없이 파견되어 책봉·적위·추증이 동시에 이루어진 것이다.

> 진덕왕 원년 2월(중략) 당태종은 지절사持節使를 보내서 전왕前王에게 광록대부光祿大夫를 추증하고 이어서 왕을 책봉하여 주국낙랑군왕柱國樂浪郡王을 삼았다.

라 하여 진덕왕 원년에 전왕前王을 추증하고 동시에 신왕을 책봉하는 지절사가 파견되었으며 효소왕 이후 정례화 되었다.

> 문무왕 5년 2월 이찬 문왕文王이 죽으니 왕자의 예로 장사하였다. 당제唐帝는 사신을 보내와 조상하고 겸하여 자의紫衣 한벌, 요대 한개, 채능라彩綾羅 1백필, 초綃 2백필을 보내 주었다.

라 하여 왕자인 김문왕金文王의 사망에 특별한 적위를 표하였으니, 이것은 숙위로서 그의 두드러진 체당滯唐활동과 신라외교의 성장과정을 보여주는 것이다.

> 용삭龍朔 원년 고종高宗이 인문仁問에게 말하기를 이미 백제를 멸망시켜 그대 나라의 우환을 제거하였으니, 지금 고구려는 예맥穢貊과 함께 포악무도

> 하여 사대지례事大之禮를 어겼으니 이것은 선린지의善隣之義를 저버린 것이다. 짐은 군사를 일으켜 이를 정벌하려고 하니, 그대는 돌아가 국왕에게 이를 알리고 함께 군사를 내어 고구려를 정벌하자.

에서 본다면 고종은 고구려정벌을 위해 체당滯唐중인 숙위 김인문을 귀국시켜 출병을 요구하고 있다. 그러나 통일전에는 당의 대신라교섭이 우선이었고, 그 내용도 책봉·적위 및 청병에 한했다는 것은 나·당 역시 제·려정벌에 역점을 두었기 때문이었다. 당은 고구려정벌의 실패로 신라의 청병사행과 결속되어 가면서 신라외교에 큰 비중을 두게 되었다.

3) 통일신라와 당과의 조공

고구려를 정벌한 문무왕 8년(668) 이후 신라는 제·려유민의 흡수와 고토故土회복이라는 민족적인 명제 앞에 놓이게 되었다. 그것은 반도 안에 있는 당군唐軍축출이 급선무였기에 조공을 생각할 수는 없었다. 조공이라는 중국의 정치적 후견은 신라사회의 필요와 요구의 표현이었고 또한 평화적인 양국의 교섭이었기 때문에, 당시 정세로서는 전혀 보여질 수가 없었다. 문무왕文武王 8년 이후는 대부분 사죄사에 그쳤고, 신문왕神文王은 당고종의 책봉에 사은은 물론 조공도 없었다. 다음 효소왕孝昭王 역시 거의 대당조공이 없었으니 문무왕 8년(668)이후 성덕왕聖德王 2년(703)까지 35년간은 사실상의 국교단절상태였다고 할 수 있다. 이러한 양국의 대립은 문무왕 11년의 설인귀薛仁貴의 항의와 문무왕의 답서答書에 잘 나타나 있으며[230] 오히려 당측이 보다 능동적으로 대신라접촉을 기도하였었다.

문무왕은 4차의 사죄사를 파견하면서 표면으로는 사죄·복속을 표하고 내면으로는 당군축출을 기도한 것이었다. 그러나 장기간의 대립이 지

---

230) 『앞의 책』 권7, 문무왕 下 11년조.

난 후, 신문왕이 즉위하면서(681), 당에 중종中宗이 등장하여(684) 양국 국교재개의 기운이 일어나게 되었다. 따라서 효소왕 8년(699)의 조공은 실로 30여년만의 입조入朝인 것이다. 그후 성덕왕과 현종玄宗간에 이르러 정상화된 양국의 교섭은 완전한 친선관계로 발전되어 정치·문화 전반에 걸쳐 활발한 조공관계가 이룩된다. 보다 제도화되고 다양화된 나당관계는 성덕왕 때 비로소 성취되었고, 양국의 평화적인 외교는 극성기에 달하게 되었다. 나·당조공의 전체적인 파악을 위해 조공사의 전말을 정리하면 <표 68>과 같다.

〈표 68〉 신라의 대당조공사對唐朝貢使 일람표

왕명(재위)	회수	遣唐使 人名	종류
진평왕(12)	8	人名不傳	淸兵
선덕여왕(16)	10	인명부전	求法·청병·國學입학
진덕왕(8)	9	邯帙許 金春秋[金文王] 金法敏[金仁問]	청병·숙위
무열왕(8)	5	金天福[金文王][金仁問]	청병·전승보고·숙위
문무왕(11)	11	[김인문][金三光]金漢林 汁恒世 元器 淵淨土 祇珍山 金欽純 良圖 金福漢 金原川 金邊山[金德福] 金眞珠	청병·사죄·숙위·숙위 학생·曆術
신문왕(12)	1	인명부전	禮記文章 요구
효소왕(11)	1	인명부전	
성덕왕(36)	43	金思讓 金貞宗[金守忠] 朴祐 金楓厚 金仁壹 金武勳 金忠臣 金祈質 [金嗣宗][金志滿]金志良 [金思讓][金志廉][金忠信]金端竭丹 金義忠 金榮 金相 金抱質	숙위·賀正·正副使
효성왕(6)	2	金元玄	
경덕왕(24)	11	王弟(失名)	하정
혜공왕(6)	10	金隱居 金標石	하정·사은

왕명(재위)	회수	遣唐使 人名	종류
선덕왕(6)	1	인명부전	
원성왕(14)	2	金元全	
소성왕(2)	2	인명부전	
애장왕(10)	5	梁悅[金憲忠]金力奇 金陸珍	숙위·숙위학생
헌덕왕(18)	7	金昌南[金士信]金張廉 金憲章 金柱弼[金昕]金允夫 金立之 朴容之 崔利貞 金叔貞 朴季業	숙위·숙위학생
흥덕왕(11)	7	僧丘德 大廉 金能儒[金義琮]	사은·茶전래
희강왕(3)	1	金忠信	숙위
민애왕(2)			
신무왕(1)	1	인명부전	노예進貢
문성왕(19)	2	金雲卿 元弘	
헌안왕(5)			
경문왕(15)	3	金富良 金胤 李同[金因]	숙위·숙위학생
헌강왕(12)	2	인명부전	
정강왕(2)			
진성왕(11)	1	金處誨	
효공왕(16)	1	金文蔚	
신덕왕(6)			
경명왕(8)	3	金樂 金幼卿 金岳(後唐)	
경애왕(4)	1	張芬 朴術洪 李忠式(후당)	
경순왕(5)	1	金昢 李儒(후당)	
621~935 (315)	150	[ ]는 宿衛	

<표 68>에 의하면 대당교섭이 시작된 진평왕 43년(621)부터 경순왕 9년(935)까지 315년간에 150회의 조공사를 보내고 있어 2년 1공貢의 회수에 해당한다. 통일전 48년간(621~668)에 34회의 송사送使가 있었으나, 청병위주의 군사적인 교섭이 중심이었으며, 통일후 성덕왕聖德王 즉위까지 근 30년은 거의 교섭이 없었다. 그러나 성덕왕 2년부터 적극화된 양국의 교섭은 그의 재위 36년에 43회의 조공을 보내고 있으며, 8세기(성덕왕~혜공왕)에 집중적으로 발전되고 있어, 중대中代왕권의 강화와 사회의 안정과 짝하는 결과를 보여준다.

이러한 무열왕권의 친당정책은 민족문화의 개발과 유교정치의 구현은 물론 의학·천문·역법 등 사회발전에 적응하는 문화수용의 욕구라 할 것이다. 또한 조공사 파견의 회수는 왕권신장과 상호관련을 지닌 것이어서 장수왕과 북위北魏관계에서도 본 바 있다. 동시에 대당교섭의 성격이 정치적·군사적인 것이 아니고 문화적·경제적인 관련이 그 중심이었음도 바로 조공이 사회의 욕구에 따라 변질되는 이유가 되는 것이다. 따라서 濟·麗정벌시에 군사적인 활동을 하였던 숙위가 이제 비정치적인 임무에 충실한 것도[231] 바로 이러한 양국의 관계와 동일한 것이었으며 당의 개효성에도 큰 자극을 받은 것이다.

그러나 8세기말 선덕왕宣德王 이후는 하대下代 사회의 등장과 함께 조공관계는 극히 미약해졌으며 9세기 초인 희강왕僖康王 이후는 재위년간에 1~3회에 불과하였다. 이러한 신라외교의 쇠퇴는 곧 왕조자체의 쇠약을 의미하는 것이었다. 그러나 전반적으로 조공제도는 보다 발전 내지 구체화되었고, 그 내용도 다양화되었으며, 개방되었다. 이에 통일 후 양국간의 외교관계에서 변질된 형태에 따라 나당조공관계를 재정리해 본다.

231) 신형식, 본서 제3장 제2절 참조.

가) 조공

입당사入唐使의 대부분을 차지하는 것은 역시 조공이다. 그외 숙위·하정·사은 및 기타의 견당사遣唐使가 표면으로는 조공으로 파견되었음도 전과 동일하다. 따라서 나당교섭에서는 전과 다른 면만 찾으려는 것이다.

먼저 조공의 파견시기의 문제이다. 신왕新王즉위초는 당연한 사행이나, 그 외 춘하추동 등에 걸쳐 전혀 통일성이 없으며 그들의 체류기간도 확실히 알 수 없다.

> 성덕왕 2년 7월 아찬阿湌 김사양金思讓을 당에 보내 조공하였다. 3년 3월 당에 갔던 김사양이 돌아왔다.

라 하여 입당사인 김사양은 약 1년간의 체당滯唐을 한 바 있으며, 동왕 36년에 파견된 김포질金抱質의 경우도

> 개원開元 25년 2월 사찬沙湌 김포질金抱質이 하정사賀正使로 입당入唐하였다. 26년 10월 당에 있었던 사찬 포질이 돌아왔다.

에서와 같이 약 1년간 머물렀음을 알 수 있다. 중대中代에 나타난 외교형태인 숙위는 외교적·정치적 활동을 다한 점에서 그 체재기간이 비교적 장기였음에 비하여[232] 조공사는 특정한 임무가 없이 예의적인 사행이므로 1년 정도였음은 당연하다.

다음은 조공사에게 주는 관직의 문제가 있다. 김춘추가 진덕왕 2년에 당의 관직을 받은 이래, 나·당교섭에서는 상당한 조공사가 귀국시에 당의 관직을 받게 되었다.

232) 신형식, 「신라의 대당교섭상에 나타난 숙위에 대한 일고찰」, 147쪽.

〈표 69〉 신라입당사의 당의 관직표

인명	당의 관직	연대
김춘추金春秋	特進	진덕왕 2년(648)
김법민金法敏	大府卿	진덕왕 4년(650)
김풍후金楓厚	員外郞	성덕왕 15년(716)
김근질金釿質	郞將	성덕왕 25년(726)
김상金相	衛尉卿	성덕왕 35년(736)
□□□	檢校禮部尙書	경덕왕 24년(765)
김표석金標石	衛尉員外少卿	혜공왕 8년(772)
김악金岳	朝議大夫試衛尉卿	경명왕 8년(924)

<표 69>와 같이 당에서 관직을 받는 일은 통일 전 무열왕 부자父子와 성덕왕때 다수 나타나고 후당대에도 보여진다. 이것이 명예직 내지 산관散官이라고 해도 신라 사자에게만 주어졌고 이후 계속됨으로써 나당친선 또는 문화지국간文化之國間의 의례적인 외교수단이 되었다고 하겠다. 그러나 이러한 관직의 부여는 중국의 고답적인 표현이었고 정치·군사·문화의 우월성을 표방한 중화사상의 일면이라고 여겨질 뿐 실질적 의미는 없었다.

한편 조공사의 자격문제가 또한 고찰되어야 한다. 이는 국가의 대표로 파견되는 사행이었으므로 어느 정도 기준과 한계가 있어야 될 것이다. 숙위가 원칙적으로 왕족과 김씨에 한했다는 것을 미루어 보면,233) 조공사도 일정한 자격의 기준을 생각할 수 있다. 통일전의 대중국교섭에서 본 바 있는 왕족 및 고위층은 나당관계에도 물론 동일하였으니 구체적으로 살펴보면 <표 70>와 같다.

233) 신형식, 앞의 논문, 161쪽.

〈표 70〉 통일신라의 견당사

인명	관등	파견시기	활동
흠순欽純	角干	문무왕 9년(669)	사죄
양도良圖	波珍飡	문무왕 9년(669)	사죄
기진산祇珍山	級飡	문무왕 9년(669)	獻磁石
김복한金福漢	大奈麻	문무왕 9년(669)	獻材
원천原川	급찬	문무왕 12년(672)	사죄
김사양金思讓	아찬	성덕왕 3년(704)	
김정종金貞宗		성덕왕 12년(713)	
김근질金釿質	王弟	성덕왕 25년(726)	
김상金相	從弟 대아찬	성덕왕 35년(736)	中途死亡
김은거金隱居	이찬	혜공왕 11년(775)	
김육진金陸珍	대아찬	애장왕 10년(809)	사은
김창남金昌南	이찬	헌덕왕 1년(809)	告哀
김장렴金張廉	왕자	헌덕왕 9년(817)	
김능유金能儒	왕자	홍덕왕 6년(831)	
원홍元弘	아찬	문성왕 13년(851)	불경전래
김부량金富良	아찬	경문왕 2년(862)	익사
김윤金胤	蘇判	경문왕 9년(869)	
김처회金處誨	兵部侍郎	진성왕 7년(893)	익사
김낙金樂	倉部侍郎	경명왕 7년(923)	
김악金岳	창부시랑	경명왕 8년(924)	
장분張芬	병부시랑	경애왕 4년(927)	
박술홍朴術洪	병부시랑	경애왕 4년(927)	
김불金朏	執事侍郎	경순왕 6년(932)	
이유李儒	司賓卿	경순왕 6년(932)	

* 단 賀正·宿衛는 제외

<표 70>에 의하면 조공사는 왕 자제를 중심으로 한 왕족이 그 자격의 제일요건이며, 관등은 대나마 이상이었으나, 정차 하락되어 간 듯하다. 특히 하대로 오면서 신분이나 관등보다는 관직중심의 인물이 선발된 듯하여 시랑侍郞·낭중郎中 등 실무직에 있는 관리들이 견당사로 발탁되었다. 그리고 대개 김씨중심의 왕족들이 거의 독점했음은 신라왕조의 본질이 될 것이다.

그 외 조공사의 체당滯唐활동 및 귀국 후의 활약을 통한 그들의 업적을 살펴봄으로써 보다 깊은 조공사의 자격과 인물상을 알 수 있을 것이다. 전술한 바와 같이 조공사는 고위층을 선발했으므로 체당시에 상당한 활약을 했다고 생각된다. 그러나 그에 대한 기록은 전혀 없으며, 다만 귀국 후의 국내활동으로 찾아볼 뿐이다. 그것도 귀국 후 장구한 시일이 경과한 이후일 뿐이다.

〈표 71〉 견당사의 귀국후 활동

인명	최후관직	활동
김춘추金春秋	이찬	武烈王
김인문金仁問	대각간	숙위－軍主
김법민金法敏	파진찬	兵部令－文武王
김삼광金三光	이찬	숙위－執政
김은거金隱居	이찬	侍中
김의충金義忠	이찬	侍中
김준옹金俊邕	파진찬	侍中－昭聖王
김언승金彦昇	대아찬	侍中－憲德王
김흔金昕	이찬	숙위－都督國相
김의종金義琮	이찬	숙위－侍中

<표 71>에서 본다면 조공사로서 숙위였던 16명을 제하고 귀국 후에 왕이 된 사람은 무열武烈·문무文武·소성昭聖·헌덕왕憲德王이었고, 시중侍中이 된 사람은 5인(왕이 된 사람을 포함)이었으니 당대 제1급 인사였음은 확실하다.

또한 나당조공사의 특징은 정·부사라는 제도적인 완비가 있었던 것이다. 조공사로 2인이 파견되기는 진평왕 23년에 제문諸文·횡천橫川과 동왕 26년에 만세萬世·혜문惠文이 수隋에 조공을 한데서 비롯되었다. 전자의 관등이 후자보다 높아 정·부라는 시원적인 조치라 보았으며, 이러한 신라외교의 성장은 진덕왕 2년의 김춘추·문왕文王의 경우에 진일보였다고 한 것이다.

> ① 문무왕 8 년 봄 원기元器와 연정토淵淨土를 당에 보냈다.
> ② 문무왕 9년 5월(중략) 또 각간角干 흠순欽純과 파진찬波珍湌 양도良圖를 당에 보냈다.
> ③ 문무왕 12년 9월(중략) 급찬級湌 원천原川과 나마奈麻 변산邊山을 당에 파견하였다.

라는 기록에 의하면 2인의 입조사가 있었으며 양자의 관등이 현저한 차를 보이고 있어 문무왕 때부터 조공사의 제도적인 모색이 진전되어 갔다고 하겠다.

> 개원開元 22년 2월 계사癸巳에 입당入唐했던 부사김영副使金榮이 당에서 죽었는바, 광록소경光祿少卿으로 추증追贈받았다.[234]

라 하여 개원 22년(성덕왕 34년 ; 735)에 부사副使란 명칭이 보이고 있으며 『삼국사기』에도 동일하게 나타나 있다.

> 장종莊宗 동광同光 원년 11월 왕은 창부시랑倉部侍郞 김락金樂 녹사참군錄

234) 『책부원귀』 권975, 外臣部 20, 褒異 2.

事參軍 김유경金幼卿을 파견하여 후당에 조공하고 방물을 바쳤다.[235)]

에서도 시낭 김락과 녹사참군 김유경의 2인을 파견하였으며

> 경애왕 4년 2월 병부시랑兵部侍郞 장분張芬 등을 후당後唐에 보내어 조공하였더니 후당은 장분에게 검교공부상서檢校工部尙書를, 부사병부랑중副使兵部郞中 박술홍朴術洪에게는 겸어사중승兼御史中丞을, 판관창부원외랑判官倉部員外郞 이충식李忠式에게는 겸시어사兼侍御史의 벼슬을 주었다.

라 하여 정正·부사副使의 제도적인 완비를 볼 수 있으며, 판관判官까지 보이고 있어 조공제도의 발전상을 나타내 준다. 이러한 사실은 경순왕 6년에 정사 김불金昢과 부사 이유李儒가 정식으로 후당에 파견된 기록에서 확인할 수 있었다.

끝으로 나당조공의 또 하나의 특징은 진공進貢과 회사回賜 품목의 종류가 풍부하고 그 세목이 보다 구체적으로 확대된 것이다. 이러한 경제적·문화적 교류의 다원화는 양국의 정치적·사회적 안정에서 온 결과였음은 물론이다.

> ① 문무왕 12년 9월(중략) 은銀 3만 3천 5백푼, 동銅 3만 3천푼, 침針 4백매, 우황牛黃 백이십푼, 금金 백이십푼, 40승포升布 6필, 30승포升布 60필 등을 진상하였다.
> ② 성덕왕 22년 3월(중략) 미녀 2인을 바쳤다.(同上 8)
> ③ 성덕왕 22 년 4월(중략) 과하마果下馬·우황牛黃·인삼人蔘·미발美髮·조하주朝霞紬·어아주魚牙紬·누응령鏤鷹鈴·해표피海豹皮·금은金銀 등을 바쳤다.(量은 略함)
> ④ 헌덕왕 2년 10월(중략) 김·은으로 만든 불상 및 불경 등을 바쳤다.
> ⑤ 경문왕 9년 7월(중략) 대화어아금大花魚牙錦· 금채두오색기대金釵頭五色綦帶·금화응령자金花鷹鈴子·슬슬전금침통瑟瑟鈿金針筒·금화은침통金花銀針筒 등을 바쳤다.

235) 『五代史』 권5, 唐本紀 5, 同光 원년 11월 무오.

이상에서 본다면 8세기 이전의 진공물은 금·은·동·인삼·두발·해표피·소마小馬·미녀 등이었으나, 9세기 이후는 오히려 불경·불상 등이 보내졌으며, 금·은제품이 보내졌다. 다시 말하면 원료품 중심에서 점차 신라의 제품이 진공되고 있음은 신라의 수공업이나 공예의 발전을 말해주는 것이라 하겠다. 특히 대당관계에는 북방민족과는 달리 강압적인 요구도 없었고, 공녀貢女에 대해서 문무왕 8년에 금헌禁獻의 칙조勅詔가 있었으며, 전술한 성덕왕 22년의 공녀에 대해서도

> 왕은 사신을 당에 보내어 미녀 두 명을 바쳤다. (중략) '이 여자들이 다 왕의 고자매姑姊妹로서 친척을 이별하고 본국을 떠나왔으니 짐은 차마 머물러두고 싶지 않다' 하고 물건을 후히 주어 돌려보냈다.

라 하여 곧 귀국시켰던 것이다. 나아가서

> 신무왕 원년 7월 사신을 당에 보내 치청절도사淄靑節度使에게 노비를 주었는데 당제唐帝는 그 말을 듣고 먼 곳 사람을 불쌍히 여겨 본국에 들려 보낼 것을 명하였다.

라 하여 진헌進獻한 노비도 되돌렸다는 것이어서 당의 대신라교섭의 성격을 알 수 있는 것이다.

이러한 다량의 진공에 대한 당의 회사回賜는 그 내용이나 질에 있어서 빈약한 부수물이었으나, 전에 비해서는 훨씬 풍부하게 보여진다.

> ① 문무왕 14년 정월(중략) 대나마 덕복德福이 역법曆法을 배워 돌아왔다.
> ② 성덕왕 3년 3월 당에 갔던 김사양金思讓이 돌아와 최승왕경最勝王經을 올렸다.
> ③ 성덕왕 16년 9월(중략) 대감大監 수충守忠이 돌아와 문선왕文宣王 10철哲, 72제자弟子의 도圖를 바치므로 곧 대학大學에 모셨다.
> ④ 성덕왕 29년 정월 (중략) 비단·자포紫袍·금세대錦細帶를 주었다.
> ⑤ 성덕왕 32년 12월 (중략) 처음 당제는 왕에게 흰 앵무새 암수 한 쌍과 자라수포紫羅繡袍와 금金·은銀·기물器物과 서문금瑞紋錦·오색나채五色羅

綵를 하사하였다.

⑥ 효성왕 2년 4월 당의 사신 형숙邢璹이 노자老子 도덕경道德經 등 서적을 왕께 바쳤다.

⑦ 문성왕 13년 4월 당에 들어간 사신 아찬 원홍元弘이 불경과 불아佛牙를 가지고 돌아왔다.

⑧ 홍덕왕 2년 3월 고구려승 구덕丘德이 당에 가서 불경을 가져왔다.

⑨ 홍덕왕 3년 12월 당에 갔던 사신 대렴大廉이 차茶 종자를 가지고 돌아왔다.

이상에서 본다면 당의 회사물回賜物의 대략을 살필 수 있다. 우선 전부터 있었던 견絹·자포紫袍·나채羅綵 등의 의복류가 제일 많았으며, 다음은 불경·도덕경·경서經書 등 문화적인 것이 눈에 뜨인다. 특히 바둑의 교류[236]나 홍덕왕 38년(828)의 차茶 종자의 전래가 있었고, 그 회사물이 왕·왕비 및 고관에 차등 있게 하사下賜되고 있었다.

> 景文王 5년 4월 (중략) 관고官誥 1도道·정절旌節 1부副·금채錦綵 5백필·옷 2부副·금은기金銀器 7사事를 왕에게 주고, 금채錦綵 50필·옷 1부副·은기銀器 2사事를 왕비에게 주고, 금채錦綵 40필·옷 1부副·銀器은기 2사事를 왕태자에게 주고, 금채錦綵 30필·옷 1부副·은기銀器 1사事를 대재상大宰相에게 주고, 금채錦綵 20필·옷 1부副·은기銀器 1사事를 차재상次宰相에게 주었다.

이것은 경문왕 책봉시에 하사된 회사물의 내용이다. 이에 의하면 왕·왕비·태자 및 재상의 순으로 상당한 양이 보이고 있으나, 동왕 9년에 사은사가 진공한 물품을 본다면 금·은·기타 금·은제품은 총 32항목에 걸치는 막대한 것이었으니[237] 회사품回賜品과 비교될 수 없는 경제적인 손실이었다. 특히 조공사에 대해선 진봉사進奉使란 명칭이 보이는 경우가 있음은 이러한 문물의 교류에서 연유되었다 생각된다.[238]

---

236) 『삼국사기』 권9, 효성왕 2년조.

237) 앞의 책, 권11, 경문왕 9년조.

238) 홍덕왕 6년의 金能儒와 경문왕 9년의 金胤은 각각 進奉使로 되어 있다. 그러나 『책부원귀』나 『당서』에는 일반 조공으로 표시되어 있다.

나) 하정賀正

통일신라의 대당교섭에야 비로소 하정사賀正使가 나타나 있다. 이에 대한 최초의 기록이 양국교섭이 가장 왕성했던 성덕왕 때에 나타났음은 양국관계의 활발한 결과로 보여 진다.

> 개원開元 2년 윤 2월 급찬級湌 박유朴裕가 당唐에 들어가 하정賀正하니, 조산대부朝散大夫 원외봉어員外奉御로 임명하여 돌려보냈다.[239](책에는 박우, but 삼국사기 권8, 성덕왕 13년조에는 박유)

라 하여 개원 2년(성덕왕 13년, 714)에 박유가 처음으로 하정사로 입당하였으며 당의 관직을 받고 귀국했다는 것이다. 대개 파견시기가 정월·2월이어서 하정賀正의 뜻은 나타나 있고, 관직을 받는 것은 조공사와 비등하였다. 하정사를 보낸 시기와 그들의 인명 및 관직을 찾아보면 <표 72>과 같다.

〈표 72〉 통일신라의 賀正使 일람

인명	관등	파견연대	당의 職官
박유朴裕	급찬	성덕왕 13년 2월	朝散大夫員外奉御
김풍후金楓厚		성덕왕 14년 3월	員外郎
□□□		성덕왕 18년 1월	
김인일金仁壹	대나마	성덕왕 21년 10월	
김무훈金武勳		성덕왕 23년 2월	
김충신金忠臣		성덕왕 25년 4월	
□□□		성덕왕 26년 1월	
□□□		성덕왕 28년 1월	
김지량金志良		성덕왕 30년 1월	太僕少卿員外置
□□□		성덕왕 31년 1월	

239) 『책부원귀』 권971, 外臣部 16, 朝貢 4.

인명	관등	파견연대	당의 職官
김단갈단金端竭丹	大臣	성덕왕 33년 4월	衛尉少卿
김의충金義忠		성덕왕 34년 1월	
□□□		성덕왕 35년 6월	
김포질金抱質	사찬	성덕왕 36년 2월	
김원현金元玄		효성왕 2년 3월	
□□□		경덕왕 3년 2월	
□□□		경덕왕 5년 2월	
□□□		경덕왕 6년 1월	
□□□		경덕왕 14년 4월	
김표석金標石	이찬	혜공왕 8년 1월	衛尉員外少卿
□□□		혜공왕 9년 4월	
□□□		혜공왕 10년 10월	員外衛尉卿

위에서 본다면 신라외교의 전성기인 성덕왕 13년(713)부터 혜공왕 10년(774)까지 61년간에 22차의 하정사를 보냈는데 이는 그 후에는 보이지 않는다. 그 자격이나 당에서 받은 관직은 일반 조공사와 거의 동일하였으나, 연례조공과 다른 점은 그 시기일 뿐이다. 대개 1월이나 2월에 보내고 있어 하례賀禮의 사행使行과 같으며, 조공은 1년에 수차례의 파견이 있었으나 이는 1년에 1회에 한 했음을 알 수 있다. 나아가서 중대中代에만 보였다는 것이 특기할 일이다.

다) 고애告哀

왕의 훙거시薨去時에 중국측에 보고하는 것으로, 이는 기록이 거의 없다. 다만

헌덕왕 원년 8월, 이찬 김창남金昌南 등을 당에 보내 고애하니 헌종憲宗은

> 직방원외랑 섭어사중승職方員外郞攝御史中丞 최정崔廷을 보냄과 동시에 (중략) 지절사持節使로 조문케 했다.

라 하여 헌덕왕이 김창남을 보내 전왕의 훙거를 보고하여 책봉을 받았음은 전과 동일하다.

라) 사은謝恩

중국측의 은혜에 답하는 것으로, 이는 통일후에서도 계속되었다.

> ① 성덕왕 32년 12월 왕의 조카 지렴志廉을 당에 보내 사은하였다. 처음 당제는 왕에게 흰 앵무새 암수 한 쌍과 자라수포紫羅繡袍와 서문금瑞紋錦 도합 3백여단을 하사하였기로 왕은 표表를 올려 사례謝禮하였다.
> ② 성덕왕 35년 6월 사신을 당에 보내 신년을 축하하고 따라서 표를 올려 패강浿江이남의 지역을 내려주시는 은칙恩勅에 사謝하였다.
> ③ 애장왕 10년 7월 대아찬 김육진金陸珍을 당에 보내어 은혜를 사謝하였다.

위에서 볼 때 ①은 당이 여러 가지 진귀한 물건을 하사한데 대한 것이고, ②는 패강 이남의 땅을 하사(형식적이지만)한데 대한 것이며, ③은 소성왕昭聖王의 책봉을 보답키 위한 것이었다. 그러나 통일신라는 왕의 책봉에 대해서 거의 사은치 않고 있는 것이 특징이나, 이러한 사은행謝恩行에는 많을 진상물을 가져간 것은 경문왕 9년의 경우에서와 같이 여전하였다.

마) 진하進賀

통일신라는 책봉에 사은치 않았으며, 동시에 중국황제의 등극에도 진하사를 보내지 않았다. 다만

> 헌강왕 11년 10월 사신을 당에 보내어 반적反賊 황소黃巢를 쳐부순 것을 축하하였다.

라 하여 헌강왕 11년년(885)에 황소난 토벌에 진하進賀한 것이 유일한 것이다.

바) 숙위宿衛

통일전에는 김문왕金文王·김인문金仁問·김삼광金三光 뿐이던 숙위가 성덕왕 때만도 김수충金守忠·김지만金志滿·김사란金思蘭·김충신金忠信·김지렴金志廉 등 6명이나 보여지고 있어 활발해진 양국의 관계를 짐작할 수 있다. 숙위는 인질의 변형이지만 직접 그러한 표현을 피하는 것이 통례이다. 가령 성덕왕 13년의 김수충의 예를 본다면

> 개원開元 2년 2월 13일 임인壬寅에 왕자 김수충金守忠이 당에 들어가 숙위하였다.[240]

라는 내용이 『책부원귀』의 납질조納質條에 기록되어 있어, 중국의 문헌에는 인질과 같이 서술하고 있으며, 숙위는 거의 납질納質로 표시하고 있다. 그러나 인질과는 달리 그가 직접 외교활동을 하는 점에서, 그와는 근본적으로 다르다. 비록 인질과 같은 경우와 성격이 전혀 배제된 것은 아니지만, 양국간의 실질적인 중개인으로서 활발한 활동을 하였다는데 숙위가 인질일 수 없는 본질이 있다. 물론 비정치적인(문화적·경제적) 임무를 주로 하면서도 당제의 측근자로 외교사절의 기능까지 할 수 있었을 것이다. 이는 새로운 신라외교의 담당자로서 통일과정에 출현하여 경문왕대까지 2세기 여餘에 16명만이 존재하였으며, 신라사회의 쇠퇴에 따라 소멸되었다.(다음절에서 상술함)

---

240) 앞의 책, 권996, 外臣部 41, 納質.

사) 청병請兵

통일전 대당외교의 초기에 그 중심이었던 청병은 제濟·제濟의 멸망과 함께 소멸되었다. 이러한 군사적 관계의 해소는 신라사회의 안정과 함께 수반되는 외교의 변질이었고, 그 사회의 요구에 응하는 것이기 때문에 청병의 필요가 있을 수 없었다. 오히려 당에서 요구하는 결과가 되었고, 그 후 한·중관계에서 보여지고 있다.241)

아) 문화청구

삼국시대는 불교중심의 청구였으며, 대당교섭초기에 국학國學 입학을 요청한 것도 앞에서 보았다. 그러나 통일후 사회의 발전과 개발에 따라 그 청구도 다양화되었음은 당연한 것이다.

> 효소왕 원년 8월 (중략) 고승 도증道證이 당에서 돌아와 천문도天文圖를 올렸다.

에서도 구법승인 도증이 천문도를 전래하고 있어 보다 넓은 문화에의 요구가 있 었다고 생각된다.

이미 선덕여왕 9년(640)에 당의 국학國學에 입학하기를 요청하였고, 진덕왕 2년(648)에도 동일한 사실이 있었음은 유학儒學에 대한 깊은 관심의 표시였다. 따라서 이러한 일련의 문화적 욕구와 중대中代의 유교정치의 추구는 결국 신문왕 2년(682)에 국학國學을 설치케 하였고, 동왕 6년의

> 사신을 당에 보내어 예기禮記와 아울러 문장文章에 관한 서적을 청하였더니 측천무후는 소속관원에게 명하여 길흉에 대한 요례要禮를 등사하고 또 문관사림文館詞林에서 가섭규시訶涉規試 50권을 내 주게 하였다.242)

---

241) 전해종, 앞의 책, 36쪽.
242)『책부원귀』권999, 외신부44, 請求.

에서도 이러한 유학儒學에 대한 청구는 때 맞은 것이었다. 따라서

> 성덕왕 16년 9월 당에 갔던 대감大監 수충守忠이 돌아와 문선왕文宣王 10철哲 72제자弟子의 도圖를 바치므로 곧 대학大學에 모셨다.

라는 것도 위의 사실과 부합되는 것이었다. 여기서 우리는 성덕왕 27년의

> 왕의 아우 김사종金嗣宗을 당에 보내어 방물方物을 바치고 겸하여 표表를 올려 자제를 국학國學에 입학시켜 달라고 청하니 당唐은 허락한다는 조서를 내렸다.

라 하여 신라의 학생들이 당의 국학입학을 정식으로 허용받을 수 있었던 것이다. 그러므로 이와 같은 당의 국학 문호개방은

> 헌덕왕 17년 5월 왕자 김흔金昕을 당에 보내 조공하고, 드디어 말하기를 "앞서 와있는 대학생 최리정崔利貞·김숙정金叔貞·박계업朴季業 등은 본국으로 돌려보내 주시고, 새로 입조한 김윤부金允夫·김립지金立之·박량지朴亮之 등 2명은 숙위로 머물러 있게 해 주시되 국자감國子監에서 학업을 익히게 하고 홍려시鴻臚寺에서 학비를 마련해 주도록 선치하여 주시기를 간청합니다." 하니 이를 허락하였다.

라 하여 숙위학생[243]이 대거 입당습업入唐習業했음을 알 수 있으며, 이들이 곧 신라문화의 개발자였다고 생각된다. 이들은 실제 당의 과거에 합격하여 문명文名을 남겼고, 또 당대 지식인으로서 한국유학儒學 발전사에 기여한 바 크다고 하겠다.

> 경문왕 9년 (중략) 또 학생 이동李同 등 3명을 보내어 진봉사進奉使 김윤金胤을 따라 당에 들어가 학업을 익히게 하였다.

라 하여 경문왕 9년(896)에 이동 등이 실제 국학에서 수학하였으며, 나말

---

243) 신형식, 「숙위학생고」, 69~80쪽 및 본서 제3장 제3절 참조.

에 도당유학생渡唐留學生들이 105명에 이르게 되었고,[244] 이들 숙위학생은 헌덕왕 13년(장경長慶 원년, 821)의 김운경金雲卿 이후 주로 6두품계열이 중심이 되어 골품제骨品制의 비판과 유·불·선 등의 종교적 결합을 통해 나말여초의 사상계를 이끌어 왔다.

자) 사죄謝罪

고구려 멸망과 함께 첨예화한 양국의 대립은 麗·濟유민의 흡수와 고토회복을 둘러싸고 실질적인 전쟁상태로 돌입하였음은 전술한 바 있다. 고구려 멸망 직후인 문무왕 9년에

> 각간 흠순欽純과 파진찬 양도良圖를 당에 보내 사죄하였다.

라 하여 민족융합을 기도하면서 흠순·양도 등을 사죄사로 보내고 있어 당의 태도 완화를 꾀하기 위한 예의적인 사행이었음을 알 수 있다.

문무왕 10년에 안승安勝을 소고구려왕小高句麗王으로 봉하고 유민遺民을 모아 소흥구서紹興舊緖하라는 왕명王命이 있음과 같이, 신라는 유민을 선동하여 대당항쟁을 고취하고 구토舊土를 확보하고 있었다. 문무왕과 설인귀간의 서신왕래가 있었던 것도 저간의 실정을 잘 반영해 준다.

> 문무왕 12년 정월, 왕이 장수를 보내어 백제의 고성성古省城을 공격하여 이겼다. (중략) 우리의 군사는 고구려 군사와 더불어 당군唐軍과 마주 싸워 수천명의 머리를 베니 고간高侃 등이 패하였다. (중략) 왕은 급찬 원천原川·나마 변산邊山 및 억류되었던 병선낭장兵船郎將 겸이대후鉗耳大侯·내주사마萊州司馬 왕예王藝·본열주장사本烈州長史 왕익王益·웅주도독부사마熊州都督府司馬 예군(示爾)軍·증산사마曾山司馬 법총法聽과 군사 170명을 당에 보내 표表를 올리고 사죄하였다.(중략) 겸하여 은銀 3만 3천 5백푼·동銅 3만 3천푼(하략)을 진상하였다.

---

244) 『舊唐書』 권199상, 열전 149상, 東夷(신라).

라 하여 문무왕은 투항·귀화하는 濟·麗잔민을 흡수하고, 또 피난처를 주는 동시에, 그들과 함께 공동으로 당군을 축출하면서 한편으로 사죄하고 있었다. 동왕 14년에도

> 당제는 왕이 고구려의 반도를 받아들이고 또 백제의 옛 땅을 점령하여 사람을 보내어 지키게 하였다 해서 크게 노하여 왕의 관작을 박탈한다는 조서를 내리고 왕의 아우 (중략) 김인문金仁問이 당경唐京에 있으므로 그를 세워 신라왕으로 삼아 본국으로 돌아가게 하고 (중략) 군사를 일으켜 가서 치게 하였다. 15년 2월 (중략) 왕은 이에 사신을 보내 조공하고 사죄하니 당제는 용서하고 왕의 관작을 회복시켰다.

라 하여 신라가 고구려유민을 흡수하고 백제고토를 강점한데 반발하여 왕의 관작을 삭탈했기 때문에, 문무왕은 사죄사를 보내고 있다. 그러나 이러한 형식적인 사행은 어디까지나 의례적인 것임은 물론이다.

차) 진위陳慰

황제의 사망에 접하여 진향사進香使를 직접 파견했다는 기록은 없다. 그러나

> 헌덕왕 2년 10월 왕자 김헌장金憲章을 당에 보내 금·은으로 만든 불경 및 불상 등을 올리고 순종順宗을 위하여 명복을 비는 것이라고 아뢰었다.

라 하여 헌덕왕은 순종의 사망(소성왕 6년, 805)에 명복을 빌었으며, 비록 5년 뒤에 이루어진 진위였지만 나·당간의 유일할 기록이다.

카) 기타

앞에서 본 사행의 파견이 실제로 그와 같이 원칙적으로 이루어졌다고는 볼 수 없으며, 필요시에 임시적으로 나타날 때가 많았다. 이것은 모든

외교적 조치가 법규적으로 제도된 것이 아니었기 때문에 고대사회가 갖는 복합성 또는 미분화성에서는 불가피했던 것이다.

왕이 사거死去하면 고애사告哀使를 파견해야 하지만, 하대下代왕위의 빈번한 교체는 그러한 사절을 보낼 수 없었으며 책봉도 받지 못하는 경우가 많았다.

> 원화元和 3년 2월 계축일癸丑日에 김력기金力奇가 입당조공하고 력기가 글을 올려 말하기를 "정원貞元 16년에 당에서 김준옹金俊邕(소성왕)에게 책봉을 해준바 있었습니다. 그런데 책봉사冊封使 위단韋丹이 중도에서 왕이 죽었다는 소식을 듣고 되돌아갔기 때문에 그 책冊이 중서성中書省에 있다고 들었읍니다. 그러니 신臣(김력기)이 돌아갈 때 그것을 함께 내려 주십시오."하니 당제는 허락하였다.

라 하여 소성왕昭聖王 책봉서冊封書가 왕의 조사早死로 중도에서 회각廻却당했으므로 다음 왕인 애장왕哀莊王이 청하여 받게 되었다. 또는 귀국치 않는 학생들의 귀환을 요정한 헌덕왕 17년의

> 마침내 글을 올려 먼저 있던 대학생 최이정崔利貞·김숙정金叔貞·박계업朴季業 등을 방환放還해 줄 것을 요청하였다.

에서도 알 수 있다.

이상에서 통일신라의 대당교섭을 대략 그 사절의 유형을 통해서 살펴보았다. 이미 삼국시대부터 존재하던 사행의 유형이 보다 확대되고 발전되었으며, 정치적·군사적 관련보다는 문화적·예의적인 교류가 보다 활발해졌음을 알 수 있다. 또한 조공제도 자체가 8세기인 성덕왕 때를 중심으로 크게 다양화 또는 제도화의 길을 걷게 되었음을 볼 수 있었다.

4) 당의 대신라교섭

중국의 대삼국외교는 전술한 바와 같이 3국의 사절에 대한 수동적인 예

의와 부수적인 보답이었다. 따라서 책봉·적위吊慰가 그 중심이었고 필요시에 중국의 요구가 보였으며, 삼국의 적대행위와 침약행동에 질책 등이 전부였다. 통일신라와 당의 관계도 전기前記의 영역을 근본적으로 벗어난 것은 아니지만, 완전한 친선관계 및 국교가 이룩된 성덕왕 이후는 보다 적극화 내지 능동화되었으며, 북방계민족과는 달리 강압적인 대신라 요구도 없었다. 오히려 당측에서 청병을 하고 있음은 이를 잘 설명해 주고 있다.

가) 지절사持節使

조공에 대한 중국측의 정치적 보답인 책봉册封은 한·중간의 기본외교였음은 설명을 요하지 않는다. 대개 왕의 사거에 적위하고 추증追贈하는 것이 통례이며, 신왕新王에 대해서는 책봉하는 것이 보통이어서 양자는 별개로 존재하여 왔다.

그러나 진덕왕 이후는 적위·추증 및 책봉을 별도로 하지 않고 동시에 이루어 졌으니

> 효소왕이 즉위하였다. (중략) 당의 측천무후가 사신을 보내어 적제吊祭하고 이어 왕을 책봉하여 신라왕 (중략) 계림주도독鷄林州都督으로 삼았다.

에서 보는 바와 같이 효소왕孝昭王의 즉위 직후에 당 사신이 와서 전왕의 적제와 신왕의 책봉을 같이 하고 있었다. 그러나 지절사持節使란 명칭은 따로 없었으며, 그 후 적위와 책봉은 일시에 이루어졌다.

> 애장왕이 즉위하였다. (중략) 당 덕종德宗은 사봉랑중겸어사중승司封郎中兼御史中丞 위단韋丹을 시켜 부절사符節使로 가서 조문하고, 또 왕 준옹俊邕을 책봉하여 (중략) 신라왕으로 삼았다.

라 하여 소성왕의 사망에 접하여 다음 왕인 애장왕 원년에 당은 지절사持節使로서 위단을 파견하여 적위吊慰 및 책봉을 한 것이었다. 이러한 지

절사의 자격은 신라측의 조공사가 일정한 자격이 보인 것처럼 중국황제의 대리자라고 생각되며 어느 정도의 자격이 있어야 할 것이다.

> 효성왕 2년 2월 (하략) 당제는 형숙邢璹보고 이르기를 "신라는 군자의 나라가 되어 서기書記를 잘 알아 중국과 유사하다. 경이 유교에 독실하므로 지절사로 삼는 것이니 마땅히 경의經義를 강론하여 대국大國의 유교儒教가 이와 같이 성하다는 것을 알리라" 하였다.

라 하여 신라를 군자지간君子之間·인의지향仁義之鄕이라고 믿고 있었기 때문에 지절사인 형숙邢璹은 유학에 대한 깊은 지식이 있어 파견하였다고 하였다. 따라서 그 자격이 된 첫 요건은 이러한 학문적 교양을 갖춘 상당한 고위층 인사였다고 생각한다. 당에서 파견된 지절사의 인명을 찾아보면 <표 73>과 같다.

〈표 73〉 당의 지절사

인 명	관 직	파 견 연 대
장문수張文收	太常丞	진덕여왕 8년(654)
형도邢璹	左贊善大夫	효성왕 2년(738)
위요魏曜	贊善大夫	경덕왕 2년(743)
귀숭경歸崇敬	倉部郎中	혜공왕 4년(768)
개훈蓋塤	戶部郎中	宣德王 6년(785)
위단韋丹	司封郎中	소성왕
원계방元季方	兵部郎中	애장왕 6년(805)
최정崔廷	職方員外郎	헌덕왕 1년(809)
원적源寂	太子左諭德	흥덕왕 2년(827)
호귀후胡歸厚	太子右諭德御史中丞	경문왕 5년(865)

<표 73>에서 본다면 당의 지절사持節使가 대개 낭중郎中(종5품)을 중심으로 하고 태자좌우유덕太子左右諭德(정4품)·찬선대부贊善大夫(정5품)·태상승太常丞(종5품)[245] 등이어서 4~5품계의 인물이었음을 알게 된다. 따라서 신라사절과 그 지위가 비슷한 편이어서, 양국간의 관계가 정치적 상하의 입장이 아님을 보여준다.

이러한 중국측의 사절에 특수한 경우는 체당滯唐신라인을 발탁해서 책봉사册封使로 임명하는 경우도 있다.

> 효공왕 10년 3월 전에 당에 들어가 급제한 김문울金文蔚이 공부원외랑工部員外郎 기왕부자의참군沂王府諮議參軍의 관직에 있다가 책명사册命使로 본국에 돌아왔다.

라 하여 체당중인 김문울金文蔚이 효공왕 10년 책명사로서 귀국하여 당의 사절의 역할(상국사上國使)을 한 것이다.[246] 이러한 상국사의 경우는

> 문성왕 3년 7월 당 무종武宗은 칙명을 내려 귀국할 신라관리 선위부사宣慰副使 (중략) 김운경金雲卿을 치주장사淄州長史로 삼는 동시에 그를 사신으로 삼아 왕을 책봉하여 (중략) 신라왕으로 삼았다.

에서도 알 수 있다. 즉 김운경은 최초의 빈공賓貢합격자로서 체당수학을 마친 숙위학생이었지만,[247] 10년의 수학修學을 마치고 귀국시에 중국측의 지절사 역할을 한 것이다.

또한, 당의 사절에 있어서도 조공이 가장 왕성하던 성덕왕 때부터는 정·부사의 명칭이 보이기 시작하였다. 성덕왕 33년 춘정월조에 의하면

> 엎드려 바라옵건대, 폐하께서 신의 환국을 계기로 하여 신에게 부사副使의

245) 『구당서』 권43, 志23, 職官2.
246) 『海東繹史』 권37, 交聘志5, 上國使1.
247) 신형식, 「숙위학생고」, 70쪽.

직을 빌려주시어 천지天旨를 떨쳐 선포케 해 주십시오 …

라 하여 입당숙위하던 김충신金忠信이 부사副使를 희망하고 있었다. 또한 경문왕 3년에는

당 의종懿宗은 정사正使 태자太子 우유덕어사중승右諭德御史中丞 호귀후胡歸厚와 부사副使 광록주부겸감찰어사光祿主簿兼監察御史 배광裵光 등을 보내어 선왕을 적제吊祭하고 왕을 책봉하여 (중략) 신라왕으로 삼았다.

라 하여 정사는 호귀후, 부사는 배광이었으나, 양자의 차는 그 관직에서도 분명히 알 수 있다. 특히 부사에는 전기前記의 중국인으로 하는 경우와 재在신라인을 기용하는 예가 있었다.

현종玄宗 개원開元 22년 2월 계사癸巳일에 신라왕의 종제從弟인 좌영군위원외장군左領軍衛員外將軍 김충신金忠信으로서 부사副使를 삼았다.[248)]

라 하여 성덕왕 32년에 입당숙위하였던 김충신이 부사로 귀국한 바 있었으며,

헌종憲宗은 직방원외랑섭어사중승職方員外郎攝御史中丞 최정崔廷은 질자質子 김사신金士信을 부사副使로 하여 적제吊祭케 하였다.[249)]

라 하여 역시 헌덕왕 1년에 숙위로 입당한 김사신이 부사로 귀국한 것이다.

또한 중국의 책봉이 원래는 왕에 한하던 것이 그 범위가 넓어져

① 효성왕 2년 2월 (중략) 당은 사신을 보내어 왕비박씨朴氏를 책봉하였다.
② 효왕성 4년 3월 당은 사신을 보내 부인夫人김씨를 책봉하여 왕비로 삼았다.
③ 효공왕 4년 봄 (중략) 왕모王母김씨를 책봉하여 대비大妃로 삼았다.

248) 『책부원귀』 권970, 外臣部15, 조공3.
249) 『신당서』 권220, 열전145, 동이(신라).

에서 본다면 ①②는 왕비책봉이며, ③은 왕모책봉이었다. 이러한 책봉범위의 확대는 곧 양국교섭의 전성기인 8세기에 나타나 나당간의 친선과 우의를 확인할 수 있었다. 그러나 신라는 당의 책봉에 대해 전혀 사은치 않고 있음은 주목할 만하다.

나) 애도哀悼(고애告哀)

이는 중국황제의 사망사실을 신라에 전달하고 책봉을 다시 하는 것이다.

> 애장왕 6년 정월 (중략) 이 해에 당 덕종德宗이 돌아갔다. 당 순종順宗은 병부랑중겸어사대부兵部郎中兼御史大夫 원계방元季方을 보내어 슬픔을 알리고 따라서 왕을 책봉하여 개부의동삼사검교태위開府儀同三司檢校太尉 (중략) 신라왕으로 삼았다.

라 하여 순종은 원계방을 보내어 덕종의 붕어崩御를 알리고 애장왕을 재책봉하는 것이므로 당의 자의적인 파견이었다.

다) 책망責望

이는 중국측에 적대행위를 보였을 때 이를 질책하는 것으로 고구려와 수당간에 흔히 보여졌으며, 나당충돌기에 빈번히 발생되었다. 그러나 양국의 국교회복 이후에는 거의 없었고 신라의 독자적인 연호年號·왕호王號 및 묘호廟號 사용에 나타난다.

> 신문왕 12년 봄 당 중종中宗은 사신을 보내어 말로 칙명勅命을 전하되 "우리 태종문황제太宗文皇帝의 신성한 공덕은 천고千古를 뛰어 넘었오. 그러므로 돌아가시던 날에 묘호廟號를 태종太宗이라 하였던 것이오. 그대 나라 김춘추金春秋가 태종황제太宗皇帝와 시호諡號를 같이 한 것은 남의 묘호를 도용한 것이니 하루 빨리 고쳐야 하오." 하였다.

라 하여 당은 신라의 태종묘호 사용에 대한 질책이 있었다. 이에 대해서

『증보문헌비고』(권 171, 교빙 1)에서는 '신문왕이 개혁을 하겠다.'라고 한 것으로 되어 있으나 신문왕 12년조에는 '우연의 일치점'을 지적한 후, 태종묘호太宗廟號를 바꿀 수 없다고 하였다. 더욱이 성덕왕 11년에는

> 당에서 사신 노원민盧元敏을 보내어 왕명王名을 개혁하라는 칙명勅命이 있었다.

라 하여 독자적인 왕명·묘호를 그대로 사용하였음을 확인할 수가 있다.

라) 청병請兵

전술한 바와 같이 7세기 중엽에는 濟·麗의 정벌을 위해서 신라는 청병사를 수·당에 다수 파견한 일이 있었고, 숙위가 청병사의 역할도 하고 있었다. 그 후 통일과업이 성취된 이후에는 소멸되었으며 전혀 보이지 않게 되었다.

그러나 양국의 친선이 이룩되면서 발해·말갈의 침입이 있자, 당은 반대로 신라에 청병하고 있어 전과 반대의 현상이 일어나게 되었다.

> 성덕왕 32 년 7월 당 현종은 발해·말갈이 바다를 건너 등주登州를 침략하므로 태복원외경太僕員外卿 김사란金思蘭을 귀국시켜 (중략) 양국이 군사를 거느리고 말갈의 남변南邊을 공격해 달라고 하였는데, 그즈음 큰 눈이 한길이 넘게 내려 산길이 막힘으로써 죽은 군사가 반이 넘었다. 이리하여 아무런 공이 없이 그냥 돌아왔다.

라 하여 성덕왕 32년 숙위인 김사란을 귀국시켜 발해·말갈토벌을 요구하고 있다. 비록 실패했지만, 당의 원병援兵으로 3국을 통일한 신라로 볼 때는 과거에 대한 보답이면서도, 또한 양국의 청병이 교환되면서 국가적인 위기를 극복하려는 우의와 친선의 표시로 해석된다.

> 헌덕왕 11년 7월, 당의 운주절도사鄆州節度使 이사도李師道가 배반하자 당

> 제는 그를 토벌하고자 하여 양주절도사楊州節度使 조공趙恭을 보내어 우리 병마兵馬를 징발하게 하니, 왕은 칙지勅旨를 받들고, 순천군장군順天軍將軍 김웅원金雄元으로 하여금 무장한 명사 3만명을 거느리고 가서 돕게 하였다.

에서도 당은 이사도 반란토벌에 신라측에 청병하고 있어 김웅원 등 3만군을 실제로 파병하여 반란토평에 조력하였다. 여기서 우리는 당측의 파병요청을 보면서 신라국력의 성장을 가늠하게 된다.

이상에서 우리는 『삼국사기』에 나타난 사행使行을 대략 찾아보았다. 이것은 어디까지나 외교기사의 분석이라는 시각에서 시도된 것이며, 다양한 양국의 사절에 대한 유형화가 중요한 것은 결코 아니다. 그러한 다양한 명칭은 당시의 양국 관계에서 불가피한 형태였으나, 그러한 사절의 교환 속에서 항상 3국 또는 통일신라의 자주성 내지는 주체성은 꾸준히 보여졌다는 사실이다. 그리고 이러한 외교적인 노력이 신라의 필요성에 의해서 존속 변형된다는 점을 지적하였다. 그러나 이때 나타난 사행의 형태나 제도적 유형은 그 후 고려 이후의 외교사절에 큰 영향을 주었다고 생각된다.

2. 신라의 대당교섭상에 나타난 숙위宿衛

1) 숙위의 기원

본래 숙위라는 것은 당대唐代의 군사제도의 하나로서 당의 수도에서 도성을 호위하는 위군衛軍의 사졸士卒[250]을 말한다. 이때의 사졸은 중국 주변의 여러 나라 왕자들이 편입되어 황제 곁에서 시위侍衛케 하는 것이 일반적인 형태였다. 이는 중화사상에 입각하여 중국의 황제가 주변 제후국의 왕자들을 경사京師에 시류侍留케 함으로써 자신의 권위를 높이려고

250) 『구당서』 권44, 직관3.

하는 정치적 목적이 있었던 것이다.

따라서 중국측 문헌에서는,

> 중국 주변 국가는 신하를 칭하고 인질을 보냈다(夫四夷稱臣納子爲質)[251]

이라 하여 거의가 다 인질로 간주하고 있었다. 이러한 숙위에 대한 국내 최초의 기록은 진덕왕 2년조의 아래와 같은 내용에서 비롯된다.

> 이찬 김춘추金春秋 및 그의 아들 문왕文王 당에 보내어 조공하니, 태종太宗은 광록경光祿卿 유형柳亨을 교외까지 보내어 맞아들이게 하였다. (중략) 춘추는 국학國學에 나가서 석전釋奠과 그 강론하는 것을 보고자 청하니 당제는 이를 허락하였다. (중략) 김춘추는 말하기를 "백제가 굳세고 교활하여 빈번이 쳐들어왔고, 입조할 길까지 막혔으니 당제께서는 천병天兵(당군)을 빌려 주어 흉악한 무리를 제거치 않으면 우리 백성들은 모조리 사로잡히게 될 것입니다" 하니 태종은 대견히 생각하여 출사出師를 허락하였다. (중략) 춘추가 말하기를 "신은 일곱 아들이 있으니, 원컨대 한 아들로 하여금 성명聖明을 멀리하지 않도록 숙위케 하여 주십시오" 하고 문왕文王과 대감大監(실명失名)을 남겨 두었다.

라 하여 진덕왕 2년(648)에 김춘추가 그 아들 문왕[252]과 함께 입당조공하고 당시 위급한 신라의 입장을 호소하여 원병확약을 받음으로서 아들

251) 『책부원귀』 권996, 外臣部41, 納質.

252) 原文의 文注에 대해서 이병도씨도 『동국통감』의 기록인 文汪(文王)으로 보았던 것이다. 사실 김춘추가 입당할 때 대동한 아들이 文王이면서 다음 문구에는 文注로 되었음을 볼 때 한쪽이 오류임을 알 수 있다. 그러나 실제로 文注란 기록은 전혀 보이지 않아 이는 이병도씨의 견해와 같이 文王으로 해야 할 것이다. 이를 뒷받침하기 위해서 다음과 같은 文王의 기록에서 文注의 오기임을 찾을 수 있다. 즉, "庶子文王爲伊湌"(무열왕 2년 3월), "遣子左武衛將軍文王朝唐"(무열왕 3년 7월), "文王爲中侍"(무열왕 5년 1월), "伊湌文王卒 以王子禮葬之 唐皇帝遣使來弔"(문무왕 5년 2월) 등과 같이 『삼국사기』에는 거의가 文王으로 되어 있고, 『삼국유사』(권1, 太宗春秋公條)에도 "次子法敏 角干仁問 角干文王 角干老旦"이라 하고 있다. 그 외 『唐書』에도 문왕文王으로 되어 있어 진덕왕 2년조의 文注는 잘못된 것이라 생각된다.

인 문왕을 숙위라는 보답으로 남겨 두었다는 것이다.

이러한 사실은 『당서』에도 비슷하게 기록되어 있지만,[253] 그와 같은 짤막한 내용으로 볼 때, 숙위의 유래나 그 기원을 찾아보기는 어려운 일이라 하겠다. 더욱이 사료에서 보이는 몇 명의 숙위에 대한 단편적인 기록에서도 역시 그 본질적인 명확한 해명을 찾기는 어려우나, 그렇다고 전기前記의 내용이 갖는 내재적인 의미를 무시할 수는 없을 것 같다. 세심한 주의를 통해서 분석해 본 결과로는 숙위는 고대중국과 그 주변국가 간에 일반적으로 존재하던 외교방식의 종합적인 형태임을 쉽게 찾을 수 있다. 우선 숙위는 인질과 달리 자신의 활동을 가질 수 있다는 전제에서 첫째, 왕자제가 조공을 하였다는 것, 둘째 문왕文王의 경우에서 본 인질적인 시류侍留가 있었다는 것, 끝으로 국학國學에 대한 요구사항 등 3가지의 외교가 합일되어 있음을 알 수가 있었다.

이러함에도 불구하고 인적 잔류사실로 미루어 당제唐帝 밑에서 단지 시위侍衛하는 인질로의 성격으로 규정되기 쉽다는 점은 제가諸家의 서술[254]에서도 충분히 보여지고 있다. 그러나 종래의 조공과는 하등의 관련이 없이 독립적인 질자質子로만 일관시켰음은 숙위의 본질 파악에는 큰 도움이 될 수가 없다. 그러므로 숙위는 어디까지나 조공외교와 별개로 볼 것이 아니라, 양자 즉, 인질과 조공이 내재적으로 공존하는 성격으로 봐야 할 것이다. 이러한 관점은 다음과 같은 김부식의 평에도 명백해진다.

---

253) 『구당서』 권3, 태종22년 계미조 및 권199上, 열전149, 동이(신라).

254) 신라의 대당교섭상에 나타난 숙위를 단순한 인질로 서술할 내용은 다음과 같은 책에서 보여 진다.

a) 末松保和, 『新羅史の諸問題』, 433쪽.

b) 小田省吾, 『朝鮮史大系』(上世史), 181쪽.

c) 이병도, 『삼국사기역주』(박문문고 16), 21쪽.

d) 김상기, 1948, 『동방문화교류사논고』, 9쪽.

> 논왈論曰 (중략) 신라는 지성으로 중국을 섬겨 조공하는 사신이 끊어지지 않았다. 항상 자제를 보내어 입조숙위入朝宿衛케 하고, 국학國學에 들어가 강습케 하였다. 이로써 성현의 풍속과 교화를 이어받아 홍황鴻荒의 습속을 고쳐 예의禮義의 나라가 되었다.(권 12, 경순왕 9년 말미)

라 하여 숙위라는 통일신라의 대당외교가 조공이라는 전통적인 외교에다 인질이라는 왕자로의 인적 헌진獻進을 결합시킨 후, 예의지방禮儀之邦이 흡수해야 할 문화적 의미(국학國學입학)를 첨가시킨 3중적인 요소가 내재되고 있음을 보여주고 있다. 그렇게 함으로써 약소국인 신라는 정치적인 후원과 미진하나마 문화적 보상을 추구할 수 있었다. 그러므로 숙위는 종래에 유지되어 온 신라의 대외교섭을 응결시킨 종합적인 외교수단이라 할 것이다. 따라서 그 기원은 진덕여왕 이전의 모든 신라외교방식이 어떠한 배경과 필요성에서 변질 또는 재구성되었는가 하는 문제를 찾는 길이 될 것이다.

우선, 중국과 그 주변국가간에는 중국의 전통적인 중화사상의 대외적인 표시로서 조공관계를 맺고 있었음은 앞에서 언급한 바 있다. 이러한 조공은 중국측의 정치·문화적 우월성을 인정한 불평등외교이지만, 이를 통해야만 국가간에는 공적 교류가 가능한 것이었다. 즉 양국간의 정치·문화·경제관계는 조공이라는 정식통로를 통해서 유지된다는 것이며, 이러한 교류 속에서 고전적인 동양질서가 수립되었던 것이다.

고대중국과 그 주변국가간의 두 번째 교섭에는 인질의 교환이 있었다. 이에 대해서는 내물왕 37년의 정월에

> 왕은 고구려로 사신을 보냈는데, 고구려가 크게 강성하였으므로 이찬 대서지大西知의 아들인 실성實聖을 보내서 인질로 삼았다.

와 같은 내용에서 알 수 있듯이, 대개 약한 나라가 강한 나라에 왕자를 보내는 것이 통례이다. 이러한 인질파견은 이미 고구려와 부여와의 선

례[255]에서 비롯된 후, 가야와 신라, 신라와 왜, 그리고 백제와 왜 사이에도[256] 간헐적으로 존재되고 있었다. 이것은 대개 무력침입을 저지하려는 목적 외에, 본국왕권과 직접 관련을 맺는 정략적인 추방이라는 또 다른 뜻을 갖게 된다. 이러한 사설은 인질로 고구려에 추방된 바 있었던 실성實聖이 반대로 내물왕의 아들 미사흔未斯欣을 왜倭로, 복호卜好를 고구려에 각각 인질로 축출한 점에서도 명백하다고 할 것이다.

그러나 실제로 신라가 중국에(당을 포함) 인질을 파견하였다는 기록은 없다. 다시 말하면 중국에는 조공사를 보냈으며, 고구려와 왜에는 인질을 보냄으로써 양자는 전혀 외교적으로 연결됨이 없이 상호 별재로 계승되어 왔다. 그러므로 중국에 인질을 파견하지 않았다는 이유가 다음에 올 숙위의 출현을 예정하는 신라외교의 제2단계로 해석해야 할 것으로 본다.

그러나 전기前記한 초창기의 외교로 볼 때 신라사회의 후진성은 조공사 파견회수에도 역력하여 3국 중 가장 약세에 몰려 있었다. 따라서 법흥·진흥왕 이후 급진적인 신라의 팽창은 제·려간의 이례적인 접근이 촉진되었고, 고립에 빠진 신라는 새로운 난국타개의 길을 모색해야 했다. 더구나 중국의 분열이 극복된 수隋의 등장과 더불어 3국의 외교전쟁은 치열해졌고, 당唐의 팽창에 따라 외교방식도 크게 바뀌지고 있었다. 이

255) 『삼국사기』 권13, 瑠璃王 14년 3월조.
"扶餘王帶素遣使來聘 請交質子 王憚扶餘强大 欲以太子都切爲質 都切恐不行 帶素恚之 (중략) 以兵五萬來侵"이라 하여 質子의 시원을 보였으나, 이때는 상호 交質的인 방법이어서 양쪽이 대등한 결호의 목적이었다.

256) a) 가야와 신라간의 질자質子는 『삼국사기』 권12, 奈解尼師今 17년 3월조에 "加耶送王子爲質"이라고 되어 가야에서 보냈다.
b) 신라와 왜와의 질자는 『삼국사기』 권3, 實聖尼師今 1년 3월조에 "與倭國通好 以奈勿王子未斯欣爲質"이라 하여 신라가 보냈으며,
c) 백제와 왜 사이의 인질은 『삼국사기』 권25, 백제 阿莘王 6년 5월조에 "王與倭國結好 以太子腆支爲質"이라 하여 역시 백제가 보냈다.

러한 외교형태의 변질 과정은 선덕왕善德王 9년조에 보여진

> 5월, 왕은 자제를 당에 보내어 국학國學에 입학할 것을 요청하였다. 이때 태종은 천하의 이름 있는 선비를 모집하여 학관學官을 만들고 자주 국자감國子監에 행차하여 그들로 하여금 학문을 강론케 하였다. (중략)) 이에 따라 사방의 학자가 구름같이 당경唐京에 모여들었다. 이때에 고구려·백제·고창高昌·토번吐蕃 등도 역시 자제를 입학시켰다.

에서 두드러지게 보여졌다. 여기서 볼 때 선덕왕은 연례적인 조공사의 파견이 아니라, 국학입학을 요청함으로써 "학문을 위한 자제의 체류"를 희망한 것이다. 그러나 신라 이외에도 여·제는 물론 토번까지 국학입학을 희망하였기 때문에, 이러한 방법으로는 새로운 친당정책이 될 수가 없었다. 더구나 당 태종의 고구려침입준비를 고려하더라도, 이러한 긴급한 상황에서 국학입학과 같은 문화공세보다는 겸허한 인적 제공이 훨씬 친당에의 수단이 될 수 있었을 것이다. 양국의 접근은 상호이해를 위해서도 인질외교와 같은 적극적인 결속이 필요한 것이다.

이때 고구려에서는 연개소문의 정변(642)이 일어났으며, 신라는 대야성大耶城의비극을 당하였다. 이것은 여麗·수전隋戰 이래 고구려정벌에 부심하던 당으로서는 무도지국 응징의 기회를 찾게 되었으며, 신라는 당에게 백제의 침학侵虐을 호소하여 동정을 구할 수 있었다. 이러한 국제적인 긴장과 때를 같이하여 상대등 비담난毘曇亂은 김춘추·김유신세력을 결속시켰을[257] 뿐만 아니라, 무열계武烈系가 정권을 장악케 되었다.[258] 고구려의 호전적이고도 무례한 방자에 대한 당唐의 빈번한 경고와 의자왕에 대한 신라의 원한은 나·당간에 새로운 접근을 가져올 수 있었다. 당으로서는 최후 목표인 고구려정벌에 배후세력(백제)을 사전에 제거해야 했다. 신라의 신흥세력을 이끄는 김춘추계는 자신의 세력 확보를 위한 국제적

257) 이기백, 1962, 「상대등고」『역사학보』 19, 16쪽.
258) 신형식, 「무열왕권의 성립과 활동」, 9~11쪽.

관문이 필요했음도 물론이다.

이에 대해 연개소문은 보장왕 3년(644: 선덕왕 13년)에 대당관계의 완화를 위해 정중한 조공사 파견을 시도하였던 것이다.

> 9월, 연개소문이 당에 백금白金을 바치자 저수량褚遂良이 말하기를 "개소문이 그 임금을 죽였으니 구이九夷에게도 용납되지 못하는 바입니다. 지금 토벌하려 하면서 그 금을 받아들인다면 이것은 고정郜鼎과 같은 종류이오라 신은 받을 수 없다고 생각합니다."하니 당제는 이에 응하였다. 사신使臣은 또 말하기를 "개소문이 50명을 보내어 숙위하려다."하니 당제는 노하여 사신에게 이르기를 "너희들은 모두 고무高武를 섬겨 관작을 누렸으면서도 막리지가 고무高武를 죽였으되 너희들이 원수도 갚지 못하면서 지금 다시 유설遊說을 하여 대국大國을 속이려 하니 죄가 이보다 클 수 있겠느냐"하고 모두 대리大理에 의해 처결하였다.<권 21, 보장왕 3년>

라 하여 고구려의 겸허한 조공과 숙위제공요청을 받은 당은 주군을 시해한 연개소문의 고구려가 어찌 조공할 수 있으며, 더욱 숙위를 파견할 수 있느냐고 그 제의를 거절하였다. 이러한 간단한 사실로 보아도 신라의 대당접근에의 기회와 그 가능성은 충분하다고 할 것이며, 표면적이나마 고구려를 인의지방仁義之邦으로 보지 않은 객관적인 여건 속에서 신라의 대당외교의 질적 전환은 성공할 수 있을 것이다. 따라서 숙위는 인질의 변형이면서도 그것과는 전제조건이 크게 달라야 할 점이 여기 있다.

이러한 조공·인질·국학입학요구 등 이외에 고대중국과 그 주변국가 간에는 혼인외교가 있었다. 당대에 있어서 주변국가와의 관계를 비교적 상세히 기록한 『구당서』의 토번조吐蕃條에 의하면

> 추호酋豪의 자제를 보내서 국학에 입학하여 시서詩書를 익히고, 중국의 문물을 배우기를 청하였다. 다음해에 또 사신을 보내어 말(馬) 천 필과 금 2천냥을 보내어 혼인을 요구하였으나, 당정唐廷에서는 듣지 않았다.[259]

---

259) 『구당서』 권196上, 열전146上, 吐蕃.

라 하여 토번은 신라와 같이 자제를 파견하여 국학의 입학을 요청하였으며, 특히 청혼책을 통하여 당에 의존하려는 적극외교를 추진하고 있었다. 이러한 결혼책은 신라와 왜, 백제와 신라간에도 널리 존재하고 있었고, 돌궐突厥 역시 동일한 결혼책[260) 내지 국학입학 등의 외교를 보여주고 있었다. 따라서 이러한 주변민족의 대당외교에 크게 자극된 신라는 보다 절실한 대당외교를 추구하지 않을 수 없었으니, 그것은 결코 보낸 일 없는 인질외교의 시도라고 할 것이다.

따라서 진덕왕 2년의 김춘추의 입조는 단순한 조공이 아니라 국학·의관衣冠의 요구와 시류侍留희망(인질) 등 종래의 여러 가지 외교형태가 종합되어 있음을 보게 된다. 이러한 숙위의 기원에서 김춘추의 역할이 과소평가 될 수는 없다. 원래 인질이나 숙위는 원칙적으로 왕자를 그 자격으로 삼는다는 데서 더욱 김춘추의 지위가 문제가 될 것이다. 『삼국유사』(권1) 태종춘추공조太宗春秋公條에는 아래와 같이 의미 있는 기록이 있다.

> 춘추가 동궁東宮(태자)으로 있을 때 고구려를 정벌하기 위해서 당에 들어갔는데, 당제가 그 풍채를 보고 감탄하면서 '신성지인神聖之人'이라 하였다. 그에게 부탁하여 간곡히 시류侍留하기를 권했으나, 그는 굳이 청하여 돌아왔다.

라 하여 진덕왕 때에 이미 김춘추를 동궁東宮으로 하고 있음을 볼 수 있다. 이러한 시사는 그의 존재에 대해서 왕적인 지위를 가능케 한 암시적인 해석을 유도케 한다. 그러므로 왕자의 입장으로 문왕文王을 숙위로 남겼다고 보여지며, 동시에 자신의 내일에 대한 왕위의 야망이 없었다면 그가 몸소 시위侍衛하여 보다 적극외교를 전개해야 했을 것이다. 그러나 그는 '역청내완力請乃還'이라 하여 귀국하였던 것이다. 이미 왕위 제일후보로서의 상

260) 신라와 왜 사이의 혼인외교는 "訖解尼師今 3년 3월 倭國王遣使 爲子求婚 以阿湌急利女送之"에서 알 수 있다. 백제와 신라간에는 "炤知麻立干 15年 春3월 百濟王牟大 遣使請婚 王以伊伐湌比智女送之"에서 보여진다. 돌궐은 "貞觀九年上表請婚獻馬五百疋 朝廷唯厚加撫慰 未許其婚"(『구당서』 권194下)에서 보여진다.

대등 비담毘曇을 중심으로 한 구귀족舊貴族의 반발이 진정된 직후이었으므로 그의 숙위임명은 바로 내일의 지위 확보를 전제로 한 시금석이며, 정략적인 포진으로 보아야 하지 않을까. 그는 이미 내외적으로 김유신일파와 결합한 때였으므로, 대외적으로 당제의 승인을 획득코자 몸소 입당조공하고 그 아들 문왕文王을 인질적인 숙위로 남겼다고 볼 수 있다.

2) 숙위의 형태와 그 변천

가) 통일전의 숙위

숙위는 진덕왕 2년(648)에 처음으로 발생하였음은 앞서 말한 바 있다. 당대當代는 당이 고구려정벌에 실패한 직후이었고, 동시에 김춘추세력이 날로 팽창하는 시기여서 양국의 긴밀한 결속이 고조되고 있었다. 이러한 환경에서 초대숙위인 문왕文王은 부친 김춘추를 따라 입조했다가 원병확약을 받은 직후 인질과도 같은 성격의 존재로 전격적으로 임명되었음도 앞서 살펴본 바 있다. 그런데 그에 대한 관등도 자격도 하등의 기록이 없으며, 다만 당제로부터 좌무위장군左武衛將軍이라는 관직을 받았다는 사실만이 보인다. 그러므로 보다 양국의 교섭이 진행된 진덕왕 5년에 보내진 제2대 숙위 김인문의 경우에서 일보 완전한 숙위의 형태를 찾아야 할 것이다. 진덕왕 5년조에

> 견파진찬김인문遣波珍飡金仁問 입당조공入唐朝貢 잉류숙위仍留宿衛

라 하여 김인문에 대해서 간략하나마 몇 가지 요건을 말하고 있다. 첫째, 김인문의 관등은 파진찬이라는 고위층인물로서, 둘째 입당조공사로 파견하였으며, 셋째 계속 잔류하는 인질로의 숙위로 되어 있다. 따라서 조공과 인질이 결합되었음을 보이며, 이것은 어디까지나 신라의 일방적인 임명이었다는 것이다. 그러나 문왕이나 인문은 김춘추의 아들이었지, 당

시는 왕자가 아니었다. 당시에 진덕왕이 아들이 없기 때문에 가장 가까운 왕족인 김춘추의 아들이 파견되었을 것이어서, 이것은 김춘추 자신의 왕위에 대한 야망의 표시라 하겠다. 김인문에 대한 열전에도

> 영휘永徽 2년 인문은 2세제의 나이로 왕명을 받아 당에 들어가 숙위가 되었다. 당 고종高宗은 그가 바다를 건너 내조來朝한 충성을 가상히 여겨 좌령군위장군左領軍衛將軍 특별히 제수하였다.

라 하여 당제에게서 좌령군위장군左領軍衛將軍이라는 무장직武將職을 받았음을 알 수 있다. 그러므로 대개 김인문의 경우에서 숙위의 전형적인 형태를 찾아본다면, 우선 왕자(당시는 아니지만)로 입당조공하고 당직唐職을 얻어 체당滯唐한다는 사실이다. 다만, 그 역시 문왕文王과 같이 무장직을 받았다는 점에서 당시의 긴급한 군사적인 필요성을 단적으로 표현해 준다. 그리하여 3년간 숙위생활을 하던 문왕은 진덕왕 5년에 김인문과 교대하였으며, 무열왕 3년(656)에는 다시 양인이 교체 되었다. 무열왕 3년조에

> 김인문이 당에서 돌아와 드디어 군주軍主에 임명되어 장산성獐山城을 쌓았다. 가을 7월 왕자 좌무위장군左武衛將軍 문왕文王을 보내어 당에 조공하였다.

라 하여 김인문은 4년간 숙위생활을 마치고 다시 동생인 문왕과 교대했다고 되어 있다. 물론 이러한 중복적인 교체는 백제정벌을 앞두고 양국의 긴밀한 협조와 군사상 중요성을 감안한 김춘추의 정략으로 풀이될 것이다. 김인문은 무열왕 5년(658)에 다시 숙위로 재임명되어 입당하였다. 이것은 문왕이 시중侍中으로 임명되어 귀국하였기 때문이다. 김인문은 그의 열전에

> 이때 신라는 번번이 백제의 침공을 받았으므로 왕은 당병唐兵의 원조를 얻어 그 수치를 씻으려고 인문仁問을 당에 보내 원병을 청하였다. 마침 고종은 소정방蘇定方으로 신구도대총관神丘道大摠管을 삼고 군사를 거느리고 백제를

> 토벌하게 되었는데, 당 고종은 인문을 불러 도로의 험이險易과 거취去就의 편의를 물음으로 인문은 이에 상세하게 알려 주었다. 당제는 크게 기뻐하여 신구도부대총관神丘道副大摠管으로 삼아 참전케 하여 소정방과 함께 군대를 이끌고 덕물도德勿島에 이르렀다.

라 하여 그는 좌령군위장군左領軍衛將軍으로서 본국 사정의 정통함을 십분 활용당해 백제토벌의 당측 부장副將으로 실전에 참가하였으며, 그 후 여생을 거의 당에서 보낸 것이다.

이와 같이 처음의 숙위는 김문왕·김인문 형제가 교체되어 임무를 다한 것이다.

제3대 숙위는 문무왕 6년에 이르러 김유신金庾信의 아들인 김삼광金三光이 임명되었다. 그에 대해서 문무왕 6년조는 다음과 같이 기록하고 있다.

> 4월, 천존天存의 아들 한림漢林과 유신庾信의 아들 삼광三光이 모두 나마奈麻의 관직으로 당에 들어가 숙위가 되었다. 왕은 백제가 평정됨에 따라 고구려를 없애고자 당에 군사를 청하였다.

라 하여 천존의 아들인 한림과 유신의 아들인 삼광이 각각 나마로서 입당숙위를 하였으며, 그들의 임무는 고구려정벌의 청병사라는 것이다. 여기서는 전대前代와는 달리 우선 숙위가 양인兩人이라는 것과 다음으로 정식 왕자가 아닌 무장의 아들이라는 점이 특이하다. 더구나 김유신열전金庾信列傳에는

> 건봉乾封 원년, 당제는 칙지勅旨를 내려 유신庾信의 아들 대아찬大阿湌 삼광三光을 불러들여 좌무위익부중랑장左武衛翊府中郎將으로 삼고 인하여 숙위케 하였다.

라 하여 김삼광은 대아찬으로 숙위가 되었다고 되어있어 본기와 열전의 상당한 차이점을 발견할 수 있다. 즉 건봉원년(문무왕 6년)은 같으나 관등에 커다란 간격을 볼 수 있으며, 열전에는 한림漢林의 기록이 전혀 보이

지 않고, 삼광만이 나타나고 있다. 그러나 삼광과 한림과의 관계는 다음에서 상술하겠지만 우선 삼광을 정식 숙위로 간주하며, 한림은 그 수행원으로 인정할 수 있다. 따라서 삼광은 그 자격과 관등·임명절차가 전부 예외적인 것이어서 전대와 같이 취급할 수는 없다. 다만 그는 당제에게서 받은 좌무위익부중랑장左武衛翊府中郎將이라는 무장직만은 3대까지 동일한 성격을 나타낸 것만이 확실하다. 여하간 정식 왕자가 아닌 김유신 직계라는 점은 간단히 처리할 바 못된다고 할 것이지만, 우선 무열·김유신계간의 불가피한 타협으로 인정하고 다음에서 후술하겠다.

이들은 모두 조공사였으며, 당에서 거의 똑같은 무장직을 받았다는 사실에서 당시 사회상의 반영이라는 강한 인상을 풍겨준다. 문왕과 김인문이 백제정벌을 위한 군사적 중개인이라면 삼광은 고구려정벌을 위한 전술적 교량인이었다고 보여진다. 따라서 문화적 욕구로서 국학에 대한 요구가 제외되었기 마련이다. 이를 알기 쉽게 표로 살펴보면 다음과 같다.

〈표 74〉 통일전의 숙위

	연대	성명	관등	자격	당의 관직
1代	진덕왕 2년	김문왕	[波珍湌]	[金春秋子]	左武衛將軍
2代	진덕왕 5년	김인문	[波珍湌]	[金春秋子]	左領軍衛將軍
3代	문무왕 6년	김삼광	나마奈麻	金庾信子	左武衛翊府中郎將

* [ ]내의 것은 추정한 것임

여기서 우리는 통일전에 파견된 제3대까지의 숙위에 대한 일반적인 형태를 찾을 수 있다. 우선 숙위는 왕자(실은 김춘추 아들, 나중에는 왕자)로서 그 관등은 김삼광의 임명에서 파격적인 하락의 경향을 보이기는 하지만 상당히 고위층 인물이 신라왕의 단독적인 명에 따라 조공사로서 입조하고 체당하며 당제는 명목상일망정 당 관직官職을 수여하게 된다는 것이다. 따라서 긴급한 군사적 필요성에 따라 통일전의 숙위는 완전히 濟·麗정벌의 청병사요, 그 향도장嚮導將으로 순수한 군사적 활동기였다고 할 것이다. 다만, 문왕과 김인문이 왕자의 자격으로 파견되었을 망정 숙위로 임명되었을 때에 그들은 왕자는 아니었다. 이것은 김춘추의 정치적 포석에 의한 것이었기 때문에, 1~3대까지의 숙위는 그 이후와 약간의 차이가 있었다. 그러나 그들이 서로 두 번째로 교체된 무열왕 2년에는 정식 왕자로서 부임한 것은 사실이다.

통일전 숙위의 형태에 특이한 점은 그가 단독으로 입당 내지 체당하는 것도 아니요, 귀국시까지도 예외없이 수행하는 제2의 인물이 존재한다는 것이다. 전술한 진덕왕 2년조의 내용에서

> "신(춘추)은 일곱 아들이 있는바 성명聖明을 멀리하지 않게 숙위를 원합니다." 하고서 아들 문왕과 대감인 ㅁㅁ를 남겨두었다.

라 하여 문왕이 숙위로 체류할 때 그와 함께 남겨진 인물의 존재에 대해서 분명하게 알려주고 있다. 즉, 대감大監에 있던 자(실명失名)와 같이 시류侍留한 것이다. 문왕과 함께 당정唐廷에 머문 수행원은 병부兵部와 시위부侍衛府의 대감大監의 자리에 있던 고위층 인물로 병무행정의 실무자라는 점을 고려할 때, 통일전 숙위의 군사적인 성격을 뒷받침하고 있다. 이는 숙위를 견제하는 사람이라기보다는, 군사에 관한 실무행정관으로서 숙위가 골품骨品위주라면 이는 실무자로써 그들을 도와주는 수행보조원으로 볼 것이다. 이와 같은 수행원의 대동은 김인문의 경우에도 있었으니, 즉

> 무열왕 7년 (중략) 사비성으로부터 배를 타고 당으로 돌아가는데, 김인문은 사찬沙湌 유돈儒敦 대나마大奈麻 중지中知 등을 대동하였다.

라 하여 김인문이 입당할 때 사찬 유돈과 대나마 중지를 대동하였으며,

그는 귀국시에도 역시 동반하고 있었다. 문무왕 원년조에도

> 6월 당에 들어가 숙위하던 인문仁問·유돈儒敦 등이 돌아와 왕께 아뢰기를 "당제가 이미 소정방으로 하여금 35도의 수·육군을 영솔하여 고구려를 치게 하였다."

라 하여 김인문과 함께 귀국한 사람은 전기 입당시에 동행했던 유돈이었다. 그후 유돈은 문무왕 10년에 아찬으로 백제잔민토벌에 공을 세운 바 있다.

문무왕 6년에 파견된 김한림金漢林과 김삼광金三光은 다 같이 나마로 되어 있어 표면상으로는 2인의 숙위로 보기 쉽다. 그러나 그들이 파견된 바로 2년 뒤인 문무왕 8년조의 기록에는

> 6월, 요동도안무부대사遼東道安撫副大使인 유인궤劉仁軌는 황제의 칙지를 받들고, 숙위하던 사찬沙湌 김삼광金三光과 함께 당항진黨項津에 도착하니 왕은 각간角干 김인문으로 하여금 대례大禮로써 영접케 하였다.

라 하여 삼광은 사찬으로 승진되어졌으나, 한림은 기록되어 있지 않다. 나아가서 열전에도 삼광뿐이며, 당대 김유신과 김천존金天存을 비교하더라도 삼광이 한림보다는 우위였음은 확실하다. 또한 한림은 기록에 없기 때문에 삼광의 보조수행원으로 간주할 수 밖에 없다. 이를 정리하면 <표 75>와 같다.

〈표 75〉 초기숙위의 수행보조원

官衙? 숙위	官 等	수 행 원	6官 等
김문왕金文王	[波珍湌]	□□(大監)	(級)湌~阿贊
김인문金仁問	波珍湌	儒敦·中知	沙湌·大奈麻
김삼광金三光	奈麻	漢林	奈麻

<표 75>에서 본 바와 같이 긴급한 필요성에서 수행보조관을 대동하고 간 통일전의 숙위는 그 자신이 보조관을 통하여 측면적인 조력을 구하였다고 보여진다. 따라서 이들 보좌인들은 그 관등이 숙위보다는 하위여야 했을 것이며, 군사적인 실무행정에 밝은 사람이 선발되었을 것이다.

나) 중대中代의 숙위

고구려멸망으로 일단락된 대외전쟁은 신라사회에 있어서 군사적인 필요성을 쇠퇴시켜 주었고, 사회적 안정에 따라 문화적·경제적 요구가 고조되었다. 더구나 왕권의 전제화가 급속히 전개되고 있었으므로, 숙위의 형태와 성격도 변천되는 사회에 따라 크게 달라지게 되었다. 중대 최초의 숙위인 김덕복金德福은 제4대로서 문무왕 4년에 파견되었는바 그에 대해서 문무왕 14년조에 의하면,

> 정월, 당에 들어가 숙위하던 대나마大奈麻 복덕德福이 역술曆術을 익히고 돌아왔다.

라 하여 덕복은 관등이 대나마로 크게 떨어졌으며, 나아가서 왕자가 왕족[261]이라는 광의廣義의 개념으로 확대된 첫 인물이라는 점이 주목된다. 또한 그는 당정唐廷에서 관직을 받지는 못했으나, 그가 귀국시에 신역법新曆法을 전래함으로써 중대中代 숙위의 새로운 면모를 보여주게 된다. 이러한 변질은 정치적·군사적 의미로가 아니라, 사회변화에 따른 문화적 존재로 전환하는 과도적 산물로 보아야 할 것이다.

문무왕 8년 고구려의 멸망은 나당간의 새로운 정치적 충돌로 사실상 전쟁상태를 만나게 한다. 그것은 문무왕 11년 설인귀薛仁貴의 글 속에서

---

261) 김덕복은 직계 왕자제는 아니다. 그러나 같은 시기에 활약한 金天福(弟監)·金宣福(波珍飡)·金義福(입당사)·金眞福(侍中·上大等) 등을 보아 왕과 가까운 친족이었을 것이다.

나, 문무왕의 답서에서 충분히 살필 수 있다. 더욱이 문무왕 12년에 고간高侃의 침입을 논외로 하더라도, 구토舊土 유민흡수를 위한 당과의 충돌은 조공사 내지 숙위파견을 허용할 수가 없었다. 이러한 정세하에서 김덕복의 귀국 이후 양국은 실제로 전쟁상태였음은 문무왕 14년조의 다음과 같은 내용에서 쉽게 찾을 수 있다.

> 이때 왕은 고구려의 반중叛衆을 받아들이고, 백제의 고지故地를 점거하였으며, 사람을 보내어 이를 수비케 하였다. 당 고종高宗이 크게 노하여 조詔로 왕의 관작을 박탈하고 왕제王弟인 우효위원외대장군右驍衛員外大將軍 임해군공臨海郡公 인문仁問이 경사京師에 있으므로 이를 신라왕으로 삼고 귀국케 하였다. 동시에 좌서자동중서문하삼품左庶子同中書門下三品인 유인궤劉仁軌를 계림도대총관鷄林道大摠管으로 삼고 위위경衛尉卿 이필李弼과 우령군대장군右領軍大將軍 이근행李勤行을 부관副官으로 하여 쳐들어왔다.

라 하여 문무왕의 구토舊土 유민흡수책에 반발한 당은 문무왕의 관작을 박탈하고 김인문을 왕으로 삼아 침입하게 됨으로써 문무왕 14년 이후 성덕왕대까지는 국교가 단절되었다. 그러므로 그후 성덕왕은 장기간의 냉각기를 거처 당 현종과의 국교재개를 위해 동왕 2년(703) 김사양金思讓을 입당시켜 국교정상화의 단서를 열었다. 동왕 13년(713)에는 정식 왕자인 김수충金守忠을 숙위로 파견하여 새 왕가의 기초확립에 따른 숙위외교를 재현시킨 것이다.

> 성덕聖德 13년 2월, 왕자 김수충金守忠을 당에 보내어 숙위케 하였다.

라 하여 제5대 숙위인 김수충은 왕자로서 입당조공하고 단절되었던 국교정상화의 길을 모색하여 왕족에의 경향을 일시적이나마 극복하려는 새로운 입장을 취하였다. 그는 3년간의 숙위생활을 마치고 귀국하였는데 성덕왕 16년조에서 볼 수 있는 바와 같이

> 9월, 당에 갔던 대감大監 수충守忠이 돌아와 문선왕文宣王 10철哲 72제자의 도상을 바치므로 곧 대학大學에 비치하였다.

라 하여 그가 귀국시에 국학에 필요한 경전을 전래하였다는 점에서 중대 숙위가 갖는 특질을 잘 나타내고 있다. 동시에 그의 관등은 표시되지 않고 있으나, 그가 대감大監이었으므로 그 관등의 상한이 아찬阿湌[262]이어서 통일전보다는 하락한 것만은 확실하다. 그리고 그는 당의 관직을 받지 못했다는 것이 눈에 띄지만, 이는 오랜만에 입조한 그에게 명확한 대우나 지위의 설정이 못된 결과로 볼 것이다.

제6대 숙위인 김사종金嗣宗은 중대왕권이 크게 안정된 성덕왕 27년에 보내졌던바, 동왕 27년조에 나타나 있다.

> 7월, 왕의 아우 김사종金嗣宗을 당에 보내어 토산물을 바치고, 겸하여 표表를 올려 자제를 국학에 입학시켜 달라고 청하니, 조서를 내려 이를 허락하고, 사종에게 과의果毅의 직을 주어 숙위로 머물게 하였다.

라 하여 그는 당제로부터 과의果毅라는 관직을 받았다. 다만 그가 국학에 자제의 입학을 요청한 것은 자신(숙위)이 아니라 숙위학생이어서, 숙위와 숙위학생[263]의 완전 분리를 볼 수가 있었다. 또한 그의 관등기록이 없다고 전혀 관등이 고려대상에서 제외될 수는 없다. 그가 받은 과의에 대해서 『당서唐書』에는 절충부折衝府에 소속된 종5품의 무직武職[264]이라고 서술하고 있다. 즉, 과의는 통일전의 숙위가 당에서 받는 실질적인 전투지

---

262) 『삼국사기』 권38(직관 상)에 "大監 2인 진평왕 45년 初置(중략) 位自口湌至阿湌爲之"라 하여 대감의 관등이 그 下限은 '口湌'으로 되어 있어 확실한 究明은 할 수 없지만 次職인 弟監이 奈麻~舍知여서 그 上職인 大監은 大奈麻 이상이어야 하지만 다만 一字만 缺해 있으므로 大奈麻의 上位인 級湌을 下限으로 볼 것이다. 물론 上限이 阿湌임에는 侍衛府 大監의 경우와 같다.

263) 신형식, 「숙위학생고」 참조.

264) 『구당서』 권44, 직관3, 武官條에 "折衝府(중략) 左右果毅都尉各一人 上府果毅從五品(중략) 總其戎具資糧差點敎習之法"이라 하고 있다.

휘관은 분명히 아니었다. 다시 말하면 그것은 사무적인 무관이며, 행정적인 무직武職이어서 통일전의 전투적인 성격과 하대下代의 문예의례적文藝儀禮的인 성격과의 과도적인 현상으로 보여진다. 특히 그는 왕제王弟라는 사실에서 주목을 요한다. 물론 '왕자제王子弟'는 동일범주에 포함시킬 수 있겠지만, 이와 같은 왕제의 출현은 곧 다음에 올 왕족에의 개방을 뜻하는 첫 관문이라고 할 수가 있겠다.

제7대 숙위인 김지만金志滿은 성덕왕 29년에 보내진 왕족이었다. 이에 대해서 동왕 29년 춘정월조에 본다면,

> 왕족 지만志滿을 당에 보내어 조공하고 작은 말(馬) 다섯 필, 개 한 마리, 금 2천냥, 머리(頭)털 80냥, 해표피海豹皮 10장을 바치니, 당 현종은 지만에게 태복경太僕卿의 직을 주고, 견絹 1백필과 자포紫袍와 금세대錦細帶를 주고 숙위로 머물게 하였다.

라 하여 숙위에 대한 대략적인 형태와 임무를 나타내고 있다. 그는 왕족이라는 자격으로 입당조공하여 진공進貢과 회사回賜에의 물물교역자가 되었으며, 당제로부터 태복경이란 관직을 받았으나, 그 임기는 상당히 단축되었던 것이다. 이러한 사실은 숙위가 원래 양국의 공식적인 중개인이고 보면 그를 통해서 양국의 문물교류가 상당히 빈번했다고 할 수가 있다. 그러한 문물의 교류에서 신라의 조공외교는 형식상이나마 보상되어졌던 것이라고 해도 지나친 자기만족일 수만은 없다. 그가 받은 태복경에 대해서 『당서』에는 태복시太僕寺의 최고관으로서 종3품의 거여지정車輿之政[265]을 담당한 예의직禮儀職(내관)임을 나타내고 있다. 이러한 비정치적·비군사적인 관직부여는 그것이 형식적인 의미라 할지라도 그대로 신라사회의 변천에 따르는 당연한 숙위의 변질인 것이다. 그러므로

265) 앞의 책, 권44, 지24, 職官上에 "太僕卿之職 掌邦國廐牧 車輿之政令 總乘黃典廐典牧 車府四署及諸監牧之官屬"이라 하였다.

보다 많은 문물의 전래를 위해 빈번한 파견에서 그 임기의 단축은 불가피했으며, 숙위의 정치적 기능이 거의 없어지게 되었다.

제8대 숙위인 김사란金思蘭의 경우는 당시(성덕왕 32년)에 발해의 침입이 있어 당측의 요구로 나·당이 공동으로 출병한 때여서, 성덕왕 32년조에는 다음과 같이 기록되어 있다.

> 7월에 당 현종은 발해·말갈이 군사를 일으켜 바다를 건너 등주登州로 침입하였기 때문에 태복원외경太僕員外卿 김사란金思蘭을 귀국시켜 왕을 개부의동삼사영해군사開府儀同三司寧海軍使로 삼고 군대를 내어 말갈의 남변南邊을 공격해 달라고 요청하였다. (중략) 김사란은 본시 왕족으로서 먼저 입조하였을 때 공손하고 예의가 있어 숙위를 삼았으며, 이때에 그에게 출강지임出疆之任을 맡기게 되었다.

라 하여 왕족인 김사란은 원래 숙위가 아니었으나, 당시 발해가 침입하므로 이의 격퇴를 위해서 그가 '공이유례恭而有禮'하기 때문에 숙위를 삼아 태복원외경太僕員外卿을 삼았으며, 곧 귀국시켜 발해渤海·말갈靺鞨을 물리치려 했다는 것이다. 이와 같은 양국의 교량적인 입장에 대해서 『당서』에도

> 홍광興光(성덕왕)의 친족인 김사란이 일찍이 입조하여 경사京師(당종唐宗)에 머물러 있었는데, 그를 태복원외경太僕員外卿으로 삼고 귀국시켜 말갈토벌에 군대를 출정시키게 하였다.266)

라 하여 김사란을 당의 청병사로 이용하고 있었다. 그가 받은 관직이 태복시太僕寺의 관직이므로 중대中代의 성격을 반영한 바 있으나, 태복원외경이란 직職은 『당서』에는 보이지 않는다. 오히려 최치원열전崔致遠列傳에 태복경太僕卿267)으로 나타나 있어 그것이 지만志滿의 경우처럼 태복경

266) 앞의 책, 권199上, 열전149, 동이(신라).
267) 『삼국사기』 권46, 열전6, 崔致遠傳.

太僕卿 또는 태복소경太僕少卿임에는 틀림없다. 이와 같은 예관관禮儀官이지만 그에게 부여된 출강지임出疆之任[268]에서 본 외교관적인 성격과 긴급한 군사적인 필요성에서 본 전략적인 임무의 부과는 중대숙위의 이중성 내지 과도기성을 입증하는 현상이기도 하였다. 그러나 숙위 자체가 갖는 사회적인 연관을 이해한다면 이러한 변측적인 이용은 불가피한 현상이라고 하겠다.

제9대 숙위인 김충신金忠信은 이와 같은 군사적인 배경과 필요성에서 중대 유일의 실제 전투지휘관이 되어야 했다. 성덕왕 33년 춘정월조에 보인 바와 같이

> 입당 숙위하던 좌령군위원외장군左領軍衛員外將軍 김충신金忠信이 당제唐帝에게 글을 올려 말하기를 신臣이 받들고자 하는 것은 당제의 명을 받아 본국에 돌아가 군사를 내어 말갈을 토벌하려는 것입니다.

라 하여 김충신은 그 주임主任이 말갈토벌이라는 것이요, 그가 받은 관직도 좌령군위원외장군左領軍衛員外將軍이었다는 것이다. 그러나 그의 임무에서 보여진 통일전과 같은 순수한 무장武將으로 해석될 것이 아니라, 다음 숙위의 환원조치에서 볼 때 긴급한 사회적 요구에 따른 임시현상이라 할 것이다. 따라서 전쟁상태의 해소와 더불어 숙위도 곧 변화를 보게 되었으니, 이러한 사실은 그의 후임인 김지렴金志廉의 예에서 명백히 찾아질 수 있다.

제10대 숙위인 김지렴은 이러한 숙위 형태의 전환을 뚜렷하게 표시해준다. 성덕왕 33년조에 나타난 내용으로 보면,

---

268) 出疆之任에 대해서 그 해석을 보면 孟子 滕文公(下)에 "出國之疆界 謂赴他國也 大夫私行 出疆必請反必有獻 士私行出疆必請反必告"라 하여 외교관적인 임무를 나타내고 있다. 나가서『史記』晋世家에나 曲禮(下)에도 동일하게 기록되어 있다.

앞서 왕의 조카 지렴志廉을 보내어 사은할 적에 소마小馬 2필, 개 3마리, 금 5백냥, 은 20냥, 포布 60필, 우황牛黃 20냥, 인삼 2백근, 두발 1백냥, 해표피海豹皮 16장을 바쳤더니 이번에 지렴에게 홍려소경원외치鴻臚少卿員外置의 위位를 제수하였다.

라 하여 김지렴은 성덕왕대의 주류인 왕족(종질)으로서 입당조공하여 본국의 원료물과 중국의 제품을 교환하는 물물교류의 임무를 다했으며, 당제로부터 홍려시경鴻臚寺卿의 직을 받았다는 것이다. 그것은 홍려시鴻臚寺의 관직인바, 『당서』에 의하면

홍려시는 빈객賓客과 흉의지사凶儀之事를 관장하고, 전객典客·사의서司儀署 등의 관청을 지휘하였다. 소경少卿은 2인으로 종4품이다. 대개 이적夷狄(중국의 주변국가)의 군장君長(왕)이 조공을 하게 되면, 그 지위나 계급을 구별하여 손님으로 대접한다.[269]

라 하여 홍려소경鴻臚少卿은 빈객·흉의지사를 맞는 종4품의 의전관이라고 표시되어 있다. 물론 사방이적군장四方夷狄君長에게 지워주는 그 관직이 실제 당 본국인에게 부여한 사실과 동일할 수는 없을 것이다. 그것이 일종의 명예직이요, 군소민족의 왕족에게 준 회유책임에는 틀림이 없으나, 그 관직이 갖는 성격 자체로서의 의의까지 무시될 것은 아니라고 본다. 그러나 통일전과 같은 정치성은 제외되었으며, 그 존재가치가 비정치적이고 허례적일 망정 숙위 자체의 외적 형태는 유지될 수 있었다. 이에 중대숙위의 이해를 돕기 위해 일람표를 작성하면 <표 76>과 같다.

269) 『구당서』 권44, 職官8.

〈표 76〉 중대숙위中代宿衛 일람표

대	연대	숙위	관등	자격	당의 관직
4	문무왕 14년	김덕복	大奈麻	[王族]	
5	성덕왕 13년	김수충	[阿湌]	王子	
6	성덕왕 27년	김사종		王弟	果毅
7	성덕왕 29년	김지만		王姪	太僕卿
8	성덕왕 31년	김사란		王族	太僕卿
9	성덕왕 32년	김충신		王從弟	左領軍衛外將軍
10	성덕왕 33년	김지렴		王從姪	鴻臚少卿

* [ ]안의 것은 추정에 의함, ·은 『책부원귀』에 의함.

이상에서 통일후 중대말까지의 7명에 대한 그 형태와 변천상을 살펴보았다. 중대숙위는 나당충돌을 극복한 후 전제왕권이 본궤도에 오른 성덕왕대에 집중적으로 파견되었다. 이러한 숙위외교의 추진은 곧 왕조자체의 번영과 짝하는 사회적인 안정이요, 변모를 뜻하는 것이다. 우선 그 자격이 왕자에서 왕족으로 확대되었다는 점이다. 그것이 왕의 혈연과 무관한 왕족이 아님은 지렴志廉의 경우(종질)에서도 살필 수 있었다. 그러나 폐쇄적인 골품제 아래서 왕족에로의 확대는 사회변화에 따른 불가피한 조치일 것이다. 즉 그것은 왕자만의 고수보다 약간의 개방과 융통을 꾀한 사회적인 타협일 것이다. 김씨왕족이라는 엄연한 한계는 끝까지 고수되었다. 그 자격과 아울러 관등의 문제가 있다. 중대의 숙위는 거의가 표시되지 않은 것이 특징이다. 그렇다고 관등이 없는 것은 아니며, 다만 약간의 하락경향을 들 수 있다(후술).

둘째 중대의 숙위는 전대前代와 달린 비군사적 임무를 주로 하여 활발한 문화적·경제적 기능을 가진 조공사였다는 짐이다. 이것은 안정기에 들어선 사회적 변화에의 순응이며 숙위 본연의 개념에 부합되는 사실일 것이다. 그러나 발해 등의 침입시에 보여준 군사적인 활동은 그가 조례관朝禮官일망정 즉시 전투적인 임무를 담당한다는 점에 숙위의 본질이 있고, 통일전 및 하대下代 숙위와 다른 점이 될 것이다. 그러나 어디까지나 중대숙위의 특질은 문화적·경제적 문물교류에 있음을 부인할 수 없다.

셋째 중대숙위는 전혀 정치적 참여를 배제시켰다는 것이다. 그것은 정치적 존재가 아닌 이상 당연한 결과였으며, 통일전과 같은 수행보조관의 대동도 보이지 않는다. 그것은 왕권이 안정되었을 때 혈연근친의 정치참여 배제라는 사실을 뜻 한다 할 것이다. 끝으로 그 임기의 단축화 경향이 전과 달라진 것이다. 이러한 이유는 보다 많은 문물의 흡수를 위한 다수인의 참여라는 표면적 이유만이 아니라, 인질과 같은 왕권의 제약적 요소를 사전에 방지하는 것이 아닐까 한다. 이러한 왕의 우려는,

> 신이 성지聖旨를 받자옵고 목숨을 다하기로 맹세하였던바, 때마침 교대할 사람 김효방金孝方이 사망하였으므로 또 다시 숙위에 머무르게 되었던 것인데 신의 본국 왕이 신이 너무 오래 천정天庭에 시위侍衛한 까닭으로 종질 지렴志廉을 사신으로 보내어 신과 교대할양으로 지금 와 있으니 신은 곧 돌아가게 되었습니다.(성덕왕 33년조)

라 하여 교대인인 김효방이 사망했으므로 계속 유임하게 되었던 김충신金忠信에대해서 왕은 구시천정久侍天庭에서 오는 왕권의 제약적 요소를 어느 정도 의식했기 때문이다. 그러므로 왕권보강을 위해서도 신인으로 교체시켜 사전에 왕권의 제한적 입장을 막아보려는 뜻에서 오히려 그 임기가 단축되지 않았을까 추측할 수 있다.

다) 하대下代의 숙위

하대의 김량상金良相(선덕왕宣德王)은 혜공왕을 축출하고 등장한 이후, 그 자신이 찬탈에 의한 불법스런 즉위였으므로 대당접근에 상당한 신중

을 기하였다. 따라서 그는 재위 6년간에 단 1회의 조공사를 파견했을 뿐이며, 다음 원성·소성·애장왕대까지, 다시 말하면 성덕왕 33년(734)부터 애장왕 7년(806)까지 전혀 숙위 파견이 보이지 않는다. 이러한 양국의 소원疏遠은 연개소문의 정변을 못 마땅히 여긴 당의 태도를 미루어 보아 양국의 냉각기를 어느 정도 인정해야 할 것이다.

이러한 나당관계를 지실知悉한 발해는 이 기회를 이용하여 신라와 같이 숙위파견을 제의한 사실이 있다. 『구당서』에 의하면

> 건중建中 3년(문왕文王 46년, 선덕왕 3년, 782)에 발해의 문왕文王은 왕자 정한貞翰을 파견하여 숙위토록 요청[270]

하고 있었다. 신라는 이에 자극되어 어느 정도의 시기가 흘러간 소강상태를 택하여 당의 헌종憲宗과의 국교정상화를 위해 애장왕 7년에 하대下代의 첫 번이자 제11대 숙위인 김헌충金獻忠을 파견하게 되었다. 애장왕 7년조에 의하면,

> 3월 당 헌종憲宗이 숙위왕자 김헌충金獻忠을 귀국시켰고 이어서 비서감秘書監을 주었다.

라 하여 김헌충은 정식왕자로 입당숙위가 되었으나, 곧 귀국을 강요받은 것같이 방환放還을 당했다는 것이다. 그러나 그가 받은 비서감이라는 관직의 성격에서 하대 숙위에 대한 특징을 살필 수가 있다.

> 비서감秘書監은 종3품의 직職으로 나라의 경적經籍과 도서圖書의 일을 맡는다.[271]

라는 『당서』에서 보는 바 같이 그가 받은 비서감으로 미루어 보아 경전

---

270) 앞의 책, 권179下, 열전149, 渤海靺鞨.
271) 앞의 책, 권43, 職官2 및 『신당서』 권48, 百官志.

과 서적을 관장하는 철저한 문화적인 숙위로서 하대숙위의 성격을 대변한다고 할 수 있는 것이다. 입당숙위의 이와 같은 냉대적인 대우에 대해 신라왕실은 여러 각도로 전후책을 논의했다고 볼 것이니, 그것은 신라왕권에 일대 타격적인 조치였기 때문이다. 그러므로 이듬해엔 무열계인 헌창憲昌을 우대함으로써 시중侍中으로 하고, 곧 김력기金力奇를 입당시켜[272] 격앙된 당의 태도를 무마하려는 입장을 취하게 되었다.

이러한 양국의 냉각기에 출현된 제12대 숙위인 김사신金士信이 소기의 임무를 달성할 수 없었다는 것은 중대의 김덕복金德福과 동일하다. 여기서 우리는 숙위를 통해 당이 신라와 발해를 서로 견제하였고, 남북간의 세력균형을 이루면서 당의 대외정책이 유지되었음을 보게 된다. 따라서 신라와 발해의 경쟁과 갈등은 숙위학생의 빈공賓貢합격에도 빈번히 나타나고 있었다.[273]

제12대 숙위인 김사신金士信은 헌덕왕 원년(809)에 파견되었다.

> 당제는 직방원외랑섭어사중승職方員外郎攝御史中丞 최정崔廷을 보내고, 입질入質한 왕자 김사신金士信을 부사副使로 지절사持節使로서 적문吊問케 하고 왕을 개부의동삼사開府儀同三司 중략) 신라왕으로 책봉하였다.

라 하여 김사신은 당직唐職도 못 받고 질자質子로 기록되어 본국왕의 사거死去에 애도사哀悼使를 따라 귀국한 것이다. 이러한 사실은 정통 왕가를 지지하는 唐의 태도에서 온 결과가 아닐까 생각될 수 있으며, 숙위를 한낱 인질로 인정하려는 입장이 바로 당의 반발로 해석될 것이다. 이렇듯 정치적 불안기에는 숙위가 그 본연의 임무를 다할 수 없기 마련이며,

---

272) 『삼국사기』 권10, 애장왕 9년 2월조.

273) 『고려사』 권92, 열전5, 崔彦撝條에 "新羅末年十八 游學入唐禮部侍郎薛廷珪下及第 時渟海宰相烏炤度子光贊 同年及第 炤度朝唐 見其子名在彦撝下表請曰臣昔年入朝登第 名在李同之上 今臣子 光贊宜升彦撝之上 以彦撝才學優贍 不許" 라 하여 신라와 발해 사이의 경쟁과 갈등을 엿볼 수 있다.

이에 따라 신라는 새로운 대당외교의 혁신을 위해서 부심하지 않을 수 없었다. 이러한 관점에서 볼 때 숙위는 완전히 인질로서의 존재임을 분명하게 볼 수 있다.

여기서 두 가지 뚜렷한 사건이 발생한다. 국내에선 헌덕왕 14년의 헌창憲昌의 난과 동 17년 그 아들 범문梵文의 난과 같은 일련의 무열계武烈系의 반란이 일어난 것이 그것이다. 이에 대해서 원성계元聖系인 헌덕왕은 자가自家의 독주보다는 무열계와의 정략적인 타협이 요구되었을 것이다. 따라서 무열계를 숙위로 파견하여 구舊왕통을 유지한다는 명분과 대당교섭을 고려하는 일석이조의 방법을 추구했으리라 보여진다. 한편 국제적으로는 발해가 이러한 신라의 입장을 역이용하여 또다시 숙위를 파견하였다는 것이다. 『구당서』(권 179) 열전(149)에 의하면,

> 목종穆宗 장경長慶 4년 2월(신라 헌덕왕 16년, 선왕宣王 7년, 824), 발해의 선왕宣王은 대예大叡 등 5인을 파견하여 숙위를 청했다.

라 하고 있다.

그러나 발해는 신라와 같이 일방적으로 파견한 것도 아니요, 당측이 허용한 것도 아니었다.

여기에 힘입은 헌덕왕은 발해가 요청한 다음해 즉, 범문梵文의 난을 진압한 직후인 825년에 무열계인 김흔金昕을 숙위로 입당시킨 것이 13대 숙위인 것이다. 이것은 무열계에 대한 타협적인 태도로 보는 이유도 된 수가 있다. 헌덕왕 17년조에는 아래와 같이 제13대 김흔金昕에 대해서 기록되어 있다.

> 5월, 왕자 김흔金昕을 당에 보내어 조공하고, 아뢰기를 앞서 온 대학생 최리정崔利貞·김숙정金叔貞·박계업朴季業 등을 본국으로 돌려보내고, 새로 입조한 김윤부金允夫·김립지金立之·박량지朴亮之 등 12명을 숙위로 머물게 하여 국자감에서 학업을 익히게 하고 홍려시鴻臚寺에서 학비를 마련해 주도록 배려해

> 달라고 간청하니 이를 허락하였다.

라 하여 그는 왕자로서(실은 무열계의 왕족이다), 입당조공사로서 파견되었으며, 그가 국학에서 수업하는 숙위학생의 알선임무자임을 밝혀 숙위의 새로운 개념에 접근되어 있음을 나타내고 있다. 그러나 보다 중시될 것은 그가 무열계라는 점이다. 김양金陽열전에는 김흔金昕에 대해서 다음과 같이 서술되어 있다.

> 김양金陽의 종형 흔昕의 자字는 태泰요, (중략) 흔昕은 어려서부터 총명하여 학문을 좋아하였다. (헌덕왕 2년) 왕이 장차 사람을 당에 보내려는데 그 적임자가 없었다. 누가 흔昕을 추천하되 "태종太宗의 후예로 정신이 명랑하고 도량이 깊으니 가히 숙위로 뽑힐 만하다." 하므로 드디어 당에 보내어 숙위케 하였다. 1년 남짓하여 흔이 돌아갈 것을 청하니 당제는 조서를 내려 금자광록대부金紫光祿大夫 시태상경試太常卿을 제수하였다.

라 하여 김흔金昕을 분명히 왕자가 아니라, 태종지예太宗之裔로 나타나 있다. 그러므로 본기의 왕자는 오류임을 알 수 있으며, 아마도 당에 대해서 왕자라고 칭해서 보냈는지도 모른다. 특히 왕의 독단적인 임명 방법을 타파하고 주위의 추천을 받았다는 것은 광범한 인재의 선정이라기보다는 무열계에 대한 정치적 중화작용이라 해석된다. 나아가서 중대와 같은 전제왕권을 행사할 수 없었던 하대사회상의 반영이기도 한 것이지만, 숙위학생이 비非김씨(박씨·최씨·양씨梁氏)에게도 주어졌는데 비해, 숙위는 어디까지나 순수하게 무열계와 원성계라는 김씨에게만 독점되어진다는 점을 나타내 주고 있다. 김흔이 받은 문산관文散官인 금자광록대부金紫光祿大夫와 함께 태상경太常卿이라는 관직은 하대숙위의 성격을 단적으로 나타내 준다 할 것이다. 태상경은 정3품의 예의관禮儀官이요, 국악사직지사國樂社稷之事를 담당한 의전직儀典職[274)]이기 때문이다.

---

274) 『구당서』 권44, 직관4, 및 『신당서』 권48, 志38, 百官志.

홍덕왕대 이후는 원성계의 자기분열로 왕권쟁탈전이 복잡하게 전개된다. 특히 제융파悌隆派와 우징파祐徵派의 쟁패전에 몰락 무열계의 가세로서[275] 당대 왕자는 존재가치를 잃은 정치적 로보트였으며, 정략적인 이용물이 되기도 하였다. 그리므로 홍덕왕 11년에 왕자인 김의종金義琮은 양파의 세력에 밀려 숙위란 이름의 외유생활을 강요당했다고 보여진다. 홍덕왕 11년조에 보인

> 정월, 왕자 김의종金義琮을 당에 보내어 사은하고 겸하여 숙위로 있게 하였다.

라 한 내용에서와 같이 제14대 숙위인 김의종은 정식 왕자로 조공하고 숙위생활을 하였지만, 2년여의 체당 시류侍留임에도 불구하고 희강왕 2년에 당직唐職도 없이 귀국당하고 말았다는 것이다.

> 개성開成 원년(836) 왕자 김의종金義琮이 사은을 겸하여 숙위로 왔다. 2년 4월에 물건을 주어 본국으로 돌려보냈다.[276]

라 하여 『당서』에는 『삼국사기』의 기록과 함께 동일하게 기록되어 있다.[277] 이것은 본국의 정쟁에 희생당한 왕자를 우대할 리 없었으며, 원성계라는 점에서 김헌충金獻忠의 경우와 같다고 할 것이다. 측면으로나마 왕관보좌를 위한 수단으로써 숙위이겠지만, 하대는 왕위쟁탈전에 관여를 사전에 방지하는 정략적인 파견이라고도 볼 수가 있다. 따라서 숙

---

275) 홍덕왕 말년부터 격화된 祐徵派와 悌隆派의 싸움은 제융이 僖康王으로 등장됨으로써 더욱 치열해졌다. 즉 우징파는 均貞을 필두로 하여 祐徵·禮徵 등이 이에 속하며 제융파는 悌隆을 수반으로 하여 金明·利弘·萱伯 등이 이에 속한다. 결국 이 양파의 쟁패전에 무열계인 金陽이 우징파로 가세했으나 결국 우징파는 축출되었다. 神武王(우징) 이후 張保皐 세력을 배경으로 재등장했으나 景文王代에 이르러는 양파의 결합적인 타협을 하게 되었다고 보여진다.

276) 『구당서』 권199. 열전 149, 東夷傳(신라).

277) 『삼국사기』 권10, 희강왕 2년 4월조에 "唐文宗放還宿衛王子 金義琮"이라 하였다.

위의 파견이 크게는 왕권강화를 위한 외교적인 방법일 수도 있다.

제15대 숙위인 희강왕 2년의 김충신金忠信도 이와 같은 정세에서의 명목에 불과했으리라 여긴다.

희강왕 2년에 당 문종은 숙위 김충신金忠信 등에게 금채錦綵를 하사하였다.

라 하여 김충신 역시 당 文宗??에게 우대될 리 없었으며, 하등의 임무를 다할 수는 없었다. 이러한 하대 숙위의 명목상의 존재 가치는 결국 하대 숙위의 특질인 동시에 일반적인 형태였다. 그러나 민애왕閔哀王 이후 장보고 세력의 급격한 팽창으로 중앙귀족들의 새로운 자극은 무엇보다도 대지방세력에 대항할 수 있는 새로운 결합을 촉진시켰다.[278] 그러므로 문성왕文聖王은 냉대받던 숙위왕자인 김의종金義琮을 시중侍中으로 임명했으며(동왕 2년) 장보고 토벌에서 양파는 결속하였다. 다시 말하면 귀족연립적인 타협이 기도되었고, 소원해진 대당조공사를 빈번히 파견하면서 양국의 친선을 도모하게 되었다. 동시에 경문왕景文王은 동왕 9년에 왕자 김윤金胤을 입조시켜 국학의 입학요청을 하는 등[279] 쇠락하는 국력의 회복에 새로운 노력을 꾀하게 된다. 결국 마지막 16대 숙위인 김인金因도 이러한 복고적인 시대조류에서 출현한 왕조중흥에의 외교사였다.

경문왕 10년 2월 사찬沙湌 김인金因을 당에 보내어 숙위케 하였다.

라 하여 경문왕은 왕자 김윤金胤을 입당시킨 다음해 역시 왕자[280]인 김

---

278) 이기백, 「상대등고」, 47쪽.

279) 『삼국사기』 권11, 경문왕 9년 7월조.

280) 金因이 기록에는 '王子'라고 되어 있지 않으나 그를 왕자로 간주하는 논거는 ① 그 당시 사회가 귀족연립성이 현저하게 나타났으며 비교적 안정기에서 沙湌이 보여준 복고적인 성격이 있다는 점 ② 희강왕 2년(金忠信) 이후 경문왕 10년(870)까지 숙위파견이 완전 두절되었으므로 새로운 대당외교의 개척을 위해 앞서 본 성덕왕·애장왕·흥덕왕이 각기 왕자를 보낸 사실을 살펴볼 때 그도 왕자였

인金因을 파견하여 입당숙위케 하였다. 김인은 사찬沙飡이어서 중대中代에 나타나지 않던 관등이 비교적 하위이나마 표시되었다는 것이 특이하다. 이것이 "하대 후반기의 중앙질서의 회복에 따른 예민한 반영이며 안정을 희구하는 복고적 현상"281)으로 보기는 벅찬 일이겠지만, 무시되어 온 관등의 재출현과 그가 왕자였으리라는 추정과 함께 일부 숙위의 정치 참여라는 세 가지 사실로 미루어 어느 정도 수긍할 수 있을 것이다.

결국 신라의 숙위는 경문왕 10년 김인을 마지막으로 초기의 군사적인 활동과 중대中代의 문화적·경제적 다양성을 외면한 채 두절되고 말았다. 이러한 숙위외교의 단절은 곧 조공사의 중단과도 같은 것이며, 쇠락하는 왕조의 운명과도 같았다. 이에 하대 숙위의 일람표를 작성하면 <표 77>와 같다.

〈표 77〉 하대숙위下代宿衞 일람표

대	연대	성명	자격	관등	당의 관직
11	애장왕 7년	김헌충	王子		秘書監
12	헌덕왕 1년	김사신	[王族]		
13	헌덕왕 17년	김흔	王族		太常卿
14	흥덕왕 11년	김의종	王子		
15	희강왕 2년	김충신	[王族]		
16	경문왕 10년	김인	[王子]	沙飡	

* [ ]안의 것은 추정에 의함.

<표 77>와 같이 하대 숙위는 원성계의 등장이라는 정치계의 변동으로 상당한 양국의 냉각기를 거쳐 애장왕 이후에 출현했으며, 경문왕 10

을 것이라는 점 ③ 경문왕 9년에 왕자 金胤이 조공했던바 그 名字가 대동소이하여 형제라고 볼 수 있다는 점 등이다.

281) 이기백, 앞의 논문, 47~48쪽.

년(870)까지 6명의 숙위가 있었음을 알았다. 더욱이 하대 숙위의 선발은 무열계에 대한 타협과 왕권쟁탈전에서 희생된 인물의 선발도 있어서 그 자격과 원칙에 통일성이 없었고, 무질서하였다. 이러한 현상은 귀족의 연립적인 하대의 모습과도 상통한다 할 것이다. 이 외에 당의 관직에서 보여 주는 것처럼 순수한 문화적 예의적인 성격으로의 전환도 들 수 있다. 즉 그들은 정치적 외교적 임무가 제외되었고, 단순히 왕족에 대한 명목상의 우대에 불과했다는 것이다. 이러한 사실은 애장왕 7년에 숙위로 입당한 김의종金義琮이 귀국하고, 일반 조공사인 김력기金力奇가 정치적 중개인 역할을 하였다는,

> 애장왕 9년 춘 2월, 김력기를 당에 보내어 조공하였다. 력기의 상언上言에 "정원貞元 16년에 조서를 내려 신의 고주故主 김준옹金俊邕을 책봉하여 신라왕을 삼고 (중략), 책사 위단韋丹이 가지고 오다가 중로中路에서 왕의 훙보薨報를 듣고 돌아갔기 때문에 그 책冊이 중서성中書省에 있습니다. 지금 신이 본국으로 돌아가는데 그 책冊을 신에게 내리어 가지고 가도록 간청합니다." 하였다. 김준옹 등의 책冊은 마땅히 홍려시鴻臚寺에 명하여 중서성에 가서 영수해 가지고 김력기에게 주어 그로 하여금 받들고 귀국하게 하였다.

와 같은 내용에서 찾을 수 있다. 즉, 소성왕昭聖王의 조사早死로 인하여 그의 책명서冊命書가 그대로 당에 있으므로 이를 상주上奏하여 가지고 온 사람은 숙위가 아니었다. 이러한 숙위의 기능약화는 반대로 숙위학생의 역할을 강화시키게 되었으며, 애장왕 원년에 숙위학생인 양열梁悅의 정치적 진출과[282] 숙위학생인 김운경金雲卿이 문성왕 3년에 당제의 칙사로 책왕사冊王使에 임명되었다는 기록 중에서[283] 짐작이 간다. 이렇게 하대의 숙위는 구왕족에 대한 단순한 외교적인 우대에 불과한 것이며, 중대에 없던 중앙정치의 참여도 그 임시적인 정략에서 연유된다고 할 것이

282) 梁悅은 입당 숙위학생으로 豆肹縣 小守를 제수 받은 후, 당 德宗의 從難功臣으로서 右贊善大夫가 되어 귀국하였다.

283) 신형식, 「숙위학생고」, 71쪽.

니, 그는 인질 이상의 존재는 못되었다는 것이다.

3) 숙위의 자격과 그 요건

앞에서 우리는 숙위의 형태와 그 변천과정을 살펴보았다. 그것은 외적인 형태와 신라사회의 전환에 따른 숙위 자체의 변질을 찾아본 것이다. 그러므로 숙위의 일반 외부형태가 아니고, 실계로 어떤 인물이 여하한 자격에서 그리고 어떠한 방법으로 임명되었는가 하는 문제는 다시 고찰해야 할 것이다. 기록상에 나타난 숙위에 대한 인물평은 열전列傳(44)에 보인 다음과 같은 것이 있을 뿐이다.

> 김인문金仁問의 자字는 인수仁壽이니 태종대왕太宗大王의 둘째 아들이다. 어려서 학문에 나아가 유가儒家의 서적을 많이 읽고, 겸하여 장莊·노老·부도浮屠의 학설도 통하고, 또 예서隷書·사어射御·향악鄕樂을 잘 하여, 행동과 예술이 뛰어나고, 식량識量이 굉장하여 그때 사람들이 우러러 보았다.

라 하여 인문은 본래 학문적인 능력과 기예技藝가 뛰어만 박식다재博識多才라는 것이다. 이러한 선천적인 자질이 숙위의 절대요건이라고 만은 생각될 수 없으나, 보다 뛰어난 인물이었음에는 부인할 수 없을 것이다. 중대의 숙위 김사란金思蘭이 '공이유례恭而有禮'하여 숙위로 삼았다든가, 하대의 김흔金昕이 '정신낭수精神朗秀 기우심침器宇深沉'하여 발탁되었다는 사실 등은[284] 결국 숙위가 지녀야 할 인품과 자격을 말해 주는 것이다. 이러한 전제는 표현상으로나 문화대국인 당에 파견된 인물이었으므로 표면이라도 학술적인 인재를 파견한다는 것이 보다 적절한 외교였으리라 여긴다.

전술한 바와 같이 숙위는 무엇보다도 그 자격의 제1원칙이 진골眞骨 왕족인 김씨에 한했다. 더불어 그 속에 왕자와 왕족이라는 기준이 있었

---

284) 『삼국사기』 권8, 성덕왕 32년 7월조, 및 같은 책, 권44, 열전4, 金陽傳.

고, 둘째 그 왕통 속에서도 관등이라는 대략적인 한계가 보였다. 그 자격은 아닐지라도 요건에서는 조공사라는 입장으로 입당하여 그곳에서 명예직일망정 당의 관직을 받았으며, 그들은 대개 신라왕의 독단적인 임명에 따라 소임을 다했다고 보았다. 이러한 일반 원칙은 그대로 고수된 불가결의 요건이라고는 할 수가 없지만, 거의가 추구된 큰 전범典範이어서 이를 차례로 분석해 봄으로써 전항前項에서의 결함을 보충할 수 있다고 본다.

가) 숙위자격으로서의 왕자와 왕족

숙위는 원래가 인질의 변형이므로 그 첫 번째의 자격이 왕자였음은 당연한 일이요, 약소국의 사대외교로써도 충분히 이해될 수 있다. 무열왕이 등장하기 전인 김문왕金文王과 김인문金仁問 형제는 당대當代는 직접 왕자가 아니라고, 이 원칙에 저촉된다고 볼 수 없음은 앞서도 말한 바 있다.[285)]

중대의 김수충金守忠 역시 왕자였고, 하대의 김헌충金獻忠·김의종金義琮도 왕자였다. 다시 말하면 통일전에는 2명, 중대는 1명, 하대는 3명(추정 1명 포함)이 정식 왕자여서 전체의 4할에 가까운 비중을 갖는다. 다시 말하면 제1기는 왕자가 그 제1자격이었으나, 제2기는 오히려 왕족이 대부분이었고, 제3기는 다시 왕자가 출현하는 복고적인 입장이라고 보여진다. 그러나 성덕왕 27년의 김사종金嗣宗은 왕제王弟라는 사실이다. 당시 왕자가 엄연히 존재하는데도 왕제가 파견되었다는 것은 왕자가 어려서도, 단 한명이어서만도 아니다.[286)] 왕의 혈연으로서 왕 측근임을 고려

285) 金文王·仁問 형제가 숙위로 임명된 당시는 왕자가 아니었다. 그러나 그들이 교대로 소임을 다하던 무열왕 이후는 왕자로서 자격을 갖춘 것이다.

286) 성덕왕 본기에 의하면 왕자인 守忠이 동왕 13년(714)에 이미 입당숙위한 바 있으나 그를 몇째 아들이라고 기록하고 있지 않다. 다시 말하면 金仁泰女인 成貞王后의 출생이 아닌 것은 확실하다. 그것은 실제로 동왕 3년(704)에 결혼한 그

할 때 왕자와 왕제의 구분은 하지 않았다고 여겨도 무방하리라 본다. 대개의 기록이 '자제子弟'는 동일범주로 간주함을 볼 때, 같은 자격 기준에 넣을 수 있을 것이다. 그러나 이러한 왕제의 출현은 결과적으로 성덕왕 이후 대거 진출하는 왕족에의 단서가 되었다는데 큰 의미가 있다.

다음으로 숙위의 반을 차지한 왕족이 있다. 그가 왕과 혈연관계가 없는 일반적인 왕족이 아님은 김지렴金志廉과 김지만金志滿이 왕종질王從姪이라는 점으로도 분명하다. 더욱이 『당서』에 성덕왕이 김지성金志誠으로 기록되어 있는 점을 고려할 때 이 왕족이 실은 왕제나 왕종질 정도의 근친이라고 보여진다. 이러한 왕족의 출현은 제3대 김삼광金三光과 그의 부친 김유신사망(문무왕 13년) 직후에 교체된 김덕복金德福의 경우에서 비롯된다. 그것은 적어도 무열계武烈系 왕족으로의 자격고정을 뜻하며, 성덕왕 이후 전제왕권의 확립에 따라 정통왕가유지로의 외교적 수단으로 해 석된다.

나아가 일시적인 현상을 극복하면서 무열계 내부의 독점적인 이용임에는 언급의 여지가 없으나, 숙위의 자격기준이 약간이나마 완화되었음도 확실하다. 그렇다고 김씨만의 체계를 벗어나는 것은 결코 아니었다. 그러나 하대에 오면 그 왕통이 양분되었으므로 그 왕족은 원성계元聖系가 주도하게 된다. 이러한 점은 중대 숙위가 무열계武烈系만의 선발로 나타났으나, 하대는 원성계의 왕자 김의종金義琮·김헌충金獻忠과 무열계의 왕족(김흔金昕)이 병존되어 있는 것이어서 하대 사회의 귀족연립적인 성격을 반영해 주고 있었다. 따라서 하대 숙위의 무질서한 자격기준은 초기와 같은 왕자로의 환원조치가 애장왕哀莊王(김헌충金獻忠)·흥덕왕興德王(김의종金義琮)·경문왕景文王(김인金因)에 의해서 각각 시도되었지만, 결국은

가 동 13년(714)에 그처럼 성장한 왕자를 가질 수 있다는 점은 인정될 수 없기 때문이다. 장자인 承慶이 동왕 14년에 태자로 봉함을 받았으나 동 16년에 사망하여, 차자가 동 23년에 태자가 되었으므로 당대 27년경엔 아들이 어렸다고 보며, 또 하나여서 王弟가 대신 입당숙위가 되었다고 볼 수 있다.

실패하고 말았다.

대개 왕자는 새로운 왕가의 출현과 동시에 파견되었으나(표 59, 61, 62 참조) 전체적으로 볼 때, 통일전엔 왕자가 그 첫 요건이 되었으며, 중대에 이르러 왕제로 확대되면서 곧 왕족이라는 비교적 융통성을 보였다. 그러나 하대는 원성계元聖系의 왕자와 무열계武烈系의 왕족이 무원칙하게 정략적으로 선발되었음을 본다.

그러나 문제는 제3대인 김삼광金三光의 해석이다. 더욱이 천존天存[287]의 아들인 한림漢林과의 관계는 주목을 요한다. 양자의 관계는 앞에서 언급한 바 있으므로 논외로 하더라도 김유신의 아들을 숙위로 임명할 수 있는가 하는 의문이다. 통일전후에 보여진 김유신일파의 무장武將세력은 무열왕 등장에 힘의 배경이 되었음은 사실이나, 삼광의 숙위임명은 커다란 비약이며 월권이었다. 이것은 꺾일 수 없는 한도까지 팽배한 김유신계와 신흥김춘추계의 양파 타협으로 해석되어야 할 것이다. 다시 말하면 김유신계가 비정통 왕가로 진골眞骨에는 편입되었을망정[288] 자신의 세력확보를 위해서 신왕족인 무열계와의 접근이 절실했을 것이다. 김춘추 역시 구귀족 반발을 억제하기 위해선 무장武將의 배경이 필요하였을 것이다.

선덕왕善德王 말년의 비담의 난에서 보여진 양파의 결속이 그것이며, 무열왕 2년에 왕녀 지소智炤(지조智照)를 김유신金庾信에게 출가시킨 사실과 동왕 7년에 귀족대표자에게만 허용되는 상대등上大等을 그에게 임명함으로써[289] 시대적인 변화를 선행한 당시의 정세를 볼 때, 결국 양파의 결합과 타협은 불가피하였던 것이다. 따라서 당대를 대표하는 노장老將

287) 天存은 김유신과 동시대의 무장으로써 김유신을 따라 그를 도와 많은 무공을 세운 당대의 명장이다. 진덕왕 3년(649)에는 김유신과 더불어 백제의 殷相軍을 격퇴시켰고, 무열왕 7년에는 백제정벌에 참가했으며 문무왕대에 고구려정벌 및 백제잔민 소탕전에 무공을 세웠으며 문무왕 19년(679)에 中侍가 된 김유신일파라고 여겨지나 김유신과 비교될 수 있는 인물은 아니다.

288) 末松保和, 『新羅史の諸問題』, 11～15쪽.

289) 이기백, 앞의 논문, 20~21쪽.

에 대한 논공행상이나, 흥무대왕興武大王으로 추존追尊된 김유신 개인에 대한 보답의 형식으로 먼저 무열왕자 형제를 입당시켰고 다음은 삼광三光에게 돌렸다고 볼 것이다. 그러므로 이러한 이례적인 설정은 어디까지나 임시적인 일시현상이어서 전체적인 자격기준에 변경을 요할 것이 아니라 하나의 예외 사실로 인정해야 할 것이다.

그러나 국내적인 이유와 함께 당의 입장에서 무시하지 못할 또 하나의 요인이 있다. 그것은 이 숙위가 갖는 정치·군사적인 임무를 생각할 때, 당대는 이미 백제정벌이 완수되었으며, 숙적 고구려타도를 위해서 당은 어느 때 보다도 신라무장세력이 필요한 때였다. 그것은 김유신의 힘을 빌려 고구려를 정복하는 동시에 가능하면 한반도전체를 점유하려는 원대한 당의 정략이기도 하였다. 그러므로 김삼광을 숙위로 임명시켜 군사적인 조력을 구했으며, 나가서 고구려멸망후엔 김유신을 회유억제하는 방법으로서 인질과도 같이 이용할 수 있도록 한 의도가 아닐까 한다. 그것은 고구려 멸망과 동시에 내려진 당제의 김유신초청 조서詔書에서 쉽게 찾아진다.

> 총장摠章 원년, 당제는 이적李勣의 공을 표창하고 드디어 사신을 보내서 이를 위로하고 군사를 보내 백제토벌의 싸움을 원조한 후, 정하여 금백金帛을 하사하였다. 이어 유신庾信에게 조서를 주어 그의 공적을 표창하고 아울러 당에 다녀갈 것을 말하였으나, 김유신은 끝내 당에 들어가지 않았다.(열전 3, 김유신하金庾信下)

라 하여 그 조서는 김유신의 공을 찬양하고 그의 입당을 권유하고 있다. 무엇보다도 개인을 초청한 예는 결코 없었는데, 전부터 김유신의 세력확장에 예의주시하던 당으로서는[290] 이미 삼광을 인질로 체당시킨 후이니

---

290) 이 점에 대해서는 김유신열전(상)에 다음과 같은 사실이 있다. 즉, 김춘추가 진덕왕 2년(648)에 입당했을 때 "太宗皇帝曰 聞爾國庾信之名 其爲人也如何" 對曰 "庾信雖少有才智 若不籍天威 豈易除鄰患"이라 하여 당에서 상당한 관심을 갖

까 김유신을 입당시켜 놓음으로써 신라점유의 야욕을 촉진시키려 했다고 보여진다. 그러므로 김유신의 거절은 개인적 이유보다 국가적 입장에서도 현명한 판단이라 여긴다. 그러나 이와 같은 특이한 사례는 전제왕권의 신장을 위해서도 긴급한 군사적 필요성이 해소되었을 때에는 지체없이 교체되어야 했음은 김유신 사거死去와 때를 같이하여 신임자를 파견한 사실로 명백해진다.

나) 숙위의 관등 및 그 정치참여의 분석

숙위의 자격에서 다음으로 찾아볼 것은 왕자나 왕족중에서 어떠한 인물을 선정했는가 하는 문제이다. 이는 입당시의 관등과 귀국 후 어느 정도의 관직에까지 승진되어 중앙정치에 직접 참여하였는가의 해명이 될 것이다. 초대 김문왕金文王은 그가 입당시에 하등의 관등표시가 없었으므로 귀국 후의 관등과 그 관직을 참조하여 비교할 수밖에 없다. 그가 숙위로 임명받은 6년 후인 무열왕 2년조의 기록에 의하면,

> 3월에 서자庶子 문왕文王을 이찬伊湌으로 삼았다.

로 되어 있었다. 그러나 그 해에는 여러 무열왕자가 똑같이 승진된 것을 보면 숙위 임명 당시는 이찬보다는 하위였을 것이며, 그때의 형제들이 가졌던 관등과 비슷했을 것이다. 다행히 진덕왕 5년에 이미 김인문金仁問이 파진찬波珍湌이었으므로 김문왕도 파진찬이었으리라 추정된다. 그후 무열왕 5년조에 볼 수 있는 바와 같이,

> 정월에 문왕文王을 중시中侍로 삼았다.

라 하여 이찬이 된 지 3년만에 귀국하여 문왕文王은 중시中侍가 되었다.

고 있었다고 보여진다.

이 중시는 집사성執事省의 장長으로 중앙최고의 관직이어서 당대 일급자임을 충분히 알 수 있다. 그는 무열왕 8년에 품일品日을 도와 그 부장副將으로 백제잔민토벌에 공을 세우는 등 행정·군사면에 큰 행적을 남기고 문무왕 5년(665)에 사망하였다.

제2대 김인문은 전술한 바 같이 진덕왕 4년 입당시에 파진찬이었고, 무열왕 3년에는 귀국하여 군주軍主가 되었음은 앞서 말하였다. 군주는 최고의 외관外官으로서 병부령兵部令의 전단계라고 할 만큼 당대 관직 중에서 가장 고위층의 하나였다.[291] 이러한 사실은 선덕왕善德王 11년에 김유신이 압량주군주押梁州軍主가 되었고, 무열왕 3년엔 김인문이 역시 압량주군주가 되었음을 볼 때 당대 일급인물이며 특출한 무장이었음을 알게 된다. 특히 당대 제1급의 인재로서 진골출신에 한했다는 사실은 상대등上大等과 같지마는, 그 후에도 왕권쟁탈전에는 직접 결부되지 않았다는 것이 역시 숙위의 본질이며, 그 인격과 인품이 선행되었다는 근거이다. 그후 김인문은 무열왕 7년에 소정방을 도와 부대총관副大總管으로 백제정벌에 참여하여 큰 공을 세웠으며, 백제정벌 직후에 재입당하여 숙위생활을 계속하였다. 문무왕 원년에 고구려정벌을 독려하기 위해 일단 귀국하여 김유신과 더불어 대당장군大幢將軍으로 소정방을 도와 제1차 고구려정벌에 참여했다. 그 후 문무왕 2년조의 내용과 같이

> 7월에 이찬 김인문을 당에 파견하여 방물方物을 바쳤다.

라 하여 문무왕 2년(662)에 이찬伊湌이 되었으며, 동왕 4년에 각간角干으로 장군將軍이 되었다. 이어 문무왕 6년 김삼광과 교체된 이후 동왕 8년 이적李勣의 당군唐軍과 함께 고구려를 정복하여 대각간大角干이 되었다. 그 이후에도 그는 계속 체당滯唐생활을 하였으므로 국내정치에는 전술한

---

291) 신형식, 「신라군주고」, 79~85쪽.

것과 같이 군사적인 영역에 한하였던 것이다. 문무왕 14년에 고토故土유민흡수책에 반발한 당 고종이 이에 그를 신라왕으로 봉封하여 역습해 온 이래 줄곧 유당留唐생활을 하였으며, 7차의 입당에 22년의 숙위생활을 마치고 효소왕孝昭王 3년(694) 당에서 66세로 사망하였다.

제3대인 김삼광金三光은 본기엔 나마奈麻로 되어 있으며 열전엔 대아찬大阿飡으로 되어 있어 전후 모순되어 있으나, 앞서 말한 바와 같이 삼광의 경우는 예외 현상이므로 그 관등이 문제될 것은 아니었다. 문무왕 8년에는

> 6월 요동도안무부대사遼東道安撫副大使 (중략) 유인궤劉仁軌는 황제의 칙지를 받들고 숙위하던 사찬沙飡 김삼광과 함께 당항진黨項津에 도착하였다. 왕은 각간角干 김인문으로 하여금 대례大禮로서 이들을 영접케 하였다.

라 하여 2년만에 곧 사찬沙飡으로 승진되었음을 볼 수 있다. 그러나 실제 그가 입당시는 나마奈麻라는 하위관등이었으나, 그의 정치적 비중을 고려하여 대아찬大阿飡으로 간주했으리라 여겨진다. 사실상 전쟁의 중요인물인 김유신의 자식을 인질로 한다는 것은 당시는 필요조치여서 그 관등이 문제될 것은 아니다. 그는 그해에 이적李勣의 당군唐軍 진영에서 직접 고구려정벌에 참여하였으며 신문왕 3년조에 보인 바와 같이

> 춘 2월(중략), 파진찬波珍飡 삼광三光을 보내어 기일을 정하고, 대아찬大阿飡 지상智常을 시켜 채단을 바치니 폐백이 15수레였다.

라 하여 신문왕 3년(683)에는 파진찬으로 승격되어 있다. 그후 삼광은 열전에서 이찬伊飡으로 기록되어 있는 바와 같이 상당한 고위층까지 진출하였다고 할 것이며, 열기열전裂起列傳(권 47)에 보인 다음의 내용에서 본다면,

> 후에 유신庾信의 아들 삼광三光이 집권執權할 때 열기裂起가 군수郡守를 해달라고 했으나 허락치 않았다. 열기는 기원사祇園寺 중인 순경順憬에게 말하기를 바의 공功이 크건만 군수 한자리를 청해도 마련해 주지 않으니 삼광은 아마도 부친(유신)이 돌아가시니까 나를 잊었나 보다 하였다. 순경이 삼광에게 이 말을 하니 삼광은 왕에게 청하여 열기를 삼년산군三年山郡 태수太守로 삼았다.

라 하여 막연히 후後라고 되어 있어 언제인지는 분명치 않으나, 그가 집권할 때라고 하였으니 실제 중시中侍나 상대등上大等 같은 최고관직이 아니더라도 상당한 고위직인 것만은 열기의 청탁에서도 짐작이 간다. 김유신의 세력을 억제하려는 왕권의 입장에서 볼 때, 김삼광을 등용시킨 이유는 무엇보다도 그가 초기에 보여준 공적에서 그 원인을 찾아야 할 것이며, 성덕왕 32년경에 발해의 침입을 당했을 때 당측의 요구가 다음과 같이 나와 있다는 데서 찾아야할 것이다.

> 개원開元 21년(聖德王 32년) 당은 사신을 보내 서 말하기를 "말갈靺鞨과 발해渤海는 밖으로 번한蕃翰이라고 칭하면서 속으로는 교활한 마음을 품고 있으므로 지금 군사를 내어 그 죄를 물으려 하니, 경卿(신라의 왕)은 군사를 내어 서로 힘을 합하기를 바라오. 듣건대 옛날 김유신의 손자 윤중允中이 있다고 하니 모름지기 그를 뽑아 장군將軍으로 삼아 주시오" 하고 윤중에게 금백金帛을 하사하였다. 이에 왕은 윤중과 그 동생 윤문允文 등 4장군에게 명하여 군대를 이끌고 나가서 당군과 함께 발해를 정벌하였다.<권 43, 열전 3, 金庾信 下>

라 하여 발해의 침입이라는 긴급한 군사적인 요구에서 삼광의 아들인 김윤중을 파견시켜 공동토벌하자는 당의 요구가 있어, 그는 개원 21년(성덕왕 32) 당시 숙위인 김사란金思蘭과 직접 발해토벌에 참가하였던 것이다. 이러한 당측의 요청이 있던 그 전후에 김삼광도 상당한 정치적 지위를 유지하였을 것이어서 무열계武烈系의 왕실은 필요시에 김유신계를 등장시켰을 것이다. 이러한 사실은 혜공왕대 김윤중金允中의 손자인 숙위학생인 김암金巖을 대일본외교사절[292]로 앞세운 데서도 그 근거를 찾을 수 있을 것이다.

이상에서 통일전의 숙위인 3대까지를 그 관등과 아울러 정치참여의 상태를 찾아보았다. 이들을 다 대아찬이상 파진찬까지의 관등으로 당시 일급 인물이었으며, 귀국 후 실제로 중앙관계에 직접 참여한 인물이어서 전체 숙위를 통해서 가장 왕성한 정치적 행적을 남겼던 것이다.

제4대인 김덕복金德福은 그가 김유신계를 극복하기 위한 과도적인 조치였으리라는 강한 인상을 나타내지만, 그의 관등은 대나마大奈麻였다. 그가 중대의 첫 번째 숙위라는 점에서 볼 때, 그의 관등하락은 정치참여의 배제와 함께 중대 숙위의 성격을 예시하고 있었다.

제5대인 김수충金守忠도 그 관등은 기록되지 않고 대감大監이라는 관직만 보인다. 그런데 이 대감은 아찬阿湌이 상한이었으므로 최고 아찬까지로 간주할 수 있으나 이것 역시 관등의 하락화 경향임에 틀림이 없다. 이와 같은 관등의 하강은 숙위의 정치적 지위가 쇠락하는 그 당시의 변화에 따른 문화적·경제적 추구를 위한 인물의 선정이라는 방향의 표현일 것이다. 따라서 골품骨品 중심이라는 광의의 영역 내에서도 비교적 인물위주의 발탁으로 보여지기 때문에 김수충 역시 3년간의 재당在唐생활 이후 전혀 정치적 행적은 없다.

제6대 김사종金嗣宗 이후 제10대인 김지렴金志廉까지 모두 관등의 표시는 없다. 동시에 정치적 참여 사실도 전혀 보이지 않는다. 다만, 김사란金思蘭과 김충신金忠信이 발해·말갈의 침입에 대해서 출병한 기록이 있을 뿐이다. 그렇다고 관등이 전혀 없다는 뜻은 아니고 오히려 당측에서 받은 관직의 내용으로 보아 거의 비등한 관등임을 알 수 있다. 사종嗣宗이 받은 과의果毅(종5품), 지만志滿이 받은 태복경太僕卿(종3품), 지렴志廉이 받은 홍려소경鴻臚少卿(종4품) 등에서 볼 수 있는 바와 같이 종3~4품의 관직이었음은, 통일전의 장군직將軍職도 종3품 직관임을 생각할 때 대동소이 하지 않았나 싶다.

292) 신형식, 「숙위학생고」, 66쪽.

그렇다고 관등이 초기와 같이 고수된 것이 아니었고, 이러한 중대 숙위의 비정치성이야말로 중대 숙위가 갖는 본질이며 전제왕권이 본궤도에 달했다는 증거이기도 하다. 따라서 문화적·경제적 직능이 중대 숙위의 특징이 될 것이다.

하대에 이르면 그 첫 숙위인 김헌충金獻忠 역시 관등의 표시가 없다. 그가 받은 비서감秘書監 역시 종3품이므로 중대와 별차는 없다. 제12대인 김사신金士信 역시 하등 관등과 정치참여의 실적이 없다. 그러나 제13대인 김흔金昕의 경우는 그가 무열계라는 점과 아울러 관등과 관직이 나타난다.

> 흔昕 (중략) 귀국하자 국왕은 왕명을 욕되게 아니하였다 해서 발탁하여 남원태수南原太守에 제수하고, 여러번 강주대도독康州大都督으로 전임되었다가 이윽고 이찬伊湌으로 승진되고 상국相國을 겸하였다. 민애왕 2년 윤정월에 대장군이 되어 군사 10만을 거느리고 대구大丘에서 청해병淸海兵을 방어하다가 패하였다. 이때 흔은 죽지 않았으나 벼슬길에 나가지 않고 소백산小白山으로 들어가 갈의葛衣를 입고 풀을 뜯어먹으면서 부도浮圖와 더불어 살다가 대중大中 3년(문성왕 11년, 849)에 병이 들어 죽었다.(권 44, 열전 4, 金陽 金昕)

라 하여 김흔은 귀국 후 이찬으로 강주대도독겸康州大都督兼 국상國相이 되었고, 대장군까지 승진하여 장보고토벌에 참가하였으나 패주한 후 은퇴했다고 하였다. 그가 무열왕계라는 정략적인 입장을 제하더라도, 초대와 같이 군주軍主가 되었으며 국상國相 또는 장군으로 정치적 행적을 남겼다는 데서 하대 숙위의 복고성을 찾을 수 있다. 이와 같은 정계진출의 허용은 통일전보다는 미약하다고 할 것이지만, 임시로나마 재현했다는 점에서 하대 숙위의 한 특징을 볼 수 있다. 이것은 어디까지나 정략적인 입장이었지, 실제로 본인의 의사와 능력에 의한 참여가 아니었다. 이러한 사실은 김흔이 장보고에 패배한 이후 입산부유생활을 강요당했다는 점에서 충분히 수긍이 갈 것이다.

제14대인 김충신金忠信 역시 관등과 관직의 기록이 전혀 없다. 하대 숙위 성격의 혼란이 바로 이런 점에 있는 것이다. 그러나 제15대인 김의종金義琮은 제융파悌隆派와 우징파祐徵派의 갈등에서 추방된 인물이었으므로 당에서도 그 이듬해 강제귀국 당했다는 것은 앞서 말한 바 있다. 희강왕僖康王(제융悌隆)은 이 의종義琮을 축출하였으나 신무왕神武王(우징祐徵)의 아들인 문성왕文聖王은 구舊왕자를 회유코자 김의종을 등용했다는 것이다. 문성왕 2년조에 의하면,

> 정월, 예징禮徵을 상대등上大等으로 삼고 의종義琮을 시중侍中으로 삼았다.

라 하여 그는 시중이 됨으로써 또다시 정계진출을 보였던 것이다. 김의종 역시 정략적인 방법일지라도 그가 시중이 되었다는 것은 최소한 관등은 아찬阿湌[293] 이어야 했음도 물론이다.

제16대인 김인金因은 경문왕(제융계) 10년에 보내진 사찬沙湌의 왕자였다. 비교적 하위이나 관등의 표시가 나왔다는 점은 주목을 요한다. 하대의 하반기는 대체로 안정을 되찾으려는 일련의 움직임 속에서 새로운 질서의 회복을 기도한 복고적 사회여서 초대와 같이 관등을 직접 표시하였을는지도 모른다. 그러나 이때는 숙위활동이 보장될 수 있을 정도의 사회적인 배경이 되지 못하였다는 것이다.

---

293) 侍中은 진골만이 될 수 있는 최고의 관직이어서 志에도 대아찬 이상의 관등으로 될 수 있다고 하였다. 그러나 진골은 대아찬 이상으로서 시작되는 것이 아니기 때문에 실제로 아찬으로 임명된 경우가 간헐적으로 보인다. 따라서 최소한 아찬 이상으로 임명되었다고 생각된다. 아찬으로 시중이 된 사람은 仙元(신문왕 10년)·元訓(성덕왕 1년) 이하 11명이나 되었다.

다) 당의 관직에서 본 숙위

전술한 바와 같이 숙위는 거의 당제로부터 관직을 받고 있었다. 그것이 약소국 왕자제에게 주어지는 회유와 우대의 표현이며 강대국의 자기만족의 우월성을 대변하는 명목상의 수여이니만큼 실제로 실무담임관이라고 볼 수는 없다. 그러나 그것이 지닌 내재적인 의의까지 망각될 수는 없으며, 시대 변천에 따라 그 관직이 변질되었다는 사실에 주목하려는 것이다. 김춘추가 그 아들 문왕文王과 함께 입당한 진덕왕 2년에[294] 김춘추가 받은 특진特進은 정2품의 문산관文散官이며, 문왕文王이 받은 좌무위장군左武衛將軍은 종3품의 중앙군 수뇌장이었다. 역시 다음 김인문과 김삼광도 같은 종3품의 무장직武將職이었으니, 아래와 같다.

김문왕金文王 : 좌무위장군左武衛將軍(종3품)
김인문金仁問 : 좌령군위장군左領軍衛將軍(종3품)
김상광金三光 : 좌무위익부중랑장左武衛翊府中郎將(종3품)

이와 같이 통일전 3대는 똑같은 실제 전투지휘관인 장군임을 볼 때 당대사회가 요구한 숙위의 임무를 충분히 살필 수 있다. 이들은 모두 濟·麗토벌의 부장副將이요 그 선봉장이었다.

그러나 중대 숙위의 관직은 전혀 성격을 달리한다.

김사종金嗣宗 : 과의果毅(종5품)
김지만金志滿 : 태복경太僕卿(종3품)
김사란金思蘭 : 태복경太僕卿(종3품)
김충신金忠信 : 좌령군위원외장군左領軍衛員外將軍(종3품)
김지렴金志廉 : 홍려소경鴻臚少卿(종4품)

위에서 본 바와 같이 전투적인 임무는 김충신의 경우에 발해·말갈의

---

294) 『구당서』 권199上. 열전 149, 동이(신라).

토벌을 위한 임시적인 현상을 제하고, 전부 비군사적인 문예·조의직朝儀職임을 알 수 있다. 이러한 성격의 변화는 그대로 신라사회의 요청과도 같은 것이며, 숙위 본연에의 문화적·경제적 필요성의 표시였다. 그러나 과의果毅와 같은 사무직인 무관에서는 군사적·문필적 두 가지의 기능이 공존하는 과도적 성격으로 보이고 있었다. 따라서 이러한 변화는 어디까지나 사회의 필요에 즉응卽應할 수 있는 가변성의 문제를 제기시켜 준 바라고 할 것이다.

다음 하대에 오면 우선 6명 중에서 2명만이 당직唐職을 받게 된다. 이러한 사실은 신라에 대한 당의 태도가 전보다 소원해진 결과로 해석되며, 동시에 신라외교의 약화를 뜻한다 할 것이다. 다시 말하면 정략적인 파견이고 보니 귀국을 강요당하는 예가 발생하였으며, 하등의 임무를 주지 않는 명예상의 숙위였다. 그러므로 그것은 이제 질자質子로서, 명목상의 외교사에 불과하였던 것이다. 하대 숙위는 다음과 같이

김헌충金獻忠 : 비서감秘書監(종3품)
김흔金昕 : 태상경太常卿(정3품)

두 사람만이 관직을 받게 되었다. 비서감이 갖는 도서·경전의 장관지관管掌之官이나, 태상경이 갖는 예악지직禮樂之職에서 볼 수 있듯이 하대 숙위는 순수한 문예직이었다. 여기서 숙위성격과 그 변질의 과정을 일목요연하게 살필 수 있다. 즉, 통일전의 전투적인 관직, 중대의 군사적·문예적 병존성에서 문예직을 중심으로 하는 다양적인 관직, 하대의 순수한 문예·예의적인 관직이나 인질로서의 입장 등이 그것이다.

라) 조공사로서의 자격과 그 임명절차 및 임기와 귀국방법

앞서 말한 바와 같이 숙위는 원래 조공사로서 입당하는 것이 통례로 되어있다고 하였다. 그러므로 숙위는 예외없이 조공사를 겸직했다는 것

이요, 전체 숙위를 통해서 '입당조공入唐朝貢 잉류숙위仍留宿衛'라는 것은 움직일 수 없는 사실이다. 그것은 숙위가 본래 조공사와 인질의 결합체였다는 데서 더욱 그럴 것이다. 그러나 점차 그 기능이 확대되어 양국에 존재하는 일체의 중개적 사자使者가 되었음을 보게 된다. 조공사에 대해선 다음항의 그 임무에서 상술하므로 여기서는 약한다. 그러므로 입당시에 또는 귀국시에 어떠한 절차가 있는가 하는 문제를 살펴보려는 것이며, 교체방법과 그 임기 등을 알아보려는 것이다. 숙위는 단순한 조공사와는 동일할 수가 없다. 그 자격과 임무와 존재가치가 다르므로, 그 선발에 있어서 상당한 배려와 신중을 요하는 것이다.

우선 그 임명방법이다. 김문왕金文王의 경우 '잉명숙위仍命宿衛'라 하여 김춘추의 일방적인 임명이었고 당측에 사전승인을 요했다는 기록은 없다. 그에 대해서 당이 거부한 사례도 없이 신라 독단적인 파견이어서 그 임명방법에 한해선 외교적 자주성이 그대로 표현되어졌다. 김인문金仁問의 경우도 역시 마찬가지였다. 이러한 신라왕의 자의적인 임명은 신라외교의 자주성을 표시한 것일 것이며, 중대까지의 대원칙이었다. 그러므로 귀국시에도 소기의 목적과 임기를 마치며 김인문의 경우처럼 '자당귀自唐歸'하면 되는 것이었다. 대개 당측에서도 억제하고 제한했다는 표현은 거의 없었다.

그러나 하대가 되면 그 임명방법과 귀국방법이 달라졌다는 데 주목해야 할 것이다. 앞서 말한 김흔金昕의 경우처럼 '장견인입당將遣人入唐 난기인難其人 혹천흔태종지예或薦昕太宗之裔'라고 한 짤막한 내용이 풍기는 왕의 독단성 제한은 특기할 만한 사실이다. 주위의 추천을 요했다는 것은 분명히 전제왕권에 일대 제약을 준 타협이었고, 그가 입당해서도 '청류숙위請留宿衛'라 하여 '잉류仍留, 잉명仍命'이라는 초기의 문구는 소멸되었다는 것이다. 물론 당제의 허락을 요청한 겸허한 외교술인지 몰라도 이는 하대사회의 반영 그것이었다. 동시에 그들의 귀국방법도 자의로 하

는 것이 아니라 김의종金義琮의 경우처럼,

> 홍덕왕興德王 11년 정월 왕자 의종을 보내어 숙위로 있기를 청하였다. 희강왕僖康王 2년 4월에 당 문종은 숙위 왕자 김의종을 놓아 보냈다.

라 하여 원류숙위願留宿衛하고 방환放還이라 하여 강제귀국이 아닌가 생각되어진다. 물론 『당서』에도,

> 개성開成 원년 왕자김의종王子金義琮 내사은겸숙위來謝恩兼宿衛 이년사월二年四月 방환사물견지放還賜物遣之[295]

라 하여 김의종을 놓아보냈다 하였으니, 이것으로 인하여 신라외교의 독립성이 상실되었다는 것은 아니지만, 대내적인 왕권의 약화와 아울러 외교적인 독립성의 상당한 후회일 것만은 틀림이 없다. 김흔金昕 역시 '세여청환歲餘請還'이라 하여 자의적 귀국이 아니고 인질적인 성격을 스스로 표현하는 것은 하대의 일이었다. 이러한 외교상의 자주성 감퇴는 곧 왕권자체의 쇠락화의 표현이라고 할 수 있을는지도 모른다. 그러므로 마지막 경문왕景文王은 이러한 퇴화에의 방향을 바꾸려고 김인金因을 '견사찬입당숙위遣沙湌入唐宿衛'케 했으나 전대前代와 같은 독립적인 복원은 못하고 만 것이다.

그러나 신라의 일방적인 방법이 아닌 당측의 임명이라는 특례도 있었으니 그것은 김삼광金三光과 김사란金思蘭의 경우이다. 전자는 고구려정벌을 위한 정략과 김유신세력의 회유억제책에 기인한 일시적인 파격이었고, 후자는 발해·말갈의 침입에 대응한 임시적인 조치였음을 앞에서 보았다. 물론 신라에 의한 단독적인 임명이라고 해서 당에서 반대한 사례가 없는 것처럼, 당에 의한 일방적인 임명이라고 신라 역시 반대할 입장은 아니었다. 그러므로 앞의 양인의 경우를 보고 전체적인 신라임명원

295) 앞의 책, 권199上, 열전 149, 동이(신라).

칙이 붕괴되었다고 볼 것이 아니라, 어디까지나 일시적인 조치여서 곧 지체없이 교체되었음을 볼 수 있었다. 또한 하대 숙위의 파견시에 사전 승인을 요청했다 하더라도 신라의 주장과 견해는 결코 무시된 것이 아닌, 자의적·독립적인 것이었다. 여기에 신라외교의 일단면이 있다고 할 것이다.

끝으로, 그 임명시기와 임기 및 교체방법을 살펴보고자 하는데, 여기에 대한 명확한 기록이 없는 것이 유감이다. 숙위가 왕권강화를 위한 보조수단이라면, 그 임명시기와 왕권의 교체와는 상호관련이 있어야 할 것이다. 즉 새로운 왕의 출현과 동시에 파견되어야 할 것이나, 그러한 예는 하나도 없다. 상대등上大等과 시중侍中이 원칙적으로 왕위의 교체와 때를 같이 했음에[296] 비해서 숙위는 전혀 왕권의 변동과 관계가 없다. 다만, 통일전·중대·하대라는 커다란 왕통의 교체기에는 왕자로서 왕가의 대변자 구실을 하려 했다는 정도의 신중한 배려가 보일 뿐이다. 그러므로 직정 왕권을 보강하려는 수단이기 보다는 간접적인 지원을 위한 측면적인 외교수단일 것으로 보여진다. 전체 숙위에 대한 통일적인 파악을 위한 표를 작성하면 <표 78>과 같다.

〈표 78〉 통일신라의 숙위

구분	성명	임명연월일	임기	파견시 관등	최후의 관등	정치 참여
통일전	김문왕	진덕왕 2년(648)	5년	[波珍湌]	伊湌	侍中·大將軍
	김인문	진덕왕 5년(651)	22년	波珍湌	大角干	軍主
	김삼광	문무왕 6년(666)	3년	[大阿湌]	伊湌	執權
중대	김덕복	문무왕 14년(674)	1년			
	김수충	성덕왕 13년(714)	3년	[阿湌]		大監

296) 이기백, 앞의 논문, 11쪽.

구분	성명	임명연월일	임기	파견시 관등	최후의 관등	정치 참여
	김사종	성덕왕 27년(728)	2년			
	김지만	성덕왕 29년(730)	1년			
	김사란	성덕왕 32년(733)	1년			발해토벌
	김충신	성덕왕 32년(733)	1년			
	김지렴	성덕왕 33년(734)	1년			
하대	김헌충	애장왕 7년(805)	1년			
	김사신	헌덕왕 1년(809)	1년			
	김흔	헌덕왕 17년(825)	1년		伊湌	國相·軍主
	김의종	홍덕왕 11년(836)	1년			大將軍
	김충신	희강왕 2년(837)	1년			侍中
	김인	경문왕 10년(870)	1년	沙湌		

* [ ]안의 것은 추정에 의함.

<표 78>에서 본 바와 같이 그 임기도 일정한 기간으로 설정된 것은 아니다. 대체로 통일전은 3년 이상이었으나, 중대에 이르러 단축되어지면서 하대는 거의 1년으로 한정되었음을 볼 수 있다. 특히 김인문의 기록적일 만큼의 기간인 22년간이라는 것은[297] 그가 입당한 진덕왕 5년(651)에서 김덕복金德福이 파견된 문무왕 14년(674) 이전까지를 뜻한다. 그렇지만 설제는 김삼광金三光과 교대된 문무왕 6년(666)까지 15년이라고 해야 더 정확한 표현일 것이다. 그의 장기유임은 오히려 신라사정이 아니라 당의 입장에서였다고 보여진다. 이에 대해서 김인문열전에 의하면

당 고종은 말하기를 그는 나라를 지키는 양장良將이요 문무文武를 겸한 뛰

297) 『삼국사기』 권44, 열전 4(金仁問)에 의하면 "仁問七入大唐 在朝宿衛 計月日 凡二十二年"이라고 하였다.

> 어난 영재英才이다. 따라서 관작官爵을 주고 봉토封土를 주어야 할 것이며, 특별히 관위官位를 더하고 식읍食邑 2천호戶를 주었다. 그뒤 궁중宮中(당)에서 시류侍留하기를 여러 해가 되었다.

라 하여 그의 인격과 그가 문무영재임을 믿어 황제측근에서 시위케 했다는 것이다. 또한 그는 당 고종을 따라 봉태산封泰山에 올라 우효위대장군右驍衛大將軍이 되었다고 하여 당제와 개인적으로 상당히 친근한 사이여서 장기의 숙위생활을 한 것이다.

그러나 숙위의 임기는 중대에 이르러 현저하게 단축되어졌다. 그 이유는 우선 문화적·경제적 욕구에서 오는 '다수인'의 대량파견을 추구하여 보다 많은 문물흡수를 위한 방편이었다는 점이다. 아울러 당에서 숙위를 본국 왕권의 제한적 요소로 역용되어짐을 미연에 방지하려는 뜻도 있었을 것이다. 이러한 사실은 문무왕 15년조의 다음과 같은 주의 깊은 기록에서 더욱 명백해 진다.

> 가을 9월, 설인귀薛仁貴는 숙위학생 풍훈風訓의 부친 김진주金眞珠가 본국에서 사형받은 것으로 풍훈을 끌어들여 향도를 삼고 와 천성泉城을 공격하므로 우리 장군 문훈文訓 등이 마주 싸워 이겼다.

라 하여 당시는 숙위(김덕복金德福)가 귀국한 공백기였으므로 비정치적인 숙위학생 김풍훈이 그 부친 김진주가 반역으로 처형된 사실을 알고,[298] 이러한 개인적 원한관계를 역이용하여 그를 향도로 본국을 침입케 한 사실을 지적하고 있다. 이러한 본국왕과의 마찰적인 위험성을 본 신라는

---

298) 김진주는 김유신과 동시대에 활약하던 무장이었다. 선덕여왕 8년(639)에 何瑟羅州軍主가 된 이래 무열왕 7년(660) 백제정벌에 참가하여 무훈을 세우고 문무왕 6년(666)에도 大幢將軍으로서 고구려정벌에 참여한바 있다. 그러나 동왕 2년에 백제잔민이 반란을 일으켰을 때 "詐稱病不恤國事" 했으므로 반역죄로 몰려 眞珠·進欽 형제는 죽음을 당했다. 그들 형제가 과연 반역죄를 지었는가에 대해서는 석연치 않다. 그러나 이것은 그가 兵部令이었음에 비추어 전제왕권을 확립하려는 일련의 정치적 변화라고 할 수가 있다(신형식, 「신라병부령고」, 84쪽 참조).

사전의 대비로써 그 임기의 단축을 기도하였다고 생각할 수 있다. 이러한 사례는 성덕왕 33년 김충신金忠信과 김지렴金志廉의 관계에서도 역시 볼 수 있다. 즉, 신라에서는 김충신의 오랜 시류侍留를 염려하여 곧 김지렴을 파견하여 교대했다는 것이다. 그 '구시천정久侍天廷'이 갖는 잠재적 의미에서 본국의 우려는 충분히 살펴질 수 있다.

이러한 임기의 단축은 하대에 와서도 역시 동일하였으며, 외교적인 독자성이 제약된 그 당시로서는 대개 강제로 귀국을 당하는 사건과 대조할 때 임기의 단축은 불가피했다고 생각된다. 또한 앞의 내용에서 본 바와 같이 그 교체방법은 신임자가 도착하면 전임자는 바로 귀국하는 것이다. 이러한 교대는 숙위가 갖는 외교사절로서 신구의 교대방식으로 흔히 생각될 수 있는 일이다. 그러나 역시 하대에 이르면 전혀 그 원칙이 없어 후임자가 오기도 전에 귀국하는 경우도 많게 되었다.

4) 숙위의 임무

지금까지 필자는 숙위의 형태와 그 자격을 통해서 다양성을 지닌 그 개념을 대략 살펴보았다. 그러나 원래 숙위는 어떤 명료한 임무가 규정된 것이 아니고, 미분화상태로써 그 당시 사회현상과 밀접한 연관에서 양국의 정치적 외교적 임무를 맡았으니만치 그가 지닌 임무도 획일적일 수는 없었다. 이미 그 기원에 보여진 조공사와 인질의 결합에서 그 주 임무는 어디까지나 외교적인 조공사였으나, 사회적인 필요에서 숙위는 다각적인 직능과 활동을 하게 되었다.

가) 조공사로서의 숙위

이는 앞절에서 언급한 바와 같이 숙위는 본질적으로 인질적인 조공사였다. 김춘추가 그 아들 문왕文王과 같이 조공한 이래 역대 숙위는 예외

없이 조공사였다. 그러므로 양국의 공식적인 접촉사로서 入당시 본국 방물方物을 가져가고 귀국시에 회사물回賜物을 가져오는 정치적 중재자이며, 경제적·문화적인 교섭인이었다. 그는 단지 연례적 조공사와는 달리 계속하는 유임 인물이었으므로, 그 자격과 요건이 조공사와는 전혀 달랐을 뿐이다.

그것은 일반조공사는 무명의 인물로도 대행하였고 또 비김씨非金氏의 선정까지 보여졌으나, 숙위로의 조공은 어디까지나 김씨에 한했음을 볼 수 있어 김씨왕조의 폐쇄적인 단면을 충분히 살펴볼 수가 있다. 성덕왕 27년의 김사종金嗣宗의 경우를 보면, 방물을 바치고 숙위학생의 국학입학을 요청함으로써 정규적인 조공사의 직능을 다한 것이다. 이러한 경제적 물물교환, 다시 말하면 본국의 원료품과 당의 완제품을 교환하는 고대무역의 형태는 숙위외교의 발달로 본궤도에 올랐다고 볼 것이다.

이러한 경제적 교역은 물론이지만 신라사회 내부의 요구도 있었다. 정치적 우위를 차지하는 국가보다 약소국가가 그 의지依持(복속)에의 대가로써 경제적·문화적인 이익을 본다는 일반적인 논리가 더 컸을 것이라는 것이다. 그러나 통일전의 숙위는 사실상 군사적 목적의 조공사였다는 것이며, 중대의 그것은 경제적·문화적 조공사라는 것이었다. 그러나 하대는 정치적인 것은 물론 그 경제적 임무까지도 박탈당했음을 볼 수 있다. 이에 대해선 경문왕 9년조에 나타난 조공기사를 보면,

> 가을 7월, 왕자 소판蘇判 김윤金胤 등을 당에 보내어 은혜를 사례하고 겸하여 말(馬) 두필, 부금麩金 1백냥, 은銀 2백냥, 우황牛黃 15냥, 인삼 1백근, 대화어아금大花魚牙錦 10필, 소화어아금小花魚牙錦 10필 등을 바쳤다.

라 하여 일반조공사는 방물을 대거 헌진하여 중대의 숙위와 같은 문물교환의 일을 맡고 있으나, 바로 다음해에 보낸 숙위 김인金因은 단순히 '입당숙위入唐宿衛' 라 하여 명목상의 조공사에 불과했음을 보여주고 있다.

다시 말하면 경제적 임무는 일반조공사에게, 문화적·외교적인 소임은 숙위학생에게 양도하여 단순한 명예상의 알선중개자로 전락했음을 볼 수 있다.

이러한 점은 하대의 전형적인 숙위인 김흔金昕의 행적에서 볼 수 있다. 헌덕왕 17년조[299]에서 보듯이 김흔은 단순한 숙위학생의 안내자의 역할을 하고 있었고, 귀국치 않는 숙위학생들을 소환 귀국케 했다고 보여진다.

나) 인질로서의 숙위

숙위가 인질의 변형이었음도 전술한 바 있다. 다만 양국이 상호입장을 고려하여 그 표현을 억제했다는 것이다. 그러나 인질은 보통 무력적인 강국이나 적국에 보내진 왕권의 적대자였음이 일반적이다. 그러나 그것은 단순한 인적담보에서 정치적·외교적 활동이 금지된 로보트였다면, 숙위는 그러한 인질의 기원을 가지면서도 소위 군자지국君子之國·인현지국仁賢之國이라는 그 전제에서 숙위자신의 정치적·외교적 활동이 가능했다는 것이 큰 차이이다. 그러므로 인질이란 어휘는 조심성 있게 피했지만, 그 인질적인 성격은 하대로 올수록 신라사회의 약화현상에 따라 더욱 공공연히 강조되었다.

이러한 인질적인 존재가 나羅·당唐이 충돌하는 불화기와 왕권이 약화된 하대에 노골적으로 나타났음은 숙위가 갖는 그 내재적인 의미로서의 인질임을 분명히 나타내 주는 것이 되었다. 『삼국유사』(권2, 문호왕文虎王 법민조法敏條)에는 다음과 같은 내용이 나타나 있음을 본다.

299) 『삼국사기』 권10, 헌덕왕 17년의 기록에는 "夏5月 遣王子金昕入唐朝貢 遂奏言 先在大學生 崔利貞·金叔貞·朴季業等 請放還蕃 其新赴朝 金允夫·金立之·朴亮之等 一十二人 請留宿衛 仍請配國子監習業 鴻臚寺給資粮 從之"라 하고 있다.

> 이때 한림랑翰林郎 박문준朴文俊이 인문仁問을 따라 옥중에 있었다. 고종이 문준을 불러 말하기를 (중략) 강수强首에게 명하여 인문의 석방을 청하는 표문表文을 지었다.

라 하여 문무왕의 고토故土 유민흡수책에 반발한 당 고종이 당시 시류侍留하던 인문을 강제로 감금하여 영어생활을 시켰으므로, 강수가 사죄탄원문을 작성하여 바쳤다는 사실에서 숙위가 곧 인질이었다는 내면적인 의미를 충분히 살필 수 있다. 나아가서 문무왕 15년에 신라의 고토유민흡수책에 반대하여 김인문을 신라왕으로 임명하여 역습해 온 사실과 숙위학생 김풍훈金風訓을 향도로 본국을 침입케 하여 정치적 홍정을 꾀한 당의 태도에서 인질이 갖는 고민의 일단을 볼 수 있다. 그러므로 양국의 불화시 당은 신라에 대한 불만의 표현으로, 보복의 대상으로 역이용함으로써 신라왕권에 위협적인 매개체로 삼았던 것이다. 또한 김충신金忠信이 '구시천정久侍天庭'하였다는데서 온 성덕왕의 우려도 왕권에 대항하는 인질적인 의미이었음은 부인할 수 없었다. 그러나 중대에 있어서는 오히려 그 인질적인 의미는 그대로 보편화된 것이 아니라고 할 수 있다.

이에 대해서 하대에 이르면 내용상이 아니라 표면상으로도 질자質子라는 표현을 볼 수 있다. 헌덕왕 원년 8월조에는

> 헌종憲宗은 직방원외랑섭어사중승職方員外郎攝御史中丞 최정崔廷을 파견하고, 질자質子 김사신金士信을 부사副使로 삼아 적제吊祭하고 왕을 책봉하여 (중략) 신라왕으로 삼았다.

라 하여 헌덕왕 1년(809)에 파견된 제12대인 김사신은 애장왕 사거에 대한 적제사吊祭使 겸 신왕책봉사인 최정을 따라 귀국했던바 그를 질자로 기록하고 있는 것이다. 숙위가 인질로 대칭된 경우는 이 김사신뿐이었지만, 이제 하대 숙위는 전술한 바와 같이 정치적·외교적 임무가 없었기 때문에, 그것은 단순한 인질에 불과하였다. 또한 김헌충金獻忠과 김의종

金義琮의 귀국 사실을 '방환放還'이라 하고 있어 하대 숙위의 인질적인 성격을 반영한다 할 것이다. 나아가서 김흔金昕도 '세여청환歲餘請還'이라 하여 자의적인 귀국이 허용되지 못한 실정을 고려할 때, 숙위가 갖는 본원적인 인질로의 성격을 찾아볼 수 있다.

다) 문화적인 사자로서의 숙위

숙위의 속성에서 조공사·인질 그리고 국학입학의 요청 등 3유형이 있다고 한 점은 그 기원에서 언급한 바 있다. 그것은 조공과 인질이 결합되는 과정에서 문화적 공세인 국학입학을 요청하였다는 것이었다. 그러나 실제로 국학에서 수업한 장본인은 숙위가 아니라 숙위학생이어서, 양자는 이미 중대에 완전히 분리되는 현상을 보였다.

숙위는 원칙이 김씨왕족에 한하여 그들의 독점적인 지위를 고수했으나, 숙위학생은 김씨를 포함하여 김유신계(김암金巖), 박씨(박계업朴季業·박량지朴亮之), 최씨(최이정崔利貞), 양씨(양열梁悅)[300] 등 그 자격이 개방되었음을 볼 수 있었다. 그러므로 숙위학생이 대거 등장하는 하대 이전은 숙위가 문화적인 임무를 다했다 할 것이다.

제4대 김덕복金德福이 당의 신역법新曆法을 전래했고, 제5대 김수충金守忠이 성덕왕 16년에 귀국할 때 공자상 기타 경전을 전래하였다는데서 앞의 문화적인 기능을 살필 수 있다. 그러나 어디까지나 숙위는 정통왕가의 대리자여서 정치적인 지위에 치중하려는 입장에서 문화적인 임무는 스스로 피하려는 의도를 보인다. 그것은 국학에 입학할 '자제子弟' 들의 안내자로써 김사종金嗣宗의 예와 같이 단기간의 체류에서 오는 당연한 결과라고 해석된다. 오히려 비김씨에 대한 문화적 진출의 권장은 보다 정치우선으로써 김씨왕조의 현명한 자기보전책일는지도 모른다. 그

---

300) 신형식, 「숙위학생고」, 71쪽.

러므로 문화적 사자使者로서는 중대에 한하고, 통일전과 하대는 거의 찾아볼 수 없게 되었다 할 것이다.

라) 무장武將으로서의 숙위

이상에서 숙위가 갖는 본연의 임무를 찾아보았다. 그러나 앞서 말한 바와 같이 숙위는 3유형의 임무를 지닌 고정된 존재가 아니고 그 당시 사회와 밀접한 관련을 가지고 있으므로 다양한 기능을 갖기 마련이었다. 여기에 숙위의 본질이 있으며 인질과 다른 점이 있는 것이다. 이 무장으로서의 숙위가 그 본연의 임무는 아니지만, 그 출현과 동시에 부여된 숙위의 제1차 임무였고 그 존재가치였다. 따라서 숙위는 삼국통일의 외교적·군사적 관문을 열어 주었으며, 실제로 통일과정에 큰 역할을 남기고 있는 것이다. 통일전 3대까지의 숙위가 당제에게서 받은 관직이 똑같이 실제 전투지휘관이었음은 누차 언급한 바 있다. 김문왕은 좌무위장군左武衛將軍, 김인문은 좌령군위장군左領軍衛將軍, 김삼광은 좌무위익부중낭장左武衛翊府中郎將을 각각 받았던 것이다. 이들 3인이 실제로 당의 관직을 담당하여 무공을 세운 것은 아니지만, 제·려정벌에 참여시키려는 예비조치인 것만은 확실하다. 그러므로 문왕文王을 수행한 보좌관이 대감大監이었음도 이러한 무장직을 도와주려는 목적이었던 것이 명백하다. 또한 중대의 비군사적인 시기라 해도 발해침입에 대응키 위해서 김충신金忠信이 일시로 좌영군위원외장군左領軍衛員外將軍이 되었음도 본 바 있다.

이러한 무장으로서의 숙위의 주 임무는 첫째로 제·려정벌의 청병사였다. 숙위는 단순한 조공사가 행할 수 있는 걸사사乞師使가 아니라 그곳 당정唐廷에서 체류하면서 당제와 그 관료들과의 교환交驩을 통해 실천계획과 구체적인 문제를 협의하는 청병사였다. 김춘추가 진덕왕 2년에 "만약 당나라군을 빌려주어 흉악한 무리를 없애지 않으면 전부 포로가 될 것이다(若陛下不借天兵翦除凶惡 敝邑人民盡爲所虜)"라고 구원을 청한 것같이 김인문은 직접 당 고종에게 원병을 요구하여[301] 백제정벌을 가능케 한 것이었다. 그러므로 백제토벌에의 직접적인 외교적 단서는 김인문의 활동이 크게 작용된 것이다. 문무왕 6년에도 당시 숙위인 김삼광이 역시

왕은 이미 백제를 정벌하였으므로 고구려를 멸망시키기 위해 당에 청병하였다.

라 하여 고구려정벌의 청병사로서의 소임을 충분히 다한 것이었다. 이렇게 제濟·여麗정벌을 위한 김인문·김삼광의 노력은 그 걸사乞師로서만 그친 것이 아니고, 당의 전략을 본국에 보고하여 실천을 촉려促勵하고 그 전술을 직접 이끌고 나갔던 것이다.

고종高宗은 영국공英國公 이적李勣을 보내 군대를 이끌고 고구려를 정벌하는 한편, 인문仁問을 보내어 우리(신라)에게 군대를 징발케 하였다. 이에 문무왕은 인문과 더불어 20만 대군을 이끌고 북한산성에 이르렀다.(권 44, 열전 4)

라 하여 김인문은 당의 전략을 갖고 귀국하여, 징병을 독촉하고, 이어 실전에 직접 참여하였던 것이다.

둘째, 제·려정벌 또는 말갈·발해토벌의 부장副將이요, 그 선봉장으로서 실전에 참여하는 장군이었다. 이 점도 또한 실제로 그들이 받은 관직에 나타난 사실로 볼 때 짐작이 간다. 이러한 사실은 김인문이 소정방(대총관)의 부장副將(부총관)으로 임명되어 본국 사정에 능통함을 이용하여 백제정벌의 향도장[302]을 삼은 것이다. 그러므로 그는 실제로 김유신군과 합세하여 백제를 정벌하였던 것이다.

김삼광金三光 또한 문무왕 8년 고구려정벌의 밀지를 갖고 유인궤劉仁軌와 같이 귀국한 후 고구려정벌에 당군의 부장副將으로 출정하였다. 그는 당시 와병중인 김유신을 대신하여 신라군을 이끈 김인문과 함께 고구려

301) 『삼국사기』 권44, 열전4, 김인문.
302) 앞의 책, 권44, 열전4, 김인문.

를 정벌한 것이었다. 성덕왕 33년에 숙위인 김충신金忠信이 당제에게 바친 글 속에서 "영신집절令臣執節 본국발병本國發兵 토제말갈討除靺鞨"(성덕왕 33년)이라는 사실로 보아도 그가 당과 공동으로 출병하여 발해·말갈을 격퇴하려는 군사적 임무를 스스로 밝히고 있다. 따라서 최치원전崔致遠傳에 보인,

> 태복경김사란太僕卿金思蘭 발병과해공토發兵過海攻討

라는 짤막한 내용에서도 김사란과 같은 중대 숙위가 비군사적인 입장을 가진 문예직의 인물이지만, 당시의 긴급한 발해·말갈의 침입에 대처한 그 토벌에의 선봉장이었음도 의문의 여지가 없다.

마) 당제의 고문顧問 내지 측근시위자로서의 임무와 외교사절로의 숙위

원래 숙위는 자국왕의 숙위지신宿衛之臣임은 재언을 필요치 않는다.303) 그러나 신라대 숙위는 자국의 궁금수위자宮禁守衛者도 아니오, 본국왕의 측근도 물론 아니었고, 당제의 시위지신侍衛之臣이었다. 김춘추가 입당했을 때의 상황을 『삼국유사』(권 1, 태종춘추공조太宗春秋公條)에는, 당제가 김춘추의 인품이 비범하므로 시류侍留케 하려 했다고 되어 있다. 또한 김인문의 경우에도 열전(권 44)에, 그 역시 궁금시위지신宮禁侍衛之臣임을 나타내고 있다. 이러한 사실은 신라의 입장에서도 무의미한 인질이라기보다 일보 더 나아가서 왕자를 당제 밑에 시류케 하여 성명聖明을 받들면서 신라의 정치·외교에의 고문적인 존재로 우대해 주기를 바랐다고 믿는다.

---

303) 숙위의 일반의미로서는 이미 그 기원에서 말한바 있으며, 『고려사』 권113(열전 26) 安祐 條에 "從恭愍入元宿衛 及王卽位授右副代言" 이라 하여 안우는 공민왕의 宿衛之臣으로서 왕을 모시는 비서 수행원적인 성격으로 나타내고 있다.

이에 대해 당은 신라를 견제하고 회유하는 대국으로서의 위신과 자존을 나타내게 하였을 것이며, 필요시에 이용도를 가늠했을 것이다. 그러므로 숙위의 인품이 '공이유예恭而有禮'하다는 전제를 내세운 의도가 바로 당제의 측근으로써 인화人和와 품격을 희구한 소이일 것이다. 때문에 김인문이 당 고종을 수행하여 '호가봉태산扈駕封泰山'하였다는 것은 그가 상당히 가까운 내신內臣임을 알려주는 바 되었고, 특히 애장왕 원년조에 나타난 숙위학생 양열梁悅이 당 헌종의 종난지신從難之臣이었다고 하였으니 당시 숙위가 파견되지 않았음에 비추어 그가 대신 당제의 측근 내신이 되었음을 나타내 주고 있다.

그렇다면 여기에 4이夷의 숙위 중에서 특히 신라인을 크게 우대한 이유가 무엇일까 하는 의문이 남게 된다. 여기에 몇 가지 추측이 가능하다. 첫째, 신라를 인의仁義·인현지방仁賢之邦으로 인정하여 신뢰하는 당으로서는[304] 신라왕족이라는 사실로써 그 인격과 인품을 신임한다는 전제가 따라야 한다. 이렇게 회유안심시킴으로써 대국으로서의 권위를 표방하려는 자기우월감의 표현일 것이며, 그를 통해 신라를 이용하고 견제시킬 수 있다고 볼 것이다.

둘째, 외국왕족이라는 공정하고 객관적인 자세에서 당 왕족의 정통을 유지·존중케 하여 황권강화와 그 보존에 유리한 조력자로 본다는 것이다. 김충신金忠信이 '신자봉성지서장치명臣自奉聖旨誓將致命'이라고 하였다든가, 신라가 '위명국가委命國家'[305]했다는 사실과 더불어 양열梁悅의 종

---

304) 당이 신라를 仁賢之邦으로 인정한 사실은 흔히 볼 수 있다. 성덕왕 30년 2월조의 당 현종 조서에는 "三韓善隣 時稱仁義之鄕 世著勳賢之業 文章禮樂 闡君子之風"이라 하였고, 경덕왕 15년의 당제의 조서에도 "興言名義國"이요 "衣冠知奉禮"하며 "忠信識尊儒에 誠矣天其鑑"이라 기록되어 있으며, 원성왕에 준 당 덕종의 조서에 "卿俗敦信義 … 禮法興行"이라 하여 신라를 仁義之國으로 인정한 것이니 이러한 사실은 이미 진덕왕 5년 法敏이 바친 太平頌에서도 보여지고 있었다.

305) 『삼국사기』 권5, 선덕왕 13년, 춘정월조.

난지사從難之事에서도 가능한 추측이 될 것이다. 그렇게 함으로써 양국의 교섭을 원활케 하여 중국에 대한 경의와 의존도를 유지시킬 수 있었으며, 신라 또한 그와 같은 밀착에서 강대국의 배경을 통한 자기변호를 추구했다고 할 것이다.

숙위는 끝으로 미숙하나마 외교사절로서 간주한다는 것이다. 그것은 김사란金思蘭에게 부여한 '급시위이출강지임及是委以出疆之任'이라는 짤막한 어구가 갖는 내용적인 가정이다. '출국지강계出國之疆界 위부타국야謂赴他國也'라는 사전적인 해석만이 아니고, 이때 조공사와 문화사절로서도 외교관으로서의 시원적인 기능은 충분한 것이었다. 김수충金守忠이 성덕왕가聖德王家를 대표하여 파견되어 국교정상화의 길을 열었다든가 김인문의 열전에 보인

> 그대는 돌아가 왕에게 함께 군사를 내어 고구려를 정벌하자는 고종의 뜻을 알려라(『삼국사기』 권44, 김인문).

라는 표현은 그가 실제로 양국의 교량적 임무를 다한 외교사절이라고 해도 무방할 것이다. 더구나 다음과 같은

> 김암金巖은 왕명으로 일본에 건너갔다306)

이란 내용에서도 알 수 있거니와 이들 숙위(또는 숙위학생)는 양국간의 외교사절로 중국 뿐 아니라 왜에도 파견되기까지 하였다.

이러한 상주차관적常駐箚官的인 의미는 성덕왕 13년 김수충金守忠이 입당했을 때 보여 준 당의 환영연에서 쉽게 찾아질 수 있다.

> 2월, 왕자 김수충을 당에 파견하여 숙위를 하게 하니 현종은 집과 의복을 주고 그를 총애하며 조당朝堂에서 잔치를 베풀었다. (중략) 당 현종은 우리나

306) 앞의 책, 권43, 열전3, 김유신(하).

라의 사신들을 내전에 불러 연회를 베풀었는데 재신宰臣 및 3품 이상의 제관諸官을 여기에 참여하게 하였다.

라 하여 김수충에게 당에서는 고위 관료층을 배석시켜 환영연을 베풀어 주고 있어 신라의 숙위를 하나의 외교관으로 인정하여 그 의식을 갖추었다 할 것이다. 여기서 필자는 숙위를 미약하나마 국사상國史上 처음으로 나타난 외국주재사절이라고 부르고 싶다.

3. 숙위학생宿衛學生(遣唐留學生)의 역할과 그 성격

1) 숙위학생(견당유학생) 파견의 배경

나말여초羅末麗初의 전환기를 이해하는데 숙위학생은 큰 비중을 차지한다. 왜냐하면 이들 견당유학생은 신라와 고려를 연결시켜 준 지적知的 집단으로서 신라를 정신적으로 극복하였으며, 고려를 학문적으로 성립시켜 준 주역이기 때문이다. 따라서 이들의 활동이나 사상적 추이는 『삼국사기三國史記』나 『동사강목東史綱目』 등으로부터 크게 주목되어 왔다. 이들 유학생들은 주로 6두품으로 고려말의 사대부士大夫나 조선말기의 중인中人 계층과 같이 시대전환기의 창조적 소수(Creative minority)로서 새 왕조 창조의 주역(사상적 지식계급)이라 할 것이다. 말하자면 우리나라판 제자백가諸子百家일수 있다.

필자는 일찍이 「숙위학생고」에서 이들의 활동상과 사상적 변화를 분석한 바 있었다. 특히 그들의 유儒·불佛·선仙을 포용한 종교적 결합에서 「훈요십조訓要十條」를 비롯한 고려초의 사상적 흐름을 이해하였으며, 그들의 실력위주의 풍조는 과거제도科擧制度 및 왕도정치王道政治의 구현에 바탕이 되었음을 지적하였다.[307] 이러한 주장은 어느 정도 학계에서 받아 들여 졌고, 지금도 필자의 입장인 것이다.

그 후 이기동李基東·김세윤金世潤의 보충 연구가 잇달아 그에 대한 보다 명확한 성과가 나타났던 것이다. 이기동의 연구에서는 전당시全唐詩·금석문金石文을 광범하게 수렴하여 36명의 유학생 명단을 확인하게 되었다.[308] 이어 김세윤의 연구에서는 52명의 유학생을 관官·사비유학생私費留學生으로 구분하여 그들의 활동을 정리하였으며, 학생들의 신분을 달리 해석하고 있었다.[309] 따라서 우리는 이러한 연구과정에서 도당유학생에 대한 성격이나 개념에 일부 혼선을 빚게 된 것이다.

이에 필자는 그들의 신분이나 활동 그리고 성격 구명에 있어서 보다 분명히 밝혀야 할 부분이 있음을 느꼈다. 다시 말하면 기존의 연구에서 특히 소홀히 다루었던 유학생의 파견 배경과 그들의 수학방법 및 활동(국내·외)을 정리할 필요가 있었다. 그러므로 본고에서는 유학생 파견의 배경과 수학방법을 주로 다루었고, 체당활동滯唐活動이나 국내에서의 동향은 3인의 기존의 연구성과를 종합·정리한 것에 불과하다.[310] 여기서 필자의 입장을 재천명함은 물론 숙위학생의 성격을 보다 뚜렷하게 파악할 수 있으리라 여긴다. 이에 필자는 고대한중관계사의 한 부분으로서 견당유학생의 위치를 선명하게 부각시키려는 의도에서 본고를 정리하였다. 다만 그들의 활동이나 사상적 추이에 대해서는 필자의 구고舊稿의 내용과 차이가 없음을 밝혀 둔다.

우리나라 역사상 처음으로 중국(당)에 유학생을 보낸 사실은 다음과 같은 『삼국사기』의 기록에서 비롯된다.

---

307) 신형식, 1969, 「숙위학생고－나말여초의 지식인의 동향에 대한 일척－」 『역사교육』 11·12 : 1976, 『한국사논문선집』 2, 일조각 참조.

308) 이기동, 1979, 「신라하대 빈공급제자의 출현과 나당문인의 교환」 『전해종박사화갑기념논총』, 일조각 : 1984, 『신라 골품제사회와 화랑도』, 일조각 참조.

309) 김세윤, 1982, 「신라하대의 도당유학생에 대하여」 『한국사연구』 37 참조.

310) 숙위학생 또는 도당유학생에 대한 연구는 이미 嚴耕望의 「新羅留學生與僧徒」(1955, 『中韓文化論集』 1)라는 선구적 업적이 있었고, 이기동·김세윤 이외에도 濱田耕策의 「新羅の國學と遣唐留學生」(1980, 『呴沫集』 2)이 있다.

선덕왕善德王 9년(640) 5월에 왕이 자제를 당에 보내어 국학國學에 입학하기를 청하였다. 이때 태종太宗은 천하의 명유名儒를 초빙하여 학관學官을 삼고 자주 국자감國子監에 행차하여 그들에게 강론講論케 하였다. 학생 중에서 대경大經(『예기禮記』와 『춘추좌씨전春秋左氏傳』) 하나 이상에 능통한 자는 관리로 삼았으며, 학사學舍 1,200칸을 증축하여 학생 정원을 3,260명으로 증원하였다. 이에 사방의 학자들이 경사京師에 구름같이 모여들어 고구려·백제·고창高昌·토번吐蕃 등도 역시 자제를 보내어 입학시켰다(『삼국사기』 권5).

이러한 간략한 내용에서 우리는 몇 가지 중요한 사실을 발견할 수 있다. 첫째, 신라가 유학생을 파견한 바로 그해(영류왕 23년, 무왕 41년)에 고구려·백제도 똑같이 유학생을 보내어 입학하였다는 점,[311] 둘째, '王遣子弟於唐請入國學'의 자제들에 대한 신분이 무엇인지 불명료한 점, 그리고 이러한 신라의 유학생 파견에는 당의 숭문崇文·개방책開放策의 영향이 크게 작용하였다는 점 등이다. 이러한 세 가지의 문제점을 두렷하게 분석하는 것은 그들에 대한 파견 배경이나 성격 변질의 이해에 도움이 될 것이다.

우선 삼국이 왜 같은 해에 입학을 요청하였는가 하는 문제가 주목된다. 중국과 그 주변국가간에는 조공을 위하여 다양한 교섭이 있었다. 특히 수隋의 등장 이후 이른바 천하질서天下秩序의 일원적一元的 완성은[312] 통일은 지향하는 삼국의 입장으로서는 새로운 정치·외교의 구심력으로 작용하기 시작하였다. 다라서 수와 삼국간의 경쟁적인 외교교섭은[313]

311) 이러한 사실에 대해서 중국측 문헌도 비슷하게 기록되어 있다. 우선 『신당서』 권44, 선거지 상에 "貞觀十三年 東宮置崇文館 自天下初定 增築學舍至千二百區 雖七營飛騎 亦置生 遣博士爲授經 夷若高麗 百濟 新羅 高昌 吐藩 相繼遣子弟入學 遂至八千餘人"이라 하였고, 『당회요』 권35, 학교에도 "貞觀五年以後 太宗數幸國學 太學 遂增築學舍一千二百間 國學 太學 四門 亦增生員 … 高麗 百濟 新羅 高昌 吐藩 諸國酋長 亦遣子弟 請入國學 于是國學之內 八千餘人 國學之威 近古未有"라 하고 있다.

312) 高明士, 1983, 『從天下秩序看古代的中韓關係』, 臺北, 108~109쪽.

313) 신형식, 1984, 『한국고대사의 신연구』, 일조각, 215쪽의 <표 40> 참조.

려수전쟁麗隋戰爭 이후 신라에 의해서 주도되기 시작하였으며, 당唐의 건국과 더불어 첨예화된 외교전쟁으로 삼국의 대당접근이 가열되어 갔다. 그러나 당은 이러한 삼국의 입장을 견제하기 위해서 같은 해(624)에 책봉冊封을 한 것이다.[314] 원래 조공이 중국의 전통적인 중화사상中華思想이나[315] 서주西周의 종법적宗法的 봉건제도封建制度에 나타난 군신지례君臣之禮이었음은 사실이다.[316] 그러나 그것이 중국의 주변국가의 대외정책에 결정적인 구속력을 갖는 것으로 볼 것이 아니라[317] 오히려 책봉을 받은 삼국의 이익과 자존을 도모하는 과정에서 유지·전개되었음을 주목할 필요가 있다.[318]

그러나 6세기 중엽 이후 삼국은 각기 정치·사회의 모든 영역에 있어서 국가체제를 완수하였으며, 강력한 왕권이 확립되고 있었다. 때문에 삼국은 그러한 사회에 부응할 유교정치이념의 수용에 적극적일 수밖에 없었으니, 그것이 유학생 파견을 비롯한 문화외교인 것이다. 동시에 삼국은 당을 축으로 하는 새로운 동아문화권東亞文化圈에의 형성에 참여가 필요한 것이다. 여기에 삼국의 대당접근은 각기 내부사정이 얽혀 있어 더욱 촉진되었음을 보게 된다.

고구려의 경우는 양원왕(545~559)·평원왕(559~590)대의 빈번한 천재

---

314) 삼국의 대당접근 경쟁은 삼국의 대당 조공사 파견 연대에 나타나 있다. 당이 건국한 해가 168년이데, 고구려(영류왕)는 619년, 백제(무왕)는 621년(『책부원구冊府元龜』에는 620년), 신라는(진펴왕) 621년(『책부원구』에는 620년)에 각각 조공사를 보냈던 것이다. 그러나 당의 책봉은 삼국이 똑같이 624년에 이루어졌다(『책부원구』 권964, 외신부9 책봉2에 "武德七年 正月 封高麗王 高建武爲遼東郡王 百濟王 扶餘璋爲帶方郡王 新羅王 金眞平爲樂浪郡王").

315) 김상기, 1948, 「고대의 무역형태와 나말의 해상발전에 대하여」『동방문물교류사논고』, 4쪽.

316) 이춘식, 1966, 「조공의 기원과 의미」『중국학보』 10 참조.

317) 唐代史硏究會, 1979, 『隋唐諸國と東アジア世界』 참조.

318) 노중국, 1981, 「고구려·백제·신라 사이의 역관계 변화에 대한 일고찰」『동방학지』 28, 46쪽.

지변과[319] 대정란大政亂을[320] 체험한 영양왕(590~618)에 의해서 정치·사회적 안정책이 모색되고 있었다. 더구나 이대는 남북조南北朝의 분열이 수에 의해서 통일된 시기여서 새로운 동아질서를 설정하기 위한 조치가 필요하였다. 그러므로 영양왕은 왕으로 실추된 왕권을 회복하기 위한 방법으로 국사편찬(신집新集)과 같은 유교정치의 추구가 나타났으며,[321] 밖으로는 대수강경책에 따른 요동선공遼東先攻을 꾀한 바 있었다. 이러한 려수전쟁 이후 격앙된 양국관계 속에서 동아정세는 바뀌었다.[322] 당이 건국한 해(618)에 영류왕이 즉위하였다. 따라서 영류왕은 격앙된 중국과의 마찰을 피하려고 우선 포로교환을[323] 비롯하여 적극적인 친당책을 추진하였다. 즉

1. 7년 2월에 왕이 사신을 보내 역서曆書의 반급班給을 청하였다. 형부상서刑部尙書 심숙안沈叔安을 보내 왕을 상주국요동군공고구려국왕上柱國遼東郡公高句麗國王으로 책봉하였다. 이에 도사道士에게 명하여 천존상天尊像과 도법道法을 가지고 노자老子를 강講하니, 왕과 국민이 모두 들었다(『삼국사기』 권20).
2. 8년에 왕이 사람을 보내 불佛·노老의 교법敎法을 구학救學케 하니, 당제唐帝가 허락하였다(『삼국사기』 권20).
3. 11년 9월에 당에 사신을 보내 태종이 돌궐突厥의 힐리가한頡利可汗을 사로잡은 것을 축하하고, 겸하여 봉역도封域圖를 바쳤다(『삼국사기』 권20).
4. 14년에 당이 광주사마廣州司馬 장손사長孫師를 보내 수대隋代 전사戰士의 해골을 파묻고 제사를 지낸 후 경관京觀을 헐어버렸다(『삼국사기』 권20).

---

319) 신형식, 1981, 「삼국사기 본기내용의 계통적 분석」 『삼국사기연구』, 일조각, 107쪽.
320) 노태돈, 1976, 「고구려의 한강유역 상실의 원인에 대하여」 『한국사연구』 13, 31~54쪽.
321) 김두진, 1978, 「고대의 문화의식」 『한국사』 2, 286~287쪽.
조인성, 1985, 「삼국 및 통일신라의 역사인식」 『한국사학사의 연구』, 을유문화사, 15쪽.
322) 노태돈, 1984, 「5~세기 동아시아의 국제정세와 고구려의 대외관계」 『동방학지』 44, 56쪽.
323) 『삼국사기』 권20, 영류왕 5년.

등에서 보듯이 영류왕은 대당경계(천리장성)를 게을리 하지 않는 한편[324) 적극적인 친당친선을 모색하려는 문화적 접근을 꾀하였으니, 그것이 국학의 입학 요구인 것이다.

백제의 경우도 위덕왕(554~598)과 무왕(600~641)대의 빈번한 천재지변도 문제이지만,[325) 신라와의 극한적인 대립에 따른 측면적 지원의 필요성에서도 대당접근은 불가피하였다. 특히 무왕대의 유락기사遊樂記事는 예禮와 덕德을 우선하는 왕도정치의 입장에서는 유교정치를 위하는 최소한의 시도가 있어야 했다. 무왕 35년·37년·39년의 환락기사歡樂記事[326) 직후인 41년에 나타난 입당구학의 기록은 그에 대한 반성의 의미도 포함되었을 가능성이 크다.

신라의 경우는 백제·고구려와는 다른 입장이 있었다. 진흥왕의 한강유역 진출로 변모된 한반도의 새로운 정세는 신라로 하여금 대중국 접근을 필요로 하였다. 따라서 진평왕(579~632)은 수·당과의 친선이 더욱 절실하였고, 그 자신은 진지왕으로부터 되찾은 혈통의 수호를 위한 강력한 왕권유지가 급선무였다. 그러나 진평왕 후기는－44년 용춘龍春의 사신私臣 취임 이후－제도의 개편, 고구려·백제와의충돌, 그리고 대당조공이 전보다 활발히 전개되고 있음을 주목할 수 있다. 이것은 용춘·서현舒玄 양계의 결속에 따르는 신흥세력의 정책모색과 그 맥을 같이 하는 것이다.[327) 이들 신흥세력은 대백제·고구려 강경책을 쓰는 한편, 겸허한 대당접근책을 추진한 것이다. 그러므로 진평왕을 계승한 선덕왕(632~647)은 이러한 신흥귀족의 정책을 계승할 수밖에 없었고, 문화지국文化之國에 수

---

324) 『삼국사기』 권20, 영류왕 14년의 "春 二月 王動衆築長城 東北自扶餘 西南至海千有餘里 凡一十六年畢功"이라는 데서 알 수 있다.

325) 신형식, 1984, 『한국고대사의 신연구』, 일조각, 141쪽.

326) 『삼국사기』 권27, 백제본기5.

327) 신형식, 1984, 「무열왕계의 성립과 활동」 『한국고대사의 신연구』, 115쪽.

반되는 학문과 유학의 수용을 위한 국학의 입학 요청으로 나타날 수 있었다.

한편 이 시기에 당이 추진하고 있는 대외정책도 고려되어야 할 것이다. 즉 당의 대외정책 가운데 문화정책에

> 정관貞觀 5년 이후 태종은 국학과 태학太學에 여러 번 행차를 하였으며, 학사學舍 1,200칸을 증축하였다. 국학·태학·사문학 역시 학생을 증원하였다. … 이에 고구려·백제·신라·고창·토번 등 제국의 추장들이 자제를 보내서 국학에 입학을 청하였다. 이때에 이르러 국학에는 8천 여명의 학생이 있었으며, 그 번성함이 미증유의 것이었다.[328]

라든가, 또는

> 정관 원년에 군신群臣들과 파진악곡破陳樂曲을 연주하여 연회를 열게 되었는데, 그때에 이르기를 짐은 무력으로 천하를 지배하였으며, 문덕文德으로 세상을 편케 하겠노라고 하여 학사 수백칸을 건립하여 마침내는 사방의 생도들을 모아들이니, 주변 여러 나라의 추장들이 자제를 파견하여 공부하기를 청하므로 이를 허락하였다.[329]

에서 알 수 있듯이 신라(삼국)의 국학 입학도 결국은 당의 숭문책崇文策 또는 기미책羈縻策에 따르는 문예진흥책의 일환이었다. 이러한 당의 문예진흥정책은 중원을 통일한 후 적어도 주변 국가를 당에 동화同化시켜 새로운 동아질서를 수립함은 물론[330] 돌궐·말갈·토번까지도 포용하는 당 중심의 천하질서를 꾀하려는 웅대한 계획이었다. 나아가서 문화대국으로서의 당은 스스로 선진국임을 과시할 필요도 있었음은 사실이다.[331]

---

328) 『唐會要』 권35, 학교.
329) 『동문선』 권47, 「遣宿衛學生首領等入朝狀」.
330) 高明士, 1983, 앞의 책, 110~111쪽.
331) 『신당서』 권44, 지34 선거지 상.

2) 숙위학생의 수학과정

(1) 숙위학생의 견당·수학방법

숙위학생의 선발·파견 및 수학방법에 대해서는 구체적으로 설명한 문헌은 없다. 유학생에 대해 가장 많은 기록을 가진 『삼국사기』(권12 말미)에는

> 항상 자제를 입조시켜 숙위로 삼았고, 또 국학에 입학하여 강습케 함으로써 성현聖賢의 풍화風化를 이어받아 홍황鴻荒의 풍속을 고쳐 예의의 나라가 되었다.

는 것과 같이 막연히 자제를 파견하여 입학수업을 하였다고 되어 있다. 이에 대해서 『동사강목東史綱目』(권5 상, 진성여주 기유 3년)에는

> 신라는 당에 조공한 이래 항상 왕자를 숙위로 파견하였고, 또 학생들을 태학에 입학시켜 악업을 닦게 하였는데, 그 기간은 10년이었다. 그 외 학생들로서 그곳에 입학한 자들이 100여명에 이르렀다. 이때 책 살 돈은 본국(신라)에서 지급하였고, 그 외 책값이나 숙식비는 당의 홍로시鴻臚寺에서 공급하였으므로 유학생의 수가 끊이지 않았다.

라 하여 자제(유학생)들이 당의 국학에 입학하여 10년간 수학하였는데, 그들은 양국 정부의 재정지원으로 공부할 것으로 되어 있다. 이로 볼 때 이 시대의 유학생은 거의가 관비유학생으로서 숙위학생이라 할 수가 있다. 다만 김세윤의 지적처럼[332] 김운경金雲卿·김가기金可紀·최치원崔致遠 등을 사비유학생으로 설명할 수는 없을 것이다.

우선 김운경은 최초의 빈공합격자賓貢合格者로서 당의 칙사勅使로 귀국한 인물이며, 엄격한 선발기준과 제한된 수의 학생에서 볼 때[333] 사비유

---

332) 김세윤, 1982, 앞의 논문, 157~159쪽.
333) 김세윤, 1982, 앞의 논문, 156쪽.

학은 거의 불가능한 것이다. 더구나 학비의 조달이 개인적으로는 전혀 고려될 수 없는 그 시대에 있어서 혹은 선발과정에서 빠져 개인자격으로 입당했다 해도, 일단 당의 국학에 입학했을 때에는 정부보조를 받지 않을 수 없었을 것이다. 다만 최치원의 경우 '將隨海船入唐來學'으로 그를 사비유학생이라 하였으나[334] 아마도 869년(경문왕 9)에 진봉사進奉使 김윤金胤을 따라간 이동李同 등 3인 중에 그가 포함되었을 가능성이 크다.[335] 더구나 '顧文考選國子 命學之 康王視國士禮待之 若宜銘國師以報之"라[336] 하여 그 자신이 왕명에 의해서 유학하였다고 되어 있다. 이것을 김세윤은 금석문 작성의 형식적 표기로 해석하였으나[337] 오히려 6두품 신분으로서는 자신에 대한 푸대접과 떳떳한 사비유학을 숨길 리가 없다. 더구나 사비유학생을 관비유학생보다 양국에서 우대할 하등의 이유가 없다. 따라서 필자의 생각은 신라시대에 있어서 사비유학생은 존재하지 않았다는 입장이다. 여기서 주목되는 것은 '자제'라는 표현의 해석 문제이다. 원래 중국의 중화사상中華思想에 입각한 기미정책羈縻政策에 따른다면 자제는 왕족이나 고위층 자제인 것은 틀림이 없다. 이러한 사실은

1. 神龍元年九月二十一日勅 吐藩王及 可汗子孫 欲習學經業 宜附國子監讀書[338]
2. 蕃王及可汗子孫 願入學者 附國子監讀書[339]
3. 文武王 十五年 秋 九月 薛仁貴以宿衛學生 風訓之父金眞珠 伏誅於本國 引風訓爲嚮導 來攻泉城[340]

334) 이병도, 1959, 『한국사』-고대편-, 672쪽 및 김세윤, 1982, 앞의 논문, 157쪽.
335) 신형식, 1985, 「최치원의 사상」 『신라사』, 이화여대 출판부, 222쪽.
336) 『조선금석총람』 상, 「聖住寺朗慧和尙白月葆光塔碑」, 73쪽.
337) 김세윤, 1982, 앞의 논문, 157쪽.
338) 『당회요』 권36, 附學讀書.
339) 『신당서』 권44, 지34 선거지 상.
340) 『삼국사기』 권7, 신라본기7 문무왕 하.

에서 볼 때 입학 자제란 결국 왕자이거나(1·2) 귀족(진골) 신분의 인물(3)이었음을 확인해 준 근거가 될 것이다. 이러한 견해는 자제를 인질(숙위)로 간주하여 정치적 이용을 꾀한 중국(당)의 입장에서 가능할 수 있다.[341] 그러나 숙위학생이 집중된 하대에 있어서 그들은 거의가 6두품이었다는 점은 이미 지적한 바 있다.[342] 『동사강목』이나 『전당문全唐文』을 중심으로 하여 확인된 김씨(19인)·최씨(9인)·박씨(10인) 등 52명의 명단에서 볼 때도[343] 그들은 거의가 6두품 계열이었다. 그러나 박씨의 유학생을 하대의 박씨 왕비와 연결시킬 수는 없으며,[344] 김암金巖과 최치원의 경우로 보더라도 그들은 6두품이었다.[345] 더구나 진골귀족들의 정치적 독점과 우위는 6두품 계열에서 학문적 진출로 활로를 개척할 수밖에 없었으며, 그들이 진골신분이라면 귀국 후 그처럼 낮은 대우를 받을 수는 없었기 때문이다. 그러므로 하대의 숙위학생들은 일반귀족이나 6두품 계열의 정치적 추방의 의미로 확대되었다고 하겠다.

다음으로 유학생의 파견방법을 살펴보면 다음과 같다.

1. 신라 당국은 숙위학생과 수령首領을 뽑아 입조하면서 동시에 국자감에 부속하여 공부할 수 있게 요청하였다. 이에 인명수와 성명을 갖추어 아뢰는데, 학생은 최신지崔愼之 등 8명, 대수령大首領은 기작祈綽 등 8명, 소수령小首領은 소은蘇恩 등 2명이었다.[346]
2. 경문왕 9년 왕자王子 소판蘇判 김윤金胤 등을 사은사謝恩使로 입당시켰다. … 또 학생 이동李同 등 3인에게 윤胤을 따라서 국학에서 공부하게 하여 학자금 300냥을 주었다. 그 후 이동은 빈공과賓貢科에 합격하였

341) 신형식, 1966, 「신라의 대당교섭상에 나타난 숙위에 대한 일고찰」 『역사교육』 9.
_____, 1984, 「신라의 숙위외교」 『한국고대사의 신연구』, 381쪽.

342) 신형식, 1984, 「나말여초의 숙위학생」 『한국고대사의 신연구』, 445쪽.
이기백, 1974, 「신라육두품연구」 『신라정치사회사연구』, 일조각, 59쪽.

343) 김세윤, 1982, 앞의 논문, 161쪽 <표 1> 참조.

344) 김세윤, 1982, 앞의 논문, 161쪽.

345) 신형식, 1984, 앞의 책, 439쪽 및 450쪽.

346) 『동문선』 권47, 「遣宿衛學生首領等入朝狀」.

다.[347)]

3. 성덕왕 27년 7월 왕제王弟인 사종嗣宗을 입당시켜 방물方物을 바친 후 동시에 자제의 입학을 요청하니 조詔로서 이를 허락하였다. 사종은 과의果毅의 벼슬을 받고 숙위로 머물게 하였다.[348)]
4. 개성開成 원년 6월 신라의 숙위왕자 김의종金義琮 등이 학생을 대동하고 머물러 공부하기를 청하니 구례舊例에 의거하여 2인을 머물게 하고 의복과 식량도 관례에 따라 지급하였다.[349)]

이상의 4개 기록에서 우리는 어렴풋이 그들의 파견방법을 엿볼 수 있다. 우선 1·2의 기록은 일반 조공사朝貢使(사은사 포함)가 입당하여 중국측에 유학생 명단을 제시하여 수학케 하는 것이며, 3·4의 경우는 숙위가 유학생(숙위학생)을 대동하여 입학을 안내한다는 것이다. 이때 파견된 학생의 수는 그리 많지는 않았으나 3~16명의 기록으로 볼 때[350)] 일정치 않은 것 같다. 그러나 유학생이 신라 외에도 토번·일본 등 여러 나라로 확대되었으며, 그들은 당으로부터의 재정적 지원이 따르기 때문에 그 수를 제한받았으리라 여긴다. 따라서 입당한 학생들은 간단한 시험을 거쳐 입학이 허용되었을 것임은

발해국渤海國은 하정사賀正使로 왕자 대준명大俊明에 16명의 학생을 따라 입조케 하였다. 이에 당제唐帝는 청주관찰사青州觀察使에게 6인만 상도上都에 오게 하고 나머지 10인은 되돌려 보냈다.[351)]

에서와 같다. 이러한 경우는 신라도 마찬가지일 것이며, 당으로서도 주변 국가에 대한 견제와 균형의 뜻도 배제할 수는 없었다.[352)] 그러나 이러한 나라 중에서

347) 『삼국사기』 권11, 신라본기11 경문왕 9년.
348) 『삼국사기』 권8, 신라본기8 성덕왕 27년 7월.
349) 『당회요』 권36, 부학독서.
350) 김세윤, 1982, 앞의 논문, 156쪽.
351) 『당회요』 권36, 부학독서.
352) 『고려사』 권92, 열전5 최언위.

고창·고려·백제 등은 이미 멸망하였으며, 토번은 자신의 힘을 믿고 당에 저항하였다. 그러나 신라와 당은 서로 친선을 교류하는 동시에 모화慕華의 기운이 가장 번성하였으며, 유학생도 가장 많았다.353)

와 같이 신라 유학생이 가장 수적으로 우세하였다. 따라서 다수의 유학생을 보유한 신라는 그만큼 내적 충실과 문화적 성숙을 기할 수 있었다고 보인다.

이렇게 입학한 학생들은 그곳에서 10년간 수업하면서 학문을 닦고 선진 문물을 익혔다. 이들은 비로소 빈공과에 합격함으로써 문인文人으로서나 숙위학생으로서의 자격과 대우를 받게 된다. 김운경이 821년(헌덕왕 13)에 처음으로 합격한 이후354)

빈공과는 매월 별시別試를 치러 합격자를 방미榜尾에 붙였는데, 운경雲卿 이후 당말唐末까지 58인, 5대代에 32명이 합격하였다. 그 중에 대표적 인물은 최이정崔利貞·김숙정金叔貞·박계업朴季業·김윤부金允夫·김입지金立之·박양지朴亮之·이동李同·최영崔霙·김무선金茂先·양영楊穎·최환崔渙·최광유崔匡裕·최치원崔致遠·최신지崔愼之·김소유金紹游·박인범朴仁範·김악金渥·최승우崔承祐·김문울金文蔚 등으로 이들은 이름을 떨친 바 있다(『동사강목』 권5 상, 진성여주 3년).

에서 볼 때 신라는 다수의 등과자登科者.를 배출하고 있었다. 그러나 이 시험이 중국에서도 큰 의미를 갖는 것이 아니었고, 합격자에게도 별다른 혜택이 없어서 과거 자체가 지니는 뜻은 별로 없었다. 다만 그들이 선진사회에서 오랜 생활을 통해 얻은 식견識見은 그들이 본국에서 받은 경미한 관직官職 이상의 가치가 있었다 하겠다.

끝으로 그들의 귀국 방법을 본다면

경종 보력寶曆 원년에 신라국왕 김언승金彦昇이 머저 가있던 대학생 최이

353) 嚴耕望, 1955, 앞의 논문, 68쪽.
354) 『玉海』 권116, 선거3 咸平賓貢.

> 정·김숙정·박계업 등 4인의 귀국을 요청하였다. 동시에 새로 김윤부·김입지·박양지 등 12명을 국자감에 배치하여 학업을 닦게 하였다.[355]

와 같이 신라 정부는 유학생의 입학 때와 마찬가지로 사절을 보내서 그들의 귀국을 요청한 것이다. 관비로 수학한 학생을 공적으로 귀국케 하는 것은 당연하다. 그것은

> 신라 당국은 먼저 갖추어 준 숙위학생으로 공부가 끝난 4인은 지금 연한이 만료되었음을 알려주는 동시에 귀환을 청하며 삼가 김무선·양영·최환·최광유 등 명단을 제출하는 바이다. … 지금 이들은 이미 10년의 기한을 채웠으니 … 문덕文德 원년에 만기로 귀국한 김소유 등의 예에 따라 김무선 등과 아울러 수령들을 하정사賀正使 김영의 배편에 수행하여 귀국시켜 주시기 바랍니다.[356]

라 하는 것과 같이 입조사 또는 숙위의 귀국길에 그들의 선편으로 데려오고 있었다. 그러나 기한이 초과한 유학생의 상당수가 귀국치 않고 있었기 때문에

> 당 문종은 홍로시鴻臚寺에 명하여 질자質子와 기한이 넘은 학생 105인을 귀국토록 하였다(『삼국사기』 권11, 신라본기11 문성왕 2).

와 같이 당에서 추방을 당하기까지 하였다. 이러한 유학생의 귀국거부사건은 결국 양국간에 큰 문제가 되었음도 사실이다.

(2) 유학생의 체당활동

우선 빈공과에 합격한 유학생들은 당으로부터 일정한 자격과 지식을 인정받았다. 따라서 당의 기미정책의 일환이라도 그 나라의 국내 과거가 아니었기 때문에 외국인데 대한 예의적인 것이어서 빈공합격자에 대한

---

355) 『책부원귀』 권999, 외신부43 청구.
356) 『동문선』 권84, 「送奉使李中父還朝序」.

당의 대우는

> 이른바 빈공과란 매번 별시를 방미에 이름을 붙이는 것으로 모든 사람과는 병열할 수는 없다. 더구나 벼슬을 제수받음에 있어서도 비관卑官이나 용관冗官이 많아 혹은 그대로 귀국하기도 한다.357)

와 같이 신통치 않았다. 그러나 초기와 달리 점차 유학생이 6두품 계층이 많아 그들이 본국에서의 입장을 고려할 때 당에서의 관직 제수는 그런대로 그들의 활로가 될 수 있었다. 즉 당의 관직 제수는

> 애장왕 원년 8월에 앞서 입당 숙위학생인 양열梁悅에게 두힐현豆肹縣 소수少守로 임명하였다. 처음 덕종이 봉천奉天에 피난갔을 때 양열이 종난從難의 공이 있어, 제帝가 그를 우찬선대부右贊善大夫의 직을 주어 돌려보냈으므로 왕이 그를 발탁하였다(『삼국사기』 권10).

에서 본다면 양열은 황제 측근에서 종난지신從難之臣이었음을 알려준다. 이것은 숙위와의 혼동에서 야기된 것이지만, 유학생을 때로는 인질적인 존재(숙위)로 이용했음을 알 수 있다. 그러므로

> 문무왕 15년 9월에 설인귀薛仁貴는 숙위학생 풍훈風訓의 부친인 김진주金眞珠가 본국에서 복주伏誅된 것을 이유로 풍훈을 향도嚮導로 하여 천성泉城을 공격해 왔다(『삼국사기』 권7).

에서와 같이 김풍훈은 본국에서의 모역사건에 이용되었다. 이 점으로 미루어 보아 유학생을 인질적인 존재로 규정한 이병도·김세윤의 주장도 일리가 있다.358) 더욱이 김윤부의 경우 『책부원구』(권976, 외신부 포이3)에는 개성開成 원년 12월 "신라국질자시광록경사자금어대김윤부新羅國質子試光祿卿賜紫金魚袋金允夫"라고 되어 있어 숙위학생을 질자로 표시하였다.

---

357) 위와 같음.
358) 이병도, 1959, 『한국사』-고대편-, 672쪽 ; 김세윤, 1982, 앞의 논문, 156쪽.

당시에 숙위로는 김의종金義琮·김충신金忠臣이 있었을 때인 만큼[359] 어디까지나 질자로서의 의미는 당측의 편의적 표현이라고 하겠다. 따라서 숙위학생의 질자적 개념은 일반현상이 아닌 예외적 사실로 생각할 수 있다.

다음으로 유학생들은 빈공합격 후 그곳에서 관직생활을 하는 경우가 많았다. 김윤경이 충연주군도독부사마充兗州郡都督府司馬·치주려사淄州麗史가 된 이후[360] 상당수의 숙위학생들이 말단이나마 당의 관직을 받고 있었다.

<표 79>에 의하면 빈공과를 합격한 대표적인 유학생들이 일부 말단의 외직外職에 임명되고 있어 그들의 식견과는 상반된 감미 크다. 이러한 당에서의 외관수직外官受職은 그들의 본국에서의 활동에 시사하는 바 된다. 그러나 이것은 거의가 형식적인 관직부여에 불과하다고 할 것이며, 외국인에 대한 의례적인 것으로 생각된다.

셋째로 숙위학생들의 활동 중 가장 뚜렷한 것은 그들이 외교관의 역할을 하였다는 점이다. 그것은

〈표 79〉 숙위학생의 당직 제수표

인명	당의 관직	전거
김운경	充兗州郡都督府司馬·淄州麗史	『삼국사기』 권11
배광	光祿主導兼 監察御史	『삼국사기』 권11
최치원	宣州漂水縣尉·承務郞侍御史內供奉	『삼국사기』 권46
김문울	工部員外郞·沂王府諮議參軍	『삼국사기』 권12
김장	海州縣刺史	『동문선』 권47
김영	守定邊府司馬	「普照禪師碑銘」

359) 신형식, 1984, 「신라의 숙위외교」, 앞의 책, 378쪽.
360) 『삼국사기』 권11, 신라본기11 문성왕 3년.

> 당 무종은 앞서 귀국한 선위부사宣慰副使 충연주군도독부사마充兗州郡都督府司馬 사비어대김운경賜緋魚袋金雲卿을 치주려사淄州麗史로 삼고 곧 칙사로 삼아 신라왕을 開府儀同三司檢校太尉使 … 新羅王으로 삼고, 妻 朴氏를 왕비로 삼았다(『삼국사기』 권11, 신라본기11 문성왕 3년).

는 것과 같이 재당신라인 특히 숙위학생을 외교사절로 발탁하여[361] 그 후 김문울[362]·김간중金簡中[363]·배광裵光[364] 등이 당의 책봉사冊封使나 당측 부사副使로 귀국하고 있다.[365] 이러한 유학생의 외교사절 발탁은 그들에 대한 당으로부터의 능력과 식견을 충분히 인정받았다는 근거가 될 것이다. 그러나 이러한 유학생의 외교관 기용도 실은 만기가 된 그들에게 준 귀국선물 이상의 뜻은 없다.

넷째로 이들은 외국에서의 활동제약과 한정된 외직에 대응하여 스스로 활로를 개척하는 방편으로 당의 문인文人과의 교우交友를 맺음으로써 자신의 존재를 확인하고 있었다. 즉 박인범이 풍씨일족馮氏一族과의 관련을 비롯하여[366] 최치원·박충朴充·김이어金夷魚·최승우崔承祐 등은 당의 문인·시인 등과 시우詩友를 맺어 신라인의 학문·문장 수준을 그곳에 일깨워 주었다. 특히 최치원은 고변高騈 이외에 고운顧雲·나은羅隱·장교張喬 등과 문장을 겨룰 수 있었고,[367] 「문장감동중화국文章感動中華國」이란 고운의 이별시離別詩를 제하더라도 나은의 고자세를 꺾을 수 있었다.[368] 이

---

361) 신형식, 1967, 「나당간의 조공에 대하여」 『역사교육』 10
______, 1984, 『한국고대사의 신연구』, 347쪽.

362) 『삼국사기』 권12, 신라본기12 효공왕 10년.

363) 『入唐求法巡禮行記』 권4, 대중 원년 윤3월.

364) 『삼국사기』 권12, 신라본기12 경문왕 5년.

365) 『책부원구』 권976, 외신부 포이3에 김윤부는 개성 원년(837)에 홍덕왕의 宣慰 및 희강왕의 책봉부사로 귀국하고 있다.

366) 이기동, 1984, 「신라하대 빈공급제자의 출현과 나당문인의 교환」 『신라 골품제 사회와 화랑도』, 294~295쪽.

367) 이기동, 1984, 앞의 논문, 298~301쪽.

368) 신형식, 1984, 「나말여초의 숙위학생」, 앞의 책, 451쪽.

러한 그의 시재詩才는 결국 『전당시全唐詩』에까지 수록될 수 있었다.[369)]

끝으로 일부에 관직생활자나 시명詩名을 남기지 못한 대부분의 숙위학생들은 자신들의 진로에 어려움을 겪었다. 특히 이들은 외국에서의 차별을 잊으려고 귀국해 정치적 진출을 모색하였으나 최치원과 같이 "驥足未展而沈鬱"이거나[370)] "스스로 불우한 처지를 한탄하고 벼슬에 뜻을 두지 않고 산림 속과 강·바닷가를 소요하였다."의 예로 보아[371)] 그것도 여의치 않았던 것이다. 그러므로 이들은 김가기金可紀의 경우와 같이

> 김가기는 신라인이다. 빈공진사賓貢進士가 되었으며, 특히 도교道教에 깊은 뜻을 가져 번거로운 사치를 싫어하였다. … 특히 박학다식하고 문장이 깨끗하며 자태가 너그러워 거동언담擧動言談이 중국의 풍을 하고 있었다. 홀연히 종남산終南山의 오곡午谷에서 허술한 집을 짓고 우거하면서 조용한 생을 보냈다. … 그 후 3년에 귀국의사가 있어 배편으로 왔다가 다시 와서 도복道服을 입고 종남산에서 음덕陰德을 쌓고 일생을 보냈다.[372)]

하여 그는 다시 입당한 후 도교에 뜻을 두고 여생을 그곳에서 보냈다.

이와 같이 당대의 문장가(지식인)가 그 뜻을 펴지 못하고 도교·불교에 귀의하여 외국에서 은거한 예가 허다하였다. 이러한 문인의 종교에의 귀의는 결국 현실불만의 정신적 도피였고, 일종의 자기승화自己昇華의 표현이었다.

(3) 숙위학생의 귀국후 활동

견당유학생들은 비록 빈공과에 합격되지 못한 경우라도 당대를 대표하는 지식인이었고 문인이었다. 국내에서의 국학國學이 그 교육적 기능이 제한되었고,[373)] 독서삼품과讀書三品科가 인물발탁의 목적을 발휘할 수

---

369) 『전당시』 권182 ; 『신당서』 권224 하, 고변.
370) 『동사강목』 권5, 효공왕 2년 11월.
371) 『삼국사기』 권46, 열전6 최치원.
372) 『太平廣記』 권35, 김가기.
373) 이기백, 1978, 「신라골품체제하의 유교적 정치이념」 『신라시대의 국가불교와 유

없었기 때문에 도당유학생은 그만큼 의미가 있었다. 유학생들은 장기간 선진문물을 목도한 계몽된 학자였고, 그 시대의 선각자였다. 그러므로 우리는 이들이 성당문화盛唐文化를 받아들여 신라의 사회와 문화개발에 중추적 역할을 다했다고 생각된다. 따라서 이들은 『삼국사기』의 표현처럼 신라의 홍황지속鴻荒之俗을 고쳐 예의지방禮義誌邦으로 만들었다는 것은 어느 정도 믿을 수 있는 내용일 것이다.[374]

더구나 이러한 유교적 소양과 식견은 나말의 혼란기에 지적知的 보전자가 되었고, 호족豪族의 할거에 대응하는 왕도정치의 방향을 제시하게 되었다.[375] 특히 한문화漢文化의 광범한 이해는 신라의 문화수준을 향상시켜 당과 대등한 선까지 끌어올려 스스로 군자지군君子之國·인의지향仁義之鄉을 지칭할 수 있었으나[376] 그것이 단순한 한문화의 동화나 흠모가 아니라 신라문화전통의 새로운 인식이었다. 그것은 유불儒彿의 결합에 따른 사상적 승화인 것이다.

특히 숙위학생을 중심으로 전개된 한학漢學의 소화로 나말에 이르러 문예는 찬연히 빛나고 이들 3최崔 및 박인범 등이 나와서 고려 문예의 기초를 이루었음은 물론이다.[377] 그러나 이들의 학문적 기여가 그것으로 끝난 것이 아니라 유교정치의 구현, 왕권의 강화 및 과거제도科擧制度의 보편성과 필요성을 하나의 시대정신으로 제시하여 고려왕조의 집권화와 과거제도 창설을 가져오게 하였다는데 의미가 있다.[378] 무엇보다도 최치원은

정벌征伐은 있으되 전쟁은 없어야 하는 것이 실로 왕도王道에 부합하는 것이

교』, 160쪽.

374) 『삼국사기』 권12, 신라본기12 말미.

375) 신형식, 1984, 『한국고대사의 신연구』, 452쪽.

376) 김철준, 1978, 「통일신라의 문화」 『한국사』 3, 262쪽.

377) 今西龍, 1933, 「新羅崔致遠傳」 『新羅史硏究』, 369쪽.

378) 신형식, 1984, 『한국고대사의 신연구』, 461쪽.

다. 간과干戈(무기)를 녹여 농기農器를 만들어 오랫동안 부귀토록 할지어다.[379]

에서와 같이 평화사상과 왕도정치를 지향함으로써 왕건王建이 추구한 평화·휼민恤民·권농책勸農策의 기저를 이루게 하였다. 특히 최치원의 4산비山碑에 나타난

1. 3외畏는 3귀歸와 비교되며, 5상常은 5계戒와 같은 것이다. 왕도를 능히 실천하는 것은 불심佛心에 부합되는 일이다.[380]
2. 여래如來와 주공周孔은 비록 각기 시작되었으나 근본으로는 한곳으로 귀일歸一한다. 양자를 겸하지 못한 자는 사물의 이치를 이해할 수 없다.[381]
3. 인심仁心이 곧 불심佛心이며, 부처의 뜻 인仁과 통한다.[382]

와 같은 유불도儒佛道의 결합은 나말여초羅末麗初의 사상계를 집약시킨 것으로서 「훈요십조訓要十條」의 정신이나, 고려초의 시대정신을 제시한 것이라 생각된다.[383]

우선 유학생들의 귀국 후 실제의 활동상은 우선 그들의 지방수령직을 통한 정치참여이다. 이것은 앞에서 언급한 당에서의 외관수직과 맥을 같이하는 것으로서, 일단 문인으로서는 부적절한 대우이다. 현존의 문헌에 따라 견당유학생이 받은 외직外職을 정리하면 <표 80>과 같다.[384]

379) 『동문선』 권3, 「殺黃巢表」.
380) 「聖住寺朗慧和尙白月葆光塔碑銘」 『朝鮮金石總覽』 上, 79쪽.
381) 「雙谿寺眞鑒禪師大空塔碑銘」 『朝鮮金石總覽』 上, 67쪽.
382) 「鳳巖寺智證大師寂照塔碑銘」 『朝鮮金石總覽』 上, 88쪽.
383) 신형식, 1984, 『한국고대사의 신연구』, 453쪽.
384) 이기동, 1984, 『신라 골품제사회와 화랑도』, 285~291쪽.
김세윤, 1982, 앞의 논문, 161쪽의 <표>.

〈표 80〉 숙위학생의 외직 역임표

인명	외직명	전거
김암	良·康漢州太守, 浿江鎭頭上	『삼국사기』 권43, 김유신 하
김운경[385)	長沙縣副守(少守 또는 縣令)	「長興寶林寺普照禪師彰聖塔碑」
자옥	楊根縣少守	『삼국사기』 권10, 원성왕 5년
양열	豆肹縣少守	『삼국사기』 권10, 애장왕 원년
김입지	秋城郡太守	「昌林寺無垢淨塔願記」
김준	榻城郡太守, 西京次官(少尹)	『삼국사기』 권46 및 『동문선』 권19
최치원	富城郡太守	『삼국사기』 권46, 최치원

<표 80>에 의하면 7명의 유학생이 귀국 후 외직(소수·태수)에 임명되었다. 이것은 당에서의 경험이나 국내의 학생보다 대우가 좋다 해도[386) 유학자에게 외관을 주었다는 사실은 기이한 현상이다. 아마도 그들의 신분이 6두품이어서 제한된 참여가 불가피했을 것이며, 진골 만능·포화상태를 고려한다면[387) 중앙행정직에의 발탁은 불가능했을 것이다.

다음으로 숙위학생들의 실질적인 정치참여는 그들의 식견이나 전공과 어울리는 문한직文翰職에의 진출에 나타났다. 이것은 김입지가 한림랑翰林郞에 임명된 이후 많은 유학생들이 전문적인 문예직에 종사하였음에 뚜렷하다.[388)

385) 이에 대하여 이기동, 1984, 앞의 책, 258쪽에서는 金彦卿과 동일인이 아니라고 되어 있다.

386) 濱田耕策, 1980, 앞의 논문, 66~67쪽.

387) 이기동, 1984, 「신라하대의 왕위계승과 정치과정」 『신라 골품제사회와 화랑도』, 178~179쪽.

388) 이기동, 1984, 「나말여초 근시기구와 문한기구의 확장」, 앞의 책, 249~254쪽.
______, 「신라하대 빈공급제자의 출현과 나당문화의 교환」, 앞의 책, 282~291쪽.
김세윤, 1982, 앞의 논문, 156쪽 <표>.

〈표 81〉 숙위학생의 문한직 진출표

인명	외직명	전거
김입지	翰林郞	「昌林寺無垢淨塔願記」
최하	翰林郞	「大安寺寂忍禪師塔碑」
최치원	侍讀兼翰林學士	『桂苑筆耕』
박거물	侍讀右軍大監	「皇龍寺九層木塔刹柱本記」
박인범	翰林學士, 瑞書學士	『東文選』 권117, 「興寧寺澄曉大師寶印塔碑」
박옹	侍讀翰林	『桂苑筆耕』
최신지	瑞書院學士	『三國史記』 권46
김인규	守翰林郞	『桂苑筆耕』
김원	崇文館直學士	「沙林寺弘覺禪師碑」

<표 81>에 의하면 김입지 이하 9명의 학생이 문한직에 참여하고 있었다. 이러한 한림기관은 나말의 중사성中事省과 같은 근시직近侍職과 더불어 등장된 기구로서 여초에 국왕의 측능에서 정책적인 고문역할을 담당한 바 있었는데,[389] 그것은 유학생을 비롯한 지식계층을 흡수하는데 결정적인 의미가 있었다. 이러한 기관의 필요성을 단순한 사대문서事大文書의 작성과 같은 좁은 의미가 아니라 유학지식에 대한 왕권강화의 보조자로서 측근정치側近政治를 지향하려는데 있었을 것이다.[390] 이러한 나말에 있어서 문한기관의 활용은 한문화의 수용만이 아니라 문인의 보호는 물론[391] 정치적 혼란기에 유학과 학문을 보존할 수 있었으며, 신라의 문화수준을 그대로 유지함으로써 고려에서의 학문과 유학을 한 차원 높이는 계기가 될 수 있었다.

셋째로 빈공출신자들은 그들의 지명도나 체당시의 명성에 따라 외교

389) 변태섭, 1981, 「고려초기의 정치제도」『한우근박사정년기념사학논총』, 지식산업사, 174쪽.

390) 이기동, 1984, 앞의 책, 263쪽.

391) 이기동, 1984, 앞의 책, 265쪽.

사절로 발탁된 경우가 많았다. 이러한 경우는 최하가 사은사겸 숙위판관宿衛判官으로 입당한 외에[392] 최치원·김근金僅 및 최원崔元[393] 등이 외교사절로 활약을 한 바 있다. 그러나 이들은 어디까지나 불가피한 참여로서 그들이 정부로부터 받은 대우(학비)에 대한 보답에 불과하였다. 또한 일부는 최신지의 경우처럼 집사시랑執事侍郞과 같은 중앙관직을 받은 경우가 있으나[394] 그것은 일시적이었을 뿐이다. 이들은 결국 신분적 불만을 통한 반신라적反新羅的인 지식인었으나 그것을 타파하는데 소극적일 수밖에 없던 방황하는 주변인周邊人 또는 선각자先覺者일 뿐이다. 그러나 신라는 이러한 지식층에게 문호를 개방하지 못하였으므로 김가기와 같은 경우는 귀국했다가 다시 당으로 돌아가고 말았다.[395] 더구나 이들이 신라사회의 현실을 목도할 대 체질적으로 마찰을 느꼈을 것이므로 이들은 거의가 은둔이나 종교적 도피로 학문을 사장死藏시키고 말았다. 그것은 골품사회骨品社會인 신라로서는 불가피했던 한계였을 것이다.

그러나 이들의 반신라적인 움직임은 진성여왕 이후 본격화되어 갔다. 이때를 대표하는 인물은 최승우·최신지 등이다. 최승우는

> 당 소종 용기龍紀 2년에 입당하여 경복景福 2년에 시랑侍郞 양섭楊涉하에서 시험(빈공과)에 합격하였다. 그는 문집文集 465권이 있는데, 자서自序하여 『호본집餬本集』이라 했다. 후에 견훤甄萱을 위하여 격서檄書를 지어 우리 태조太祖(왕권)에게 보냈다(『삼국사기』 권46).

라 하여 용기 2년(809 : 진성여왕 4)에 입당하여 경복 2년(893)에 빈공합격

392) 「大安寺寂忍禪師照輪淸淨塔碑銘」 『朝鮮金石總覽』 上, 117쪽.

393) 최치원은 그의 열전(『삼국사기』 권46)에 당 소종 2년(893)에 賀正使로 임명되었으나 파견되지 않았다고 되어 있고, 그 후 "奉使如唐但不知其歲月耳"라 하여 외교사절로 입당한 바 있다. 김근의 경우도 『동문선』 권19에 慶賀副使로 885년에 입당하였다. 최원 역시 『동문선』 권33에 賀登極使判官으로 임명되었다.

394) 『고려사』 권92, 열전5 최언위.

395) 『태평광기』 권35, 김가기.

후 돌아와 견훤의 사부師傅가 되었다. 여기서의 문제는 국가보조로 수학한 유학생이 귀국하여 적국(후백제)에서 활동하였다는 사실이다. 이것은 이미 이들이 본국을 외면하고 외국에 협조했다는 대표적 경우이다. 그리고

> 최언위崔彦撝의 초명初名은 신지愼之이다. 신라말(897)에 입당하여 예부시랑禮部侍郞 설정규薛廷珪하에서 급제하였다. … 42세에 귀국하니 신라에서는 집사시랑執事侍郞 서서원학사瑞書院學士를 주었다. 태조가 나라를 세움에 태자사부太子師傅가 되어 문한의 일을 맡겼으며, 궁원宮院의 액호額號는 대개 그가 찬술하였다. 그는 대상원봉태학사大相元鳳太學士·한림원령평장사翰林院令平章事까지 벼슬하였다(『고려사』 권92, 열전5).

에서 본다면 최신지는 906년(효공왕 13)에 귀국 후 10여년 간은 신라에서 관직생활을 하였으나 왕건王建이 건국한 뒤에는 바로 그의 측근으로 활약하였다. 이러한 그의 정치행적은 나말에 있어서 제한된 관리생활이 아니라 보다 적극적이고 구체적인 현실참여였다. 따라서 그의 아들인 광윤光胤도 빈공출신으로 여초의 대표적인 유학생으로서 광군사光軍司 설치의 주역이 되었다. 이러한 최씨계崔氏系의 고려조에의 참여는 그 후 광원光遠·원沅으로 이어졌으며, 최승로崔承老의 경우도 같은 맥락에서 설명할 수 있을 것이다.[396]

이와 같은 고려전기에 있어서 유학생들의 정치참여는 왕건의 문호개방정책의 결과이겠지만, 나말에 있어서 실의에 빠졌던 사실과는 대조가 된다. 다시 말하면 왕건에 의한 지적 집단의 흡수는 선사禪師·은사隱士·투화한인投化漢人에 이르기까지 광범한 포섭과 함께 왕권강호의 큰 계기를 가져온 것이다. 따라서 유학생들은 거의가 왕도정치의 구현과 인재발탁법으로서의 과거제도의 필요성을 제시함으로써 고려왕조의 성장 및 과거제도 창설의 소지를 마련하였다고 생각된다.[397]

---

396) 신형식, 1984, 『한국고대사의 신연구』, 456쪽.
397) 신형식, 1984, 『한국고대사의 신연구』, 461쪽.

(4) 숙위학생들의 역사적 위상

이상에서 우리는 나말여초의 대표적인 지성인 견당유학생, 즉 숙위학생의 파견방법, 수학과정 및 그들의 국내·외 활동을 찾아보았으며, 그들의 활동이 고려왕조의 성장에 기여한 내용을 재검토하였다. 이러한 필자의 시도는 몇몇 전문가들의 엇갈린 주장에서 나타난 개념의 불투명을 정리함으로써 그에 대한 명확한 성격부여를 위함이었다. 따라서 본고는 견당유학생에 대한 새로운 자료의 발굴이 아니라 기존 연구의 재정리에 불과한 것이다. 동시에 필자가 최초로 발표한 「숙위학생고」에 대한 견해의 재확인의 것이다.

우선 첫째로, 숙위학생의 형태에 있어서 사비유학이 실제로 어렵다고 생각되어 그들은 거의가 관비유학일 것이라는 점을 지적하였다. 간혹 사적으로 입당 수업한 경우가 있다 해도 그들은 어디까지나 정부통제하에 있었기 때문이다. 따라서 그들은 제시된 명단을 갖고 가는 공식적 사절(조공사나 숙위)을 따라 입당·수학(10년간)하였으며, 수학기간이 경과하면 그들은 원칙적으로 정부의 요청에 따라 사절의 귀국선편으로 돌아온 것이다. 다만 개인적 또는 정치적으로 귀국을 거부함으로써 양국간에 정치문제가 생겼으며, 그들의 신분이 6두품(초기에는 진골)이어서 현실적 불만에 따라 귀국반대 또는 재입당의 사례가 빈번해진 것이다.

둘째로, 그들의 파견배경은 당의 기미·개방정책도 있지만, 신라의 국내적 필요성－유교정치이념의 추구와 김춘추·김유신의 신흥세력의 정치적 의도－과 직결되고 있었다는 사실을 특히 강조하였다. 그러나 점차 6두품이나 정치적 이유로 추방·회유의 의미도 배제할 수는 없었다.

셋째로, 그들은 당에서 빈공합격 후 제한된 외직이나 외교사절로 발탁되었으나 그것은 어디까지나 임시직이었다. 따라서 대부분 종교에 귀의하거나 그곳의 문인과 시우詩友를 맺어 명성을 남긴 일이 있어 신라인의 유학이나 학문수준을 높여준 것은 확실하다. 따라서 그들에 의해서 신라는 한학漢學의 이해나 문화수준을 크게 높일 수 있었다.

끝으로 숙위학생들의 귀국 후 활동은 전반적으로 외직 및 외교사절에의 참여나 문한직에의 활동이 중심이었다. 전자의 경우는 임시적 관례였으며, 후자의 경우는 결국 그들이 남긴 대표적 활동무대가 될 것이다. 이러한 문한직에의 참여는 나말여초의 사회적 혼란 속에 학문을 보존할 수 있었고, 여초 왕권강화 및 유교정치의 구현에 큰 기여를 할 수 있었다. 동시에 그들에 의한 유儒·불佛·선仙의 사상적 결합은 「훈요십조」나 고려전기의 사상적 기반을 제공하였으며, 과거제도와 같은 실력위주의 풍조를 이끌게 한 정신적 바탕을 가져오게 하였다. 특히 후삼국시대에 있어서 숙위학생들의 신라이탈은 정치적·사회적 시련기에 처한 신라에 있어서 문화공백 또는 두뇌이탈 현상으로 확대되었으나 고려가 이를 흡수함으로써 문화의 단절을 막을 수 있었다.

이상에서 살펴본 바와 같이 나말의 견당유학생(숙위학생)은 비록 신분은 진골계층이 아니었으나 당시 최고의 지식층으로서 전환기의 창조적 소수(creative minorities)로서 전기(신라)와 후기(고려)를 연결시킨 새로운 사회(문명)의 교량인의 역할을 다하였다. 최치원을 비롯한 이들 신지식층은 좁게는 과거제도의 필요성과 국사편찬의 당위성을 통해 혼탁한 신라사회 극복의 방향을 제시하여 새로운 왕도정치의 필요성을 보여주었으며, 우리나라(신라)의 전통과 긍지를 찾으려는 동인의식東人意識을 나타내주었다.[398] 다만 최치원은 Dante와 같은 단순한 변모(Trans-figuration)가 아니라 초탈(Detachment)의 의미로 고려건국의 의미를 강조한 적극적인 지식인이었다.

---

398) 최영성, 1990, 『최치원 사상연구』, 아세아문화사.
이재운, 1999, 『최치원연구』, 백산자료원.
장일규, 2008, 『최치원의 사회사상 연구』, 신서원.
신형식, 2002, 「최치원의 정치사상」 『한국고대사』, 삼영사, 566쪽.

4. 통일신라의 대북정책의 분석적 고찰

1) 통일신라의 대북방정책의 배경

7~10세기는 동아시아 3국이 각기 그 전통문화를 이룩하고 전형적인 정치체제를 갖춘 시기였다. 이 시기에 우리나라는 통일신라의 전제왕권이 확립되었고, 중국은 성당문화盛唐文化가 이룩되었으며, 일본은 대화개신大化改新 이후 율령국가律令國家를 마련하였다. 따라서 이 시기에 대한 이해는 당시 동아시아 정세 및 각각 그 국가체제 형성에 큰 역할을 한 대외관계의 해명이 이룩될 때 가능하다. 당시 우리나라의 3국은 극심한 대립 속에서 신라로 통일된 후 통일신라(남)와 발해(북)가 축을 이루고 교섭과 대립의 관계를 반복하고 있었고, 바다에는 일본이 또 다른 축을 이루어 대륙의 3국(신라·발해·당)과 복잡한 관계를 갖고 있었다. 한편 당은 동아시아 세계를 마련하면서 신라·발해·일본을 견제하기 하였다. 따라서 당시의 신라·발해·일본의 대당관계는 동아시아 세계 형성에 관건이 된다고 하겠다.

이에 본고에서는 신라의 통일이 갖고 있는 한계(국토의 축소와 외세의 이용)를[399] 극복하기 위해 어떠한 북방정책(고구려 고토 회복)을 썼으며, 그 속에서 전개된 영토 확장의 과정과[400] 신라의 대당[401] 및 대발해관계를

---

399) 김상현, 1987, 「신라 삼국통일의 역사적 의의」『통일기 신라사회연구』, 동국대 신라문화연구소.
김영하, 1989, 「신라 삼국통일을 보는 시각」『한국고대사론』, 한길사.
______, 1990, 「신라는 삼국을 '통일' 했는가」『역사비평』 10.
문경현, 2001, 『증보신라사연구』, 춤.
신형식, 2004, 「삼국통일의 역사적 의미」『신라통사』, 주류성.

400) 이기백, 1968, 「고려 태조시의 진」『고려병제사연구』, 일조각.
이기동, 1976, 「신라 하대의 패강진」『한국학보』 4.
______, 1984, 『신라골품제사회와 화랑도』, 일조각.

재검토하고자 한다. 따라서 신라 북방정책의 구체적 실상과 당과의 관계에서 보이는 조공朝貢이 갖고 있는 내면적 의미와 함께 신라와 발해 사이에 나타난 동족의식의 의미 속에서 신라·발해 관계를 재조명하고자 한다.[402)]

신형식, 1984, 「무열왕권의 성립과 활동」 『한국 고대사의 신연구』, 일조각.
김종복, 1997, 「신라 성덕왕대 패강지역 진출배경」 『성대사림』 12·13.
강봉룡, 1997, 「신라하대 패강진의 설치와 운영」 『한국고대사연구』 11.
강옥엽, 1999, 「나말 북방경영의 추진과 그 성격」 『백산학보』 52.
조이옥, 2001, 『통일신라의 북방진출연구』, 서경문화사.
강경구, 2005, 「신라의 패서지방과 전고려왕조」 『백산학보』 72.

401) 변인석, 1966, 「당숙위제도에서 본 나당관계」 『사총』 11.
신형식, 1966, 「신라의 대당교섭에 나타난 숙위」 『역사교육』 9.
_____, 1967, 「나당간의 조공」 『역사교육』 10.
_____, 1984, 『한국 고대사의 신연구』, 일조각.
_____, 1987, 『고대한중관계의 연구』, 삼지원.
_____, 1989, 「한국고대의 서해교섭사」 『국사관논총』 2.
_____, 1990, 『통일신라사연구』, 삼지원.
권덕영, 1997, 『고대한중관계사』, 일조각.
김한규, 1999, 『한중관계사』 1·2, 아르케.
이춘식, 1969, 「조공의 기원과 의미」 『중국학보』 10.
전해종, 1966, 「한중조공관계고」 『동양사연구』 1.
_____, 1970, 『한중관계사연구』, 일조각.

402) 구난희, 1999, 「8세기 중엽 발해·신라·일본의 관계」 『한일관계사연구』 10.
김은국, 1998, 「발해 말왕 대인선시기의 대외관계」 『국사관논총』 82.
_____, 1999, 「신라도를 통해 본 발해와 신라관계」 『백산학보』 52.
_____, 2003, 「발해의 대외관계사 연구의 현황과 과제」 『한국사연구』 122.
_____, 2004, 「발해 고왕대 대외관계 고찰」 『민족발전연구』 9-10.
김종복, 1996, 「발해초기의 대외관계」 『한국고대사연구』 8.
송기호, 1987, 「발해멸망기의 대외관계」 『한국사론』 17, 서울대 국사학과.
_____, 1989, 「발해에 대한 신라의 양면인식과 그 배경」 『한국사론』 19, 서울대 국사학과.
_____, 1995, 『발해의 정치사연구』, 일조각.
윤재운, 2002, 「신라와 발해의 경제교섭」 『사총』 55.
_____, 2002, 『남북국시대 무역연구』, 고려대 박사학위논문.
이용범, 1974, 「고구려와 발해」 『한국사』 4, 국사편찬위원회.

나아가서 통일신라에서 추진한 북방정책이 결과적으로 대당정책과 발해와의 대결로 뚜렷한 결과를 맺지 못한 과정과 그 배경을 추적함으로써 신라의 북방정책이 지닌 한계점을 밝혀보고자 한다. 그러나 통일신라의 북방 경영은 그 후에 발해와의 동족의식 고취와 국토의 균형적 발전에 기여함으로써 고려의 북진정책에는 바탕이 되었음을 평가하고자 한다. 다만 당과 일본의 견제와 발해와의 계속된 대립으로 신라의 북방 진출이 큰 결실을 맺지 못함으로써 고구려 고토(만주) 회복은 고려 이후 역대 왕조의 숙제로 남겨두었음을 지적하고자 한다.

이에 필자는 7~10세기별로 신라의 북방정책을 찾아본 후 신라와 발해와의 관계가 동족의식과 정치적 갈등이 교체되는 과정을 정리함으로써 고려 왕조가 처한 어려움을 이해하는 계기를 마련해 보고자 한다. 따라서 신라는 대북방정책의 반대급부로써 대당관계의 내면 속에서 유지된 민족의 자주성과 자아의식을 강조할 수 있었다는 사실을[403] 좌절된 북방정책의 보상작용으로 풀이하려는 것이다.

다만 본고는 새로운 자료에 의한 기존 연구성과와 다른 논지를 제시한 것은 아니다. 다만 기존 연구의 내용을 정리·비판하고 막연한 신라와 발해 사이에서 운위되는 이른바 동족의식의 문제를 객관적으로 살펴보

임상선 편, 1998, 『발해사의 이해』, 신서원.
______, 1988, 「발해의 천도에 대한 고찰」 『청계사학』 5.
______, 1993, 「고려와 발해와의 관계」 『소헌남도영박사고희기념 역사학논총』, 민족문화사.
조이옥, 1997, 「신라 경덕왕대 대발해교섭의 배경」 『백산학보』 48.
______, 2000, 「8세기 전반 신라의 대발해 공격과 패강」 『동양고전연구』 14.
한규철, 1983, 「신라와 발해의 정치적 교섭과정」 『한국사연구』 43.
______, 1993, 「발해와 신라의 무력대립관계」 『송갑호교수정년기념논총』.
______, 1993, 「발해와 일본의 신라협공계획」 『중국문제연구』 5.
______, 1994, 『발해의 대외관계사』, 신서원.
______, 2000, 「발해의 고구려 역사계승문제」 『한국고대사연구』 33.

403) 신형식, 1990, 「통일신라의 대당관계」 『통일신라사연구』, 351쪽.

고자 한다.[404] 결국 신라의 북방정책은 동족이라는 혈연의식을 표명한 발해를 통해 일본을 견제할 수 없었고, 그러한 북방정책의 반대급부로써의 대당관계도 상징적인 독자성 유지라는 현실에 만족하였음을 밝히려는 것이다. 그러나 이러한 복잡한 동아시아 세계 속에서 일부나마 잠재적으로 유지된 동족의식은 그 후에 고려 왕조가 추구한 고토회복故土回復의 정신적 바탕이 되었음을 강조하려는 것이 본고의 주안점이다.

2) 통일신라의 대북방정책

신라는 한반도의 동남단에서 성립된 나라였음으로 그 나라의 영토적 확장은 결국 북방 진출로 설명된다. 더구나 북방으로의 진출은 백제와 고구려라는 상대국이 있기 때문에 제1차 북방 진출은 이 두 나라의 동진(백제)과 남진(고구려)을 막고 한강유역으로의 진출을 의미한다.

고대국가의 생리상 영토 확장은 불가피한 정책이었다. 따라서 신라가 북방으로 진출하게 된 6세기 이전은 결국 한강유역 확보를 위한 준비과정이었다. 그러므로 실성實聖의 고구려 인질 파견(392)이 왕위계승을 둘러싼 갈등(실성과 눌지)만이 아니라[405] 북방 세력(고구려)에 대한 인식의 차원에서도 가능할 수 있다. 더구나 서해를 통한 대중국 접촉이 불가능한 현실에서 북방 진출은 전진前秦(위두)에의 접촉도 일종의 북방 진출이라는 맥락으로 이해될 수 있다. 따라서 신라의 북방 진출은 영토적 확장

---

404) 한규철, 1994, 『발해의 대외관계사』, 135쪽.
조이옥, 2001, 『통일신라의 북방진출연구』, 243쪽.

405) 눌지왕은 왕모, 왕비가 모두 김씨로 訥祇·卜好·未斯欣 등의 아들이 있었으나 그를 계승한 실성왕은 석씨(왕모)계와 연결되었다. 따라서 내물왕은 실성을 고구려에 인질로 보냈으나 그는 도리어 고구려의 지원을 받아 내물왕을 이어받았으며, 복호를 고구려, 미사흔을 왜의 인질로 보냈다. 이어 눌지가 실성을 추방(살해?)하고 즉위한 후 복호와 미사흔을 구출하였다. 여기서 눌지왕은 고구려의 압력(군사적 주둔)을 배제하고 羅濟同盟을 맺고 자립의 길을 걸었다(신형식, 1971, 「신라왕위계승고」『유홍렬박사회갑논총』: 2005, 『신라통사』, 주류성).

이외에 대중국 관계의 통로 확보라는 양면적 의미가 있다.

신라의 본격적인 북방 진출은 진흥왕(540~576) 때 한강유역의 확보에서 그 첫 결실을 맺었다. 5세기 광개토왕(391~413)·장수왕(413~491)의 남하정책으로 한강유역은 고구려의 세력권으로 편입되었다. 그러나 6세기에 들어와 안원왕대(531~545)의 외척항쟁과[406] 651년(양원왕 7)의 대정란大政亂 이후 계속된 모반사건(간주리 : 557)은 돌궐의 충돌과 함께 고구려의 한강유역 상실의 배경이 되었다.[407] 따라서 신라의 북진은 법흥왕(514~540)을 전후한 시기에 축적된 국력을 바탕으로 하여 국원성國原城이 있는 중앙로(선산－상주－문경－계립령－충주)를 피하고 동방로(의성－안동－풍기－죽령－단양)을 통해 북진을 꾀하는 한편,[408] 성왕의 도전을 뿌리치고 한강유역(하류)를 확보할 수 있었다. 551년(진흥왕 12)에 충주 탈환으로 고구려의 남진 기지를 접수한 진흥왕은 555년(진흥왕 16)에 이곳을 순행巡幸한[409] 후 신라의 영토임을 확신시키기 위해서 북한산비北漢山碑를 세우고 당시 실력자인 거칠부居柒夫와 김무력金武力을 대동하고 자신의 권위를 하늘에 고하는 제사(封禪)을 올렸다.[410]

7세기에 들어서 신라는 백제와의 치열한 전쟁을 계속한 후 새로운 중원의 강자인 당唐과 연합하여 제·려 정벌을 단행하였다. 특히 나당전쟁이 치열하게 전개된 임진강 유역은 이로써 신라의 영토가 되었으며, 황

---

406) 이홍직, 1971, 「일본서기 소재 고구려관계 기사고」『한국고대사의 연구』, 신구문화사 참조.

407) 노태돈, 1976, 「고구려의 한강유역 상실의 원인에 대하여」『한국사연구』 13, 1976, 31~54쪽.

408) 신형식, 1992, 「신라의 발전과 한강」『한국사연구』 77, 41쪽.

409) 김영하, 1979, 「신라시대 순수의 성격」『민족문화연구』 14, 212~245쪽.
신형식, 1981, 「순행의 유형과 그 성격」『삼국사기연구』, 일조각.
신형식, 1984, 「순행을 통하여 본 왕의 활동」『한국 고대사의 신연구』, 일조각.

410) 이우태, 1999, 「북한산비의 신고찰」『서울학연구』 12, 96쪽.
김태식, 2003, 「봉선대전, 그 기념물로서의 진흥왕순수비」『백산학보』 68, 78~92쪽.
신형식, 2005, 「신라의 영토확장과 북한산주」『향토서울』 66, 204쪽.

해도까지 진출하여 제2의 북방정책이 어느 정도 실효를 거둘 수 있었다. 그러나 대부분의 고구려 영토를 상실한 통일신라(이하 신라로 약함)는 대당전쟁(668~676)의 종결과 더불어 구고구려 고토의 회복과 확보라는 민족적 과제를 안게 되었다.

따라서 신라는 연정토淵淨土의 투항(666) 이후 검모잠劍牟岑·안승安勝의 귀순(670)을 받아들이면서 예성강·임진강 유역으로 그 영역을 넓혀갔으며, 남방의 주민을 이주시켜 국토의 균형적 발전을 꾀하였다.411) 이러한 북변 개척은 국토 확장에 따른 주민 이주로 새로운 지배세력 기반 확대의 의미도 있었으나, 당과의 관계나 발해와의 영토 문제가 야기될 수 있기 때문에 신중을 기하지 않을 수 없었다. 더구나 영토 축소라는 역사적 과오를 극복하기 위해서 무열계는 북방의 개척과 척민拓民이 필요하였다.

- ·문무왕 21년(681) 사찬沙湌 무선武宣이 정예군사 3천 명을 이끌고 비열홀比列忽을 진수하였다(『삼국사기』 권7).
- ·효소왕 3년(694) 송악松岳·우잠牛岑의 2성을 쌓았다(상동 권8).
- ·성덕왕 17년(718) 한산주漢山州 관내의 모든 성을 쌓았다(상동).
- ·성덕왕 35년(736) 왕은 이찬伊湌 윤충允忠·사인思仁·영술英述 등을 파견하여 평양平壤과 우두牛頭의 지세를 검찰케 하였다(상동).
- ·경덕왕 7년(748) 阿湌아찬 정절貞節을 파견하여 지변地邊을 검찰하고 처음으로 대곡성大谷城(평산) 등 14군현을 두었다(상동9)
- ·경덕왕 21년(762) 오곡성五谷城(서흥)·휴암鵂巖(봉산)·장새獐塞(수안)·지성池城(해주)·덕곡德谷(곡산) 등 6성을 쌓았다(상동).
- ·선덕왕 2년(781) 패강 이남의 주군을 위로하였다(상동).
- ·선덕왕 3년(782) 왕이 한산주를 순행하고 백성을 패강진浿江鎭으로 옮겨 살게 하였다(상동).

---

411) 津田左右吉, 1964, 「新羅北境考」『朝鮮歷史地理』 1, 岩波書店.
木村誠, 1994, 「統一新羅野の郡縣制と浿江地方經營」『朝鮮歷史論集』(上).
강봉룡, 1994, 「통일신라기의 지배체제」『역사와 현실』 14.
조이옥, 2001, 「8세기 신라의 북방개척과 북방진출의 역사적 성격」『통일신라의 북방진출 연구』, 195쪽.

·선덕왕 4년(783) 아찬 체신體信을 대곡진의 군주軍主로 삼았다(상동).

이 기록은 무열왕실이 추진한 북진정책의 구체적인 사례이다. 여기서 우리는 8세기의 신라 영역이 황해북도의 수안·곡산 일대까지 진출함으로써 패강진浿江鎭이 이미 북방 진출의 거점이 되었음을 확인할 수 있다. 따라서 이러한 패강진의 설치는 군호적軍戶的인 둔전병屯田兵의 확보라는 사실과 함께[412] 개척 농민을 이곳에 투입하여 이들을 평화무장平和武裝케 함으로써[413] 경주 중심의 구귀족세력을 견제할 수 있는 길을 열게 되었다.[414]

이와 같은 신라 제3의 북방정책은 대당항쟁에 결정적인 도움을 준 이곳의 고구려유민에 대한 보상책이며, 무열계왕실이 추진한 위민정책爲民政策으로 파악되는 동시에 이 지역을 신라의 행정구역에 편입함으로써 대발해정책에 우위를 점할 수 있게 하였다. 특히 이 지역에 대한 순행巡幸과 안무按撫는 왕도정치王道政治의 구현일 수 있으며, 특히 이곳(황해남도 신원)에 있던 남평양南平壤의 옛 땅을 확보함으로써[415] 실질적인 고구려 구토 확보의 의미가 있다. 특히 지역 구고구려인의 반신라적인 의식을 회유하기 위해 사민徙民된 박수경朴守卿 가문에게 고구려의 대모달大毛達을 부여하는 조치를 주목할 수 있다.[416] 이로써 적어도 황해도 지역에까지 국토의 균형적인 통합이 가능해진 것이다.

그러나 종래의 신라 북방을 평양~원산만 일대로 규정하여 청천강淸川江 일대는 제외하는 것이 통례였다. 이에 대핸 산운汕耘 장도빈張道斌(1888~1963)은 신라의 영토가 9주州 5소경小京 외에 2도道가 더 있다는 견해를 제시하였다. 2도란 패서도浿西道(평안남도)와 패강도浿江道(황해도)를

412) 이기백, 1968, 「고려태조시의 鎭」 『고려병제사연구』, 일조각, 232쪽.
413) 이기동, 1984, 「신라하대의 패강진」 『신라골품제사회와 화랑도』, 일조각, 221쪽.
414) 신형식, 1984, 「무열왕계의 성립과 활동」 『한국고대사의 신연구』, 일조각, 126쪽.
415) 손영종, 1990, 『고구려사』, 과학백과사전 종합출판사, 179쪽.
416) 신형식, 1990, 「통일신라시대 고구려 유민의 동향」 『통일신라사연구』, 삼지원, 104쪽.

말하며, 전자에는 평양성平壤城·당악현唐岳縣(중화)·팽원구彭原郡(안주) 등 17곳이 있고, 후자에는 취성군取城郡(황주)·영풍군永豊郡(평산)·중함군重艦郡(재령) 등 15곳이 있다는 것이다. 특히 패서도의 덕천(장덕)·개천(안수)·안두(팽원) 등은 청천강 유역으로서 신라의 북방 경계선을 청천강~덕원설로 내세우고 있다.[417]

산운은 이에 대한 근거로 문무왕 15년의 안북하安北河에 철성鐵城을 쌓고 팽원군을 두었다는 사실 외에 4가지 논거를 제시하고 있다.[418] 이러한 산운의 견해는 고고학적인 발굴 성과를 주시하여 언어학적인 접근 방법을 선호한 단재丹齋(신채호)와 차이가 있다.[419] 이를 바탕으로 한다면 신라의 북방 경계는 서쪽으로 청천강 하류 유역까지 확대되어 고구려의 두 수도(평양과 남평양)를 회복했을 뿐 아니라 종래의 신라 영토보다 훨씬 북쪽으로 확대되었다.

산운의 이러한 청천강 유역으로의 진출 문제는 당의 '패강이남칙사浿江以南勅賜'(성덕왕 34년 : 735 : 현종 23)와 엇갈리는 문제로 그 해석이 필요하다. 산운은 근거로 고고학적 접근(장악궁지長樂宮址에서 신라 벽돌의 출토와 자신이 연광정練光亭에서 신라와 당과 중흥사지重興寺址에서 신라 불상을 발견한 사실)을 꾀하였으나 구체적인 자료 제시가 없는 것이 문제이다. 다만 당시는 현종(712~756)의 전반기(개원 : 712~742) 후반으로서 양귀비楊貴妃와 권신·환관의 전횡이 나타난 시대로 신라에 대한 정치적인 관여가 어려워지고 있었다. 따라서 신라는 발해에 대한 견제는 물론, 대당외교에서도 자주권을 행사할 수 있어 북방 진출(대동강 이북)이 가능했다고 생각할 수

417) 장도빈, 1959, 「신라사」 『대한역사』 및 1982, 『산운장도빈전집』 2, 산운기념사업회, 390쪽.

418) 산운은 철성 외에 ① 궁예가 평양 성주(금용)의 항복을 받은 점 ② 패서 13진이 궁예에게 귀복한 사실 ③ 安州邑誌에 문무왕이 칠성지를 팠다는 사실 등을 들고 있다(『국사개론』, 551~552쪽).

419) 신형식, 1990, 「산운 장도빈의 신라사인식」 『통일신라사연구』, 삼지원, 58쪽.

있다. 따라서 당 측의 '패강이남칙사'는 신라에 대한 회유책일 수 있으나, 신라는 은밀하게 북방 진출을 꾀하고 있었다고 보인다.

그러나 신라의 북방 진출은 발해의 건국(698)과 관련 속에서 그 이상 추진되지 못하였다. 그러나 고구려 두 서울(평양과 남평양)의 회복과 대동강·청천강 일대의 농경지를 확보함으로써 고구려의 문화와 전통을 받아들였을 뿐 아니라, 국가재원을 확충함으로써 신라이 국가기반이 강화되었다.[420] 다만, 동해안 일대는 681년(문무왕 21) 천정군泉井郡(원래는 함경남도 덕원, 현재 북한)은 강원도 원산시 덕원동의 탄항관문炭項關門의 설치로 발해와 접경接境하였을 뿐이다.

3) 통일신라의 대발해관계

통일신라와 발해의 관계는 영성한 기록과 외국 문헌(『구당서』·『신당서』·『발해국지장편』·『거란국지』·『요사』)의 단편적인 문헌의 해석에 따른 어려움으로 정리하기가 쉽지 않다. 더구나 신라와 발해 간의 교섭이 거의 없었으며, 일본과 발해다 중국(당)과 발해 관계 기사는 비교적 풍부하기 때문에 신라와 발해 관계는 추측과 해석의 차이가 있게 된다. 그러나 두 나라 간의 교섭에 대해서 그 시기는 약간의 차이가 있으나 대체로 다섯 시기로 나누어 교섭交涉과 대립기對立期로 구분하고 있으며,[421] 대당對

---

420) 조이옥, 2001, 앞의 책, 238쪽.

421) 한규철, 1983,「신라와 발해의 정치적 교섭과정」『한국사연구』 43.
송기호, 1988,「발해에 대한 신라의 양면적 인식과 그 배경」『한국사론』 19, 서울대 국사학과, 96쪽.
송기호, 1989,「발해사 연구의 문제점－발해와 신라의 외교관계를 중심으로－」『발해사연구』, 한국상고사학회.
김성호, 1992,「발해와 후기 신라와의 관계」『발해사연구논문집』, 과학백가사전종합출판사.
한규철, 1994,『발해의 대외관계사』, 신서원, 96쪽.
조이옥, 2001,『통일신라의 북방진출 연구』, 서경문화사.

唐·대일對日 교섭이 빈번한 초기와 중기(文王代), 그리고 멸망기의 대외관계에 많은 업적이 보인다.[422)]

신라와 발해의 첫 교섭에 관한 기록은 최치원崔致遠의 「사불허북국거상표謝不許北國居上表」(『동문선東文選』 권33, 표전表箋)에 보인다. 이것은 당시 신라와 발해가 윗자리 다툼[쟁장爭長]에서 당이 신라의 편에 섰음을 사례하는 글로서 다음과 같은 내용이 들어 있다.

> 발해의 원류源流는 구려句麗가 망하기 전에 본시 사마귀떼[疣贅] 정도의 부락이었고, 말갈靺鞨의 족속이 강해지자 그 무리 중에 속말粟末이란 소번小蕃이 있어 항상 고구려를 다라 옮겨 살았다. 그 수령 걸사우乞四羽와 대조영大祚榮이 무후武后 때 영주營州로부터 죄를 짓고 도망하여 황구荒丘를 점령하여 비로소 진국振國이라 일컬었다. … 그들이 처음 거처할 고을[邑]을 세우고 이웃의 도움을 요청하였으므로[423)] 그 추장 대조영에게 신라[臣蕃]의 제5품인 대아찬大阿湌을 주었다.

라 하여 발해(대조영)가 신라의 지원(隣援)을 요청하고 있으며, 이에 따라 대조영에게 대아찬을 주었다고 하여 양국 최초의 교섭으로 파악하고 있다. 따라서 이러한 기록에 의거하여 안정복安鼎福은

> 말갈의 추장 대조영大祚榮이 사신을 보내 내부來附하였다. 이때 거란은 돌궐에 의지했고, 당병唐兵은 길이 끊어져 토벌하지 못했다. 이에 대조영은 말

422) 송기호, 1987, 「발해멸망기의 대외관계」 『한국사론』 17, 서울대 국사학과.
임상선, 1993, 「고려와 발해의 관계」 『소헌남도영박사고희기념 역사학논총』, 민족문화사.
김종복, 1996, 「발해초기의 대외관계」 『한국고대사연구』 8, 신서원.
김은국, 1998, 「발해 말왕 대인선 시기의 대외관계」 『국사관논총』 82.
김은국, 1999, 「신라도를 통해 본 발해와 신라관계」 『백산학보』 52.
구난희, 1999, 「8세기 중엽 발해·신라·일본의 관계」 『한일관계사연구』 10.
윤재운, 2002, 「신라와 발해의 경제교섭」 『사총』 55.

423) 최치원의 「사불허북국거상표」에 대해서 한규철과 조이옥은 '來憑隣接'으로 설명하였으나, 원문(『동문선 : 『최고운선생문집』 하, 101쪽)에는 '隣援'으로 되어 있고, 『渤海史全編』(孫玉良 편)에도 '內憑隣援'(408쪽)으로 되어 있다. 이에 한규철은 '接'을 '援'으로 파악하고 있다.

> 갈의 걸사비우乞四比羽 무리를 합쳐 변방에 떨어져 있음을 믿고 나라를 세워 스스로 진국왕振國王이라 하였다. 그는 이웃의 도움에 의지하고자 신라에 사신을 보내 내부하였음으로 그에게 제5품의 관직을 주었다(『동사강목東史綱目』 4, 하 효소왕 9년조).

라 하여 발해가 700년(효소왕 9)에 신라에 사신을 파견하여 지원을 요청한 것으로 보았다. 이 기록은 많은 연구자들에게 대조영시대의 신라·발해우호(교섭)기로 간주하는 근거가 되었다.[424] 그러나 이에 대해서 일찍이 정약용丁若鏞이 회의적인 의문을 표시한 이래[425] 일본측 연구자들에게서도 같은 견해가 제시되었다.[426] 또한 빈정경책濱田耕策도 이 기록의 신빙성에 의심을 갖고 당시 당의 동진정책東進政策에서 본 동족의 안녕을 위한 것으로 이러한 기록은 고려시대의 사실을 반영한 것으로 보았다.[427]

이에 대해서 필자도 '내빙인원內憑隣援'의 의미나 '내부來附'(『동사강목』)의 성격을 재검토할 필요가 있다고 생각된다. 신라는 고구려를 멸망시켰고, 또한 그 후예인 발해 건국 집단이 신라를 우방이나 동족으로 보기에는 고구려가 망한 후 2년 밖에 되지 않았으므로 시간이 너무 짧았다. 더구나 발해가 신라 북방의 말갈靺鞨이나 거란契丹이 엄존하고 있던 당시 위험을 무릅쓰고 신라(경주)에 사신을 파견할 수 있을까 의심이 든다. 신라와 발해가 동족의식同族意識을 가졌다고 해도 고구려를 멸망시킨 주인공(문무왕)의 손자(효소왕)에게 우의를 나타낼 수 있었을까 반문이 생긴다.

---

424) 송기호, 1989, 「발해사 연구의 문제점」, 50쪽.
한규철, 1994, 「발해건국기의 교섭」, 96쪽.
조이옥, 2001, 「8세기 전반 신라와 발해관계의 추이와 대발해 의식」, 111쪽.
425) 정약용, 『강역고』 권14, 발해속고.
426) 石井正敏, 2001, 「朝鮮における渤海朝の變遷」『日本·渤海史の研究』, 吉川弘文館, 173쪽.
427) 濱田耕策, 1978, 「唐朝における渤海と新羅の爭長事件」『古代東アジア論集』, 吉川弘文館, 339~360쪽.

더구나 최치원의 글 속에서 발해를 사마귀[疣]·올빼미[梟]·솔개[鴟] 무리로 본 물길勿吉·거란·돌궐突厥과 한통속으로 보고 있어 신라의 대발해 인식이 불투명했기 때문이다. 또한 당시는 신라 역시 당과 절교絶交 상태에서 국가적 위험을 무릅쓰고 쉽사리 발해 접근을 받아들일 수 없었던 것이다. 다만 정치적·군사적 긴급한 상황 하의 발해는 당을 견제하기 위한[428] 외교적 수모보다 긴급한 현실의 대처 수단일 수 있지만,[429] 양국 간의 정식 외교관계로 보기에는 확신이 서지 않는다.

따라서 양국 간의 국교는 상당한 시일이 경과한 뒤에 가능할 수 있었다. 더구나 신라는 통일전쟁으로 양국 간의 전쟁이 계속되었으며, 668년(문무왕 8) 이후 703년(성덕왕 2)까지 35년간 외교관계가 단절된 상태였으므로, 신라 역시 뚜렷한 확신이 서지 않았던 발해 관계도 관망 상태였다고 생각된다.[430]

더구나 732년(성덕왕 31, 무왕 14)에 보인 발해의 당(등주登州) 공격으로 신라·발해는 새로운 긴장 관계를 맞게 되었다. 성덕왕은 장기간 당과의 냉전관계를 청산하고 재위 36년간(702~737)에 43회의 조공관계朝貢關係와 6회의 숙위외교宿衛外交를 통해 친선관계를 확립하였기 때문에 어느 때보다도 양국 관계가 우호적이었다.[431] 그런데 발해의 등주 공격 시에 신라는 당의 요구로 발해(말갈)의 남변공략을 꾀하였으며, 그 다음 해에는 김윤중金允中(김유신의 손자)과 함께 발해를 공격하게 하였다.[432]

이로써 뚜렷한 관계 설정이 어려웠던 신라와 발해는 대립이 격화되었

428) 송기호, 1995, 「대조영의 출자와 발해의 건국과정」 『아시아문화』 7.
_____, 1995, 『발해의 정치사연구』, 일조각, 75쪽.
한규철, 1996, 「발해의 대외관계」 『한국사』 10, 국사편찬위원회, 100쪽.

429) 김종복, 1996, 앞의 논문, 306~307쪽.

430) 신형식, 1984, 「통일신라의 대외관계」 『한국고대사의 신연구』, 일조각, 329쪽.

431) 신형식, 1987, 「신라의 대당교섭상에 나타난 숙위」 『역사교육』 9.
_____, 『고대한중관계의 연구』, 삼지원, 241쪽.

432) 『삼국사기』 권43, 열전3 김유신 하 삼광.

다. 이에 대한 당의 보답으로 735년(성덕왕 34)에 패강浿江 이남지역의 할양으로 나타났다. 이는 당의 대발해 견제를 위한 대신라우의의 표시였다. 따라서 신라와 발해는 국교가 이룩된 이후 하나의 동족의식을 잃지 않았다 해도 양국 간의 대립의식은 의연히 계속되었다.

따라서 신라와 발해 관계의 복원은 시간이 흐르면서 양국 및 중국·일본의 정세변화에 따라 가능하였다. 우선 신라 경덕왕(742~765)의 정치개혁을 통한 전제주의적專制主義的인 왕권 확립은 대외정치에서도 변화를 가져왔다.[433] 따라서 경덕왕은 성덕왕대와는 달리 조공사朝貢使의 파견을 극도로 자제하였고,[434] 질자적質子的인 존재인 숙위宿衛의 파견도 없었다.[435] 더구나 안록산安祿山의 난(755년, 경덕왕 14)은 신라의 대당관계에 큰 변화를 주었으며, 6차에 걸친 일본 사신의 파견에도 거의 방환放還·방각放却시켰음을 주목할 수 있다.[436] 『삼국사기』에 기록된

> 일본국 사신이 이르렀는데, 오만하고 예의가 없었으므로 왕이 그들을 접견하지 않자 마침내 돌아갔다(권9, 경덕왕 12년 8월조).

라고 한 것을 보면 성덕왕은 대일강경책을 썼음을 알 수 있다. 여기서 우리는 759년(경덕왕18, 천평보자天平寶字 3, 문왕 23) 일본의 신라 침공계획을 예간할 수 있다. 일본은 발해를 끌어들여 신라를 침공하려는 계획의 가능성을 엿볼 수 있다.[437] 일본은 발해를 일본 측에 접근시켜 신라를

---

433) 이기백, 1974, 「경덕왕과 단속사·원가」『신라정치사회사연구』, 일조각, 218쪽.
434) 경덕왕은 재위 22년간(7742~765)에 조공사 파견은 12회 뿐이며(신형식, 1981, 『삼국사기연구』, 일조각, 66쪽), 7~14년까지 사신 파견이 없었다.
435) 신형식, 2004, 「숙위외교의 추진과 통일의 완성」『신라통사』, 주류성, 421쪽.
436) 김은숙, 1991, 「8세기의 신라와 일본의 관계」『국사관논총』 2, 106쪽.
437) 和田軍一, 1921, 「淳仁に朝に於ける新羅征討計劃について」『史學雜誌』 35-11.
鳥山喜一, 1968, 「渤海王國と日本との交涉」『渤海史上の諸問題』.
石井正敏, 1974, 「初期日渤交涉における問題」『史學論集 對外關係と政治文化』 1.
酒寄雅志, 1977, 「八世紀における日本外交と東アジア情勢」『國史學』 103.

견제하고 두 나라의 동족의식 복원을 저지시키려 한 것이다.

한편 발해의 입장도 문왕(737~793)의 정치개혁과 관련지어야 할 것이다. 문왕은 57년간의 장기 집권을 통해 발해의 집권국가를 완비하였다. 특히 중앙·지방제도를 완비하고, 3차에 걸친 천도遷都를 통해 해동성국海東盛國으로서의 위상을 확립하였다.[438]

이 시기에 신라는 효성왕(737~742)·경덕왕(742~765)·혜공왕(765~780)이 재위하였으며, 당도 현종(712~756)·숙종(756~762)·대종(762~779)·덕종(779~805) 등으로 이어져 많은 정치적인 변화를 겪고 있었다. 따라서 동양 4국은 각기 자국의 이해와 편의를 위해 상대국을 상호 견제·이용하였으며, 그 속에서 각국은 친선과 대립을 반복하였다.

따라서 전제왕권을 확립한 경덕왕과 문왕은 각기 대외정책의 변화를 통해 국가의 위상을 높이려고 하였다. 그러므로 발해 스스로가 기도한 등주공격登州攻擊이나 일본에 의해 시도된 신라 침공이 무산된 뒤 신라는 발해와의 교섭을 시도하게 되었다. 더구나 안록산安祿山의 난 이후 당 중심의 국제질서가 흔들리면서 발해 역시 신라에 대한 불쾌한 과거를 잊어야 할 공감대의 형성에 따라 혈연의식血緣意識을 느끼게 되었을 것이다. 이러한 혈연적 공감대는 장안長安에서 두 나라 사신·유학생들의 접촉으로 보다 구체화될 수 있었다고 생각된다. 더구나 현재 덕원德源 일대의 탄항관문炭項關門이 설치된 757년(경덕왕 16) 이후 발해와 신라는 불가불 관련을 맺지 않을 수 없었다. 이는 양국 간의 방어벽이라기보다 교섭 창구로써의 의미를 부여하는 것이 적절한 지적이다.[439]

한규철, 1993, 「발해와 일본의 신라협공계획」 『중국문제연구』 5.

438) 문황은 6년(742)에 서울을 舊國(영승유적)에서 中京(지금의 西古城)으로 옮겼고, 19년(755)에는 上京(지금의 발해진)으로 다시 옮겼다. 그 후 49년(785)에 東京(현재 훈춘)으로 옮겼다(방학봉, 1992, 「발해는 무엇 때문에 네 차례나 수도를 옮겼는가」 『백산학보』 39 ; 임상선, 1988, 「발해의 천도에 대한 고찰」 『청계사학』 5 참조.

439) 송기호, 1990, 「동아시아 국제관계 속의 발해와 신라」 『한국사시민강좌』 5, 48쪽.

이러한 신라 측의 대응에 발해의 정치적 안정을 꾀한 문왕 역시 이에 대한 적절한 대응 조치가 요구되었다.[440] 그러나 이에 대해 일본 측에서는 대체로 발해와의 협조를 통한 신라의 견제라는 시각으로 연구되었고,[441] 한국 측에서는 엇갈린 견해가 제시되었다. 즉 발해의 위협에 대한 대비책이나 또는 양국의 교섭 가능성 등이 그것이다.[442] 문왕은 빈번한 대일·대당외교를 통해 당시 국제정세를 파악할 수 있었고, 그 자신이 신라보다 정치·군사적 우위를 바탕으로[443] 신라에 대한 새로운 접촉을 시도할 수 있었다.

여기서 우리는 760년 전후에 남경南京 및 신라도新羅道의 개통을 주목하게 된다. 발해 사신의 대일외교에서 표방한 고구려계승의식高句麗繼承意識은 결국 발해와 일본 간에 존재한 이족관異族觀을 반영한 것이며, 장안長安에서 만나 본 신라 사절과의 접촉에서 미약하나마 잠재되었던 동족의식同族意識은 되살아나기 시작한 것이다.[444] 이곳에서 신라와 발해 사신은 일본이나 당의 사람들과는 다른 비슷한 전통과 생활습관을 목도하면서 스스로 동일한 혈연의식血緣意識을 갖게 될 수 있었다. 여기서 문왕은 남경과 신라도의 개척을 통해 신라와 교섭을 모색하게 되었다고 생

---

440) 송히고, 1992,「발해 문왕대의 개혁과 사회변동」『한국고대사연구』6, 56~57쪽.
441) 鈴木靖民, 1969,「日本と渤海の外交」『セミナ日朝關係史』1.
石井正敏, 1974,「初期日渤交涉における－新羅征討計劃中止との關聯をめぐつて－」『森克已博士古稀論叢』.
酒寄雅志, 1979,「渤海國家の史的展開と國際關係」『朝鮮史硏究會論文集』16.
古烟徹, 1986,「日渤交涉開始期の東アジア情勢」『朝鮮史硏究會論文集』23.
442) 송기호, 1989,「동아시아 국제관계 속의 발해아 신라」『한국사시민강좌』5.
한규철, 1994,「신라와 발해의 교섭과 대립」『신라의 대외관계사 연구』, 신라문화선양회.
조이옥, 2001,「발해 문왕대 신라교섭과 그 의미」『통일신라의 북방진출 연구』, 서경문화사, 157쪽.
443) 임상선, 1988,「발해의 천도에 대한 고찰」『청계사학』5, 14쪽.
444) 박영해, 1987,「발해의 대외관계에 대하여」『역사과학논문집』12, 19쪽.

각된다.

> 용원龍原의 동남쪽 연해는 일본도日本道이며, 남해부南海府는 신라도新羅道이다. 압록은 조공도朝貢道이며, 장령長嶺은 영주도營州道이며, 부여부는 거란도契丹道이다.[445]

에서 볼 때 발해의 신라도는 신라로 가는 길로서 그 중심 거점이 남해부(남경)이며, 이 길에 39역驛이 있다는 것이다. 당시의 신라도는 정천군井泉郡과 책성柵城을 연결하는 교통로였고,[446] 신라로 통하는 대표적인 통로 중에서 서방로(상경-국내성-한반도)나 해상 행로가 아닌 동해안 육상로를 의미한다는 것이다.[447] 이 길은 주로 동경東京(훈춘)에서 청진·경성·북청·함흥을 거쳐 덕원에서 동해안을 따라 남하하여 경주에 이른 것이다.[448] 따라서 신라도를 통한 신라·발해관계를 정리하면 반드시 대립관계로만 설명할 수는 없을 것이다.[449] 그만큼 두 나라는 국가적으로 성장하였으며, 그 속에 동족의식은 잠재되어 있었다.

신라는 성덕왕(702~737)과 경덕왕(742~765)를 거치면서 전제왕권을 확립하여 정치적 위상을 과시할 필요가 있었다. 발해 역시 문왕(737~793)은 국가 기반의 확립을 거쳐 대외적인 팽창을 구가하기 시작하였다. 따라서 암중모색일 뿐 직접적인 교섭이 어려운 실정이었지만, 일본과 당과의 교섭과정에서 상호 간의 동족의식과 통상의 필요성은 대두되었을 가능성이 크다. 그러나 757년(경덕왕 16, 문왕 21) 탄항관문의 설치로 교섭창구는 열렸으나 아직도 양국 간에 남아 있는 구원舊怨(고구려 정벌과 당의 요구로 남변 공격에 대한 발해인이 적개심)으로 새로운 돌파구를 마련하지 못

445) 『신당서』 권21, 북적열전(발해).
446) 王承禮, 1984, 『渤海歷史』, 黑龍江省人民出版社 참조.
447) 張博泉, 1985, 『東北地方史 稿』, 吉林大 出版部 참조.
448) 方學鳳, 2000, 「발해유지로부터 본 신라도」 『중국경내 발해유적 연구』, 백산자료원, 403쪽.
449) 김은국, 1999, 「신라도를 통해 본 발해와 신라관계」 『백산학보』 52, 749쪽.

한 것은 안타까운 일이다.

이에 원성왕(785~798)은 고구려를 정벌했던 무열계武烈系를 극복하고 실질적인 원성계元聖系의 시조로서 적극적인 유교 정치이념을 내세우는 한편 5묘제廟制의 개편 등 정치적 변화를 모색하였다.[450] 따라서 그는 대외정책에서도 발해와의 교섭을 꾀하게 되었다.

> 3월에 일길찬一吉湌 백어伯魚를 북국北國에 사신으로 보냈다(『삼국사기』 권10).

이 짤막한 내용이 신라가 발해(북국)에 사신을 보낸 공식적인 첫 기록이다(790년 : 원성왕 6, 문왕 54). 이에 대한 발해 측의 대응이나 교섭 기록은 없다. 다만 신라는 왕통王統이 바뀌었음을 알리고 무열계 왕통에서 이루어진 고구려 정벌의 불가피성을 설명하면서 양해를 구하는 동시에 양국 관계의 모색에 의한 '동족의식의 복원'을 촉구한 것으로 보인다. 당시 문왕 역시 유교사상에 입각하여 제도정비와 활발한 외교정책을 추진하고 있어 양자 간에 공통성은 있으나, 전 왕대에 있었던 등주공격에 따른 신라의 북정北征, 그리고 자신의 일본과의 신라 협공문제가 있어 쉽게 교류가 추진될 수 없었다.

신라는 790년에 처음으로 사신을 보낸 22년 만인 812년(헌덕왕 4, 희왕 1)에 다시 발해에 숭정崇正을 보냈다. 이때 순정의 관등은 급찬級湌으로 견당사遣唐使와 맞먹는 인물을 파견하여 발해의 입장을 배려하였다. 이러한 발해에 사신을 파견한 것이 귀족 갈등 속에서의 외교적 탈출 모색이라고도 할 수 있으나,[451] 당과 일본에 대응하는 일종의 동족의식의 복원일 수도 있다.

한편 발해의 입장에서도 문왕 이후 원의元義(793)·성왕(793~794)·강왕(794~809)·성왕(809~812)·희왕(812~817)·간왕(817~818) 등 6왕으로 이어

---

450) 신형식, 1977, 「신라시대의 시대구분」『한국사연구』 18.
　　_____, 2004, 『신라통사』, 주류성, 150쪽.
451) 한규철, 1994, 앞의 책, 12쪽.

가는 과정에서 내분으로 인해 정치적 불안정이 계속되었다.[452] 더구나 문왕 이후 정상적인 왕통의 계승이 아닌 피살·탈취 등의 극심한 정치적 갈등이 이어졌다. 따라서 헌덕왕의 사신 파견(숭정)은 큰 의미가 없었으며, 문왕 이후 대일외교에서 빈번하게 보인 '고구려 계승의식'의 대두는[453] 실질적으로 외교상에 있어서 큰 역할을 할 수 없었다. 따라서 이후 양국 간에는 교류와 접촉이 보이지 않는다.

그러므로 신라와 발해는 이러한 교섭을 이어가지 못하고 동족의식의 문제가 표출되지 못하였다. 때문에 신라는 발해 멸망 직전에 구원 요청을 거부한 결과가 되었으며, 오히려 거란을 돕게 된 과오를 범하게 되었다.[454] 이러한 발해에 대한 신라의 냉대는 그대로 고려로 이어져 10여만의 발해인의 귀화·내투에도 불구하고 고려 정부는 발해의 군사지원을 거부하게 되었다. 발해 유민이 세운 정안국定安國을 이은 흥요국興遼國의 대연림大延琳이 고길덕高吉德을 통한 1029년(현종 20)과 1030년의 구원 요청을 고려가 거부한 사실은[455] 거란의 군사적 위협 속에서 불가피한 일이었다. 따라서 고려가 갖고 있는 발해와의 동족의식은 거란·여진족의 방해와 견제로 일정한 한계가 있었다고 보인다. 그러나 고려인 속에 잠재되어 있는 발해인과의 동족의식은 그 유민 흡수에 나타나 있으며, 그 후 고토회복에 정신적 바탕이 되었다.

4) 통일신라의 대당관계

신라가 당과 첫 교섭(조공)을 시작한 것은 621년(진평왕 43, 고조 4)이었다. 당이 건국(618)된 지 3년 뒤의 일로서 고구려는 619년(영류왕 2)에, 그리고

---

452) 노태돈, 1996, 「발해의 변천」 『한국사』 10, 국사편찬위원회, 61~62쪽.
453) 노태돈, 1996, 앞의 책, 63쪽.
454) 『요사』 권2, 본기2 태조 하.
455) 이용범, 1977, 「고려와 발해」 『한국사』 4, 국사편찬위원회, 88~89쪽.
_____, 『고려사』 권90, 최사위 및 권94, 곽원·유소.

백제는 신라와 같은 해인 무왕 23년에 각각 조공사를 파견하였다. 그러나 당은 똑같이 624년에 3국왕을 책봉冊封하여 3국에 대한 균형을 보이고 있다. 이미 수는 고구려(요동군공)·백제(대방군공)·신라(낙랑군공)의 갈등을 외교상 견제한 것으로 보아 당시 외교와 정치의 상관 관계를 알 수 있었다.[456]

그러므로 대당관계는 제·려 국내 정세의 불안과 함께 668년(고구려 멸망)까지 3국 간의 경쟁이 치열하였다. 그러나 <표 82>에서 보듯이 신라가 주도하고 있다.

〈표 82〉 통일 전 삼국의 대당조공

3국	왕	횟수	합계
고구려	영류왕(24년간)	15	25
	보장왕(27년간)	10	
백제	무 왕(21년간)	15	22
	의자왕(20년간)	7	
신라	진평왕(12년간)	8	34
	선덕왕(8년간)	10	
	진덕왕(8년간)	9	
	무열왕(8년간)	5	
	문무왕(8년간)	2	

이러한 사실은 신라가 국력이 신장되었음은 물론 대당외교를 주도하고 있다는 뜻으로 대당 접근에서 우위를 잡았다는 뜻이다. 신라는 대당외교를 대내적인 국난 극복의 길로 생각하여 진평왕 이후 새로운 접근책을 모색하였다. 전평왕 하에서 대권을 장악한 김용춘金龍春은 김서현金舒玄과 친교를 맺어 김춘추金春秋·김유신金庾信 가문과 결연結緣의 계기를 만든 후 신귀족新貴族으로 급성장하였다.

456) 신형식, 1967, 「나당간의 조공에 대하여」 『역사교육』 10, 66쪽.
______, 1984, 「3국의 대중관계」 『한국고대사의 신연구』, 일조각, 313쪽.

이 양 가문은 곧 선덕여왕(632~647)을 세우고 대내적으로 대제對濟·대려對麗 강경책을 쓰는 한편, 대외적으로 적극적인 친당책親唐策을 추진하였다. 특히 대야성大耶城의 비극(642)을 계기로 양 가문은 굳게 결속되었으며, 김춘추의 3각 외교가 시작되는 동시에, 비담毗曇의 난(647)을 수습한 후 진덕여왕(647~654)을 세워 구세력을 제거하였다. 따라서 진덕여왕의 재위 8년 간은 무열왕계의 정책시험기였고,[457] 김춘추·김유신 신귀족의 적극적인 대당외교가 전개되는 시기였다. 그것이 김춘추와 그 두 아들(김문왕·김인문)에 의해서 추진된 숙위외교宿衛外交였다.[458]

그러나 숙위외교를 포함한 이 시기의 대당외교는 삼국통일을 위한 과도적 모색이었으므로 정삭正朔과 연호年號의 요구나 당 복제服制의 채택 등 굴욕적인 표현은 엿보이지만,[459] 그것은 외형적인 것으로서 신라의 정략적 수단에 불과한 것이다. 신라는 이러한 외교 수단에 의해서 당으로부터 원병援兵과 지원을 얻을 수 있었다. <표 83>에서 알 수 있듯이 진덕여왕은 당시 실권자인 김춘추를 대당외교의 제일선에 보내서 백제 정벌의 계획과 원병의 확정을 얻어낸 후 문왕文王을 숙위로 체류케 하였다. 특히 그 아들 법민法敏까지 견당사로 발탁하여 이들이 통일의 주역이 되었으니, 당시 입조사入朝使의 자격이나 지위를 가늠할 수 있다. 당 역시 이러한 신라의 사절 파견에 대하여 태상승太常丞 장문수張文收(진덕여왕 8)와 함자도총관含資道摠管 유덕민劉德敏(문무왕 원년) 등을 신라에 보내 예우禮遇를 잊지 않았다.

---

457) 신형식, 1984, 「무열왕계의 성립과 활동」 『한국고대사의 신연구』, 일조각, 115~117쪽.

458) 신형식, 1987, 「신라의 숙위외교」 『고대 한중관계사의 연구』, 삼지원.
_____, 2004, 『신라통사』, 주류성, 390~437쪽.

459) 진덕여왕 2년의 正朔의 요청, 中華衣冠制의 실시, 4년의 太平頌의 헌진, 永徽(연호)의 사용 등이 대표적인 예이다.

〈표 83〉 신라의 견당사(통일 이전)

입조사	관등	출국연대	귀국연대	활동
감질허		648년 (진덕여왕 2)		正朔요구
김춘추	伊　湌	648년 (진덕여왕 2)	648년 (진덕여왕 2)	文王동행 (宿衛·請兵)
김법민	(波珍湌)	650년 (진덕여왕 4)	650년 (진덕여왕 4)	太平頌 헌진
김인문	波珍湌	651년 (진덕여왕 5)	656년 (무열왕 3)	숙위, 무열왕 5·7년, 문무왕 2년 입당
김문왕	(伊　湌)	656년 (무열왕 3)	658년 (무열왕 5)	숙위
천복	弟　監	660년 (무열왕 7)		백제정벌 보고
김삼광	奈　麻	666년 (문무왕 6)	668년 (문무왕 8)	漢林 동행 (숙위·청병)
즙항세	大奈麻	667년 (문무왕 7)		조공
원기·연정토		668년 (문무왕 8)	668년 (문무왕 8)	원기만 귀국

그러나 통일 전의 나·당관계는 결국 제·려정벌이 중심이 되기 때문에 양국 간의 군사협조나 작전계획의 실천을 위한 구체적인 사절의 왕래가 핵심을 이룬다.

(가) 무열왕 7년 6월 18일 소정방蘇定方은 내주萊州에서 출발하여 선함船艦이 천리에 뻗치고 동쪽으로 조류를 타고 향하여 내려왔다. 21일에 왕이 태자 법민으로 병선兵船 100척 이글고 덕물도德物島에서 정방을 맞이했다.[460]

(나) 무열왕 7년 9월 정방은 백제왕 및 그 왕족과 신료 등 93인과 백성

1만 2천인을 거느리고 사비泗沘에서 배를 타고 당으로 돌아갔다(『삼국사기』 권5).

(다) 문무왕 3년 5월 (당주唐主는) 우위위장군右衛衛將軍 손인사孫仁師를 보내어 군사 40만을 이끌고 덕물도에 이르러 웅진부성熊津府城으로 향하게 하였다(동 권6).

(라) 문무왕 8년 6월 12일 요동도안무부대사遼東道按撫副大使 유인궤劉仁軌가 당주의 칙지勅旨를 받들어 숙위宿衛인 사찬沙湌 김삼광金三光과 함께 당항진黨項津에 도래하자 왕이 각간角干 김인문으로 하여금 가서 대례大禮로 맞게 하였다(동 권6).

위의 기록들은 백제 정벌을 전후한 시기에 당의 수군이 서해를 왕래한 모습을 전하는 사례이다. 660년(무열왕 7) 6월 18일에 산동山東의 내주를 떠난 소정방군은 3일 만에 서해를 건너 덕물도(덕적도)에 도착한 것으로 보아 소위 적산항로赤山航路를 이용한 것이다. 따라서 덕물도는 이 항로의 중간 기착점으로 한반도 연안을 기고 북상하여 백령도白翎島나 초도椒島 근해에서 서향西向하는 항로를 활용하였을 것이다. 그러므로 문무왕 10년 검모잠劍牟岑이 고구려 부흥을 외치며 남행하던 항로가 패강구浿江口－초도－백령도－사야도史冶島(덕적도)인 적산항로의 남단이었음을 알 수 있다.[461]

고구려를 정벌한 668년(문무왕 8) 이후 신라는 제·려유민遺民의 흡수와 고토회복이라는 민족적인 명제 앞에 놓이게 되었다. 무엇보다도 반도 안

460) 이러한 『삼국사기』(권5)의 기록에 대하여 『구당서』(권83, 열전33 소정방)에는 "顯慶 五年從幸太原 制授熊津道大摠管 遣師討百濟 定方自城山 濟海至熊津江口"라 하고 있다.

461) 손태현·이영택, 1981, 「견사항운시대에 관한 연구」『한국해양대학논문집』 16.
신형식, 1990, 「통일신라의 번영과 서해」『통일신라사연구』, 삼지원, 290~304쪽.
권덕영, 1997, 「견당사의 왕복행로」『고대한중외교사』, 일조각, 189~213쪽.
윤명철, 2001, 「장보고시대 동아지중해의 해양활동과 국제 행로」『장보고의 국제무역 활동과 물류』, 장보고기념사업회.
정진술, 「장보고시대의 항해술과 한·중 항로에 대한 연구」『장보고와 미래대화』, 해군해양연구소, 211~213쪽.

에 있는 당군의 축출이 급선무였기에 조공은 있을 수 없었다. 조공이라는 중국의 정치적 후견後見은 신라 사회의 필요와 요구의 표현이었고 또한 평화적 양국의 교섭이었기 때문에 당시 정세로서는 전혀 나타날 수가 없었다. 따라서 668년 이후 703년(성덕왕 2)까지 35년간은 사실상의 국교 단절 상태였다고 할 수 있다. 이러한 양국의 대립은 671년(문무왕 11) 설인귀薛仁貴의 항의와 문무왕의 답서答書에 잘 나타나 있으며,[462] 오히려 당측이 보다 능동적으로 대신라 접촉을 기도하였었다. 당은 발해의 등장을 비롯해 수도를 위협하는 동북방(돌궐·거란·말갈)과 서방·남방(토번·토곡혼·위글) 등 변환邊患이 긴급했기 때문이다.[463]

문무왕의 4차의 사죄사謝罪使 파견을 통해 사죄·친선을 표하면서 내면으로는 당군의 축출을 기도한 것이었다. 그러나 장기간의 대립이 지난 후 상호 간에 냉정을 찾으면서 신문왕이 즉위할 때(681) 당에 중종이 등장하여(684) 양국 국교 재개의 기운이 일어나게 되었다. 따라서 699년(효소왕 8)의 조공은 실로 30여 년만의 입조入朝인 것이다. 그 후 성덕왕과 현종 간에 이르러 정상화된 양국의 교섭은 완전한 친선관계로 발전되어 정치·문화 전반에 걸쳐 조공관계가 이룩된다. 이러한 양국의 외교는 중국과 한반도에 있어서 가장 안정되고 발전된 통일 왕국 간의 관계로서 한·중 관계의 친선을 유지한 시대로 동아시아 세계 질서의 완성으로 평가되고 있다.

장기간의 냉전 관계를 겪은 신라의 입장은 대당 교섭에 있어서 능동적인 자세와 이교적 자주성을 강조할 필요가 있었다. 통일신라의 정치적 안정과 전제왕권의 확립은 자신의 입장을 보다 대외적으로 나타내기 때문이다. 따라서 통일 이전의 외교와는 다른 형태의 것을 추진하게 되었으니, 그것이 문화적 접근 방법으로서의 숙위학생宿衛學生이었다. 동시에

---

462) 이호영, 1981, 「신라 삼국통일에 관한 재검토」『사학지』 15, 32~35쪽.
463) 신형식, 2004, 「삼국통일 전후 신라의 대외관계」『신라통사』, 주류성, 387쪽.

당으로부터 '인의지향仁義之鄕'이나 '군자지국君子之國'의 칭호를 받을 필요가 있었다.[464] 그것은 적어도 문화적 대등관계의 표시이며 한중韓中 우호관계의 모색이다. 이러한 신라의 입장은 당의 정치적 안정과 성장에 따른 한문화漢文化의 위상 속에서 새로운 통일왕국統一王國으로 출발한 신라의 문화적 요구라 하겠다.

> 당의 중종이 사신을 보내어 조칙詔勅을 말로 전하기를 "우리 태종문황제는 신묘한 공과 거룩한 덕이 천고千古에 뛰어났으므로 황제께서 세상을 떠나신 날 묘호廟號를 태종이라 하였다. 너희 나라의 선왕 김춘추金春秋에게도 그것과 같은 묘호를 쓰니 (이는) 매우 분수에 넘치는 일이다. 모름지기 빨리 칭호를 고쳐야 할 것이다"라고 하였다. 이에 왕이 여러 신라들과 함께 의논하여 대답하기를 "저희 나라의 선왕 춘추의 시호諡號가 우연히 성조聖祖의 묘호와 서로 저촉되어 칙령으로 이를 고치라 하니, 제가 어찌 감히 명령을 따르지 않을 수 있겠는가? 그러나 생각건대 선왕 춘추는 자못 어진 덕이 있었고, 더욱이 생전에 어진 신하 김유신金庾信을 얻어 한마음으로 정치를 하여 삼한三韓을 통일하였으니, 그 공적을 이룩한 것이 많지 않다고 할 수 없다. 그리하여 그가 별세하였을 때 온 나라의 백성들이 슬퍼하고 사모하는 마음을 이기지 못하여 추존한 묘호가 성조와 서로 저촉되는 것을 깨닫지 못하였던 것이다. 지금 교칙敎勅을 들으니 두려움을 이기지 못하겠다. 엎드려 바라건대 사신께서 대궐의 뜰에서 복명할 때 이대로 아뢰어 주시오"라고 하였다(『삼국사기』 권8, 신문왕 12년).

이것은 당의 개묘호改廟號 요구에 대한 신문왕의 정중한 답서이다. 이와 같이 표면적인 겸손 속에서 민족적 자주성은 결코 잊지 않았으니, 이것은 통일신라 대당외교의 기본 방향인 것이다. 동시에 북방 진출을 하지 못한 신라로서는 그에 대한 반대급부로써의 외교적 모색인 것이다.[465]

464) 『삼국사기』 권8, 신라본기8 성덕왕 30년.
465) 통일신라는 王名이나 廟號의 문제로 불필요한 충돌을 계속할 필요는 없었다. 따라서 성덕왕은 당의 개명 요구를 받은 직후 이름을 隆基에서 興光으로 바꾸었다. 즉 현종(당)의 이름이 융기였기 때문이며, 외형적으로 불필요한 마찰을 피하

이러한 입장에서 성덕왕은 재위 36년 간(702~737)에 43회의 조공관계(3회는 내사來使)를 갖고 있다. 여기서 주목할 사실은 신문왕의 즉위에 대한 당(고종)의 책봉冊封과 효소왕 원년에 있었던 측천무후의 조위사弔慰使(신문왕에 대한) 및 책봉사에 대해서 신라 측은 회답도 없었고, 그러한 요구도 한 일이 없었다는 점이다. 더구나

> 당주唐主 측천무후則天武后는 효소왕이 승하함을 듣고, 애도식을 거행하기 위하여 2일 간 조회朝會를 정지하였고, 또 사신을 보내어 조위弔慰하면서 새왕(성덕왕)을 책봉하였다(『삼국사기』 권8, 성덕왕 즉위년).

라는 사실은 당 측의 정중한 사절 파견에 대해서 성덕왕은 당 측에 사은謝恩은 물론 사신을 보낸 일이 없었다. 이것은 적어도 양국 간의 외교적 평등을 나타낸 것이며, 9세기에 있어서 나당관계의 대등한 성격을 말해주는 것이 될 것이다.

통일신라의 조공을 보내 구체적으로 이해하기 위해서 각 왕별로 외교관계 기사를 정리하면 <표 3>과 같다. 이에 의하면 대당교섭이 시작된 621년(진평왕 43) 부터 신라 말까지 300여 년간에 150여 회의 조공관계가 있었다. 통일 직후 양국 간의 대결로 30여 년간의 냉각기를 지낸 성덕왕대부터의 대당외교는 중대왕권의 강화 과정에 따라 적극화 되어 갔다. 신라 대당외교의 3분의 2가 무열계 왕권하에 이루어졌다는 사실은 그것이 신라 자체의 필요성에서 나온 결과로 생각된다. 특히 성덕왕 재위 36년 간(702~737)에 45회의 조공사 파견은 장수왕 재위 79년간(413~491) 북위에 45회 조공사의 파견을 볼 때 왕권의 안정과 조공사 파견 횟수의 상관관계를 이해할 수 있다. 이러한 사실은 조공이 중국에 신속관계臣屬關係가 아님을 나타내 주는 근거가 된다.466)

기 위함이었다.

466) 신형식, 1985, 「신라의 대외관계」 『신라사』, 이대출판부.

이러한 무열왕계의 친당정책은 민족 문화의 개발과 유교정치의 구현은 물론 의학醫學·천문天文·역법曆法 등 사회발전에 적응하는 문화 수용의 욕구라 할 것이다. 또한 조공사의 파견 횟수는 왕권신장과 상화 관련을 지닌 것이어서 장수왕과 북위北魏관계에서도 본 바 있다. 동시에 대당 교섭의 성격이 정치적·군사적인 것이 아니고 문화적·경제적인 관련이 그 중심이었음도 바로 조공이 사회의 욕구에 따라 변질되는 이유가 되는 것이다. 동시에 군사적인 활동을 하였던 숙위宿衛가 이제 비정치적인 임무에 충실한 것도 바로 이러한 양국의 관계와 동일한 것이었으며, 당의 개방성에도 큰 자극을 받은 것이다. 더구나 빈번한 대당교섭으로 장안에서 서역문화西域文化와의 접촉은 신라인이 국제인식을 확대시켜 신라사회의 개방에 큰 계기가 되었다.

그러나 8세기 말 선덕왕 이후는 하대사회의 등장과 함께 조공관계는 미약해졌으며, 9세기 초인 희강왕(836~838) 이후는 재위 연간 1~3회에 불과하였다. 이러한 신라 외교의 쇠퇴는 곧 왕조 자체의 쇠약을 의미하는 것이었다. 물론 당이 정치적 불안이나 약화로 인해 정치·외교상 도움이 될 수 없다는 현실도 외면할 수는 없었다.

621년(진평왕 43) 이후 신라가 망할 때까지 315년간에 신라는 150회(후당 포함)의 조공사를 파견하여 2년에 한 번씩 사절을 보내고 있었다. 특히 통일을 성취한 무열계 왕권 131년간(무열왕~선덕왕 : 654~785)에 85회의 조공사를 보냈고,[467] 원성계의 하대 150년간(785~935)에는 38회(통일 전에는 27회) 뿐이어서 4년에 1회의 수준이었다. 따라서 무열계 왕권은 삼국통일뿐 아니라 적극적인 친당책親唐策으로 정치적 안정과 문화적 개발

467) 『삼국사기』에는 혜공왕을 무열계의 마지막으로 하고 선덕왕(김양상)을 하대(원성계)의 출발로 기록하고 있다. 그러나 선덕왕은 王統과 遺詔(東海火葬)보 보아 무열계에 포함된다. 실제로 그 아들로 왕동이 이어진 원성왕을 하대의 첫 왕으로 보아야 한다(신형식, 1977, 「신라의 시대구분」 『한국사연구』 18 : 2004, 『신라통사』, 주류성, 149쪽).

을 이룩하는 한편, 8세기를 중심으로 동아시아 세계권의 한 축을 이루고 있었다.[468] 이러한 무열계 왕실의 적극적인 대당외교는 북방 진출의 한계에 대한 보완적 의미가 있었다고 보인다.

신라의 대당외교는 조공을 비롯하여[469] 파견 목적에 따라 하정사賀正使·고애사告哀使·사은사謝恩使·진하사進賀使·청병사請兵使·사죄사謝罪使·진위사陳慰使 및 숙위와 숙위학생 등 다양한 사절이 파견되었다.[470] 이 중에서 나·당간의 공식 사절인 조공사朝貢使는 즉위 초에 파견되는 정식 사절로 당으로부터 일정한 관직을 받고 있으며, 방물方物과 회사품回賜品을 받아오는 물물 교역자 역할도 하였다.

468) 신형식, 1984, 「통일신라의 대당관계」 『한국고대사의 신연구』, 일조각, 330~331쪽.
469) 김상기, 1948, 「고대의 무역형태와 나말의 해상발전에 대하여」 『동방문물교류사』, 을유문화사.
John K Fairbank, 1964, {On the Chinese Tributary & System」 『Harvard Journal of Asiatic Studies』 Vol 6.
신형식, 1967, 「나당간의 조공에 대하여」 『역사교육』 10.
이춘식, 1969, 「조공의 기원과 의미」 『중국학보』 10.
전해종, 1966, 「한중조공관계고」 『동양사연구』 1.
_____, 1970, 『한중관계사연구』, 일조각.
신형식, 1984, 「통일신라의 대당관계」 『한국고대사의 신연구』, 일조각.
김한규 1999, 『한중관계사』 1·2, 아르케.
470) 김세윤, 「신라하대의 도당유학생에 대하여」 『한국사연구』 37.
이기동, 1979, 「신라하대 빈공급제자의 출현과 나당문인의 교환」 『전해종박사화갑논총』.
_____, 『신라 골품제사회와 화랑도』, 일조각.
신형식, 1969, 「숙위학생고」 『역사교육』 11·12.
_____, 1990, 『통일신라사연구』, 삼지원.
_____, 2002, 「최치원의 정치사상」 『한국의 고대사』, 삼영사.

〈표 84〉 대표적 통일신라의 견당사

인명	관등	파견시기	사행의 목적
흠순欽純	角干	669년(문무왕 9)	謝罪
양도良圖	波珍飡	669년(문무왕 9)	謝罪
지진산紙珍山	級飡	669년(문무왕 9)	獻磁石
김복한金福漢	大奈麻	669년(문무왕 9)	獻材
원천原川	級飡	672년(문무왕 12)	謝罪
김사양金思讓	阿飡	704년(성덕왕 3)	
김정종金貞宗		713년(성덕왕 12)	
김흠질金欽質	王弟	726년(성덕왕 25)	
김상金相	從弟大阿飡	736년(성덕왕 35)	中途死亡
김은거金隱居	伊飡	775년(혜공왕 11)	
김육진金陸珍	大阿飡	809년(애장왕 10)	謝恩
김창남金昌南	伊飡	809년(헌덕왕 1)	告哀
김장렴金張廉	王子	817년(헌덕왕 9)	
김능유金能儒	往者	831년(흥덕왕 6)	
원홍元弘	阿飡	851년(문성왕 13)	佛經傳來
김부량金富良	阿飡	862년(경문왕 2)	溺死
김윤金胤	王子蘇判	869년(경문왕 9)	
김처해金處海	兵部侍郎	893년(진성왕 7)	溺死
김락金樂	倉部侍郎	923년(경명왕 7)	
김악金岳	倉部侍郎	924년(경명왕 8)	
장분張芬	兵部侍郎	927년(경애왕 4)	
박술홍朴術洪	兵部郎中	927년(경애왕 4)	
김불金咄	執事侍郎	932년(경순왕 6)	
이유李儒	司賓卿	932년(경순왕 6)	

앞의 <표 84>에 의하면 신라의 조공사를 포함한 대당 외교사절을 총칭하는 견당사遣唐使의 관등은 상당히 고위층의 인물이 파견되었으며, 그 중에 일부는 특진特進(김춘추)·대부경大府卿(김법민)·위위경衛尉卿(김상)·衛尉卿(김악)·공부상서工部尙書(장분) 등 당의 관직을 받고 있었다. 그러나 이러한 관직은 명목상의 의미로 보인다.[471]

〈표 85〉 견당사의 귀국 후 활동

인명	최후 관직	활동
김춘추金春秋	伊湌	武烈王(654~661)
김인문金仁問	大角干	宿衛-軍主(656)-宿衛(668~690)
김문왕金文王	迊湌	侍中(658~662)
김법민金法敏	波珍湌	兵部令-문무왕(661~681)
김삼광金三光	伊湌	宿衛-執政
김의충金義忠	伊湌	侍中(737~739)
김은거金隱居	伊湌	侍中(768~770)
김준옹金俊邕	波珍湌	시중-昭聖王(799·800)
김언승金彦昇	大阿湌	侍中-憲德王(809~826)
김흔金昕	伊湌	宿衛-都督-國相-將軍(839)
김의종金義琮	伊湌	宿衛-侍中(840~843)

<표 85>에서 알 수 있듯이 당은 입당사의 위상에 따라 당의 관직을 부여하여 중국적 세계관 속에 신라 편입이라는 외형을 갖추었다. 신라 역시 이러한 당의 입장을 이해하는 관례 속에서 당국 간의 친선과 공존을 택할 수 있었으나 이들 관직은 하나의 명예직이었다.

471) 신형식, 1984, 『한국고대사의 신연구』, 일조각, 332쪽.

우리가 주목할 것은 이러한 견당사의 귀국 후 활동이다. <표 85>에서 알 수 있듯이 이들 사절은 당대 최고의 인물이었다. <표 85>에서 본다면 조공사로서 숙위였던 16명을 제외하고 귀국 후에 왕이 된 사람은 무열(김춘추)·문무(김법민)·소성(김준옹)·헌덕왕(김언승)이었고, 시중侍中이 된 사람은 6명(왕이 된 사람을 포함)이었으니, 당대 제1급 인물이었음을 확실하다. 김인문·문왕 형제는 무열왕의 아들로 숙위활동은 물론 통일전쟁에 주역이었다. 김삼광은 김유신의 아들로 역시 숙위로 활약한 후 중앙정부에서 활동하였다. 김의충은 735년(성덕왕 34) 1월에 하정사로 입당하였으며, 737년(효성왕 원년)에 시중이 되었다. 특히 그의 딸은 경덕왕의 왕비가 되었음은 견당사의 위치로 가늠할 수 있다. 김은거는 767년(혜공왕 3) 7월에 입당하여 4년에 시중이 되었고, 김의종은 흥덕왕의 아들로 입당한 후 4년 뒤에 시중이 되었다. 이로 보아 입당사들은 왕권의 측면적 조력자이며, 김흔의 경우처럼 무열계의 인물로 정치적 협조나 타협에 의한 외교사절이 되기도 하였다.[472] 따라서 이들 견당사들은 당에서의 견문, 대인관계 등을 통해 지도자로서의 자질을 익혔다고 보인다.

끝으로 나당조공의 또 하나의 특징은 진공進貢과 회사품목回賜品目의 종류가 풍부하고, 그 세목이 보다 구체적으로 확대된 것이다. 이러한 경제적·문화적 교류의 다원화는 양국의 정치적·사회적 안정에서 온 결과였다.

<표 86>에서 본다면 8세기 이전의 진공물進貢物은 금·은·동·인삼·두발頭髮·해표피海表皮·소마小馬·미녀美女 등 특산물이나 원료품이었으나, 9세기 이후에는 오히려 불경佛經·불상佛像 등이 보내졌으며, 금·은제품이 보내졌다. 다시 말하면 원료품 중심에서 점차 신라의 제품이 진공되고 있음은 신라의 수공업이나 공예의 발전을 말해 주는 것이라 하겠다. 특히 대당관계에는 북방 민족과는 달리 강압적인 요구도 없었고, 공

472) 신형식, 1987, 「신라의 숙위외교」『고대한중관계사의 연구』, 삼지원, 237쪽.

〈표 86〉 대당 수출·수입 물품의 비교

비교 / 품목	내용	
수출품목 方物	문무왕 12년	금·은·동·우황·포목·침
	성덕왕 22년	과하마·우황·인삼·美髮·朝霞油·魚牙油·海豹皮·금·은
	헌덕왕 2년	금·은·불상·불경
	경문왕 9년	말·금·은·우황·인삼·魚牙油·朝霞油·五色비단
수입품목 回賜	문무왕 14년	역법
	성덕왕 16년	문선왕 초상
	성덕왕 32년	앵무새·금은기물·오색비단
	효성왕 2년	노자도덕경
	홍덕왕 2년	불경
	홍덕왕 3년	차茶
	문성왕 13년	불경

녀貢女에 대해서 668년(문무왕 8)에 금헌禁獻의 칙조勅詔가 있었으며, 전술한 723년(성덕왕 22)의 공녀에 대해서도

> 왕은 사신을 당에 보내어 미녀 두 명을 바쳤다. … "이 여자들이 다 왕의 고자매姑姉妹로서 친척을 이별하고 본국을 떠나왔으니, 짐은 차마 머물러 두고 싶지 않다"라 하고 물건을 후하게 주어 돌려보냈다(『삼국사기』 권8).

한편 <표 86>에서 본다면 당의 회사물回賜物도 대략을 살필 수 있다. 우선 전부터 있었던 견絹·자포紫袍·나채羅綵 등의 의복류가 제일 많았으며, 다음은 불경·도덕경道德經·경서經書 등 문화적인 것이 눈에 띈다. 특히 바둑의 교류나 828년(홍덕왕 3)의 차종자茶種子의 전래가 있었고, 그 회사물이 왕·왕비 및 고관에 차등 있게 하사되고 있었다.

> 경문왕 5년 4월에 관고官誥 1통, 정절 1벌, 비단 5백 필, 옷 2벌, 금은기 7개를 왕에게 주었다. 왕비에게는 비단 50필, 옷 1벌, 은기 2개를 주었고, 왕태자에게는 비단 40필, 옷 1벌, 은기 1개를 주고, 대재상에게는 비단 30필, 옷 1벌, 은기 1개를 주고, 차재상에게 비단 20필, 옷 1벌, 은기 1개를 주었다(『삼국사기』 권11).

이것은 경문왕을 책봉할 때에 하사된 회사물의 내용이다. 이에 의하면 왕·왕비·왕자 및 재상이 순으로 상당한 양이 보이고 있으나 동왕 9년에 사은사가 진공한 물품을 본다면 금·은을 포함하여 기타 제품은 총 32항목에 걸치는 막대한 것이었으니,[473] 회사품과 비교될 수 없는 경제적인 손실이었다. 특히 조공사에 대해서 진봉사進奉使란 명칭이 보이는 경우가 있음은 이러한 문물의 교류에서 연유되었다고 생각된다.[474]

이러한 당과의 교섭 속에서 성당문물盛唐文物의 전래에 따라 선진문화에 접할 수 있다는 긍정적 평가는 그곳으로부터 서역문화西域文化를 받아들이는 계기가 되었다. 특히 석국石國(Tashkent)의 비파琵琶(emerald), 구수毬搜(모피), 비취翡翠나 가구에 쓰이는 대모玳瑁(거북껍질), 자단紫檀(향목), 그리고 각종 보석 등 매혹적인 이국(Fascinating Strange nation)의 신기한 물건의 전래로 신라인의 사치를 조장함으로써[475] '병든 도시'의 폐안을 지적할 수 있다.[476] 여기서 우리는 834년(흥덕왕 9)의 교서에 보이는 사치와 호화의 유행에 따른 토산품(국산품)의 비야鄙野를 우려한 현실을 보게 된다.[477] 이러한 현실은 외교가 지닌 실實과 허虛의 모습이다.

위에서 열거한 공식적인 조공사 외에 통일신라의 대당교섭에는 하정

473) 『삼국사기』 권11, 신라본기11 경문왕 9년.
474) 흥덕왕 6년의 金能儒와 경문왕 9년의 金胤은 각각 進奉使로 되어 있다. 그러나 『册府元龜』나 『唐書』에는 일반 조공으로 표시되어 있다.
475) 신형식, 2002, 「신라와 서역과의 관계」 『신라인의 실크로드』, 백산자료원, 131쪽.
476) 이우성, 1969, 「삼국유사 소재 처용설화의 일분석」 『김재원회갑논총』, 34쪽.
이용범, 1969, 「삼국사기에 보이는 이슬람상인의 무역품」 『이홍직회갑논총』, 103쪽.
477) 『삼국사기』 권33, 잡지2 색복.

사賀正使도 나타나 잇다. 이에 대한 최초의 기록이 양국 교섭이 가장 왕성하였던 성덕왕 때에 나타났음은 양국 관계의 활발한 결과로 보인다.

> 개원開元 2년 윤 2월에 급찬級飡 박우朴祐를 당에 보내어 새해를 축하하니, 조산대부朝散大夫 원외봉어員外奉御의 관직을 주어 돌려보냈다(『삼국사기』 권8).

위의 기록은 714년(성덕왕 13, 개원 2)에 박우가 처음으로 하정사로 입당하였으며, 당의 관직을 받고 귀국하였다는 것이다. 대개 파견 시기가 1월·2월이어서 하정의 뜻은 나타나 있고, 관직을 받는 것은 조공사와 비슷하였다.[478] 그 외에 고애告哀·사은謝恩·사죄사謝罪使 등이 있어 그 후에 고려·조선으로 이어졌다.

한편 중국의 대삼국 및 통일신라의 외교는 전술한 바와 같이 삼국의 사절에 대한 수동적의 예의와 부수적附隨的인 보답이었다. 따라서 책봉·조위弔慰가 그 중심이었고 필요시에 중국의 요구가 보였으며, 삼국의 적대행위와 침략행동에 질책 등이 전부였다. 통일신라와 당의 관계도 전기의 영역을 근본적으로 벗어난 것은 아니지만, 완전한 친선관계 및 국교가 이룩된 성덕왕 이후는 보다 적극화 내지 능동화 되었으며, 북방계 민족과는 달리 강압적인 대신라 요구도 없었다. 오히려 당 측에서 청병을 하고 있음은 이를 잘 설명해 주고 있다.

조공에 대한중국 측의 정치적 보답인 책봉이 한·중 간의 기본 외교였음은 설명을 요하지 않는다. 대게 왕의 사망에 조위하고 추증追贈하는 것이 통례이며, 새 왕에 대해서는 책봉을 위한 지절사持節使 파견이 보통이어서 양자는 별개로 존재하여 왔다. 그러나 진덕왕 이후에는 조위·추증 및 책봉을 별도로 하지 않고 조공에 대한 답례로 이루어졌으니,

> 효소왕이 즉위하였다. … 당의 측천무후가 사신을 보내어 조제弔祭하고 이어

---

478) 신형식, 1984, 『한국고대사의 신연구』, 339쪽.

왕을 책봉하여 신라왕 … 계림주도독鷄林州都督으로 삼았다(『삼국사기』 권8).

에서 보는 바와 같이 효소왕의 즉위 직후에 당 사신이 와서 전왕의 조제와 신왕의 책봉을 같이 하고 있다. 그러나 지절사란 명칭은 따로 없었으며, 그 후에 조위와 책봉은 일시에 이루어졌다.

> 애장왕이 즉위하였다. … 당 덕종은 사봉낭중겸司封郎中兼 어사중승御使中丞 위단韋丹을 시켜 지절사로 가서 조문케 하고 또 왕 준옹을 책봉하여 … 신라왕으로 삼았다(『삼국사기』 권10).

라 하여 효성왕의 사망에 접하여 다음 왕인 애장왕 원년에 당은 지절사로서 위단을 파견하여 조위 및 책봉을 하였다.

이러한 지절사의 자격은 신라 측의 조공사가 일정한 자격이 보인 것처럼 중국황제의 대리자라고 생각되어 어느 정도의 자격이 있었다.

> 효성왕 2년 2월 … 당의 황제는 형숙邢璹에게 이르기를 "신라는 군자의 나라가 되어 서기書記를 잘 알아 중국과 유사하다. 경이 유교에 독실하므로 지절사로 삼는 것이니, 마땅히 경의經義를 강론하여 대국의 유교가 이와 같이 성하다는 것을 알리라"고 하였다(『삼국사기』 권9).

라 하여 신라를 '군자지국君子之國'·'인의지향仁義之鄕'이라고 믿고 있었기 때문에 지절사인 형숙은 유학에 대한 깊은 지식이 있어 파견하였다고 하였다. 다라서 그 자격이 된 첫 번째의 요건은 이러한 학문적 교양을 갖춘 상당한 고위층 인사였다고 생각한다. 당에서 파견된 지절사는 대게 낭중郎中(종5품)을 중심으로 하고, 태자좌우유덕太子左右諭德(정4품)·찬선대부贊善大夫(정5품)·태상승太常丞(종5품) 등이어서 4~5품계의 인물이었음을 알게 된다.[479] 따라서 신라 사절과 그 지위가 비슷한 편이어서 양국 간의 관계가 정치적 상하의 입장이 아님을 보여 준다.

---

479) 『구당서』 권43, 지23 직관2.

이러한 중국 측의 사절에 특수한 경우는 체당신라인滯唐新羅人을 발탁해서 책봉사로 임명하는 경우도 있다.[480]

> 효공왕 10년 3월 전에 당에 들어가 급제한 김문울金文蔚이 공부원외랑근왕부자의참군工部員外郎近王府諮義參軍의 관직에 있다가 책명사冊命使로 보직되어 본국에 돌아왔다(『삼국사기』 권12).

라 하여 체당중인 김문울이 효공왕 10년에 책명사로서 귀국하여 당의 사절 역할(上國使)을 한 것이다.[481] 이러한 상국사의 경우는

> 문성왕 3년 7월 당 무종은 칙령勅令을 내려 귀국할 신라 관사 선위부사宣慰副使 … 김운경金雲卿을 치주장사淄州長史로 삼는 동시에 그를 사신으로 삼아 왕을 책봉하여 … 신라왕으로 삼았다(『삼국사기』 권11).

에서도 알 수 있다. 즉 김운경은 최초의 빈공합격자로서 체당 수학을 마친 숙위학생이었지만,[482] 10년의 수학을 마치고 귀국 시에 중국 측의 지절사 역할을 한 것이다. 이러한 사실은 당 측의 필요에 의한 임시 조치였다.

통일신라의 대당교섭이 활발한 근본적인 배경은 행해술과 선박기술의 우수성이다. 원인圓仁의 『입당구법순례행기入唐求法巡禮行記』에 따르면 그가 836년 8월 17일에 첫 출항을 시도하였을 때 당시 일본의 선박은 겨우 뗏목(planks bound together as a draft) 수준이어서 구주九州 연안에서 난파당할 정도로 원시적이었다고 하였고, 당시의 일본 항해술에 대해서 Reischauer는

> The compass was not to come into use in these waters for perhaps another three centuries: the ponderous junks of the time could only sail down wind, and worst of all, the japanese did not seem to have the basic meteorological knowledge needed for navigation in their part of the world.[483]

---

480) 신형식, 1984, 『한국고대사의 신연구』, 347쪽.
481) 『해동역사』 권36, 교빙지5 상국사1.
482) 신형식, 2002, 『한국의 고대사』, 삼영사, 62쪽.

라 하여 일본의 선박은 ponderous junk(사선沙船)로서, 평저平底의 돛단배였다고 적고 있다. 그러나 중국이나 신라는 이와 같은 사선형沙船型이지만,[484] 중국의 사선은 평저·다외多桅·방두방소方頭方艄·유출소有出艄의 모습으로[485] 선두船頭가 없는 것이 특징인데,[486] 신라 선박도 이러한 특징을 갖추었으리라 보인다. 당시 일본 항해자들 거의가 신라인의 보호와 안내를 받았으며,[487] 원인의 귀로가 신라선원의 안내로 이룩된 것도[488] 당시의 높은 항해술을 나타내 주고 있다. 무엇보다도 원인의 『입당구법순례행기』에 보인 일본의 항해술은 계절풍이나 해양의 성격을 몰랐으며, 단지 불타佛陀와 신도神道에 의존하는 수준에 머물러 있었다.[489] 이와 같은 높은 수준의 항해술과 선박술의발달은 뛰어난 신라선新羅船의 활용으로 8세기 이후 대당교섭에 새로운 전환기를 가져온다.[490]

그러나 8세기 후엽, 특히 혜공왕(765~780) 이후 귀족간의 정권쟁탈전이 빈번해지면서 대당관계는 크게 소원해졌으며, 당에서도 안록산安祿山의 난(755) 이후 정치의 혼란으로 대외교섭에 관심을 둘 수가 없었다. 이로써 신라의 대당교섭은 정치적 의미를 잃게 되었다. 신라 대북정책의 대안으로 큰 의미를 지닌 대당관계는 성당문물의 수용과 나당친선의 긍정적의 의미가 있었으나 나당양국의 쇠퇴와 더불어 그 실질적 의미를 잃게 되었다. 따라서 신라의대당관계는 신라 북진정책의 한계를 보완할 수는 없었으며, 문화적 의미에서 그 존재 가치를 찾을 분이다. 결국 대당

---

483) Edwin O. Reischauer, 1955, 『Ennin's Travels in Tang China』, Ronald Press Company, N·Y, pp. 60~61.

484) 김재근, 1984, 『한국선박사연구』, 서울대 출판부, 57쪽.

485) 周世德, 1989, 「中國沙船考略」 『科學社集刊』 5, 48쪽.

486) J. Needam, 1981, 『Science and civilization』 4(坡本賢三 등 3인 譯, 思索社), 391쪽.

487) 김문경, 1969, 「재당신라인이 취락과 그 구조」 『이홍직회갑논총』, 275쪽.

488) 圓仁, 『入唐求法巡禮行記』 권1, 개성 4년 3월 17일.

489) Edwin O. Reischauer, 1955, 앞의 책, 97쪽.

490) 최근식, 2005, 『신라해양사 연구』, 고려대 출판부.

친선외교는 신라 북진정책을 추진할 수 있는 기회를 잃게 하였다. 그러나 통일신라의 대당관계는 결과적으로 해상활동의 발전을 가져와 신라인의 해외진출의 기회가 넓어졌으므로 북방진출의 한계와 문제는 서해를 통한 중국과 일본으로의 진출을 촉진시켰다.[491] 따라서 9세기 장보고張保皐의 등장으로 해양개척·무역입국·선리우호·시대선도 정신으로 한국인의 첫 국제화·세계화의 단초를 제공하게 되었다.[492]

결국 신라의 대당관계는 북방 영토의 회복이란 명제는 아니지만, 활발한 당과의 교류 속에서 신라가 동아시아 세계의 일원으로서 위상을 확보하여 당과 일본 간의 정치·외교적 교량의 수준을 넘어 그 정정재 내지는 균형자의 역할을 자임할 수 있었다. 동시에 바다로의 해외진출을 가져와 장보고와 같은 새로운 시대로의 필요성을 제기한 큰 의미가 있었다. 따라서 이러한 대당관계는 북방관계의 보완적 성격을 띤다고 하겠다.

5) 통일신라 대북방정책의 의미

신라는 한반도의 동남방에서 출발한 나라였으므로 그 국가적 성장은 북방으로의 진출을 의미한다. 신라의 발전과정은 우선 한강유역을 지배하고 있던 백제와의 충돌이 불가피하였으며, 궁극적으로는 한반도 북방의 강자인 고구려를 넘어야 할 입장이었다. 따라서 6세기의 신라, 특히 법흥왕(514~540)과 진흥왕(540~576)은 이러한 난관을 극복할 수 있는 바탕을 마련하였으며, 신라의 북방정책을 수행할 수 있는 배경을 구축할 수 있었다. 6세기 한강유역의 진출은 신라 북방정책의 제1단계가 성공하

---

491) 김문경·김성훈·김권호, 1993, 『장보고』, 이진문화사.
손보기·김문경·김성훈 편, 1999, 『장보고와 21세기』, 혜안.
최영호 외, 2002, 『장보고와 미래대화』, 해군 해양연구소.
윤명철, 2002, 『장보고시대의 해양활동과 동아지중해』, 학연문화사.
최광식 외 편, 2003, 『해상왕 장보고』, 청아출판사.

492) 임원빈, 「장보고 대사 핵심정신연구」 『장보고와 미래대화』, 99~105쪽.

였음을 의미한다. 따라서 한강 이북지방의 역역확대가 그 다음 단계의 정책이 될 수밖에 없었다.

7세기를 맞이한 진평왕(579~632)은 대륙의 통일세력인 당을 끌어들여 원교근공책遠交近攻策을 마련하여 두 적대세력(백제·고구려)를 견제할 수 있었다. 이어지는 여왕시대(선덕·진덕여왕)의 신흥세력인 김춘추(무열왕)와 김유신은 결속을 한 후 당의 군사를 능동적으로 이용하여[493] 제·려를 정벌할 수 있었다. 이와 같은 신라의 통일은 '국토의 축소와 외세의 이용'이라는 역사적 한계가 있지만,[494] 7세기 신라의 제·려 정벌은 신라 북방정책의 두 번째 결실이었다.

그러나 이러한 통일의 문제와 한계에 직면한 통일신라는 고구려 고토회복이라는 제3의 북방정책을 추진하지 않을 수 없었다. 신라는 당과 외교관계를 단절하고 고구려 유민(연정토·안승)을 받아들이면서 평양 일대로 진출하면서 제3의 북방정책을 실천에 옮겼다. 특히 구고구려인에 대한 회유와 함께 신라인을 황해·평안도 일대에 이주시켜 동족同族간의 융합과 국토의 균형적 발전을 통해 신라 왕실의 권력기반을 확대시켜 나갔다. 박수경朴守卿의 경우처럼 구고구려 땅에 옛 고구려의 유습遺習과 제도를 유지시킨 것이다. 이것은 신라 북방정책의 또 다른 의미와 결실이 될 수 있었다. 여기서 우리는 산운汕耘의 패서도浿西道(평안도)와 패강도浿江道(황해도)를 청천강 유역으로 진출하였다는 주장을 수용할 필요성을 느낀다. 이것은 신라 제3의 북방정책의 구체적 결실이 되기 때문이다. 그러나 신라의 청천강 유역 진출은 당의 정치적 혼란을 이용한 고토회복의 정책이었고 발해에 대한 견제라는 측면은 있으나 구체적 근거가 약하다는 문제가 있다.

---

493) 신채호, 1908, 「삼국홍망의 이철」 『독사신론』.
　　　＿＿＿, 1972, 『단재신채호전집』 상, 505쪽.

494) 신형식, 1990, 「삼국통일의 역사적 성격」 『통일신라사연구』, 삼지원, 46쪽.

그러나 8세기에 이르러 국제정세가 바뀌게 되었다. 이제 북방정책은 '영토 확장'이란 문제보다 당과 발해와의 정치·외교관계로 나타나 그 방향이나 성격을 바굴 수밖에 없었다. 당과는 친선을, 발해와 동족의식의 발견이 필요하였던 것이다. 그 전제조건은 신라 자체의 정치적 안정과 자신감이었다. 따라서 성덕왕(702~737)과 경덕왕은 적극적인 친당정책親唐政策을 바탕으로 발해와의 관계 모색(접근)이 필요하였다. 이 시기에 신라는 성당문화盛唐文化와 서역문화西域文化의 수용으로 민족문화의 근간과 한국의 전통사회의 원형을 마련하면서 대발해 우위성 확보를 이룩하였다.

당시 신라는 발해를 말갈·거란·돌궐 등과 같은 북방민족과의 뚜렷한 차이를 느끼지 못하는 때였는데, 732년 발해의 등주공격과 그 남부공략 실패로 북방진출은 외면되고 말았다. 더구나 신라와 발해 간의 직접적인 접촉은 없었지만, 양국의 빈번한 당·일본과의 교섭을 통해 두 나라는 간접적인 접촉 기회가 늘어나게 되었다. 따라서 경덕왕(742~765)과 문왕(737~793) 간에는 동족으로서의 교섭 필요성이 대두될 수 있는 가능성이 컸다. 따라서 732년의 발해 남변 공격문제와 759년 일본·발해의 신라 침공계획은 결국 신라·발해의 자의적 공격행위는 아니었음을 인식하게 되었다. 따라서 신라 측의 탄항관문炭項關門의 설치와 발해 측의 신라도新羅道의 개척은 양국 간의 새로운 접촉을 가능케 하였다.

그러나 신라와 발해가 동족의식을 완전히 버린 것은 아니었으나 상호간의 구원舊怨을 씻는 데 실패하였다. 여기서 제4의 북방정책(압록강 이북진출)의 한계와 실패의 바탕이 있게 된다. 따라서 790년(원성왕 16, 문왕 54)과 812년(헌덕왕 4, 희왕 1)의 신라 측 사신 파견도 그 이상의 결과를 얻을 수 없었다. 더구나 9세기 이후 양국의 정치적 소용돌이는 북방정책이나 동족의식 복원에 기회를 주지 못하였다. 그러나 발해인과 신라인 사이에 잠재되어 있는 동족의식은 제3의 국가(당·거란·말갈)와는 달리 다시 재현될 수 있는 바탕은 소멸되지 않았다. 따라서 이러한 혈연성은 자연히 고려로 이어질 수 있었다.

그러나 이러한 양국 간의 소원한 관계는 10세기의 고려로 이어져 동족의식 복원은 주변 정세의 변동(거란·여진의 존재)으로 더욱 어렵게 되었다. 즉 발해 유민은 받아들이지만, 발해 유민이 세운 홍요국興遼國의 군사적 지원(1029년, 1030년)을 수용할 수 없는 고루 자체의 국내·외적인 한계로 북방정책의 모색은 더 많은 기간을 기다려야 하였다. 다시 말하면 신라와 발해 간의 동족의식 약화는 북진정책을 추진할 바탕을 둔화시킴으로서 잃어버린 북방 고토회복의 굼은 점차 어렵게 되었다. 특히 이러한 민족적 문제는 현실에 안주한 신라 정부가 져야 할 역사적 책임이라 하겠다.

그러나 통일신라는 북방정책의 대안으로 당과의 친선관계를 통해 소위 중국적 세계질서에 참여함으로써 동아세계東亞世界의 형성에 기여할 수 있었다. 특히 성당문화와 서역문화를 수용하고 이를 견당사나 유학생 또는 구법승求法僧을 통해 일본에 전수시켜 동양 고전문화의 개발에 기여하였으며, 당과 일본 사이에서 한때는 동북아의 균형자 또는 조정자의 위상을 가질 수 있었다. 다만 신라와 발해는 각기 강력한 전제왕권의 확립을 통한 정치적 위상을 바탕으로 한국사에 있어서의 남북세력을 형성하여 일본을 견제하려는 동족의식의 고리를 만들어 두 나라(신라·발해) 사이에 보존된 혈연성血緣性을 고려로 연결시켜 줄 수 있었다. 이러한 의식은 그 후에 고토회복의 정신적 바탕을 마련하여 우리 역사의 정치적 이상으로 남게 되었다.

5. 백제 대외관계사의 의미

1) 백제 대외관계의 성격

동서고금을 막론하고 국가 단독으로 성립·발전된 경우는 없다. 항상 주변국가와 부단한 관련 속에서 발전되었으며, 그러한 대외관계는 평화적인 교섭(외교)과 대립적 관계(전쟁)로 나눌 수 있었다. 그러므로 인류의 역사는 '전쟁과 평화의 변증법적인 발전과정'으로 설명할 수가 있다. 따라서 대외관계사의 구명은 그 나라의 발전과정을 이해하는 기준이 될 것이기 때문에 국가의 흥망성쇠의 관건이 된다고 하겠다. 어차피 국가는 자기 영토를 지켜야 하고(때로는 넓혀야 하며), 자기 백성을 보호해야 하기 때문에 전쟁과 평화(대외관계)는 국가발전에 불가피한 요소가 된다.

따라서 백제사의 경우도 그러한 대외관계사는 단순한 교섭사가 아니라 그 국가발전(또는 생존)에 내적·외적인 동인動因으로 평가될 수 있기 때문에[495] 『삼국사기』(본기)의 기록에서도 대외관계 기록이 38.9%가 되고 있어 정치기사(29.8%)나 천재지변기사(31.3%)보다 그 비중이 높았다.[496] 다만 전반기에 이러한 대외관계기사(주로 전쟁기사)가 많았다는 점은 백제의 국가발전이 일직 가능했다는 사실에 바탕이 되었으나 후반기의 경우는 결과적으로 국력손실을 가져와 국가멸망의 원인으로 작용되었다는 결과를 주목할 필요가 있다.

백제초기의 대외관계 상대국은 말갈靺鞨·낙랑樂浪·마한馬韓·신라新羅 등이었고, 주로 그들과의 전쟁이었다. 그러나 4세기 이후는 그 상대국이 고구려(전쟁)와 왜(외교)로 바뀌었고,[497] 중국(동진東晋)과도 관계를 갖기

495) 신형식, 1981, 「통일신라시대의 대외관계」 『한국사론』 1.
_____, 1990, 『통일신라사연구』, 삼지원, 282~288쪽.
496) 신형식, 1981, 『삼국사기연구』, 일조각, 153쪽.
497) 정재윤, 2007, 「웅진시대 왜의 관계에 대한 예비적 고찰」 『백제문화』 37.

시작하였다. 5세기 이후 고구려에 시달리던 백제는 남조(송宋·제齊·양梁)와의 빈번한 관계를 통해 국가위기의 극복을 꾀했으나 사비천도 이후 신라와의 지나친 충돌(전쟁)로 국력이 탕진되었으며, 대외관계(수隋·당唐)도 고구려와 신라에 압도되어 파견 횟수에 비해서도 별다른 효과를 거두지 못한 채 국가는 회생불가능 상태에 빠지게 되었다.

백제는 678년간의 존속기간 중에 말갈·낙랑·위魏·당 등과 그리고 마한·가야加耶·신라·고구려 등 연8개국(민족 포함)과 124회의 전쟁기록을 갖고 있다. 이러한 사실은 5.5년에 한 번씩 전쟁을 치룬 결과였으며, 가장 많은 전쟁을 치룬 대상국은 신라·고구려·말갈이었다.[498] 여기서 주목될 것은 말갈과는 1~3세기 백제 전반기의 관계였으며, 고구려·신라와는 4세기 이후의 일이어서 백제의 성장과 쇠퇴와 관계가 크다. 이것은 전쟁과 외교가 국가발전에 갖고 있는 의미이며, 양자가 지닌 존재가치이다.

한편 대외교섭관계에 있어서 백제는 동진 이후 진陳·양·송·수·당 등 10개국의 중국과 60회의 사절 파견이 있었으나 203회의 고구려와 비교할 때 외교력의 약세를 엿볼 수 있다. 결국 외교관계는 국력과 관계를 갖고 있으므로 장수왕은 북위北魏와 46회의 조공사朝貢使 파견이 있었으며, 성덕왕은 당과 45회의 사신을 파견한 사실에서 알 수가 있다.[499] 다만 백제의 경우 4세기(근초고왕·근구수왕)에 중국(남북조)과의 관계가 가장 활발하여 당시 삼국 중 강성했음을 알 수 있으며, 7세기 당의 관계가 가장 부진했던 사실(신라는 34회, 고구려는 25회, 백제는 22회)은 쇠락해가던 백제사 현상을 보게 한다.

여기서 주목할 것은 백제는 어려운 국내적 상황에도 불구하고 중국(주

---

498) 신형식, 1984, 『한국고대사의 신연구』, 일조각, 286~287쪽.

499) 신형식, 1981, 『삼국사기연구』, 215~236쪽.
임기환, 2007, 「웅진시기 백제와 고구려 대외관계기사의 재검토」 『백제문화』 37.
정운용, 2007, 「웅진시대 백제와 신라」 『백제문화』 37.
양종국, 2007, 「웅진시대 백제와 중국」 『백제문화』 37.

로 남조)의 문화를 받아들여 백제문화의 창의성과 독자성을 가미함으로써 독자성과 국제성을 동시에 나타낸 사실을 무령왕릉武寧王陵(웅진시대)과 금동향로(사비시대)에서 찾아 동북아시아 고대문화 연구에 획기적 자료임을 보여주었다.[500] 동시에 종래의 백제가 남조문화와의 관계에 머물렀으나 북조와 인도와의 관계를 통해 백제·중국·일본(왜)과 연결된 동아시아 공유문화권共有文化圈의 형성에 핵심적인 역할을 한 사실을 금강하구의 국제항에서 찾고 있다.[501]

2) 역대왕의 대외관계 기록 분석

백제의 대외관계를 이해하기 위해 세기별 비중(『삼국사기』의 본기 내용)을 정리하면 <표 87>과 같다.[502] <표 87>은 세기별 백제사의 성격을 반영하고 있다.[503] 물론 이러한 통계는 각 왕의 업적이나 시대상황과는 큰 차이가 있지만, 백제사의 전반적인 발전(변천)과정을 엿볼 수 있다. 즉 4세기까지는 백제가 비교적 정치체제를 일찍 정비하여 말갈·낙랑·마한·신라·고구려 등과 빈번한 전쟁을 주도하면서 국가체제를 갖추었다는 사실과 5세기는 고구려의 침입에 압도되어 외교적 탈출(동진·송·왜·신라)을 모색하였음을 알 수 있다. 그러나 6세기는 중흥의 수단으로 외교(남제·양·북제·진·수)와 전쟁(고구려·신라)을 병행하는 과정에서 나타난 국력의 낭비는 국가적 시련이 닥친 것이라 하겠다. 그러므로 7세기 역시 지나친 대외관계 속에서 백제는 사비시대를 마감하고 있음을 볼 수가 있다.

500) 양기석, 2009, 「백제문화의 우수성과 국제성」 『백제문화』 40, 107~108쪽.
501) 노중국, 2009, 「백제의 고대 동아시아 세계에서의 위상」 『백제문화』 40, 180~182쪽.
502) 세기별 왕의 기사 중에서 두 세기를 겹친 왕은 사망시의 세기를 존재시기로 계산하였다. 그리고 재위연간이 아주 짧은 왕 중에서 기록이 5회 미만인 경우(개루왕·책계왕·사반왕·분서왕·계왕·침류왕·구이신왕·개로왕·삼근왕·혜왕·법왕 등 11왕)는 통계처리가 불가능하므로 제외하였다.
503) <표 1>·<표 2>의 통계수치는 필자의 『삼국사기연구』, 121~143쪽의 통계에 의한 것이다.

〈표 87〉 세기별 대외관계 기사의 비중(%)

세기 / 내용	대외관계 기사의 비중			정치기사	관계된 왕
1	32	전쟁	27	46	온조왕·다루왕
		외교	5		
2	22	전쟁	13	9	기루왕
		외교	9		
3	31	전쟁	28	30	초고왕·구수왕·고이왕
		외교	3		
4	42	전쟁	30	31	비류왕·근초고왕·근구수왕·진사왕
		외교	12		
5	28	전쟁	7	46	아신왕·전지왕·비유왕·문주왕
		외교	21		
6	49	전쟁	22	25	동성왕·무령왕·성왕·위덕왕
		외교	27		
7	50	전쟁	23	21	무왕·의자왕
		외교	27		

이러한 전반적인 시대분위기를 대표하는 사실(왕의 업적)과 각기 그 왕대의 기록을 비교하면 백제사의 특징을 명확히 파악할 수 있다. <표 88>에서 보듯이 시조인 온조왕은 건국 후 정치적 시련의 극복을 위해 다양한 정치행위(권농勸農·사민徙民·축성築城·설책設柵)가 요구되므로 정치기사가 압도적으로 많았다. 그러나 2~3세기 초(기루왕·초고왕·구수왕)는 전쟁기사가 정치기사를 압도하여 당시 상황을 알 수가 있다. 그러나 3세기 후반의 고이왕(234~286)은 전쟁(신라)도 많았지만 6좌평佐平의 설치 등 제도정비에 노력했으므로 정치기사가 큰 비중을 갖는다. 그러나 4세기의 근초고왕(346~375)은 고구려 정벌을 단행한 주인공이므로 전쟁기사가 많지만 한산이도漢山移都나 역사편찬(서기書記) 등 정치행위는 물론 요서진출遼西進出 등을 감안할 때[504] 외교기사도 같은 비율로 나타나고 있어 당시 백제의 융성을 보게 된다. 따라서 근초고왕을 계승한 근구수왕(375~384)도 비록 짧은

재위기간이지만, 전쟁기사(고구려)가 절대적인 비중이 될 수밖에 없었다.

그러나 3~4세기 백제의 형편(고이왕과 근초고왕)을 볼 때 3국 중 일찍 국가체제를 완비하였음으로 대외정복(고구려정벌), 해외진출(요서진출)이 가능할 수 있었다. 다만 이러한 무모한 도전은 국가적 어려움으로 이어질 수밖에 없었고 고구려의 도전에 큰 고난을 받게 된 것이다.

5세기 이후 백제는 고구려의 군사적 위협을 받게 된다. 따라서 정치적 대책은 물론 대외관계(외교 : 왜·신라·송·동진)가 큰 비중을 갖게 된다. 비유왕(427~455)은 외교관계기사가 정치기사의 3배에 가까운 사실을 보이고 있으며, 특히 왜와의 관계가 주목된다. 그러나 웅진천도熊津遷都(475)를 단행한 문주왕(475~477)은 시급한 국내문제의 수습차원에서 정치기사가 83%에 이르고 있다.

5세기 말에 등장한 동성왕(479~501)은 결국 한강(하류)유역의 회복이 급선무였으므로 정치적 안정에 따른 정치기사의 압도적 비중을 보게 된다. 그러나 무령왕(501~523)은 국가의 중흥을 위한 신라와의 전쟁과 양과의 외교를 강조함으로써 대외관계기사가 정치기사의 4배(15% 대 65%)가 되었다. 따라서 위덕왕(554~598)은 신라와의 전쟁보다 중국(수·북제·진·후주)과의 교섭에 큰 비중을 둘 수밖에 없었다. 이것은 결과적으로 왕의 실책이라고 할 수가 있는데, 국가적 위기가 외교라는 수단으로 해결될 수가 없기 때문이다.

7세기의 무왕(599~641)은 신라왕의 전쟁과 수·당에의 접근에 따라 정치기사(23%)보다 대외관계기사가 60%(전쟁 23 : 외교 37)나 되었다. 결국 의자왕(641~660)도 신라와의 전쟁에 치중한 결과 신라의 보복적 도전을 외면할 수가 없었다. 외교와 전쟁의 균형이 필요한 것이다.

---

504) 이에 대한 연구성과의 종합적인 정리는 다음과 같다.
신형식, 2005, 『백제의 대외관계』, 주류성.
______, 2008, 「백제의 요서진출」『한성백제사』 4, 서울시사편찬위.
강종훈, 2007, 「백제의 중국대륙 진출」『백제문화사대계』 3, 충남역사문화연구원.

〈표 88〉 대표적 왕의 기록(%)

세기 \ 내용	왕명	기록 내용
1	온조왕	정치(51), 대외관계 23(전쟁 17 : 외교 6)
2	기루왕	정치(9), 대외관계 22(전쟁 13 : 외교 9)
3	초고왕	정치(14), 대외관계 36(전쟁 36)
	구수왕	정치(27), 대외관계 27(전쟁 27)
	고이왕	정치(49), 대외관계 30(전쟁 22 : 외교 8)
4	비류왕	정치 42, 대외관계 4(외교 4)
	근초고왕	정치(33), 대외관계 54(전쟁 27 : 외교 27)
	근구수왕	정치(17), 대외관계 33(전쟁 25 : 외교 8)
	진사왕	정치(44), 대외관계 39(전쟁 39)
5	아신왕	정치(41), 대외관계 37(전쟁 26 : 외교 11)
	전지왕	정치(44), 대외관계 25(외교 25)
	비유왕	정치(14), 대외관계 38(외교 38)
	문주왕	정치(83), 대외관계 8(외교 8)
6	동성왕	정치(53), 대외관계 18(전쟁 8 : 외교 10)
	무령왕	정치(32), 대외관계 36(전쟁 24 : 외교 12)
	성왕	정치(15), 대외관계 65(전쟁 40 : 외교 25)
	위덕왕	정치(0), 대외관계 75(전쟁 17 : 외교 58)
7	무왕	정치(23), 대외관계 60(전쟁 23 : 외교 37)
	의자왕	정치(19), 대외관계 39(전쟁 22 : 외교 17)

이상에서 『삼국사기』(본기)의 기록을 중심으로 백제의 발전과정에서의 대외관계(전쟁과 외교)의 위상을 정리해 보았다. 4세기의 근초고왕, 6세기의 무령왕은 전쟁이 큰 비중을 가졌지만, 정치기사와 대외관계기사가 균형을 이루었다는 사실이다. 이것은 정치적 안정을 의미한다. 그러나

성왕과 위덕왕, 그리고 무왕은 대외관계(성왕은 전쟁, 위덕왕은 외교)에 치중하여 국가 재건을 괴하였으나 결국 국력탕진의 결과가 되었다. 따라서 대외관계는 전쟁과 외교라는 상반된 두 개의 개념이 존재하기 때문에 양자의 조화(균형)가 요구된다.

백제의 전쟁은 <표 89>에서 보듯이 전체 141회 중에 대내전쟁(신라·고구려와의 전쟁)이 106회(신라 70회 : 고구려 36회)라는 모습을 보이고 있다.[505] 이러한 사실은 고구려가 대외전쟁에 치중함으로써 한반도를 지켜주었지만, 백제는 신라와의 싸움(대내전쟁)으로 양국간의 대립만 격화되었다. 특히 대야성大耶城 전투(642)로부터 심화된 양국의 갈등은 김춘추金春秋의 삼국방문외교를 통한 나당간의 군사동맹이 결성되는 계기가 되었다.[506] 여기서 전쟁과 외교의 상관관계가 있다. 또한 백제의 전쟁은 한강유역을 확보하고 그곳을 지키려는 전쟁으로서[507] 웅진천도 이후에도 백제가 한강유역을 되찾기 위한 노력을 버리지 않았다.[508] 다만 이러한 전쟁이 반드시 영토확장·회복의 의미만 아니라 인간의 본능적인 호전성好戰性과 누적된 적개심, 그리고 생대국간의 이해관계 등 정치적·심리적 원인도 배제될 수는 없다.[509]

---

505) 신형식, 1983,「삼국시대 전쟁의 정치적 의미」『한국사연구』 43.
_____, 1984,『한국고대사의 신연구』, 289쪽.

506) 신형식, 2004,「방문외교로 통일을 성취한 김춘추」『신라통사』, 주류성, 571~577쪽.

507) 이 문제에 대한 종합적 연구는 '서울 한강유역을 둘러싼 삼국의 각축'이라는 주제로 노중국·노태돈·신형식·이기동의 종합정리가『향토서울』 66(2005)에 수록되어 있다.

508) 475년의 한성함락 이후 한강하류유역의 지배양상에 대해서 필자는 1992년에 간행된『백제사』 52쪽에서 백제가 이 지역을 상실한 것은 아니라고 한 이래, 이에 대한 찬반논의가 양기석·박찬규·김영관·박현숙·심광주·김병남·최종택·임범식 등의 논고가 이어졌다. 최근에『향토서울』 73(2009)에 김현숙·이도학·전덕재의 견해가 다시 소개되었다.

509) 구영록, 1977,『인간과 전쟁』, 법문사, 128~132쪽.
김홍철, 1991,『전쟁론』, 민음사, 29~43쪽.
D. G. Pruit & R. C. Snyber<ed>, 1969,『Theory and Research on the Causes of

〈표 89〉 백제의 대내전쟁

나라	교전국	횟수		전체 횟수(%)
백 제	신 라	70	106	141(75.2%)
	고구려	36		
고구려	백 제	36	64	145(44.1%)
	신 라	28		
신 라	백 제	70	105	174(60.3%)
	고구려	28		
	가 야	7		

백제의 외교는 주로 중국과의 관계였고, 4세기 말(397 : 아신왕 6) 이후는 왜와 그리고 나제동맹기羅濟同盟期(433~554)의 신라와의 관계가 있었다.[510] 중국과의 관계는 소위 조공朝貢의 형태로[511] 나타난 외교로서 중화사상中華思想에 입각한 중국적中國的 세계질서世界秩序(Chinese World Order)의 편입을 의미한다.[512] 그러나 백제의 사절은 신라에 비해서 자격, 목적, 체류일정 등에 대한 구체적 언급이 없다. 일본의 '견당사遣唐使'아 같은[513] 공식

War』, Cliffs.

________________, 1980, 안보문제연구소 역, 『전쟁원인론』, 35~38쪽.

510) 정운용, 1996, 『5~6세기 신라 대외관계사 연구』, 고려대 박사학위논문.

511) 김상기, 1948, 「고대의 무역형태와 나말의 해상발전」 『동방문물교류사논고』, 을유문화사.
이춘식, 1969, 「조공의 기원과 의미」 『중국학보』 10.
전해종, 1966, 「한중조공관계고」 『동양사연구』 1.
_____, 1970, 『한중관계사연구』, 일조각.
신형식, 1967, 「나당간의 조공에 대하여」 『역사교육』 10.
_____, 1984, 『한국고대사의 신연구』.

512) J. F. Fairbank<ed>, 1980, 「The Chinese World Order-Traditional China's Foreign Relations」, Harvard Univ. Press.
高明士, 1983, 『從天下秩序看古代的中韓關係』, 臺北.
劉子敏, 2003, 「中華天下秩序中的高句麗」 『백산학보』 67.

513) 森克己, 1966, 『遣唐使』, 至文堂.
권덕영, 1997, 『고대한중외교사』, 일조각.

적인 규정이 없어 신라사절을 통해 살펴볼 수밖에 없다.

신라의 경우 703년에 파견된 김사양金思讓과 737년에 파견된 김포질金抱質의 예로 보아 길어야 1년 정도였다.[514] 더구나 신라의 공식적 사절로 당의 조정에 시류侍留하는 숙위宿衛의 경우도 통일전쟁기의 특수한 예를 제하고는 거의가 1년 정도였다.[515] 따라서 백제의 외교사절도 비슷한 모습일 것이지만, 다만 각국의 사정이 있어 수·당의 등장에 따른 삼국의 경쟁적 외교와[516] 함께 외교사절의 비공식적인 임무가 눈에 띈다.

> 帝以我太子入朝 遣職方郎中陳大德答勞 大德入境 所至城邑 … 遊歷無所不至 … 大德回奉使覘國虛實 吾人不知 大德還奏帝悅 … 其國聞高昌亡大懼館候之勤 加於常數(『삼국사기』 권20, 영류왕 24년).

이 기록은 고구려와 당 사이의 사건이지만 외교사절이 지니는 적국사정의 파악(내부적 실상과 허실의 탐정)은 일종의 '간모행위間謀行爲'였다는 사실은 당 태종이 진대덕陳大德의 귀국보고를 받고 크게 기뻐하였다는 데서 알 수 있다.[517]

이와 같은 외교사절(중국측)의 성격(임무)은 서긍徐兢의 『고려도경高麗圖經』에서 보여진 고려 내부사정의 파악에서 알 수 있으며, 조선시대의 사실이지만 신숙주申叔舟는 『해동제국기海東諸國記』에서

> 무릇 이웃나라와 사귀고 사절을 통해서 풍속이 다른 사람을 무마하고 접대하는 데는 반드시 그 정세를 안 연후에 예도를 다할 수 있는 법이다.[518]

라 하여 외교의 중요성은 '상대방의 정세파악'에 있다고 하였다. 그는

514) 신형식, 1984, 『한국고대사의 신연구』, 331~332쪽.
515) 신형식, 1984, 앞의 책, 378쪽.
516) 신형식, 1984, 앞의 책, 313쪽.
517) 신형식, 1984, 앞의 책, 316쪽.
518) 申叔舟, 『海東諸國記』 序文.

고려말 국정이 문란하여 상대방(왜)에 대한 무마의 방도를 잃어 근심(왜구 침략)이 되었다는 것이다.

백제는 연 8개족(중국)과 외교관계를 맺은 바 있다. 그러나 동진東晋(317~420)과 5회, 양梁(502~557)과 7회, 그리고 송宋(420~479)과 4회의 관계를 맺은 후[519] 수(581~619)와는 10회, 그리고 당(618~907)과는 22회의 사신교환 기록이 있다. 다라서 이러한 빈약한 교섭으로 그 성격파악이 어려운 편이며, 주로 남조(420~589)와 웅진천도 이후 국가부흥과 관계가 있었다. 이 시기는 왜와 교섭이 빈번해진 시기여서 오히려 왜와의 관계가 큰 의미가 있었다.

더구나 수·당과의 외교는 고구려와 신라와의 경쟁에 밀려 별다른 효과가 없었다. 수와는 고구려에 밀렸고, 당과는 신라에 밀려 사비시대(538~660)의 백제상을 엿볼 수 있었다. 이러한 외교적 취약성은 중국으로부터의 책봉冊封도 단지 대방군공帶方郡公이라는 왕호王號만 받고 있지만, 중국보다 격이 낮은 편이어서 백제가 대왜접근을 꾀한 이유를 알게 한다.

신라와의 관계는 정치적 안정(민심수습)을 위하고 고구려의 군사적 위협에 대항한다는 나제동맹羅濟同盟(433~554) 이후 본격화되었다.[520] 그러나 이 동맹은 고구려의 군사적 위협에 공동대응의 뜻은 있으나 양국의 입장은 내면적으로 차이가 있었다. 신라는 이를 계기로 고구려의 정치·군사적 간섭에서 벗어나려는 자립운동自立運動의 의미가 컸으나[521] 백제의 경우는 실제로 신라의 군사적 지원을 필요로 하였던 것이다. 그러므

---

519) 그 외의 사신파견국은 북제北齊·진陳·후위後魏 등 뿐이다.

520) 정운용, 1996, 「나제동맹기 신라와 백제관계」 『백산학보』 46.
정운용, 2006, 「삼국사기 교빙기사를 통해 본 나당동맹기의 재검토」 『백제연구』 44.
양기석, 1994, 「5~6세기 전반 신라와 백제의 관계」 『신라문화제학술회의논문집』 15.

521) 신형식, 1971, 「신라왕위계승고」 『유홍렬박사화갑기념논총』, 74쪽.
______, 1985, 『신라사』, 이화여대 출판부, 127쪽.

로 개로왕은 한성함락시에 문주文周가 직접 경주慶州에 가서 군사지원을 받아온 사실에서 알 수 있다.

끝으로 백제와 왜와의 관계는 397년(아신왕 6) 이후 428년(비유왕 2)까지 6회의 교섭기록 뿐이지만, 『일본서기』에는 신공왕후神功王后(권9) 46년 이후 빈번한 기록이 보이고 있으며, 응신천황應神天皇(권10) 이후에는 거의 매년 백제가 내조來朝한 것으로 되어 있다. 더구나 『삼국사기』 초기 기록에 신라를 괴롭힌 왜는 해적집단海賊集團이었으나[522] 백제의 경우는 전혀 다른 시각에서 우호관계가 지속되었으며, 문화(불교·유학·의학·기술·예술·조선술造船術)의 전수자였다. 더구나 일본측 기록의 왜곡상(내조來朝·貢縫衣 童女·내귀來歸·헌공장獻工匠)에 따른 번국론蕃國論이나 왕실외교王室外交의 추진은[523] 백제외교의 취약성이 아닐 수 없다.

3) 백제왕실의 남천과 대외관계의 변화

백제는 678년간의 존속기간에 서울을 두 번 옮겼다. 천도 배경이 대외적이었든 대내적이었든 간에 이러한 수도 이전은 백제사의 큰 변화를 가져왔다. 다만 백제사의 전반적 이해를 위한 시도로서 『삼국사기』(본기)에는 백제사의 성격을 다음과 같이 정리하고 있다.[524]

<표 4>에서 볼 때 백제는 삼국 중에서 전쟁과 천재지변이 제일 많았으므로 정치적 충실지수(안정)가 낮았음을 알 수 있다. 따라서 이러한 백제사의 변화상은 현실적인 문제점을 보완하는 것이 필요하기 때문에 우리는 웅진천도를 단순히 수도함락에서 찾을 것이 아니라 한성시대의 문제점을 보완하려는 사전준비가 있었을 것으로 추측할 수 있다.

---

522) 연민수, 1998, 『고대한일관계사』, 혜안.
김현구, 2002, 「백제와 일본간의 왕실외교」『백제문화』 31.
坂元義種, 1978, 『古代東アジアの日本と朝鮮』, 吉川弘文館.
523) 신형식, 1990, 「통일신라의 대일관계」『통일신라사연구』, 삼지원, 311쪽.
524) 신형식, 1981, 『삼국사기연구』, 153쪽.

따라서 웅진시대는 한성시대로부터 사비시대로의 필수적인 과도적 시기만은 아니었다는 사실을 지적하고 싶다. 물론 수도함락에 따른 남천南遷(피난)은 불가피했지만, 그것은 외침에 시달린 백제가 '계획된 별도別都의 구상'이라는 가능성을 제시할 수 있기 때문이다. 그러므로 우리는 477년(문주왕 3)의 기사가 창건궁궐創建宮闕이 아닌 '중수궁실重修宮室'이라는 기록을 주목한다. 천도 후 16개월 밖에 되지 않는 시기에 궁궐을 중수할 수는 없기 때문에 추정할 수가 있다.[525)]

〈표 90〉 『삼국사기』에 나타난 삼국 사회(본기 기사 내용 : %)

나라 / 내용	정치	대외관계		천재지변
백 제	29.8	38.9	전쟁 : 20.6	31.3
			외교 : 18.3	
고구려	36.4	39.5	전쟁 : 18.3	24.1
			외교 : 21.2	
신 라	48.3	24.9	전쟁 : 10.1	26.8
			외교 : 14.8	
평 균	38.2	34.4	전쟁 : 16.3	27.4
			외교 : 18.1	

그러므로 476년(문주왕 2)의 '한북민호의 이주'(移徙漢北民戶), 483년(동성왕 5)의 '한산성군민의 위문'(撫問漢山城軍民) 등 한강유역(하류)에 대한 배려(통치)를 나타내고 있다. 다만 천도시기는 수도(한성)함락이라는 돌발적인 사건으로 국민들의 분노와 절망을 배려한 불가피한 조치로 생각할 수는 있다. 그러나 부단한 외침外侵에 대항하려는 수도이전 계획이 고구려에 의한 수도함락으로 당겨진 수순이 아닐까하는 생각을 할 수가 있다. 그러므로 한성함락 이후 백제왕실의 계속된 한강유역 경영의도를 엿볼 수 있다. 따라서 우리는 우선 한성시대 백제상과 웅진시대의 변화상을 주목할 수 있다.[526)]

525) 신형식, 1992, 『백제사』, 28쪽.
526) 노중국, 1981, 「고구려·백제·신라사이의 역관계 변화에 대한 일고찰」 『동방학지』 28.

<표 91>에서 알 수 있듯이 한성시대는 대외관계에 큰 비중을 두어 정치가 어려웠던 점을 고려해 웅진시대는 그 비중을 줄이고 정치(관리임면·축성·사민·순행)에 큰 비중을 둘 수밖에 없었다. 따라서 한성시대는 결과적으로 정치·외교·천재지변이 이상할 정도로 균형을 이루어 어려운 시련 속에서도 국가유지가 가능했던 것이다. 그러나 웅진시대는 천도 이후 약화된 왕권과 귀족의 횡포(진씨·해씨 갈등)를 막으려는 의도에서 정치안정에 비중을 두었으므로 정치기사가 압도적으로 많았음을 알 수 있다.[527] 특히 빈번한 축성築城과 수리修理, 그리고 동성왕과 무령왕대에 집중된 순행巡幸의 의미는 바로 외적방어와 왕권강화의 수단인 것은 물론이다.[528]

〈표 91〉 한성·웅진시대의 비교(%)

시대 / 내용	대외관계		정치	천재지변
	외교	전쟁		
한성시대	31.5		35.4	34.1
	20.8	10.7		
웅진시대	21.4		56.1	23.0
	10.7	10.7		

정재윤, 1991, 『웅진시대 백제사의 전개와 그 특성』, 서강대 박사학위논문.

527) 정운용, 1996, 「나제동맹기 신라와 백제관계」 『백산학보』 46.
양기석, 1994, 「5~6세기 전반 신라와 백제의 관계」 『신라문화제학술회의논문집』 15.
박진숙, 2000, 「백제 동성왕대 대외정책의 변화」 『백제연구』 32.
정재윤, 2001, 「웅진시대 백제아 신라의 관계에 대한 일고찰」 『호서고고학』 4·5.

528) 백제시대에 36회의 순행기사가 있다. 이 중에서 한성시대(B.C. 18~475)에 21회, 웅진시대(475~538)에 11회, 그리고 사비시대(538~660)에 3회가 있었다. 그러나 한성시대 493년간(21왕)에 21회는 23년에 한 번 꼴이지만, 온조왕의 8회의 순행을 제외하면 40여년에 1회 정도밖에 되지 않는다. 그러나 웅진시대 63년간(5왕)에 문주왕은 4년, 삼근왕은 3년만에 죽었고, 성왕은 순행사실이 없으므로 결국 동성왕(479~501)은 8회, 무령왕은 2회의 순행기록을 갖고 있어 특히 동성왕의 빈번한 순행은 정치적 의도(국민위문·민정시찰·신수도 물색)가 있었으리라 여긴다(신형식, 1981, 『삼국사기연구』, 181~182쪽).

<표 92>에서 볼 수 있는 것은 사비시대에 있어서는 정치기사보다 대외관계기사가 4배가 넘는다는 사실이다. 이것은 사비시대가 추구한 정치방향(국가부흥)의 수단으로서 무모한 외교와 전쟁을 시도했다는 것이다. 그러므로 성왕은 천도 직후에 양가 외교관계(조공)를 맺는 동시에 고구려와의 전쟁(신라 지원)을 시도했으나 신라의 신주新州 설치에 대한 반발로 도전하다 실패하였다. 결국 위덕왕은 이에 외교(북제·진·후주·수)에 전념하였으나 서해직항로를 상실한 백제의 어려움 속에서 무왕은 무모한 신라와의 전쟁 끝에(13회), 특히 아막성阿莫城(남원시 운봉) 전투에서 패하고 말았다.

〈표 92〉 웅진·사비시대의 비교(%)

<table>
<tr><th rowspan="2">시대
내용</th><th colspan="2">대외관계</th><th rowspan="2">정치</th><th rowspan="2">천재지변</th></tr>
<tr><th>외교</th><th>전쟁</th></tr>
<tr><td rowspan="2">웅진시대</td><td colspan="2">21.4</td><td rowspan="2">56.1</td><td rowspan="2">23.0</td></tr>
<tr><td>10.7</td><td>10.7</td></tr>
<tr><td rowspan="2">사비시대</td><td colspan="2">59.6</td><td rowspan="2">14.1</td><td rowspan="2">26.3</td></tr>
<tr><td>25.4</td><td>34.2</td></tr>
</table>

그러므로 무왕은 이 난국을 극복하기 위해 수·당에 접근하였으나 고구려(수)·신라(당)의 외교전략에 밀려 612년 려수전쟁麗隋戰爭 대 수를 돕겠다는 양단책兩端策을 쓰기까지 했으나 국력만회는 불가능하였다. 결국 사비시대는 지나친 전쟁의 출혈과 외교정책의 실패(어려움)로 전반적인 국가멸망의 단초가 열리게 되었다.

결국 백제는 전반적인 정치의 취약성에도 불구하고 한성시대는 정치와 대외관계가 어느 정도 균형을 이루었다. 그러나 4세기 말 이후 고구려의 계속적 압박으로 균형이 깨지면서 웅진시대는 정치적으로 안정을 꾀하려(중흥) 하였으나 빈약한 대외관계로 반전을 이룩할 수가 없었다. 따라서 사비시대는 이를 대외관계로 해결하려 했지만 외교는 고구려(초기 : 수), 신라(후기 : 당)에 밀렸으며, 지나친 신라와의 전쟁으로 국력의 한계에 부딪쳐 멸망하지 않을 수 없었다.

이와 같이 외교와 전쟁으로 대표되는 대외관계는 백제의 경우만이 아니라 고구려와 신라는 물론, 고려·조선왕조의 경우도 그 국가존속에 결정적인 역할을 한 것은 사실이다. 무엇보다도 백제가 일본에 준 문화전수는 불교·유교·예술 등 정신문화 뿐 아니라 경도京都 부근의 차아嵯峨란 지명은 서울의 아차산성峨嵯山城을 거구로라도 고집하고 있는 현실에 그 의미를 찾을 수 있다.

그러므로 백제 멸망 후 부흥군의 지원(백촌강白村江 전역戰役)으로 볼 때 문화적 혜택 <외교>은 전쟁으로 보상될 수 없음을 알게 한다.

여기서 우리는 신라의 김암金巖과 김다수金多遂의 경우처럼 당에서 익힌 선진문화를 일본에도 전해줌으로써 동아시아 문화권 형성에 기여했지만,[529] 일본은 빈번한 신라침공계획으로[530] 외교(문화교류)와 전쟁을 혼동하는 우를 범하고 있다. 그러나 우리는 780년(寶龜 11, 선덕왕 1) 신라의 도일사절渡日使節 김난손金蘭蓀 일행에 참여한 김암 외에 설중업薛仲業(원효의 손자)이 당대의 문호文豪인 담해삼선淡海三船과의 교환交歡은[531] 결국 백제인이 이룩한 문화외교의 연장선에서 설명할 수밖에 없다. 이러한 사실은 백제가 멸망한 100년이 지난 후인 보귀寶龜(771~781), 연역延歷(782~805) 연간에도 일본기록(『속일본기續日本紀』)에는 계속 백제왕(이백理伯·현경玄鏡·이선利善·선종仙宗·원덕元德·명신明信·준철俊哲·영손英孫·인정仁貞·

529) 신형식, 2008, 「신라외교사절의 국제성」『2007 신라학 국제학술대회 논문집』, 경주시, 77쪽.

530) 김은숙, 1991, 「8세기 신라와 일본과의 관계」『국사관논총』 29,

531) 이기동, 1992, 「설중업과 담해삼선과의 교환」『역사학보』 134·135.

_____, 1997, 『신라사회사연구』, 일조각, 184~192쪽.

경인鏡仁·원신元信·충신忠信)이 계속 등장하고 있기 때문이다. 백제에 대한 일본의 향수鄕愁는 시공時空을 초월한 모습이다.

결국 백제의 대외관계사(외교)는 비록 남조와의 관계 속에서 국가재건을 위한 수단으로 추진되어 그 문화를 받아들여 백제화百濟化하는 동시에 나아가서 일본 고대문화 개발에 기여하여 '고대 동아시아 공유문화권' 내지는[532] 동아시아 문화형성에 자신을 승화시켜 일본 땅에 '영원히 백제를' 살게 하였음은 사실이다. 그러나 전쟁은 초기에는 국가발전에 동력이 되었지만, 5세기는 고구려, 6세기는 이후는 신라와의 충돌로 국력 탕진의 바탕이 되어 삼국 중 가장 먼저 멸망되는 비극으로 끝나게 한 주범主犯이 되었다.

결론적으로 외교와 전쟁으로 대표되는 대외관계는 정치와 균형을 이룰 때 사회가 안정되는데, 백제는 지나치게 대외관계가 비중이 컸다는 것은 국력의 탕진에 따른 국가쇠퇴의 바탕이 되었음을 의미한다. 따라서 외교와 전쟁을 적절히 조절한 근초고왕의 경우와 달리 성왕은 전쟁에(40대 25), 위덕왕(58대 17)과 무왕(37대 23)은 외교에 출혈出血하여 국가적 시련을 초래했음을 주목해야 할 것이다.

그러나 백제는 한강유역의 유리함에 기초하여 나라를 일직 일으켜 4세기에 고구려정벌(고구원왕의 살해)을 단행한 바도 있으나 5세기에는 바로 그 나라(장수왕)의 침입으로 수도를 옮겨야 하는 인과응보因果應報의 비극을 맞기도 하였다. 그러므로 6세기에는 동맹국인 신라에게 패하는(성왕 피살) 등 전쟁에서는 실패한 나라였다. 그러나 외교에 있어서는 비록 웅진시대 이후 국가는 전반적으로 위축되었으나 중국문화를 받아들여 이를 독창적으로 개발한 후 일본에 전해주어 백제의 꿈을 해외에 떨친 '우수성과 국제성'을 남긴 나라였다.[533]

---

532) 노중국, 2009, 앞의 논문, 180쪽.
533) 양기석, 2009, 앞의 논문, 188쪽.

제4절 전쟁기사의 분석과 고찰

1.「삼국사기」 전쟁기사의 종합적 정리

동서고금을 막론하고 어떠한 국가도 단독으로 성립·발전된 나라는 없다. 어느 나라도 주변제국과 항상 교섭(외교)과 충돌(전쟁)을 거치면서 성장하기 때문에 외교와 전쟁은 국가벌전의 불가피한 요인이 되기 마련이다. 특히 정복국가로서의 성격을 강하게 띤 삼국시대에 있어서 전쟁은 단순한 영토확장이나 정복사업으로 설명될 수 없다. 무엇보다도 이 시기는 대내적으로 민족결정을 위한 삼국간의 분쟁이, 대외적으로는 영토보족을 위한 대외항쟁이 계속되었으므로 전쟁은 당시의 정치와 문화 이해의 전단계가 된다고 하겠다.

삼국시대에는 480여 회의 대소 전쟁이 있었다. 이러한 『삼국사기』의 기록은 그 시대가 전쟁 속에서 성장되었음을 뜻하는 것이다. 그러나 대부분의 기록이 단순한 전쟁사실(과정)의 나열이었고, 선학의 연구성과도 무장武將의 활동이나 왕의 업적을 부각시키는 정도였다.[534] 따라서 구체적인 전승戰勝의 원인분석이나 전쟁의 주역인 백성들의 역할은 외면되었으며, 전쟁이 갖는 의미에 대해서는 전혀 언급이 없었다.

그러나 근자에 이르러 전쟁에 있어서 당사국 사회 내부의 정치적 혼란과 외족外族의 위협이 주요한 변수로 작용되고 있음을 밝힘으로써[535]

---

534) 이병도의 『한국고대사연구』(1976, 박영사) 속에는 광개토왕, 근초고왕, 진흥왕 등의 위업을 설명하고 있으며, 「고구려 대수당항전」에서도 막연히 "고구려 국민의 굳센 정신력과 위인의 힘"으로 표현하고 있다. 천관우의 「광개토왕의 정복활동에 대하여」(1980, 『군사』 1)와 문경현의 「삼국통일과 신김씨가문」(1981, 『군사』 2)에서도 주요 왕이나 장군의 활동이 전쟁에서 차지하는 비중을 중심으로 서술되고 있다.

전쟁을 대하는 시각이 달라지고 있었다. 특히 북진책北進策이나 또는 기타 군사작전을 사회·경제적인 입장으로 보려는 주장이 크게 강조되고 있음은 전쟁을 보는 입장을 달리해야 한다는 암시가 될 수가 있다.[536) 필자는 최근에 전쟁에 있어서 승패를 좌우하는 전략과 무기의 개발이 갖는 의미를 강조한 바 있으며,[537) 특히 전쟁과 천재지변天災地變과의 관계를 개략적으로 제시한 바 있었다.[538)

이에 본고에서는 전쟁기사를 종합적으로 정리해 봄으로써 그것이 삼국시대의 역사발전에 차지한 영향이나 정치적 의미를 찾아보려는 것이다. 따라서 우선 전쟁기록을 계량적計量的으로 분석하여 그의 빈도와 역사서술상의 비율이 갖는 사회변화와의 관계를 규명한 후 전쟁과 천재지변과의 상관관계를 통해 고대인古代人의 자연과自然觀을 살펴보려고 한다. 끝으로 전쟁이 민족융합의 계기 내지는 백성들의 참전을 통한 그들의 지위향상과 민족의식 성립의 계기가 될 수 있었다는 필자의 의견을 부언해 보려는 것이다.

『삼국사기』(본기) 내용에서 전쟁기사는 16.3%에 불과하다.[539) 이러한 비중은 당시 역사서술의 기본내용인 정치·천재지변·외교기사에 비하면 큰 비율은 아니었다. 그러나 전쟁은 삼국시대의 정치변화나 사회발전에 커다란 계기가 되고 있음은 통일전쟁의 와중에 있던 문무왕이 14관부官府의 31관원을 정비함으로써 관료제官僚制 확립을 괴하였음에 잘 나타나 있다.[540) 이와 같은 전쟁의 정치적 의미는 단순한 피해복구나 대비책의

---

535) 노태돈, 1976, 「고구려의 한강유역 상실의 원인에 대하여」 『한국사연구』 13.

536) 이기백, 1958, 「고려태조시의 진」 『역사학보』 10.
　　_____, 1968, 『고려병제사연구』, 일조각.
　　이기동, 1976, 「신라하대의 패강진」 『한국학보』 4.
　　_____, 1980, 『신라 골품제사회와 화랑도』.

537) 신형식, 1981, 「신라본기 내용의 분석」 『삼국사기연구』, 42쪽 및 「백제본기의 분석」 『한우근박사정년기념논총』, 앞의 책, 140~141쪽.

538) 신형식, 1981, 「천재지변 기사의 개별적 검토」 『삼국사기연구』, 184~209쪽.

539) 신형식, 1981, 앞의 책, 153쪽.

540) 신형식, 1977, 「무열왕권의 성립과 활동」 『한국사논총』 2, 22쪽.

강구와 같은 표면적인 변화만이 아니라 치자治者의 도덕적 반성이나 정치체제의 변동 등 내면적인 사회발전의 계기가 되었다는 데 있다.

우선 전쟁기사가 갖고 있는 의미부여를 위해 『삼국사기』(본기) 내용을 비교해 보면 아래와 같다.

〈표 93〉 『삼국사기』(본기)의 내용 비교(%)

나라 / 내용	정치	천재지변	외교	전쟁
신 라	48.3	26.8	14.8	10.1
고구려	36.4	24.1	21.2	18.3
백 제	29.8	31.3	18.3	20.6
평 균	38.2	27.4	18.1	16.3

<표 93>에 의하면 본기 내용은 4항목으로 되어 있는데, 이 항목들은 일정한 비율을 유지하면서 역사의 발전을 꾀하고 있었다.[541] 우선 신라는 전쟁의 피해(배율상으로)가 가장 적었으므로 정치적 발전이나 사회안정이 가능했다는 사실을 알게 된다. 반대로 백제는 전쟁에 큰 피해를 받았기 때문에 정치적 불안이 따랐으며, 축성築城·설책設柵의 기사가 압도적으로 많았음을 본다.[542] 그러나 전쟁의 횟수에 있어서는 신라가 훨씬 많았다는 점은 여러 가지 의미가 있다. 무엇보다도 빈번한 전쟁은 국가유지와 발전에 커다란 자극제가 되어 국민결속의 응집력 내지는 국가성장의 dynamics가 될 수 있다는 사실이다.[543]

Flannery는 Spencer의 학설을 계승하여 전쟁은 사회계층화나 권력집

541) 신형식, 1981, 『삼국사기연구』, 358~359쪽.

542) 신형식, 1981, 『삼국사기연구』, 154쪽.

543) Morton H. Freid, 1967, 『The Evolution of Political Society』, Random House, N.Y., p.213. "It was a widely held idea in the nineteenth century that the root of the state was firmly planted in war".

중의 계기가 됨으로써 고대의 국가발전에 절대적인 영향을 주고 있다고 주장하고 있다.[544)]

전쟁기사의 종합적 검토를 위해 『삼국사기』에 나타난 전쟁기록을 총괄해 보면, 삼국이 존속한 10세기 간에 연 26개국과 480여 회의 전쟁기록이 보인다. 따라서 2년 정도에 한 번씩 전쟁을 치룬 결과가 되지만, 실제로 모든 전쟁이 7세기 이전에 집중되기 때문에 삼국은 1.7년마다 전쟁을 경험했다는 결론이 나온다. 삼국시대는 고려·조선과는 달리 어느 한 외족에게 지배받은 일은 없어도 빈번한 싸움으로 이어진 시대였음은 확실하다. 무엇보다도 전쟁은 '다수의 인원을 동원'하는 군대조직의 필요성에서 국가의 기원과도 연결되고 있기 때문에[545)] 대규모의 기마전騎馬戰이 전개되는 파사왕대를 고대국가의 형성기로 보려는 주장은 경청할 만하다.[546)]

〈표 94〉 삼국시대 전쟁의 수(7세기까지)

수치 / 세기	전쟁수(상대국)
B.C 1	6(말갈, 왜)
A.D 1	52(신라 17, 고구려 10, 백제 25)
2	38(신라 17, 고구려 11, 백제 10)
3	52(신라 22, 고구려 8, 백제 21)
4	54(신라 4, 고구려 30, 백제 20)
5	60(신라 30, 고구려 23, 백제 7)
6	50(신라 11, 고구려 17, 백제 22)
7	150(신라 71, 고구려 42, 백제 37)

544) Kent Flannery, 1976, 『The Cultural Evolution of Civilization』, Annual Review of Ecology and Systematics, pp.96~118에는 국가의 공통된 특징으로 '무력의 합법적 사용', '중앙집권체제'를 필두로 법률·도시·직업분화·계층분화 및 세금징수 등을 들고 있다.

545) Spencer Herbert, 1893, 『The Principles of Sociology』 Vol. 2, N.Y.Appleton, pp.520~524.

546) 천관우, 1976, 「삼한의 국가형성」(상) 『한국학보』 2, 46쪽.

삼국시대에 있었던 전쟁을 그 발발시기로 정리하면 <표 94>와 같다. <표 94>에서 본다면 삼국시대에는 연 26개국과 480여 전쟁이 있었다. 전시대를 통해 싸움을 한 오족은 말갈靺鞨과 왜倭이며, 말갈과 낙랑樂浪 및 당唐이 삼국과 동시에 전쟁을 한 민족(나라)이다. 그리고 전쟁의 양상이 고구려는 중국과의 싸움에, 신라와 백제는 양국 간의 충돌에 큰 비중을 두었음을 알 수 있다.

전·후 1세기 간에 있어서 백제는 25회, 고구려는 16회, 신라는 19회의 전쟁기록을 갖고 있다. 이에 따르면 일찍부터 백제는 많은 전쟁을 통해서 국가의 조기개발을 꾀했다고 볼 수 있다. 그러나 백제는 신라와 말갈과의 충돌에 따른 어려움으로, 신라는 백제와 왜와의 사움에서 2~3세기를 보내지 않을 수 없었다. 따라서 고구려는 3세기의 정치적 성장을 통해 북방세력과의 충돌이 가능해졌으며, 4세기 이후 연燕과 백제와 빈번한 전쟁을 이끌 수가 있었다. 무엇보다도 4세기에 고구려와 백제가 격렬한 전쟁의 와중에 빠졌을 때 신라는 정치적 성장을 꾀했으며, 5세기에는 나제동맹羅濟同盟으로 백제와의 충돌이 없었으므로 고구려와 왜와의 대결에 자신을 갖기 시작하였다고 생각된다. 그러므로 6세기에 이르러 삼국은 어느 정도 국력의 균형을 유지할 수 있어 삼국간의 전쟁 횟수도 어느 정도 비슷한 양상을 보이게 된다.

삼국시대에 있었던 전쟁을 세기별로 정리하면 <표 95>과 같다. <표 4>와 <표 95>에 의하면 삼국은 전시대를 통해서 전쟁이 비슷하게 계속되었다. 우선 고구려는 연 20개국과 145회의 전쟁기록을 갖고 있다. 평균 4.9년에 한 번씩 전쟁을 한 고구려는 3세기까지 백제와 신라와는 싸움을 하지 않았으며, 주로 중국이나 북방민족과의 투쟁으로 일관하였다. 이러한 사실은 고구려가 북방민족과의 항쟁 속에서 성장하였다는 의미가 될 것이며, 한반도의 방파제가 되었다는 근거가 될 수 있다. 그러나 4세기에 이르러 북방의 연과 남쪽의 백제와의 충돌이 격화되면서 국력의 분산이 나타나 고국원왕의 비극을 맞게 된다. 따라서 장수왕의 평양천도平壤遷都로 수도가 북방민족의 위협으로 벗어나자, 고구려는 집중적인 남진책南進策으로 백제에 결정적인 타격을 줄 수 있었다.

〈표 95〉 각 세기별 전쟁 횟수의 비교

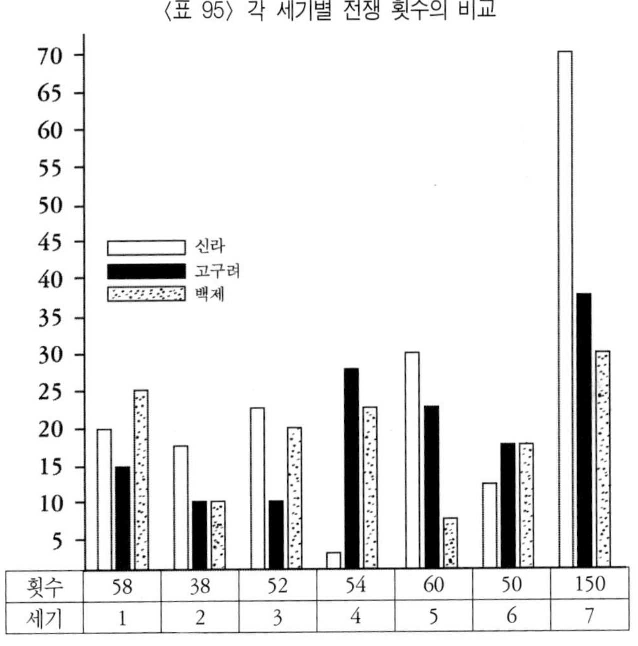

횟수	58	38	52	54	60	50	150
세기	1	2	3	4	5	6	7

6세기 말 수隋의 등장은 동아시아의 세력판도를 바뀌게 하였다. 따라서 고구려는 수와의 대결에서 '요동遼東의 확보'라는 민족적 과제에 봉착하게 된다.

> 요동은 원래 중국의 땅이다. 수가 4번이나 출병하였지만 능히 취하지 못하였다. 짐이 지금 정동征東하는 것은 중국을 위해서는 자제의 원수를 갚으려는 것이며, 고구려를 위해서는 군부君父의 수치를 씻으려는 것이다. 지금 사방이 전부 평정되었는데 오직 고구려만이 평정되지 않았기 때문에 짐이 아직 늙지 않았을 때 사대부士大夫의 여력餘力을 빌어 이를 취하려 한다(『삼국사기』 권41,

보장왕 4년 3월).

라는 기록과 같이 요동의 중요성은 그곳의 鐵生產과[547] 같은 이유만이 아니라 동아東亞의 관문關門으로서 동북아시아 세력판도에 결정적인 역할을 하기 때문이다. 그러므로 고구려의 수·당과의 싸움은 4~5세기에 있어서 연과의 충돌과 같이 만주지배滿州支配를 위한 요동확복전이었다.

백제는 건국초에 북으로는 말갈과 남으로는 신라와의 충돌 속에서[548] 국가적 성장을 꾀하였다. 무엇보다도 국초에 있어서의 남북세력과의 빈번한 충돌은 백제의 발전에 촉진제는 될 수 있었지만, 책계왕·분서왕 등이 북방세력(낙랑)과의 전쟁에서 희생됨으로써 국가적 위기를 맞기도 하였다. 더구나 4세기에 있어서 고구려와의 집중적인 충돌은 결국 국력의 소모를 가져와 백제 발전의 둔화를 촉진시키게 되었음은 물론이다. 특히 6세기 이후 신라와의 무모한 전쟁은 백제의 전술이나 작전이 노출되었고, 웅진천도熊津遷都 이후 추진된 남방개발도 국가적 지출을 메꿀 수 없어 결국 성왕의 패전으로 파탄되고 말았다.

신라는 7세기까지 173회의 전쟁기록을 갖고 있다. 신라는 전쟁기사가 그 비율상으로는 가장 적었으나[549] 전쟁 횟수는 가장 많아 그러한 위기극복을 통해 국가성장의 계기를 이룩하였다. 다만 신라는 백제와 고구려와 달리 전쟁 상대국이 일정했기 때문에 그에 대한 대응책이 가능했다는 이점을 갖고 있었다. 즉 1~3세기는 백제와의 전쟁이었고, 3~5세기는 왜와의 싸움이어서 그에 대한 방어책이 어느 정도 가능할 수 있었다. 즉

547) 이용범, 1966, 「고구려성장과 철」『백산학보』 1, 63~88쪽.

548) 이에 대해서 천관우는 1~3세기간의 濟·羅 충돌기사를 남하하던 辰國系의 對伯濟戰으로 풀이하기도 한다(천관우, 1976, 앞의 논문, 4쪽).

549) 『삼국사기』 신라본기의 기록에서 정치기사는 48.3%, 전쟁기사는 10.1%에 불과하다. 그만큼 신라는 정치·사회에 대한 풍부한 기록을 갖고 있다는 뜻이다. 다만 전쟁 횟수로는 신라가 제일 많지만, 다른 부분(정치·천재지변·외교)과의 비율로는 제일 적다는 의미이다.

국서지방國西地方에 대한 집중적인 축성·설책·순무巡撫가 그것이며,[550] 왜의 침략이 3~5월에 많았음을 주목할 수 있었다. 따라서 신라의 전쟁은 거국적인 큰 역사役事가 아니었기 때문에 6세기 이후 신라는 백제와 고구려의 일방적인 피침被侵이 아니라 적극적인 공세를 취할 수 있었다. 더구나 신라의 국가적 성장에 따라 왜의 침입은 보이지 않음으로써 6세기 이후 신라의 정치적 안정과 국력의 축적은 백제와 고구려의 정벌은 물론, 대당전對唐戰을 충실하게 수행할 수 있게 되었다.

2. 삼국시대 전쟁의 유형

이러한 삼국의 전쟁에는 대내전(삼국간의 전쟁)과 대외전(삼국과 외국과의 전쟁)의 두 형태가 있었다. 전자는 한강유역 확보를 위한 삼국간의 '한반도주도권쟁탈전'이며, 후자는 요동반도를 위요한 동아시아의 제패를 위한 '이민족과의 항쟁'이었다. 따라서 양자간에는 상관관계를 갖는 것이며, 이와 같은 전쟁을 주도해 온 고구려는 그에 대한 구체적인 증거물로서 「광개토왕비廣開土王碑」와 「중원고구려비中原高句麗碑」를 남길 수 있었다.

다시 말하면 고구려는 요동반도의 장악을 둘러싼 중국과의 전쟁으로 4세기까지는 제·라와의 싸움은 큰 의미가 없었다. 그러나 요하를 경계로 한반도를 지켜준 고구려는 민족생존을 위한 역할을 분명히 한 것은 사실이다. 그러나 4세기 이후 3국은 국가적 정비가 일단락되면서 한강유역 확보를 위한 대내항쟁에 치중하면서 3국의 역학적 구조가 바뀌기 시작하였다.

---

550) 巡幸의 기사가 '巡撫國西諸城'(미추왕 23년 2월)이라든가, '幸一善界存問'(소지왕 5년, 10년) 등 빈번한 出幸 장소가 국서지방에 집중되었고, 축성의 경우도 蛙山城(보은)·仇禮城(옥천)·三年山城(보은)·屈山城 등 서북지방이 많았다.

우선 전체의 전쟁에서 절반이 넘는 대내전의 경우는 아래와 같이 도해圖解할 수가 있다.

〈표 96〉 삼국의 대내전의 횟수(대내전의 비중)

나라	교전국	횟수		전체 횟수(%)
신 라 (7세기 까지)	고구려	28	105	174(60.3%)
	백 제	70		
	신 라	7		
고구려	신 라	28	64	145(44.1%)
	백 제	36		
백 제	신 라	70	106	141(75.2%)
	고구려	36		

<표 96>에 따르면 신라는 174회의 전쟁(7세기 까지) 중에서 대내전쟁에 105회의 기록을 갖고 있어 전체의 6할이 되었고, 고구려는 44%, 백제는 75%나 되었다. 이러한 비율은 삼국의 국가적 성장과 관계를 갖기 때문에 대내전쟁에 가장 적은 희생을 치룬 고구려가 영토확장이나 대외전의 주도권을 쥘 수가 있었다. 반대로 백제는 대내전쟁에 큰 피해를 보았기 때문에 대외전쟁에는 불리했음도 사실이다.

신라와 백제는 1~3세기에 집중적으로 충돌하고 있다. 이것은 민족이 동이란 측면에서 생각할 수도 있으나 그 전장戰場이 보은報恩·옥천沃川 일대임을 고려하면 이 지역의 철생산鐵生產과 아울러 정치적·군사적 중요성과 결부될 수가 있다. 따라서 이 지방은 신라의 지방제도 발생이나 그 변천과 밀접한 관련을 갖게 되었음은 확실하다.551) 그러나 5~6세기에 이르면 대내전쟁의 쟁처爭處가 한강유역으로 고정되었고, 이 지역의

551) 신형식, 1972, 「신라왕위계승고」 『유홍렬박사화갑기념논총』, 59쪽.

확보를 위한 삼국간의 대결이 치열해졌다. 나아가서 이러한 전쟁의 과정에서 당대의 전략과 무기의 개발이 촉진되었다.

북방민족의 특징인 기동력機動力 위주의 기마전법騎馬戰法은 백제 초기의 성장에 바탕이 되었으며, 백제는 이로써 1~3세기에 있어서 대마한對馬韓·신라전新羅戰을 주도할 수 있었다. 그러나 고이왕 이후 책계왕·분서왕의 피살은 백제로 하여금 새로운 전술을 필요로 하였고, 기마전에 대응할 전략이 요구되었다. 여기서 정확한 궁사술弓射術에 의한 군대의 정예화는 물론 고구려의 보기전步騎戰에 대처한 복병전伏兵戰의 개발과 지형지물을 이용한 복병전략의 소산이라 하겠다. 일찍부터 외적방비를 위한 성곽城郭을 많이 쌓아왔던 백제는 자연의 요새를 활용하여 산악전山岳戰에 불리한 기마전술을 극복한 것이다. 그러나 5세기에 이르면 고구려의 다수의 힘(병력)에 의한 보기전략과 수군水軍과의 합동작전으로 백제는 결정적으로 타격을 받게 된다. 이것이 광개토왕비문에 나타난 전략이다.

그러나 6세기 이후 백제는 고구려의 강력한 보기전에 맞서기 위해 내외유식자內外游食者의 귀농歸農을 병력충실을 꾀하면서[552] 무기의 개량에 박차를 꾀하게 된다. 637년(무왕 38)과 638년에 철갑鐵甲·조부彫斧·금갑金甲 등을 당에 바친 것을 보면 6세기 후엽에는 백제가 상당한 무기와 군복상軍服上에 혁신이 있었을 것으로 본다.

이에 대해 신라는

> 나마 신득이 포노를 제작하여 성위에 비치하였다(奈麻身得 作砲弩上之 置之城上 ; 『삼국사기』, 권4).

라는 558(진흥왕 19)의 기록과 같이 발사장치나 명중률에 있어서 큰 위력

552) 『삼국사기』 권26, 무령왕 10년에 "下令 完固隄防 驅內外游食者 歸農"이라는 기사가 보인다. 이것은 호남평야의 개발에 따른 국력배양을 꾀하려는 정책으로 풀이할 수 있다.

을 갖는 포노砲弩의 개발에[553] 많은 도움을 받은 듯하다. 이와 같은 새로운 무기의 개발은 진흥왕대의 신라가 군사적 우위를 확보한 배경의 하나가 될 것이다. 물론 백제가 고구려전에 이용한 복병전이 반대로 신라에 의해서 활용되었을 대 그에 따른 결과는 자명한 일이었다.[554]

삼국의 대외전은 크게 중국과 왜와의 싸움이다. 중국과의 싸움은 고구려가 주도했기 때문에 백제와 신라의 사회발전에 시간적 여유를 제공해 주었다. 한편 신라는 왜와의 계속적인 충돌을 가지게 됨으로써 백제와 고구려가 중국과의 싸움을 이끌 수 있게 하였다. 무엇보다도 고구려의 대중국 항쟁은 그것이 한족漢族이든 새외민족塞外民族이든 '요동확보의 싸움'이었고, 그 지역에 산재한 개모성·건안성·안시성·요동성 등의 지형조건을 충분히 활용한 고구려의 복병전(백제에서 배운)안 그 후 당의 포차拋車나 충차衝車 등 위협적인 무기를 제어할 수도 있었다.[555]

신라의 대왜관계對倭關係는 67회의 관련기사를 갖고 있는데, 이를 도해하면 다음과 같다.

〈표 97〉 신라의 대왜 기사의 내용

내용 / 횟수	횟수	비고
교빙交聘	21	10회 來, 2회 往
침범侵犯	34	
기 타	2	倭人의 식량구걸, 人質(未斯欣) 탈출
對日關係論議	10	정벌논의(2), 축성, 倭侵 소문 등
합 계	67	

553) 김기웅, 1976, 「삼국시대의 무기소고」『한국학보』 5, 9쪽.

554) 『삼국사기』 권26, 성왕 32년 7월. "王欲襲新羅 親帥步騎五十 夜至狗川 新羅伏兵發與戰 爲亂兵所害薨"이라 하여 성왕은 고구려의 광개토왕과 장수왕의 주요 전술인 步騎戰으로 敗死하였다.

555) 『당서』 권220, 동이열전145 고구려 참조.

<표 97>에서 본다면 57회의 관계 속에서 전쟁(침입)이 34회로 6할이 넘고 있어 대왜관계란 곧 전쟁을 뜻하는 것이다. 더구나 34회의 침입기사가 상대上代에 집중되고 있어 신라 성장기에 있어서 와의 관계가 큰 문제점이었음을 알 수 있다. 그러나 무엇보다도 주목할 사실은 왜의 침입시기이다.

〈표 98〉 왜의 대신라관계 월별 비교

내용 / 횟수	1	2	3	4	5	6	7	8	9	10	11	12	불명	계
교 빙	1	3	7	3	3	·	2	·	·	1	·	1		21
침 범	·	1	2	11	5	4	3	1	·	·	·	·	7	34
합 계	1	4	9	14	8	4	5	1	·	1	·	1	7	55

<표 98>에서 본다면 왜의 침입(교빙도 포함)이 3~6월에 집중되고 있어 그것이 단순한 침략이라기보다는 춘궁기春窮期를 극복하려는 식량구걸의 의도가 엿보인다. 이로 보아 왜의 침략은 정치적·영토적 목적의 전쟁이 아니라 식량약탈을 위한 해적행위海賊行爲에 불과한 것이다.[556] 따라서 『일본서기日本書紀』에 빈번히 나타나는 왜의 신라 침입기사는 당시의 정치적 상황과 문화적 수준으로 보아 그대로 신빙할 수 없는 근거가 될 것이다.

3. 전쟁과 천재지변과의 관계

고대사회에 있어서 천재지변은 단순한 자연현상이 아니다. 또 자연현

556) 이진희, 1980, 『廣開土王碑と七支刀』, 35쪽에서 왜의 신라 습격을 "현해탄이 잠잠해지는 4~6월에 집중되었으며, 그들은 영토적 지배를 노린 것이 아니라 물건을 약탈해 가는 것"이라고 하였다.

상이 일률적으로 천재天災·흉조凶兆나 구징咎徵(omens)·서상瑞祥(auspices)도 아니며,[557] 그것은 정치변화에 대한 경고·예고 등 정치적 의미를 갖고 있었다.[558] 천재지변이 구체적으로 어떠한 정치적 의미가 있었는가 하는 문제는 다음의 몇 가지 기록에서 보여진다.

1. 脫解尼師今 十九年 大旱 民饑 發倉賑給 冬 十月 百濟攻西鄙蛙山城 拔之(『삼국사기』 권1).
2. 婆娑尼師今 十四年 冬 十月 京都地震 十五年 春 二月 加耶賊圍馬頭城 遣阿飡吉元 將騎一千 擊走之(『삼국사기』 권1).
3. 婆娑尼師今 十七年 秋 七月 暴風自南 拔金城南大樹 九月 加耶人襲南鄙(『삼국사기』 권1).
4. 阿達羅尼師今 十七年 秋 七月 京師地震 霜雹害穀 冬 十月 百濟寇邊(『삼국사기』 권2).
5. 瑠璃明王 二十九年 夏 六月 矛川上有黑蛙與赤蛙群鬪 黑蛙不勝 死 議者曰 黑 北方之色 北扶餘破滅之徵也(『삼국사기』 권13).

우선 1의 기록은 가뭄(한발) 직후 백제의 침략을 나타낸 것이며, 2의 기사는 기사 다음에 전쟁이 있었다는 뜻이다. 3의 기록은 폭풍이 외침을 예견하는 것이었고, 4의 기사는 지진-서리·우박으로 연결된 재난-이후 전쟁이 일어났음을 보여준다. 5는 동물의 변괴變怪 역시 전쟁의 징조로 간주되어 왔다는 사실을 나타내고 있었다. 이상의 사례에서 보듯이 천재지변은 그에 상응하는 정치적 변화를 일으키고 있었다. 천재지변 중에서도 혜성彗星·운성隕星 등의 성변星變과 일식日食·지진·가뭄 등이 전쟁·반란·죽음 등과 주로 연결되고 있었다.[559] 그 중에서 전쟁과 관계된 것도 1~5의 경우처럼 비슷한 모습을 띠고 있었다.

---

557) 박성래, 1978, 「Portents in Korean History」 『Journal of Social Sciences and Humanities』 Vol. 47, p. 57.

558) Wolfram Eberhard, 1973, 「The Political Function of Astronomy and Astronomers in Han China」 『Chinese Thought and Institutions』, John K. Fairbank(ed), p. 48.

559) 신형식, 1981, 『삼국사기연구』, 192~209쪽.

우선 천재지변과 전쟁과의 관계를 설명하기 위해서 전쟁과 연결된 사례를 정리하면 아래와 같다. <표 99>에 의하면 전쟁이 천재지변과 깊은 관계가 있음을 알 수가 있다. 물론 480여 회의 전쟁 중에서 157회만 적용된 <표 99>의 사례는 실질적인 관련 추적이 부적절한 것임에는 틀림이 없지만, 대체의 윤곽을 파악할 수 있다고 생각된다.

〈표 99〉 천재지변과 전쟁과의 관계(%)

종류 / 나라	신 라	고구려	백 제	총 계
가뭄(旱·蝗)	13	10	17	40(25.5)
지진地震	10	5	4	19(12.1)
일식日食	3		15	18(11.5)
혜성(隕星)	6	7	5	18(11.5)
상霜·포雹	7	3	2	12(7.6)
뇌雷·진震(벼락)	3	4	1	8(5.1)
홍수洪水(大雨)	6	1		7(4.5)
용龍	5			5(3.2)
큰눈大雪	1	3		4(2.5)
기타其他	7	7	2	16(10.2)
총계	69	40	48	157

삼국시대의 전쟁은 무엇보다도 가뭄과 깊은 관계가 있다. 전체 전쟁의 4분지 1 정도가 한발旱魃(불우不雨·황해蝗害 포함)과 연결되고 있어 전쟁이 한발의 해결책일 수도 있으며, 동시에 가뭄이 들면 외국의 침략을 받게 되는 위기가 왔다는 점이다. 이러한 한발과 전쟁의 상관관계는 세계적인 공통현상으로서[560] 대륙세력(수·당·원·청)의 한반도 침략도 이와 관

560) Huntington, E., 1915, 『Civilization and Climate』, New Haven, Conn, Yale Univ. Press.
Semple E. C, 1911, 『Influences of Geographic Environment』, N. Y. Henry Holt

련시켜 생각할 문제이다.

다음으로 지진·일식·성변 등이 주목된다. 지진은 '土失其性'의 오행사상五行思想이라는 측면에서 죽음(왕과 대신)과 전쟁을 가져오는 지변地變이었다.[561] 그리고 일식과 성변(혜성·운성)은 대표적인 천변天變으로[562] 647년(선덕왕 16)의 비담毗曇의 난이 일어났을 때에

> 관군官軍과 적병賊兵의 공방이 10일이 지났으나 풀리지 않았다. 한 밤중에 큰별이 월성月城에 떨어졌다. 비담 등이 군사에게 이르기를 "내가 듣건대 별이 떨어진 아래에는 반드시 유혈流血이 있다고 한다. 이것은 여주女主가 패할 징조이다"라고 하였다(『삼국사기』 권5).

라고 한 기록에서 성변의 정치적 의미를 알 수 있다. 따라서 관군은 낙성落星의 변괴를 막으려고 우인偶人을 만들어 불을 질러 풍연風鳶에 날려 보냈던 것이다.

그 다음으로 대풍大風(폭풍)·상박霜雹 및 벼락(震) 등이 전쟁과 관계가 있었다. 그러나 이것은 실제로 커다란 피해를 주는 것이기 때문에 어느 정도의 자연관自然觀에 따른 해석일 수도 있다.

> 지마이사금 11년 4월에 대풍大風이 동에서 불어와 나무를 꺾고 기와를 날리더니 저녁에 그쳤다. 서울 사람들은 왜병倭兵이 크게 쳐들어온다는 말을 듣고 놀라서 산곡山谷으로 도망갔다. 이에 왕은 이찬伊湌 익종翼宗을 보내 설득시켜 돌아오게 하였다(『삼국사기』 권1).

라는 대풍과 왜적내습倭賊來襲과의 연결은 자연의 지배를 받는 고대사회의 일면을 나타낸 것이다. 신라의 경우에만 용龍의 경우도 상서祥瑞의 예가 없이 거의가 재앙이나 죽음을 가져온 것처럼[563] 전쟁의 예고로 보여

& Co. 참조.

561) 신형식, 1981, 『삼국사기연구』, 206쪽.

562) 신형식, 1981, 앞의 책, 197~204쪽.

563) 신형식, 1981, 앞의 책, 208쪽.

지고 있었다.

이러한 천재지변 속에서 가뭄을 비롯한 지진·혜성·우박 등은 삼국이 공통으로 전쟁의 원인으로 받아들였다. 무엇보다도 지진·우박 등은 곧 피해를 가져오는 재앙이기 때문에 전쟁과 같은 의미로 간주할 수 있었을 것이다. 특히 신라는 대풍과 홍수가 눈에 띈다. 이것은 반도의 동남단으로 태풍의 영향을 받기 때문에 또한 왜가 동으로부터 쳐들어 온 사실로 미루어보아 양자간의 관계는 일찍부터 이룩되었을 것이다. 이러한 현상은 북방의 고구려가 대설의 피해를 전쟁과 연결시킨 사실과 일치한다.

천재지변과 전쟁은 7세기까지 양자간의 관련이 38 : 62로 나타난다. 이것은 자연변이가 2번 정도 있으면 한 번의 전쟁이 있었다는 계산이다. 그만큼 천재지변은 전쟁에 큰 영향을 주었다는 사실이다. 그러나 7세기에는 양자간의 간격이 없어졌음을 뜻하지만, 이때의 전쟁 즉 수당隋唐과의 충돌이나 통일전쟁統一戰爭은 천재지변과는 관계없이 진행되었다는 사실이다. 이러한 원시적인 자연관自然觀은 합리적인 유교정치의 발전과 불교의 보급에 따라 크게 둔화되었으나 신라말까지는 어느 정도로 유지되었음은 물론이다.

4. 전쟁의 정치적 의미

삼국·통일신라시대는 480여 회의 대소전쟁이 계속되어 평균 2.2년마다 한 번씩 홍역을 치른 셈이다. 더구나 삼국시대에는 안으로 '민족의 결정'이나 '민족국가의 보존'을 위한 생존의 싸움이 치열했기 때문에 이 시기의 전쟁은 단순한 영토확장의 성격을 넘어 커다란 의미가 있었다. 더구나 국가간에는 일정한 교섭수단이 없던 고대사회에 있어서 혼인이 하나의 문물교류 수단 내지는 문화복합의 뜻을 지닌 것처럼,[564] 전쟁 역

564) Heobel, E. A., 1970, 『Man in the Primitive World』, p.205.

시 문화교류의 수단이 될 수 있었다. 그러므로 전쟁의 승패에 관계없이 그것이 주는 영향과 의미는 사회변화와 깊은 관계를 주는 것이다. 문무왕文武王은 유조遺詔에서

> 과인寡人이 어려운 시기를 만나 전쟁의 와중에서 서정북토西征北討하여 영토를 확장하였으며, … 병기兵器를 녹여 농구農具를 삼고 백성을 인수仁壽에 처하게 하였다. 부세賦稅를 가볍게 하고 요역徭役을 줄여 집안에 부유해지고 인구가 늘어 백성들이 편안해져 나라에 우환이 없게 되었다. … 변진邊鎭 및 주현州縣의 과세는 필요한 것이 아니면 모두 폐하고 율령격식律令格式에 불편함이 있는 것은 개폐하라(『삼국사기』 권7, 문무왕 유조).

고 하였음에서 볼 때 그는 오랜 전쟁을 거치면서 느낀 여러 가지 문제를 바로 잡으려고 노력하였으며, 정치적 반성을 통해 제도의 개편이나 정치적 개혁을 당부한 것이다. 무엇보다도 주목할 일은 문무왕의 제도개혁이 대당항쟁이 격화된 왕 11년 이후에 집중되었다는 점이다. 병부兵部에 노사지弩舍知나 노당弩幢을 시치始置한 것은 전략이나 무기 개발을 위한 조치로 생각될 수 있으나[565] 우이방부右理方府나 외사정外司正 그리고 중앙관부에 실무진을 증원하였다는 사실은 관료제 확립에 큰 의미가 있다고 하겠다. 더구나 문무왕의 재위 21년간 7번의 시중侍中을 교체한 점과[566] 그의 유조에서 남겨진 병기의 농구화農具化 촉진과 율령격식의 정비는 전후에 나타나는 사회변모의 대표적인 현상이라 하겠다. 이처럼 전쟁은 제도개혁이나 치자治者의 정치반성의 계기가 됨으로써 새로운 시대의 출발과 같은 사회발전을 가져오게 되었다.

한편으로 전쟁은 전략이나 무기의 개발과 깊은 관계가 있지만, 무엇보다도 전사戰士 동원능력에 따라 좌우되는 예가 많았다. 따라서 전투원의 동원규모는 당시 왕(집권자)의 지배력을 가늠할 수 있으며, 특히 전투

565) 신형식, 1977, 「무열왕권의 성립과 활동」, 22쪽.
566) 이기백, 1974, 『신라정치사회사연구』, 22쪽.

지휘관의 권위를 높여 주는 계기가 되었다. 따라서 전쟁기간 중에 보여준 권위(전승)는 전쟁 후에도 그대로 계승되면서 정치적 지도자가 될 수 있었다.[567] 이러한 사실은 『삼국사기』(열전)에 입전立傳된 52명과 부전附傳된 34명 중에서 실제로는 69명의 전기가 나타나 있는데,[568] 그 중에서 군사적 활약상을 그린 인물이 37명(53.6%)이며, 34명이 7세기에 활약한 인물이다. 무엇보다도 69명 중에서 21명이 전쟁에서 순국殉國한 인물의 이야기였다는데 삼국시대의 전쟁이 갖는 의미는 크다고 하겠다.

더욱이 본기에 나타난 인물 중에서 (통일신라 이전) 신라는 340명 중에 200여명(58.8%)이 군사적인 활동에 업적을 남기고 있다. 그리고 고구려는 190여명(26.3%)이, 백제는 110여명에서 50명(45%)이 전쟁에 활약한 인물이었다.[569] 이러한 수치는 신라가 가장 많은 전쟁을 한 결과였으며, 반대로 고구려는 실제로 전쟁 횟수는 가장 적었다는 뜻이 될 것이다. 따라서 신라의 정치 지도자(고위 관직자)는 군사적 활약에서 공(업적)을 세운 자가 가장 많다는 뜻이며, 고구려는 그 나라를 구성하는 여러 부족의 대표자가 많았다는 점이 될 것이다. 이와 같이 삼국시대의 정치 지도자는 전쟁을 통하여 형성되었으며, 실제로 왕의 경우도 실전 경험을 통해 자신의 지위와 권위를 높일 수 있었다.

이러한 사실은 신라의 경우 통일전까지(문무왕) 11명의 상대등上大等과 10명의 시중侍中이 있는데,[570] 이들은 전부 군사적 업적을 남긴 장군이

---

567) Spencer Herbert, 1896, 『The principles of Sociology』 Vol. 2, N.Y.Appleton, p. 542에 보여진 "As this differentiation by which there arises first a temporary military head, who passes insensibly into a political head, is initiated by conflict with adjacent societies, it naturally happens that his political power increase as military activity continues"라는 주장과 Fustel de Coulanges, 1956, 『The ancient city』, p. 119에서도 "The priest was at the same time magistrate, judge and military chief"라 하여 비슷한 주장을 하고 있다.

568) 신형식, 1981, 『삼국사기연구』, 339쪽.

569) 본기에 등장하는 인물은 실제로 본기의 기록에서 활약한 구체적 사실에 근거를 둔 것이다. 대개 1~2회의 활약상을 보인 인물이 대부분이며, 열전에 입전된 인물은 여러 번의 활동을 한 대표적 인물이었다.

었다는데 잘 나타나 있다. 백제의 경우도 좌평佐平이나 덕솔德率·한솔扞率·나솔奈率 등도 거의가 군사적 활동을 한 인물에게 주고 있음에도 뚜렷하다. 그러므로 강력한 절대권을 행사한 왕은 전쟁에 있어서 선두에서 군사를 통솔하면서 자신의 지배력을 표시하였으니, 고국원왕과 장수왕의 예나 근초고왕과 성왕의 경우에 잘 나타나 있다. 결국 전투에서의 권위와 능력은 곧 정치·사회에 있어서의 그것을 뜻하는 것이 되기 때문이다.

그러나 전쟁은 반드시 승패를 가져온다. 따라서 전후에는 승패에 관계없이 당사국에는 여러 가지의 직접적인 대응책이나 현실적인 변화가 불가피하였다.

(가) 1. 일성이사금 6년 8월 말갈靺鞨이 장령長嶺을 습격하여 민구民口를 노략하고 10월에 또 침입하였다. 이에 7년 2월에는 장령에 책柵을 세워 말갈을 방비하였다(『삼국사기』 권1).
2. 다루왕 28년 8월 말갈이 북방을 침입하였다. 29년 2월에 동부東部에 명하여 우곡성牛谷城을 쌓고 말갈의 침입네 대비하였다(『삼국사기』 권23).

와 같이 축성築城·설책設柵을 통해 외침에 대항하였음은 당연한 대책이다.[571] 이러한 축성은 단순한 방어시설의 조성만이 아니라 다수의 인원동원을 통한 국력의 집중이며, 왕권의 신장을 뜻하는 것이다. 즉 왕은 방어시설의 확충이나 대비책의 강국 속에서 실질적인 왕권의 강화를 모색하는 한편, 군수통치권의 확인 작업으로 빈번한 열병閱兵을 실시하였다.[572] 무엇보다도 외침에 대한 거국적인 대책수립을 위한 국력의 규합

570) 이기백, 1974, 앞의 책, 103쪽.

571) Karl A. Wittfogel, 1955, 『Oriental Despotism』, pp.30~41에서는 전제왕권의 특징으로 "Huge defence structure, roads, palaces, capital cities, tombs, temples" 등의 대규모 건설을 들었다.

572) 열병의 시기는 대개 7~9월에 집중되고 있어 여름철에 풀리기 쉬운 군기의 단속으로 생각할 수도 있다. 열병의 시기는 대개 전쟁 직후(파사왕 15년 8월, 나해왕 5년 9월, 자비왕 6년 7월, 소지왕 8년 8월)와 직전(미추왕 20년 9월, 실성왕 14년 7월, 아신왕 6년 7월) 및 고위 관직자 임명 직후(나해왕 25년 7월, 고이왕 7

은 전쟁이 주는 가장 큰 교훈이 될 수 있었다.

(나) 1. 고이왕 7년 군대를 동원하여 신라를 공략하였다. 4월 진충眞忠을 좌장左將으로 삼고 내외병마사內外兵馬事를 위임시켰다. 7월에 석천石川에서 대열大閱하였다(『삼국사기』 권 24).
2. 진평왕 45년 10월 백제가 늑노현勒弩縣을 공격해 왔다. 46년 정월에 시위부侍衛府에 대감大監 6인을 두었고, 상사서賞賜署와 대도서大道署에도 각각 대정大正 1인씩을 두었다(『삼국사기』 권4).

에서는 전후에 새로운 인물을 발탁하여 정국수습과 대책을 꾀하는 한편, 제도의 설치나 개편을 모색하고 있음을 알 수 있다. 전후에 고위 관직자를 교체함으로써 정책변화의 일면을 보여줄 수 있었고, 상사서賞賜署와 같은 전공자에 대한 철저한 포상을 위한 배려를 나타내었다. 특히 624년(진평왕 46)에 시위부侍衛府의 고위직인 대감大監 6인을 둔 것은 651년(진덕왕 5)에 둔 장군 6인과 함께 전제왕권의 구축을 위한 정치적 조치였음은 확실하다.

(다) 1. 조분이사금 4년 5월 왜병倭兵이 동변東邊을 침입하였다. 6년 정월에 왕이 동쪽으로 순행巡幸하여 백성은 무휼撫恤하였다(『삼국사기』 권2).
2. 소지마립간 2년 11월 말갈靺鞨이 북변北邊을 침입하였다. 3년 2월 왕이 비열성比列城에 행차하여 군사를 위로하고 정포征袍를 하사하였다(『삼국사기』 권3).
3. 유례이사금 9년 6월 왜병이 사도성沙道城을 공함攻陷하자 왕이 일길찬一吉湌 대곡大谷에게 명하여 이를 구원케 하였다. 10년 2월 사도성을 개축하고 사벌주沙伐州의 호민豪民 80여 가家를 옮겼다(『삼국사기』 권2).

라 하여 왕은 전후 피해지역을 순행巡幸하여 민심을 수습하고 군사위문과 결속을 통한 재정벌의 바탕을 마련하였음을 본다.[573] 특히 삼국시대의 출행出幸 동기가 천재지변보다는 정치적 목적이 많았음은[574] 전쟁의

년 7월)에 나타난다. 따라서 열병(大閱)은 전후의 대책이나 외침의 대비 및 정책(임명) 확인의 수단이 되었다.

573) 김영하, 1979, 「신라시대의 순수의 성격」 『민족문화연구』 14, 212~245쪽.

정치적 의미를 나타내 준 근거가 될 것이다. <표 100>에서 알 수 있듯이 전쟁 직후의 출행도 상당히 빈번했음을 본다. 무엇보다도 정치적 안정과 왕권의 순조로운 성장을 보인 신라는 천재지변보다 정치적 동기가 우선이었고, 정치적 불안정 속에서 전쟁에 가장 큰 피해를 본 백제는 천재지변과 전쟁 직후에 출행을 많이 하게 되었다.[575] 따라서 전후에 왕은 점령지나 전쟁피해지에 민호民戶를 옮겨 그들의 생활안정을 도모함은 물론, 이들을 전쟁에 이용할 수 있는 효과까지를 생각할 수 있었다.

〈표 100〉 삼국왕의 출행 동기(%)

동기 \ 나라	정치	천재지변	외교	전쟁
신 라	51.9	19.3	11.5	11.5
고구려	41.5	31.4	10	10
백 제	38.9	36.1	8.3	16.7

이와 같이 전쟁은 많은 인원이 동원되는 까닭에 실전實戰에서 활약하는 사람들은 지방민 내지는 일반 백성 등 광범한 하급계층이 대부분이 된다. 따라서 이들의 협조 없이는 전쟁수행이 불가능하기 때문에 수많은 전쟁을 통해서 일반 백성들의 지위와 입장이 강화되고 또 변하기 마련이다. 백제·고구려 정벌의 논공행상論功行賞에서 파격적인 대우와 포상을 받은 사람들은 거의가 지방인이었다. 신라시대의 외위外位가 백제·고구려의 정복전쟁에 공로를 세운 자에게 준 경우는[576] 결국 지방민(일반 백성)에 대한 정치적 배려일 것이며, 통일전쟁統一戰爭의 과정에서 나타난 백성들의 지위향상을 반영하는 것이라 하겠다.

574) 신형식, 1981, 「순행을 통해 본 삼국시대의 왕」 『한국학보』 25, 39쪽.
575) 신형식, 1981, 『삼국사기연구』, 183쪽.
576) 村上四男, 1954, 「新羅の外位制」 『思潮』 51 참조.

668년(고구려정벌)의 논공자들의 포상에서 최고 지휘관들인 장군은 한 등급씩 승진시켰지만, 하급관리나 일반 백성들에게는 <표 101>에서 보듯이 상당히 파격적인 대우를 하고 있다. 즉 <표 101>에서 북거北渠(軍師)·구기仇杞(軍師)·세활世活(假軍師) 등은 촌민村民으로 생각되는데, 이들에게 준 외위 외에 전공戰功으로 받은 곡식의 양에서 전에 볼 수 없었던 특혜와 우대를 짐작케 한다.[577] 이와 아울러 신라는 대당항쟁에 백제와 고구려의 귀화인歸化人·잔민殘民을 이용함으로써[578] 이들을 하나의 민족이란 대열에 융합시켜 민족형성에 전기를 마련할 수 있었다. 이렇게 전쟁은 일반 백성들의 정치참여(참전)의 길을 열어 주었을 뿐 아니라 그들의 역할을 인식시켜 위민정책爲民政策의 필요성을 제시하였으며,[579] 분산된 민족을 융합시키는 역할을 다할 수 있었다. 따라서 신라성장기에 나타난 외위제의 의미는 실질적으로 사라지게 마련이어서 통일전쟁 후에 외위의 소멸은 새로운 사회발전의 뜻을 지녔다고 할 것이다.

〈표 101〉 668년의 논공행상

관직	인명	전공	포상 내용
小幢 小監	본득本得	蛇川 戰功	一吉湌, 租 一千石
漢山州 小監	박경한朴京漢	平壤君主 殺害	〃 , 〃
黑嶽令	선극宣極	平壤大門 戰功	〃 , 〃
誓幢 幢主	김둔산金遁山	平壤軍營 戰功	沙湌, 租 七百石
南漢山 軍師	북거北渠	平壤北門 戰功	述干, 粟 一 千石
斧壤 軍師	구기仇杞	平壤南橋 戰功	〃, 粟 七百石
比列忽 假軍師	세활世活	平壤小城 戰功	高干, 粟 五百石
南漢山 小監	김상경金相京	蛇川 戰功	一吉湌(追尊), 租 一千石

577) 신형식, 1977, 「무열왕권의 성립과 활동」, 18쪽.
578) Jamieson. John C., 1969, 「나당동맹의 와해」 『역사학보』 44, 2쪽.
579) 신형식, 1977, 앞의 논문, 17~20쪽.

이와 같이 전쟁은 일반 백성들의 인식을 높여 줌으로써 정치발전의 계기도 될 수 있었으나 한편 전쟁 극복의 과정으로서 외교의 역할도 주목할 일이다.

(라) 1. 진평왕 30년 왕은 고구려가 자주 침범하는 수나라에 군사를 청하여 고구려를 정벌하고자 원광圓光에게 「걸사표乞師表」를 짓도록 하였다(『삼국사기』 권4).
2. 진덕왕 2년 3월 백제 장군 의직義直이 서변西邊을 침습하여 요거성腰車城 등 10여 성이 함락되었다. 왕이 이찬伊湌 김춘추金春秋와 그 아들 문왕文王을 보내 당에 입조入朝케 하였다(『삼국사기』 권5).

라는 기록은 신라가 백제와 고구려의 침략을 중국(수·당)에게 호소하여 구원을 요청하였다는 것이다. 이러한 청병외교請兵外交는 단순히 국난극복의 방편일 수도 있지만, 국가수호의 한 수단으로서 집권층의 세력유지책으로 이용될 수도 있었다. 더구나 중국측으로부터의 책봉冊封(정치적 승인)을 통해 국제적 인식과 왕가王家의 권위를 얻음으로써 왕권을 강화시킬 수 있었다. 특히 무열왕실武烈王室은 고구려 멸망 후 대당항쟁을 민족생존의 전쟁으로 승화시켜 흩어졌던 민족의식을 통합하는 계기로 삼았던 것이다. 백제와 고구려 잔민의 우대는 물론 신라의 관직체계로의 흡수, 그리고 연정토淵淨土의 경우처럼 외교사절로 발탁함으로써[580] 민족의 결속과 융합을 꾀할 수 있었다. 이러한 민족의 자각과 결속은 전쟁이 준 값진 정신적 교훈이며, 수많은 전쟁을 통해서 민족의식은 배태되고 성장된다고 하겠다. 그러므로 신라는 백제와 고구려 잔민을 포섭하는 한편, 당의 점령지역에서 도출逃出하는 다수의 유민遺民에게 피난처를 제공함으로써 당의 반공세력反攻勢力을 약화시킬 수 있었고,[581] 하나의 민족대열에 참여시킬 수 있는 명분을 찾게 되었다.

580) 『삼국사기』 권6, 문무왕 8년.
581) Jamieson. John C., 1969, 앞의 논문, 2쪽.

이상에서 우리는 『삼국사기』에 나타난 전쟁기록을 정리하여 그것이 갖는 정치적 성격을 찾아보았다. 무엇보다도 전쟁기사는 당시의 역사서술 내용을 구성하는 정치·천재지변·외교기사보다 비율상으로는 제일 적지만, 그것이 갖고 있는 정치적 의미는 대단히 컸음을 알게 되었다.

제1장에서는 전쟁기사를 세기별·나라별로 종합·정리하였다. 여기서 우리는 백제가 초기에 많은 전쟁을 통해서 다른 나라보다는 일찍 성장할 수 있었으나 전쟁의 피해가 가장 컸던 까닭에 정치적 불안이 계속되었음을 알 수 있었다. 반대로 신라는 전쟁의 피해는 적었으나 많은 전쟁을 통해서 왕권의 신장과 국민의 결속이 가능했다는 사실을 밝힐 수 있었다. 다만 삼국시대의 전쟁은 세기별·나라별 그 성격이 달랐음도 주목할 일이라 하겠다.

2p2장에서는 이때의 전쟁을 대내전가 대외전으로 나누어 그 성격을 비교하였다. 전자는 한강유역 확보를 위한 삼국간의 쟁패전爭覇戰이었고, 후자는 요동 확보를 위한 대중국항쟁이었다. 대내전에 가장 적은 비율을 갖는 고구려가 대외전을 수행할 수 있었고, 대내전의 최후 승리자인 신라는 삼국통일의 주역이 될 수 있었다. 특히 종래 무시되어 왔던 이러한 전쟁의 승패요인에 대한 구체적 사례로서 무기와 작전 및 전략을 들었으며, 왜倭의 신라 침범이 3~6월에 집중된 사례를 통해 그것이 춘궁기春窮期의 식량 약탈행위라고 규정해 보았다.

제3장에서는 전쟁과 천재지변과의 관계를 정리하였다. 전쟁이 자연변화와 반드시 연결되는 것은 아니지만, 160여 사례를 통해 양자간의 상관관계를 추적해 보았다. 특히 가뭄·지진·일식·성변(혜성·운성) 등이 전쟁과 관계가 있는데, 이러한 현상은 세계적으로 연구되고 있는 실정이다. 무엇보다도 한발旱魃(황해蝗害 포함)과 전쟁의 변수는 큰 주목을 요한다 하겠다.

제4장에서는 전쟁이 갖는 정치적 의미여부를 시도하였다. 우선 삼국

시대의 최고 관직자는 정치 지도자들은 전부 군사적 업적을 남긴 장본인들이며, 이들은 전쟁을 통해서 얻어진 권위를 실제로 정치적 지도력으로 연결시켰다는 점이다. 다라서 전후에 나타난 방어시설의 재정비, 관제개혁, 순행(구휼救恤·사민徙民 포함), 외교, 그리고 최고 관직자의 교체나 왕 자신의 정치적 반성과 유교정치이념의 추구 등 실질적인 변화에서 나타나는 새로운 사회지향은 분명히 전쟁이 준 정치적 영향이 될 것이다. 그러나 전쟁이 사회변화의 변수로서 가장 큰 것은 위와 같은 표면적인 변화에 있는 것은 아니다. 무엇보다도 전쟁의 주역으로서 백성들의 의식 확대와 지위향상은 참전으로부터 시작되었다는 것이며, 특히 신라는 통일전쟁을 민족융합과 결속의 계기로 만들어 민족의식을 성립시킬 수 있었다는 사실이다.

제4장

『삼국사기』 지志의 분석

기전체紀傳體의 사서史書에서 열전列傳 다음으로 큰 비중을 갖고 있는 것은 지志이다. 사마천은 이를 서書라 이름하여 '5경經 6적籍'으로 파악한 후, 이것이 곧 국가대체國家大體의 기록[1]이라 하였다. 『한서漢書』 이후에 지志라는 명칭으로 보이거니와 '적기기사積記其事'를 뜻한다고 하였다.

지志(서書)는 사마천의 『사기史記』에서 예禮·악樂·율律 등 8가지로 황제의 직능을 설명하는 것으로부터 시작되었다. 그러나 『한서』 이후 그 내용이 확대되면서 지는 정치·경제·문화 등 입체(혹 일체)의 제도와 규범을 지칭하게 되었다. 따라서 그것은 당시 사회제도·문화전반의 연혁과 내용을 기록한 것이 되었다.

그러나 『삼국사기』의 지는 제사祭祀·악樂·색복色服·거기車騎·기용器用·옥사屋舍·지리地理·직관職官 등 8항목 9권으로 되어 있다. 이것은 전체의 18%에 해당하는 것으로 3국시대 전반적인 사회제도를 설명하기에는 빈약한 편이다. 더구나 그 내용도 8가지에 대한 간단한 해설뿐이어서 편찬 당시인 12세기 고려사회의 문화 수준에도 미치지 못하는 형편이다. 다만, 사서史書로서의 구색을 맞추기 위한 '단순한 삽입'이라는 평가를 받을 정도로 『삼국사기』의 지志는 초라한 편이다. 이것은 본기나 열전에 나타난 강렬한 국가의식과 큰 대조를 보이는 것이 된다.

『삼국사기』의 지志는 본기本紀위주의 편찬 방법에 위축되어 간결한 내용으로 일관하였다.[2] 그러나 지로서의 하나의 형태는 갖추고 있어, 그

---

1) 『史記』 권1, 五帝本紀 제1(集解).

2) 신형식, 1978, 「삼국사기열전의 분석」 『한국사논총』 3, 19쪽.

에 대한 뚜렷한 정리가 필요하다. 더구나 지는 중국문헌의 형태나 내용을 가장 크게 답습하기 마련이어서 '중국의 것'을 극복하려는 『삼국사기』 저술의 소박한 욕구가 지志의 내용이나 체제를 빈약하게 만들게 하였을 것으로 보인다. 따라서 지의 서술방법에 있어서도 지리지地理志를 가장 우대하여 『삼국사기』의 특성을 나타냈고 제사祭祀·악樂·색복色服·지리地理·직관職官 등은 어느 정도 중국의 그것과는 차이를 보여주고 있다.

그러므로 우리는 지의 내용을 통해서 3국 특히 신라의 정치와 사회상을 어느 정도 살필 수 있을 것이다. 이것은 제·려의 내용이 거의가 중국사서史書의 전재임에 대하여, 신라의 그것은 독자적인 문헌에 의한 서술이기 때문이다. 그러나 지의 각 항목은 사료적 비판과 문헌적 검토가 요구되지만, 우선 『삼국사기』의 종합적 분석의 일환으로 그 개략적인 검토에 머물렀다. 이것은 각지各志의 내용에서 숨겨진 문제의식을 제기하려는 것이며 앞으로의 각 항목에 대한 개별연구의 계기를 만들려는 것이다.

다만, 『삼국사기』에서 그 분량은 중국문헌과 큰 차이는 없으나 그 명칭을 잡지雜志라고 한 이유는 알수가 없다. 무엇보다도 지리지를 앞세운 사실과 그 내용에서 색복色服·거기車騎·기용器用·옥사屋舍 등 생활문제를 부각시킨 것은 『삼국사기』의 특징이 아닐수 없다.

제1절 중국문헌에 있어서의 지志

사마천은 그의 『사기』에서 지志(서書)를 8가지로 나누어 서술하였다. 이것은 당시 황제의 직능인 동시에 그 사회에서 요구하는 정치의 주요 내용이 예禮·악樂·율律·역曆·천관天官·봉선封禪·하거河渠·평준平準 등임을 보여주는 것이다. 즉 중국의 상고대에 있어서는 황제의 직능이나 정치표본이 예악·천문·제사(봉선)·치수治水(정치)·경제(평준) 등으로 나타난다는 것이며, 그것이 곧 역사의 핵심이 된다는 사실이다. 그러므로 한대漢代 이전의 황제는 결국 예·악·역曆·천문·제사 등 사제적司祭的 직능과 율·치수·평준 등 정치·사회적 기능의 두 업적을 남겨야 한다는 점을 보여주고 있다.

『사기』의 지는 각기 그 항목의 설명으로 일관하였다.[3] 이러한 내용은 무엇보다도 황제의 초인적 신성神聖과 덕성德性에 입각하여 사제적司祭的 지위를 통한 초자연적인 권위에[4] 대한 설명이었으며, 중국고대에 있어서의 천문·점성술의 정치적 기능의 문제와[5] Wittfogel 과 같은 '물의 철학'의 중요성을 반영한 것이다.[6] 그러나 『사기』의 내용에서 본다면 열전의 비중을 가장 높게 둔 후 본기本紀·서書·표表의 비중을 거의 같게 하여, 역사에 있어서의 개인의 능력을 크게 강조한 사마천 사관史觀을 이해

3) 『사기』의 志(書)에는 우선 그 항목의 설명이 내용의 핵심을 이루고 있다. 예컨대, 禮는 "天地位 日月明 四時序 陰陽和 風雨節 群官滋茂 萬物宰制 君臣朝廷 尊卑貴賤 序咸謂之禮"라 하였고, 봉선封禪은 "此泰山上築土爲壇以天報之功(封) 此泰山下小山上除地報地之功(禪)"이라 하였음에도 알 수 있다.

4) Hans H. Gerth, The Religion of China; Confucianism and Taoism(1951), p.41.

5) Wolfram Eberhard, 'The Political Function of Astronomy and Astronomers in Han China'(Chines Thought and Institution, 1967), pp.39～42.

6) Karl A. Wittfogel, Oriental Despotism; A comparative study of total power(1957), pp.26～27.

할 수가 있다.

『사기』보다 약간 늦게 나타난 『한서』를 보면 우리는 변천하는 역사의 내용을 알 수가 있다. 『사기』의 지志는 곧 황제의 직능으로서 8가지 덕목을 제시한 것이며 하거河渠라는 중국 특유의 정치철학을 보여 주고 있었다. 그러나 『한서』에는 오행五行·지리地理·예문藝文이 나타나 천자의 직능 이외에 일반 정치·문화·사상 등의 내용이 첨가되고 있다. 따라서 우리는 지志의 유형변화(증가)에서 천자天子직능의 확대는 물론, 사회발전과정에 따른 역사의식 내지는 역사서술방법의 발전상을 찾게 해 준다. 특히 『한서』부터 나타난 오행설의 체계적 인식과 유학儒學의 발달에 따른 예문지藝文志의 출현은 특기할 일이다. 무엇보다도 지리지地理志는 영토적 팽창과 한漢문화의 확대에 따른 내용이어서, 여기서 볼 때 이미 『한서』로부터 한漢문화의 성장과 중국의 민족적 발전상을 반영한 것으로 생각된다. 다만, 하거河渠가 구혁溝洫으로 변화되고 있지만, 어디까지나 『한서』(지志)의 핵은 오행지五行志이다.

5세기 초의 『후한서後漢書』에 이르면 오행지의 중요성은 계승되지만, 하거(구혁)가 빠진 대신 백관百官·여복지輿服志가 나타난다. 그러나 『후한서』는 『한서』보다 4세기 후에 저술되었기 때문에 당시의 역사적 경험에 비추어 크게 달라질 수 밖에 없다. 우선 지의 분량이 커졌고, 막연한 항목의 나열식 해설을 떠나 구체적인 세목細目에 입각한 체계적인 설명으로 나타났다. 같은 오행지라도 전자는 나열식 설명이나, 후자는 모불공貌不恭 이하 43종류의 구체적 항목에 입각한 해설로 되어 있어 비로소 지志의 체제를 일단 갖춘 것으로 보인다. 그 외 군국郡國·백관지百官志의 중요성은 영토적·정치적 발달에 따른 당연한 현상일 것이다.[7] 특히 하거河渠

7) 3세기 저술인 『三國志』는 志·表가 없어 그 체제상 결함을 나타내고 있으며, 7세기의 저술인 『梁書』·『陳書』·『北齊書』·『周書』 및 『南·北史』 등도 志가 빠지고 없다.

(구혁溝洫)가 없어진 것은 황제권의 상대적 강화를 뒷받침함은 물론, 주술적인 천자의 권위를 상징하는 고대적인 군주관君主觀을 벗어난 정치현상의 발전에 따른 자연적 추세라 하겠다. 양 한서漢書를 비교하면 <표 1>과 같다.

〈표 1〉 한서와 후한서의 비교

종류	漢書	종류	後漢書	
1	율력律曆(2)	1	율력律曆(3)	律準·候氣 등 9항목
2	예악禮樂(1)	2	예의禮儀(3)	合朔·立春 등 30항목
3	형법刑法(1)	3	제사祭祀(3)	封禪·宗廟 등 16항목
4	식화食貨(2)	4	천문天文(3)	王莽·光武 등 13항목
5	교사郊祀(2)	5	오행五行(6)	貌不恭·지진 등 43항목
6	천문天文(1)	6	군국郡國(5)	河南 등 101항목
7	오행五行(5)	7	백관百官(5)	太傅·司空 등 34항목
8	지리地理(2)	8	여복輿服(2)	王輅·冕冠 등 54항목
9	구혁溝洫(1)			
10	예문藝文(1)			

5세기 후엽의 『송서宋書』는 역시 『후한서』를 계승하여 하거河渠는 보이지 않는 대신, 부서符瑞가 등장하였다. 그러나 8항목의 지志의 내용이 거의 비슷한 분량으로 설명되었으나, 『후한서』와 같은 구체적인 세목은 없어 『한서』에로 후퇴한 느낌이다. 특히 주군지州郡志만 22항의 세목이 보일 뿐이다.

6세기 초의 『남제서南齊書』도 『송서』와 같이 큰 제목만 있으며, 6세기 중엽의 『위서魏書』도 그 형태는 그대로 『남제서』를 계승하고 있다. 다만, 영정靈征·석노지釋老志가 특징인바 이것은 북위대北魏代의 도교道敎·

불교佛教의 발전상을 반영했을 것으로 보인다.

한편 7세기 초엽의 『진서晋書』와 『수서隋書』도 구체적인 세목의 설명없이 전 시대의 사서史書와 거의 같으나, 다만 예지禮志가 중시된 『수서』는 경적지經籍志가 있어 경사자집經史子集의 해설이 첨가되어 있을 뿐이다.

10세기의 『구당서』는 10항목의 지를 갖고 있어 그 내용상 『수서』와 동일하다. 이러한 사실은 의례지儀禮志를 가장 크게 내세운 점에서 잘 나타나 있어 수와 당의 연계성과도 일치하고 있다. 그러나 『구당서』는 10항목의 지에 대한 세목의 표시는 없으나, 실제 내용에서는 제목을 달고 설명하고 있다. 따라서 외형은 큰 변모가 없었으나, 내용면에서는 사서史書로서 크게 발전상을 보여 주고 있다.

한편, 11세기의 『신당서新唐書』도 13항목의 지가 보이거니와 실제의 내용은 전자의 확대에 불과하다. 그러나 두 당서唐書는 두 한서漢書와 달리 오행五行위주에서 예악禮樂위주로 바뀌었고, 『후한서』 이후 소멸된 하거지河渠志는 역시 제외되고 있었다. 특히 역曆·지리·식화食貨·백관지 등을 중시하여 발달된 정치제도와 확대된 영토에 큰 관심을 보이고 있다. 그러나 『당서唐書』는 열전에 압도되어 지志를 홀시한 듯한 인상이 풍긴다.

14세기 『송사宋史』 이후의 문헌은 일반적으로 지의 비중을 높였으며, 『후한서』와 같이 지의 구체적인 세목을 달고 있어 사서로서의 체제를 일단 매듭짓는다. 『송사』는 예지禮志를 위시하여 율력律曆·악·식화·백관 등을 제일 크게 다루어 『당서』의 성격을 띠었으나 다시 하거가 나타나는 것이 특색이다. 이는 남북조 이래 강남개발과 농업기술의 발달에 따른 산업의 중요성에 대한 반영이 될 것이다. 무엇보다도 『송사』는 25사 중 제일 방대한 책으로서만이 아니라, 15항목의 지志와 532의 세목을 둔 완비된 사서이다. 특히 103종의 예지와 126종의 백관지는 『송사』의 핵심이거니와, 이것은 주자학과 관료제의 발달에 대한 당시 사회상을 반영한 결과이다.

이러한 현상은 『요사遼史』·『금사金史』 등에도 동일하게 나타났으나, 『원사元史』만은 약간 차이를 갖게 된다. 즉 『원사』는 13항목의 지志의 분량을 비슷하게 하였으며, 특히 예지보다는 백관·역·지리·제사지에 비중을 두었다. 역지曆志와 지리지의 중요성은 서역문화와의 연결과 영토확장의 표시이며, 제사지의 강조는 대한족對漢族시책의 일환으로 생각된다. 특히 328종의 지리지는 원元제국판도의 상징적인 의미가 될 것이다.

〈표 2〉 중국 기전체 문헌의 분석

	총권수	본기	지	열전
사기史記	130	12(9.2%)	10(7.7%)	100(76.9%)
한서漢書	120	13(10.8%)	18(15%)	79(65.8%)
후한서後漢書	130	12(9.1%)	30(23.1%)	88(67.7%)
송서宋書	100	10(10%)	30(30%)	60(60%)
남제서南齊書	59	8(13.6%)	11(18.6%)	40(67.8%)
위서魏書	130	14(10.8%)	20(15.4%)	96(73.8%)
진서晉書	94	10(10.6%)	20(21.3%)	64(68.1%)
수서隋書	85	5(5.9%)	30(35.3%)	50(58.8%)
구당서舊唐書	204	24(11.8%)	30(14.7%)	150(73.5%)
신당서新唐書	236	10(4.2%)	56(23.7%)	150(63.6%)
송사宋史	496	47(9.5%)	162(32.7%)	255(51.4%)
요사遼史	116	30(25.9%)	32(27.6%)	45(38.8%)
금사金史	135	19(14.1%)	39(28.9%)	73(54.1%)
원사元史	210	47(22.4%)	58(27.6%)	97(46.2%)
평 균		12.0%	23%	61.9%

* 『사기』의 경우 실제 열전은 70권이나 세가世家 30권을 합한 수치가 100권이 되었다. 『송사』의 경우에 세가는 열전에 넣고 있어 열전으로 봐도 무방할 것이다. 또한 각 문헌은 총 권수가 실제로 표시된 권수와는 차이가 있어서 본 표에는 실제의 수치로 하였다. 즉 『신당서』는 표시에 있어서는 225권이지만, 23, 27, 28, 30, 43, 49, 71, 73, 74 등이 상하로 되어 있어 실제는 더 많은 것이다.

<표 2>는 주요한 중국문헌(기전체紀傳體)의 각 항목에 대한 비율을 통계적으로 본 것이다. 기전체의 핵심은 역시 열전이며, 『송사』를 계기로 그 이전은 그 이후보다 열전의 비중을 크게 두었다. 그리고 지志는 대개 4분의 1정도의 비율인 바, 열전과 반대로 『송사』 이후에 그 비중을 높이고 있었다.

〈표 3〉 지志 내용분석

	서명＼항목	1	2	3	4	5	6	7	8	9	10	11	12	13	14	15	항목수
중국문헌	史記	禮·樂·律·曆·天官·封禪·河渠·平準															8
	漢書	五行	律曆·食貨·郊祀·地理				禮樂·刑法·天文·溝洫·藝文										10
	後漢書	五行	郡國·百官		律曆·禮儀·祭祀·天文				輿服								8 (300)
	宋書	五行·禮		樂·天文·州郡			律曆·符瑞		百官								8
	南齊書	禮·天文·郡國			樂·百官·輿服·祥瑞·五行												8
	魏書	天象·禮		地形	律曆·靈征		樂·食貨·刑罰·官氏·釋老										10
	晉書	天文·律曆·禮·樂·五行					地理	職官·輿服·食貨·刑法									10
	隋書	禮儀	經籍	音樂·律曆·天文·百官·地理					五行	食貨·刑法							10
	舊唐書	儀禮	淫樂·地理		曆·職官		天文·經籍·食貨			輿服·刑法							10
	新唐書	禮樂	曆	地理	百官·食貨		藝文	天文·五行		儀衛·選舉		車服·兵·刑法					13
	宋史	禮	律曆·樂		食貨	天文	職官·兵		藝文	五行·河渠		地理·儀衛·輿服·選舉				刑法	15 (532)
	遼史	禮	地理	儀衛·百官		營衛·兵衛·曆象·刑法				食貨	樂						19 (76)
	金史	禮	食貨	仙居·百官		地理·輿服		曆·樂·儀衛			天文·五行·河渠·兵·刑						14 (218)
	元史	百官	曆·地理·祭祀			禮樂·食貨		選舉·兵·儀衛			河渠·輿服		天文·五行				13 (619)
국내문헌	삼국사기	地理	職官	祭祀樂		色服·車騎 器用·屋舍											9 (8)
	고려사	禮	天文·曆·五行·地理·選舉·食貨·兵							樂·百官·刑法			輿服				12

* 항목의 순서는 책 내용의 순서가 아니라 분량에 의한 것임.

<표 3>은 지의 내용을 분량(중요성)에 의해서 만든 일람표이다. 이로 미루어 보아 지志는 군주의 직능표시로 시작된 것이나, 점차 정치·사회·문화 전반의 역사서술 내용이 된 것이며 드디어는 역사의 중심과제로 규정되었다. 따라서 시대와 사회에 따라 지의 성격변화가 오기 마련이다. 여기서 볼 때 『한서』의 오행이 수·당서 이후 예禮로 바뀌면서 역대왕조의 핵심적인 사회규범이 되었음을 볼 수 있으니, 이것은 사회발전과 한漢문화의 심화과정에 따른 불가피한 현상으로 풀이될 수 있다. 그러나 『원사元史』는 백관지가 중심이지만 역·지리·제사지가 거의 비슷한 비중을 가졌으며, 예는 뒤로 밀려났음을 본다. 따라서 『삼국사기』는 그 체제는 중국문헌의 모방이나 지리지를 앞세워 어느 정도 독자성을 보였고, 『고려사』는 『원사』를 모방했다는 범례의 견해보다는[8] 『양당서兩唐書』·『송사』 등의 성격을 강하게 받았다는 사실을 발견할 수 있다. 나아가서 우리 문헌에는 결코 하거지가 없음은 물론이다.

이상에서 볼 때 중국문헌(지志)은 『한서』에서 그 기본체제를 갖춘 후 『후한서』에 이르러 크게 체계화되었다. 그러나 6조시대사에 이르러서는 일정한 원칙보다도 내용상의 혼란을 나타내게 된 후, 『수서』로부터 다시 정비되어갔다. 그 후, 『구당서』 에 이르러 정비된 지의 내용이 예지禮志 위주의 기본정신에 입각하여 그 후 사서에 기준이 되었다. 그러나 『원사』는 그 이전의 다른 문헌보다 형태나 성격을 약간 달리한 것이 눈에 띈다.

---

8) 『고려사』 범례(세가)에는 "其書法準兩漢書及元史"라 하여 『한서』와 『원사』의 서법을 준용한 것이라 하였고, 지志는 『唐志』가 가장 정비된 것이라 하였으나 "高麗史志準元史條分類聚使覽者易攷焉"이라 하여 『원사』를 모방했다고 하였다.

제2절 『삼국사기』 지志의 분석

『삼국사기』에는 9권의 지를 갖고 있다. 사기 전체의 50권 중에서 18%나 되는 그 내용을 김부식은 잡지雜志라 하여 스스로 격을 낮추고 있음이 특기할 일이다. 그러나 『삼국사기』는 『고려사』보다도 한 걸음 앞서 각 항목에 세목을 두고 있어 그 체제는 갖추었으며, 제사·악·색복·거기·기용·옥사·지리 및 직관 등 8항목의 내용으로 되어 있다. 이로 미루어 보아 『삼국사기』는 그 체제가 중국문헌을 답습하였으나, 지리지를 가장 크게 장식하고 있어 서술상 독자성을 보여 주고 있다.

제1권은 제사와 악지로 되어 있다. 이것은 다른 문헌의 경우와 비교할 때 예악지에 비견할 수가 있을 것이다. 『삼국사기』는 원래 예·오행·천문·역·식화지가 없어서 체제상으로는 미숙성을 그대로 나타내 주고 있다. 원래 제사지祭祀志는 사마천의 『사기』에서 본다면 '봉선封禪'이 되거니와, 제사를 해야 하는 이유는 다음과 같이 설명하고 있다.

> 태산泰山의 꼭대기에 단壇을 쌓고 제천祭天을 하여 하늘의 공功에 보답하는 것이 봉封이며, 태산 아래 작은 산 꼭대기에 터를 만들어 땅의 공에 보답하는 것이 선禪이다. (중략) 성姓을 바꿔 왕이 되면 태평을 이루도록 태산에 봉封하고 양부梁父에 선禪해야 한다. 천명天命을 받아 왕이 되어 군생群生을 보살피며 하늘에 태평을 고하고 군신群神의 공에 보답하는 것이다.[9)]

이에 의하면 왕은 즉위와 더불어 천지天地에 제사함으로써 그 공에 보답해야 한다는 것이다. 이것으로 미루어 보아 지의 첫머리를 제사로 장식한 것은 뚜렷한 국가의식을 반영한 것으로 생각된다.

제사지는 5묘제廟制의 변천과정[10)]과 3사祀(대大·중中·소사小祀)의 설명

9) 『사기』 권28, 封禪書 6(정의).

10) 변태섭, 1964, 「묘제의 변천을 통하여 본 신라사회의 발전과정」 『역사교육』 8, 58~

이 중심이 되었다. 원래 제사는

> 천자는 칠묘七廟이고 제후는 오묘五廟이다.(중략) 천자는 천·지·천하의 명산대천에 제사지내며, 제후는 사직社稷과 명산대천이 있는 곳에서 제사하는 것이다. 그런 까닭으로 감히 예禮를 넘어 이를 행할 수 있으랴.<권 32, 잡지 1>

라 하여 천자와 제후가 구분되는 것인 바, 신라는 후국侯國이므로 5묘제를 갖게 되었고, 따라서 그 왕은 사직과 명산대천에만 제사하게 되었다고 설명하였다. 따라서 신라는 제천祭天할 수 없다는 내용이지만, 濟·麗의 제천기록을 고려할 때 신라만이 그것이 없다는 것은 스스로 커다란 모순에 빠지게 된다. 더구나

> 매년 정월 초에 왕은 연회를 베풀고 군관群官과 함께 일월신日月神에 제사하고, 8월 15일에는 악樂을 베풀고 관인官人으로 하여금 활쏘기를 하여 마포馬布로 상을 주었다.[11]

라는 신라의 일월신제사는 기우제·5성제星祭의 경우에서와 같이 '하늘의 제사'를 분명히 나타내고 있어 제천의식의 삭제는 김부식의 사대적 관념의 조작[12]일 가능성이 크다. 그러나 제사의 내용이 '호제산신好祭山神'(『구당서』 199上, 열전 149)이나 '호사산신好祠山神'(『신당서』 220, 열전 145)에 입각한 산천의 제사를 지루하게 나열한 것에 불과하다. 따라서 의식적으로 제천은 보이지 않았으나, 기우제·5성제·일월제·벽기제辟氣祭 등의 기록으로 실질적인 제천의식이 있음을 시사하고 있다.

5묘廟는 1년에 6번을 지내게 되었고 그 외 국가적인 대사大祀로서는 3사祀 이외에 다음과 같은 것이 있다. 이것은 <표 4>에서 보듯이 신라의 국가적인 대제大祭는 기풍제祈豊祭의 뜻과 천재지변의 예방을 위한 제

74쪽.

11) 『수서』 권81, 열전46, 동이(신라).

12) 김태영, 1973, 「조선초기사전의 성립에 대하여」 『역사학보』 58, 109쪽.

의祭儀의 의미를 갖는 것으로 생각된다. 천변天變을 대표하는 성변星變과 천재에서 가장 큰 피해를 주는 가뭄과 폭풍에 대한 공포13)에서 영성靈星(혜성·5위緯), 풍백風伯(폭풍), 우사雨師(가뭄)를 받들었다고 보여 진다.

〈표 4〉 신라의 대제大祭

祭名	장소	祭日
선농제先農祭	熊殺谷(明活城)	입춘후 亥日
중농제中農祭	新城北門	입춘후 亥日
후농제後農祭	菻園	입춘후 亥日
풍백제風伯祭	犬首谷門	입춘후 丑日
우사제雨師祭	卓渚	입춘후 申日
영성제靈星祭	本彼遊村	입춘후 辰日

다시 말하면 250회 천재에서 성변은 138회(65%)로 가장 큰 영향을 주기 때문에 자연과 인간의 조절과 균형을 위해서도 영성제는 필요한 것이며, 가뭄과 홍수의 예방과 조절을 위해서도 우사제·기우제가 요구된 것이다.

다음, 3사祀에서 대사大祀는 신라의 모체가 된 3산山에 대한 제사이다. 중사中祀는 5악岳 이외에 4진제鎭祭·4해제海祭·4독제瀆祭를 말하는 바, 이것은 신라의 4변邊을14) 의미하는 것이다. 오악은 국토의 4방과 중앙의 대표적 산악신을 제사하는 것이며, 동시에 그 지방의 정치적 세력의 진압

13) 제3장 제2절 참조.

14) 中祀의 내용은 아래와 같다.

中祀	내 용
岳	토함산吐含山(동)·지리산地理山(남)·계룡산雞龍山(서)·태백산太伯山(북)·부악父岳(중)
5鎭祭	온말근溫沫懃(동)·해치야리海恥也里(남)·가야갑악加耶岬岳(서)·웅곡악熊谷岳(북)
5海祭	아등변阿等邊(동)·형변兄邊(남)·미릉변未陵邊(서)·비례산非禮山(북)
5瀆祭	토지하吐只河(동)·황산하黃山河(남)·웅천하熊川河(서)·한산하漢山河(북)

을 상징하는 의미[15]로 파악되었다. 또한 여기에는 오행사상의 실질적인 영향과 그 의미가 반영되었을 가능성이 크다. 4진제는 4곳의 군사적 요충지, 4해제와 4독제는 바다와 강 즉, 명산대천의 공덕을 기리는 것이다.

소사小祀는 24개의 소산小山을 제사하는 것으로 그 제사 대상 지역을 살펴보면 다음과 같다.

〈표 5〉 소사小祀의 치제致祭 산천지명

강원도	고성·양양
경기도	가평·積城·서울
전라도	영암·광주·진안·무주
충청도	淸風·진천·보은·林川
경상도	풍기·창원·울진·울산·청도·경주(2)·興海·진주
불명	波只

<표 5>에 의하면 소사 대상의 산은 전국적으로 보여지고 있지만 특히 경상도에 10개나 있다. 게다가 그것이 경주 중심의 원형으로 분포되어 이에 대한 자세한 검토가 요망된다. 이러한 치제致祭의 대상이나 성격으로 보아 단순한 제후諸侯의 산천제사가 아니라, 산악숭배사상과 기우·기풍祈豊 등의 종교적 제례의 성격을 띠고 있었다.

그러나 이러한 5악岳·4진鎭·4해海·4독瀆은 국가의 치제대상으로서 고려·조선대까지 연결되어,[16] 전통적인 한국의 제전祭典에 큰 영향을 주게 되었다. 특히 5악의 성립에 나타난 호국신앙은 제사지祭祀志를 앞세운 김부식의 국가의식과 일맥상통하는 것이며, 지리지의 우대와 뜻을 같이한

15) 이기백, 1974, 「신라오악의 성립과 그 의의」『신라정치사회사연구』, 207~210쪽.
16) 『고려사』 권59(예지, 길례)에 大祀로서 天(圜丘)·地(方澤)·社稷·大廟 등이 보인다. 조선의 경우는 김태영씨의 앞 논문에서 설명되고 있다.

다고 하겠다. 끝으로 제·려의 경우는 『후한서』·『북사』·『당서』·『고기古記』·『책부원귀』 등의 내용을 전재한 것 뿐이다.

다음 악지樂志는 악기·가락·무舞 및 악공의 설명으로 구성되어 있다. 원래 악이란 사마천의 『사기』에는 아래와 같이

> 하늘에는 일월성진日月星辰이 있고, 땅에는 산릉하해山陵河海가 있다. 세월에는 만물성숙萬物成熟이 있고, 나라에는 성현聖賢·궁관宮觀·주역周域·관료官僚가 있다. 사람에는 언어·의복·체모體貌의 단수端修가 있는 법이니 이를 악樂이라 한다.[17]

라고 설명하였다. 따라서 예禮가 '천지지서天地之序'일 때 악樂은 '천지지화天地之和'[18]가 되는 것이며, 왕의 공功은 악樂의 만듬에 있고, 그 치治는 예禮를 정함에 있기 때문에 큰 공功을 남긴 자는 악樂을 구비하는 것이다. 그러나 『삼국사기』의 악지樂志는 앞서 본 바와 같이 순전히 음악에 대한 것 뿐이어서 그 내용도 극히 피상적이다.

〈표 6〉 신라 가무歌舞

종류	監理人	琴尺	舞尺	歌尺
가무笳舞	6		1	2
하신열무下辛熱舞	4	1	2	3
사내무思內舞	3	1	2	2
한기무韓岐舞	3	1	2	
상신열무上辛熱舞	3	1	2	2
소경무小京舞	3	1	1	3
미지무美知舞	4	1	2	
사내금思內琴		1	4	5
웅금무雄琴舞				

17) 『사기』 권24, 樂書 제2(正義).
18) 『원사』 권66, 志18, 禮樂.

악지의 대부분을 3현絃·3죽竹 등 악기의 설명으로 메웠으며 신라의 고유한 전통악의 종류를 회악會樂·신열악辛熱樂 등 13개와 내지內知·백실白實 등 5개의 지방악地方樂으로 설명하고 있다.[19] 이어서 고기古記에 의한 신라의 가무를 다음과 같이 9유형으로 나누고 있었다.

여기서 우리는 악공을 무척舞尺·가척歌尺·금척琴尺으로 나누고 있음을 알 수 있으며, 신라의 가무가 어느 정도 전문화되고 있음도 음성서音聲署의 존재로 짐작이 된다.

제사지祭祀志와 같이 제·려의 악樂은 간단한 중국문헌의 전재로 메우고 있으나, 발달된 고구려 음악은 이미 『수서』에도 그 내용이 소개되고 있다. 특히 고구려는

> 그 백성이 가무를 좋아하여 나라의 읍락邑落에 저녁이면 남녀가 모여 서로 노래하고 춤추었다.[20]

라는 『삼국지三國志』의 설명과 같이 음악에 대한 소질과 취미가 있거니와, 그 사실은 전부 중국문헌(『당서』)에 기록되고 있다. 고려기高麗伎의 우수성과 고려악공의 모습을 중국문헌에는 다음과 같이 묘사하고 있다.

> 고구려 기인伎人은 인갑鱗甲과 노나무로 얼굴을 가리고 상아象牙로 채를 만들었다. (중략) 빙빙 돌면서 무기舞伎는 공 위에 서서 마치 바람처럼 굴러 다녔다.[21]

라 하여 고려기高麗伎의 세련미를 전해주고 있으며, 고려악공의 모습은 『삼국사기』<악樂>에

---

19) 전통적인 음악에는 會樂·辛熱樂 이외에 突阿樂·枝兒樂·思內樂·笳舞·憂息樂·碓樂·竿引·美知樂·徒領歌·捺絃引·思內奇物樂 등이 있고, 地方樂에는 內知(日上郡)·白實(押梁郡)·德思內(河西郡)·石南思內道(同伐郡)·祀中(北隈郡) 등 5개가 있었다.

20) 『삼국지』 권30, 동이30, 고구려.

21) 『신당서』 권21, 禮樂志 11(高麗伎)

> 자라紫羅의 모자를 쓰고 새 깃으로 장식하였으며, 노란 소매와 자주색 비단띠에 바지를 입고 붉은 가죽신을 신고 있어 5색이 찬연하였다.

라고 하여 『통전通典』의 기록을 인용하였으나, 상당히 장식된 모습을 하고 있었다.

제2권은 색복色服·거기車騎·기용器用·옥사屋舍 등 4개의 항목을 포괄하고 있어 여복지輿服志에 해당한다. 색복지色服志는 의복제도의 성립과정, 관계官階와 복색관계 및 각 신분 간(남녀)의 의복규정을 소개하고 있다. 전통적인 그 골격이 제정되었으며, 진덕왕 2년(648)의 김춘추의 일련의 외교공세의[22] 일환으로 당제唐制를 모방한 후 문무왕 4년(664)에 거의 중국식으로 고정되었다는 내용이다. 그러나 열전, 본기에 독자적인 내용을 강조한 김부식으로서, 지에서 보인 짙은 한화漢化성향은 큰 의문이 아닐 수 없다. 그가 빈번히 인용한 『책부원귀』에 설명하고 있는 신라인의 모습인

> 옷색은 흰색을 숭상하였고 부인婦人은 머리를 땋아서 올렸고 비단과 구슬로 장식하여 머리가 퍽 아름다웠다.[23]

라는 기록을 못 보았을 리는 없었을 것이다. 특히 색복지는 거의가 '금지'를 위한 행위규범을 규정한 법조문의 나열이라고 할 정도로 '해서 안되는 사항'의 기록이다. 특히 각 신분 간의 의복규정에서 표의表衣·내의까지 엄격한 규제가 있었으나 모든 부분에 있어서 4두품과 평민은 거의 같았다.

여기서 특히 주목되는 것은 신라의 신분계층이 크게 귀족(진골과 6, 5, 4두품)과 평민, 천민층으로 대별되어 왔음은 사실이다. 그러나 의관제衣冠制에서 볼 때는 위와 같은 신분층의 대별이 실제로 잘못되었음을 알게

---

22) 신형식, 1966, 「신라의 대당교섭상에 나타난 숙위에 대한 일고찰」『역사교육』 9, 109~111쪽.

23) 『책부원귀』 권959, 外臣部, 土風 1.

된다. 즉, 신라의 신분제는 상층귀족신분으로 진골과 6두품이 있고, 하층귀족층으로 5·4두품이 있으며, 그리고 평민 이하의 신분으로 3분될 수 있다는 점이다. 그러나 실질적으로는 5두품 이하의 신분은 평민층과 구별이 어렵다는 것이다. 다시 말하면 6두품 이상은 표의表衣가 비단(견絹)이나, 5두품 이하는 베(포布)로 하였음에도 나타나 있기 때문이다. 더구나 신분층 간의 이동을 고려할 때에도 6두품과 5두품은 단순한 두품의 차이만은 아니었을 것이다. 그러므로 이러한 색복지에서 볼 때 신라의 신분질서는 하층귀족층으로부터 동요되기 시작하였음을 짐작하게 된다. 그러므로 나말에 이르면 5·4두품은 실제로 평민화되었다고 생각된다.

거기지車騎志는 각 신분 간에 거재車材·욕자褥子·안교鞍橋 등의 규제조항으로 금은옥의 장식을 금하고 있다. 특히 4두품, 평민의 여자에게까지 금은옥의 장식을 금지하는 것을 볼 때, 이미 신라사회의 사치성 내지 평민의식의 성장을 엿볼 수 있어

> 신라는 금이 많은 나라로서 그곳 주민들은 개의 쇠사슬이나 원숭이의 목테도 금으로 만든다. 그들은 스스로 옷을 짜서 판다.[24]

라는 중동인의 신라관觀에 잘 나타나 있다. 따라서 기용지器用志에는 진골도 금은 및 도금을 금지하고 있으며, 각 신분 간의 차이가 그리 크지 않은 것이 특색이다. 이러한 사실은 옥사지屋舍志에 나타난 집의 크기도 <표 7>에서 보듯이 각계층간의 격차가 그리 크지 않았다. 다시 말하면 귀족과 평민의 주택이 그 형태나 장식이 비슷하다는 것은 특기할 사실이다.

24) 김정위, 1977, 「중세중동문헌에 비친 한국상」 『한국사연구』 16, 39쪽.

〈표 7〉 신라 옥사屋舍의 규모

신분	규모
진골	24尺
6두품	21尺
5두품	18尺
4두품·평민	15尺

제3권부터 6권까지의 4권은 지리지이다. 지志 9권 가운데 절반을 차지하여, 중국문헌의 지와는 크게 차이가 있다. 이러한 지리지에 대해서 井上秀雄씨는 사료비판과 유명미상有名未詳 지명의 분석을 통해 지리지(사료)의 구성을 4군群으로 본 후 왕도王都·왕기王畿를 상정하여 향鄕·성成·궁宮 등을 구별[25]한 바 있다. 따라서 지리지에 대한 분석은 생략하였으나, 다만 통일신라의 군현郡縣을 정리하면 <표 8>과 같다.

〈표 8〉 통일신라의 군현

州名	領郡	領縣	비고
상주尙州	10	31	
양주良州	12	35	金海小京
강주康州	11	30	
한주漢州	28	49	中原京
삭주朔州	12	26	北原京
명주溟州	9	25	
웅주熊州	13	29	西原京
전주全州	10	31	南原小京
무주武州	15	43	
계	120	299	

25) 井士秀雄, 1974, 「三國史記地理志史料批判」「新羅王畿の構成」『新羅史基礎研究』, 63~125쪽 및 393~417쪽.

이것은 고려·조선과의 비교·고찰을 위한 조견표에 불과하지만, 여기서 볼 때 신라의 지방제도는 기록보다도 실제로 더 발전된 느낌이 든다. 더구나 고려가 주현州縣·속현屬縣의 차이로 외관外官이 없는 곳[26]이 있음을 상기할 때에, 비록 신라의 주州·군郡·현縣이 상하관계가 아닌 병렬적인[27]것이라 해도 그와 같이 군현제는 크게 발달되고 있었다고 하겠다.

다만, 유명미상有名未詳 지명에는 성城·향鄕·성成·산山·촌村·도島 등의 이름을 가진 359곳이 있는 바, 이 중에서 井上씨는 88개를 정리·분석한 것이다. 그러나 그중에서 성城·산山·도島·곡谷·원原·수水 등이 특히 눈에 띄어, 이러한 의미에 대한 재분석이 요구된다.[28] 다시 말하면 지명의 어미語尾에 산성山城과 관계있는 것 즉, 성城·산山·곡谷·임林·영嶺·현峴·구丘 등이 44%에 해당하는 160여 개나 된다는 점은 도시(국가)발생에 있어서의 토착적인 생활구역 내지는 성곽城廓의 중요성을 반영해 주는 것으로 풀이될 수 있다. 이러한 사실은 『삼국지』(권 30, 잡지, 동이전 예濊)의

> 그 나라 풍속에 산천을 중시하였고 산천에는 각각 부분部分이 따로 있어 함부로 들어갈 수가 없다. (중략) 읍락을 서로 침범하면 그 벌로 생구生口(노비)·소·말로 배상케 하였다.

에서의 '산천각유부분山川各有部分'은 곧 성곽이며, 서양의 polis와 같은 것으로 설명될 수 있을 것이다. 때문에 촌락(도시)성립에 있어서 토착씨

26) 변태섭, 1971, 「고려전기의 외관제」 『고려정치제도사연구』, 130~144쪽.
27) 村上四男, 1978, 「新羅の村主」 『朝鮮古代史研究』, 318쪽.
木村誠, 1976, 「新羅郡縣制の確立過程と村主制」 『朝鮮史研究會論文集』 12, 5~6쪽.
28) 有名未詳地名에는 城(96)·鄕(48)·山(34)·成(20)·島(13)·谷(12)·原, 水(10)·川(9)·國(8)·嶺, 林(6)·澤, 郡, 峴, 通, 驛, 柵(5)·縣, 鎭. 丘(4)·河, 宮, 苑(3) 등의 순으로써 그것이 갖고 있는 명칭이나 성격에서 도시(국가)발생의 기원과 자연조건(자연환경) 및 인문조건(씨족, 문화)과의 상관관계와 관련이 있는 듯하다.

족의 존재와(인문조건) 함께 자연조건의 모습을 나타내는 것으로 보인다. 그러므로 우리는 '변진여진한잡거역유성곽弁辰與辰韓雜居亦有城郭'(『삼국지』 30, 변진전弁辰傳)의 내용과

> 그 나라 풍속에 성城을 건모라建牟羅라 하는데 고을 안을 탁평啄評이라 하고, 밖을 읍륵邑勒이라 불렀으니, 이는 중국에서 말하는 군현郡縣과 같은 것이다.[29)]

하는 『양서梁書』의 기록을 다시 음미할 필요를 느낀다. 다시 말하면 신라는 6촌村이 산곡山谷에서 이루어졌고 산을 신라건국의 기반으로 보는 것처럼 산곡·산성山城은 고대사회의 기본단위였다는 뚜렷한 근거가 될 것이다. 이러한 산곡과 신라와의 관계는 별고別稿에서 상술할 예정이다.

〈표 9〉 고려시대의 군현(『고려사』 지志)

道名	主牧	領郡	屬縣
양광도楊廣道	4	10	97
경상도慶尙道	3	11	114
전라도全羅道	2	15	87
교주도交州道		3	25
서해도西海道	2	6	17
동계東界	1	27	17
북계北界	2	43	4
계	14	115	361

신라·고려·조선 3왕조의 지방군현의 수를 비교하면 <표 9, 10>과 같다. 이에 의하면 지방군현은 시대가 내려올수록 축소되었다는 것이 주목되거니와 이는 국가 통치력의 발달에 따른 지방제도의 정비라고 하겠다.

29) 『梁書』 권54, 諸夷(新羅).

〈표 10〉 조선의 군현(『경국대전』)

道名	牧(府)	都護府 (大都護)	郡	縣
경기	4	7	7	19
충청	4		12	38
경상	3(1)	7(1)	14	41
전라	3(1)	4	12	37
황해	2	4	7	11
강원	1	5(1)	7	12
함경	(1)	11(1)	5	4
평안	3(1)	6(1)	18	13
계	20(4)	44(4)	82	175

지리지에는 그 외 몇 가지의 주목할 내용이 기술되어 있다. 우선 최치원의 주장이라는 전제에서

> 마한馬韓은 고구려이고 변한卞韓은 백제이며 진한辰韓은 곧 신라이다.<잡지雜志 3, 지리 1>

라는 것이다. 이러한 주장을 김부식은 사실에 가까운 것으로 긍정함으로써, 그 후 『삼국유사』 『신증동국여지승람』을 거쳐 『지봉유설』로 이어진 후 정통론의 문제와 연결되었다.[30]

또한 신라의 궁성宮城을 금성金城과 월성月城의 둘로 파악한 후, 명활성明活城·남산성南山城·만월성滿月滅을 그 변방의 성으로 생각하였다.

끝으로 압록수鴨綠水 이북의 땅을 기록하고 있어 발해를 삭제시킨 커다란 결함을 일부나마 메워 주고 있다.

---

30) 신형식, 「삼국사기열전의 분석」, 34쪽.

〈표 11〉 압록수 이북지방

구분	城數
미항성未降城	11
사항성已降城	11
도성逃城	7

<표 11>에 의하면 압록수 이북의 지방(성)에서 미항성·도성 등을 표시하고 있어 그에 대한 복구 또는 탈취에의 강한 의지를 나타내고 있다. 이러한 지리지에 대한 파격적인 우대는 『삼국사기』의 가장 큰 특징이거니와 이것은 강렬한 영토의식의 반영이며, 당과 대결한 국가의식의 표시일는지도 모른다. 동시에 국내측 자료의 풍부한 보존에도 그 하나의 원인이 있을 것이다. 그러나 신라위주의 지리지의 편찬 자세에 대해서는 '고적탐구의 불철저와 사료의 불충분한 인용에서 오는 후세의 영향'[31]을 크게 우려한 이도 없지 않았다.

7·8·9권은 직관지職官志로서, 지리지 다음으로 큰 비중을 갖고 있다. 제7권은 중앙관부를, 제8권은 궁정관부를, 제9권은 무직武職과 외관外官의 조직이나 관원을 설명하고 있다. 이에 대한 개괄적인 연구는 신태현辛兌鉉·井上秀雄·三池賢一씨 등에 의해서 시도[32]된 바 있고, 대개 관부의 개별적인 연구 속에서 진행되고 있다. 신라의 관직은 크게 중앙·지방·군사의 3부분으로 나뉘며, 다시 중앙관은 행정관·정관政官(승관僧官)·궁정

31) 고병익, 1969, 「삼국사기에 있어서의 역사서술」『김재원박사회갑논총』, 27쪽.
32) 신태현, 1959, 「신라직관 및 군제의 연구」『신흥대학교논문집』 2.
末松保和, 1959, 「新羅幢停考」『新羅史の諸問題』.
井上秀雄, 1974 所收, 「「新羅兵制考」와 「三國史記にあらわれた新羅の中央行政官制について」」『新羅史基礎研究』.
三池賢一, 1970, 「新羅官位制度 上, 下」『法政史學』 22·23.
________, 1971, 「新羅內廷官制考 上, 下」『朝鮮學報』 61·62 참조.

관宮廷官(내성內省·어룡성御龍省·동궁관東宮官)으로 구성되고 있다.

중앙행정관부는 14부府(부部 포함)·19전典·6서署서·2관館관 등을 주축으로 한 44관부官府[33]로 되어 있다. 그러나 중앙관부는 집사부執事部·병부兵部를 필두로 14관부官府가 핵심이 되고 있어 그 관원官員은 <표 12>와 같다. 여기에는 일찍이 없어진 대보大輔[34]와 속관屬官을 갖고 있지 않는 상대등上大等과 같은 신라의 독자적인 관직은 포함되지 않는다.

〈표 12〉 신라 14관부官府의 관원官員 ( ) 설치연대

官府 / 官員	執事部 (651)	兵部 (516)	調府 (584)	倉部 (651)	禮部 (586)	乘府 (584)	司正府 (544)	例作府 (686)	船府 (678)	領客府 (621)	位和府 (621)	佐理方府 (651)	右理方府 (667)	工匠府 (682)	계
令	1	3	2	2	2	2	1	1	1	2	3	2	2		24
侍郎(卿)	2	3	3	3	3	3	3	2	3	3	3	3	2	1	37
郎中 (大舍)	2	2	2	2	2	2	2	6	2	2	2	2	2	2	32
舍知 (司兵)	2	1	1	1	1	1	2	2	1	1		2	2		17
史	20	17	10	30	11	12	15	8	10	8	8	15	10	4	178
小司兵		1							2						3
계	27	27	18	38	19	20	23	19	19	16	16	24	18	7	291

33) 部는 執事部·兵部·倉部·禮部 등 4개 관청으로 府보다 한 단계 위 官府이나, 대개의 典이 執事部·兵部·調府 다음으로 우대되고 있음은 주목할 일이다. 4部·10府가 최고의 중앙행정 官府이며, 典·署·館 이외에 國學·新宮·京都驛 등 44관부가 중앙행정기관을 이루고 있다.

34) 신형식, 1974, 「신라병부령고」 『역사학보』 61, 62~69쪽.

여기서 우리는 신라의 관부가 당의 6전典과는 달리 크게 세분화 내지는 전문화하고 있음을 본다. 즉, 병부兵部위주의 편제, 집사부執事部와 위화부位和府의 차이, 조부調府와 창부倉部의 분리, 예부禮部와 영객부領客府의 분리, 이방부理方府의 좌우분치分置 및 예작부例作府와 공장부工匠府의 분리 등이 그것이다. 그리고 장관(특히 차관)의 복수 문제[35]도 재음미되어야 할 문제이다. 특히 관원의 수에 있어서도 가장 많은 관청이 창부(38명), 집사부, 병부(27명) 등이며, 14관부의 총인원이 291명[36]이었음은 당시의 시위부侍衛府가 180명(장군將軍~졸卒)임과 비교할 때 신라사회의 정치적 성격을 살펴볼 수 있게 한다. 이러한 관원수는 고려시대(문종文宗)의 중서문하성中書門下省이 품관品官 25명, 이속吏屬 269명으로 294명의 관리[37]가 있었음과 비교할 때 일개의 관청인원과 비슷한 실정이다. 특히 신라의 관직은 대개 장관을 제하고 4등급(경卿, 대사大舍, 사지舍知, 사史)으로 되어 있어 '사史'가 하급 실무직임을 알 수가 있다.

다음은 19전典의 존재가 주목된다. 이것은 수성부修城府인 경성주작전京城周作典을 위시하여 대사찰 영조營造관청으로서의 사찰성전寺刹成典[38]이 그 주류를 이룬다. 그 외 궁궐수리(영창궁성전永昌宮成典)·시전市典 및 특수관청 등이 있어 14부府와 중앙관청의 쌍벽을 이루고 있으며, 그 관원도 301명이나 되어 14관부와 대등한 위치임을 알 수 있다.

그 외 6서署는 부部 아래의 실무관청으로서 예부禮部에서 분치된 하부관청이 가장 많았으며[39] 관원도 159명이나 되었다. 그 외 사록관司祿館·

---

35) 신형식, 앞의 논문, 76~77쪽.

36) 신라중앙관원이 291명이라는 수치는 고정된 것이 아니다. 모든 관원을 동시에 둔 것도 아니고, 수시로 증감이 있었기 때문에 적어도 300명 선을 중심으로 한 수치로 보는 것이 타당할 것이다.

37) 변태섭, 1971, 「고려의 중서문하성에 대하여」『고려정치제도사연구』, 38쪽.

38) 19典은 四天王成典·奉聖寺成典·感恩寺成典·奉德寺成典·奉恩寺成典·靈廟寺成典·永興寺成典 등 7개의 寺刹成典을 주축으로 하는 한편, 3개의 市典과 6部少監典·漏刻典·食尺典·彩典 등 특수 기술기관이 포함되어 있다.

국학國學 등의 전문기관이 있어 중앙행정관부의 총인원이 781명으로 나타나 적어도 800명 선은 넘었을 것으로 추측된다.

제8권은 궁내부宮內府 계통의 관부에 대한 것으로 여기서는 내성內省(전중성殿中省) 계통의 71관부와 어룡성御龍省 계통의 35관부 및 동궁관東宮官 계통의 10관부 등 116개의 내정內廷관부[40]의 내용을 설명하고 있다. 내성에 대해서는 그것이 왕권전제화 과정에서 성립된 것으로 파악된 바 있으며,[41] 전체의 내정관부에 대한 연구가 되어 있기 때문에 본고에서는 언급하지 않는다. 다만, 중앙행정관부가 44개인 데 비해서 내정관부가 110여개였다는 사실은 시위부侍衛府의 위치와 함께 왕 중심으로 편제된 신라관제의 특성을 단적으로 설명하고 있다고 생각된다. 특히 85궁내부宮內府 계통의 관부가 83전典을 위시하여 6궁宮·4사師 등 다양한 관부와 500여 명의 관리를 거느리고 있어 왕의 개인생활은 물론, 정치활동에 깊이 관여되고 있음[42]을 짐작케 한다.

이로 미루어 볼 때 신라의 중앙관부는 행정관부 44개, 내정관부 116개 그리고 승직僧職인 정관부政官府 9개 등 169관부에 이르고 있었다. 그리고 관원수도 중앙행정관원은 780여 명, 내정관원 500여 명,[43] 정관政官 40여 명 등 1,340여명에 이르고 있다. 관원수를 모르는 관청이 10여 개가 되고 있어 실제 수는 1,400여 명이 가장 적절하다고 생각된다. 특히 궁내부 계통의 내직內職에는 근시직近侍職인 세택洗宅과 어룡성이 각각 2개씩

39) 6署에는 창부에 속해 있던 賞賜署가 있었으나, 大道署·音聲署·典祀署·司範署 등이 전부가 예부의 하급관청이었다.

40) 三池賢一, 앞의 논문, 上·下 참조.

41) 신형식, 앞의 논문, 75쪽.

42) 內廷職에는 왕실의 의식주생활에 관계한 肉典·藥典·染官·皮, 毛典·氷庫典 등만 아니라 司正 계통이나 학문·교육계통(詳文師·崇文臺) 및 비서직 등 광범한 관부로 구성되어 있다.

43) 내정관원은 실제로 485명의 기록을 갖고 있으나 관원수를 기록하지 않은 관청이 供奉醫師 등 10개나 되어 최소 20여 명은 증가되어야 할 것이다.

이며 숭문대崇文臺·상문사詳文師 등 문한文翰기구가 눈에 띠고 있어 나말여초의 사회적 변화와 연결되고 있었다.[44] 무엇보다도 이러한 궁정관부가 경덕왕 때에 집중적으로 개칭改稱되고 있음은 그의 한화漢化정책에 따른 왕권전제화의 노력으로 이해되거니와[45] 그에 수반된 강력한 비서정치 또는 kitchen-cabinet적인 성격으로도 생각할 수가 있을 것이다.

끝으로 무관武官과 외직外職은 제9권에서 설명하고 있다. 병제兵制에 대해서는 이미 末松保和·井上秀雄[46]씨 등에 의해서 자세히 연구된 바 있다. 다만 시위부侍衛府 이하 23개의 무관직에는 장군將軍·대관대감大官大監 등 33 등급의 군관이 있으나 경오종당京五種幢 이하는 그 군관 수가 잘 나타나 있지 않아 확실한 인원 파악이 불가능하다. 대개 확실한 수가 나와 있는 것만도 3,800여 명이 넘고 있어 군인(장군이하 전체의 군관과 졸卒)이 4,000여 명이나 될 것임은 확실하여 1,300여명의 중앙관원과 비교할 때 군사적인 중요성은 당연한 결과라 하겠다.

무관조武官條 끝에는 정관政官(승관僧官)[47]에 대한 짤막한 기사가 있다. 여기에는 승통僧統·주통州統·군통郡統 등 승직과 정관의 실무직인 대사大舍·사史 등 9관직에 38명의 관원이 보인다.

제9권의 마지막은 외관조外官條이다. 그러나 외직外職도 도독都督과 패강진전浿江鎭典의 두 가지 뿐이어서 지나치게 생략한 감이 든다. <표 13>에서 본다면, 외관의 수는 588명이다. 그러나 이 수치는 지리지의 군郡(120), 현縣(299)과 비교할 때 큰 차이가 있어, 비록 치폐置廢가 빈번했다 해도 그 숫자는 훨씬 넘었으리라 추측된다.

---

44) 이기동, 1978, 「나말여초의 근시기구와 문한기구의 확장」『역사학보』 77 참조.
45) 이기백, 1974, 「신라혜공왕대의 정치적 변혁」『신라정치사회사연구』, 246쪽.
46) 註 32) 참조.
47) 이홍직, 1959, 「신라승관제와 불교정책의 제문제」『백성욱박사송수논총』 참조.

〈표 13〉 신라의 외관外官

<table>
<tr><th></th><th>관직</th><th>官階</th><th>인원</th><th>계</th></tr>
<tr><td rowspan="7">9州</td><td>도독都督</td><td>級湌~伊湌</td><td>9</td><td rowspan="7">561</td></tr>
<tr><td>주조州助</td><td>奈麻~重阿湌</td><td>9</td></tr>
<tr><td>장사長史</td><td>舍知~大奈麻</td><td>9</td></tr>
<tr><td>외사정外司正</td><td></td><td>133</td></tr>
<tr><td>소수少守</td><td>幢~大奈麻</td><td>85</td></tr>
<tr><td>군태수郡太守</td><td>舍知~重阿湌</td><td>115</td></tr>
<tr><td>현령縣令</td><td>先沮知~沙湌</td><td>201</td></tr>
<tr><td rowspan="2">5小京</td><td>사신仕臣</td><td>級湌~波珍湌</td><td>5</td><td rowspan="2">10</td></tr>
<tr><td>사대사仕大舍</td><td>舍知~大奈麻</td><td>5</td></tr>
<tr><td rowspan="6">패강진
浿江鎭</td><td>두상대감頭上大監</td><td>級湌~四重阿湌</td><td>1</td><td rowspan="6">17</td></tr>
<tr><td>대감大監</td><td>舍知~重阿湌</td><td>7</td></tr>
<tr><td>두상제감頭上弟監</td><td>舍知~大奈麻</td><td>1</td></tr>
<tr><td>제감弟監</td><td>幢~奈麻</td><td>1</td></tr>
<tr><td>보감步監</td><td>先沮知~沙湌</td><td>1</td></tr>
<tr><td>소감少監</td><td>先沮知~大舍</td><td>6</td></tr>
<tr><td></td><td></td><td></td><td></td><td>588</td></tr>
</table>

군주軍主에 대해서는 필자가 주조州助(행정)·장사長史(군사)·외사정外司正(감찰) 등 보좌관의 존재에 주목하여,[48] 병마사兵馬使(고려) 아래의 감창사監倉使·분도장군分道將軍·분대分臺나 관찰사觀察使(조선)의 도사都事·검률檢律 등의 발생을 결부시킨 바 있다. 즉, 군주軍主와 안찰사按察使·관찰사觀察使와의 연결은 <표 14>에서 보듯이 관위官位상에도 영향을 미친 것으로 생각할 수가 있다.

48) 신형식, 1975, 「신라군주고」 『백산학보』 19, 80쪽.

〈표 14〉 최고외직의 관질官秩

왕조	外官	官秩
신라	군주軍主	급찬(9)~이찬(2)
고려	안찰사按察使	4품~6품
	병마사兵馬使	3품
조선	관찰사觀察使	종2품

그 외 특수외직으로서 패강진[49]이 있는 바 이에 대해서는 연구 성과가 있으므로 더 이상 언급할 필요가 없다. 다만, 무열왕 5년(658)에 설치된 북진北鎭을 비롯하여 나머지의 4진鎭에 대한 기록이 없는 것이 의문스럽다.(<표 15> 참조). 북진 이외의 3진은 9세기 이후에 설치된 것이며, 거의 독자적인 지방세력으로 확대되었다 해도 진두鎭頭 이하의 관원이 있었음을 미루어 보아 외관조의 588명 보다도 훨씬 많은 수의 외관을 두었을 것임은 명백하다.

〈표 15〉 4진鎭

명 칭	위 치	설치연도	혁파연도
북진北鎭	삼 척	무열왕 5년(658)	문성왕 13년(851)
청해진淸海鎭	완 도	홍덕왕 3년(828)	
당성진唐城鎭	남양만	홍덕왕 4년(829)	
혈구진穴口鎭	강 화	문성왕 6년(844)	

이상에서 직관지職官志의 개괄적인 분석을 꾀하였다. 여기서 볼 때 신라관직은 크게 경京, 외外, 군직軍職으로 나눌 수 있으며, <표 16>에 의해서 볼 때 중앙관원이 약 1,400여 명, 외관外官이 약 600여 명, 군관이

49) 이기동, 1976, 「신라하대의 패강진」『한국학보』 4 참조.

4,000여 명으로 총 6,000여명으로 추정된다. 특히 궁정직의 관원이. 의외로 많았으며 경군京軍의 수가 전체 군인의 1/3이나 되고 있어 전제왕권하의 신라전성기의 특성을 잘 보여주고 있다. 그러나 이 수치는 절대적인 것이 아니었고, 수시로 변동됨은 물론 증멸增滅되고 있었음을 간과해서는 안될 것이다.

〈표 16〉 신라의 관원수

<table>
<tr><th></th><th>구분</th><th>관부</th><th>인원</th><th>소계</th><th>총계</th></tr>
<tr><td rowspan="8">중앙관</td><td rowspan="4">행정직</td><td>14 府</td><td>291</td><td rowspan="4">781</td><td rowspan="8">1,304</td></tr>
<tr><td>19 典</td><td>301</td></tr>
<tr><td>6 署</td><td>159</td></tr>
<tr><td>기타</td><td>30(+)</td></tr>
<tr><td rowspan="3">궁정직</td><td>內省</td><td>217</td><td rowspan="3">485</td></tr>
<tr><td>御龍省</td><td>239</td></tr>
<tr><td>東宮官</td><td>29</td></tr>
<tr><td>僧官職</td><td>政官</td><td>38</td><td>38</td></tr>
<tr><td rowspan="3">외관</td><td>9州</td><td></td><td>561</td><td rowspan="3">588</td><td rowspan="3">588</td></tr>
<tr><td>5小京</td><td></td><td>10</td></tr>
<tr><td>浿江鎭</td><td></td><td>17</td></tr>
<tr><td rowspan="4">군관</td><td rowspan="2">京軍</td><td>侍衛府</td><td>180</td><td rowspan="2">1,268</td><td rowspan="4">3,800</td></tr>
<tr><td>9誓幢</td><td>1,088</td></tr>
<tr><td rowspan="2">外軍</td><td>6停</td><td>482</td><td rowspan="2">2,532</td></tr>
<tr><td>기타</td><td>2,050</td></tr>
<tr><td>계</td><td></td><td></td><td></td><td colspan="2">5,692</td></tr>
</table>

이러한 관리의 수치는 언제나 고정된 것이 아니고 필요시에는 증감이 따랐던 것이다. 최초의 관직이라고 할 대보大輔가 없어지고(상대등과 병부령으로 분화) 516년(법흥왕 3)에 최고의 관부로서 병부령이 등장하고 이어 상대등·시중(집사부)이 설치면서 686년(신문왕 6)의 예작부가 신라는 14관부가 완비되었다. 또한 지방제도의 경우도 505년(지증왕 6)의 실질수 설치 이후 673년(문무왕 3)에 우수주가 설치면서 중앙 지방제도는 둘 다 170여년의 시련(과정)을 겪으면서 정리되었다.

제5장

『삼국사기』 열전의 분석

제1절 열전기사의 분석

열전은 기전체의 말미를 장식하는 개인전기이다. 따라서 저자의 주관이 가장 많이 반영된 부분으로서,[1] 역사적인 인물에 대한 평가와 비판을 한 것이다. 사마천의 설명에 따르면

> 열전이란 인신人臣의 사적事跡을 차례로 나열(열列)함으로써 후세에 그 사실을 전하게(전傳)하려는 것이기 때문에 열전列傳이라 부르는 것이다.[2]

라고 하였으며, 그 행적에는 서열이 있기 마련임을 강조하였다.

『삼국사기』에는 10권의 열전이 있어 전체의 20%의 분량을 갖고 있다. 이러한 열전의 적은 비중은 중국문헌과 큰 차이를 나타내며 특히 중국과는 달리 왕후·종실·공주 등의 열전을 두지 않고 있다. 그리고 열전 10권에서도 김유신에게 3권을 할애하고, 나머지 7권에 49명[3]의 개인전을 나누어 신도 있다. 그러나 이렇게 '1人에의 지나친 편중'을 보여 준 열전이었지만 명신名臣·유학儒學·충의·열녀·반역叛逆 등의 열전은 미비한 채로 나타내고 있었다. 다만 이러한 인물평가의 불투명한 서술 속에

---

1) 열전에 저자의 주관이 반영되었다는 것은 무엇보다도 인물선정과 그 평가에 있다. 가령 사마천의 『사기』에는 항우項羽·여태후呂太后를 본기에, 공자孔子는 세가에, 맹자孟子는 열전에 실었다. 그리고 열전의 서두를 백이伯夷·숙제叔齊로 장식하였음은 그의 역사의식을 강하게 부각시킨 것으로 풀이할 수 있다. 따라서 열전에 나타나는 양리良吏·순리循吏·혹리酷吏·간신姦臣·영행佞幸·반신叛臣·역신逆臣·유협遊俠 등의 기준도 저자의 자의恣意가 크게 작용된 구분에 의한 것이다.

2) 『사기』 권 61. 백이열전伯夷列傳1(색은索隱).

3) 열전에 나타난 개인의 총수는 개인전을 가진 사람으로 치면 50명이 된다. 그러나 한 열전에도 여러 명의 개인전이 포함되어 있어 실제의 수는 69명이 된다.

서도 지나치게 위국충절爲國忠節을 강조한 것은 교훈적 의미를 크게 부각시키려고 한 것임에는 틀림이 없다. 특히 열전 구석구석에는 강렬한 국가의식과 유교도덕의 준수를 제창하였으며, 무엇보다도 불인자不人者나 학민자虐民者의 필연적 멸망을 지적하였음이 특기할 일이다. 그러면서도 충신의忠信義의 표본수집과 같은 열전 속에 최치원사학崔致遠史學을 내세워 김부식의 역사의식을 간접적으로 표현하고 있다. 이제 우리는 열전에 나타난 50명의 인신人臣사적을 순서대로 분석하여 『삼국사기』에 나타난 3국시대의 대표적인 인물을 찾아보자.

제1절 열전기사의 분석

1. 『삼국사기』 열전의 특징

주지하다시피 기전체의 사서에는 열전이 있기 마련이다. 이 열전은 본기나 세가와는 달리 저자의 주관(사관)이 강하게 반영되고 있음도 지적한 바 있다. 따라서 우리는 각 사서마다 열전의 비중을 높였던 소이를 알 수 있다. 이것은 열전이 기전체의 핵심을 이룬다는 근거가 될 수 있다. 그러나 『삼국사기』나 『고려사』는 중국문헌보다는 열전의 비중을 높이지 않았음이 특이하다. 『삼국사기』 『고려사』를 비롯하여 중국문헌에 있어서의 열전의 비중을 살펴보면 <표 1>과 같다.

〈표 1〉 각 사서史書 열전의 비교

	사서	총권수	열전(%)
국내	삼국사기	50	10(20.0%)
	고려사	139	50(35.9%)
중국문헌	사기	130	100(76.9%)
	한서	120	79(65.8%)
	후한서	130	88(67.7%)
	송서	100	60(60.0%)
	남제서	59	40(67.8%)
	위서	130	96(73.8%)
	진서	94	64(68.1%)
	수서	85	50(58.8%)
	구당서	204	150(73.5%)

	사서	총권수	열전(%)
	신당서	236	150(63.6%)
	송사	496	255(51.4%)
	요사	116	45(38.8%)
	금사	135	73(54.1%)
	원사	210	97(46.2%)
	평균(%)		61.9%

* 『사기』의 경우 실제 열전은 70권이나 세가를 합쳐서 100권이 되었다. 『송사』의 경우는 세가를 열전에 포함시키고 있어서 넓은 의미로 열전에 속한다고 생각된다. 총 권수가 표기表記와 다른 『위서』, 『신·구당서』 등은 내용상으로 상·하로 된 부분이 있기 때문이다.

여기서 볼 매 중국사서의 열전 평균비율은 61.9%이나 국내문헌은 훨씬 적다. 이것은 중국문헌보다 왕의 입장을 나타내기 위한 작사作史태도에 의한 것임은 전술한 바 있다.

기전체에서 가장 큰 비중을 갖고 있는 열전은 사마천의 『사기』에서 시작된 이후, 『당서』에서 대개 기본적인 유형을 이룩하였다. 그러나 『삼국사기』의 열전은 일정한 원칙하에서 배열한 것이 아니었고, 그 기준이 막연하였음은 앞에서 지적한 바 있다. 여러 문헌들의 대표적인 열전의 인물구분 유형은<표 2>와 같다.

<표 2>에 의하면 사마천司馬遷은 인간을 크게 ① 명신名臣·순리循吏·혹리酷吏 ② 유림儒林·일자日者·귀책龜策 ③ 유협遊俠·영행佞幸·활계滑稽·자객刺客 등의 3유형으로 나누었으며, 『당서』는 ① 후비后妃·종실宗室·왕자王子·공주公主·외척外戚 ② 명신名臣·환자宦者·양리良吏·혹리酷吏·간신姦臣 ③ 충의忠義·효우孝友·열녀列女 ④ 유학儒學·문원文苑·방기方伎·은일隱逸 ⑤ 반신叛臣·역신逆臣 등으로 세분하였다. 『고려사』의 열전이 그 모델을 『당서』의 것으로 원용하였음도 알 수 있으나, 『삼국사기』는 『당서』를

모방하였으면서도 열전의 체제는 전혀 그 양상을 달리한다. 이것은 사론史論을 통한 강한 주관을 나타낸 김부식의 인물평가론이다.

〈표 2〉 열전의 내용

	문헌	인물의 유형
중국문헌	사기	名臣·循吏·儒林·酷吏·遊俠·佞幸·滑稽·日者·龜策·刺客(11 유형)
	한서	名臣·儒林·循吏·酷吏·貨殖·遊俠·佞幸·外戚(8 유형-개인열전 제외)
	후한서	名臣·循吏·酷吏·宦者·儒林·文苑·獨行·方衡·逸民·列女(10유형-개인)
	구당서	后妃·宗室·王子·外戚·名臣·宦官·良吏·酷吏·忠義·孝友·儒學·文苑·方伎·隱逸·列女·叛逆(제목은 쓰지 않았음) (16유형)
	신당서	后妃·宗室·王子·公主·名臣·忠義·卑行·孝友·隱逸·循吏·儒學·文藝·方伎·列女·外戚·宦者·酷吏·姦臣·叛臣·逆臣 (20유형)
국내	삼국사기	金庾信·名臣(장군)·名臣(諫·輔·忠)·學者·忠義·기타(孝·侫·烈女·隱逸 등)·叛臣(倉租利와 淵蓋蘇文)·逆臣(弓裔·甄萱 등) (8유형)
	고려사	后妃·宗室·公主·名臣(장군·학자·재상-시대별)·良吏·忠義·孝友·烈女·方伎·宦者·酷吏·佞幸·姦臣·叛逆(14유형)

김부식은 왕후·종실·왕자·공주 등의 열전을 만들지 않았다. 대신 김유신을 부각시켜 고대사회의 설명적 장치로서의 이상형을 내세웠다. 이것은 개인적인 능력을 강조하기 위한 것이며, 열전의 대부분을 이러한 일반법칙이나 이상적인 충분조건을 위한 충의忠義열전으로 채우고 있다. 나아가서 반신과 역신으로 구분하여, 전자(창조리·연개소문)는 왕을 시해한 경우로, 후자(궁예·견훤)는 나라(사직)를 무너뜨린 대악大惡이라는 것이다. 따라서 그가 제시한 '역사의 필연성'은 논찬論贊의 전개에 있어서 충의忠義와 인仁을 중심으로 한 윤리·도덕관이 역사 설명의 관건이 된 것이며, 그를 위한 해결 방안이 열전의 내용이 된 것이다.

따라서 열전의 각 인물이 행한 역할·활동 등에서 어느 정도의 일반원칙을 설정 하였으며, 『사기』·『구당서』까지는 반역열전(내용은 있다)이란 제목이 없음과 같이, 김부식도 직접적인 표제表題는 하지 않았다. 그러나 叛·逆을 구분하였으며, 각 항목에서 제목은 없으나, 충·효·열녀 등의 내용은 있었다. 이러한 구분의 모호함과 불투명함은 고대사회의 성격이 갖는 복합성 내지는 미비성에서 뚜렷한 구분이 어려웠음에 기인한 것인지도 모른다.

『삼국사기』의 열전에는 김유신 이하 86명의 인물전이 있다. 그러나 실제로는 86명의 전기가 아니라 52명의 전기傳記와 34명의 부수인을 합친 것이다. 실제로 개인기록 갖고 있는 인물은 69명으로서 신라인 56명, 고구려인 10명, 그리고 백제인 3명이다.[4] 이들 69명의 활동시기를 분류하면 <표 3>과 같다.

〈표 3〉『삼국사기』 열전에 나타난 인물의 세기별 분포

세기 / 국가	1	2	3	4	5	6	7	8	9	10	계
신라	1		2		2	4	28	6	8	5	56
고구려		2	2	1		1	4				10
백제		1					2				3
계	1	3	4	1	2	5	34	6	8	5	69

<표 3>에 의하면 69명 중에 34명이 7세기에 활약한 인물이어서 전체 인물의 반이 이 시기에 활동한 것이 된다. 7세기에만 인물이 많은 것

4) 열전의 등장인물은 계산에 따라 약간의 차이가 있다. 이홍직은 80명(『삼국사기』 고구려인전의 검토, p.2)으로 계산하였고, 그 중에 고구려인을 12명으로 보았다. 그러나 연개소문조(열전 9)에는 남생男生·남건男建·남산男產·헌성獻誠 등 부수인물의 이름은 있으나, 실제로 남건南建·남산南產은 남생전南生傳의 보충에 불과하다. 단지 김유신전金庾信傳에도 그의 조(무력武力)·부(서현舒玄)를 하나의 전기로 본다면 등장인물의 수는 늘어나게 되며, 그 외 몇 가지의 사례가 있어 인물들의 수가 달라질 수 있다. 따라서 본고에서는 개인열전이라고 간주된 것만을 인정하였다.

은 아니겠지만, 이 시기는 수·당과의 항쟁과 민족통일이 이루어진 큰 사실에 의미를 부여한 것으로 풀이될 수 있다.

더욱이 『삼국사기』 논찬論贊 31칙則[5] 중에서 본기의 8칙과 열전의 4칙이 이 시기의 것이었음도 7세기에 역사적 의의를 둔 것이라 생각된다. 이것은 곧 김부식이 국가의식과 우리나라의 전통의식을 강조한데 기인하는 것이 될 것이다. 이러한 국가의식의 경우는 연개소문이 '직도봉국直道奉國'하지 못한 점이나 '능치명어왕사能致命於王事'를 강조한 화랑에서 가장 크게 확인하고 있다. 다시 말하면 『삼국사기』의 열전은 69명 중에서 21명이 멸사봉공滅私奉公이나 위국충절爲國忠節을 위해 순국한 사람의 전기라는 사실에 주목할 필요가 있다.[6] 더구나 7세기의 인물은 거의가 전사자라는 점은 김부식이나 12세기 고려 귀족사회가 요구했던 국가(사회)의식의 산물로 간주할 수 있을 것이다.

이러한 사실은 11세기초(덕종德宗)에 대거란정책을 둘러싼 조정의 분열이나 12세기초 이자겸의 전횡 이후 문벌귀족의 암투를 목도한 김부식 자신이 윤관尹瓘 가문과의 오랜 불화나 서경파西京派와의 대립을 가져야 했던 마음의 갈등을 간접적으로 표시하기 위한 수단일는지도 모른다. 다시 말하면 『삼국사기』는 당시 고려귀족사회의 갈등과 분열에 따른 국가의식의 상실을 우려한 김부식일파가 서경파를 진압한 후에 민족 분열의 극복을 강조하려는 숨은 의도를 표현한 것으로 생각된다.

---

5) 『삼국사기』의 논찬에 대해서 末松保和는 28칙(「舊三國史와 三國史記」, 39~40쪽)으로, 고병익씨는 30칙(「삼국사기에 있어서의 역사서술」, 9쪽)으로 계산하였으나, 최근에 정구복씨는 31칙(「삼국사절요에 대한 사학사적 고찰」, 125쪽)으로 계산한 바 있다.

6) 『삼국사기』 열전에는 실제로 더 많은 순국자의 인명이 있다. 단지 이때 죽은 사람은 부수적으로 열전의 표제인과 함께 희생되었기 때문에 열전인물의 수에는 포함하지 않았다. 예컨대 귀산貴山과 함께 죽은 추항箒項, 흠운歆運의 죽음을 듣고 따라서 싸우다 죽은 보용나寶用那, 비령자丕寧子·거진擧眞을 따라 죽은 합절合節 등도 그 예이다.

나아가서 분열주의자라고 몰아냈던 묘청妙淸일파를 토벌한 직후, 김부식 등은 문신귀족의 소극적 타협주의 체질을[7] 극복하려는 자세를 나타냄으로써, 충忠·신信의 유교관을 통해 국민적 단합과 규합을 절규하려는 적극적인 작사作史태도를 제시한 것으로 풀이된다. 때문에 열전의 등장인물이 한결같이 충과 신의 일념을 부각시키고 있는 것이다. 김부식은 자신이 묘청난을 진압함으로서 수충정난정국공신輸忠定難靖國功臣이 되였으므로 『삼국사기』의 저술은 곧 묘청난 토벌의 기념물이라고 해도 좋을 것이다. 왜냐하면 그것은 분열에 대한 통일의 승리이며, 역逆을 극복한 충忠의 실천이기 때문이다. 이러한 근거를 우리는

> 슬프다. 독한 원한으로서 서로 헐뜯지(다투지) 말라. 이는 곧 국가의 우환이다.(장보고열전)

이라는 송기宋祁의 말을 인용한 사실에서 찾게 된다. 더구나 열전에 등장된 인물을 활동분야(직능)별로 분석해 보면[8] <표 4>와 같다.

〈표 4〉 열전에 나타난 인물의 유형(%)

분야 / 수	군사	정치	학문	기타
人數	37	16	6	10
비율	53.6	23.2	8.7	14.5

<표 4>에서도 알 수 있듯이 거의가 군사적 활동을 한 하급관리(군인)의 순국사실을 강조하였다는 것이다. 특히 학자는 단지 6명의 전기뿐이

7) 이우성, 1974, 「삼국사기의 구성과 고려왕조의 정통의식」 『진단학보』 38, 206쪽.
8) 열전의 인물이 정치·군사·학문 등으로 명확히 구분될 수는 없다. 단지 개인 활동의 비중이 큰 부분을 고려해서 편의적으로 나눈 경우도 있음을 시인한다. 예컨대 거칠부居柒夫는 군사면에, 김인문은 정치면에 포함시켰다.

며, 활동인물의 분야가 중국문헌에 비해서 극히 다양치 못한 편이다. 그러나 각 인물을 활동분야별로 구분해 볼 때 역시 군사적 직능을 다한 인물이 전체의 53.6%나 되었으며, 7세기의 인물은 거의가 순국한 내용이다. 따라서 『삼국사기』의 열전은 주로 위국충절을 중심으로 한 인물을 크게 앞세워 난세를 극복하려는 정신적 교훈을 삼으려 한 것이다.

2. 「삼국사기」 열전의 분석

1) 金庾信列傳(제1~3권)의 분석

열전 1·2·3권은 김유신의 개인열전이다. 그러나 실은 조(무력武力)·부(서현舒玄)·자·손 등 김유신가문의 전체기록이다. 조·부에 대한 내용은 김유신의 출자나 성장과정을 이해하기 위한 보조적인 서술이며, 자(원술元述)·손(윤중允中)·현손(암巖) 등은 그 자신의 개인열전에 해당한다. 열전 10권 중에서 김유신(자손은 포함되지만) 1인에게 3권을 할당한 것은 을지문덕이 제4권의 11명 중의 한 부분으로 기술되고 있음을 고려할 때 그에 대한 높은 평가 때문이며, 김부식의 영웅주의사관이 근거가 된 것이다. 이것은 열전의 방향을 집약시킨 것으로 김부식의 강한 국가의식을 강조한 것이다.

조부인 무력武力은 진흥왕 15년(554)에 신주군주新州軍主로서 관산성管山城에서 성왕聖王을 살해한 장본인이며, 진흥왕 11년(550)에 이사부異斯夫를 도와 무공을 세우고 있음은 적성비문赤城碑文에서도 확인되었다.[9] 이것은 김유신가문이 신라정부에 큰 공헌을 함으로써 신라왕실에 밀착될 수 있는 길을 모색한 것이며, 김유신·부父·조祖의 3대에 걸친 군주직軍主職 계승은[10] 주목할 만한 사실이다.

---

9) 변태섭, 1978, 「단양진흥왕척경비의 건립년대와 성격」 『사학지』 12, 33쪽.

부친 서현舒玄은 진평왕 때 대권을 장악한 용춘龍春과 연결되어 양가의 결합에 실마리를 열게 되었으며,[11] 김유신계는 중앙귀족으로의 지위 강화를 위해 방계인 무열계와의 결속을 촉진시켰던 것이다. 서현舒玄은 제·려와의 싸움에서 많은 무공을 세웠고, 그에 따라 유신계庾信系는 하나의 신귀족으로 급성장할 수 있었다.

김유신열전은 그가 15세에 화랑(용화향도龍華香徒)이 된 이후 79세로 사망할 때까지의 일생기록을 3권으로 정리한 것이다. 그의 생애는 크게 3기로 나눠진다. 제1기(10~20대)는 화랑이 되어 수련기에 해당하는바 입산수도하면서 통일의 웅지를 닦는 시기이다. 제2기(30~40대)는 부장副將으로서 출정도 하지만, 김춘추와의 결속이 이룩되어 양인의 새로운 시대를 준비하는 시기였다. 그는 48세에 군주軍主가 되어 실제 군대지휘관이 되고 있어 그의 주요 활동기는 50대 이후가 된다. 제3기(50~70대)는 정치·군사의 활동기로서 무열왕을 도와 민족통일의 주역으로 활약한 시기이다. 특히 그는 53세 때에 비담의 난을 진압하였고, 60세에 무열왕을 즉위시켰으며, 60대 후반~70대의 초반에 3국을 통일한 대기만성의 인물이었다.

부친 서현舒玄이 용춘龍春과 결속되어 양가의 연결이 촉진된 후, 김유신도 김춘추와 정략적으로 접근하였다.[12] 이어 양인간의 우의는 김춘추의 고구려 방문외교시에 나타났으며,[13] 양자간의 결속을 비담난 진압으로 표시하였다. 이 반란 진압 이후, 김유신은 신라의 군사권을 장악하였

---

10) 신형식, 1975, 「신라군주고」 『백산학보』 19, 86쪽.

11) 신형식, 1977, 「무열왕권의 성립과 활동」 『한국사논총』 2, 8쪽.

12) 『삼국유사』 권 1, 太宗春秋公條에 "庾信與春秋公 正月午忌日 蹴鞠于庾信宅前 故踏春秋之裙 裂其襟紐 曰請 入吾家縫之 公從之 庾信命阿海奉針 海曰 豈以細事輕近貴公子乎 固辭 乃命阿之 公知庾信之意 遂幸之"에서도 김유신은 의도적으로 김춘추에게 접근하려 한 것이며, 춘추 역시 이를 그 나름대로 필요로 하였다고 생각된다.

13) 『삼국사기』 권 41, 열전 1(김유신 上) 참조.

고, 곧 이어 무열왕을 즉위시켜[14] 무열왕권을 확립시켰다.

김유신열전에서 특히 가조한 것은 멸사봉공·위국충절을 크게 내세운 충忠의 이념이다. 그는 선덕왕 13년(644) 9월에 백제군과 싸우느라고 다음해 1월까지 4개월을 보낸 후, 개선 도중에 재출정하여 다시 3개월을 전장에서 보냈다. 그러나 귀환 도중에 또 다시 재심 출정하였는바, 이때에

> 집사람들은 모두 문 밖으로 나와서 장군의 개선을 기다렸다. 그러나 유신은 문 앞을 지나면서 돌아보지 않고 가다가, 50보쯤 되는 곳에 이르러 말을 멈추고 종자에게 집에 가서 물을 떠오라고 하고 물을 마신 후 그냥 떠났다. (중략) 이를 본 모든 군사들은 "대장군도 오히려 이와 같은데 우리들이야 어찌 골육과의 이별을 한탄하겠는가?" 하고 전장으로 나갔다.

라 하여 그 스스로가 멸사위국의 책임완수가 충忠임을 보여주고 있다.

김유신열전의 두 번째 특징은 신의이다. 이러한 사실은 김춘추와의 약속이행이나 품석品釋부부의 유골과 백제인 8명과의 교환사실에[15] 잘 나타나고 있다. 이러한 충과 신의 자세는 4권 이후의 열전 내용에도 계승되고 있는 『삼국사기』(열전)의 기본정신이다. 따라서 김유신열전은 통일 주역으로서 분열에 대한 통일의 당위성을 강조하려는 것이며, 묘청파를 반역으로 매도할 수 있는 근거를 찾기 위한 것이다. 다시 말하면 김유신의 위대성에서가 아니라, 그의 충과 신을 위한 일관된 실천행동을 강조하기 위한 표본이 되었기 때문이다. 또한 충신의 유교덕목을 국가적 차원에서 승화시켜 통일을 완수한 7세기의 신라사회를 재조명하려는 것인지도 모른다.

세 번째 특징은 인간관계와 행동규범의 제시이다. 당 고종이 660년에 백제를 멸망시키고 귀국한 소정방에게 신라정벌을 하지 않은 이유를 물었을 때

---

14) 신형식, 「무열왕권의 성립과 활동」, 11쪽.
15) 『삼국사기』 권 41, 열전 1(김유신 上) 참조.

> 신라는 그 왕이 어질어 백성을 사랑하고 그 신하는 충의로서 나라를 받들고 있으며 아랫사람들은 윗사람을 부형같이 섬기고 있습니다. 그래서 비록 작은 나라라 해도 함부로 도모할 수 없어서 정벌하지 못하였습니다.<김유신열전 中>

라는 것이 그의 대답이었다. 이것은 왕과 백성간의 인간도리나 행동규범의 원리를 강조한 것이다. 이러한 군신의 도리를 적절히 표시한 것은 선덕여왕 16년(647)에 일어난 비담의 난에 대한 김유신의 다음과 같은 태도이다.

> 천도天道는 양陽이 강하고 음陰이 유柔한 법이다. 인도人道는 군君이 높고 신臣이 낮은 법인데, 이 법을 바꾸면 난이 일어난다.<김유신전 上>

와 같이 천과 인, 양과 음, 그리고 군과 신은 각기 다른 길이 있기 때문에 이를 어긴 비담의 난이나 백제말의 무도無道는 필연적으로 멸망한다는 주장이다.

끝으로 그의 열전 후반부에는 그 후손의 전기인바 그의 가계를 정리하면 아래와 같다.

〈표 5〉 김유신金庾信 가계家系표

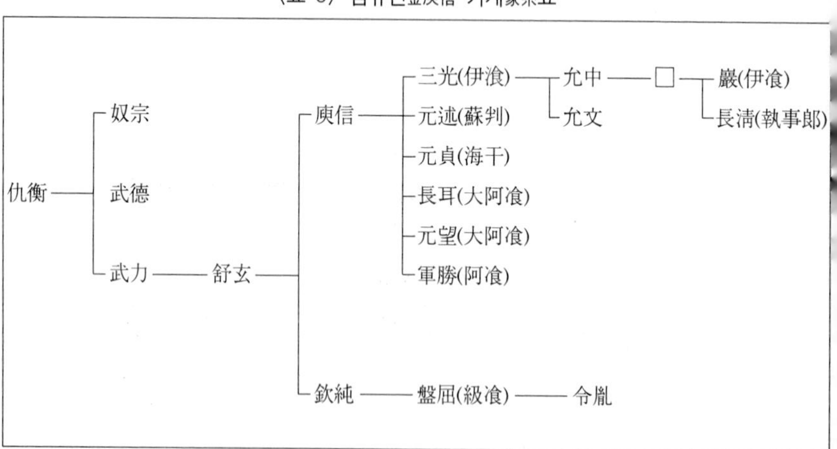

김유신의 장남인 삼광三光은 문무왕文武王 6년에 제3대 숙위로 입당활약[16]한 후 신문왕神文王 3년에 파진찬波珍飡으로서 왕비를 맞이하였던 기록을 갖고 있을 뿐이다. 그리고 차남인 원술元述은 당군과의 싸움에서 패퇴하여 불행한 일생을 마쳤다. 적손인 윤중允中은 장군으로서 당과 함께 발해를 정벌한 바 있으며, 대아찬大阿飡으로 왕의 은고恩顧를 입었다는 기록으로 보아 시중侍中인 윤충允忠이 아닐까 하는 추측이 있다.[17]

현손에는 김암金巖과 김장청金長淸이 있다. 암은 입당유학한 후, 사천박사司天博士·태수太守·집사시랑執事侍郎 등을 역임하였으나, 그의 관등과 관직으로 보아 6두품으로 전락한 듯하다.[18] 그리고 장청은 집사랑執事郎으로 김유신 행록行錄을 쓴 장본인이다. 그러나 8세기 후엽인 혜공왕 이후 김유신계의 반발이 두드러지게 일어나고 있어 이들을 중심으로 한 유신계 반항이 아닐까 한다.

김유신에 대한 인물평은 열전 3(논論)에

> 어진 사람에게 일을 맡기거든 두말하지 않고 의심치 않는다는 옛글(고서故書)을 인용한 후 그를 대한 신라의 자세가 친근하여 틈이 없고, 일을 맡기면 두 번 간섭치 않았으며, 일을 꾀함에 있어 그 말대로 들어 주었다.

라 하여 공명 속에서 일생을 마친 그의 비범함을 칭송하였다. 특히 그에 대한 『동국통감東國通鑑』의 인물평은 영웅호걸의 3대 조건인 임금·때·공명을 그는 함께 지녔다고 하였다.[19] 이러한 국내문헌이 갖는 그에 대한 과대평가에 대해서 중국문헌에는 전혀 언급되지 않았다.

그러나 단재丹齋는 『삼국사기』의 몇 가지 연구에서 '동서양자東西兩字

16) 신형식, 「신라의 대당교섭상에 나타난 숙위에 대하여」, 114쪽.
17) 이기백, 1974, 「신라 집사부의 성립」 『신라정치사회사연구』, 164쪽.
18) 신형식, 1969, 「숙위학생고」 『역사교육』 11·12, 67쪽.
19) 『동국통감東國通鑑』 권9, "自古英雄豪傑有非常之才 未必得有爲之君 雖得有爲之君 未必得可爲之時 有非常之才 得有爲之君 得司爲之時 而成不世之功者 於庾信見之矣 當鳴國鼎峙之時 … 嗚呼賢哉"

의 오류'를 지적하는 한편 주요인물의 개인평을 하고 있다. 특히 김춘추는 외족外族을 끌어들여 동족同族을 멸망시킨 대죄인이라고 혹평한 후 김유신에 대해서도

> 김유신전을 보면 유신은 전략과 전술이 다 남보다 뛰어나 백전백승의 명장이다. 그러나 대개는 그의 패전은 휘닉諱匿하고 소승小勝은 과장한 무록誣錄이다. (중략) 김유신의 전공이 거의 무록이라면 김유신은 무엇으로 칭稱하느뇨. 대개 김유신은 지용智勇있는 명장이 아니요, 음험취한陰險鷙悍한 정치가이며, 그 평생의 대공大功이 전장에 있지 않고 음모로 인국隣國을 난亂한 자이다.[20]

라고 하여 그를 음모의 정치인이라고 매도하였다.

2) 제4~5권의 분석

제4권은 을지문덕乙支文德[21]이하 사다함斯多含까지 11명의 개인전기이다. 이들 11명 기록은 결국 명신전名臣傳 내용이지만 한결같이 군사적 활동을 통해 위국충절을 다한 인물들의 전기이다. 단지 이들은 전사 또는 순국하지 않고 공동의 운명을 다한 것이 특징이다.

제4권의 인물이나 그들의 행적에서 찾아지는 첫 번째의 특징도 역시 충의 사상이다. 충이 곧 진기진심盡己盡心의 실천행동으로서 나라를 위해 봉사하는 것을 보여준다. 즉 을지문덕은 살수대첩에서,[22] 거칠부居柒夫

---

20) 신채호, 「조선상고사」『단재신채호전집』 上, 327~330쪽.

21) 을지문덕에 대해서 김원룡씨는 선비족鮮卑族인 위지문덕尉遲文德으로 고구려에 귀화한 장군이 아닐까 하는 견해를 내놓고 있다.(『전해종박사화갑기념논총』, 567~572쪽).

22) 을지문덕의 논論에서 살수대첩을 순전히 을지문덕의 '一人之功'으로 여기고 있음은 전술한 바 있다. 이러한 역사인식 태도는 15세기에 쓰여진 『동국통감』에서는 "自古兵家勝敗不在於兵之多少 而在於將之賢否"라 하여 어느 정도 계승되고 있다.

는 국사편찬과 죽령竹嶺 이외 고현高峴 이남의 영토확장(정복)에서, 거도居道는 우시산국于尸山國과 거칠산국居柒山國의 정복에서 보여 주었다. 이사부異斯夫는 우산국于山國 정벌을, 김인문은 고구려 멸망과 외교활동을, 김양金陽은 신무왕 즉위를, 장보고는 신무왕 즉위와 청해진을, 흑치상지黑齒常之는 부흥운동을 통해서 국가에 봉사하였다. 나라에 봉사하는 것이 곧 충이며, 그러한 실천행동을 통해서 인간의 가치를 찾으려 했던 김부식의 사관이 담겨져 있다고 생각된다. 더욱이 그는 역사의 의미를 귀감龜鑑에서 찾고 있었으므로 그러한 구체적 사례를 충으로 보았던 것이다.

제4권의 두 번째 특징도 역시 신의이다. 신은 유교의 기본덕목일 뿐 아니라 불교의 윤리관에도 기반이 되는 것이어서[23] 이러한 유儒·불佛의 결합은 세속오계世俗五戒에서도 나타난 바 있다. 이와 같은 현상을 우리는 진흥왕순수비의

> 백성을 편안케 하는 것이 곧 수기修己인 고로 민심을 탐방코자 북행北幸의 길에 올라 (중략) 충신정성忠信精誠을 위하고 위국진절지도爲國盡節之徒에게 포상하려는 바…[24]

에서 찾을 수 있으며, 임신서기석壬申誓記石의

> 하나님 앞에 맹세한다. 지금으로부터 3년 이후에 충도忠道를 집지執持하고 과실이 없기를 맹세한다. (중략) 만일 나라가 편안치 않고 세상이 어지러우면 가히 모름지기 충도를 행할 것을 서약한다.[25]

에서도 엿볼 수 있다. 때문에 최치원의 난랑비서문鸞郎碑序文에 화랑의 3

23) 안계현, 1966, 「신라인의 세속오계와 국가관」 『한국사상사』 고대편, 139～140쪽.
24) '마운령순수비磨雲嶺巡狩碑'(『한국금석문추보』, 2쪽), "莫不修己以安百姓 … 巡狩管境 訪深民心 … 如有忠信精誠 … 爲國盡節有功之徒 可加賞爵物 以章勳."
25) 임신서기석壬申誓記石의 "詩尙秋傳倫得三年"을 대개 이병도씨 이후 禮傳倫得으로 생각해 왔다. 그러나 이것은 秋傳(春秋左氏傳의 略)과 論語의 뜻이라는 高明士씨(『中國教育文化圈在東亞地區的形成』, 200쪽)의 주장을 경청하고 싶다.

교 결합에 포함된 충효의 사상을 '공자의 취지이고, 노자의 종지宗旨이며, 석가의 교화敎化라[26]고 지적하였음에도 나타나 있다.

따라서 제4권에 등장된 인물은 거의가 친우와의 신의를 지킨 예를 갖고 있다. 즉, 거칠부와 혜량惠亮의 관계를 비롯하여 김양金陽과 우징祐徵, 장보고와 정년鄭年, 사다함斯多含과 무관랑武官郞 등이 그것이다.

> 사다함은 처음에 무관랑과 함께 사우死友로 지킬 것을 약속하였는데, 무관랑이 죽자 그는 심히 슬퍼 7일 동안이나 통곡하다가 죽었다.

이것이 사다함과 무관랑의 신의에 관계된 내용이다. 따라서 인의지심仁義之心은 잡정雜情을 극복한다는 논찬論贊의 뜻을 이러한 예에서 찾게 된다. 이러한 신의에대한 기록은 제5권의 귀산貴山·추항箒項의 예에서도 잘 나타나 있다.

제4권의 세 번째 특징은 국가의 공적 물자物資에는 마음을 두지 않는 자세를 중시한 것이다. 흑치상지는 당제로부터 받은 상품을 모두 부하들에게 분배하였고, 사다함은 상으로 가라인加羅人을 방면시켰으며, 끝내 전지田地를 받지 않고 불모지를 자청하였다. 다시 말하면 충·신은 보답을 요하지 않는 순수한 행위여야 한다는 사실을 강조하고서 편찬 당시의 일부 귀족층의 토지 병탈과 경제적 탐욕을 간접적으로 공격하였다. 청년 시절에 이자겸의 횡포와 토지광점廣占을 목도한 김부식은 인종 5년에 이자겸일파가 빼앗은 토전土田을 원 주인에게 돌려준 사실을 기억한 것이다. 따라서 호부상서戶部尙書를 역임했던 그가 수충정난정국공신輸忠定難靖國功臣으로서 자신이 윤관尹瓘·이자겸 등이 받은 식읍食邑보다는 갑제甲第1구區로 만족했던 이유[27]를 살필 수 있다. 그러나 무엇보다도 제4권을 평화·갈등이 국가지우國家之憂로 매듭짓고 있음을 주목해야 한다.

---

26) 『삼국사기』 권4, 진흥왕 37년조.
27) 『고려사』 권98, 열전11, 김부식.

제5권은 을파소乙巴素 이하 온달溫達까지 10명의 개인전기이다. 대체로 4·5권은 명신전名臣傳에 해당하지만, 특히 제5권의 인물은 충의 실제적인 표징으로서 간諫과 순국 및 신의를 계속 강조하려는 충의忠義열전인 것이다. 다시 말하면 김부식은 삼국시대에 있었던 선인들의 행적을 기록함으로써 당시 인종대의 사회상을 간접적으로 비판하려는 사가史家의 윤리관을 갖고 있었다. 그가 올린 진삼국사표進三國史表에 나타난 왕의 선악, 신하의 충사忠邪, 방업邦業(국가)의 안위, 인민의 이난理亂을 통해서 후세의 경계를 위한 지표를 생각했던 것이다. 따라서 인종 7년 5월의 '윤언이尹彦頤·정지상鄭知常의 상소를 받아들인 점'이나 6월의 '충주인 유정劉挺의 살부殺父에 대한 중서문하성의 치죄治罪요구 상주上奏를 좌우의 건의에 따라 각하한 사실' 및 11년 6월의 '세도요부불효불우世道澆溥不孝不友'를 한탄한 조詔, 12년 4월의 '천변天變에 따른 봉사封事'와 9월의 '조정대신들의 태만, 불법을 지적한 사례'[28] 등을 목도한 그가 현재의 사회적 문제해결의 기준을 과거의 가치판단을 통해서 구하려 하였다. 다시 말하면 당대의 사회모순을 비판하려는 생각에서 과거의 사례를 현실에서 문제되는 사항별로 열거시켰다는 것이다.

여기서 주목할 것은 을파소의 등용이다. 왕은 백성의 뜻(추천)을 받아 그를 발탁하였기 때문에, 선정이란 왕이 백성의 뜻을 받아들이고 현사賢士(을파소)가 지극한 봉사(진대법)로 민생이 안정됨으로써 사직(방업邦業)이 번영된다는 것이다. 그러므로 진평왕은 김후직金后稷의 충간忠諫을 받아들여 유교적 왕도정치의 한 규범을 삼으려 한 것이다. 여기서 우리는 『맹자』에서 보여지는 '덕신德臣은 신하이기 이전에 스승'[29]이기 때문에 왕은 학식과 능력있는 현사등용의 자세를 가져야 한다는 위민의식[30]을 대

28) 『고려사』 권46, 세가46, 인종 2년조 참조.

29) 『맹자』 제4편 제2장.

30) 유초하, 1979, 「맹자의 위민의식과 그 성격」 『민족문화연구』 14, 135~139쪽.

할 수 있게 된다.

제5권의 대표적 인물은 박제상朴堤上[31]이다. 그는 『삼국유사』에는 김제성金堤上이라하여 비교적 상세한 기록되어 있으며, 『삼국사기』에도 그 내용이 을지문덕보다 많이 수록되어 있다. 그것은 성신誠信의 도道와 나라를 위해 생명을 바칠 수 있다는 마음의 강조를 내세운 것이다.

> 제가 듣기를 왕이 근심이 있으면 신하가 욕되고, 왕이 욕되면 신하가 죽는다 하였거늘, 만일 난이難易를 가려 행한다면 그것은 무용無勇이다. 신이 비록 불초이나 어명을 받아 행하겠읍니다.(『삼국유사』 권 1, 내물왕 김제상조)

이것이 『삼국유사』에 나타난 박제상의 정신이다. 따라서 충의 표시가 때로는 나라에 봉사하거나 간하는 경우도 있으며, 실천을 통한 죽음도 있음을 알려 주려는 것이다. 온달이나 귀산 또는 밀우密友, 유유紐由의 전기는 결국

> 남의 신하가 되어서는 충을 다해야 하고, 남의 아들이 되어서는 효를 다해야 하는데 위중한 일을 보고서 목숨을 내놓는 것은 충효를 함께 하는 인간의 도리이다.<권 5, 태종무열왕 7년조>

임을 보여주는 것이다. 따라서 제5권의 인물은 이기백씨가 지적한 바와 같이

> 국가에의 충성이 아니라 국왕에 대한 직접적인 충고나 건의로서 국정을 보필하였거나, 혹은 자기의 생명을 바쳐 국왕의 위험을 제거하였던[32]

인물들의 전기이다.

---

31) 김용선, 1979, 「박제상소고」 『전해종박사화갑기념논총』, 601~610쪽.
32) 이기백, 1967, 「온달전의 검토」 『백산학보』 3, 149쪽.

3) 第6권의 분석

제6권은 강수强首 이하 김대문金大問까지의 6인의 학자 전기이나 실제는 강수·최치원·설총이 중심이 된다. 『당서』에 따르면 이 부분은 유학儒學·문원열전文苑列傳에 해당한다. 강수는 대당외교문서와 같은 문장으로서 나라에 봉사하였으며 부곡釜谷의 대장간집 딸과 야합함으로써

> 가난하고 천한 것이 부끄러운 것이 아니라 학문을 배워 이를 행하지 아니한 것이 참말로 부끄러운 것이다.

라 하여 6두품으로서의[33] 신분적인 한계와 모순을 자각하여 골품제에 대한 비판을 상당히 일찍부터 제기하고 있었음을 인정한다. 따라서 이러한 강수의 학도學道 실천의 뜻과 본처와의 해로를 내세운 것은 단순한 윤리적 차원이 아니라 온달전에서 보여진 '신분질서의 변화를 고구려의 사회적 분해작용'[34]으로 간주하는 것처럼, 고대적 신분체제에 대한 일종의 반발이나 그 비판의 표시일른지 모른다.

최치원열전은 크게 3부분으로 나뉘고 있다. 첫 번째 부분은 그의 성장과정과 귀국 후의 일시적인 정치 활동을, 두 번째 부분은 그의 문집(상태사시중장上太師侍中狀)에 나타만 역사관을, 그리고 세 번째 부분은 말년의 정신적 방황과 사상의 복합상을 서술한 것이다. 우선 그의 생애는 12세에 입당하여 28세에 귀국할 때까기 16년간의 체당滯唐수학으로 시작되었다. 당에서 빈공賓貢합격과 활동을 마친[35] 그가 귀국 후 그 뜻을 펼 수 없어서 태수나 사절로 마친 것이 전부임을 보여주는 것이다.

다음으로 최치원의 역사관은 다음과 같이 3가지로 집약될 수 있다. 우선 마한馬韓이 고구려라는 것이다. 이 마한-고구려설은 『삼국유사』·『신

33) 이기백, 1974, 「신라육두품연구」 『신라정치사회사연구』, 49쪽.
34) 이기백, 「온달전의 검토」, 154쪽.
35) 신형식, 「숙위학생고」, 75쪽.

증동국여지승람』이나 『지봉유설』[36] 등으로 연결되고 있다. 이것은 조선에 와서 많은 비판을 받은 바 있었으나,[37] 성호星湖의 정통성의 문제와 연결시켜 다시 음미해야 할 것이다. 즉, 성호는

> 마한은 본래 기자箕子를 지칭하는 것으로 본래 고구려의 땅이다. 후에 비록 남쪽으로 도망갔다 해도, 필시 고구려는 마한을 지칭하는 것이다.[38]

라 하였거니와, 이에 대해서는 단지 역사적 사실로 뜯어 맞추려는 억설로 보는 경우도 있으나,[39] 분명히 고운孤雲의 역사의식은 성호에게 영향을 크게 주었다. 그의 사관은 또한 제·려 양국이 전성시에는 백만의 대군을 갖고 있어 남으로는 오월吳越을, 북으로는 연燕·제齊·노魯에게 위협적인 존재였다는 것이다. 이것은 결국 『송서宋書』·『양서梁書』 등의 백제 해외경략설을 간접적으로 옹호함으로써 단재의 '제·라의 해외진출론'을 배태시켜 주었다. 나아가서 그는 고구려 유민이 세운 발해를 인정하여 당을 공략한 사실을 크게 내세우고 있어 신라인의 발해에 대한 적대감정을 비판하였다. 이러한 발해에 대한 인식은 무엇보다도 우리나라의 영역을 만주까지 확대시켜 후세 실학자들에게 결정적인 영향을 줄 수 있었다. 그러나 그의 사관이 철저하게 당唐문화에 압도·심취되고 있음은 부인할 수 없다.

끝으로 그의 말년에 보여진 정신적 방황은 우선 그 시대의 사회적 모순에서부터 시작되었다. 즉 당시 사회의 파탄과 혼란 즉, '惡中惡者 無處無

---

36) 『삼국유사』 기이 1(마한)에 "今人或認金馬山 以馬韓爲百濟者 盖誤濫也 麗地自有馬邑山 故名馬韓也"라 하였고, 『신증동국여지승람』 권6(경기)에도 "臣接馬韓爲高句麗 辰韓爲新羅 弁韓爲百濟 崔致遠已有定論(中略) 高麗金富軾地理志亦以致遠之論爲是"라 하였다. 『지봉유설芝峰類說』 권 2(제국도諸國都)에서도 崔致遠說을 간접적으로 옹호하고 있다.

37) 김정배, 1968, 「삼한위치에 대한 종래설과 문화성격의 검토」 『사학연구』 20, 132쪽.

38) 『성호사설星湖僿說』 권1의 下, '삼한금마三韓金馬'.

39) 김정배, 앞의 논문, 135쪽.

也'와 같이 황소黃巢의 난이 이제 동쪽으로 왔다고 할 정도로[40] 극한 상황이어서 전국적인 농민봉기가 일어나고 있었음을 지적하였다. 또한 그는 서학西學을 깨달아 많은 학문을 터득하고 귀국하였으나, 그에 대한 시기와 골품제적 한계에서 불우한 처지가 되었음을 내세웠다. 따라서 자신은 산림에서 풍월을 읊고, 해인사에서 승려와 도사 등과 교우를 맺으며 일생을 마쳤다는 것이다.

이러한 그의 불교·도교 및 도참설에의 귀의 또는 복합은 고려왕조의 방향 제시만이 아니라, 전환기에 있어서의 지적 집단과 사상적 변화를 크게 강조한 것으로 생각된다.[41] 이러한 사실은

> 3외畏는 3귀歸에 비할 수 있고 5상常은 5계戒와 같으니, 능히 왕도王道를 실천하는 것은 불심佛心에 부합되는 것이다.[42]

라고 그 자신이 쓴 '성주사낭혜화상일월보광탑비명聖住寺朗慧和尙日月保光塔碑銘'과 일치하는 것이다. 따라서 이러한 그의 사상적 복합화는 왕건의 건국과 연결시키려 했던 그의 역사적 발전의식을 표시한 것으로 생각된다. 그러나 최치원과 같은 학자에 대한 논찬이 없다는 것은 그에 대한 김부식의 감정적인 비판이라 하겠다. 즉 최치원의 은둔은 결국 위국충절이 아니었으며 문인의 현실참여를 스스로 망각하여 臣의 도리를 잃었다는 것이다. 따라서 김부식 자신은 묘청난을 토벌하여 역사에 기여하였음을 내세워 현실도피에 대한 간접적인 공격을 한 것이다.

설총열전薛聰列傳은 당시 번창했던 사회상을 목도하고 그러한 화려함 속에 깃드는 사회의 모순과 백성의 희생을 장미와 백두옹白頭翁으로 대비시켰다. 이것은 어떤 사회든지 명암의 이중적 모순이 있음을 지적한

---

40) 이홍직, 1968, 「나말의 전란과 치군」 『사총』 12·13, 411쪽.

41) 신형식, 앞의 논문, 75~77쪽.

42) 『조선금석총람』 上, 79쪽.

것이며, 밝은 사회 속에서 나타나는 사회의 어두운 면을 잊지 말아야 한다는 경고와 왕에 대한 정당한 충고를 통해 민民은 군주君主의 권력유지에 근거[43)]가 된다는 왕도정치의 필요성을 보여 주려는 것으로 생각된다. 특히 최치원이 난랑비서문鸞郎碑序文에서 화랑이 3교敎의 복합이며 민중과의 교화敎化를 강조한 것은 강수强首의 필력에 의한 보국지공報國之功과 함께 자기 나라(신라)에 대한 집중된 관심의 표시였다. 따라서 설총의 이두吏讀도 결국은 김대문金大問의 화랑세기花郎世紀와 같이 애국적인 행동을 위한 신라사 위주의 사관임은[44)] 물론이다.

여기서 주목할 사항은 김부식을 비롯한 『삼국사기』 편자들이 유학자들이었기 때문에 원효元曉·혜초慧超 등 승려의 열전이 없는 것은 당연하다. 그러나 원효의 손자(薛聰의 아들)인 설중업薛仲業은 일본에서 당대 제일의 문인인 진인眞人과 교류를 통해 신라의 유학(또는 불교도 함께)을 그곳에 전파한 사실이 있는데도 언급이 없다는 것은 아쉽다. 또한 구화산九華山에서 지장보살로 숭배되는 김교각金喬覺의 소개도 없다.

4) 제7~10권의 분석

제 7권은 해론奚論 이하 계백階伯까지 19명의 전기이다. 이들은 전부가 7세기에 활약한 인물로서 한결같이 전사한 자들이다. 국가에 충성을 죽음으로 다했으며 전장에서 생명을 바친 지공무사至公無私의 표본을 제시함으로써 국사國事(왕사王事)를 위해 죽는 것을 숭고한 인간 도리로 나타내었다.

> 남의 신하가 되어서는 충만한 것이 없고 남의 자식으로서는 효만한 것이 없다. 위급한 일을 보고서 목숨을 내놓는 것은 충효를 함께 하는 것이다.

---

43) 『맹자』 제7편 7장 및 10편 5·6장 참조.
44) 이기백, 1978, 「김대문과 그의 사학」 『역사학보』 77, 8쪽.

라는 김영윤金令胤의 열전 내용이 곧 충효가 국가적 차원에서 결합되었음을 알 수 있으며,[45] 7세기라는 시대적 상황에서 이러한 충효관은 국가적인 신념으로 승화되었음을 뜻한다. 소나素那·심나沈那 부자의 장렬한 죽음을 본 문무왕이 "부자가 국사國事를 위해 용맹을 다했으니 가히 제세濟世의 충의忠義라"(『삼국사기』 47) 한 것도 통일전쟁에 필요한 투철한 국가의식의 절규라고 할 것이다.

제7권의 특징은 물론 위국순절의 인물전기이나, 대개 부자 또는 노비까지 함께 전사한 예가 대부분이다. 찬덕讚德과 해론奚論, 심나와 소나, 취도驟徒와 부과夫果(형제), 반굴盤屈과 영윤令胤, 비령자丕寧子와 거진擧眞 등이 그것이다. 이들은 한결같이 충이 효의 연장으로서 민족통일전쟁에 바친 정신적 귀감임을 기리는 것이다. 특히 이들은 거의가 당주幢主·현령縣令 등 하급관리였고 일부 노비까지 있어 비록 신분적인 제한이 있었다 해도 국가에 대한 희생을 통해 신분적인 해방을 꾀하려는 일면은 무열왕권의 위민정책과[46] 일맥상통한다. 즉 668년의 논공행상에 나타난 일등 공신이 곧 소수小守·성주城主·현령縣令 등 하급관리였고, 북방지역민이었음은 통일후 이들에 대한 적극적인 보호와 배려가 불가피하였으며, 통일 전쟁에 소극적이었던 경주 구귀족에 대한 일종의 견제[47]가 될 것이다.

> 신라는 인재를 등용할 때 골품으로서 이를 논하여 그 족속이 아니면 비록 홍재鴻才와 걸공傑功이 있다 해도 그 범위를 넘을 수 없다. 나는 중국으로 서유西遊하여 이 불세지략不世之略을 분발하여 큰 공을 세워 스스로 영화의 길을 닦겠다.<열전 7>

라는 설계두薛罽頭의 절규에서 신분적인 제한을 극복하려는 노력의 일면

45) 신형식, 1978, 「한국고대사에 나타난 충효사상」 『성신여대연구논문집』 11, 25쪽.
46) 신형식, 1977, 「무열왕권의 성립과 활동」 『한국사논총』 2, 17~20쪽.
47) 신형식, 앞의 논문, 19쪽.

을 찾을 수 있다.

제8권은 향덕向德이하 도미都彌까지 11명의 전기이다. 여기에는 효(향덕向德·성각聖覺), 영행佞幸(실혜實兮), 은일(물계자勿稽子), 충의(검군劍君), 기예(김생金生·솔거率居·백결百結), 열녀[烈女－설씨녀, 도미부인과 효녀(지은知恩)]등 여러 방면의 인물이 망라되었다. 이들은 결국 유교적인 윤리관－충忠·효孝·의義·신信·간諫－을 내세운, 각각의 성실한 행위를 다한 표본으로서 후세의 귀감이 된 경우를 보여 주었다.

제9권은 창조리와 연개소문의 열전이다. 이는 이른바 반신열전에 속한다 하겠다. 창조리倉助利는 고구려의 국상國相으로서

> 왕으로서 백성을 구휼치 않으면 어진 일이 아니고, 신하로서 왕을 간諫하지 않으면 충성된 일이 아니다.

라고 하여 본래는 충의지사였으나, 그는 왕이 끝내 신하의 충간을 거역했다는 이유로 살해하였기 때문에 반신叛臣으로 기록되었다. 이것은 어디까지나 유교사상에 입각한 김부식의 주관적인 평가였다.

연개소문전淵蓋蘇文傳은 거의가 중국문헌의 전재였음은 이미 지적된 바와 같다.48) 그에 대한 중국측의 기록과 『삼국사기』의 내용은 아래와 같다.

> 『구당서』(권 199, 열전 149, 동이(고려))
>
> 16年 西部大人 蓋蘇文 攝職有犯 諸大臣 與建武議欲誅之 事洩 蘇文乃悉召部兵云 將校閱 幷盛陳酒饌於城南 諸大臣 皆來臨視 蘇文勒兵 盡殺之 死者百餘人 焚倉庫因馳入王宮 殺建武 立建武弟大陽子藏爲王 自立爲莫離支 猶中國兵部尙書兼中書令職也 自是專國政 蘇文姓泉氏鏠氏 鬚貌甚偉 形體魁傑 身佩五刀 左右莫敢仰視 恒令其屬官 俯伏於地踐之上馬 及下馬亦如之 出必先布隊仗導者 長呼以辟行人 百姓畏避 皆自投坑谷.

48) 이홍직, 1959, 「삼국사기 고구려인전의 검토」 『사총』 4, 16쪽.

『신당서』(권 220, 동이열전 145)

有蓋蘇文者 或號蓋金姓泉氏 自云生水中以惑衆 性忍暴父爲東部大人 大對盧死 蓋蘇文當嗣 國人惡之 不得立 頓首 謝衆 請攝職 有不可 雖廢無悔 衆哀之 遂嗣位 殘凶不道 諸大臣 與建武議誅之 蓋蘇文覺 悉召諸部給云 大閱兵列饌具 請大臣臨視 賓至盡殺之 凡百餘人 馳入宮 殺建武殘又投諸溝 更立 建武弟之子藏爲王 自爲莫離支專國猶唐兵部尙書中書令職 云貌魁秀美 鬚髯 冠服皆飾 以金 佩五刀 左右莫敢仰視 使貴人 伏者地 踐以升馬 出入陳兵 長呼禁切 行人畏 鼠至投坑谷.

『자치통감』(196, 당기唐紀12, 정관貞觀 16년)

11월 丁巳 營州都督張儉奏 高麗東部大人 泉蓋蘇文 殺其王武(泉姓也 新書曰蓋蘇文者 或號 蓋金 姓泉氏 自云 生水中以惑衆麗力知嗣) 蓋蘇文 凶暴多不法 又王及大臣議誅之 蓋蘇文密知之 悉集部兵 若校閱者 井盛陳饌于城南 召諸大臣 共臨視 勒兵 盡殺之 死者百餘入因馳入宮牛也殺其王 斷爲數段 棄溝中 立王弟子藏爲王自爲莫離支 其官如中國吏部兼兵部尙書 於是號令 遠近 專制國事 蓋蘇文狀貌雄偉 意氣豪逸 身佩五刀 左右莫敢仰視 每上下馬 常令貴人武將伏地面履之 出行必整隊伍 前導者 長呼則 人皆奔迸 不避阬谷 路經行者 國人甚若之

『삼국사기』(권 49, 열전 9)

蓋蘇文(或云蓋金) 姓泉氏 自云生水中 以惑衆 儀表雄偉 意氣豪逸 其父東部(或云西部)大人 大對盧死 蓋蘇文當嗣 而國人以性忍暴惡之 不得立 蘇文頓首謝衆 請攝職 如有不可 雖廢無悔 衆哀之遂許嗣位 而凶殘不道 諸大人與王密議欲誅 事洩 蘇文悉集部兵 若將校閱者 幷盛陳酒饌於城南 召諸大臣共臨視 賓至 盡殺之 凡百餘人 馳入宮弑王 斷爲數段 棄之溝中 立王弟之子臧爲王 自爲莫離支 其官如唐兵部尙書兼中書令職也 於是 號令遠近 專制國事 甚有威嚴 身佩五刀 左右莫敢仰視 每上下馬 常令貴人武將伏地 而履之 出行必布隊伍 前導者長呼 則人皆奔迸不避坑谷 國人甚苦之

여기서 볼 때 그에 대한 『삼국사기』의 기록은 3개의 중국문헌을 각기 편람해서 전재하고 있음을 알 수 있거니와 왕을 시해한 반신에 대할 강할 응징을 위한 장황한 내용이며, 백성을 학대한 대역인大逆人의 최후를 경고한 것이다. 특히 여기서 강조한 것은 내분이 갖는 망국의 당위성과 무도인無道人의 방벌放伐 불가피성을 피력한 것이다. 즉 왕을 시해한 자는 이유를 불문하고 용서할 수 없다는 것이며, 그가 자기 명에 죽었음을 다행으로 여긴 것이다. 이것은 왕을 앞세워 국가를 생각했던 김부식의 일관된 사론史論이다. 그러나 단재는 오히려 그를 혁명가로써 높이 평가하여 대국大國을 통일하기 위해서는 왕을 주륙誅戮해도 무방한 것으로[49] 보았으나 단지 불초한 자식과 형제에게 대권을 맡긴 우愚를 범했다고 하였다.

제10권은 역신전逆臣傳으로서 궁예·견훤 등의 열전이다. 이들은 한결같이 불인不仁·불의不義의 대명사로 취급되었다. 즉 궁예는 신라의 왕자로 선왕의 화상을 베어버린 불인不仁을 저질렀고, 견훤은 신라의 녹祿을 먹고도 자기 나라를 침해한 패륜아였으며,

> 나라의 위기를 다행으로 생각하여 도읍都邑을 침범하고 군신을 죽였으니 금수禽獸가 풀을 깎는 것 같은 것으로 천하의 원악대대元惡大憝이다.

라 하여 그들은 자신의 허물로 신하에게, 자식에게 버림을 받게 되었다는 것이다. 어느 시대에서나 '백성을 못살게 만드는 자'는 스스로 패망한다는 점을 강조하였다. 이렇게 역신이 자멸하는 것처럼 도의와 백성을 잃은 경순왕의 부귀附歸도 천하의 대세요, 자연의 순리라는 점을 지적하였다. 이것은 신라에서 고려에로의 당연한 연결을 미화시키려는 의도가 짙게 깔려 있었던 것이다. 다시 말하면 역사의 발전은 필연적인 흐름이며, 그 속에서는 항상 백성을 위한 도道가 전제되어야 한다는 것이다. 무엇보다도 역신逆臣의 소개는 역사가 지닌 후손을 위한 교훈의 의미가 크다고 하겠다.

---

49) 신채호, 「조선상고사」, 314쪽.

3. 김유신가문의 성장과 활동

1) 김유신가문의 성립과정

신라의 삼국통일의 주인공으로서 김춘추金春秋와 김유신金庾信을 들고 있음은 주지의 사실이다. 양자는 정치적 협조자로서 또는 선의의 경쟁자로서 7세기 후엽 신라 정치계를 지배한 장본인이다. 필자는 이미 무열계武烈系의 등장과정과 그 가문의 활동에 대해서 살펴본 바 있어 그때 유신계庾信系의 성립과정에 대해 약간의 의견을 제시한 바 있었다.[50] 따라서 본고는 전고에 대한 속편의 성격을 띤 동시에 유신가문庾信家門의 성립과정을 당대의 정치적 상황을 통해 살펴보려는 것이다. 그 속에서 우리는 7세기 신라사회의 권력구조와 지배체제의 변천상을 파악할 수 있으리라 여긴다. 나아가서 고대사회에 있어서 하나의 가문이 성립되는 대표적 사례를 찾아볼 수가 있을 것이다.

특히 필자는 김구형金仇衡의 신라 투항이래 신라의 신귀족新貴族으로 성장해 가는 유신계가 어떠한 과정을 통해 이룩되었는가 하는 문제에 초점을 두었다. 무엇보다도 무력武力·서현舒玄·유신으로 이어지는 3대를 중심으로 그들과 무열계와의 관련 속에서 신라사회의 정치적 판도 변화과정을 주목하였다.

끝으로 필자는 유신계는 무열왕권武烈王權과의 인맥상人脈上 조화와 균형 속에서 유지된 특수한 속성임을 밝힌 후 그것이 깨진 8세기 후엽 이후 윤중允中과 암巖의 경우를 통해 그들의 몰락과정을 아울러 살펴보았다. 동시에 유신가문의 가풍家風이 삼국통일에 정신적 지표로서 국민정신의 귀감이 된 실제적 내용을 찾아봄으로써 그것이 갖는 의미를 부여해 보려는 것이 본고의 주안점이 될 것이다.

---

50) 신형식, 1977, 「무열왕권의 성립과 활동」 『한국사논총』 2 참조.

(1) 김유신가문의 성립

김유신가문은 원래 금관가야金官加耶의 왕족이었다. 그러나 이들은 자신의 본국에서가 아니라 532년(법흥왕 19)에 신라에 투항하면서 새로운 활로를 찾게 되었다.

> 법흥왕 19년 금관국주金官國主 김구해金仇亥가 왕비와 3아들(노종奴宗·무덕武德·무력武力)과 더불어 나라를 들어 내항來降하므로 왕은 이들을 예禮로 대접하고 상등上等의 위位를 주고 본국을 식읍食邑으로 삼게 하였다(『삼국사기』 권4).

라 하여 금관가야의 마지막 왕인 김구해(구형)는 신라에 투항함으로써 상등上等을 받아[51] 귀족으로 편입되었다. 그 후 무력武力이[52] 가문을 대표하여 활약케 되었는데, 그가 김유신의 조부이며, 유신계의 실직적인 시조始祖로서 활동한 장본인이다.

법흥왕~진흥왕대는 백제·고구려와의 전쟁이 격화된 시기여서 발돋움하는 신라로서는 가야와 같은 적대적인 배후세력을 극복할 필요가 있었다.[53] 따라서 금관가야의 투항은 신라의 입장에서는 정치·군사적인

---

51) 上等이라는 관직이나 관위는 없다. 아마도 이것은 김구형 개인에게 준 것이 아니라 그 가문에게 준 것으로 보인다. 이 경우의 상등은 높은 등급(계급)이나 大等의 位라고 생각할 수도 있다.

52) 武力에 대해서는 『삼국유사』(권2, 『駕洛國記』에는 茂力으로 되어 있으나 동 首露王廟의 설명문에는 仇衡－世宗(奴宗)－率友公－庶云으로 연결시켜 혼란이 크다. 이에 대해서 村上四男(1961, 「金官國の世系と率支公」 『朝鮮學報』 21·22, 237~246쪽)은 세종(장남)이 죽은 후 무력이 이어 솔지공이라 불렀을 것으로 보았다. 따라서 필자는 무력의 두 형은 早死했거나 활동하지 못하여 무력이 金官國公을 대표한 것으로 생각한다.

53) 백제와 신라간에 끼어 있는 가야는 사실상 독자적인 세력유지가 어려웠다. 이미 522년(법흥왕 9)에는 大加耶의 왕이 신라에 請婚하여 신라왕은 伊湌 比助夫의 妹를 出稼시킨 일이 있었다. 이어 524년(법흥왕 11)에는 법흥왕이 南幸하여 加耶國王을 만났으나 그가 대가야왕(천관우는 『복원가야사』에서 대가야왕으로 본다) 인지 금관가야왕인지는 알 수가 없다. 따라서 양 가야는 서로 신라에 和親하려는

도움이 되었으며, 그 잔민殘民을 회유하여 백제와 고구려와의 전쟁에 이용하는 것이 요구되었다.

김무력으로 대표되는 구가야왕족(뒤에 유신계)은 당시에 신라의 귀족으로서는 편입되었을망정 하나의 가문으로서 활동하기에는 어려운 입장에 있었다. 따라서 이들은 신라왕실에 협조하는 대가로 중앙정치계에 진출할 수 있는 계기를 만들지 않을 수가 없었다. 이들에게는 신라 정부에 군사적 협조가 불가피하였으며, 그 속에서 생존에의 길을 모색해야 했다.

유신계의 성립에 결정적인 역할을 한 김무력은 553년(진흥왕 14)의 신주군주新州軍主로부터 활약한 기록을 갖고 있다. 그러나 1978년에 발견된 「단양적성비丹陽赤城碑」가 551년(진흥왕 12년)의 수년 앞서서 건립된 것으로 추정할 때[54] 그는 이미 진흥왕 초에 이사부異斯夫를 도와 북방경략北方經略에 참여하는 등 군사적 업적을 남겼을 것으로 보인다. 다만 「적성비」에 나타난 10명의 고관高官 중에 무력은 비차부比次夫 다음으로 8번째 기록되고 있어 진흥왕 초에는 두드러진 활약을 한 인물은 아니라고 생각된다.[55] 이러한 사실은 가야계加耶系가 폐쇄적인 신라사회에서 정치적 기반이 확립될 수 있었음을 나타낸 준 근거가 될 것이다. 대문에 이들은 당시 정계에 관심을 줄만한 보다 적극적인 활동을 통해 가문의 진출을 꾀하지 않을 수 없었다.

따라서 553년(진흥왕 14)의 김무력의 군주軍主 임명은 그가 무장武將으로서의 군공軍功을 세울 수 있는 절호의 기회가 된 것이다. 아마도 그가 신주新州의 군주가 된 직접적인 동기는 한강유역의 확보에 큰 공을 세웠기 때문일 것이다. 특히 군사적 요충인 신주의 군주는 당시의 정치적 상

생각을 갖고 있었음은 확실하다.

54) 변태섭, 1978, 「단양진흥왕척경비의 건립연대와 성격」 『사학지』 12, 32쪽.

55) 『삼국사기』(열전4, 거칠부)에 진흥왕 12년의 고구려 침공시에 비차부는 8장군 중에 7번째로 나타나 있으나 무력은 없다. 그런데 「적성비」에는 무력이 비차부 다음에 기록되고 있어 무력의 지위를 짐작케 한다.

황으로 보아 대표적인 무장의 입장이었음은 물론, 왕실과 가까운 인물이었음을 말해 준다.

법흥왕의 사망으로 어려서 즉위한 진흥왕은 왕태후王太后의 섭정과 이사부異斯夫·거칠수居柒夫 등과 같은 왕족의 도움을 받아야 했다. 그러므로 성년이 되면서 자신의 친정체제親政體制를 마련할 필요가 있었으니만치 김무력과 같은 제3세력을 친위세력親衛勢力으로 흡수하지 않을 수 없었다. 다시 말하면 지금까지 100여년간 유지된 나제동맹羅濟同盟을[56] 타파하는 정치적 모험 속에서 진흥왕은 단순한 군사적 팽창의 대외적 표시만이 아니라 왕 자신의 친정체제 출범의 뜻을 강력히 나타낸 것이다. 이러한 진흥왕의 정치적 의도는 이미 551년(진흥왕 12)의 개국開國이라는 개원改元의 단행과[57] 553년(진흥왕 14) 신궁축조新宮築造 및 빈번한 순행巡幸의 사실로[58] 집약되고 있었다. 특히 534년(법흥왕 21)의 상대등上大等 철

56) 나제동맹(433~554)에 대한 성격이나 의미에 대해서 종래 우리는 고구려(장수왕)의 남하에 대한 백제와 신라의 攻守同盟으로 이해하여 왔다. 그러나 필자는 그것이 "고구려의 간섭을 벗어나기 위한 신라의 자주적 노력으로" 생각한 바 있었다(신형식, 1971, 「신라왕위계승고」 『유홍렬박사화갑기년논총』, 74쪽). 따라서 이 동맹은 공수동맹이라는 표현보다는 각기 자국의 내실을 꾀하려는 정치운동이었다. 백제는 이미 501년(동성왕 23)에 "設柵於炭峴以備新羅"라고 하였다.

57) 진흥왕은 재위 37년(540~576)간에 開國·大昌·鴻濟 등 3개의 年號를 갖고 있었다. 이것은 단순한 개원이 아닌 정치적 의미가 있을 것이다. 삼국의 왕이 대왕을 자칭한 것은 고구려가 4세기 말, 백제가 5세기 중엽, 신라가 6세기 중엽이라고 생각할 때(坂元義種, 1978, 『古代東アジアの日本と朝鮮』, 204쪽) 551년(진흥왕 12)의 개국은 이와 깊은 관련이 있다고 생각된다. 종래 개국의 개원에 대해서 '영토확장의 의미'(池內宏, 1960, 『滿鮮史研究』 上(2), 11쪽)로 보았으나 『삼국사기』에서 볼 때 이 시기에 고구려의 2城 공취 이외에 커다란 영토적 확장은 없었다. 따라서 필자는 이병도의 지적(1976, 『한국고대사연구』, 669쪽)과 같이 이 건원을 왕 자신의 친정체제의 기념으로 보고 싶다. 진흥왕이 즉위할 때 연령이 7세(『삼국사기』)·15세(『삼국유사』)로 되어 있어 전자의 경우로도 成年(19세)이 되는 해이기 때문이다. 따라서 개국은 대내적 친정을, 대창은 국력의 대외적 과시의 뜻을 지닌 것으로 생각되며, 홍제는 강력한 왕의 권위를 나타낸 것으로 간주된다.

58) 신형식, 1981, 「순행의 유형과 그 성격」 『삼국사기연구』, 172~173쪽.

부哲夫 사망 이후 40여년간 상대등의 임명기록이 없다는 사실도[59] 이를 잘 설명해 주고 있다.

진흥왕의 친위세력 형성에 일익을 담당함 김무력은 554년(진흥왕 15)에 신주의 군사를 이끌고 삼년산군三年山郡의 도절都切의 도움으로 관산성管山城에서 성왕을 살해하는 등 대승을 거두었다. 이와 같은 관산성전투의 승리는 백제와 신라의 세력판도를 바꾼 전기轉機가 되었고, 무력가문을 신라의 신흥귀족新興貴族으로 등장시킨 계기가 되었다. 그러므로 「昌寧碑」(561)에는 42명의 수가신隨駕臣 중에서 무력이 잡찬迊湌으로 8위에 기록되어 있고, 「마운령비磨雲嶺碑」(568)에는 23명 중에 5위로 나타나 있다. 특히 「마운령비」에는 사문도인沙門道人(승통僧統 : 법장法藏·혜인慧忍)·상대등(거칠부) 다음의 고관으로 승진되고 있어 569년(진흥왕 30)경에는 최고위층의 관직으로 부각된 것으로 보인다.[60]

무엇보다 군주는 단순한 외직外職이 아니라 병부령兵部令·상대등의 전단계로서 당대 제일급의 인물이 받은 관직이었기 때문에[61] 무력의 지위를 헤아려 볼 수 있다. 더구나 무력·서현·유신으로 이어진 3대의 군주직 계승은 이들 가문의 성장은 물론, 이들이 지방세력을 장악한 집단으로 이해할 수도 있게 된다.[62] 여기서 우리는 무력의 구가야계가 진흥왕 말에는 어느 정도 새로운 가문으로서의 지위를 이룩하기 시작하였음을 알게 된다. 그러나 이들에게는 아직도 떳떳한 왕족으로서의 자격과 위치확보에는 어려움이 있었다.

진흥왕이 재위 37년만에 홍거薨去한 후 차남인 진지왕이 즉위하였다. 그러나 이때부터 동륜계銅輪系(장남직계長男直系)와 진지계眞智系(차남방계次男傍系)와의 불호가 계속되었으나 원로 재상宰相인 거칠부의 도움으로 진

---

59) 이기백, 1974, 「상대등고」 『신라정치사회사연구』, 92쪽.
60) 이기백, 1974, 「대등고」 『신라정치사회사연구』, 71~75쪽.
61) 신형식, 1975, 「신라군주고」 『백산학보』 19, 86쪽.
62) 井上秀雄, 1974, 「新羅王權と地方勢力」 『新羅史基礎硏究』, 383쪽.

지왕이 일단 왕위계승에 성공하였다.[63] 그러나 진지왕은 거칠부의 사망과 함께 폐위廢位되었으며, 전왕대前王代에 꾸준히 성장시킨 무력가문은 이러한 정치적 갈등 속에서 중립中立을 지키고 있었다.

진지왕을 계승한 진평왕은 즉위 후 우선 진지계를 견제할 필요가 있었다. 이에 지증왕 후손인 후직后稷의 도움을 받으면서 관제官制의 정비를 통한 왕권강화에 박차를 가하게 된다.[64] 그러나 왕위계승에서 밀려난 용춘龍春(진지왕의 아들)은 일단 진평왕에 협조함으로써 자신의 가문 유지와 성장을 꾀하지 않을 수 없었다.

이러한 상황에서 비교적 중립을 지켰던 무력이 사망하고, 그 아들 서현이 가문을 이끌게 되었다. 김서현金舒玄(김유신의 부친)은 이미 선친先親인 무력에 의해서 다듬어진 가문을 왕족의 지위에 올려놓을 필요가 있었다. 따라서 그는 진흥왕 동생인 숙흘종肅訖宗의 딸(만명萬明)과 야합野合함으로써 왕족으로서의 기반을 닦을 수 있었다. 이러한 서현과 만명과의 혼인설화婚姻說話는 아직도 유신계庾信系가 뚜렷한 정치적 지위를 확보하지 못한 근거가 될 것이다.[65] 그러나 이젠 유신계가 당당한 신귀족으로서 또는 왕족으로서의 가문을 성립케 되었음을 알려준다.

(2) 김유신가문의 확립

진평왕은 관제의 정비와 적극적인 친당정책親唐政策을 통해 왕권강화에 큰 기틀을 마련하였다. 이러한 일련의 정치적 안정에는 적대적인 용

---

63) 신형식, 1977, 「무열왕권의 성립과 활동」, 6쪽.

64) 신형식, 1974, 「신라병부령고」『역사학보』 61, 74쪽. 특히 여기서 주목할 것은 진평왕은 재위 53년간 5개의 중앙관부를 신설하였는데, 그것이 대개 10년 이전에 있었다. 이것은 새로운 왕권의 확립과 후직과의 협조가 된 시기일 것이다. 따라서 후직이 왕에게 直諫하다 죽었다는 것은 왕이 龍春·舒玄系와의 밀착에 대한 반발로 해석된다.

65) 이 점에서 末松保和는 "武烈系가 왕족과의 자유로운 혼인이 어려웠음을 뜻한다"고 지적하였다(1954, 『新羅史の諸問題』, 11~15쪽).

춘(김춘추의 부친)의 협조에 힘입은 바 컸다. 그러나 용춘은 왕위계승에서 밀려난 정치적 패배 속에서 자신의 가문 유지에 새로운 조력자를 필요로 하였다. 더구나 왕위계승권에서 제외된 용춘과 정통왕족이 아닌 서현과의 결속은 정치적 이해 속에서 촉진될 수밖에 없었다. 특히 용춘은 진흥왕계와 결연結緣한 서현을 왕실로부터 이탈시켜 신흥세력으로서 자신과의 결합이 갖는 현실적인 의미를 깨닫게 되었다. 당시 내성사신內省私臣으로서 용춘은[66] 백제·고구려와의 빈번한 싸움에서 서현의 군사적 도움이 필요하였으며, 서현도 보다 강력한 지위확보를 위해서는 그와의 제휴가 불가피하였다.

629년(진평왕 51)에 용춘과 서현은 고구려의 낭비성娘臂城을 함락시켜 양파의 군사적 위력을 발휘하였다. 이들의 적극적인 친교와 협조는 양가문의 결합에 실마리를 마련케 하였다. 즉 용춘과 서현의 결속은 결국 신귀족의 탄생을 뜻하는 것이며, 춘추와 유신과의 결연의 전단계로서 신라사회의 정치판도에 커다란 변화를 예고하는 것이다. 따라서 588년(진평왕 10) 수을부首乙夫의 상대등 임명 이후 632년(진평왕 54)까지 40여 년간 상대등 기록이 없음을 주목할 수 있다. 이러한 사실은 상대등의 귀족대표자에게 임명되어야 할 것임에도 불구하고 이들 신귀족의 정치적 영향에서 그것이 저지되었기 때문일지도 모른다. 그러므로 631년의 칠숙柒宿과 석품石品의 모반謀叛은 이들 신흥계와 타협한 왕실에 대한 불만일지도 모른다.

그러므로 진평왕을 이은 선덕왕은 자신의 독자적인 세력이 없이 용춘·서현으로 대표된 신귀족과의 균형 속에서 왕권을 유지하였다. 당시의 신귀족은 군사적인 우위는 유지되었지만, 구귀족의 반발을 고려하여 선덕왕善德王을 옹립함으로써 구귀족의 반발을 봉쇄할 수 있었다. 그러나 선덕왕의 즉위는 일단 왕을 구귀족으로부터 신귀족으로 끌어들인 계

66) 신형식, 1974, 앞의 논문, 75쪽.

기가 되었다.[67]

더구나 백제와 고구려의 계속적인 위협은 신귀족세력을 더욱 강화시켰고, 이러한 국가적 위기의식은 이들의 정치적 진출을 허용하였다. 642년(선덕왕 11)의 대야성大耶城 함락은 김춘추의 개인적인 비극을 '국가의 불행'으로 승화시켰으며, 용춘과 서현 가문의 결속을 강화시키게 되었다. 무엇보다도 김춘추·김유신의 시대가 다가오고 있음을 보여주게 된 것이다.[68] 이러한 사실은 두 집안간의 혼사에서 확인되었다.

이어 647년(선덕왕 16)에는 비담毗曇·염종廉宗의 모반謀叛 사건이 일어났다. 이 사건은 김춘추·김유신 등의 신흥세력과 비담 등의 구세력간의 쟁패전爭覇戰으로서 신라의 집권체제가 동륜직계銅輪直系에서 무열계武烈系로 넘어가는 계기가 되었다.[69] 그러므로 무열계는 유신계와 결속하면서 구세력을 극복하기 위해 우선 알천閼川과 같은 일부 구세력을 흡수하여 과도체제過渡體制로서 진덕왕을 추대하였다.

따라서 진덕왕의 8년간에 걸친 재위기간은 무열왕권의 성립시기인 동시에 그들의 정책시험기政策試驗期였다.[70] 이와 같은 무열계의 성립 속에서 유신계는 그 기반을 확립할 수 있었다. 이제 김춘추·김유신 두 사람은 신라정치를 지배하는 주역으로서 전자는 정치와 외교에서, 후자는 군사에서 당대를 풍미하게 되었다.

---

67) 신형식, 1977, 앞의 논문, 8쪽.

68) 위와 같음.

69) 신형식, 1977, 앞의 논문, 9~10쪽. 이 반란의 성격에 대해서는 '상대등의 왕위쟁탈의 목적'(이기백, 1974, 앞의 책, 100쪽), '가야 출신인 김유신이 선덕왕을 옹호함으로써 발단된 것'(이기동, 1972, 「신라 내물왕계의 혈연의식」, 20쪽), '성골집단 3대 가계의 운영원리상 비상조치에 해당'(이종욱, 1980, 「신라중고시대의 성골」, 20쪽), 그리고 '김유신 등에 옹립된 선적여왕측이 국왕 폐위를 요구한 화백에 대항한 것'(井上秀雄, 1974, 「新羅政治體制の變遷過程」, 206~208쪽) 등 여러 각도로 설명되고 있다.

70) 신형식, 1977, 앞의 논문, 10쪽.

진덕왕 8년 왕이 돌아갔으나 그 뒤를 이을 왕자가 없었다. 이에 유신은 재상宰相인 알천閼川과 모의하여 이찬伊湌 춘추春秋를 맞아 즉위시키니, 이가 태종무열왕이다.(『삼국사기』 권42, 열전2).

라는 기록에서 보듯이 김유신은 알천가 더불어 김춘추를 왕으로 추대할 정도의 힘을 발휘하였다. 그는 화백和白을 통한 권력이양의 합법성을 강조하였다.[71] 그러므로 무열왕의 등장으로 지금까지 방계傍系였던 무열계는 정식 왕족으로 등장되었으며, 유신계도 그 다음가는 왕족으로 가격家格을 형성할 수 있었다. 동시에 655년(무열왕 2)에 왕녀(지소智炤)가 김유신에게 출가함으로써 유신계는 신김씨로서 왕비족으로 지위가 당당히 격상되었다. 이어 660년(무열왕 7) 상대등 금강金剛의 사망과 더불어 김유신이 상대등이 됨으로써 전귀족의 대표적 지위를 획득하게 되었다. 여기서 유신계는 실질적으로 가문의 입장과 위치를 확립하게 되었다.

김유신은 660년 상대등이 된 직후 신라군의 최고지휘관으로 백제 정벌을 단행하였다. 이어 661년(문무왕 원년)에도 제1차 고구려 정벌군의 대장군이 된 후 662년에는 당 군사의 군량미수송을 지휘한 바 있다. 668년(문무왕 8)에도 대당장군大幢將軍으로 임명되었으나 연만年晩하여 김인문金仁問이 신라군을 이끌고 고구려 정벌을 단행하였다. 그 후 673년(문무왕 13)에 그는 사망하였다. 그러나 그는 문무왕대 이후에는 거의 활동할 수가 없었으며, 대부분의 군사적 활동은 동생인 흠순欽純이 하게 되었고, 동시에 무열계에서도 김인문이 무열왕 즉위 후에는 그 가문의 대표적인 인물로 활약케 되었다.

이러한 과정에서 확립된 유신계는 무력의 조사적 활동에서 기반이 형성된 이후 서현의 만명과의 혼인에서 하나의 왕족으로서 지위를 갖기 시

71) 이러한 사실은 Max Weber가 지적한 擬似合法的인 代替物로서의 '환호 속의 滿場一致'(Acclamation)라는 합법성으로서 정치적 불안정 사회의 儀式과도 비슷하다(Karl Loewenstein, 정문길 역, 『Max Weber's Political Ideas in the Perspective of Our Times』, p.92).

작하였다. 그 후 서현은 진평왕대에 용춘과 결속함으로써 춘추·유신과의 결연으로 나타날 수 있었다. 거의 비슷한 시기에 성립된 양 가문은 대표적인 인물을 통해 상호조화와 균형을 유지하였으며, 적극적인 협조와 선의의 견제를 이어온 것이다. 따라서 이들 가문의 균형이 파괴되었을 때는 어느 한쪽의 몰락이 아니라 공동의 운명을 겪게 되는 것이다. 따라서 진평왕대의 서현과 용춘이, 선덕·진덕왕대는 유신과 춘추로 연결되었다. 그 후 무열왕이 등장하면서 유신과 인문이 균형을 이루었고, 문무왕대에는 흠순과 인문이 상호간의 조화를 계속할 수 있었다.

2) 김유신 후손의 활동

김유신의 가계家系에 대해서 주로 무력(김유신의 조부)과 서현(김유신의 부친)은 진흥왕 이후 신라의 정복활동(한강유역 진출)과 대백제전의 활동을 자세하게 기록(본기)하였으며, 진덕여왕 이후는 김유신의 업적을 주로 소개하고 있다. 그의 가계에 대해서는 <표 5>(608쪽)에서 설명한 바 있다.[72)]

김유신 가문은 그 성립과정에서 주로 군사적 활동을 통해 기반을 닦았으며, 무력·서현·유신의 3대에 걸친 군주직軍主職 계승이 주목되었다. 특히 무력은 신주군주로서 한강유역의 경영에 큰 몫을 다했으며, 서현은 萬弩郡(진천)의 태수太守로 백제 방비에 공을 세운 후 대양주大梁州(합천) 군주로 신라의 서남방 수호의 일익을 담당하였다. 무엇보다도 합천은 대야성 비극을 맞은 바로 그곳이어서 훗날 유신이 압량군주押梁軍主 때 이곳에서 백제군을 전멸시켜 복수의 한을 풀 수 있었다.[73)] 이와 같이 신주新

---

72) 신형식, 1981, 『삼국사기연구』, 344쪽. 그러나 金海金氏族譜(『한국인의 족보』)에는 이와 달리 다음과 같이 되어 있다. 그러나 『삼국사기』에 巖이 允中의 적손으로 되어 있어 족보의 계통은 잘못된 것이다.

73) 『삼국사기』 권41, 열전1 김유신 상.

州·대양주大梁州·압량주押梁州는 신라의 군사적 요지로서 이 지역의 책임관을 역임한 유신계는 신라사회에 큰 비중을 차지할 수 있었다. 그러나 삼국통일이나 국가수호에 큰 초석이 된 유신계는 유신을 전후하여 큰 변화가 있게 된다. 즉 유신은 무열왕과 함께 이성二聖으로 추앙되었고,[74] 후대이지만 흥무대왕興武大王으로 추존追尊되는 등 활발한 업적을 남겼으나 흠순欽純·삼광三光 이후는 국가적 대우는 물론 그들의 활동도 둔화되고 있었다.

김유신의 동생인 흠순은 660년(무열왕 7) 백제정벌에 유신을 따라 참전하여 큰 공을 세웠다. 특히 이 전쟁에서 흠순은 아들 반굴盤屈을 잃었다. 그 후 백제 잔적殘賊의 소탕에 죽지竹旨·천존天存·군관軍官 등과 함께 활약한 바 있었다. 이어 문무왕대는 유신을 대신하여 김인문과 선의의 경쟁자로서 정치·군사적 활동을 한 바 있었다. 그러나 669년(문무왕 9)에 흠순은 사죄사謝罪使로 입당入唐하여 활동한 후 거의 업적을 남기지 않고 있다. 더구나 통일전쟁統一戰爭의 주역인 죽지·천존·군관 등은 그 후 시중·상대등으로 진출했으나 흠순만은 제외되고 있어[75] 무열왕실은 이들에게 어느 정도 견제의 입장을 취한 듯하다. 따라서 그의 손자인 영윤令胤이 신문왕 때 보덕국報德國 실복悉伏의 반란을 진압함에 죽음으로 종족宗族의 명예를 지킨 데서도 알 수 있다.

김유신의 장남인 삼광은 666년(문무왕 6)에 숙위宿衛로 입당한 후 고구려 정벌 후 당군唐軍의 부장副將으로 활약한 바 있었다.[76] 683년(신문왕 3)에 그는 납비納妃를 위한 일에 관여한 후 기록을 갖고 있지 않다. 차남

---

74) 『삼국유사』 권2, 기이2 만파식적.

75) 이기백, 1974, 앞의 책, 103쪽 및 156쪽에 흠순은 시중이나 상대등에 취임한 사실이 없다. 다만 『삼국사기』 열전7 金令胤傳에는 흠순이 冢宰가 되었다고 하였으나 그것이 곧 시중이나 상대등을 지칭한다고는 볼 수 없다.

76) 신형식, 1966, 「신라의 대당교섭상에 나타난 숙위에 대한 일고찰」 『역사교육』 9.
_____, 1981, 『삼국사기연구』, 296쪽.

인 원술元述도 대당전에 패배한 후 675년(문무왕 15) 매초성買肖城의 승리를 끝으로 활동이 보이지 않는다. 서자庶子인 군승軍勝도[77] 662년(문무왕 2)에 유신을 따라 고구려 정벌에 참여한 기록 이외는 별다른 활약성이 없다.

유신의 적손嫡孫인 윤중允中·윤문允文 형제는 성덕왕 때 활약한 무장武將으로서 당군과 합세하여 발해渤海를 공략한 바 있다. 특히 윤중에 대해서 이기백은 725년(성덕왕 24)에 중시中侍가 된 윤충允忠과 동일인으로 간주하였는데,[78] 필자도 이에 동의한다. 그러나 우리가 주목하려는 것은

> 유신의 적손 윤중은 성덕대왕을 섬기어 대아찬大阿飡이 되어 여러 번 은고恩顧를 받았는데, 왕의 친속親屬들이 질투嫉妬하였다. … 중추仲秋의 망일望日에 왕이 월성잠두月城岑頭에서 주연을 베풀며 윤중을 부르니, 간諫하는 자가 있었다. … "지금 과인이 경卿들과 함께 평안무사平安無事한 것은 윤중의 조부의 덕德이다"라 하고 … 옆자리에 앉혀 조부의 이야기를 하게 하니, 군신들은 불평할 뿐이다(『삼국사기』 권43, 열전3 김유신 하).

라는 데 있다. 그는 이미 무열계 왕족으로부터 심한 반대와 견제에 부딪친 것이다. 따라서 성덕왕대의 전제왕권이 확립된 이후 유신계는 점차 정치적 지위를 잃게 되었다고 하겠다.

유신계의 최후를 장식한 김암金巖은 이찬伊飡으로서 입당하여 음양가법陰陽家法을 습득하고 귀국한 숙위학생宿衛學生이었다.[79] 그는 귀국 후 사천박사司天博士·태수太守·집사시랑執事侍郎을 거친 후 패강진두상浿江鎭

---

77) 기록에는 그가 서자로 되어 있으나 그는 장남인 삼광보다 훨씬 먼저 활약한 바 있다. 즉 그는 662년(문무왕 2)에 유신을 따라 고구려 정벌에 참여한 바 있으나 장남인 삼광은 666년(문무왕 6)에 입당 숙위한 후 신문왕 초에 활약하고 있다. 따라서 그는 智炤夫人(무열왕녀) 태생이 아니라 前夫人의 소생인 듯싶다.

78) 이기백, 1974, 앞의 책, 164쪽.

79) 신형식, 1969, 「숙위학생고」『역사교육』 11·12, 66쪽.
_____, 1976, 『한국사논문선집』 2, 일조각, 332쪽.

頭上을 역임하였으며, 일본에 사절로도 파견된 일이 있었다. 그러나 여기서 주목할 것은 그가 이찬으로서 태수(사지舍知~중아찬重阿湌)·시랑(나마奈麻~아찬阿湌)·두상(급찬級湌~사중아찬四重阿湌) 등 6두품 계열이 주로 맡는 관직에 임명되었다는 점이다. 그러므로 유신계를 대표하던 김암이 혜공왕 때를 전후하여 6두품으로 전락된 듯싶으며, 그가 반혜공계反惠恭系 친선덕親宣德의 입장이 되었음은 당연하다.[80] 따라서 그의 입당 사실은 무열계의 일원적 왕실구성에 흡수·협조된 유신계의 회유에서 온 대외적 표현이었고, 현집권정통왕가의 자기보존을 위한 수단이라고 생각된다.[81]

> 대력大曆 14년 4월 선풍旋風이 일어나서 김유신묘金庾信墓로부터 시조대왕릉始祖大王陵에 이르렀는데, 먼지와 안개로 앞이 가려 인물을 분별할 수 없었다. 수릉인守陵人이 들으니 그 속에서 곡읍哭泣과 비탄悲歎의 소리가 있는 것 같았다. 혜공대왕이 듣고 두려워하여 대신을 보내 치제사과致祭謝過한 후 취선사鷲仙寺에 전田 30결을 바쳐 명복을 빌게 하였다(『삼국사기』 권43, 열전3 김유신 하).[82]

라는 기록은 당시의 유신계의 입장을 잘 설명해 준 것으로서 특히 『삼국유사』(권1, 기이1 미추왕 죽엽군)의 "庚戌年 臣之子孫無罪被誅"의 내용과 일맥상통하고 있었다. 이러한 경술년의 사건은 770년(혜공왕 6)의 김융金融의 난으로서 그들의 신원운동伸冤運動은 단수난 정치적 반란이 아니라 동란기에 처한 유신계의 세력만회운동이었다.[83] 따라서 이러한 사실을 목도한 김암으로서는 김양상金良相(선덕왕)파의 정권확립을 위해 견일본사遣日本使로 일본에 보내졌을 것임은 이해될 수 있다.[84]

김암과 같은 세대로 장청長淸이 있다. 그는 『김유신행록金庾信行錄』을

80) 이기백, 1974, 앞의 책, 249쪽.
81) 신형식, 1969, 앞의 논문, 67쪽.
82) 『삼국유사』 권1, 기이1 미추왕 죽엽군에는 이보다 자세하게 기록되어 있다.
83) 井上秀雄, 1974, 앞의 책, 458쪽.
84) 이기백, 1974, 앞의 책, 235쪽.

쓴 장본인으로 집사랑執事郎에 있었다. 낭郎(사史)은 중앙관부의 최말단 관리로서 역시 6두품 이하의 계층에서 주로 맡고 있는 것으로 보아 유신계가 비록 선덕왕에 협조했다고 해도 8세기 중엽 이후에는 그 신분이 6두품 이하로 강등됐을 것임은 확실하다.

대표적인 유신가문의 계보를 도해하면 <표 6>과 같다. <표 6>에 의하면 유신계는 구형仇衡으로부터 7대를 끝으로 활동기록이 없어 흔히 칠세대친족집단七世代親族集團으로 설명하는 경우도 있다.[85] 그러나 이들은 그러한 친족집단의 성격에서가 아니라 무열왕실의 정치적 배려나 정치적 사건에 연유되어 강등降等된 것임은 하대 무열계의 입장과 궤軌를 같이 할 것이다.[86] 김유신계는 무열왕권이 본궤도에 오른 뒤부터는 점차 하락의 길을 걷게 되었으며, 혜공왕대를 전후하여 6두품으로 전락함에 이르러 반발을 꾀한 것이 김융의 난으로 생각된다.[87] 따라서 김암은 유신계로서 대표적인 정치활동을 한 마지막 인물이 된 듯하다.

〈표 6〉 김유신 가문의 관직

代	1	2	3	4	5	6	7	8
人名	仇衡	武力	舒玄	庾信	三光	允中	?	巖
最後官職	上等	迊湌	迊湌	太大角干	波珍湌	大阿湌		伊湌
主要官職		軍主	軍主 大將軍	軍主 大將軍 上大等	宿衛 執權	將軍 中侍		太守 侍郎 浿江鎭頭上

85) 김철준, 1968, 「신라시대의 친족집단」 『한국사연구』 1, 67쪽.
86) 김두진, 1973, 「낭혜와 그의 선사상」 『역사학보』 57, 27쪽.
87) 이기백, 1974, 앞의 책, 232쪽.

그러나 「황룡사구층목탑찰주본기皇龍寺九層木塔刹柱本記」에는 김현웅金賢雄·김평긍金平矜 등 2인의 신김씨新金氏가 보이고 있다.[88] 871년(경문왕 11)에 황룡사탑皇龍寺塔을 개조하였는데, 이대의 주역이 김위홍金魏弘이었음을 보아 유신계가 이에 협조한 것으로 생각된다. 그러나 이들의 관등이 대나마大奈麻와 나마奈麻여서 하급 실무진이나 기술자의 입장인 듯하다. 따라서 유신계의 정치적 지위는 새로운 변화가 있다고는 볼 수가 없다.

3) 김유신 가문의 가풍

신라사에 있어서 가장 큰 명망名望을 얻고 있는 인물은 김유신이다. 『삼국사기』 10권의 열전列傳에도 이들 가문에게 3권을 할애하고 있으며, 그를 대표적인 인간형人間型으로 설명하고 있다. 따라서 김유신 가문의 행적은 단순히 가계家系의 것이 아니라 국가의 정신적 지표로 삼고 있는데 이들 가풍家風이 갖는 의미가 있다.

한 가문의 가풍은 그 집안에서 배출된 가장 특출한 인물의 언행言行에서 비롯된다. 동시에 그것은 가문의 명예로서 후손으로 이어졌으며, 대개는 유교적 윤리관가 국가의식을 통해서 이룩되어 왔다. 따라서 김유신의 가훈은 곧 유신계의 가풍이 되었고, 오늘날 전해진 대표적인 유훈遺訓의 하나이다. 유신은 평소에

> 한 잎이 떨어지는 것이 무성한 수림樹林에 손실되지 않는 것이며, 한 티끌의 모임이 큰 산山에 보탬이 될 수 없다(『삼국사기』 권41, 열전1 김유신 상).

라 하여 대의大義 속에 나라를, 희생 속에 민족을 강조하였다. 그러므로 그는 문무왕 때 당군과의 싸움에서 패배하고 돌아온 원술元述에게

> 원술은 왕명王命을 욕되게 하였을 뿐 아니라 또한 가훈家訓을 저버렸으니

88) 황수영, 1976, 『한국금석유문』, 162쪽.

> 마땅히 죽어야 한다(『삼국사기』 권43, 열전3 김유신 하).

라고 질책하였음에서 그들은 일종의 가훈을 갖고 있었다고 하겠다.

그러나 이러한 가훈이 특정한 문구文句로서 표시될 것이 아니라 일상의 언행에서 나타난 것이다. 김유신의 가훈에서 가장 철저한 것은 위국충절爲國忠節과 멸사봉공滅私奉公의 신념이다.[89] 이러한 사실은 빈번한 전쟁 속에서 귀환하는 도중에 재출정再出征의 명命을 받은 유신이 집앞을 지나면서도 외면하고 바로 전장戰場으로 재촉한 기록만이 아니라[90] 흠순의 아들 반굴이 660년(무열왕 7)의 백제 정벌에서

> 신하노릇을 하자면 충忠만한 것이 없고, 자식 노릇을 하려면 효孝만한 것이 없다. 국가의 위기를 보고 목숨을 바치면 충효를 함께 하는 것이다(『삼국사기』 권5, 태종무열왕 7년).

라고 하여 전사한 데 잘 나타나 있다. 더욱이 반굴의 아들인 영윤令胤이 신문왕 때 보덕국報德國의 실복悉伏이 반란을 꾀할 때

> 내가 이번에 가서 종족宗族과 붕우朋友들로 하여금 악명惡名을 듣지 않겠다(『삼국사기』 권47, 열전7 김영윤).

라 하고 전진으로 달려가 전사하였음에도 뚜렷하다. 결국 반굴·영윤 부자는 나라를 위해 죽음을 택한 것이다.

다음으로 김유신 가풍에서 강조된 것은 투철한 주체의식主體意識과 신의信義이다. 백제 정벌을 목전에 두고 '김유신과 소정방蘇定方의 대결'은[91] 우리가 귀감으로 삼는 민족생존民族生存의 강한 의지의 표징이었다. 그러므로 다음과 같은

---

89) 신형식, 1981, 앞의 책, 343쪽.
90) 『삼국사기』 권41, 열전1 김유신 상.
91) 『삼국사기』 권5, 신라본기5 무열왕 7년 7월.

> 개가 그 주인을 두려워하지만, 주인이 그 다리를 밟으면 주인이라도 문다. 어찌 어려움을 당해 자구책을 쓰지 않겠는가?(『삼국사기』 권42, 열전2 김유신 중).

에서도 뚜렷하게 보여진다. 유신은 항상

> 전쟁의 승패는 수數의 다소에 있는 것이 아니라 심心의 여하에 달려 있는 법이다(『삼국사기』 권41, 열전1 김유신 상).

라는 자신의 신념을 강조하였다. 따라서 원술도 '구차하게 살지 않는' 대장부로서의 자세를 지키려 한 것이다.

끝으로 김유신의 가풍에는 인간관계와 행동규범으로서 하나의 '질서'를 중시하였다. 비담毗曇의 난이 일어났을 때 그는

> 천도天道는 양陽이고 강剛하고 음陰이 유柔하며, 인도人道는 왕이 높고 신하는 낮은 법이다. 이 원리르 바군다면 대란大亂j이 일어날 것이다(『삼국사기』 권41, 열전1 김유신 상).

라 하여 인륜에는 상하가 있어 이것이 군신君臣이나 천인天人, 그리고 음양관계陰陽關係와 같은 것이어서 이러한 기본질서는 파괴될 수 없는 것으로 생각하였다. 이것은 유교(맹자)사상에서의 인간관계인데, 이와 같은 상하의 질서를 유지하는 것이 역사인 까닭에 이에 대한 부정은 용납될 수 없는 것으로 생각하였다.

따라서 김유신계의 가풍은 삼국통일에 정신적 바탕이 되었고, 국민정신통합의 기저로 되었다는데 그것이 지닌 가치가 있었다. 나아가서 그와 같은 가풍은 치자계급治者階級의 권력유지의 도덕적 기반을 제공하였음에서 그것이 갖는 한계는 있지만, 고전적古典的이기는 하나 가장 훌륭한 가훈으로 전승될 수 있었다. 그러나 우리는 그것이 지배층을 위한 정치철학으로서 강요된 윤리관이라 해도 전란기戰亂期에 국민정신과 민족의

식을 이끌어 준 대표적인 귀감이 되었다는 데 그것이 갖는 역사적 의미를 찾을 수 있다.

이상에서 우리는 유신계가 성립되어 신라사회에 어떠한 역할을 하였는가 하는 문제를 살펴보았으며, 끝으로 그들이 갖고 있던 가풍의 내용을 알아보았다. 우선 유신계는 무력으로부터 실질적인 가문을 이룩하기 시작하였다. 그는 신라에 적극적인 협조(군사면)로 정치적 기반을 마련한 후 관산성管山城 승리에서 확고한 세력을 구축하였다. 특히 그는 진흥왕의 친정세력에 일익을 담당하면서 가문의 지위를 높일 수 있었다.

그를 이은 서현은 이를 기반으로 진흥왕제眞興王弟(숙흘종)의 딸을 부인으로 맞아 왕족으로 등장되었으며, 용춘과 결속되어 신흥귀족으로 성장하였다. 이와 같은 양자의 결속은 김춘추·김유신간의 결연의 계기가 되었다. 이때 유신계는 진평왕대의 정치적 불만으로 독립된 세력을 유지한 용춘계에 적극적으로 연결을 꾀하게 되었다.

이와 같이 성장하는 신세력은 백제·고구려오의 싸움에서 고조되는 국가적 위기 속에서 그 세력을 강화시켜 갔다. 나아가서 구귀족의 반발을 무마하려는 정치적 타협에서 선덕왕을 옹립하였다. 이어 647년(선덕왕 16)의 비담의 난으로 김춘추·김유신은 신라의 지배권을 장악한 후 과도조치로 진덕왕을 추대하였다. 이러한 정치적 변화 속에서 무열계는 성립되었고, 양 가문의 혼인으로 유신계도 급성장하였다.

진덕왕 사후 유신은 춘추를 왕으로 추대하여 최고 실력자임을 과시하였다. 이에 무열왕은 유신에게상대등을 주었고, 왕녀를 출가시켜 유신계는 신김씨新金氏로서 당당한 가문으로 확립되었다.

그러나 통일전쟁 후 긴급한 군사적 필요성의 해소와 무열왕권의 전제화과정 속에서 유신계는 흠순·삼광의 활동을 끝으로 거의가 활약을 할 수가 없었다. 더구나 흠순·삼광의 외교적 활동은 이들 가문의 성격변질인 동시에 정치적 중요성의 퇴화인 것이다. 따라서 윤중(윤충)의 어려운 처지는 이들의 지위에 결정적인 변화가 왔음을 뜻한다. 드디어 혜공왕을 전후하여 이들은 6두품으로 전락되었고, 김암의 예나 김융의 난에서 유신계의 몰락을 발견케 된다.

다만 유신계가 갖고 있는 투철한 국가의식이나 위국충절과 신의의 자세는 그 가계만의 것이 아닌 신라사회의 정신적 지표가 되었다는데 유신가문의 위치가 있다. 무엇보다도 유신계의 성립은 7세기 중엽 신라사회의 정치적 성장을 뜻하였고, 그 확립 속에서 삼국통일이 성취되었다는 사실에서 그 가문의 위치가 평가된다. 따라서 이 가문의 가풍은 삼국통일의 정신적 지주가 될 수 있었다. 특히 서현과 용춘, 유신과 춘추, 유신과 인문, 그리고 흠순과 인문 등으로 이어진 양 가문의 조화와 균형은 7세기를 풍미하던 신라정치의 특징적인 일면이었다. 따라서 이러한 정치적 협조와 선의의 경쟁은 '균형과 견제'를 통해 양 가문의 성장을 이룩할 수 있었다. 그러므로 이들간에 균형이 깨어질 때 유신계는 그 지탱력을 잃지 않을 수 없었다.

제6장

결론:『삼국사기』의 성격

이상에서 우리는 『삼국사기』의 내용을 순서대로 분석하였다. 본기·지·열전 등의 내용에서 중국문헌의 전재(일부는 수정하면서)라는 비판을 받을 정도로 그대로 옮긴 부분이 많았음을 보았다. 또한 각 항목의 기술자세가 동일한 원칙하에서 쓰여진 것이 아님도 발견할 수 있었고, 본기와 지에서의 커다란 서술상의 차이도 대할 수 있었다. 그 대표적인 예가 지(제사)에서의 제천행사 불언급이 본기(백제)나 열전(고구려-온달전)에는 나타나고 있는 것이 그것이다. 그렇다고 『삼국사기』가 갖는 그 나름의 성격이 없다는 뜻은 결코 아니다.

『삼국사기』는 인종의 명을 따라 김부식의 주관하에 최산보崔山甫 등 11명의 편찬자들에 의해서 만들어졌다. 따라서 그 속에는 당시의 국가와 왕의 입장, 김부식의 생각, 그러고 편사자編史者들의 의식 등이 다 같이 들어 있다고 봐야 할 것이다. 그러나 편사관編史官을 대표한 인물이 김부식이었고 그가 절대적인 왕의 신임 속에서 자신의 책임으로 편찬하였기 때문에 『삼국사기』의 성격은 김부식사관의 산물이라고도 할 수 있을 것이다. 당대의 최고 관직자였고, 불교에 깊은 소양을 갖고 있던 그가 터무니없는 사실을 기록하여 왕에게 바쳤을 리 없다. 더구나 그가 당시의 국가적 입장과 시대정신을 외면한 채, 개인주관을 지나치게 내세울 정도의 우인愚人은 아니기 때문이다.

여기서 우리는 지나치게 그에게 이 책의 모든 책임을 지워서는 안될 것이며, 너무 많은 주문을 강요해서는 안될 것이다. 그의 사관이 개인의 사관이기에 앞서 당시의 유교적 사회환경을 외면할 수 없기 때문에 『삼국사기』의 경우도 그것이 편찬되었던 12세기의 시대분위기를 잊지 말아야 할 것이다. 오히려 유교의 예禮와 도道를 지실知悉하고 있던 그가, 혁거세의 왕후동반 순행巡幸이나 내물왕의 동성취처同姓娶妻를 중국과는 달리 옹호하고 있었다. 그는 분명히 전통을 외면한 사대주의는 아니었다.

따라서 『삼국사기』는 어디까지나 편찬 당시의 국가·사회의 요구나 현실과 김부식사관의 조화에서 나온 결정체인 것이다. 그가 12세기의 '귀족간의 격심한 갈등'을 목도한 장본인이었고 몸소 송宋을 3차나 왕래하면서 한漢문화의 깊이와 성격을 직접 체험한 뒤에 서술된 것이기 때문이다. 그리므로 『삼국사기』의 편찬목적을 안으로 사회현실에 대한 강한 비판과 밖으로 투철한 국가의식[1] −한문화 속에서의 자아−을 강조하려는데 두었던 것이다.

이러한 2가지 목표는 진삼국사표進三國史表에서 본 바와 같이 자기역사를 재인식시키고 역사사실의 기록에서 후세의 권계勸戒를 찾으려 한 것이다. 무엇보다도 사대적인 시대환경이나 당시의 유교적 가치관의 획일적인 의식 속에서도 자아발견을 위한 숱한 노력은 언어·풍속·전통 등의 보전에 뚜렷이 보여진 것이다. 그러므로 『삼국사기』가 체재나 기도방법 및 내용에서 중국문헌을 답습했다고 해서, 그 속에 표현된 잠재적 의미까지 외면해서는 안될 것이다.

---

1) 이재호, 1969, 「『삼국사기』와 『삼국유사』에 나타난 국가의식」 『부산대논문집』 10, 62쪽.

제1절 『삼국사기』에 보여진 역사인식

1. 본기에 나타난 역사서술체제

『삼국사기』의 본기는 전체의 56%나 되고 있어 내용상 가장 큰 비중을 갖는다. 이것은 열전위주의 중국문헌과 그 궤를 달리하려는 것이다. 또한 본기는 3국을 처음부터 하나의 완성된 국가로 인정하여 출발한 것이다. 따라서 왕을 단순한 사제가 아니라 정치적 지배자로 파악하였다. 말하자면 1세기부터 3국의 역사를 발전사적인 차원에서 서술한 것이다. 그러므로 왕은 처음부터 정치·군사·외교·종교 및 재판권을 행사하였고, 천자와 같이 동일한 정치와 순행巡幸을 하고 있었다. 어디까지나 『삼국사기』의 중심테마는 우리 나라였고, 그 속에는 왕(위), 신하(중간), 그리고 백성(아래)이 있어 3자간의 행동규범에서 역사의 내용을 찾으려 했다. 즉 이러한 국가의 3요소가 각기 자신의 도리를 서술함으로써 유교정치의 이상적인 실현을 꾀하려는 것이었다.

이러한 유교정치실현은 중국의 패턴이 아니라 우리나라에 맞는 변형된 형태를 제시하였다. 즉, 역사서술이나 방향은 중국의 춘추나 예禮에 근거를 두지만, 그는 우리의 독자성을 어느 정도 인정한다는 대전제를 잊지 않았다. 무엇보다도 왕명王名이나 관직명에서 보여진 이어夷語[2]나 고유관명官名, 교령教令이나 순행에 나타난 특수한 형태 등이 그 대표적인 예이다. 나아가서 전쟁·외교기사 속에 나타난 강렬한 국가의식은 『삼국사기』에서 보여주는 가장 큰 특징이다. 열전은 바로 국가의식의 구체적 표현이지만, 전체적으로 볼 때 그것은 국가에 봉사하고 충성을 다하는 인간의 기록인 것이다. 특히 국가의 전제로서 王은 어떠한 이유에서

2) 『삼국사기』 권38, 잡지7, 직관 상.

도 제거될 수 없으며, 사직을 침해한 자는 역사의 심판을 받는다는 것이다. 그러므로 왕王은 '왕권의 근거'가 되는 민民의 입장을 대변함으로써, 학민자虐民者는 반드시 패망한다는 논리를 전개하였다. 백제와 고구려의 멸망이나 궁예·견훤의 패망도 '백성을 못 살게 군 죄'로 설명하고 있다.

다음으로 본기는 '하늘과 땅 사이의 관념적 사고'를 통해서 정치·천재지변·전쟁·외교의 4항목으로 구성되어 있다. 이것은 자연의 변화(구징咎徵－천재·지변)와 인간의 활동(역사－정치와 전쟁)이라는 측면에서 『삼국사기』 서술의 기본 방향을 제시한 것이다. 본기기록의 비율은 27:73으로 자연변화가 적은 편이지만 이러한 천재지변의 정치적 의미는 유교의 천인天人관계로 확대되면서 고대사회에 있어서의 비중은 상당히 큰 것이다. 더구나 자연의 변화에 대응하는 인간(왕)의 활동이 주로 정치(군사·외교 제외)라고 할 때 양자의 비율은 59 :41 정도가 되었다. 이러한 양자의 세기별 분포를 보면 <표 1>과 같다.

〈표 1〉 天災地變과 政治와의 關係

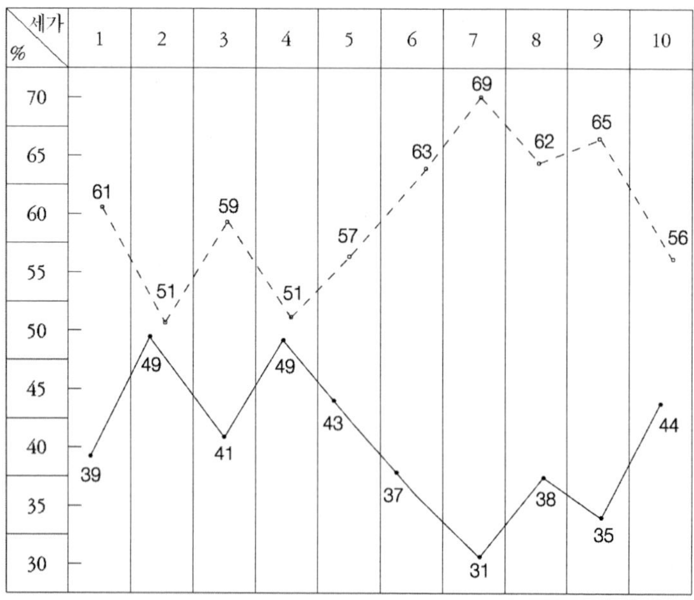

이에 따르면 2~4세기에는 양자가 어느 정도 같은 비율이었으나 6~9세기에 가장 큰 폭을 갖고 있다. 그러나 그 중에서 7세기의 폭이 31:69의 비율이어서 주로 신라사회의 정치적 안정과 천재지변의 상관관계를 알 수가 있다. 다시 말하면, 2~5세기간은 자연의 변화에 따른 정치의 대응이 같은 비율이었으나, 6~9세기의 신라사회의 발전기에는 자연변이에 대한 정치적 의미가 감소되었다는 것이다. 특히 7세기에는 그 폭이 커져서 정치적 사건이 자연의 변이에 큰 영향을 덜 받았다는 사실을 주목하게 된다. 대개 양자간의 비율은 6:4로 나타나 있다. 다만 1세기와 10세기 즉, 처음과 끝이 같은 모습을 하고 있어 김부식의 불교적인 윤회관이 잠재된 듯하다.

셋째로 『삼국사기』는 고려귀족사회의 절정기인 12세기때 쓰였으므로 사기의 대본臺本이 된 원사료와는 큰 역사적 인식의 차이가 나타났다는 점이다. 다시 말하면 전승되어 온 사료史料가 쓰여질 때와 『삼국사기』가 쓰여질 때의 시대감각의 차이로 인하여 역사해석의 폭이 크게 달라졌다는 것이다. 여기에 김부식의 역사인식의 본질이 있다고 하겠다. 이러한 사실은 신라인이 구분했던 3대代에 대한 불만과 중대中代·하대下代의 첫 왕인 무열왕·선덕왕宣德王에 대한 평가의 감소에도 나타나 있다. 무엇보다도 내물왕奈勿王·태조왕太祖王·고이왕古爾王 등에 의미를 주지 않는 대신, 신라의 경우에는 지증왕·신문왕·원성왕을 시대변화의 장본인으로 하고 있었다. 이것은 역사발전이 왕통보다 종합적인 사회변화에 의한다는 사실에 근거를 둔 것이다.

넷째로 『삼국사기』는 사실을 사실대로 기록하려는 자세를 견지하였다. 신라고사古事가 괴이하여 믿을 수 없었지만, 수사시修史時에 전혀 산락刪落치 않고 그대로 기록하였다는 자신의 주장[3]이나, 나말의 최치원에 의해서 비판된 고유왕명王名의 표현 등이 그것을 말해 준다. 더구나 통일전쟁기록

3) 앞의 책, 권28, 백제본기말미.

에 있어서 패전기록을 삭제한 중국측 문헌을 비난하면서 김부식은

> 유공권柳公權의 소설小說에 이르기를 여당麗唐의 전쟁에 고구려가 말갈과 연합하여 40여리에 연하니 당 태종이 두려워하는 빛이 컸다. 또 당의 6군軍이 고구려를 침입하였으나 거의 부진하고, 후자候者가 영공英公의 군사에게 흑기黑旗의 포위를 입는다고 하니 당태종이 크게 두려워하여 스스로 도망가려 하였다고 하니 모두들 무서워하였다. 그러나 신·구당서나 자치통감에 이런 기록이 없으니, 아마도 국휘國諱를 위한 것이 아니랴.[4]

라고 중국문헌이 사실을 의도적으로 삭제할 이유를 비난하였다. 그것은 나당전에서 패한 고간高侃 등 장군들을 열전에서 빼버린[5] 당서唐書나, 제려濟麗멸망기에 활약한 김인문·김삼광을 고의로 없애버린[6] 중국측 문헌에 비해서, 『삼국사기』는 우리측에 불리한 것까지 낱낱이 기록한 객관성과 성실성을 보여 주었다.

다섯째로 『삼국사기』는 역사를 교훈으로 삼았으며, 후세의 귀감으로 파악하였다. 따라서 편찬 당시의 사회문제에 대한 비평과 반성의 자료를 『삼국사기』의 기록에서 추출시킴으로써 '현실에 대한 간접적인 비판'을 하였다. 즉, 역사서술을 현실비판의 도구로 이용하였다는 것이다. 이것은 12세기 당시 귀족사회의 대립·갈등 등 현실모순을 스스로 극복하려는 자세로 '분열과 갈등을 국가의 우환'[7]으로 지적한 후, 묘청난을 진압한 자신의 입장을 국가적 차원에서 승화시키려는 것이다. 때문에 고구려 멸망의 원인으로

> 상하와 중서衆庶가 화목해야만 비록 대국大國이라도 이를 취할 수 없는 법이다.<권 22, 고구려본기 末尾의 (論)>

---

4) 앞의 책, 권22, 보장왕 9년(論).
5) John C. Jamieson, 1969, 「나당동맹의 와해」『역사학보』 44, 5쪽.
6) 신형식, 1977, 「신라사의 시대구분」『한국사연구』 18, 21쪽.
7) 『삼국사기』 권44, 열전4. 장보고(論).

이라고 한 말이나 백제 부흥운동시의 내분을 자세히 다룬 근거를 여기서 보게 된다. 그것은 하나의 경종이기 때문이다.

다시 말하면, 김부식은 역사를 교훈으로 삼았기 때문에 현실비판의 자료를 전시대의 특정사실에서 추출시켰던 것이다. 따라서 제려의 내분, 후삼국의 혼난 등을 국가멸망의 징조로 강조함으로써 묘청난과 같은 분열이나 반란을 응징할 수 있었다. 그러므로 민을 외면한 무도는 역사의 대세 앞에 스스로 멸망된다는 필연적 당위성을 제시함으로써, 역사를 국민적 교화와 계몽의 수단으로 이해하였다.

2. 지·열전에 나타난 국가의식

지志는 『삼국사기』의 내용 중에서 체제나 형태가 가장 미숙하고 세련미가 없으며, 지나치게 신라에 편중되어 있다. 그러나 중국문헌과는 여러 가지 면에서 차이를 나타내고 있다. 우선 지리지를 가장 크게 다루고 있는 점이 국가의식의 강렬한 표시[8]라 하겠다. 특히 압록강 이북의 영토를 명기하고 있어 발해를 제외시켰다는 종래의 주장은 타당성이 없다. 이러한 영토의식은 5악岳·4진제鎭祭·4해제海祭 등 중사中祀의 내용에 보여지고 있다.

지의 내용에서 주목한 다음 사실은 5·4두품에 대한 해석이다. 의복·옥사屋舍 기타 기용器用에 있어서 6두품 이상과 그 이하에 차이를 둔 반면에 3·4두품과 평민간에는 별 차이를 두지 않았다는 점이다. 이것은 신

8) 지리지의 풍부함이 곧 국가의식이라는 것은 좀 지나친 비약일 수도 있다. 그러나 그것이 '전승된 자료'의 풍부함에 기인된 것일지라도, 많은 중국문헌의 참고가능성을 생각할 때 우리측 문헌에 의한 지리지의 많은 할당은 어느 정도 국가의식의 소산이라 생각된다.

라시대의 계급의식에 대한 새로운 시사점으로 지적할 수 있다. 즉, 통일전쟁에 참여한 다수의 평민이나 하층귀족들의 정치적 지위 상승은 결국 국가와 역사의 주인공이 백성들임을 확인케 하였고, 유교정치의 발달로 위민정책은 무열왕권의 확립에 따라 더 촉진되었다. 따라서 백성을 학대하는 것은 곧 나라를 위태롭게 하는 것이어서 백성과 국가를 일치시켰던 것이다. 이것이 지에 나타난 많은 금지조항의 설치이며, 귀족과 백성을 하나의 법규 속에 묶어 국민으로서의 권리와 의무를 제시한 것이다.

지志에서 보여준 또 하나의 특징은 풍부한 사료의 내용이다. 『책부원귀』·『당서』(신·구), 『자치통감』 등 중국문헌을 두루 섭렵한 후, 그 출전을 밝힘으로써 사서의 체제를 갖추고 있었다. 이것은 중국문헌의 전재라는 현실에서 불가피한 것이지만 본기·열전에는 거의 표시하지 않은 점과는 비교될 수가 있다.

열전에 나타난 가장 큰 역사의식은 역사의 추진력이나 전개과정에서 개인의 능력을 크게 강조한 영웅사관이라는 점이다. 이러한 경우는 김유신金庾信의 과찬이나 살수대첩에서의 을지문덕乙支文德의 역할을

> 요동전역遼東戰役에 군사를 동원한 것은 전고前古에 없던 바이다. 고구려가 아주 보잘것없는 작은 나라였으나 능히 스스로를 보위하였고, 대군을 전멸시킨 것은 을지문덕 일인의 힘이다.<권44, 열전 4, 을지문덕>

라고 하여 개인의 역량을 강조하고 있었다. 특히 개인능력이 국가운명을 좌우한다고 하는 그의 영웅사관 속에서 유지된 사상적 무기는 충신의忠信義의 유교사상이었다. 따라서 멸사봉공의 충의 실현이 개인의 책임이며, 인간은 어떠한 부분에서도 국가(왕)에 봉사하는 길을 찾아야 한다는 점이다. 열전에 나타난 69명 중에서 7세기에 활약한 인물이 34명이며 또 그 중이서 21명이 순국한 사람들이다. 국가를 위해서 죽은 사람들이 대개 6두품 이하의 계층이다. 이것은 명신·명장이 국가에 봉사하는 것처

럼 백성도 국가에 봉사(죽음)해야 하며, 비령자丕寧子·거진擧眞의 부자와 함께 죽은 종(노奴) 합절合節의 경우처럼 계급을 초월한 국민의 의무적 행위와 윤리적 덕성을 제시한 것이다.

3. 논찬論贊에 나타만 김부식의 역사인식

중국의 정사正史 어느 책이든 그 속에는 저자의 주관이 반영된 논찬論贊이 있다. 따라서 『삼국사기』에도 31칙의 논찬[9]이 있는바, 대개 논論으로 표시되어 있다. 찬자撰者가 사서史書를 편찬할 때 사실의 취사선택이나 서술의 체재 및 분류에 사관을 반영[10]하는 것은 당연하다. 그러나 서술의 체제나 분류는 사마천 이래의 정사正史에 준하기 때문에, 포폄褒貶이나 평가에 대한 저자의 주관은 거의가 논찬에 나타나기 마련이다.

이러한 31칙의 사론史論에 대해서 고병익씨는 '포폄을 목적으로 한 유교윤리적 평가와 중국 중심의 예론禮論으로 일관되었고, 예법·덕치·군신행동으로' 세분된다고 특징지었다. 따라서 예법 준칙에 관계된 것이 6칙, 유교적인 덕치주의의 관점에서 내린 시비의 논의가 7칙, 군신의 행동을 논한 것이 8칙, 사대예절의 준수에 대한 것이 3칙으로 설명한 바 있다.[11]

그러나 본기와 열전에만 보여지는 31칙의 사론을 살펴보면, 대개가 유교약인 예법이나 윤리관에 입각하고 있음은 사실이다. 따라서 남해왕南解王 즉위년 칭원법稱元法이나 생부(첨해왕沾解王)를 봉왕封王하는 비례의 지

9) 원래 論은 일반사실에 대한 평론이며, 贊은 국왕에 대한 것인바, 『삼국사기』에는 전부 論으로 되어 있다. 그리고 論贊의 수에 있어서 末松保和씨는 28칙, 고병익씨는 30칙으로 보았으나, 정구복씨가 지적한 대로(「삼국사절요에 대한 사학사적 고찰」, 125쪽) 31칙이 정확하다.

10) 변태섭, 1977, 「고려사·고려사절요의 사론」『사총』 21·22, 117쪽.

11) 고병익, 1969, 「삼국사기에 있어서의 역사서술」『김재원박사회갑논총』, 9~16쪽.

적을 비롯하여 비례非禮·무도無道를 가장 크게 비난하고 있다. 그러나

> 아내를 얻는데 있어서 동성同姓을 취하지 않는 것은 인륜의 분별을 두터이 하는 때문이다. 그런데 신라에서는 동성의 아내를 취하고 형제의 자질子姪이나 고이姑姨 ·종자매從姉妹를 모두 아내로 맞이하고 있으니, 비록 외국과는 서로 풍속이 다를지라도 중국의 예의법속으로 이를 책망하면 큰 잘못이다.[12] <권 3, 내물왕즉위奈勿王卽位(논論)>

라 하여, 동성同姓불혼이 중국의 일반적인 예禮라 할지라도 이를 중국의 법속으로 판단할 것이 아니라, 신라의 토성土性으로 이해하라는 점이 중요한 것이다. 바로 여기에서 우리는 김부식사관의 특질을 보게 된다. 즉, 그는 춘추지법이나 유교적인 예론이라 해도 그것이 반드시 일률적으로 적용되어서는 안 된다는 주장이다. 따라서 혁거세가 부인(알영)을 데리고 순행한다든가 왕후를 성인聖人으로 본 점을 조선초 사가史家들은 집중적으로 비난했던 것이다.[13] 따라서 우리는 김부식이 철저한 중국 중심의 예론을 받들었지만 실제로는 자국의 독자성을 강하게 내세운 장본인이라는 점을 지적할 수 있다. 이러한 자아의식은

> 신라왕의 칭호는 거서간居西干과 차차웅次次雄이 하나씩이고 이사금尼師今이 16명이며 마립간麻立干이 4명이다. 그런데 신라말의 최치원의 제왕연대력帝王年代曆에는 모두 왕이라 칭하고, 거서간 등의 명칭은 쓰지 않았다. 이것은 그 칭호가 비야鄙野하여 그렇게 부르지 못한 것일 것이다. (중략) 그러나 신라의 사실史實을 기록함에 있어서 그러할 방언方言을 그대로 남겨두는 것이 옳을 것이다.<권 4, 지증마립간원년智證麻立干元年(논論)>

라 하여 신라 고유왕명을 그대로 사용하고 있음에 잘 나타나 있다. 이것

---

12) 고병익씨는 내물왕의 同姓娶妻에 대한 論의 설명에서 동성취처를 비난한 것(앞의 논문, 10쪽)으로 생각하였으나, 오히려 이를 중국식으로 보지 말라고 옹호하였다.
13) 고병익, 앞의 논문, 17 및 정구복, 「동국사략에 대한 사학사적 고찰」『역사학보』 68, 39～42쪽.

은 단순한 자아의식이 아니라 사실을 사실대로 기록하는 역사가의 자세인 것이다.

그러나 김부식은 현실과 명분 속에서 무척 고민하다가 현실을 택한 흔적이 엿보인다. 즉, 제천祭天은 천자가 하는 것임을 잘 아는 그였기에 제사지祭祀志에는 분명히 할 수 없는 것으로 표시하였다. 그러나 백제·고구려 사실에는 그것을 은연중 나타내고 있어, 12세기 당시 제천행사를 행하고 있던 현실과 연결시켜 놓았던 것이다. 따라서 유리왕瑠璃王 19년과 21년의 연달은 교시일郊豕逸을 김부식은 논論하지 않았으나, 조선초의 권근權近은 예를 벗어난 행동에 대한 하늘의 벌[14]로 생각했던 것이다.

이러한 김부식의 현실 이해의 자세[15]는 결국 역사서술에 있어서 현실주의적 사관을 갖게 하였다. 신라삼보三寶에 대한 사론에서

> 신라의 3보寶도 사람들의 사치스러운데서 된 것일 뿐이며 (중략) 맹자의 3보賓가 토지, 인민, 정사政事인 것같이 (중략) 일국을 선善으로써 하고, 밖으로는 사해를 윤택하게하면 그 외 무엇이 보寶가 될 것인가.<권 12, 경명왕景明王 5년>

라 하여 우리가 필요한 것은 선정이지 그러한 사치스런 보물은 필요가 없는 것이라 하고 있다. 더구나

> 부모의 병에 약을 달여 먹이는 것은 효이나, 아직 자기 몸의 살을 베어 약으로 썼다는 말은 듣지 못하였다. 그것이 옳다면 성현들이 누구보다 먼저 했을 것이 아닌가.<권 48, 열전 8, 성각聖覺>

에서와 같이 향덕向德·성각聖覺의 할고지효割股之孝를 비난하고 있어 예나 효라고 반드시 중요한 것이 아니라 현실적인 입장을 고려해야 한다는 것이다.

---

14) 『동국통감』 권1, 고구려 유리왕 19년조, 權近史論.
15) 고병익, 앞의 논문, 16쪽.

특히 김부식은 역사를 교훈으로 생각하였기 때문에 사실은 사실대로 밝혀 후세에 비판을 받아야 한다는 생각이다.

> 왕을 죽이거나 쫓아낸 노魯의 환공桓公 등 4군君[16]의 죄는 사람들의 귀를 가릴 수 없는 법이니, 사람들은 이러한 사실을 통해 악함을 깨닫고 이를 그친 것이다.<권 10, 신무왕神武王(논論)>

라고 하여 전왕을 살해한 사실을 직서直書함으로써 후세 사람들로 하여금 악함을 깨닫게 하여 역사의 교훈을 삼으려 한다는 것이다. 따라서 그는 왕의 존엄성을 강조하여 어떤 경우라도 왕을 죽인 자는 모역謀逆을 기다릴 것이 아니라

> 춘추春秋의 법에 신하가 장래가 없으면 반드시 죽여야 하는 것이라 하였다. 백가苩加는 왕을 죽여 원래 악함이 커서 천지가 용납되지 못하는 법이다. 그런데 그를 죄로서 다스리지 못하고 있다가 이때(모반謀叛)에 이르러 스스로 난을 면치 못함을 알고 모반 뒤에 죽었으니 때늦은 것이다.<권 26, 무령왕武寧王 원년(논論)>

라 하였다. 이와 동시에 왕은 충직한 간을 받아들여야 한다는 점을 지적하였다.

> 만약 위징魏徵이 있으면 나로 하여금 이러한 생활을 있게 하지는 않았을 것이다.<권 21, 보장왕 4년조>

라 하여 당태종이 중신들의 간諫을 외면했기 때문에 패망했다는 사실을 지적하고 있다. 따라서 유리왕瑠璃王이 태자를 자살케 한 것은 부자가 모두 '부불부父不父 자불자子不子'가 된다는 것이며, 대무신왕과 그 아들(好

---

16) 신무왕의 論에서 桓公(魯)은 隱公을, 宣公은 子赤을 죽이고 왕이 되었으며, 鄭厲公은 世子 忽을, 衛公孫剽는 君衎을 축출하고 왕이 되었는바 이들 4君을 春秋에는 모두 君主로 표시하였다.

童)의 경우(자살)도 다 같게 보았다.[17] 그리므로 왕·신하·백성은 각기 자신의 임무를 다할 때 국가의 안정이 오는 것으로 생각하였다. 따라서 국가간의 질서, 상(지배층)과 하(피지배층)의 조화를 잃게 되면

> 나라의 상하중서上下衆庶가 화목해야만 비록 대국이라도 능히 공취할 수가 없는 법이다. 따라서 나라에 불의하고 백성에 불인不仁하면 곧 백성의 원망이 되어 나라는 스스로 망하게 된다.<권 22, 고구려본기 말미末尾의 (논論)>

는 것이며, 나아가서

> 여항閭巷에는 탑묘塔廟가 즐비하여 평민들은 사찰寺刹로 도망하여 중이 되며, 병농兵農은 날로 줄어들고 국가는 점점 쇠약해졌으니 어찌 망하지 않으랴.<권 12, 경순왕 9년(논論)>

라 하여 상하의 불화不和나 사회적 혼란은 필연적인 국가멸망으로 귀결시켰다. 끝으로 『삼국사기』의 사론史論은 그대로 김부식의 주관이 반영된 것으로 역사 서술방법에서 『고려사』·『고려사절요』·『동국통감』·『동국사략』 등과는 다르다. 즉, 『고려사』의 왕찬王贊(33칙)은 편저자의 것이 아니었고, 『고려사절요』의 108칙도 고려대의 인물의 것이었다.[18] 『동국통감』도 기왕의 사론이 주류를 이루고 있으며 『삼국사절요』도 찬자撰者의 사론史論이 전혀 없다.[19] 그러나『삼국사기』는 자신의 책임하에 이룩된 저서에다 자신의 사관을 자신의 책임으로 기술하였으며, 안시성주安市城主의 성명 누락을 애석하게 생각하는 『삼국사기』 전체에 흐르는 일관된 사론을 가지고 있었다. 따라서 그의 자유로운 논찬論贊이나 사실의 비판은 그 후 사가史家의 준거準據가 되었던 것이다. 즉, 그의 사론史論은 한국사에 있어서 고전적 원형의 사론이 되었고, 특히 역사서술의 방법을

17) 『삼국사기』 권13, 瑠璃王 28년(論)
18) 변태섭, 앞의 논문, 118쪽.
19) 정구복, 1975, 「삼국사절요에 대한 사학사적 고찰」 『역사교육』 18, 125~126쪽.

제시함으로써 한국 정통사학의 길잡이가 되었다.

그러므로 우리는 일률적으로 『삼국사기』를 유교중심의 사대주의적인 개악서改惡書라고 규정지을 수는 없을 것이다. 동양사회에서 역사의 성격이 유교를 떠나서 존재할 수 없었고, 역사의 서술방법이 중국의 그것과 떨어져 생각할 수 없기 때문이다. 즉, 우리는 하나의 사서史書가 중국의 책과 형태나 체제가 비슷하다고 무조건 사대적이라고 비판할 수만은 없을 것이다. 그러한 사대적인 시대환경과 유교중심의 사회배경 속에서 꾸준한 자아발견의 자세를 고려해야 할 것이다. 이러한 관점에서 볼 때 『삼국사기』는 중국문헌을 답습하였고, 또 유교적이면서 사대적인 입장을 갖고 있음은 분명하다. 그러나 12세기의 시대정신을 생각할 때, 김부식의 사관은 한漢문화의 위압 속에서도 꾸준히 지켜온 자기발견과 현실비판의 자세를 견지하고 있었다.

『삼국사기』의 성격은 이러할 국가의식만이 있는 것이 아니라, 역사를 국가의 구성요소인 왕·신하·백성간의 상호작용으로 풀이이하면서, 위민정치의 실현에 의한 이상국가실현의 수단으로 보려는 데 있다. 나아가서 역사가 국민교화의 방편으로서 현실비판의 도구인 동시에 역사에 있어서 개인의 역할을 강조하였다. 김부식은 통일과 분열이라는 사회현상을 일정한 역사의 상궤常軌로 파악한 후, 모든 사회현상 내부 자체에서 역사발전의 인자因子를 찾으려는 역사의 발전론을 제시하였다. 따라서 국가의 기본요소인 왕, 신하, 그리고 백성간에 존재하는 의무적 행위와 윤리적 덕성이 역사의 내용이며, 자연현상(천재지변)과 인간행위(국가행위－정치·전쟁·외교)와의 상호작용 속에서 역사발전의 요인을 찾으려 한 것이다. 이러한 역사의식은 분열과 통일이라는 정치현상에서 사회변혁의 당위성을 구하였고, 역사의 발전성 내지는 필연성을 강조하였다.

제2절 삼국사기의 역사적 성격

1. 김부식의 생애

김부식金富軾(1075~1151)은 『삼국사기』를 편찬함으로써 한국전통사학을 정착시킨 우리나라 최고의 역사가이다. 동시에 12세기에 있어서 대표적인 유학자였으며, 묘청妙淸의 난(1135)을 진압한 책임자로서 왕권의 위상을 높여준 당대 최고의 정치가였다. 그러나 종래 그에 대한 연구는 단순히 역사가로만 평가되었으며, 단재丹齋 신채호申采浩의 극단적인 사대사상가론事大思想家論에 매몰되어 그에 대한 정당한 평가가 되지 못하였다. 따라서 우리는 그를 단순한 역사가로서가 아니라 유학자인 동시에 문장가, 그리고 공맹사상孔孟思想을 우리 현실에 맞추어 변형시킴으로써 강렬한 국가의식을 강조한 정치사상가로서 그 위상을 재정립할 필요성을 느낀다.

김부식은 신라왕족의 후손이다.[20] 그러나 당대의 명문대가名門大家인

---

20) 『고려사』(권97, 김부일)에 '其先新羅宗姓'이라 하여 왕족의 후손임을 밝히고 있다. 그러나 당대의 명문대가인 그 가무에 대한 소략한 기록은 의문을 갖게 한다. 특히 부친명과 그 후손이름의 逸失은 鄭仲夫의 난 때 族滅하였을 가능성이 크다. 다만 『慶州金氏上系世代一覽』(2000, 경주김씨족보연구회, 1쪽)에서는 그를 大將軍公派(麻衣太子인 鎰)의 장남인 善雄의 후손으로 간주하였고, 김부식의 부친을 元沖으로 표기하였다. 한편 김연옥은 金君綏의 詩(「東部客館」)에 나타난 무열왕손이란 詩句에 따라 무열왕계로 파악하기도 한다(1982, 「고구려시대 경주김씨가계」 『숙대사론』 11·12, 236쪽). 그러나 현재 그 가문의 계보(선대)를 확인하기는 어렵지만, 마의태자(일)의 후손이 皆骨山에서 抗麗運動을 하다가 두만강 유역으로 망명하여 金을 세웠다는 사실을 감안할 때(신형식, 1999, 「신라도 광복운동을 하였다」 『신라의 멸망가 마의태자의 광복운동』, 27~29쪽) 경순왕의 다른 아들계통으로 경순왕과 함께 고려 투항에 적극적으로 협조한 계일일 가능성이 크다. 이러한 추측은 김부식의 증조부(金魏英)를 王建이 慶州州長으로 삼았기 때문

그에 대한 기록(『고려사』)에는 증조(김위영金魏英)와 부친(김근金覲) 및 4형제(부필富弼·부일富佾·부식富軾·부철富徹)와[21] 두 아들(돈중敦中·돈시敦時), 그리고 손자(君綏)의 이름만이 전하고 있을 뿐이다. 그러나 이 가문은 김부식의 조부명祖父名이 나타나 있지 않으며, 위영魏英이 경주의 호장戶長이 된 사실로 보아 신라의 구왕족으로서 명목만 유지한 듯하다. 동시에 그의 가계가 갖고 있는 '기선신라종성其先新羅宗姓'의 의미가 무열계武烈系가 아니라 경순왕계敬順王系=원성계元聖系임을 밝혀 그 선대의 계통을 확인할 필요가 있었다. 나아가서 이들 가문이 김근金覲대에 이르러 중앙에 진출할 수 있었고, 실력(과거)에 의한 입신출세의 신흥귀족이었음을 밝힘으로써 주로 한림직翰林職이나 청요직淸要職을 통해 이들이 적극적으로 왕권에 협조하게 되는 과정을 볼 수 있게 되었다. 김부식은 묘청의 난을 정벌하여 분열주의자에 대한 엄격한 징벌을 가했으며,[22] 『삼국사기』를 저술하여 외척에 시달린 인종의 왕권강화를 뒷받침한 것이다. 이미 예종대에 군주권의 강화를 목적으로 한 개혁정치를[23] 목도한 김부식으로서는 정국을 주도할 필요성에서도 친왕적親王的 행동은 당연한 귀결이다.

그러나 우리는 김부식의 위상을 역사가로서만 평가해서는 안될 것이다. 그는 당대를 대표하던 정치가로서의 역할과 그의 투철한 국가관과 유학적 덕목을 지닌 사상가였기 때문이다. 따라서 역사가로서의 그의 역사인식과 정치가로서의 국가관, 그리고 사상가로서 그의 사상이 갖는 공맹사상과의 관련성 및 그와의 차이성을 종합적으로 정리할 필요가 있다.[24] 이것은 12세기 안으로의 자살적인 외척갈등外戚葛藤 속에서 추구

이다. 또는 마의태자의 북방이동에 반대한 일파(왕자)로 왕건에 협조한 대가로 경주의 주장으로 임명되었을 가능성도 있다.

21) 김부식의 형제가 『고려사』에는 4명이지만 그가 찬한 「靈通寺大覺國師碑文」에 승려가 된 玄湛이 더 있었다(정구복, 1999, 「김부식과 삼국사기」 『한국중세사학사』, 집문당, 228쪽).

22) 신형식, 1981, 『삼국사기연구』, 일조각, 370쪽.

23) 박종기, 1993, 「예종대 정치개혁과 정치세력의 변동」 『역사와 현실』 9, 54쪽.

한 왕권의 확립과정과 밖으로의 여진의 군사적 위협이라는 상반되고 모순되는 당위성에서 나타난 현실적 요청이 있기 때문이다. 즉 새로운 여진의 군사적 도발과 지배층의 갈등에서 오는 위기의식과 2세기여년을 다져온 왕실의 번영이라는 두 개의 명제 즉 '위기와 번영이라는 구속속'에서[25] 김부식의 사상을 재조명해야 한다는 것이다.

이러한 시도는 진부한 『삼국사기』의 성격논쟁에 매몰되어[26] 김부식의 역사관과 사상이 왜곡되어 왔던 기존의 시각을 벗어날 수 있다고 생각된다. 따라서 그의 정치적 역할과 사상적 접근을 통해[27] 그의 역사적 위상을 재조명할 수 있을 것이며, 중국의 유학적 개념이나 전통적인 정치사상이 김부식에 의해서 어떻게 변용되었는가 하는 것은 한국유학의 토착화 과정을 정리하는 계기가 될 것이다. 이러한 시도 속에서 우리는 한국의 정통 역사서술이나 정치사상의 정착과정은 물론 김부식의 위상을 정립하는 계기가 되리라 기대한다.

김부식은 1075년(문종 29)에 경주에서 태어났으며, 그곳에서 성장하였다. 그의 가계는 신라 구왕족이었으나 조부명이 전해지지 않으며,[28] 부친(김근金覲) 때 과거에 합격함으로써 비로서 관계에 등장할 수 있었다. 『고려사』(권97·98, 열전10·11)에 기록된 그의 가계는 <표 2>와 같다.

---

24) 정구복, 1996, 「김부식의 생애」 『역주 삼국사기』 1, 494~505쪽.
    ______, 1999, 「김부식과 삼국사기」 『한국중세사학사』 1, 집문당, 227~244쪽.
    신형식, 1981, 「김부식의 생야와 삼국사기의 편찬」 『삼국사기연구』, 6~10쪽.
    ______, 1994, 「김부식」 『한국의 역사가와 역사학』, 창작과비평사, 57~59쪽.
25) Edward J. Schults, 1991, 「김부식과 삼국사기」 『한국사연구』 73, 12~15쪽.
26) 고병익, 1969, 「『삼국사기』에 있어서 역사서술」 『김재원박사회갑논총』, 29~32쪽.
    김철준, 1973, 「고려중기의 문화의식과 사학의 성격」 『한국사연구』 9, 82~83쪽.
    이기백, 1976, 「삼국사기론」 『문학과 지성』 26, 873쪽.
    신형식, 1981, 「삼국사기의 편찬과 연구성과」 『삼구사기연구』, 16쪽.
27) 佐藤將之, 1995, 「삼국사기 정치사상의 연구」, 서울대 학위논문.
28) 『경주김씨상계세대일람』에는 『三姓淵源譜』(1652)에 따라 元沖으로 되어 있으나 그 출전을 밝히지 않아 확인하기가 어렵다.

〈표 2〉 김부식의 가계

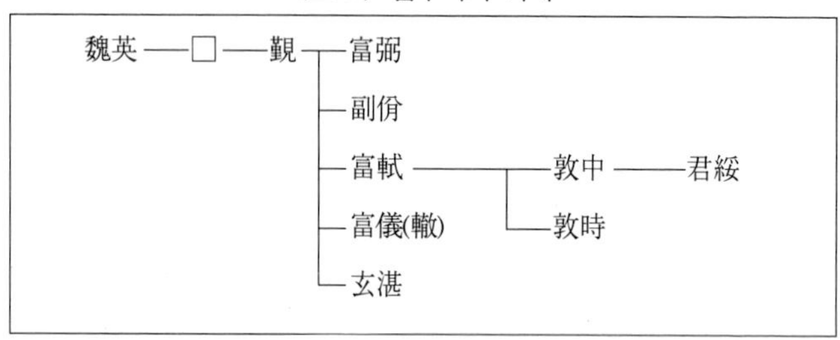

이러한 기록에 의하면 그의 가계는 단지 '신라종성新羅宗姓'이라고 하여 분명한 계보를 밝히지 않았다. 다만 경순왕이 경주의 사심관事審官으로 임명될 때 김위영金魏英이 경주주장(慶州州長=호장戶長)으로 임명된 것으로 보아 구왕족에 대한 정치적 배려로 생각된다. 그러나 이들 가문의 위상에 대해서는

> 重念臣衣冠遠孫 寒素單族 少而孤賤
> 常恐未免於飢寒 壯則猖狂 不敢妄期於富貴
> 因緣資序 過竊寵榮 雖叨將相之大名
> 猶有生平之舊態 頑愚無恥 儉陋自居[29)]

에서와 같이 가문의 세력이 한소단족寒素單族·기한飢寒으로 고천孤賤이라고 한 것을 보면 이러한 기록은 그들 형제들이 과거에 합격하여 정치활동을 하기 전의 모습이라 보여진다. 이들의 어려웠던 삶에 대해서는 '잔등고침와유헌殘燈孤枕臥幽軒'이나 '농가생계간래관農家生計看來慣 시도교유일점소市道交遊日漸疎'라는 표현에서도 역력했다.[30)] 더구나 그의 부친이 요절하였으므로[31)] 가세가 한미寒微할 수밖에 없었다.[32)] 따라서 『고려도

29) 『東文選』 권42, 「辭恩命表」.

30) 『동문선』 권19, 「重修院雜詠」.

31) 정구복은 김부식이 14~15세 때 부친이 사망한 것으로 확인하고 있다(정구복, 1996, 「김부식이 생애」 『역주 삼국사기』 1, 495쪽).

경高麗圖經』(권8, 인물)의 고려대족高麗大族이란 표현은 인종대 김부식 활동기의 모습이라 여겨진다. 따라서 그 가문은 김부식 형제 당대에 귀족가문으로 성장하였을 가능성이 크다. 이러한 사실은 김부식의 4형제가 문음門蔭이 아닌 '스스로의 실력(과거)'으로 중앙관리로 진출하였고, 특출한 능력에 의한 발탁과[33] 이들 대부분이 청요직淸要職인 간의대부諫議大夫나 한림직翰林職에 기용된 점은 격심한 귀족들의 대립구도(경원이씨, 파평윤씨, 해주최씨, 단주한씨 등)를 목도한 예종대(1105~1122)의 정치개혁과 친정체제의 구축 속에서[34] 인종대(1122~1146)의 친위세력 확보책으로 생각할 수 있다.

김부식의 가계에 대해서 일찍이 '무열계'란 주장이 제기된 바 있다. 그러한 근거는 군수(김부식의 손자)가 쓴 「동도객관東都客館」의 시에 나타난 무열왕손이란 표현 때문이었다.[35]

---

32) 그의 가문을 명문대가로 보는 견해가 있으나(이종문, 1984, 「고려전기의 문풍과 김부식의 문학」『한문학연구』 2, 25쪽) 그의 가문은 왕족의 후예로 명문일 수는 있지만, 대가일 수 없다는 견해가 참고가 된다(정구복, 1999, 「김부식과 삼국사기」『한국중세사학사』 1, 228쪽).

33) 김부일의 경우 '少力學登第'(『고려사』 권97, 열전10)라든가, 부필의 경우 尹瓘의 휘하에서 여진 정벌을 하였다든가(『고려사절요』 권7, 예종 2년 12월)로 볼 때 가문의 힘이 작용된 것은 아닌 듯하다. 특히 김부식은 자신이 "양반의 후손이지만 가난하며 외롭고 가난을 면치 못하였다(重念臣衣冠遠孫 寒素單族 少而孤賤)"고 하였고(『동문선』 권19, 「重修院雜詠」), 또 자신이 '평지의 한문에 태어났음(平地寒門 凡材俗學)'을 고백하여(『동문선』 권43, 「謝門下侍中表」) 가난했던 자신을 토로하고 있다.

또한 『고려도경』(권8, 인물)에도 '博學强識 善屬文 知古今爲其學士所信服無能出其右者'라 하여 당대 제1인자였음을 나타내고 있다. 특히 直翰林에 발탁되는 인물은 거의가 과거에서 1·2등 합격자였다는 점도 그들 가문의 능력을 보여준다(周藤吉之, 1980, 「高麗前期の翰林院つ誥院」『高麗官僚制研究』, 법정대 출판부, 209쪽).

34) 남인국, 1990, 「고려 예종대의 정치세력의 구성과 동향」『역사교육논집』 13·14. 박종기, 1993, 「고려 예종대의 정치개혁과 정치세력의 변동」『역사와 현실』 9.

35) 김연옥, 1982, 「고려시대 경주김씨의 가계」『숙대사론』 11·12, 236쪽.

武烈王孫文烈家 鷄林眞骨得無誇
故鄉尙在天東角 今幸來遊作使華[36)]

그러나 여기서 보여지는 무열왕손은 자신의 가문에 대한 것이 아니라 무열왕실(주로성덕왕과 경덕왕)이 북방을 경영할 때[37)]세운 동도東都의 객관客館을 보고 느낀 것으로 거란의 격퇴시에 북방에서 고향을 생각하며 쓴 시라고 생각된다. 즉 그가 머문 객관이 무열계인 문열이 세운 큰 집임을 생각하며, 신라(계림)시대 진골가문의 당당한 위풍을 노래한 것으로 보인다.[38)] 따라서 그는 무열계가 될 수 없다. 무열계는 원성왕 이후 정치의 주류에서 밀려난 지 150여년이 지났으며, 더구나 무열계를 대표했던 김주원계가 강릉으로 밀려난 후 김헌창의 난(822)으로 그 세력이 크게 위축되었으므로 그의 선대가 경주주장으로 대우받을 처지가 아니었다. 그러므로 그의 가계는 무열계가 될 수 없으며 경순왕계였다.

김부식은 일찍 부친을 여위었으나 부친의 학문을 이어받아 1098년(숙종 원년 : 22세)에 과거에 합격하였으며,[39)] 그 4형제들도 그 시기를 전후해

---

36) 『동문선』 권19, 「동도객관」.

37) 신형식, 1984, 「무열왕권의 성립과 활동」『한국고대사의 신연구』, 125쪽.

38) 동도의 위치는 알 수가 없다. 그러나 君綏가 西北面兵馬使로 출정한 기록(『고려사』 권98, 열전10)을 전후한 고종(1213~1259) 초에 거란(大遼收國이 서부(북계) 뿐 아니라 동북부(동계)와 交州道 일대(영흥·원주)에 출몰하고 있었다. 따라서 그는 동도(강릉으로 추정)에서 전방수비의 책임을 맡았으므로 동도객관은 그 곳의 객관(동헌)을 지칭하였을 가능성이 크다. 그렇다면 무열왕손은 金周元을 지칭할 것이며, 그대 文烈家는 신문왕이 확립된 5廟에서 무열계 시조인 文興大王의 文과 무열왕(김춘추)의 烈(문무가 되면 문무왕이 되기 때문에 武자를 피함)을 합칭한 것으로 추정된다. 더구나 당시 崔忠獻執權期에 文烈公(김부식)을 詩題에 올릴 입장이 아니었다. 金敦中이 1144년(인종 22)에 과거에 합격하였으므로 이때 20대 중반으로 생각할 때 그가 피살되었을 때(1170)는 50대 초반이 된다. 金君綏의 경우 1194년(명종 24)에 과거에 합격하였으므로 기록대로라면 그는 무신란(1170) 때 태어나지 않았어야 한다. 그때 태어났다면 부친과 함께 화를 입었을 것이다. 더구나 당시 최씨정권하에서 김돈중의 아들을 과거에 합격시켰을리 없다. 따라서 군수의 경우 가계에 의문이 간다.

서 각기 합격하였다. 이어 그는 안서대도부사록참군사(安西大都府司祿參軍事 : 정7품)에 임명된 후 곧이어 한림원의 직한림直翰林에 발탁되었다. 이후 그는 20년간 재직하면서 당대 고문古文의 대가인 김황원金黃元, 이궤李軌 등과 교유하면서 중국고전을 연구하고 학문을 익혔다.[40]

김부식이 과거에 합격했을 때 당시 고승인 의천義天(1065~1101)이 천태종을 개창하면서 불교를 번창시키고 있었고, 33세가 된 1107년(예종 3)에 윤관尹瓘의 여진정벌이 있었으나 곧 9성城의 환부還附로 조정이 시끄러운 때였다. 더구나 40대에 이르러 거족巨族으로 대두된 김부식 가문은 윤관 가문과 대립하게 되었으며, 특히 대각국사비문大覺國師碑文의 찬撰을 둘러싸고 윤언이尹彥頤(윤관의 아들)와의 충돌을 비롯하여 인수절仁壽節과 납비納妃 문제로 이자겸李資謙과 갈등을 일으키면서도 그는 한결같이 왕의 편에 서 있었다. 무엇보다도 김부식은 정치의 기본단위로서 투철한 국가의식과 강력한 왕권의 권위를 위한 한결같은 존왕사상尊王思想을 나타내고 있었다. 그것이 결국 『삼국사기』의 편찬의도인 것이다. 이와 같이 존왕적尊王的인 필요성은 이자겸·한안인韓安仁 등 정국주도를 위한 정치세력의 갈등을 목도한 예종의 정치개혁의[41] 연장선에서도 발견할 수가 있는 것이다.

김부식은 1116년(예종 12)에 42세의 장년으로 이자량李資諒(정사)·이영李永(부사)의 서장관書狀官으로 송宋에 들어갔다. 당시는 여진에게 9성을 환부한지 7년이 되었으며, 여진이 국호를 금金으로 고친 다음 해로서 그 나라에 대한 군사적 압력이 밀려오던 때였다. 당시 사행使行의 목적은 대성악大晟樂을 보내준 데 대한 사은사행謝恩使行이었으나 내면으로는 거란에 대한 여진과의 교섭요청에 응하는 한편, 당시 정세파악의 임무를 띠

39) 허흥식, 1981, 『고려과거제도사연구』, 일조각, 272쪽.
40) 정구복, 1999, 앞의 책, 230쪽.
41) 박종기, 1993, 앞의 논문, 53~55쪽.

고 있었을 것이다. 더구나 6개월간에 걸쳐 휘종대(1100~1125)인 북송 말의 정치적 혼란, 특히 황제권력의 사권화와 측신의 발호를[42] 목도한 그는 환관과 영행佞幸의 횡포와 폐단을 피부로 느꼈을 것이며, 김부식은 소모적인 붕당정치의 문제점과 황제측근(환관·영행)들의 횡포가 지닌 망국적인 병폐를 확인한 계기가 되었을 것이다. 이어 1126년(인종 5)에는 흠종(1125~1127)의 진하사進賀使로 파견되었으나 송이 정강靖康의 변變(1127)으로 남천南遷하였으므로 헛되이 돌아왔다.

이러한 김부식의 송 왕복은 당시 송의 문물에 대한 광범한 이해와 『자치통감資治通鑑』과 같은 문헌을 갖고 옴으로써[43] 한문화漢文化에 대한 인식의 폭을 넓혔을 것이다. 그러나 그의 체송滯宋 생활에서 얻은 결론은 '외척·문벌의 갈등이 망국의 바탕이 된다는 것과 외족의 군사적 위협에서 오는 국방의 중요성'에 대한 인식이라 하겠다. 이러한 그의 해외견문은 자신의 정치사상이나 『삼국사기』의 편찬에 큰 영향을 주었을 것이다. 그는 무엇보다도 고구려와 백제의 멸망이나 백제·고구려의 부흥운동이 실패한 이유를 '지도층의 내분'에 있음을 강조한 사실은 그가 목도한 송의 난맥상에서 본 결과일 것이다.

> 나라의 상하중서上下衆庶가 화목해야만 비록 대국이라도 능히 공취할 수 없는 법이다. 따라서 나라에 불의不義라고 백성에 불인不仁하면 곧 백성의 원망이 되어 나라는 스스로 망하게 된다(『삼국사기』 권9, 보장왕 27년 말미).

라는 그의 고구려 멸망관은 결국 '분열과 갈등이 국가의 우환'이라는 북송의 현실을 목도한 현실진단이며, 당시 귀족갈등 속에 휩싸인 고려조정의 문제점 제기인 동시에 자기비판(반성)의 소리인 것이다.[44]

---

42) 이개석, 2000, 「숙종대 사권적 황권강화와 측신의 발호」 『신채식교수정년기념 송원사연구사논총』, 112~119쪽.

43) 권중달, 1980, 「자치통감의 동전에 대하여」 『중앙대문리대학보』 38, 48~50쪽.

인종(1122~1146)이 즉위할 때 김부식은 48세였다. 당시 그의 관직은 어사대부 추밀원부사御史大夫 樞密院副使(정3품)로 이자겸의 전횡기였다. 이때 인수절仁壽節 문제로 이자겸과 충돌하였으나 그 위세에 눌려 그의 비례非禮(중복된 왕실혼)를 외면할 수밖에 없었다. 이자겸 또한 당시 거족巨族으로 성장된 김부식 가문의 지원이 필요했던 만큼 정치적 이해관계로 이용했을 가능성도 크다. 이것이 김부식의 현실주의적인 한계였다. 이러한 사실은 신라사에 있어서 동성혼同姓婚을 받아들인 현실타협론에 따라 이자겸 몰락 이후의 인종의 정치적 입지를 높여주려는 의도라 하겠다.

1126년(인종 5)의 견송사遣宋使 이후에 그는 동지중추원사同知中樞院使에서 추밀원사樞密院使로 승진되었고, 1129년에는 정당문학政堂文學 겸兼 수국사修國史(종2품)가 되어 재상의 반열에 올라 왕의 경연을 맡기도 하였다. 그의 송 파견은 이자겸 몰락 이후 시급한 왕권회복의 노력으로 생각된다. 이와 같은 정치변동기에 있어서 새로운 추세는 묘청妙淸의 서경천도운동西京遷都運動으로 나타났다.[45] 따라서 이 시기에 나타난 종파적 유대나 사상적 이해관계에 따른 족당적族黨的인 정체세력의 형성은[46] 김부식 계열도 하나의 정치세력으로 성장하여 이자겸 세력에 대응할 수 있었고, 정지상鄭知常 일파나 서경파西京派에 맞설 수 있었다.

김부식은 50대 후반에 이르러 경주김씨의 대표적 존재로 부각되었고, 문장가로 당대를 풍미하게 되었다. 따라서 그는 이자겸의 난 이후 정치적 공백에 따라 대두된 정지상과 묘청의 결속에 맞설 수 있었다. 1135년(인종 13)의 묘청의 난 때 김부식은 61세였다. 당시 그는 왕명을 빙자하고 정지상·백수한白壽翰 등 서경동조세력을 제거하였고, 묘청의 난을 자신의 의지대로 진압하여 '수충정난정국공신 검교태보수태위 문하시중판이

44) 신형식, 1981, 『삼국사기연구』, 368쪽.
45) 강옥엽, 1997, 「묘청난의 연구동향가 새로운 인식모색」『백산학보』49, 171~206쪽.
46) 노명호, 1987, 「이자겸 일파와 한안인 일파의 족당세력」『한국사론』17, 서울대, 167~225쪽.

부사 감수국사겸태자태보輸忠定難靖國功臣 檢校太保守太尉 門下侍中判吏部事 監修國史兼太子太保'라는 특별관직을 받았다. 이때 김부식은 정지상은 물론 윤언이(윤관의 아들) 세력을 축출함으로써 자신에게 반대한 인물을 왕권에 도전한 분열주의자로 제거하는데 명분을 가질 수 있었다.

1138년(인종 16)에 김부식은 집현전集賢殿 태학사太學士가 되었고, 왕에게 『주역周易』을 강의하면서 왕의 가장 측근세력이 되었다. 그는 왕에게 송의 멸망이 '지배층의 내분'에 있음을 인식시켰으며, 국가의 흥망은 '강력한 왕권의 존재'에 있음을 강조하였다. 그러나 그의 세력 강화는 또 하나의 왕권견제세력의 등장을 의미한다. 따라서 1140년(인종 18)의 김부식 일파인 정습명鄭襲明의 시폐10조時弊十條는 그 내용은 알 수 없지만, 재상과 낭사郎舍(=간관諫官) 권한의 제약을 통한 왕권강화를 위한 노력이라 보여진다. 이러한 시폐10조의 불납不納은 김부식세력에 대한 견제이며, 윤언이의 복권에 따른 김부식 가문의 퇴장을 의미한다.

1142년(인종 20)에 김부식은 정계에서 물러났다. 그때 그의 나이는 68세였다. 불편한 심기로 물러난 김부식을 위로하기 위해 인종은 『삼국사기』의 편찬을 맡겼으며,[47] 4년간의 각고 끝에 이 책을 완성하였다. 결국 그는 묘청의 난 진압의 10주년을 맞추어 『삼국사기』를 완성함으로써 '분열에 대한 통일'의 기념사업으로서의 국사편찬의 의미를 나타내었다.

『삼국사기』를 완성했을 때의 김부식은 71세였고, 그 후 77세(1151년 : 의종 5)에 졸하였다. 그가 쓴 『삼국사기』의 서문(진삼국사표進三國史表)에 "노년에 이르러 정신이 혼몽하고 손이 떨려 붓이 내려가지 않았다"(洎至遲暮 日益昏蒙 操筆無力 臨紙難下)는 것은 당시 자신의 모습을 그린 것으로 볼 수 있다. 다만 그가 주도한 『예종실록』과 『인종실록』의 편찬은 그에게 역사편찬의 필요성을 더욱 촉진시켰을 것이며, 이것이 『삼국사기』의 편찬에 큰 도움이 되었을 것이다.

47) 정구복, 1999, 앞의 논문, 241쪽.

김부식의 생애를 그의 정치·외교활동과 당시 사건을 중심으로 도해하면 <표 3>과 같다.

〈표 3〉 김부식의 주요 활동

연령(서기)	주요 활동 및 사건	왕대
15세 전후	부친(覲) 사망	
22세(1096)	과거합격, 直翰林, 한림원 재직(~1126)	숙종 1
33세(1107)	尹瓘의 여진 정벌	예종 2
42세(1116)	송 파견(謝恩使 : 6개월 체류)	예종 11
51세(1125)	여진의 稱臣 요구	인종 3
52세(1126)	李資謙의 亂, 樞密院使, 御史大夫, 宋 파견	인종 4
55세(1129)	政堂文學 兼 修國史, 參知政事, 平章事	인종 7
61세(1135)	妙淸의 亂 토벌, 門下侍中, 監修國史	인종 13
64세(1138)	集賢殿 太學士	인종 16
66세(1140)	時弊十條, 尹彦頤 복권	인종 18
68세(1142)	은퇴	인종 20
71세(1145)	『삼국사기』 저술·편찬(1142~1145)	인종 23
77세(1151)	사망	의종 5

<표 3>에 의하면 김부식은 이자겸의 난과 묘청의 난을 목도하면서 왕권강화의 필요성을 체험적으로 인식하였고, 외적(여진)의 위협을 통해 민족의 시련을 피부로 느꼈다. 즉 안으로 국가적 시련과 밖으로 민족적 위기의식을 극복해야 한다는 당위성을 갖게 되었다. 따라서 왕과 신하는 이 난국을 극복해야 할 의무적 규범을 가져야 한다는 것이다. 그것이 『삼국사기』 내용의 구성을 전자는 본기에서, 후자는 열전을 통해 정리한 것이다. 그리고 정치사상의 입장에서는 공맹의 사상을 고려 현실에 맞게 인仁과 충忠을 하나의 덕목으로 제시한 것이다. 이러한 필요성은 두 번에 걸친 송의 방문을 통해 확신을 가질 수 있었다.

2. 김부식의 정치사상

김부식은 당대의 대표적 유학자였고 최고의 사상가였다. 서긍徐兢이 그를 만나본 인물편에 '박학강식 선속문 지고금博學强識 善屬文 知古今'이라고 한 사실이나 『삼국사기』에 인용된 유교경전(『춘추春秋』·『서경書經』·『예기禮記』·『역경易經』·『맹자孟子』 등)과 중국의 사서(『자치통감資治通鑑』·『책부원구冊府元龜』·『당서唐書』·『수서隋書』 등) 등으로 볼 때 그의 폭넓은 유교사상은 짐작이 간다. 따라서 그의 다양한 사상편력은 춘추대의春秋大義는 물론 왕도정치 이념을 현실정치에 활용하려 하였고, 치자治者로서의 명분과 덕목을 구현하려는 방법을 『삼국사기』의 서술 속에서 제시하였다. 그것은 공맹사상을 고려 현실에 맞게 변용하는 것이다. 그는 특히 천인합일설天人合一說에 입각하여 천재지변을 하나의 역사내용으로 정리함으로써 전통사학의 개념단위를 분명히 규정하고 있다. 그의 정치사상은 우선 논찬에서 나타났으며, 다음에는 『삼국사기』 서술내용이나 과정에서 표출되었다.

우선 논찬에 나타난 김부식의 사상은 무엇보다도 유교적인 예법禮法과 덕치주의德治主義에 입각한 명분론을 강조한 것이다.[48] 이러한 그의 사상은 외형적으로 '인仁의 실현체實現體로서의 예禮'라는 인간의 덕목을 의미한 것이다.[49] 동시에 삼국이 멸망한 것은 국가의 상징인 왕이 실정으로 덕치를 외면한 것으로 풀이하였고,[50] 무엇보다도 국가의 중심요체

---

48) 이상은, 1996, 「유가의 근본사상과 예악의 위상」 『유무상선생화갑논총』, 464쪽.

49) 儒家의 禮法에 따라 사례는 卽位年稱元(신라 유리왕), 父王追尊(신라 점해왕), 同姓娶婚(신라 내물왕), 女王卽位(신라 선덕여왕·진덕여왕) 등을 非禮로 지적하였다.

50) 김부식은 불교의 폐단과 경애왕의 荒樂 등으로 농민의 몰락을 신라 멸망의 원인으로 지적하였고, 고구려는 지배층의 내분과 暴吏의 放任에 따른 백성의 몰락을 원인으로 서술하였다. 백제의 경우도 지배층의 無道에 따른 隣國과의 不和를 들고 있는데, 이것이 곧 왕의 失政이라는 것이다.

인 왕(상上)과 신하(중中)가 행해야 할 행동규범을 쌍무적 존재로 파악한 것이다. 즉 왕과 신하는 그 자신이 지켜야 할 행동의 틀을 지켜야 한다는 것이다.[51)]

그러나 실제로는 김부식의 논찬에 나타난 정치사상은 무엇보다도 국가를 구성하는 요소인 상·중·하의 왕·신하·백성은 각기 해야 할 덕목이 있으며, 무엇보다도 국가를 상징하는 왕의 지위는 신성함에 기반을 두고 있다. 즉 왕권은 어떠한 이유에서도 제거될 수 없다는 것이다.[52)]

> 임금이 신하를 토벌하는 것은 누가 감히 원수로 생각하겠는가? 군명君命은 천명天命이니 죽음이 천명이라면 누가 감히 복수를 하겠는가?(『삼국사기』 권25, 개로왕 21년 사론).

와 같이 왕권에의 도전을 용납하지 않았으며, 왕을 시해난 자는 마땅히 제거(토주討誅)되어야 한다는 것이다. 이러한 왕권신수설은 결국 강렬한 국가의식과 투철한 자아의식에 기반을 둔 것이며, 국민은 누구나 현실적인 자기희생(멸사봉공滅私奉公)의 가치규범을 제시하는데 존재가치를 찾고 있었다. 따라서 왕권의 신성함을 뒷받침하기 위해서 신궁神宮의 주신主神이 천지신天地神임을 나타낸 사실도 참고가 된다.[53)] 다시 말하면 김부식의 정치사상은 국가운명을 결정짓는 왕의 임무(인정仁政)에서 찾았으며, 그 구체적인 모습으로서 위민정치, 현자발탁, 복지향상 등 이른바 맹자의 위민사상을 실천하는 것이다.[54)] 그러기 위해서는 왕권유지의 바탕이 되는 백성들의 삶을 보장하기 위한 다양한 시책을 군주의 필수적 요건으로 보았다.

---

51) 고병익, 1969, 앞의 논문, 10~13쪽.
52) 신형식, 1981, 『삼국사기연구』, 358쪽.
53) 최광식, 1983, 「신라의 신궁설치에 대한 신고찰」 『한국사연구』 43, 73쪽.
54) 유초하, 1979, 「맹자의 위민의식과 그 성격」 『민족문화연구』 14, 135~139쪽.

> 왕은 자신을 위함에는 검소하고 남을 위해서는 너그럽고 관제를 설치함에는 간결하며 정치를 행함에는 간편해야 한다(『삼국사기』 권12, 경순왕 9년 사론).

는 것이 왕정이며 그 요체이며, 따라서 백성과 나라가 안정된다는 것이다. 이러한 정상적인 왕권의 시행이 상하의 화목과 단합이 되어 국가보존이 가능하다는 것이다. 그러므로 논찬 속에 보여진 김부식의 사상은 '백성의 사상을 담보'로 하는 주체적 국가의식에 두고 있다. 이것은 몰락해가는 송의 정치적 현실과 강화되는 여진의 군사적 위협 속에서 나타난 민족보존을 위한 결과인 것이며, 귀족의 갈등 속에서 분출된 국가위기에 대한 반성인 것이다. 이와 같은 그의 정치사상은 동시에

> (가) 무릇 임금은 간사하고 아첨하는 자를 가까이 하고 정직한 자를 멀리 하지 않는 법이다凡爲君者 鮮不親近 邪佞 疎遠正直(『삼국사기』 권46, 설총).
>
> (나) 왕을 섬기는 법은 충성을 근본으로 하고 관에 있어서의 신의는 변하지 않는 것을 으뜸으로 삼는다事上之規 盡忠爲本 居官之義 不二爲宗(『삼국사기』 권8, 신문왕 즉위년 8월).

와 같이 왕과 신하 역시 지켜야 할 도리와 규범이 있는 것이다.

다만 그의 논찬에서 빈번히 나타나는 '사대의식'을 어떻게 평가해야 할 것인가 하는 것은 큰 문제이다. 즉 신라가 신속천자지방臣屬天子之邦이면서 독자적인 연호를 사용한 당혹성, 고구려의 대당강경정책은 겸선지의謙僎之義를 배반했다는 사실, 그리고 의자왕이 당명(조서調書)을 어긴 것은 소국지죄小國之罪라는 것 등이 그것이다. 이러한 사대의 성격에 대해서 佐藤將之는 『좌전左傳』(대국에 대한 소국의 국가보존의 길)과 『맹자孟子』(대외정책에 있어서 소국의 생존을 위한 자위행위)의 사대가 절충(이중적)된 것으로 파악하였다.[55)]

---

55) 佐藤將之, 앞의 책, 76~86쪽.

다시 말하면 정치·군사적으로 약한 나라는 대국의 위협으로부터 소국의 안정은 밀접하고도 불가피한 관계를 가져야 한다는 것이다. 따라서 강대국의 위협으로부터 자신을 지키기 위해 신의로 대국을 섬겨야 한다는 논리가 『좌전』의 사대이다. 한편 『맹자』의 경우는 이와 반대로 소국이 주체가 된 것으로 '인자仁者만이 대국을 가지고 소국을 섬길 수 있는' 소국의 자각적 논리이다.[56] 이러한 논리에 따른다면 김부식의 사대관은 결국 '당시의 사대적인 환경 속에서의 자아발견 내지는 자아의식의 표현'이라고 할 수 있다.[57] 다시 말하면 당시의 국제정세(송의 국가적 위기와 금의 군사적 위협) 속에서 고려가 처신해야 할 자세는 생존과 자립을 위한 투철한 자각 뿐이기 때문이다.

이러한 김부식의 주체적인 자아의식은 다음과 같은 논찬에서 나타나 있다.

(가) 아내를 얻는데 동성同姓을 취하는 것은 인륜의 분별을 두터이 하는 이유이다. 신라에서는 동성의 아내를 취하였고, 형제의 조카나 고모나 이모는 물론 내종·이종과도 부인을 삼기까지 하였다. 이것은 외국과는 풍속이 다를지라도 중국의 예법으로만 파악할 것은 아니다. 흉노보다는 훨씬 낫다(『삼국사기』 권3, 내물이사금 즉위년 사론).

(나) 신라왕의 칭호는 거서간居西干과 차차웅次次雄이 하나, 이사금尼師今이 16명, 그리고 마립간麻立干이 3명이다. 그런데 신라말 최치원崔致遠의 『제왕연대력帝王年代曆』에는 모두 왕이라 칭하였다. 이것은 그러한 칭호가 비야鄙野하다고 생각했기 때문이다. 그러나 초어楚語(穀於菟)와 흉노어匈奴語(撑犁孤塗)처럼 신라의 사실을 기록함에 그러한 방언方言

---

56) 이러한 근거를 『詩經』「梁惠王」下에서도 찾는다. 즉 대국으로서 소국을 섬기는 것은 天理를 즐기는 智者·仁者의 도리이고, 소국으로서 대국을 섬기는 것은 천리를 두려워하는 것이다. 다라서 천리에 따르는 자는 천하를 보존하고, 천리를 두려워하는 자는 나라를 보존할 뿐이라는 것이다. 따라서 佐藤將之는 김부식이 『좌전』의 긍정적 의미와 『맹자』의 부정적 의미(필요시 전투행위도 가능)의 양면성으로 이해하였다(佐藤將之, 앞의 책, 86쪽).

57) 신형식, 1981, 『삼국사기연구』, 366쪽.

> 을 그대로 두는 것이 마땅한 것이다(『삼국사기』 권4, 지증마립간 즉위년 사론).

에서 볼 때 김부식은 동성불혼이 인륜의 예라 해도 그것을 중국식으로 판단한 것이 아니라 신라의 불가피한 '토성土姓'임을 강조하였고, 신라의 고유왕명을 고집한 것이다.58) 그러므로 그는 단순한 사대주의자가 아니라 우리의 전통과 문화를 강조한 자아의식의 역사가였다. 다라서 선초사가鮮初史家들에게 집중적으로 비난받았던 부인(알영閼英) 동반의 순행巡幸을 옹호하였고, 천자만이 거행하는 제천행사와 본기의 표현을 즐겨 썼던 것이다.

그리고 논찬에서 김부식이 특히 강조한 것은 역사를 후대의 교훈으로 또는 귀감으로 파악함으로써 강한 현실비판의 도구로 삼았다는 것이다.

> 나라(고구려)의 시말을 보건대 상하와 백성이 화목한다면 큰 나라라도 취할 수 없는 법이다. 나라에 의롭지 못하고 백성에 인仁하지 못하여 백성의 원망을 일으킨다면 스스로 멸망하는 법이다. 따라서 맹자가 말한 천시天時와 지리地利보다 인화人和가 우선이다(『삼국사기』 권22, 보장왕 8년 사론).

에서와 같이 그는 나라의 상(지배층)과 하(백성)의 화목을 우선 지배층의 횡포(구박驅迫·취렴聚斂)와 내분에서 깨지기 때문에 무엇보다도 지배층의 대립·갈등에 특히 경고를 주고 있다. 따라서 국가지도층의 분열과 갈등은 나라의 우환으로서 망국지죄로 파악하여 당시 고려사회 귀족간의 대립에 대한 간접적 비판을 가하였다. 그러므로 특히 그는 후백제·후고구려의 멸망사례와 백제·고구려 멸망시의 지도층의 갈등을 비판함으로써

---

58) 최치원이 거서간·이사금 대신에 왕을 칭한 사실을 慕華主義의 성향으로 비판하고 있음에 대하여 그것이 동양권의 보편적 개념과 가치(漢字) 속에서 중국인에게 적극적으로 千乘之國의 君主임을 알려주는 긍정적 의미가 있었다는 견해는 주목할 필요가 있다(최영성, 1998, 「고운 최치원의 역사인식연구」 『한국사상사학』 11, 125쪽 ; 이재운, 1999, 『최치원연구』, 백산자료원 222쪽).

당시 사회의 문제(문벌귀족의 갈등)와 묘청의 난(지방세력의 도전)을 국가분열의 징표로 규정한 것이다. 여기서 그는 사원私怨과 사리私利에 빠진 무리를 '강주强酒에 악취惡醉한 잡정배雜情輩'로 귀족의 횡포를 매도한 것이다.

그러나 이러한 김부식의 정치관도 결국은 백성을 토개土芥로 멸시해서는 안된다는 맹자의 위민사상을 구체적으로 실현한 것이다. 강력한 왕권과 정치적 안정(조화)도 무엇보다도 백성(토개土芥)의 삶을 바탕으로 한 것이기 때문이다. 따라서 신라말기의 탑묘塔廟와 부도浮屠의 남설濫設도 무고지민無辜之民(=토개土芥)을 어렵게 한 것이므로 경순왕의 고려귀부高麗歸附도 백성을 위한 당연한 결단이라고 생각하였다. 나아가서 고구려 멸망기의 정치적 파탄도 '백성에게 어질지 못한' 결과인 것이며, 백성을 외면한 정치는 필연적으로 멸망한다는 경고를 남기고 있다.

다음으로 『삼국사기』 서술내용에 나타난 김부식의 사상을 찾아보자. 다만 전통역사학에 있어서 편자는 기존의 문헌을 전재하는 것이 원칙임으로 본인의 주관은 가능한 한 나타낼 수는 없었다. 그러나 사료의 선택 여부, 각 항목의 배열, 그리고 인물(열전列傳)의 평가 등에서 자신의 역사관과 사상을 들어낼 수 있었다. 무엇보다도 본기에 보여지는 천인합일설天人合一說은 결국 왕도정치의 바탕으로 기능하면서 왕자王者의 실정에 대한 천견으로 이어져 한국 고대정치의 한 틀을 이룩케 한 것은 주목할 일이다.[59] 다시 말하면 본기 내용에 27%나 차지하는 천재지변은 사마천의 소위 '천인지제 승폐통변天人之際 承敝通變'에서[60] 출발하여 '하늘과 땅의 관련적 사고(associative thinking)'로서[61] 일정한 관계를 유지한다는 것이다. 이를 세기별로의 변화과정을 도해하면 <표 1 : 648쪽>과 같다. 여기에서 본다면 1~3세기에 있어서 정치기사의 우위는 초기국가의 왕

59) 이희덕, 『한국고대의 자연관과 왕도정치』, 343쪽.

60) 『사기』 권130, 태사공자서太史公自序70.

61) Wolfrom Eberherd, 1957, 『The Political Function of Astronomy and Astronomers in Han China』(Chinese Thought and Institutions : John K. Fairbank<ed>, p. 33.

이 지닌 신성神聖과 덕성德性을 강조하려는 의도였으며, 7~9세기에 이르러 그 폭이 크게 떨어진 것은 왕권의 절대화를 반영한 것으로 생각된다.

따라서 정치기사에서는 왕의 직능(관리의 임면, 순행巡幸, 축성築城과 권농勸農, 대사大赦, 정벌征伐 및 외교外交)을 설명하는 내용이 주류를 이루게 된다. 사제, 통치자, 군사지휘자, 외교 및 분쟁의 조정자, 그리고 시혜를 위한 각종의 정책을 집행함으로써 천도와 인간사회의 조절자의 능력과 인품 해설에 큰 비중을 둔 것이다. 그러므로 왕의 선천적인 지혜와 자질은 필수적인 내용이 된다.[62] 김부식은 결국 이 책을 통해 왕권의 신성함과 위대성을 강조하고 있다. 그러나 전체적으로 천재와 인간(왕)의 관계를 1세기와 10세기, 즉 처음과 끝을 비슷한 모습을 정리하여 외형적으로는 포물선을 짓고 있으나 내면적으로는 불교적 윤회관으로 회귀하고 있었다.[63]

그리고 지志에는 지리지를 우대하여 우리나라의 영토의식 내지는 국가의식을 강조함으로써 본기에서 보여지는 왕권의 위상을 뒷받침하였다. 원래 『사기』에서 지의 내용은 왕의 직능을 설명한 것으로 사제적 직능과 정치·사회적 기능으로 구별된다. 전제에는 예·악·역·천문·제사(봉선封禪) 등이, 후자에는 율·치수(하거河渠)·경제(평준平準) 등이 속한다고 하겠다.

그러나 『삼국사기』에는 종교적 직능에는 제사와 악이 있었고, 정치·사회적 직능에는 직관·지리·복색·가옥·기용 및 차기 등이 나타나 있었다. 특히 천자만 행할 수 있는 제천을 강조하였고, 대사(3산)·중사(5악) 및 4번제(4진제鎭祭·4해제海祭·4독제瀆祭)를 통해 영토의식을 확인하고 있다. 이러한 영토의식은 김부식의 결국 호국신앙과 국가의식으로 확대되었

62) 왕의 특출한 능력에 대한 설명은 우선 외형의 특징으로서 長身, 豊準有奇相, 容儀雄偉, 美儀采 등을 들고 있고, 선천적 지혜와 능력으로서의 多智略, 智識寡人, 王占風雲預知水旱及年之豊儉, 膽力寡人 등으로 표기한다.

63) 신형식, 1981, 『삼국사기연구』, 359쪽.

고, 병부兵部(=27명)보다 시위부侍衛府의 관원(180명)이 훨씬 많다는 사실을 다양한 내정관부內廷官府의 모습과 함께 절대왕권을 뒷받침하고 있다. 그러나 무엇보다도 왕권의 모습을 사제적 기능과 현실적 정치임무와의 조화를 통한 천지간의 균형처럼 표현했다는 사실이다.

끝으로 열전에 나타난 그의 사상도 김유신을 비롯한 을지문덕·관창 등 장군들의 활약을 통한 국가의식의 고취에 있었다. 열전에 등장한 69명 중에서 34명이 7세기의 통일전쟁에 활약한 인물이었고, 그 중에 21명이 나라를 위해 순국한 멸사봉공의 내용을 소개하고 있다는 사실이다.[64] 이것은 나라를 위한 '거룩한 희생'을 강조한 것이며, 충성과 인의를 통한 고대사회의 전형적인 인물상을 나타냈다는 점이다. 그러므로 왕을 시해한 창조리倉助利와 해구解仇는 반신叛臣이며, 사직을 멸망시킨 궁예弓裔와 견훤甄萱은 역신逆臣이라는 것이다.

김부식은 『삼국사기』 본기에서 주로 군주의 도리와 정치사상으로서 유교덕목과 가치규범을 제시하였다. 그것은 덕과 인을 바탕으로 하고 덕치주의와 충과 의를 기본으로 하는 충의사상이다. 이러한 두 사상에서 전자는 주로 군주의 덕목으로서 정리된 것이며, 후자는 신민의 도리로 설명되는 상보적 개념이 된다. 그리고 이 두 사상을 포괄하는 종합적 개념은 예와 의가 되는 동시에 국가흥망 내지는 유지의 관건이 되는 가치체계로 파악하고 있다. 무엇보다도 공자의 사상적 지주는 인仁이며, 맹자의 그것은 의義와 예禮인데 비해[65] 김부식은 충忠을 상위개념으로 하고 충과 인을 함께하는 덕목을 강조하였다. 즉 김부식은 인을 위로 하고 충을 아래로 하는 가치체계를 제시하였으며, 그것을 포괄하는 넓은 의식세계를 의와 예로 하고, 이러한 사상을 실천하는 하위개념에 신信과 용勇을 두고 있다.

---

64) 신형식, 1981, 앞의 책, 339~340쪽.
65) 佐藤將之, 앞의 책, 91~118쪽.

따라서 군주는 덕德과 인을 통해서 질서를 유지하고, 신민은 충과 의의 표현을 신과 용으로서 진기盡己(=희생)하는 쌍무적 관계를 지니게 된다. 이처럼 '왕이 곧 국가'이기 때문에 멸사봉공은 왕에 대한 최대의 봉사이며, 국민으로서 최대의 의무적 행위가 된다.[66] 여기서 김부식 사상의 본질로서 상(仁)과 하(忠)의 균형을 통한 군주와 신민의 조화를 보게 된다. 佐藤將之의 연구에 따르면 『삼국사기』에 등장된 유교적 덕목에는 예가 95회, 의가 92회, 인이 49회, 그리고 지가 21회가 보인다. 이것을 구체적으로 사용된 사례로 분류할 때 본기에는 인의仁義가 기본개념으로 인은 왕도정치의 덕목이며, 의는 그 실천개념으로 인간의 필수적 행동강령이다. 우선 인은 인자仁慈·인서仁恕·관인寬仁 등 통치자(주로 왕)의 자질로서 피치자被治者(=백성)에 대한 애민愛民·휼민恤民의 통치행위(시혜施惠)이며, 불인자不仁者를 처벌(응징)하는 명분을 의미하고 있다.[67]

다음으로 의를 주로 인간(왕과 신하 및 백성)이 지켜야 할 규범적 존재로서 정의와 인을 실현하는 행동방식을 뜻한다. 다만 이것은 긍정적인 의미나 부정적인 의미(불不·비非)를 막론하고[68] 왕 즉 국가에 대한 '의무의 수행'인 동시에 이를 실천하지 못했을 때 군주의 폐출廢黜(=교체交替) 역시 의가 되기 때문에 백성(신하)도 불의와 의의 상관관계가 있으며, 왕과 신하 그리고 백성이 함께 지녀야 할 의무이며 덕목이 된다. 따라서 인과 의가 밀접한 관계를 갖게 된다고 하였다.[69]

그리고 예의 경우는 가장 많이 등장하는 개념으로서 대외관계를 비롯하여 인간(상하)관계의 도리를 의미한다. 전자는 중국을 중심으로 한 외

---

66) 신형식, 1984, 『한국고대사의 신연구』, 424~426쪽.

67) 佐藤將之, 위의 책, 91~115쪽.

68) 예를 들면 "甄萱恣行不義"(『삼국사기』 권11, 경순왕 5년 2월)나 "延優不以鬪讓雖非義也"(『삼국사기』 권16, 산상왕 즉위년)와 같이 부정적 의미로 국가(왕실·왕자)에 대한 의무로 의식한다.

69) 佐藤將之, 앞의 책, 111쪽.

교(이른바 사대事大)관계를 설정하는 국제질서를 설명한 것이며, 후자는 인간으로서의 도리(풍속·도덕·예의)로 왕·신하·백성이 지켜야 할 규범을 제시한 것이다. 따라서 인·의와 달리 강제적 또는 불가결한 규범이 아니라 하나의 덕목으로서 인의에 대한 종속적 또는 하위의 개념이라고 보았다.[70]

마지막으로 지智는 치자의 자격으로서 유교적 개념은 아니다. 다만 치자(왕과 신하)가 갖추어야 할 지혜나 지식으로서 백성과 다른 권위와 능력을 반영하는 개념이다.

한편 열전을 대표하는 사상은 본기의 인의(상)와 예지(하)와 달리 충忠·신信·효孝·용勇 등으로 나타난다. 그러나 그 중심개념은 충과 신이다. 전자는 국가(왕)에 대한 신하의 의무적 행위로서 왕의 초인적 신성神聖과 권위에 대한 국민적 덕성이며 공적 윤리이다.[71] 후자는 국가와 인간간의 도리로서 이른바 신의를 의미하며, 국가·개인·집단유지에 필요한 인간관계를 위한 가치규범이다. 따라서 상충개념인 충의 하위개념은 효이며, 그 구체적 실천행위가 신과 용이 된다.

김부식은 이러한 유교적 정치상이나 행위규범을 통해 뚜렷한 국가관과 정치의식을 갖고 있었다. 동시에 그는 뚜렷한 국가에서의 군주의 위상 및 지배·신분관계의 계급의식을 갖고 있었다. 즉 어떠한 이유와 명분 속에서도 '왕권의 신성과 권위'는 인정하였으며, 국가를 구성하는 3요소(왕·신하·백성)간의 행위범위를 규정하고 있었다.

> 천도天道에 있어서 양陽이 강한 것이며 음陰은 부드러운 법이다. 인도人道에 있어서 군君은 높고 신臣은 낮은 법인데, 이 법이 깨지면 대란大亂이 일어난다(『삼국사기』 권41, 김유신 상).

---

70) 佐藤將之, 앞의 책, 113쪽.
71) 신형식, 1984, 「한국 고대사에 나타난 충효사상」『한국고대사의 신연구』, 425쪽.

라는 것이 그것이다. 왕과 신하의 관계는 천도天道의 경우로 본다면 하늘(양陽)과 땅(음陰)의 관계와 같은 것으로 왕의 권위와 신성함에 대한 백성의 내면적 귀의는 충성이라는 의무적 행위로 보답하는 것으로 풀이하였다. 따라서 왕(선덕善德)에 도전한 비담毗曇은 범상犯上으로서 천지가 용납할 수 없는 대역大逆이라는 것이다. 따라서 그는

> 太公曰 天無二日 土無二王 皇帝雖子人主也 太公雖父 人臣也 奈何令人主拜人臣 … 雖天子之父 若無尊號則不可令人主拜也[72)]

라 하여 고조(한漢)와 그 부친인 태공의 예를 들어 유일한 지존으로서 왕의 권위는 왕부王父나 국구國舅와도 같은 반열이 될 수 없음을 강조함으로써 이자겸의 특별대우(존호尊號)나 인수절仁壽節에 반대한 것이다. 다만 그의 왕권 존엄성은 일방적이며 타율적인 권위에 있는 것이 아니라 '백성의 삶'을 보장하는데 있기 때문에 1134년(인종 12)의 서경행차의 반대 이유로 농작물의 피해를 염려한 것이다. 따라서 김부식은 '인민애물人民愛物'이라는 전제를 내세운 것이며, 묘청의 난에 참여한 무고한 백성을 생각하고 순종과 반역의 차이를 가려 인민을 최대한 구제해야 한다는 것이다. 이와 같은 정치관 속에서 김부식은 우리나나(삼국)을 분명한 국가적 정체성(state identity)에 입각한 독립된 정치단위로 파악하였다. 따라서 중국(상국上國·천조天朝·대국大國)에 대하여 정치적으로 독립국, 문화적으로 군자지국·인의지향으로서 우리나라의 고유한 국사와 국학을 가진 독립국으로 파악하였다. 따라서 신라는 독자적인 왕명을 칭할 수 있었고, 중국과 다른 국가질서와 조직 그리고 국사를 갖고 있었다. 그러므로 고구려에는 대대로大對盧나 막리지莫離支, 백제는 좌평佐平이나 달솔達率, 그리고 신라에는 이벌찬伊伐湌이나 상대등上大等의 관직명이 있게 된다.

『삼국사기』에는 삼국(왕)의 독립적인 통치행위의 모습을 서술하고 있

72) 『고려사』 권98, 열전11 김부식.

다. 그것은 넓은 의미의 정치로서 그 안에는 협의의 정치와 전쟁, 그리고 외교가 있었다. 협의의 정치에는 왕실의 권위를 나타내는 궁궐과 성곽의 축조, 순행, 관리의 임면과 관직의 설치, 그리고 제천 및 종교적 행위이다. 그리고 왕의 정치행위는 그 권위를 나타내기 위한 구체적 형태로서 대사大赦·권농勸農·진휼賑恤·토벌討伐·열병閱兵 등과 이러한 행위의 실천을 위한 교령敎令의 반포 등으로 나타났다. 이러한 왕의 직능을 Wittfogel의 수리사회(hydraulic society)의 지도자상(절대군주제)에서 볼 수 있는, 거대한 방어시설(huge defence structure), 장엄한 궁궐(colosal palace), 대규모의 사원(great edifies), 다양한 수도시설 등을 위한 대규모의 인력동원을 통한 동방전제군주제(Oriental Despotism)의 모습은[73] 삼국시대의 왕과 너무나 닮았다.

다시 말하면 삼국 초기 이래 빈번히 나타나는 수궁修宮·축성築城·권농·구휼救恤·제천祭天·순행巡幸 등과 외교와 전쟁행위는 중국 천자의 정치행위와 같은 삼국시대 왕의 모습을 보여주는 것이다. 이것은 김부식이 그린 독자적인 국가개념과 그 상징인 왕의 구체적 정치행위의 서술이다.[74] 따라서 그는 우리나라를 중국에 버금가는 또는 맞설 수 있는 '동방의 국가'로 파악한 것이다. 말하자면 최치원의 이른바 '동인의식東人意識'을[75] 확대시켜 그 구체적 모습을 표현하고자 하였다. 다만 그러한 정치이념이나 형태가 맹자의 유교적 보편국가의 개념 틀을 완전히 벗어날 수 없는 것은 김부식이 갖고 있는 유교적 인식의 한계인 것이다.

그러므로 김부식은 삼국을 처음부터 '완성된 국가'로 간주하여 일찍부터 국가의 존재를 보여준 것이다. 때문에 시조는 예외없이 하늘의 아들로서 중국의 천자와 격을 같이 할 수 있었고, 왕의 활동이나 직능도

73) Karl A. Wittfogel, 1957, 『Oriental Despotism』, Yale Univ. Press, pp. 34~42.
74) 신형식, 1981, 「삼국사기 본기 내용의 개별적 검토」『삼국사기연구』, 154~161쪽.
75) 이현혜, 「최치원의 역사인식」『명지사학』 1, 1983.
최영성, 1998, 「고운 최치원의 동인의식」『상허안병주교수정년논총』, 423~450쪽.

중국의 황제와 같을 수밖에 없었다. 특히 시조가 제왕이 아닌 성인으로 간주하여 주변으로부터 투항이나 귀속을 받았으며 농상農桑과 병혁兵革을 통해 군주로서의 위엄을 보여준 것이다. 말하자면 제천을 통해 하늘과 직접 연결된 '동방의 독립국'으로서 하나의 소우주관을 나타낸 것이다. 그러므로 김부식은 『삼국사기』를 통해 우리나라(삼국)에서 인의의 전개과정을 확인하였고 불인·불의자는 토벌(도태)되어야 하는 당위성에서 백성의 삶을 보장해야 하는 군주의 도리를 보여주었다.

김부식은 무엇보다도 정치의 주체로서 국가의 독립성을 실현하기 위해 『삼국사기』를 저술하였고, 그 속에서 국가의 상징은 왕을 통해 구체적인 정치의 모습을 그릴 수 있었다. 특히 왕의 덕성(인의仁義)과 신민의 행동규범(충신忠信)을 통해 인간의 덕목을 실제로 제시함으로써 한국사에 있어서 유교정치의 방향을 제시하였다. 결국 김부식은 최치원의 존왕적 덕치주의와 자아의식을[76] 이어받아 그것을 최승로崔承老의 왕도정치이념과[77] 결부시켜 우리 실정에 맞춘 한국유교정치사상의 바탕을 마련한 것이다. 그리고 본기에서는 이상적인 군주관을 제시하였으며, 열전에서는 충의의 상징적 존재인 김유신을 설명적 장치(man of book)로 신하의 도리를 보여주었다. 그리고 20여명의 순국자의 거룩한 죽음을 통해 우리에게 경건한 희생을 요구하였다.

끝으로 김부식은 문인으로서가 아니라 무인으로서 탁월한 전략가였다는 점이다. 그는 묘청의 난(1135)의 진압책임자로서 신성한 왕권에 도전한 대역大逆을 징벌한 것을 자신의 의무로 생각하였다. 우선 그는 속전속결의 전략은 문제해결(진압)의 한 방법이지만, 그 과정에서 오는 많은 인명피해를 걱정했기 때문에 지구전략을 택한 것이다. 이것은 무고한 백성들의 피해를 줄이고, 진압과정에서 적(백성)을 생포하는 자는 포

76) 이재운, 1999, 「고운의 유교적 정치이념」 『최치원연구』, 백산자료원, 58~95쪽.
77) 하현강, 1975, 「고려초기 최승로의 정치사상연구」 『이대사원』 12, 11~14쪽.

상하고, 살상(노략)하는 자에게는 사형에 처하는 등 백성보호라는 그의 애민·휼민의식에서 나온 것이다. 귀순하는 백성에게 최대한 관용을 베푸는 회유책을 통해 '모든 사람들은 나의 백성임生齒衆多皆吾赤子'을 보여준 것이다.

> 생각건대 전쟁에서 최상의 방법은 전쟁을 않고 전략으로 적을 제압하는 것이다. 성중에서 전쟁을 벌인다면 죄없는 백성들이 억울하게 죽을 것이다. 따라서 이는 죄인을 징벌하고 백성을 위문하는 것이 아니다.[78]

에서 볼 때 전쟁(토벌)의 최상방법은 전쟁을 않고 승리하는 것이 가장 지혜로운 계책이라는 점을 강조함으로써 백성들의 무고한 죽음을 두려워하고 있었다. 말하자면 그는 최치원의 유정무전有征無戰의 원리를 이어받은 평화주의자였다.[79] 이러한 그의 평화론은 대외관계(금)에서도 대결보다는 교린交隣의 당위성을 제시하였으며, 서경 백성들의 준동(묘청의 난) 속에서 야기될 외교사절(금의 사신)의 피해를 사전에 막은 사실에서도 나타나 있다.

동시에 그는 전술상으로 육군과 해군(수군)의 합동작전을 꾀해 서경을 양면에서 압박시켰다. 특히 조수(만조)를 이용한 대담한 작전의 구상과 병사들을 윤번제로 전쟁과 휴식(농업)을 병행하여 작전이나 군수품 조달의 차질을 막기도 하였다. 결국 그가 1년 이상의 장기간에 걸친 묘청의 난의 진압을 서두르지 않은 것은 '불상사졸 부좌국위不傷士卒 不挫國威'(『고려사』 권98, 열전11)의 두 명제를 동시에 충족시키려 했기 때문이다. 이와 같이 그는 국왕과 백성의 안위를 함께 생각한 탁월한 전술가였다.

---

78) 『고려사』 권98, 열전11 김부식.
79) 신형식, 1984, 『한국고대사의 신연구』, 452쪽.

3. 삼국사기의 성격

『삼국사기』는 1145년(인종 23)에 김부식 등이 편찬한 우리나라 현존 최고의 역사책이다. 따라서 이 책은 삼국시대의 역사를 오늘날까지 전해준 유일한 문헌으로서 그 의미는 지대하다. 다만 『삼국사기』는 오랫동안 중국문헌의 기계적으로 전재한 '사대적이며 유교적인 책'으로 평가되어 그 진정한 성격을 외면하고 있었다. 특히 편찬 당시의 시대정신(왕권의 안정과 여진의 군사적 위협)에 따른 현실성을 외면하고, 식민지 사가史家들의 왜곡된 평가와[80] 신채호 등 민족사가民族史家들의 극단적인 비판으로 이 책의 참모습을 간과했던 것이다.[81] 물론 조선시대 초기 이래 유학자들은 『삼국사기』의 내용이나 서술체제에 있어서 지나치게 조략粗略하고 춘추대의春秋大義에 어긋남을 비판하고 있었음은 사실이다.[82]

그러나 전통시대의 역사서술이 개인저술이 아니고 어디까지나 봉명찬奉命撰이며 창작이 아니라 기존 문헌의 전재轉載라는 사실과 그 서술형태가 공식적인 형식에 의존한다는 점을 고려할 필요가 있다. 따라서 『삼국사기』도 김부식 개인의 저술이 아닌 편찬자의 공동서술임을 생각할 때 이 책의 서술내용이나 체제의 분석을 통해서 그 성격을 파악할 수 있는 것이다. 따라서 책의 내용과 그 성격이 반드시 일치할 수 없다는 사실을 이해해야 할 것이다.

이러한 시각에서 김부식이 직접 서술한 논찬論贊을 분석함으로써 그 속에 반영된 김부식의 입장과 현실성에 주목하여 사대적 인식을 거부하

80) 津田左右吉, 1919, 「三國史記の新羅本紀について」『津田左右吉全集』 별권.
末松保和, 1963, 「舊三國史と三國史記」『朝鮮學報』 39·40, 56쪽.
81) 신채호, 1977, 「조선역사 일천년래 제일대사건」『단재신채호전집』 중, 113~120.
김철준, 1973, 「고려중기의 문화의식과 사학의 성격」『한국사연구』 9, 82~83쪽.
82) 신형식, 1981, 「삼국사기의 편찬과 연구성과」『삼국사기연구』, 11~15쪽.

고 객관성을 지적한 고병익의 견해는 『삼국사기』의 정당한 평가에 단서가 되었다.[83] 이어 서술표현이나 내용에서 보여진 도덕적인 합리주의를 통해 보다 발전된 역사서술의 산물로서 긍정적인 평가가 제기되었다.[84] 이러한 사실은 1971년에 발견된 무령왕의 지석誌石과 비교해 볼 때 <표 4>에서 보듯이 무령왕 사망 당시의 기록과 그가 죽은 지 620여년 만에 쓰여진 『삼국사기』의 내용은 완전히 일치하고 있다. <표 4>에서 본다면 『삼국사기』는 보다 합리적이며 발전된 서술체제를 지니고 있음을 확인할 수가 있다.

〈표 4〉 『삼국사기』와 「무령왕지석」의 비교

『삼국사기』	諱斯摩 … 可使持節都督百濟諸軍事 寧東大將軍 二十三年夏五月 王薨
「무령왕지석」	寧東大將軍 百濟斯麻王年六十二歲 癸卯年五月丙戌朔七日壬辰 薨

한편 고대의 천문·오행설에 입각한 중국적인 천인합일사상을 통해 『삼국사기』의 기록이 독자적인 관측에 따른 것이며, 그것이 왕도정치사상의 근거를 제시하였다는 견해는 이 책이 갖는 또 하나의 특징을 보이고 있다.[85] 또한 최근에 정구복은 『삼국사기』의 편찬배경을 국가의 안위와 치란治亂을 위한 당대의 국제관계를 강조한 후 고대사의 정리와 중세사학의 기반이라는 입장에서 『삼국사기』를 재조명하였다. 그리고 『삼국사기』의 성격을 국가의식 내지는 그 보편적 가치규범 속에서의 이중성으로 파악하였으나 그것이 지닌 성격은 기존 필자의 연구성과나 견해와 궤를 같이 하고 있다.[86]

83) 고병익, 1969, 「삼국사기에 있어서의 역사서룰」 『김재원박사회갑논총』, 29~32쪽.
84) 이기백, 1976, 「삼국사기론」 『문학과 지성』 26, 873쪽.
85) 이희덕, 1986, 「한국고대의 자연과과 유교정치사상」 『동방학지 』 50.
______, 1993, 「삼국시대 서상설」 『이기백선생고희기념논총』.
______, 이희덕, 1999, 『한국고대자연관과 왕도정치』, 혜안.

〈표 5〉『삼국사기』와『삼국유사』의 비교

지증왕	삼국사기	왕은 몸이 몹시 크고 담력이 남보다 뛰어났다. (王體鴻大 膽力過人)
	삼국유사	왕은 음경陰莖의 길이가 1자 5치가 되에 베필을 얻기가 어려웠다. (王陰莖一尺五寸 難於嘉耦)
진평왕	삼국사기	왕은 특이한 기골을 가졌고 몸이 컸으며 의지가 굳고 식견이 뛰어났다. (王生有奇相 身體長大 志識沉毅明達)
	삼국유사	왕은 키가 11척이며 내제석궁을 밟자 돌계단이 한꺼번에 두 개가 부러졌다. (身長十一尺 駕幸內帝釋宮 踏石梯 二石並折)

그러나 필자는 이미『삼국사기』의 구체적 성격파악을 위해 우선 중국사서와의 비교와 서술내용의 구조적 분석을 통해 그 성격을 분석하였다. 우선 그 모델이 된 중국사서와 비교하면 <표 6>과 같다. 이에 따르면『삼국사기』는 중국문헌이 열전 위주임에 비해서 '본기 중심'으로 구성되었고, 또『고려사』와도 그 체제 비율이 전혀 달랐다. 이러한 본기 위주의 서술체제는 왕권의 위상을 높이려는 의도가 분명하며,『삼국사기』전편에 흐르는 기본정신이다. 그리고 <표 7>에서 보듯이 열전의 내용도 전혀 달랐다. 즉 <표 7>에서 본다면 서술(등장)인물의 유형을 달리하였다. 즉 중국문헌이나『고려사』는 명신名臣·순리循吏·혹리酷吏·영행佞幸·학자學者 등 여러 형태의 인물을 소개하였으나『삼국사기』에는 김유신을 비롯하여 충의·반역 등 장군과 충신을 중심으로 인물을 배열하였고, 후비·종실·공주 등은 나타내지 않았다. 그리고 등장인물은 주로 7세기에 활약한 인물로 국가를 위해 희생(순국)한 사람을 중심으로 하고 있어 충의사상을 특히 강조하고 있었다.[87)]

86) 정구복, 1999,「김부식 사학사상의 업적」『한국중세사학사』1, 277~284쪽.
87) 신형식, 1981,『삼국사기연구』, 340쪽.

〈표 6〉 기전체 문헌의 항복 비교(%)

	문헌	총권수	본기	지	열전	표
중국	사 기	130	12(9.2)	10(7.7)	100(76.9)	8(6.2)
	한 서	120	13(10.8)	18(15)	79(65.8)	10(8.4)
	구당서	204	24(11.8)	30(14.7)	150(73.5)	
	신당서	236	10(4.2)	56(23.7)	150(63.6)	20(8.5)
	송 사	496	47(9.5)	162(32.7)	255(51.4)	32(6.5)
	원 사	200	47(22.4)	58(27.6)	97(46.2)	
한국	삼국사기	50	28(56)	9(18)	10(20)	3(6)
	고 려 사	139	46(33.1)	39(28.1)	50(36)	4(2.9)

* 신형식, 1981, 『삼국사기연구』, 318쪽.

〈표 7〉 열전의 내용

	문헌	열전의 유형
중국	사기	名臣·循吏·儒林·酷吏·遊俠·佞幸·滑稽·日者·龜策·刺客
	한서	名臣·酷吏·儒林·酷吏·遊俠·佞幸·外戚·刺客
	후한서	名臣·循吏·儒林·酷吏·宦者·文苑·獨行·方術·逸民·列女
	구당서	后妃·宗室·王子·外戚·名臣·宦官·良吏·酷吏·忠義·孝友·儒學·文苑·方伎·隱逸·列女·叛逆
	신당서	后妃·宗室·王子·公主·名臣·外戚·卓行·循吏·姦臣·宦官·良吏·酷吏·忠義·孝友·儒學·文苑·方伎·隱逸·列女·叛亂叛逆
한국	삼국사기	金庾信·名臣(將軍)·名臣(諫·輔·忠)·學者·忠義·기타(孝·佞·烈女·隱逸 등)·叛臣(창조리와 연개소문)·逆臣
	고려사	后妃·宗室·公主·名臣(將軍·學者·宰相 : 시대별)·良吏·酷吏·忠義·孝友·烈女·方伎·宦者·佞幸·姦臣·叛臣

그리고 내용의 절반이상을 차지하는 본기의 전체 구성이 <표 8>에서와 같이 정치·천재지변·외교·전쟁의 4부분으로 되어 있으며, 이들 내용이 나라(삼국)와 시기별로 일정한 비율을 유지하고 있다. 우선 정치기사는 국가를 구성하고 있는 3요소로 왕(상)·신하(중)·백성(하) 3자간의 임무(행위)를 설명한 것으로, 신라와 고구려는 정치기사가 많고, 백제는 비교적 천재와 전쟁기사

가 많다. 정치기사는 다시 축성(수궁修宮), 순행巡幸, 관리의 임면, 제의祭儀 및 기타의 5항목으로 세분된다. 그런데 신라는 관리 임면이, 백제는 축성기사가 큰 비중을 갖는데 비해 고구려는 순행기사가 큰 비중을 차지한다.

즉 신라는 왕권의 정상적 실현이 가능했음을 뜻하고 백제는 수도 보호를 위한 대규모의 인원동원을 일찍부터 할 수 있다는 것이며, 고구려는 다수민족의 복합체에서 오는 국초의 빈번한 왕의 순행이 불가피했다는 것으로 해석된다. 이러한 비율은 삼국사회의 성격과 궤를 같이하고 있다.[88] 따라서 고구려는 국초(1~3세기) 순행기사가 집중되고 있어 여러 민족으로 구성된 고구려의 국가형성과 초기발전에 큰 어려움이 있었음을 보여준다. 반면 백제는 중국과의 힘든 싸움에서 다수 인원을 동원하는 과정에서 일찍 왕권을 강화한 바 있었다. 반면 고구려는 외교기사가 삼국 중 가장 많아 북방에서 중국과 빈번한 교섭을 물론 중국과의 전쟁이 비교적 많아 백제와 신라를 보호해준 방파제 역할을 하였다. 그러나 신라는 정치기사가 가장 큰 비중을 가지고 있어 정치의 안정과 충실지수가 높다는 사실이다.[89] 반면 백제는 중국과 고구려·신라와도 빈번한 전쟁을 통한 많은 인원동원의 필요성에서 일찍 고대국가의 성장을 통한 왕권의 강화를 가져왔으나 그러한 외환 속에서 국력의 탕진을 보여준 나라였음을 알게 한다.

〈표 8〉 『삼국사기』(본기) 내용 분석(%)

내용 \ 나라	정치	천재지변	전쟁	외교
고구려	36.4	24.1	18.3	21.1
백 제	29.8	31.3	20.6	18.3
신 라	48.3	26.8	10.1	14.8

* 신형식, 1981, 『삼국사기연구』, 153쪽.

88) 신형식, 1981, 앞의 책, 153~155쪽.
89) 신형식, 1984, 『한국고대사의 신연구』, 71쪽.

다음으로 천재지변기사는 900여 회의 자연변괴사건을 말한다. 그런데 천재가 지변의 3배가 되고 있어 천의天意가 고대사회에 차지한 비중을 엿볼 수 있다. 삼국 중에서 천재지변의 피해가 가장 많은 나라는 신라로서, 그 대책을 통해 정치적 발전과 백성에 대한 복지정책(사민徙民·구휼救恤·세제개혁稅制改革·수리시설 확충)이 따랐음을 알 수 있다. 특히 천재 중에서 가장 큰 것은 성변星變(=혜성·유성, 5위)과 일식日食으로 대표되는 천변天變, 그리고 가뭄으로 대표되는 천재天災이다. 지변에는 지진地震이 큰 의미를 갖고 있으며, 그것이 오행사상과 연결되어 정치적 영향을 나타내었다.[90] 여기서 우리는 전통사회에 있어서 천재지변은 단순한 자연현상이 아니라 정치의 일부분으로서 큰 의미가 있었음을 보게 된다.

셋째의 외교기사는 삼국이 존속한 10세기간의 연 32개국과의 620여 회의 교섭기록을 말한다. 이러한 외교기사는 거의가 중국과 관계(조공)기사로 채워지고 있지만, 이러한 대중국 외교는 한국사의 내적 사회발전과정을 해명하는데 보완적 기능을 다했으며,[91] 민족의 자존과 주체성을 잃지 않았다는데 의미가 있다.[92]

끝으로 전쟁기사는 480여 회의 기록으로서 26개국과 2년마다 한 번씩 전쟁을 치른 내용이다. 이러한 전쟁은 국가성립과 국민단결의 응집력으로 작용되었으며,[93] 전후의 처리문제는 국가벌전 내지는 군사지휘자의 정치지도자로의 등장과정을 살필 수 있다. 특히 <표 9>에

---

90) 박성래, 1978, Portents in Korea, 『Journal of Social Sciences and Humanities』 Vol. 47, 32~90쪽.

이희덕, 1980, 「『삼국사기』에 나타난 천재지변기사의 성격」 『동방학지』 23·23, 84쪽.

신형식, 1981, 「한국고대사에 있어서 지진의 정치적 의미」 『동양학』 11, 186쪽.

91) 서영수, 1981, 「삼국과 남북조교섭의 성격」 『동양학』 11, 186쪽.

92) 신형식, 1985, 『신라사』, 이화여대 출판부, 203쪽.

93) Morton H. Freid, 1967, 『The Evolution of Political Society』, Random House, N.Y., p. 186.

서 보듯이 백제와 신라는 한강유역쟁탈 등 대내전쟁對內戰爭에 치중하였음에 비해, 고구려는 요동확보 및 중국침략 저지 등 대외전쟁對外戰爭에 힘을 기울였다. 따라서 고구려는 중국세력의 침략을 저지함으로써 백제와 신라의 국가적 성장을 도왔으며, 한반도의 보호자 역할을 다하였다.[94]

〈표 9〉 삼국의 대내전의 횟수(대내전의 비율)

삼국 / 전쟁	교전국	회수		전체 회수
고구려	백 제	36	64	145 (44.1%)
	신 라	28		
백 제	고구려	36	106	141 (75.2%)
	신 라	70		
신라 (통일이전)	고구려	28	105	174 (60.3%)
	백 제	70		
	가 야	7		

* 신형식, 1984, 『한국고대사의 신연구』, 289쪽.

본기 다음의 지志의 경우는 <표 10>에서 보듯이 매우 간략하게 처리하고 있다. 다만 지리지를 특히 강조하여 강한 영토의식을 부각시켰고, 제사·악·복색·가옥 등을 집중적으로 다루고 있어 예악이나 의식을 앞세우고 있었다. 특히 왕의 직능에서 정치·사회적 기능(지리와 직관)과 종교적(사제적) 기능(제사와 악)의 균형을 통해서 왕권의 모습을 구체적으로 나타내 주었다.

또한 김부식이 직접 서술한 머리말(진삼국사기표進三國史記表)에서 보듯이

지금의 학사사대부들은 모두 오경五經, 제자백가지서諸子百家之書, 진한사서

94) 신형식, 1983, 「삼국시대 전쟁의 정치적 의미」 『한국사연구』 43, 6쪽.

〈표 10〉 志의 항목 비교

		1	2	3	4	5	6	7	8	9	10	11	12	13	14	15
중국문헌	사 기	禮	樂	律	曆	封禪	河渠	平準								
	한 서	五行	律曆	食貨	郊祀	地理	刑法	天文	禮樂	藝文	溝洫					
	후한서	五行	郡國	百官	律曆	禮儀	祭祀	天文	輿服							
	수 서	禮儀	經籍	音樂	律曆	天文	百官	地理	五行	食貨	刑法					
	구당서	禮義	音樂	地理	曆	職官	天文	經籍	食貨	輿服	刑法					
	신당서	禮樂	曆	地理	百官	食貨	藝文	天文	五行	儀衛	選擧	輿服	兵	刑法		
	송 사	禮	律曆	樂	食貨	天文	職官	兵	藝文	五行	河渠	地理	儀衛	輿服	選擧	刑法
	금 사	禮	食貨	選擧	百官	地理	輿服	曆	·樂	儀衛	天文	五行	河渠	兵	刑	
	원 사	百官	曆	地理	祭祀	禮樂	食貨	選擧	兵	刑法	河渠	輿服	天文	五行		
국내문헌	삼국사기	地理	職官	祭祀	樂	色服	車騎	器用	屋舍							
	고려사	禮	天文	曆	五行	地理	選擧	食貨	兵	樂	職官	刑法	女卜			

* 항목의 순서는 책 내용의 순서가 아니라 분량에 의한 것임

秦漢史書 등에는 능통하지만, 우리나라 사실은 망연하여 그 시말을 모르고 있으니 심히 가슴 아픈 일이다. 더구나 신라, 고구려, 백제가 삼국을 세우고 서로 정립하여 예의로써 중국과 통한 바 있어 한서漢書나 당서唐書의 열전列傳에 기록된 바 있다. 그러나 국내(중국)의 것은 상세히 하고 국외(『삼서』)의 것은 간략하게 써놓았으므로(상내약외詳內略外) 실리지 않은 것이 적지 않다. 더욱이 고기

> 古記에는문자가 거칠고 내용이 빠지고 없기 때문에 이것으로는 군왕의 선악善惡이나 신하의 충사忠邪, 국가의 안위安危, 인민의 행동 등을 모두 드러내어 후세에 권계勸戒할 수 없게 되었다. 따라서 삼장三長의 인재를 얻어 일가지사一家之史를 이룩하여 만세에 남겨두는 교훈을 삼아 해·별과 같이 밝히고 싶다.

라 하여 김부식은 "당시(고려) 식자(학사대부)들이 중국의 것(오경·제자백가서·중국 역사서)은 잘 알지만 우리 역사를 모르고 있음을 탓하며, 우리 역사를 다시 써서 후세에 교훈을 삼겠다."고 하였다. 더구나 중국문헌(동이전東夷傳)의 내용이 소략하고, 우리나라의 고기古記가 불충실하기 때문에 새로 보완하고 싶은 욕구와 함께 국가를 형성하고 있는 왕(상 : 선악)·신하(중 : 충성)·백성(하 : 도리) 간의 행위 속에서 역사내용을 찾겠다는 것이다. 여기서 우리는 당시의 문화수준이 중국과 대등함을 강조한 김부식의 역사인식과 우리와 중국문헌의 한계를 보충함으로써 역사를 국민교화의 수단으로 삼고 있음을 보게 된다.

이상의 내용을 통해서 볼 때 『삼국사기』는 편사관들의 저작물이 아니라 12세기 고려왕조의 역사적 산물이며, 당시의 문화수준에서 앞 시대의 역사를 정리한 것이다. 따라서 이 책 속에는 당시의 문화적 배경하에서 김부식과 10명의 편사관, 그리고 인종의 역사인식이 복합되어 있다. 우선 인종은 2번에 걸친 대변란을 겪은 장본인으로서 밀려오는 여진의 군사적 위협을 벗어나 강력한 왕권확립을 나타낼 필요가 있었다. 따라서 왕실과 사직을 보호하고 멸사봉공滅私奉公의 국민적 덕성이 필요했다. 그러므로 국민(왕, 신하, 백성)으로서의 의무와 권리를 한 틀(법규) 속에 묶음으로서 각자의 도리를 역사적 내용으로 서술되기를 바란 것이다. 동시에 문벌가문들의 갈등과 비리를 목도한 젊은 편사관들은 현실비판과 개혁의 목소리를 역사서술 속에서 밝히고 싶었을 것이다.

그러므로 김부식은 이러한 분위기를 감지하면서 자신의 견해까지를 묶어서 우선 서문(진삼국사기표進三國史記表)으로 편찬 동기를 밝히고 있다.

무엇보다도 김부식은 중국문헌의 한계와 우리 문헌(고기)의 문제점을 보완하여 '새로운 역사를 서술함으로써' 잃어버린 우리 역사를 되찾아 우리 후손에게 보여주겠다는 것이다. 따라서 그의 역사관을 단순히 사대주의라든가 유교적인 중국 중심의 모방이라고 매도할 수는 없다. 특히 그는 Toynbee가 Peloponnesian전쟁 때 그리스인의 자살적 내전과 제1차 세계대전 때 동맹국, 연합국간의 갈등을 연결시킨 것처럼, 현재의 귀족간 싸움을 백제－고구려 부흥운동이라는 특정 과거사실에 투영(비교)시켰던 것이다. 이러한 mimesis는 역사를 국민적 교화와 계몽의 수단으로 이용하여 현실을 간접적으로 비판하려는 것이다.

이러한 시각에서 첫째, 『삼국사기』는 삼국을 처음부터 하나의 완성된 국가로 보았으며, 왕을 절대적 정치지배자로 파악하고 있다. 말하자면 1세기부터 삼국을 발전사적으로 설명하였기 때문에 일제사가들이 주장한 태조왕·고이왕·내물왕대를 고대국가의 전환점으로 보는 견해를 거부하고 삼국시대를 처음부터 역사의 시점으로 인정하고 있었다. 이러한 발전사관은 신라와 고려 교체의 당위성과 그 맥을 같이하는 것이어서 경순왕의 귀복歸服을 필연적인 역사의 흐름으로 보았음에서 김부식의 순환사관 내지는 진보사관을 살필 수 있다.

둘째, 『삼국사기』는 역사내용을 '하늘과 땅 사이의 관련적 사고'(associative thinking)를 통해서 파악하였다.[95] 그러므로 김부식은 하늘의 변화(천재지변)와 인간의 활동(정치·외교·전쟁)과의 상관관계 속에서 역사내용을 추출시켰던 것이다. 이러한 역사관은 유교의 천인관天人觀으로 확대된 것으로서 이른바 사마천司馬遷의 '천인지제 승폐통변天人之際 承蔽通變'이라는 사실을 주목하게 된다.[96] 따라서 허다한 천재지변이 단순한 자연

---

95) Wolfram Eberhard, 1957, The Political Function of Astronamy in Han China (Chinese Thoughts and Institutions) : John F. Fairbank<ed>, p.33.

96) 『사기』 권130, 태사공 자서.

현상이 아니라 정치상황에 영향을 준다는 사실을 통해 역사서술의 한 부분으로 이해하고, 그것이 삼국에 있어서 각각 그 형태나 의미가 다름을 나타내 주고 있었다.

셋째, 『삼국사기』는 역사를 교훈으로 삼았기 때문에 편찬 당시의 정치비판과 반성의 자료를 과거의 특정사실에서 예증하고 있다. 무엇보다도 역사서술을 현실비판의 도구로 이용함으로써 지도층의 내분과 학민자虐民者의 최후를 역사의 필연성으로 기술하고 있다. 따라서 묘청일파의 패배와 김부식일파의 승리를 '분열에 대한 통일의 승리－응징'으로 설명함으로써 역사의 당위성을 제시하고 있다. 그것은 역사를 국민의 교화와 계몽의 수단으로 이해한 대표적인 근거가 될 것이다.

넷째, 『삼국사기』는 강력할 국가의식가 자아의식을 강조하고 있다.[97] 이러한 사실은 '진삼국사기표'에 보여진 '내나라 사실을 전혀 모른다는 것은 심히 통탄할 일'이며, 여러 부분에서 중국과는 다른 '우리 역사'를 내세우고 있음에서이다. 특히 김부식은 왕후동반王后同伴의 순행巡幸이나 동성결혼이 비례非禮임은 사실이라 해도, 우리나라 현실로서는 불가피한 것으로 옹호하고 있었다. 이것은 당시 외척간과왕실간의 무절제한 혼인을 변호하려는 인상도 없지 않지만, 우리 현실을 내세우려는 자아입장이 우선한 것으로 생각된다. 특히 7세기 통일전쟁에서 순국한 인물을 위국충절이 표본으로 생각하여 역사를 통해 애국심을 강조함으로써 전통사학의 틀을 제시하여 '역사에서 교훈'의 의미를 부각시켰다.

다섯째, 『삼국사기』는 역사에 있어서 개인의 역할을 강조하고 있다. 이것은 단순한 영웅주의사관이 아니라 고대에 있어서 개인의 능력은 절대적이어서 군주나 위대한 인물의 능력이 역사에 큰 의미가 있다는 것을 보여준 것이다. 특히 김유신을 대표적인 '인간상'으로 이상화시키는 동시에 그것이 멸사봉공滅私奉公의 의무 또는 도리로 간주한 것임을 잊어서

---

97) 이재호, 1969, 「삼국사기와 삼국유사에 나타난 국가의식」 『부산대논문집』 10, 62쪽.

는 안될 것이다. 특히 김부식의 논찬論贊에서 알 수 있듯이 할고지효割股之孝를 칭찬할 수 없는 현실적인 자세를 견지하고 있음을 주목할 필요가 있다.

결국 『삼국사기』는 단재 이후 많은 연주자들이 주장한 것처럼 유교 중심의 사대적인 개악서가 아니었다. 12세기의 시대정신과 사회상을 고려할 때 범람하는 중국 중심의 풍조에서 우리나라를 찾으려는 노력을 하고 있었음은 물론이다. 따라서 이 책은 동양의 전통사학이 갖고 있는 술이부작述而不作의 객관적 서술자세를[98] 이 땅에 뿌리내리게 하였으며, 정부주도의 관찬官撰이라는 역사편찬의 모델을 정착시켜 주었다. 이러한 역사서술은 한국의 전통사학을 크게 발전시켜 조선조 초의 역사서술 특히 『고려사』 등의 편찬에 기여하게 되었다.

이상에서 우리는 김부식의 생애와 『삼국사기』의 성격, 그리고 그의 정치사상을 살펴보았다. 그는 신라왕족(경순왕敬順王)의 후예이면서도 그 정치적 뒷받침이 없이 가세가 한미하였으나, 스스로의 실력으로 중앙정계에 진출한 과정을 찾아보았다. 특히 그는 12세기 중엽의 고려 귀족사회의 갈등이라는 국가적 시련과 여진(금金)의 군사적 위협이라는 민족적 위기에 처해서 안으로 왕권강화를 위해, 밖으로 국가보존을 위한 현실적 국가의식의 필요성에서 『삼국사기』를 저술하였다고 보았다

김부식은 그의 능력에 따라 한림직翰林職에서 자신의 학문을 닦을 수 있었고, 비교적 왕과 가까울 수 있었다. 동시에 격동하는 귀족의 갈등 속에서 어느 정도 초연하면서 정치적 공백기에 진출할 수 있었고, 무너져가는 송을 왕래하면서 지배층의 갈등과 고려정부의 내분상을 목도하면서 현실비판의 자세를 가질 수 있었다. 특히 예종의 개혁을 이어받은 인종의 왕권강화정책에 기여할 수 있는 정치적 필요성 속에서 『삼국사기』는 편찬될 수 있었음을 확인하였다.

98) 변태섭, 1982, 『고려사의 연구』, 삼영사, 126~146쪽.

『삼국사기』의 이해에 바탕이 된 김부식의 정치사상을 논찬과 『삼국사기』의 내용을 비교하면서 찾아보았다. 우선 논찬에 나타난 그의 사상은 왕권의 신성한 존엄성의 확인이다. 즉 왕권은 어떠한 이유에서도 제거될 수 없다는 것으로 이것은 강렬한 국가의식 내지는 자아의식에 기반을 둔 것이다. 따라서 왕은 인의와 위민의식에서 피치자(백성)를 보호해야할 의무가 있으며, 이러한 권위에 대한 답례로서 신하는 충과 신의 자기희생(멸사봉공)이 필요하다는 논지이다. 나아가서 강력한 왕권이나 정치적 안정은 국민 상하의 조화에 있는 것이며, 왕권의 기초가 되는 백성(士荞)의 삶이 전제된다는 주장이다.

끝으로 김부식은 그의 정치사상을 본기와 열전에서 각각 달리 표현하였다. 우선 본기에서는 덕치주의와 충의사상을 강조하였다. 전자는 군주의 덕목으로서, 후자는 신민의 도리로서 상보적 관계에 있는 것으로 이를 포괄하는 것이 예와 의가 된다. 그러나 김부식은 무엇보다도 충과 인을 하나의 범주에 넣음으로서 국민상하간의 조화와 균형을 의아 예의 개념을 통해 우선으로 파악하였다. 따라서 군주의 덕목으로서 인과 그 구체적 표현으로서 예와 의 및 지가 지니는 성격을 구체적으로 정리하여 정치사상의 요체로 제시하였다.

그리고 열전에는 충과 신을 통해 신민의 의무적 행위의 당위성을 강조하였다. 그러나 어디까지나 충이 상위개념이며, 그 구체적 실천규범으로서 신과 용의 의미를 통해 왕권의 신성함을 뒷받침하였으며, 그러한 의무적 행위는 주체적인 국가의식 및 민족의 자아의식 속에서 구현된다는 논지를 폈다. 또한 그는 탁월한 전략가로서 전쟁(토벌)에 있어서 가능한 한 백성의 피해를 극소화하려는 방법으로 전쟁을 피하려는 유정무전有征無戰의 평화주의자였다. 그리고 왕권에 도전한 묘청의 난을 진압하는데 조수(만조)를 이용한 육·해(수)군의 합동작전을 효과적으로 활용한 전술을 보여줌으로써 전략가로서의 활동을 남긴 바 있었다.

이러한 배경과 필요성에서 나타난 『삼국사기』는 자연히 주체적인 자아의식에 기반을 둔 왕권강화를 위한 문화적 기념물의 의미가 있었다. 그러므로 김부식은 그 서문(진삼국사기표)에서 우리역사를 알아야겠다는 자각과 국가를 구성한 3요소(왕·신하·백성)간의 행위(인의仁義와 충신忠信) 속에서 역사내용을 찾으려 하였다. 따라서 이 책은 단순히 '중국문헌내용을 전재한 사대적인 문헌'이 아니었다.

『삼국사기』는 우리나라(삼국)를 처음부터 독립된 국가로 설명하였고, 그 정치적 구심체인 왕을 중국의 황제와 같은 정치·군사·종교·외교권의 실질적인 집행자로서 간주함으로써 중국과 같은 천자의식을 내세었다. 그리고 자연변화의 정치적 의미를 통해 '땅과 하늘과의 관계'를 주요한 역사내용으로 파악하여 강렬한 국가의식과 함께 방향과 방법을 제시하기도 하였다. 특히 역사를 국민교화와 계몽의 수단으로서 특히 위국충절爲國忠節의 덕목을 통해 역사가 갖고 있는 교훈을 보여줌으로써 전통사학의 정착에 기여하였다.

이러한 정치사상 속에서 김부식은 우리의 국가적 정체성과 왕권의 구체적 실천방안, 그리고 국민의 의무적 행위를 제시하였다. 이로써 그는 한국중세사회가 추구하는 유교정치이념의 방향과 그 구체적 방안을 통해 왕과 신민의 도리를 쌍무적 관계 속에서 『삼국사기』를 통하여 후세에 전해주었다. 나아가서 묘청의 난을 진압을 통해 왕권에 도전한 분열주의자를 응징함으로써 국가의 상징으로서 왕권이 갖는 절대적인 권위를 구체적으로 나타낸 투철한 국가주의였다. 무엇보다도 본기와 열전 내용을 통해서 볼 때 김부식은 사대주의자가 아니었고, 본기를 내세워 고려왕조의 위상을 높여준 역사가였다.

이 책을 마무리 하면서

이상에서 필자는 『삼국사기』를 항목별로 분석하였다. 그러나 내용상으로는 『삼국사기』의 분석과 더불어 삼국시대의 정치·사회·외교사의 한 연구가 된 느낌이다. 그 결과 우리는 종래 이해되어 오던 『삼국사기』의 성격이나 특징과는 커다란 차이점을 발견할 수가 있었다. 무엇보다도 그 속에는 '현실에 대한 비판'과 '강력한 국가의식'이 내포되어 있었음을 보게 되었다. 나아가서 사대적인 시대환경이나 유교적인 가치관 속에서도 뚜렷한 '자아의 인식'이 짙게 깔려 있었음도 알 수 있었다. 다만, 본기 이하 각 항목이 각기 다른 편찬방법으로 이룩되었기 때문에, 일정한 역사관을 내세우기가 어려운 설정이다.

우선 전승된 자료의 충실한 편집이라고 할 본기는 신라인에 의한 역사이해의 자세와는 다른 시대구분의 입장을 갖고 있었고, 역사서술의 패턴을 '자연의 변화(천재지변)와 인간활동(정치·전쟁)의 상관관계'로 파악하였다. 그리고 역사내용을 국가의 3요소로서 왕, 신하, 그리고 백성의 행동규범으로 이끌리는 상호작용으로 생각하였다. 지志는 체제상 미비한 점이 눈에 띄나 지리지를 우대하여 중국문헌과 특징을 달리하였으며, 모든 귀족과 백성을 하나의 법규 속에 묶어 국민으로서의 권리와 의무를 강조하였다. 김부식사관이 크게 반영된 열전은 인물평가 기준을 투철한 국가관에 두었으며, 김유신을 내세워 고대국가의 전형적인 인간상을 제시하였다. 특히 논찬論贊에서는 사대와 명분 속에서 '자아와 현실'을 강조하였고, 현실비판 속에서 역사발전의 당위성 내지는 필연성을 주장하고 있다. 무엇보다도 『삼국사기』의 초기기록으로 볼 때 **3국의 국가적 출발은 B.C. 1세기였다는 사실과 이 책이 우리나라 역사서술의 모체가 됨으**

로서 한국사학사의 발전에 획기적인 계기를 제공했다는 사실이다.

그러나 본서를 매듭지으면서 몇 가지의 반성과 문제점을 지적하고자 한다. 첫째, 『삼국사기』의 전내용을 일차적으로 '동일한 사료史料'로 인정하였다는 점이다. 따라서 상고대에 자료에 대한 신빙성 여부가 큰 문제점으로 지적되게 된다. 이러한 사실은 본서의 결정적인 취약점이 될 것이며, 큰 비판의 대상이 될 것이다. 그러나 필자는 『삼국사기』의 실체 파악을 목적으로 했기 때문에 무엇보다도 사실의 내용을 일단 긍정적으로 평가하려는 자세를 갖는다는 점이다. 따라서 필수적인 상고대上古代의 문헌비판은 다음 과제로 남겨 두었다.

둘째, 『삼국사기』는 김부식 등 11명의 편찬자들에 의해서 만들어 졌지만, 대부분은 '전승된 사료의 편집'으로 이루어진 것이다. 따라서 그 속에는 전승된 자료의 기록과 김부식 등의 편찬자들의 서술부분이 공존하는 것이다. 그러므로 전자는 곧 고대사의 내용이 될 것이며, 후자는 본기本紀 각권各卷의 구분·지志의 항목선정·열전列傳의 인물평가 및 논찬論贊 등이 중심이 될 것이다. 따라서 김부식 사관은 후자의 해명이 될 것이기 때문에, 『삼국사기』에 있어서 김부식 개인에게 너무 많은 주문과 책임을 지워서는 안 될 것이며, 획일적인 김부식사관의 성격규명에 난점이 있게 된다. 오히려 『삼국사기』의 편찬은 개인의 저술이기에 앞서 당시 고려사회의 시대적 소산으로 평가되어야 할 것이며, 충실한 '자료의 보존'에 적극적인 가치를 주어야 할 것이다.

셋째, 『삼국사기』의 내용에서 보여진 유교·불교·오행사상 등 광범한 종교·사상에 대한 깊은 관련문제이다. 특히 맹자의 위민의식을 비롯하여 도처에서 보여지는 불교와 오행설, 그리고 열전에 나타난 도교·방술의 이해없이는 『삼국사기』의 종합적인 분석은 불가능하다고 생각된다. 따라서 이 방면의 문외한으로서는 커다란 한계와 자괴를 느낄 뿐이다.

넷째로 필자가 기도한 계량사학적 방법의 문제점이다. 영성할 자료를 더구나 역사적 사실을 통계적 방법으로 처리하였다는 것은 커다란 난점이 아닐 수 없다. 다만 『삼국사기』의 분석방편으로 이용하였을 뿐이기 때문에, 앞으로 이루어질 다각적인 연구의 한 수단이라고 자위할 뿐이다.

끝으로 『삼국사기』의 연구는 본서에서 기도한 단편적인 기록의 분석에 그치는 것이 아니다. 보다 철저한 문헌비판과 아울러 그 속에 잠재된 사상적인 해석도 결부되어야 할 것이다. 더구나 활발한 고고학적인 발굴성과와 중·일자료와의 상호검토·비교가 병행되어야 할 것도 물론이다. 따라서 이러한 작업은 무엇보다도 고대사연구자들의 공동연구가 절실하다는 희망을 피력하면서 본서의 결론에 대신한다.

SUMMARY

A Study of the Samguksagi(The Analysis of the Historical Records of the Three Kingdoms)

The Samguksagi was compiled by eleven editors including Choi Sanbo under the supervision of Kim Busik on King Injong's command. It connotes the standpoint of the country and the King of that times, the thought of Kim Busik and the conception of the compilers. The character of the book, however, would be an out come of the historical view of Kim Busik, that Kim the representative of the editors, super-vised the compilation in the absolute confidence of the King. He, who was a top government official and had a good acquirements in Confucianism, cannot have dedicated a document of unfounded facts to the King. Moreover, he was not so simple-minded that he might insist his personal subjectivity immoderately with his eyes averted from the national standpoint and the spirit of the time.

In these points, we must not hold him responsible excessively for this book and not request too much from him. Because his historical view not merely could not look away from the Confucianistic, social circumstances of the times of the twelfth century when it was compiled shoud not be forgotten in cause of the Samguksagi. On the contrary, he supported the royal tour(순행巡幸) of King Hyeokeose(赫居世) accompanied by the queen or the endogamy of King Naemul(奈勿) in spite of his good acquirements in Confucianis courtesies and doctrines. He evidently, was not a flunkey to the Chinese culture who turned away the tradition.

In conclusion, the Samguksagi was a fruit of harmony between the reality or the needs of the national society, and the historical view of Kim Busik. This conclusion is supported by the fact that he personally witnessed the severe conflict among the nobles of the 12th century and the fact that the book was edited after he personally experienced the depth and character of the Chinese culture, through three times visit to Sung(송宋).

We, therefore, can recognize the purpose of compilation of the book were inwardly a severe criticism on the social reality and outwardly an emphasis on the through spirits of nationalism-self-consiousness in the Chinese culture-. These two objects gave a more significance to the new understanding of self-history and the admonition of the future generations through the document of historical facts. Above all every effort for self-recognition appeared conspicuously in the preservation of the native language, the public morals and the tradition in spite of the subservient environments of the times and the standardized consciousness of the confucianist view of value. Although the formation, the method of description and the contents of the Samguksagi followed those of the Chinese documents, the dormant signifcances expressed in the book should not be left out account.

Ⅰ. Carriage of Historical description in the Bonki(本紀)

The Bonki of the Samguksagi has the biggest portion of the contents with 56% of the total volume, which run a part from the case of the Chineses records with the Yoljon (the collection of biographies) put first in importance.

In addition, because the Bonki start from a recognition of the three kingdoms as an integral state respectively, it grasped the Kings as priest but a political ruler. This fact means that the Bonki describes the Samguksagi from A.D.1C on a dimension of developmental history.

The King of three kingdoms, from the beginning, excercised his own rights on politics, military affairs, diplomacy, religion and jurisdiction as well as administered the affairs of state and made royal tours (순행巡幸) identical with those of an emperor.

The core of the Samguksagi was every inch our country and the book tried to find the contents of history in the moral of behavior among the three of the King, the subjects and the people namely it attempted to realize an idealistic confucianist politics by presenting the respective duty of the above three components of the country.

The realization of confucianist politics didn't followed the Chinese pattern but was presented in a transformed shape agreeable to our country. Although the historical description or direction was based on the principle of confucious or confucian courtesy, the book did not forget the important proposition that our originality must be confirmed to some degree. Above all the native or traditional languages used and the specific form of imperial decree or the royal tours were the representative examples. Furthermore the intense consciousness of nationalism manifested in the records of war and foreign affairs is the most important character of the book.

The collection of biographies is the very expression of consciousness of nationalism, but on the whole, it is the records of men who are loyal and devoted the country. Especially it connotes the King as a premise of a state should not be removed on any account and any violators of the sovereignty must be subjected to the historicaljudgement.Accordingly, the King is depicted to represent the position of people as a basis of royal authority, and the principle that a tyranny must be necessarily ruined was stressed. The vice of tyranny is explained to account for the fall of Koguroe(고구려) and Baekje(백제) or the ruin of Kungye(궁예) and Kyunwhon(견훤).

Next, the Bonki comprises the four heads of politics, natural calamities, warfares and diplomacy by an associative thought between the heaven and the earth. This means the basic direction of the historical recording is grounded on the correspondence between the natural phenomena (challenge- natural disasters) and mankinds activity (reaction -politics and warfare). Although in the records of the Bonki, the natural Phenomena has small Portion with 27% of the total contents, these natural calamities have considerably great political significances.

However the fact that A.D.1 C and 10 C, namely the beginning and the end, have the same features suggests that Kim Busik's idea of the

Buddhistic transmigration is underlaid in the Bonki.

Thirdly, because the Samgutsagi was compiled in 12 th century which was the golden time of the aristocracy of Koryo dynasty, there appears considerable differences in historical recognition between the records and the historical materials for it.

In other words because of the differences in the spirit of the times between the time, when the transmitted historical materials were written and the era when the Samguksagi was compiled, the dimension of historical and interpretation became largely changed. In this point exists the essense of Kim Busik's historical recognition.

These facts appear in the discontent with the discrimination of three periods by the people of Silla dynasty as well as in the underestimation of King Muyol(武烈) and King Sunduk(宣德), respectively the first King of the middle period and of the last period. In case of Silla dynasty, the book doesn't attache great importance to King Naemul(내물), King Taejo(太祖), and Goi(古爾), but it regards King Jigung(智證), King Sin mun(神文) and Wonsong(元聖) as the very auther of historical changes. This is based on the fact that the historical development is promoted not by the royal orthodoxy but by social changes.

Fourth, the book persisted the attitude to try to record the facts as they were, which is supported by the argument of Kim Busik that in spite of the incredibility of the ancient happenings of Silla dynasty due to their mysteriousness, the compilers recorded the stories as they were without any correction, as well as by the representation of the native title of King which was criticized by Choichiwon in the final era of Silla dynasty. Moreover Kim Busik criticized the reason why the

Chinese records had removed his defeat in the unification war. Samguksagi showed sincerity and objectivity in that it recorded the facts unfavorable to us in detail while the Tangshu (唐書) eliminated the generals including Kogan (高侃) defeated in the war between Silla and Tang dynasty from the Yoljon (列傳) and also other Chinese documents removed purposely Kim Inmoon or Kim Samkwang who showed activities in the period of collapse of Baekje and Koguryo dynasty.

Fifth, the book was written on the basis of the actual history and from the view point of the model for the future generation. In direct critiques on the actual was made by abstracting materials for critiques on the social problems from it: historical descriptions were used as a tool of critiques on the actual. It means that he tried to camouflage his position (he suppressed the rebellon of Myo-chong) to over come the actual problems like confliction and rivalry of the upper class in 12th century by regarding the disruption and conflict as a disease of state.

In this context, he therefore, indicated cause of the ruin of Koguryo was discord and disagreement between upper class and the other people. And furthermore, he could be understood to treat, in detail, the internal discord in time of rehabilitation movement of Baekje for that could be a warning. It other words, Kim Busik could abstracted materials for his criticism on the actual problems from the specific events occurred in the prior times as he regarded history as a lesson.

He might criticized the internal discord in Baekje and Koguryo and disturbances in post-three Kingdoms was an indicator of ruin of those states in order to blame discord of the nation like Rebellion of Myorhong. He also saw history as means of people's enligtenment and education that shows them an inevitable principle a regime neglecting people cannot survive for itself.

Ⅱ. Historical consciousness showed in the Ji(志) and Yoljon(the collection of Biographies: 列傳)

The Ji has worst system, badly organized structure and unsophisticated style in the Samguksagi. And he made too much of Silla in the Ji. But the Ji is different from Chinese documents first of all, strong consciousness about the state was appeared in his making too much of Geographic Section(地理志) especially in specifying the territory as including the area beyond the Yalu river.

Secondly, we have to take notice to his interpretation of 5·4 Dupoom(class). While there were discrimination between above and below 6 Dupoom, there were not any discrimination between 5·4 Dupoom and commoner. This could be pointed out as new view point on the class-consciousness in Silla dynasty; The subject of the state and history is ascertained to be the people whose political position was raised after participating in the unification war: Mistreatment of people was supposed to cause national insecurity. People and state, therefore, were regarded as inseperable.

This was emphasized by enacting fobidden clauses that indicated the rights and duties of people including the nobles and commoners. Another merit seen in the Ji is making the most of abundant historical documents. He organized the history book by giving the sources after ranging over an extensive Chinese books like the Chaekbuwongi(책부원귀), Tangshu

(唐書), and Jachitonggam(資治通鑑). This fact revealed inavoidability of reprinting Chinese history books and might be compared with the fact that there were few sources given in the Bonki and Yoljon (the collection of biographies).

The most precious historical consciousness seen in the Yoljon is the heroic view of history putting accent an personal capability at the phase of historical progress. Overpraisal of Gen. Kim Yusin and Gen. Euljimundok's role at the Salsu victory is example. His heroic view of history that personal capability dominates the fates of nations was bared on the Confician ideology of royalty, trustworth, rightcousncss; realization of unselfish royalty is personal responsibility and any person belonged to any sector of the nation has to make an effort to render service to his nation (King).

Among 69 persons appeared in the Yoljon, 24 persons from 34 persons had lived during 7 th century died for their nations. Social stratum of most martyrs were below 6 Dupoom. This implies that commoners had to render services (patriotic martyr) as great premiers, generals died and furthermore, obligatory behaviour and ethics which are beyond the stratum were necessary as we can see the case of servant. Hapjol(合節) who died with Binyongja(丕寧子) and Geojin(擧眞).

Ⅲ. Kim Busik' s historical view in the Ronchan (Historical comment)

In the Samguksagi, there are 31 historical comments. About these 31 comments, prof. Ko Byongik pointed as peculiar the fact that they went through with a Confucian-ethical evaluation for the purpose of criticism and were subdivided to courtesy moral reign and behavior of the King and subjects.

Undoubtedly it is true that the Ronchan solely in the Bonki and Yoljon is mostly based on the Confucian courtesy or moral view. Accordingly discourtesy and immorality were most severely blamed. But Kim Busik's argument that though the exogamy was a general Chinese courtesy, it must be understood as not a Chinese social etiquette but a traditional character of Silla dynasty, is a very important point.

In this very point, we can find out the character of Kim Busik's historical view. He insists that even a Confucian moral or courtesy must not necessarily applied, in the same light. Therefore, it should not be passed over that Kim Busik was a primemover of the strong national identy, even thought he was royal to thorough Chinese courtesy.

This consciousness of identity can be found in the use of the native titles of the Kings of Silla dynasty as they were. It is not a merely self-consciousness but historian carriage to record the facts as they are. Nevertheles, we can glance at a sign that Kim Busik was in a great agony between reality and moral justification and chose the reality.

This posture of reality perception of Kim Busik finally make him to have a realistic historical view in historical description. He In the comment on the three treasures of Silla dynasty, manifests we. need not such luxurious treasures but a good administration. In addition he criticizing the filial piety of Hyangdok(向德) and Songat(聖覺) who cut off a slice of the flesh of their thighs to save their parents, he asserted that the Confucian courtesy or filial piety are not necessarily important, and that a realistic situation should be considered.

Especially Kim Busik who regarded the history as a lesson, thought that the facts must be clarified to be criticized by posterity. For example, he intended to convince the posterity of the evil of regicide through correct description, which should be a historical instruction. Stressing the dignity of King, he maintained that a regicide must be put to death in any case without waiting a revolt. At the same time, he indicated that a King must give ear to faithful expotulations.

In short, he thought that the national stability could be achieved through accomplishment of their respective duty of the King, the subjects and the people. The violation of national order and the disharmony between the upper class and the lower, should inevitably result in a collapse of state.

Lastly, the historical comments of the Samguksagi reflect Kim Busik's subjectivity. There are different from those of the Koryosa(고려사), Koryosajolyo(고려사절요), Dongkuktonggam(동국통감), and Dongkuk-saryak (동국사략) in the method of historical description. The Ronchan(Historical comment) of these books are not essays of compilers. However the Samguksngi was described with Kim Busik's historical view on his own respons ibility. His historical essays became a classical model in history of historical science and especially showed the way of Korean orthodox history by presentation of method of historicaldescription.

Therefore the book should not be denounced as a Confucianistic and submissive. The character of oriental history could not exist without

Confucianism and also the method of historical description could not be far from that of China.

We must not criticize a history book unconditionally only because of similarity to Chinese one in style or system. We should consider the persistent posture of self-discovery in such flunkey-stricken environment of the times and Confucianistic social background.

Although the book followed the Chinese records and had clearly a Confucianistic and subservient-to-the big power standpoint, the history view of Kim Busik maintained a posture of self-discovery and reality- criticism which had been persistently preserved in the oppression of Chinese culture.

The book not only contains a consciousness of nationalism abovementioned but also interprets the history as reciprocal action of the components of a nation, that is the King, the subjects and the people and a the means of realization of an ideal state by politics for people.

In addition it construed the history as an instrument of reality- criticism and stressed the role of anindividual in history. Kim Busik presented a developmental theory of history which grasps the factors of historical development in the inner part of all the social phenomena themselves with a recognition of the social phenomena, unification and disrupion, as the common course of a definite history.

In conclusion, he found the contents of history in the duies and ethics of the fundamental factors of a nation or King, the subjects and the people. And also he tried to recognize the basic substances of historical development in the mutual relation between natural phenomena (natural calamities) and human behavior (state activities; politics, warfares, diplomacy). These historical recognitions made him to took for the logical justification of social changes in such political phenomena as the split and the unification with his emphasis on the inevitabilities of history.

찾아보기

ㄱ

ㅂ

경인한국학연구총서

1	高麗時代의 檀君傳承과 認識	金成煥 / 372쪽 / 20,000원
2	대한제국기 야학운동*	김형목 / 438쪽 / 22,000원
3	韓國中世史學史(II) -朝鮮前期篇-*	鄭求福 / 472쪽 /25,000원
4	박은식과 신채호 사상의 비교연구	배용일 / 372쪽 / 20,000원
5	重慶 大韓民國臨時政府史	황묘희 / 546쪽 / 30,000원
6	韓國 古地名 借字表記 硏究	李正龍 / 456쪽 / 25,000원
7	高麗 武人政權과 地方社會**	申安湜 / 350쪽 / 20,000원
8	韓國 古小說批評 硏究**	簡鎬允 / 468쪽 / 25,000원
9	韓國 近代史와 萬國公法	김세민 / 240쪽 / 15,000원
10	朝鮮前期 性理學 硏究	이애희 / 316쪽 / 18,000원
11	한국 중·근세 정치사회사	이상배 / 280쪽 / 17,000원
12	고려 무신정권시대 文人知識層의 현실대응*	金晧東 / 416쪽 / 20,000원
13	韓國 委巷文學作家 硏究*	차용주 / 408쪽 / 20,000원
14	茶山의 『周易』 解釋體系	金麟哲 / 304쪽 / 18,000원
15	新羅 下代 王位繼承 硏究	金昌謙 / 496쪽 / 28,000원
16	한국 고시가의 새로운 인식*	이영태 / 362쪽 / 20,000원
17	일제시대 농촌통제정책 연구**	김영희 / 596쪽 / 32,000원
18	高麗 睿宗代 政治勢力 硏究	金秉仁 / 260쪽 / 15,000원
19	高麗社會와 門閥貴族家門	朴龍雲 / 402쪽 / 23,000원
20	崔南善의 歷史學	李英華 / 300쪽 / 17,000원

21	韓國近現代史의 探究*	趙東杰 / 672쪽 / 30,000원
22	일제말기 조선인 강제연행의 역사	정혜경 / 418쪽 / 23,000원
23	韓國 中世築城史 研究	柳在春 / 648쪽 / 33,000원
24	丁若鏞의 上帝思想	金榮一 / 296쪽 / 16,000원
25	麗末鮮初 性理學의 受容과 學脈	申千湜 / 756쪽 / 35,000원
26	19세기말 서양선교사와 한국사회*	유영렬·윤정란 / 412쪽 / 20,000원
27	植民地 시기의 歷史學과 歷史認識	박걸순 / 500쪽 / 25,000원
28	고려시대 시가의 탐색	金相喆 / 364쪽 / 18,000원
29	朝鮮中期 經學思想研究	이영호 / 264쪽 / 15,000원
30	高麗後期 新興士族의 研究	李楠福 / 272쪽 / 14,000원
31	조선시대 재산상속과 가족**	文淑子 / 344쪽 / 17,000원
32	朝鮮時代 冠帽工藝史 研究*	張慶嬉 / 464쪽 / 23,000원
33	韓國傳統思想의 探究와 展望	최문형 / 456쪽 / 23,000원
34	동학의 정치사회운동*	장영민 / 664쪽 / 33,000원
35	高麗의 後三國 統一過程 研究	류영철 / 340쪽 / 17,000원
36	韓國 漢文學의 理解	車溶柱 / 416쪽 / 20,000원
37	일제하 식민지 지배권력과 언론의 경향	황민호 / 344쪽 / 17,000원
38	企齋記異 研究	柳正一 / 352쪽 / 17,000원
39	茶山 倫理思想 研究*	장승희 / 408쪽 / 20,000원
40	朝鮮時代 記上田畓의 所有主 研究*	朴魯昱 / 296쪽 / 15,000원
41	한국근대사의 탐구	유영렬 / 528쪽 / 26,000원
42	한국 항일독립운동사연구**	신용하 / 628쪽 / 33,000원

43	한국의 독도영유권 연구	신용하 / 640쪽 / 33,000원
44	沙溪 金長生의 禮學思想*	張世浩 / 330쪽 / 17,000원
45	高麗大藏經 研究	崔然柱 / 352쪽 / 18,000원
46	朝鮮時代 政治權力과 宦官	張熙興 / 360쪽 / 18,000원
47	조선후기 牛禁 酒禁 松禁 연구*	김대길 / 334쪽 / 17,000원
48	조선후기 불교와 寺刹契	韓相吉 / 408쪽 / 20,000원
49	식민지 조선의 사회 경제와 금융조합	최재성 / 488쪽 / 24,000원
50	민족주의의 시대 - 일제하의 한국 민족주의 - **	박찬승 / 448쪽 / 22,000원
51	한국 근현대사를 수놓은 인물들(1)**	오영섭 / 554쪽 / 27,000원
52	農巖 金昌協 研究	차용주 / 314쪽 / 16,000원
53	조선전기 지방사족과 국가*	최선혜 / 332쪽 / 17,000원
54	江華京板 『高麗大藏經』의 판각사업 연구**	최영호 / 288쪽 / 15,000원
55	羅末麗初 禪宗山門 開創 研究*	조범환 / 256쪽 / 15,000원
56	조선전기 私奴婢의 사회 경제적 성격**	安承俊 / 340쪽 / 17,000원
57	고전서사문학의 사상과 미학*	허원기 / 320쪽 / 16,000원
58	新羅中古政治史研究	金德原 / 304쪽 / 15,000원
59	근대이행기 민중운동의 사회사	박찬승 / 472쪽 / 25,000원
60	朝鮮後期 門中書院 研究**	이해준 / 274쪽 / 14,000원
61	崔松雪堂 文學 研究	金鍾順 / 320쪽 / 16,000원
62	高麗後期 寺院經濟 研究*	李炳熙 / 520쪽 / 26,000원
63	고려 무인정권기 문사 연구	황병성 / 262쪽 / 14,000원
64	韓國古代史學史	정구복 / 376쪽 / 19,000원

65	韓國中世史學史(Ⅰ)	정구복 / 근간
66	韓國近世史學史**	정구복 / 436쪽 / 22,000원
67	근대 부산의 민족운동	강대민 / 444쪽 / 22,000원
68	大加耶의 形成과 發展 硏究	李炯基 / 264쪽 / 16,000원
69	일제강점기 고적조사사업 연구*	이순자 / 584쪽 / 35,000원
70	淸平寺와 韓國佛敎	洪性益 / 360쪽 / 25,000원
71	高麗時期 寺院經濟 硏究*	李炳熙 / 640쪽 / 45,000원
72	한국사회사의 탐구	최재석 / 528쪽 / 32,000원
73	조선시대 農本主義思想과 經濟改革論	吳浩成 / 364쪽 / 25,000원
74	한국의 가족과 사회*	최재석 / 440쪽 / 31,000원
75	朝鮮時代 檀君墓 認識	金成煥 / 272쪽 / 19,000원
76	日帝强占期 檀君陵修築運動	金成煥 / 500쪽 / 35,000원
77	고려전기 중앙관제의 성립	김대식 / 300쪽 / 21,000원
78	혁명과 의열-한국독립운동의 내면-*	김영범 / 624쪽 / 42,000원
79	조선후기 천주교사 연구의 기초	조 광 / 364쪽 / 25,000원
80	한국 근현대 천주교사 연구	조 광 / 408쪽 / 28,000원
81	韓國 古小說 硏究*	오오타니 모리시게 / 504쪽 / 35,000원
82	高麗時代 田莊의 構造와 經營	신은제 / 256쪽 / 18,000원
83	일제강점기 조선어 교육과 조선어 말살정책 연구*	김성준 / 442쪽 / 30,000원
84	조선후기 사상계의 전환기적 특성	조 광 / 584쪽 / 40,000원
85	조선후기 사회의 이해	조 광 / 456쪽 / 32,000원
86	한국사학사의 인식과 과제	조 광 / 420쪽 / 30,000원

87	高麗 建國期 社會動向 研究*	이재범 / 312쪽 / 22,000원
88	조선시대 향리와 지방사회*	권기중 / 302쪽 / 21,000원
89	근대 재조선 일본인의 한국사 왜곡과 식민통치론*	최혜주 / 404쪽 / 29,000원
90	식민지 근대관광과 일본시찰	조성운 / 496쪽 / 34,000원
91	개화기의 윤치호 연구	유영렬 / 366쪽 / 25,000원
92	고려 양반과 兩班田 연구	윤한택 / 288쪽 / 20,000원
93	高句麗의 遼西進出 硏究	尹秉模 / 262쪽 / 18,000원
94	高麗時代 松商往來 硏究	李鎭漢 / 358쪽 / 25,000원
95	조선전기 수직여진인 연구	한성주 / 368쪽 / 25,000원
96	蒙古侵入에 대한 崔氏政權의 外交的 對應	姜在光 / 564쪽 / 40,000원
97	高句麗歷史諸問題	朴眞奭 / 628쪽 / 44,000원

***대한민국학술원 우수학술 도서** ****문화체육관광부 우수학술 도서**